Jahrbuch Junge Zivilrechtswissenschaft

Herausgegeben von der Gesellschaft
Junge Zivilrechtswissenschaft e.V.

Jahrbuch Junge Zivilrechtswissenschaft

Linz 2022

Klever | Schiestl | Aigner | Ecker | Eder | Schickmair
Spendel | Weilguny | Wolkenstein | Ziegler [Hrsg.]

Nachhaltigkeit im Privatrecht

Jahrbuch Junge Zivilrechtswissenschaft

Onlineversion
Nomos eLibrary

Die Deutsche Nationalbibliothek verzeichnet diese Publikation in
der Deutschen Nationalbibliografie; detaillierte bibliografische
Daten sind im Internet über http://dnb.d-nb.de abrufbar.

ISBN 978-3-8487-7572-9
(Nomos Verlagsgesellschaft mbH & Co. KG, Baden-Baden, Print)
ISBN 978-3-7489-3547-6 (ePDF)
(Nomos Verlagsgesellschaft mbH & Co. KG, Baden-Baden, ePDF)

ISBN: 978-3-7089-2402-1
(facultas Verlag, Wien)

ISBN 978-3-03891-613-0
(Dike Verlag, Zürich/St. Gallen)

1. Auflage 2023
© Nomos Verlagsgesellschaft, Baden-Baden 2023. Gesamtverantwortung für Druck
und Herstellung bei der Nomos Verlagsgesellschaft mbH & Co. KG. Alle Rechte, auch
die des Nachdrucks von Auszügen, der fotomechanischen Wiedergabe und der Übersetzung, vorbehalten. Gedruckt auf alterungsbeständigem Papier.

Inhaltsverzeichnis

Vorwort ... 7

Victor Jouannaud
Rechtstheoretische und verfassungsrechtliche Grundlagen des
privatrechtlichen Nachhaltigkeitsdiskurses ... 9

Christopher Rennig
Nachhaltigkeit zwischen Eigennutz und Gemeinwohl ... 39

Karina Grisse
Nachhaltig konsumieren! Aber wie?
Was Verbraucher wissen müssen und wie das (Zivil-)Recht helfen
kann ... 67

Uwe Neumayr
Ein neues Right to Repair – Bestehende Regelungen und
Alternativen de lege ferenda ... 97

Sebastian Schwamberger
Die Ersatzlieferung durch „refurbished goods"
Zugleich ein Beitrag zur Möglichkeit der ökologischen Auslegung
des europäischen Kaufrechts ... 121

Vanessa Dorothea Dohrmann
Der Richtlinienentwurf eines europäischen Lieferkettengesetzes –
eine Chance für mehr Nachhaltigkeit? ... 143

Joshua Blach
Proposal for a Directive on Corporate Sustainability Due Diligence
Gesellschafts-, delikts- und kollisionsrechtliche Grenzen
privatrechtlicher Lieferkettenregulierung ... 167

Markus Lieberknecht
Bindung von Unternehmen an Menschenrechte
Die Verknüpfung von nationalem Recht und Völkerrecht im LkSG ... 193

Inhaltsverzeichnis

Juliane K. Mendelsohn
Nachhaltigkeit in der Zusammenschlusskontrolle   215

Tony Grobe
Nachhaltigkeit und Gesellschaftsrecht – die Idee vom „Corporate
Purpose"   239

Alexander Wimmer
Das lauterkeitsrechtliche Irreführungsverbot als
Beurteilungsmaßstab für die unternehmerische Werbung mit
Nachhaltigkeitsbelangen   259

Christian Uhlmann
Kollektiver Rechtsschutz als Grundmodell für ein
Umweltprozessrecht – Baustein für einen Zivilprozess im
öffentlichen Interesse   281

Bernhard Burtscher/Dominik Schindl
Klimaklagen: eine Zeitenwende?   315

Florian Scholz-Berger
Virtuelle Verhandlungen in internationalen Zivilprozessen
zwischen zeitgemäßer Rechtsschutzgewährung und möglichen
Systembrüchen   337

Vorwort

Von 27. bis 30. September 2022 fand die 32. Jahrestagung der Gesellschaft Junge Zivilrechtswissenschaft an der Johannes Kepler Universität Linz statt. Dieser Tagungsband enthält die schriftlichen Fassungen der vierzehn Referate des wissenschaftlichen Programms zum Generalthema „Nachhaltigkeit im Privatrecht". Die Themenpalette der im folgenden abgedruckten Beiträge illustriert, auf welch vielfältige Art und Weise das Privatrecht zur Nachhaltigkeit oder – wie RA Univ.-Prof. Dr. Wilhelm Bergthaler es so treffend in seinem Eröffnungsvortrag formulierte – „zur Rettung der Welt beitragen" könnte.

Einleitend beleuchtet *Victor Jouannaud* die rechtstheoretischen und verfassungsrechtlichen Grundlagen der Verfolgung von Nachhaltigkeitszielen im Privatrecht. *Christopher Rennigs* Beitrag befasst sich sodann mit den Anreizen, die das Vertragsrecht bei Privatpersonen setzen kann, damit die Öffentlichkeit eine nachhaltige Lebensgestaltung nicht bloß als eine „von oben verordnete" Erscheinung wahrnimmt, sondern sich ein dauerhafter Verständniswandel einstellt. Eine Analyse der Informationsanforderungen des Zivilrechts an nachhaltigkeitsbezogene Produktkennzeichnungen, durch die Verbraucher:innen in die Lage versetzt werden, ihren Konsum effektiv an Nachhaltigkeitsgesichtspunkten auszurichten, nimmt *Karina Grisse* vor. In ihren Beiträgen zum Recht auf Reparatur zeigen *Uwe Neumayr* und *Sebastian Schwamberger* auf, dass das right to repair „nur auf den ersten Blick neu" und „bloß bedingt für die Verwirklichung der verfolgten Ziele geeignet" ist. Einen weiteren Themenkreis bilden drei Beiträge zur Lieferkettenregulierung. *Vanessa Dohrmann* setzt sich grundlegend mit dem Richtlinienentwurf eines europäischen Lieferkettengesetzes auseinander. *Joshua Blach* analysiert die gesellschafts-, delikts- und kollisionsrechtlichen Grenzen privatrechtlicher Lieferkettenregulierung und *Markus Lieberknecht* veranschaulicht die Schnittstellen von nationalem Recht und Völkerrecht im deutschen Lieferkettensorgfaltspflichtengesetz. Im Rahmen des unternehmensrechtlichen Themenblocks befasst sich *Juliane K. Mendelsohn* mit der Nachhaltigkeit in der Zusammenschlusskontrolle, *Tony Grobe* analysiert die Idee vom „Corporate Purpose" vor dem Hintergrund des Gesellschaftsrechts und *Alexander Wimmer* zeigt die rechtlichen Spielräume und Grenzen für die Werbung mit Nachhaltigkeits-

Vorwort

faktoren im Lichte des lauterkeitsrechtlichen Irreführungsverbots auf. Der letzte Themenschwerpunkt liegt auf dem Zugang zum Recht. *Christian Uhlmann, Bernhard Burtscher* und *Dominik Schindl* befassen sich in ihren Beiträgen mit privatrechtlichen Klimaklagen. Abschließend behandelt *Florian Scholz-Berger* virtuelle Verhandlungen in internationalen Zivilprozessen.

Unser großer Dank gilt den Referentinnen und Referenten. Ihre Beiträge zeigen auf, mit welcher Themenvielfalt die Privatrechtswissenschaft auf dem Gebiet der Nachhaltigkeit konfrontiert ist. Es war uns eine große Freude, den akademischen Austausch über die österreichischen Landesgrenzen hinweg organisieren zu dürfen, und wir hoffen, dass die Beiträge in diesem Tagungsband die gebührende wissenschaftliche Rezeption erfahren.

Herzlich bedanken möchten wir uns auch bei den vielen großzügigen Förderinnen und Förderern der Tagung, allen voran bei EY, EY Law und dem Verlag C.H. Beck. Ohne ihr Engagement wäre die Durchführung der Tagung nicht möglich gewesen.

Besonderer Dank gebührt auch den Verlagen Nomos und facultas für die Förderung und umsichtige Betreuung des Tagungsbandes. Hier möchten wir insbesondere Herrn Dr. Marco Ganzhorn und Frau Eva Lang für ihre tatkräftige Unterstützung danken.

Die 33. Jahrestagung der Gesellschaft Junge Zivilrechtswissenschaft findet von 13. bis 15. September 2023 unter dem Generalthema „Rechtstatsachen im Privatrecht" an der Friedrich-Alexander-Universität Erlangen-Nürnberg statt.

Für das Linzer Organisationsteam

Lukas Klever

Julia M. Schiestl

Rechtstheoretische und verfassungsrechtliche Grundlagen des privatrechtlichen Nachhaltigkeitsdiskurses

Victor Jouannaud[*]

A. Einführung: Veränderte Vorzeichen des privatrechtlichen Nachhaltigkeitsdiskurses

In Deutschland wurde bereits Ende der 80er Jahre, begleitend zum Erlass des Umwelthaftungsgesetzes (1990) und dem vermehrten Auftreten emissionsbedingter Waldschäden, eine intensive Debatte um die Rolle des Privatrechts bei der Verfolgung von Umweltschutzzielen geführt. Damals fiel das Fazit eher nüchtern aus. Man sprach dem Privatrecht allenfalls eine Ergänzungsfunktion zu den primär im öffentlichen Recht verorteten Umweltschutzinstrumenten zu. So konstatierte etwa *Uwe Diederichsen* in seinem Referat zum 56. DJT (1986), „[d]as Zivilrecht [sei] mit seinen Kategorien von ‚Anspruch' und ‚Leistung' [...] und der prozessualen Durchsetzung im Zwei-Personen-Prozeß in der Bewältigung der Mehrdimensionalität von Umweltschäden überfordert."[1] Aus öffentlich-rechtlicher Perspektive beobachtete *Michael Kloepfer* im Jahr 1990, dass „Umweltschutz, [...] als Schutz der natürlichen Lebensgrundlagen selbst, [...] eine Aufgabe [sei], die maßgeblich vom Allgemeininteresse getragen ist, also primär eine öffentliche Aufgabe", was eine „staatliche Aufgabenwahrnehmung" nahelege.[2]

---

[*] *Victor Jouannaud* ist wissenschaftlicher Mitarbeiter und Doktorand am Lehrstuhl für Bürgerliches Recht, Unternehmensrecht und Grundlagen des Rechts der Universität Regensburg. Herrn Constantin Wurzer sei herzlich für Korrekturen und Anregungen zum Entwurf dieses Beitrags gedankt.

[1] *U. Diederichsen*, Ausbau des Individualschutzes gegen Umweltbelastungen als Aufgabe des bürgerlichen und des öffentlichen Rechts, Referat zum 56. DJT (1986), L 48 (88); s.a. *D. Medicus*, Umweltschutz als Aufgabe des Zivilrechts – aus zivilrechtlicher Sicht, NuR 1990, 145 (154 f.): „Die Bilanz, die ich [...] für die Wirkungsmöglichkeiten des Zivilrechts im Umweltschutz aufgestellt habe, mag für manchen enttäuschend sein. Doch spiegelt sich darin im Wesentlichen nur die Tatsache wider, dass Umweltschutz im Verhältnis zwischen zwei gleichgeordneten Personen – also den maßgeblichen Parteien eines Zivilprozesses – [...] nur sehr beschränkt erreicht werden kann."

[2] *M. Kloepfer*, Umweltschutz als Aufgabe des Zivilrechts – aus öffentlich-rechtlicher Sicht, NuR 1990, 338 (338).

Wenn die Gesellschaft Junge Zivilrechtswissenschaft nun, gut 30 Jahre später, „Nachhaltigkeit und Privatrecht" zum Thema ihrer Jahrestagung macht, haben sich die Vorzeichen der Diskussion in mehrerlei Hinsicht stark verändert, wofür drei Faktoren maßgeblich sind. *Erstens* sind die naturwissenschaftlichen Erkenntnisse zu den katastrophalen Folgen menschlicher Eingriffe in die Natur heute noch viel eindeutiger und der Handlungsbedarf noch dringender. So ist nachgewiesen, dass die planetaren Belastungsgrenzen in vielen Bereichen nahezu ausgereizt sind,[3] was sich auch immer stärker in Form von Beeinträchtigungen privatrechtlich geschützter Rechtsgüter auswirkt. Diese akute Gefährdungslage drängt zur Untersuchung, welche *zusätzlichen* rechtlichen Hebel zu bewegen sind, um in Zukunft größere und schnellere Erfolge beim Schutz der natürlichen Lebensgrundlagen zu erzielen, also auch wie die bislang vorwiegend genutzten – aber offenbar nicht ausreichenden – öffentlich-rechtlichen Regulierungsinstrumente sinnvoll durch privatrechtliche zu komplementieren sind. Dabei wird sogleich die notwendige Hinwendung der (privat-)rechtswissenschaftlichen zur empirischen Forschung augenfällig, geht es doch darum, Zusammenhänge zwischen menschlichem Verhalten, seiner Regelung durch Recht und den daraus resultierenden ökologischen Wirkungen zu untersuchen und zu optimieren.[4]

Zweitens hat sich aufgrund des bedrohlichen Zustandes, insbesondere mit Blick auf irreversible Folgen des anthropogenen Klimawandels, auch die verfassungsrechtliche und unionsrechtliche[5] Bedeutung ökologischer Nachhaltigkeit verändert. In seinem epochalen Klimabeschluss hat das Bundesverfassungsgericht die verfassungsrechtliche Bedeutung ökologischer Nachhaltigkeit unter Bezug auf die Grundrechte und die Staatsziel-

---

3 Grundlegend *J. Rockström* et al., A safe operating space for humanity, Nature 461 (2009) 472; aktualisiert von *W. Steffen* et al., Planetary Boundaries: Guiding human development on a changing planet, Science 347 (2015) No. 6223; zur Bedeutung des Konzepts planetarer Belastungsgrenzen im umweltpolitischen und verfassungsrechtlichen Kontext *C. Callies*, Abstand halten: Rechtspflichten der Klimaschutzpolitik aus planetaren Grenzen, ZUR 2019, 385.
4 *A. Halfmeier*, Nachhaltiges Privatrecht, AcP 216 (2016), S. 717 (745 f.); zur Notwendigkeit des Einbezugs von Empirie im Verfassungsrecht am Beispiel des Klimaschutzes *S. Harbarth*, Empirieprägung von Verfassungsrecht, JZ 2022, 157.
5 Das ökologische Nachhaltigkeitsziel ist im Unionsprimärrecht mehrfach verankert, vgl. Art. 3 Abs. 3 EUV, Art. 11 und 191 AEUV, Art. 37 EU-Grundrechte-Charta; näher dazu *A. Hellgardt/V. Jouannaud*, Nachhaltigkeitsziele und Privatrecht, AcP 2022 (2022), 163 (178 ff.).

bestimmung in Art. 20a GG erheblich gestärkt[6] und den Gesetzgeber zur Nachbesserung des im Klimaschutzgesetz vorgesehenen Treibhausgasreduktionsplans angemahnt. Die Entscheidung bleibt für das Privatrecht freilich nicht folgenlos, weil ökologische Nachhaltigkeit als verfassungsrechtliche Leitvorgabe auch vom Privatrechtsgesetzgeber und der Zivilrechtsprechung zu berücksichtigen ist.[7] Die rechtsgebietsübergreifende Dimension kommt deutlich zum Ausdruck wenn das Gericht betont: „In allen Lebensbereichen – etwa Produktion, Dienstleistung, Infrastruktur, Kultur und Konsum [...] – müssen Entwicklungen einsetzen, die ermöglichen, dass von grundrechtlicher Freiheit auch später noch [...] gehaltvoll Gebrauch gemacht werden kann."[8]

Drittens hat sich der privatrechtliche Diskurs – auch losgelöst vom Nachhaltigkeitsbezug – dergestalt verändert, dass er sich für die Verfolgung von Gemeinwohlzielen mittels Privatrecht deutlich offener zeigt. So haben sich in jüngerer Zeit die Stimmen gemehrt, die Regulierung, also den verhaltenssteuernden Einsatz von Recht zur Verfolgung von Gemeinwohlzielen, als eine wichtige Funktion des Privatrechts anerkennen, die neben dessen klassische Aufgabe des privaten Interessenausgleichs und der Gewährleistung von Infrastruktur zu privater Freiheitsverwirklichung tritt.[9] Öffentliches Recht und Privatrecht werden inzwischen weniger als klar trennbare, in sich geschlossene Systeme, sondern als „wechselseitige Auffangordnun-

---

6 C. *Callies*, Das „Klimaurteil" des Bundesverfassungsgerichts: Versubjektivierung des Art. 20a GG?, ZUR 2021, 355 (357) spricht davon, die Norm sei „aus ihrem Dornröschenschlaf erweckt" worden.
7 Art. 20a GG adressiert zuvörderst den Gesetzgeber, nachrangig aber auch die Exekutive und Judikative. Auch Zivilgerichte haben ökologische Nachhaltigkeit somit als Steuerungsmaßstab zu berücksichtigen, vgl. *Halfmeier*, Nachhaltiges Privatrecht (Fn. 4), 717 (729 f.).
8 BVerfGE 157, 30 (166).
9 Grundlegend A. *Hellgardt*, Regulierung und Privatrecht, Tübingen 2016 (zur Definition des Regulierungsbegriffs S. 50 ff.); G. *Wagner*, Prävention und Verhaltenssteuerung durch Privatrecht, AcP 206 (2006), 352; mit Blick auf den Nachhaltigkeitsdiskurs *Hellgardt/Jouannaud*, Nachhaltigkeitsziele (Fn. 5), 163 (172 ff.); B. *Gsell*, Miete und Recht auf Klimaschutz, NZM 2022, 481 (484 ff.).
Die Frage nach der Zugänglichkeit des Privatrechts für Gemeinwohlziele wird freilich nicht erstmalig diskutiert. Als wichtige historische Strömung sei hierzu bloß die durch den späten *Rudolf von Jhering* geprägte Zweckjurisprudenz erwähnt. *Jhering* sah – passend zum aktuellen Nachhaltigkeitsdiskurs – den Zweck des Rechts in der „Sicherung der Lebensbedingungen der Gesellschaft in Form des Zwanges", *von Jhering*, Der Zweck im Recht, Bd. 1, Leipzig 1877, S. 434 (damit nahm er allerdings nicht primär auf die natürlichen Lebensgrundlagen Bezug, sondern verstand den Begriff der Lebensbedingungen relativ als das, „was zum Leben gehört" (ebd.)).

gen" begriffen.¹⁰ Die Teilrechtsordnungen stellen dabei unterschiedliche Regulierungsinstrumente im Werkzeugkoffer des Gesetzgebers dar, die dieser – je nach ihrer konkreten Eignung – einsetzen kann, um politische Ziele effektiv zu verfolgen. Oftmals wird sich ein „Instrumentenmix" als zielführend erweisen, der Stärken und Schwächen öffentlich- und privatrechtlicher Steuerungs- und Durchsetzungsmechanismen sinnvoll kombiniert.¹¹ Die damit angesprochene Öffnung des Privatrechts für den Einbezug überindividueller Interessen bzw. die Akzeptanz der „Indienstnahme Privater für öffentliche Aufgaben"¹² ist im vorliegenden Kontext essenziell, weil ökologische Nachhaltigkeit als – verfassungs- und unionsprimärrechtlich verbürgtes – Gemeinwohlinteresse zwar Schnittmengen mit privatrechtlich geschützten Individualinteressen aufweist, jedoch in der Regel nicht gänzlich mit diesen gleichläuft. Möchte man den Kreis privatrechtlicher Instrumente, die einen Beitrag zur Verfolgung von Nachhaltigkeitszielen leisten können, erweitern, setzt dies also prinzipiell eine für Gemeinwohlbelange offene Privatrechtsdogmatik voraus.¹³

Die Aufgabe der Privatrechtswissenschaft besteht nun vor allem darin, das Steuerungspotenzial privatrechtlicher Instrumente zur Umsetzung von Nachhaltigkeitsbelangen zu ergründen und rechtsdogmatisch zu untersuchen, inwieweit diese Belange im Rahmen der Rechtsanwendung Berücksichtigung finden können.¹⁴ Der vorliegende Beitrag greift hierzu einige Aspekte heraus, die sich unter die übergeordneten Punkte der Eignung des

---

10 Grundlegend *W. Hoffmann-Riem*, Öffentliches Recht und Privatrecht als wechselseitige Auffangordnungen, in: ders./Schmidt-Aßmann (Hrsg.), Öffentliches Recht und Privatrecht als wechselseitige Auffangordnungen, Baden-Baden 1996, S. 261.
11 Zu Vorzügen privatrechtlicher Umweltschutzinstrumente, die sich als Kehrseite von Schwächen des Öffentlichen Rechts darstellen, *Medicus*, Umweltschutz (Fn. 1), 145 (145 f.).
12 BGHZ 201, 355 (362) betont im Kontext der mit der EEG-Umlage bewirkten Preisregulierung in Stromlieferungsverträgen, die der Förderung des Stroms aus erneuerbaren Energien diente: „[D]em Gesetzgeber steht ein weiter Gestaltungsspielraum bei der Indienstnahme Privater für öffentliche Aufgaben zu."; näher zur Indienstnahme Privater für die Erfüllung öffentlicher Aufgaben und ihren Grenzen *Hellgardt*, Regulierung (Fn. 9), S. 252 ff. Dem Einsatz des Privatrechts zu Regulierungszwecken stehen keine zwingenden verfassungsrechtlichen Vorgaben grundsätzlich entgegen, vgl. *Wagner*, Prävention (Fn. 9), 352 (432).
13 Vgl. *I. Bach/E.-M. Kieninger*, Die ökologische Analyse des Zivilrechts, JZ 2021, 1088 (1090).
14 Zu diesem Forschungsdesiderat *Halfmeier*, Nachhaltiges Privatrecht (Fn. 4), 717 (745 ff.); *Bach/Kieninger*, Ökologische Analyse (Fn. 13), 1088 (1098); *J.-E. Schirmer*, Nachhaltiges Privatrecht, Tübingen 2023, S. 80 ff., 407.

Privatrechts zur Umsetzung von Nachhaltigkeitszielen (C.) und der dabei zu beachtenden verfassungsrechtlichen Rahmenbedingungen (D.) fassen lassen. Vorab bedarf es noch einer kurzen Präzisierung des hier zugrunde gelegten Nachhaltigkeitsbegriffs und seiner rechtlichen Bedeutung (B.).

B. Ökologische Nachhaltigkeit als Rechtsprinzip und Regulierungsziel

Vorliegend wird ein enger, *ökologischer* Nachhaltigkeitsbegriff[15] zugrunde gelegt, der von dem geläufigen, im *Brundtland*-Bericht der Weltkommission für Umwelt und Entwicklung von 1987 geprägten Drei-Säulen-Modell der Nachhaltigkeit abweicht, welches auf eine sozial, ökonomisch und ökologisch ausgewogene Entwicklung abzielt.[16] *Sustainable Development* bezieht sich vorliegend also primär auf den Umgang mit (knappen) natürlichen Lebensgrundlagen und setzt insoweit voraus, *„that it meets the needs of the present without compromising the ability of future generations to meet their own needs".*[17] Die Verengung der Perspektive auf die ökologische Dimension von Nachhaltigkeit ist notwendig, um den Begriff im rechtlichen Kontext operabel zu machen und ihm inhaltliche Konturen zu verleihen, die ansonsten ob seines inflationären Gebrauchs verlustig zu gehen drohen.[18] Außerdem entspricht der ökologische Schwerpunkt dem verfassungsrechtlich und unionsprimärrechtlich verankerten Nachhaltigkeitsziel.[19] Bleibt der Nachhaltigkeitsbegriff damit immer noch vage,

---

15 Als Erfinder des Nachhaltigkeitsbegriffs gilt der kursächsische Ökonom *Hans-Carl von Carlowitz*, der in seiner 1713 erschienenen Sylvicultura Oeconomica eine Baumzucht nach dem Grundsatz fordert, „dass es eine continuierliche beständige und nachhaltende Nutzung gebe", *von Carlowitz*, Sylvicultura Oeconomica, Leipzig 1713, S. 105; näher *D. Kippel/M. Otto*, Nachhaltigkeit und Begriffsgeschichte, in: Kahl (Hrsg.), Nachhaltigkeit als Verbundbegriff, Tübingen 2008, S. 39 (44 ff.).

16 *W. Kahl*, Einleitung: Nachhaltigkeit als Verbundbegriff, in: ders. (Hrsg.), Nachhaltigkeit als Verbundbegriff, Tübingen 2008, S. 1 (8 ff.)

17 United Nations, Report of the World Commission on Environment and Development (1987), *Our Common Future*, Rz. 27.

18 Zur Notwendigkeit der Eingrenzung des Nachhaltigkeitsbegriffs im rechtlichen Kontext *Kahl*, Verbundbegriff (Fn. 16), S. 1 (16 ff.).

19 Zur Konkretisierung von Art. 20a GG BVerfGE 157, 30, Leitsatz 4 Abs. 1 S. 3: „[D]er objektivrechtliche Schutzauftrag des Art. 20a GG schließt die Notwendigkeit ein, mit den natürlichen Lebensgrundlagen so sorgsam umzugehen und sie der Nachwelt in solchem Zustand zu hinterlassen, dass nachfolgende Generationen diese nicht nur um den Preis radikaler eigener Enthaltsamkeit weiter bewahren könnten."; zu Art. 11 AEUV *Calliess*, in: Callies/Ruffert, EUV/AEUV, 6. Aufl., München 2022, Art. 11 AEUV

schließt dies seine rechtliche Anwendbarkeit keineswegs aus; vielmehr ist es für (verfassungs-)rechtliche Prinzipien typisch, dass sie der weiteren Konkretisierung durch die Gesetzgebung, Rechtspraxis und -wissenschaft bedürfen.[20] Zur Konkretisierung des Nachhaltigkeitsgebots sind demnach auf Basis der aktuellen naturwissenschaftlichen Erkenntnisse Unterprinzipien oder Managementregeln[21] zu bilden, die auch im Privatrecht fruchtbar gemacht werden können, darunter namentlich ein *Verschlechterungsverbot* im Sinne der Vermeidung umweltbelastender Eingriffe, verbunden mit einer Produktverantwortung (etwa für ihre ökologische Verträglichkeit, Langlebigkeit und Kreislauffähigkeit), ein *Vorsorge-* und *Innovationsgebot* im Sinne der Förderung naturfreundlicher Handlungsalternativen sowie ein *Effizienzgebot* im Umgang mit natürlichen Ressourcen.[22]

Normtheoretisch lässt sich Nachhaltigkeit als Prinzip im Sinne eines Optimierungsgebots einordnen und damit von Regeln abgrenzen.[23] Für Prinzipien ist charakteristisch, dass sie in unterschiedlichem Maße erfüllt werden können, wobei das gebotene Maß von den rechtlichen Möglichkeiten, namentlich der Vereinbarkeit mit gegenläufigen Prinzipien und Regeln abhängt.[24] Dem Nachhaltigkeitsgebot kommt grundsätzlich kein unbedingter Vorrang gegenüber konkurrierenden Belangen zu, sondern es ist im Fall von Zielkonflikten in einen schonenden Ausgleich mit diesen zu bringen.[25] Allerdings können konkrete Nachhaltigkeitsziele in der Abwägung mit gegenläufigen Belangen an Gewicht zunehmen, wenn ihre Beachtung besonders dringlich erscheint, um irreversible Schäden und Gefahren gerade für grundrechtlich geschützte Individualrechtsgüter zu vermeiden.[26]

    Rn. 13: „Im Zentrum steht […] die Sicherung der ökologischen Leistungsfähigkeit: Um spätere Generationen bezüglich der Umweltqualität und der Versorgung mit Ressourcen nicht schlechter zu stellen, ist der natürliche Kapitalstock zumindest konstant zu halten."
20 *Halfmeier*, Nachhaltiges Privatrecht (Fn. 4), 717 (735 f.).
21 *Kahl*, Verbundbegriff (Fn. 16), S. 1 (18).
22 Vgl. *Hellgardt/Jouannaud*, Nachhaltigkeitsziele (Fn. 5), 163 (169).
23 Zur Einordnung als Optimierungsgebot *Kahl*, Verbundbegriff (Fn. 16), S. 1 (11); zum Charakter von Rechtsprinzipien als Optimierungsgebote und zur Abgrenzung von Regeln *Alexy*, Theorie der Grundrechte, 2. Aufl., Frankfurt a.M. 1994, S. 76 f., 87 f.; zur Entwicklung von Nachhaltigkeit als politische Leitidee zu einem Rechtsprinzip *Hellgardt/Jouannaud*, Nachhaltigkeitsziele (Fn. 5), 163 (171 f.).
24 *Alexy*, Theorie (Fn. 23), S. 75 f.
25 Vgl. zu Art. 20a GG BVerfGE 157, 30 (138 f.).
26 Vgl. zum Klimaschutz BVerfGE 157, 30 (139).

Aus rechtsfunktionaler Sicht kann man ökologische Nachhaltigkeit als Regulierungsziel oder Steuerungsmaßstab[27] begreifen, nach dem die Gestaltung von Rechtsnormen und deren Anwendung normativ auszurichten ist.[28] Dabei stellt sich besonders mit Blick auf die Rechtsprechung die Frage, inwieweit diese Nachhaltigkeitsziele als regulatorische Vorgabe etwa bei der Auslegung und Konkretisierung von Generalklauseln zu berücksichtigen hat, z.b. bei der Bestimmung des kaufrechtlichen Mangel- bzw. Beschaffenheitsbegriffs (§ 434 BGB), der Beurteilung der Wesentlichkeit einer Emission (§ 906 Abs. 1 und 2 BGB) oder der Konkretisierung deliktsrechtlicher und eigentumsschützender Generalklauseln (z.B. §§ 823 Abs. 1, 826, 1004 BGB).[29]

C. Eignung des Privatrechts zur Verfolgung von Nachhaltigkeitszielen

Vorliegend werden zwei zentrale Möglichkeiten erörtert, um Nachhaltigkeitsziele mit Mitteln des Privatrechts zu fördern. Die erste gründet in der Konnexität zwischen Individualinteressen und Nachhaltigkeitsbelangen im außervertraglichen Bereich, die zweite beruht auf der Möglichkeit, Nachhaltigkeitsbelange in Vertragsverhältnisse einzubeziehen.

I. Konnexität zwischen Individualinteressen und Umweltbelangen

Der historische Kern des Umweltprivatrechts liegt in der Konnexität von ökologischen und Individualinteressen, die insbesondere im nachbarrechtlichen Immissionsschutz und im Haftungsrecht eine Rolle spielt (dazu unter 1.). Diese Konnexität lässt sich aber auch nutzen, um positive Anreize zu umweltfreundlichem Verhalten zu setzen (dazu unter 2.). Fraglich ist, ob auch in Fällen bloß schwacher Konnexität zu Individualinteressen Möglichkeiten bestehen, das Privatecht effektiv zur Verfolgung von Nachhaltigkeitszielen einzusetzen (dazu unter 3.).

---

27 *M. Schubert*, Nachhaltigkeit und Steuerungstheorie, in: Kahl (Hrsg.), Nachhaltigkeit durch Organisation und Verfahren, Tübingen 2016, S. 63 (72).
28 Zur funktionalen Einordnung als Regulierungsziel *Hellgardt/Jouannaud*, Nachhaltigkeitsziele (Fn. 5), 163 (172 f.).
29 Dazu näher unter D.I.

1. Parallelität individueller Schutzinteressen und Nachhaltigkeitsbelange

Individualinteressen eines Schutzberechtigten laufen mit Umweltschutzinteressen oftmals parallel, wenn die Verursachung eines individuellen Schadens „über den Umweltpfad"[30] droht. So bewirken belastende Einwirkungen Privater auf Umweltmedien wie Luft, Wasser und Boden regelmäßig zugleich Verletzungen fremder Rechtsgüter, etwa der Gesundheit oder des Eigentums.[31] Die Durchsetzung des individuellen Schutzinteresses im Wege eines (vorbeugenden) Unterlassungsanspruchs (§ 1004 Abs. 1 BGB) sowie die drohende Geltendmachung von Schadensersatz- (z.B. §§ 823 Abs. 1 und 2, 826 BGB) oder Ausgleichsansprüchen (§ 906 Abs. 2 S. 2 BGB) kann in diesen Fällen „mittelbar" das Gemeininteresse an ökologischer Nachhaltigkeit schützen.[32]

Während Umweltbeeinträchtigungen mithilfe von Unterlassungsansprüchen (§ 1004 Abs. 1 S. 2 BGB, ggf. i.V.m. § 823 Abs. 1 BGB) direkt sowie bei hinreichend konkreter Gefährdungslage vorbeugend unterbunden werden können, liegt das Präventionspotenzial von Ausgleichs- und Schadensersatzansprüchen vor allem darin, negative Verhaltensanreize zu setzen, um umweltbelastende Aktivitäten zu reduzieren bzw. ex ante verstärkte Vorsorgemaßnahmen zur Verhinderung von Umweltschäden zu treffen.[33] Aus

---

30 G. Wagner, Umweltschutz mit zivilrechtlichen Mitteln, NuR 1992, 201 (202).
31 Medicus, Umweltschutz (Fn. 1), 145 (147).
32 Vgl. Medicus, Umweltschutz (Fn. 1), 145 (147). Da die privatrechtliche Durchsetzung von Nachhaltigkeitszielen stets auf die „Privatinitiative" der Betroffenen angewiesen ist, müssen hierzu hinreichend große Anreize bestehen. Diese können etwa durch prozessuale Erleichterungen (z.B. der Darlegungs- und Beweislast) und den konkreten Anspruchsinhalt verstärkt werden. Allerdings eignet sich eine *allein* auf privatrechtliche Mittel setzende Regulierungsstrategie nicht bei *unverzichtbaren* Forderungen des Umweltschutzes, weil die private Rechtsdurchsetzung staatlich nicht zu garantieren ist und somit nicht tolerierbare Unsicherheit birgt. Vgl. Kloepfer, Umweltschutz (Fn. 2), 337 (339).
33 Die Präventionswirkung macht sich ausweichlich der Gesetzesbegründung auch das UmweltHG zunutze, welches in § 1 UmweltHG eine Gefährdungshaftung für Individualschäden infolge von Umwelteinwirkungen durch den Betrieb bestimmter Anlagen vorsieht, vgl. BT-Drucks. 11/7104, S. 1; eingehend zur Präventionswirkung einer privaten Klimahaftung Schirmer, Nachhaltiges Privatrecht (Fn. 14), S. 147 ff. Kritisch zur Präventionswirkung einer Klimahaftung hingegen G. Wagner, Klimahaftung durch Gerichte, NJW 2021, 2256 (2262), der darauf hinweist, dass klimaschützende Effekte, die eintreten, wenn ein Unternehmen auf nationale Ebene infolge von Unterlassungs- oder Schadensersatzklagen ihre CO_2-Emissionen reduzieren bzw. einstellen, durch stärkere Emissionen anderer internationaler Unternehmen kompensiert werden können (*carbon leakage*).

rechtsökonomischer Perspektive führt die drohende privatrechtliche Haftung für auf dem Umweltpfad verursachte Schäden zu einer – zumindest teilweisen – Internalisierung der sozialen Kosten umweltschädigenden Verhaltens.[34] Dies bedeutet konkret, dass etwa Unternehmen, deren Tätigkeit Umweltbelastungen verursacht oder Umweltrisiken birgt, private Haftungsrisiken einschließlich der damit häufig verbundenen Reputationsverluste im Wege eines privaten Kosten/Nutzen-Kalküls einberechnen müssen und somit angeregt werden, ihr Sorgfalts- und Aktivitätsniveau in diesem Tätigkeitsbereich entsprechend anzupassen, um profitabel zu bleiben. Die so bewirkte Kosteninternalisierung kann zumindest einen Beitrag dazu leisten, die sogenannte *Tragik der Allmende*, also das Problem der bedrohlich-exzessiven Nutzung frei verfügbarer, knapper natürlicher Ressourcen (z.B. des Erdklimas) abzuschwächen, vorausgesetzt, die drohenden Haftungsansprüche sind ausreichend hoch und die Erfolgsaussichten ihrer Durchsetzung realistisch.[35]

Der ex post erfolgende Ausgleich bereits entstandener Schäden leistet hingegen grundsätzlich nur dann einen wichtigen Beitrag, wenn er in Gestalt der Wiederherstellung eines ursprünglich wertvollen ökologischen Zustands erfolgt. Es erscheint daher (de lege ferenda) sinnvoll, im Falle umweltrelevanter Eigentumsschäden schadensrechtliche Anreize zu bieten, um auch die Verwendung des Geldersatzes (§ 249 Abs. 2 S. 1 BGB) gerade zur ökologisch sinnvollen Restitution (z.B. Wiederaufforstung eines beschädigten Waldes, Reinigung eines belasteten Gewässers) einzusetzen, sofern dies möglich ist.[36] Dabei könnte eine Effektuierungsmöglichkeit darin liegen, ökologische Schäden, die den individuellen Vermögensschaden

---

34 Vgl. *M. Kühn*, Umweltschutz durch Privatrecht, Frankfurt a.M. 2007, S. 28 f.; *Hellgardt/Jouannaud*, Nachhaltigkeitsziele (Fn. 5), 163 (193).
35 Zum Erfordernis hinreichender Anreize oben Fn. 32; näher zur Möglichkeit, der Tragik der Allmende bzw. *tragedy of the commons* in Bezug auf Umweltgüter (auch) durch privatrechtliche Regulierung abzuhelfen, *Hellgardt/Jouannaud*, Nachhaltigkeitsziele (Fn. 5), 163 (183 ff.); zum ineffizienten Nutzungsverhalten Einzelner bei freiem Zugang zu (natürlichen) Ressourcen *H.-B. Schäfer/C. Ott*, Lehrbuch der Ökonomischen Analyse des Rechts, 6. Aufl. 2020, S. 669 f.; zu Möglichkeiten, das Sorgfalts- und Aktivitätsniveaus schadensgeneigter Tätigkeiten durch Haftung zu steuern, aus rechtsökonomischer Perspektive eingehend *S. Shavell*, Foundations of Economic Analysis of Law, 2004, S. 177 ff.
36 In diese Richtung geht bereits § 16 Abs. 1 UmweltHG, der die Einrede der Unverhältnismäßigkeit gem. § 251 Abs. 2 BGB beschränkt, soweit der Geschädigte bei einer Beeinträchtigung der Natur oder Landschaft die Wiederherstellung des ursprünglichen Zustands vornimmt.

übersteigen, als Sonderposten zu berücksichtigen,[37] den darauf entfallenden Geldbetrag aber der Dispositionsfreiheit des Geschädigten zu entziehen und an die die ökologisch sinnvolle Restitution des Umweltschadens zu binden. Dieser Schadensposten wäre also nur ersatzfähig, wenn die ökologisch wertvolle Wiederherstellung auch tatsächlich erfolgt (ist).[38] Von der Wiederherstellung ökologischer Schäden abgesehen, erscheint es sinnvoll, im Falle von bereits angelegten Umweltschäden den Gefährdeten Anreize zur Vornahme präventiver Schutz- bzw. Anpassungsmaßnahmen[39] (z.B. Bau eines Damms zur Abwehr von Hochwasserschäden) zu setzen, wozu die Aussicht auf Ausgleichsansprüche für die präventiv aufzuwendenden Schadensvermeidungskosten beitragen könnte.[40]

2. Parallelität individueller (Innovations-)Interessen und Nachhaltigkeitsbelange

In umgekehrter Stoßrichtung zu den bislang thematisierten Haftungskonstellationen kann das Privatrecht auch positive Anreize setzen, um umweltfreundliche Verhaltensweisen privater Akteure zu unterstützen oder ihren Innovationswillen zu stärken. Hier weist die privatrechtliche Konstellation regelmäßig eine Struktur auf, bei der den Interessen Privater, die mit einem Nachhaltigkeitsbelang gleichlaufen, Rechtspositionen bzw. Abwehrinteressen Dritter entgegenstehen.[41] Dies kann beispielsweise die Erhaltung von Bäumen, oder Teichanlagen[42] (die in der Nachbarschaft als

---

37 Zum Begriff und zur Möglichkeit der Monetarisierung ökologischer Schäden *E. Rehbinder*, Ersatz ökologischer Schäden, NuR 1988, 105 (105 f., 109 f.).
38 Dazu am Rande *Medicus*, Umweltschutz (Fn. 1), 145 (149 f.). Einen dogmatischen Anknüpfungspunkt könnte etwa der normative Schadensbegriff (dazu *H. Oetker*, in MüKo BGB, 9. Aufl., München 2022, § 249 Rn. 23) oder die Berücksichtigung eines spezifisch umweltrechtlichen Schutzzwecks des betreffenden Schadensersatzanspruchs bieten.
39 Zu Anpassungsmaßnahmen im Kontext des Klimawandels BVerfGE 157, 30 (62).
40 Dazu im Kontext von Klimaschäden *Schirmer*, Nachhaltiges Privatrecht (Fn. 14), S. 154 ff.; als Anspruchsgrundlagen kommen etwa ein Verwendungsanspruch aus § 1004 Abs. 1 S. 2 BGB kombiniert mit §§ 677, 683 S. 1, 670 BGB (berechtigte GOA) oder § 812 Abs. 1 S. 1 Var. 2 BGB in Betracht.
41 Vgl. dazu *J. Croon-Gestefeld*, Gemeinschaftsinteressen im Privatrecht, Tübingen 2022, S. 146 ff.
42 BGHZ 120, 239 betraf einen nachbarrechtlichen Streit um den von einer Teichanlage ausgehenden Froschlärm und die Frage, ob dem gestörten Nachbarn ein Anspruch auf Trockenlegung des Teichs oder ein Ausgleichsanspruch aus § 906 Abs. 2 S. 2 BGB zusteht. Der BGH kam zum Ergebnis, dass solche privatrechtlichen Ansprüche zu-

störend empfunden werden) betreffen, aber auch die Vornahme energieeffizienter Sanierungsarbeiten. Regelmäßig geht es dann um die Gewährung von Duldungsansprüchen zugunsten derer, die einen ökologisch wertvollen Zustand aufrechterhalten möchten bzw. um deren Einwendungen gegen Unterlassungsansprüche Dritter.

Ein aktuelles Beispiel für Innovationsanreize im Kontext der Energieeinsparung bietet im Nachbarrecht die in mehreren Bundesländern erfolgte Einführung eines Duldungsanspruch, der einen Grenzüberbau an der Grundstücksgrenze erlaubt, wenn dieser einer energieeffizienten Wärmedämmung der Hauswand dient. Der BGH hat sich in einer aktuellen Entscheidung insbesondere mit der Verhältnismäßigkeit eines solchen Duldungsanspruchs (§ 16a Nachbarrechtsgesetz Berlin)[43] auseinandergesetzt und diese im Ergebnis bejaht.[44] Die Entscheidung ist besonders interessant, weil der BGH sich hier im privatrechtlichen Kontext näher mit dem Verhältnis von Individual- und Gemeinwohlinteressen befasst, nämlich mit dem Spannungsfeld zwischen dem Eigentumsinteresse des duldungspflichten Nachbarn (Art. 14 Abs. 1 GG) und dem Gemeinwohlinteresse am Klimaschutz, welches sich (partiell) mit dem Interesse des modernisierungswilligen Eigentümers deckt. Das Gericht führt dazu aus:

> „[D]ie Regelung [betrifft] nicht allein das Verhältnis zweier Grundstückseigentümer, deren Individualinteressen zum Ausgleich zu bringen sind [...]. Sie dient vielmehr vor allem dem Klimaschutz und damit einem anerkannten Gemeinwohlbelang mit Verfassungsrang; im Interesse künftiger Generationen ist der Gesetzgeber verfassungsrechtlich sogar verpflichtet, in allen Lebensbereichen Anreize für die Entwicklungen zu schaffen, die den rechtzeitigen Übergang zur Klimaneutralität ermöglichen. Ein solcher Anreiz soll hier gesetzt werden. Das wirtschaftliche Interesse des Grundstückseigentümers an der Einsparung von Energie [...] wird nicht als solches, sondern deswegen höher gewichtet als das entgegenstehende Interesse des Nachbarn [...], weil es sich mit dem

---

mindest nicht im Fall von Störungen bestehen, die umweltrechtlichen Schutz genießen.
43 § 16a Abs. 1 NachbG Bln: „Der Eigentümer eines Grundstücks hat die Überbauung seines Grundstücks für Zwecke der Wärmedämmung zu dulden, wenn das zu dämmende Gebäude auf dem Nachbargrundstück bereits besteht." Die Interessen des duldungspflichten Nachbarn werden dabei in erster Linie durch Entschädigung in Form einer Geldrente geschützt (vgl. § 16a Abs. 5 NachbG Bln i.V.m. § 912 Abs. 2 BGB).
44 BGH, Urt. v. 1.7.2022 – V ZR 23/21 (Rn. 28 ff.).

Interesse der Allgemeinheit an der möglichst raschen Dämmung von Bestandsgebäuden deckt."[45]

Die Passage verdeutlicht, dass der Gesetzgeber die Individualinteressen Privater gezielt „instrumentalisieren" kann, um gemeinwohlrelevante Nachhaltigkeitsziele zu fördern. Dabei wird der klassische Interessenausgleich, bei dem allein die kollidierenden Interessen Privater auszutarieren sind, verlassen. Es werden Nachhaltigkeitsbelange in die zivilrechtliche Waagschale gelegt, wodurch diejenige Rechtsposition begünstigt wird, die dem Gemeininteresse zur Durchsetzung verhilft.

3. Effektuierungsmöglichkeiten im Falle „schwacher" Konnexität zwischen Individualinteressen und Umweltbelastungen

Die bisher skizzierten Möglichkeiten sind auf einen engen Konnex zwischen Individualrechtsgütern und Nachhaltigkeitsbelangen angewiesen. Insbesondere im haftungsrechtlichen Kontext stellt sich nun die Frage, ob hinsichtlich ökologisch schädlicher Handlungen, deren Bezug zu Individualinteressen nur schwach ausgeprägt ist, jegliche Handhabe des Privatrechts ausgeschlossen ist. In dieser Hinsicht sind vorliegend zwei Effektuierungsmöglichkeiten anzusprechen, die sich noch im Rahmen eines anthropozentrischen Verständnisses von Rechteinhaberschaft halten.[46]

3.1. Subjektive Rechte an Umweltbelangen und unionsrechtliches *private enforcement*

Eine Effektuierungsmöglichkeit besteht darin, subjektive Rechte von Privaten an bestimmten Umweltbelangen (z.B. sauberer Luft) anzuerkennen, ohne dass der Nachweis einer Schädigung von Individualrechtsgütern zu erbringen ist.[47] Diese Wirkung hatte im öffentlichen Recht die EuGH-Rechtsprechung zur unmittelbaren Anwendbarkeit der Luftqualitätsrichtlinie gegenüber natürlichen und juristischen Personen, die von der Überschrei-

---

45 BGH, Urt. v. 1.7.2022 – V ZR 23/21 (Rn. 42).
46 Zu alternativen Konzepten *Hellgardt/Jouannaud*, Nachhaltigkeitsziele (Fn. 5), 163 (188 f.); R. *Wolf*, Eigenrechte der Natur oder Rechtsschutz für intertemporalen Freiheitsschutz?, ZUR 2022, 451.
47 *Hellgardt/Jouannaud*, Nachhaltigkeitsziele (Fn. 5), 163 (187).

tung von Grenzwerten und Alarmschwellen unmittelbar betroffen sind.[48] Auf dieser Grundlage konnte etwa die Deutsche Umwelthilfe (e.V.) vor dem Bundesverwaltungsgericht die Einhaltung zwingender Vorschriften des Luftqualitätsrechts, konkret die Veränderung von Luftreinhaltungsplänen bis hin zur Einrichtung von Fahrverbotszonen, einklagen.[49] In diesem Kontext begünstigte der Verzicht auf ein Individualrechtsschutzerfordernis (im Rahmen der Anforderungen an die Klagebefugnis, § 42 Abs. 2 VwGO) die erwünschte Mobilisierung Einzelner (insbesondere Umweltverbände) zur Effektivierung des unionsrechtlich gebotenen Umweltschutzes.[50]

Als dogmatischer Anknüpfungspunkt im Privatrecht bietet sich für ein *private enforcement* im umweltrechtlichen Kontext vor allem § 823 Abs. 2 BGB an, der die Verletzung von Schutzgesetzen sanktioniert und damit insbesondere als Transformationsnorm für Wertungen des öffentlichen Rechts fungiert.[51] Auf dieser Basis könnten private Verstöße gegen öffentlich-rechtliche Normen, die primär dem Umweltschutz, zugleich aber auch dem Gesundheitsschutz Betroffener dienen, mittels zivilgerichtlicher Klagen Privater geltend gemacht werden. Dazu ist grundsätzlich erforderlich, dass der Unions- oder nationale Gesetzgeber den Charakter der umweltschützenden Norm (z.B. eines Verbots oder Grenzwerts) als Schutzgesetz i.S.v. § 823 Abs. 2 BGB zum Ausdruck bringt, indem er ihr – etwa in einer Bestimmung zum Gesetzeszweck oder der Gesetzesbegründung – auch Individualschutzcharakter zuspricht. Nach der Rechtsprechung des BGH ist eine Rechtsnorm nämlich nur dann als Schutzgesetz i.S.v. § 823 Abs. 2 BGB zu qualifizieren, wenn sie *zumindest auch* dazu dienen soll, Interessen oder Rechtsgüter Einzelner oder eines bestimmbaren Personenkreises zu schützen.[52] Die Beurteilung einzelner Vorschriften kann dabei – gerade im unionsrechtlichen Kontext – Schwierigkeiten bereiten, was eine aktuel-

---

48 EuGH, Urt. v. 25.7.2008 – C-237/07 (Janecek); s.a. EuGH, Urt. v. 8.3.2011 – C-240/09 (Lesoochranárske zoskupenie VLK) zur Notwendigkeit einer dem Ziel effektiven Umweltschutzes Rechnung tragenden Auslegung nationaler Klagebefugnisse von Umweltschutzorganisationen.
49 BVerwGE 147, 312.
50 Näher *K. F. Gärditz*, Verwaltungsgerichtlicher Rechtsschutz im Umweltrecht, NVwZ 2014, 1.
51 Vgl. BGHZ 122, 1 (8), wonach die Möglichkeit, über § 823 Abs. 2 BGB öffentlich-rechtliche Verhaltensanordnungen im Zivilrechtsweg durchzusetzen, unmittelbar in dieser Norm angelegt ist.
52 BGHZ 122, 1 (3 f.); BGH NJW 2022, 3156 (Rn. 9).

le Entscheidung des BGH zur Schutzgesetzeigenschaft einer LKW-Durchfahrtsverbotszone veranschaulicht.[53]

In dem Fall klagten die Anwohner (und Betreiber einer Kindertagestätte) einer Umwelt- und LKW-Durchfahrtsverbotszone, die der Umsetzung der EU-Luftqualitätsrichtlinie[54] dient, auf Unterlassung der Verstöße durch eine benachbarte LKW-Spedition. Sie machten geltend, die Beklagte verstoße mehrmals täglich gegen das Durchfahrtsverbot, womit eine Gesundheitsgefährdung infolge der belastenden Feinstaub- und Stickoxidbelastung einhergehe. Als zentrale Anspruchsgrundlage kamen §§ 823 Abs. 2 i.V.m. 1004 Abs. 1 S. 2 BGB in Betracht. Streitig war vor allem die Einordnung der LKW-Durchfahrtsverbotszone als Schutzgesetz. Der BGH lehnte diese mit dem Argument ab, das LKW-Durchfahrtsverbot schütze die Kläger nur als Teil der Allgemeinheit. Dafür spreche bereits die Größe der Verbotszone, innerhalb derer sich kein Personenkreis bestimmen lasse, der im Wege der Einräumung eines individuellen deliktischen Unterlassungsanspruchs bei Verstößen gegen das Verbot geschützt werden solle.[55] Etwas anderes ergebe sich auch nicht aufgrund des Gebots der möglichst wirksamen Anwendung des Unionsrechts (*effet utile*, Art. 4 Abs. 3 EUV), weil mit Mitteln des Ordnungswidrigkeitenrechts bereits hinreichende Sanktionsmöglichkeiten vorlägen.[56]

Diese Beurteilung ist unter zwei Gesichtspunkten kritisch zu hinterfragen. *Erstens* ist es nicht abwegig, die Durchfahrtsverbotszone mit Blick auf solche Anwohner, die unmittelbar von systematischen Verstößen betroffen sind, als Schutzgesetz einzuordnen. Ohne Zweifel dient die Norm *auch* der Vorbeugung von Gesundheitsgefährdungen infolge erhöhter Konzentrationen von Schadstoffemissionen. Ein Individualbezug dieses Schutzzwecks lässt sich herstellen, wenn ein bestimmter Personenkreis innerhalb der Schutzzone auszumachen ist, der infolge regelmäßiger, örtlich lokalisierbarer Zuwiderhandlungen einer besonders hohen Belastung ausgesetzt ist. Die Größe der Verbotszone – und die damit verbundene Gefahr der Eröffnung einer Popularklage – stellt somit kein unüberwindbares Hindernis dar, wenn man den Kreis der Aktivlegitimierten entsprechend begrenzt. Dies erschien in der vorliegenden Konstellation möglich, weil die regelmä-

---

53 BGH NJW 2022, 3156.
54 Richtlinie 2008/50/EG des Europäischen Parlaments und des Rates vom 21. Mai 2008 über Luftqualität und saubere Luft für Europa.
55 BGH NJW 2022, 3156 (Rn. 15 f.).
56 BGH NJW 2022, 3156 (Rn. 18 f.).

ßigen Verstöße sowie der von ihnen besonders betroffene Anwohnerkreis örtlich eingrenzbar waren. *Zweitens* lässt sich das Erfordernis, privatrechtliche Abwehransprüche im Interesse einer effektiven Durchsetzung des Unionsrechts zu gewähren, im betreffenden Kontext nicht ohne Weiteres abtun.[57] Das Gebot der möglichst wirksamen Anwendung des Unionsrechts (*effet utile*) gebietet, für Verstöße gegen die aufgrund der Luftreinhaltungsrichtlinie erlassenen Vorschriften (d.h. die LKW-Durchfahrtsverbotszone) Sanktionen vorzusehen, die „wirksam, verhältnismäßig und abschreckend" sind.[58] Die Tatsache, dass derartige Verstöße bereits eine Ordnungswidrigkeit darstellen und somit öffentlich-rechtliche Sanktionsmöglichkeiten bestehen, schließt die Gebotenheit eines flankierenden *private enforcement* aber nicht grundsätzlich aus,[59] zumal die im Fall dargelegten, regelmäßigen Verstöße dafür sprechen, dass der vorhandene Sanktionsmechanismus gerade nicht hinreichend effektiv ist.[60] Zivilrechtlicher Rechtsschutz gegen die Zuwiderhandlungen gegen unionsrechtlich gebotene Umwelt- und Gesundheitsschutzvorschriften könnten also eine wichtige Ergänzung zur Effektuierung des unionsrechtlich gebotenen Umwelt- und Gesundheitsschutzes bieten. Dafür spricht insbesondere, dass die in Rede stehenden Verstöße aufgrund der räumlichen Nähe der Belasteten besser erkennbar und dokumentierbar sind und der unmittelbare Zivilrechtsschutz somit effektiver wirken könne als der mittelbare Schutz durch behördliche Überwachung.

Mit Blick auf § 823 Abs. 2 BGB ist denn auch anerkannt, dass das Erfordernis des Individualschutzzwecks der Norm im Fall eines unionsrechtlich gebotenen *private enforcement* – in unionskonformer Auslegung – herabgesenkt werden kann, um dem Effektivitätsgebot Rechnung zu tragen.[61] Vor diesem Hintergrund erscheint die Annahme eines Unterlassungsanspruch

---

57 Vgl. dazu *R. Klinger*, Anmerkung zu BGH, Urt. 14.6.2022 – VI ZR 110/21, ZUR 2022, 551 (553 f.).
58 Vgl. Erwägungsgrund 26 der Richtlinie 2008/50/EG; grundlegend EuGH v. 21.9.1989 – C-68/88 (Kommission/Griechenland), Rn. 24; zum unionsrechtlichen Effektivitätsgebot im Kontext ökologischer Nachhaltigkeit *Hellgardt/Jouannaud*, Nachhaltigkeitsziele (Fn. 5), 163 (180 f.). In der Regel steht es bei der Umsetzung unionsrechtlicher Richtlinien aber im Ermessen der Mitgliedstaaten, die Art und Weise der Ahndung von Verstößen zu bestimmen, vgl. *Hellgardt*, Regulierung (Fn. 9), S. 196 f.
59 Vgl. EuGH v. 6.10.2021 – C-882/19 (Sumal SL/Mercedes Benz Trucks España SL), Rn. 37 f.; EuGH v. 17.9.2002 – C-253/00 (Muñoz y Cia SA/Frumar Ltd.), Rn. 31.
60 *Wagner*, Marktaufsichtshaftung produktsicherheitsrechtlicher Zertifizierungsstellen, JZ 2018, 130 (131 f.).
61 *G. Wagner*, in: MüKo BGB, 8. Aufl., München 2020, § 823 Rn. 540.

nach § 823 Abs. 2 i.V.m. § 1004 Abs. 1 S. 2 BGB nicht abwegig. Zumindest wäre es sinnvoll gewesen, die Frage, ob in dieser umweltrechtlich relevanten Konstellation eine private Rechtsdurchsetzung unionsrechtlich geboten wäre, dem EuGH vorzulegen.[62]

3.2. Einräumung von Verbandsklagebefugnissen

Eine weitere Effektuierungsmöglichkeit für die privatrechtliche Verfolgung von Nachhaltigkeitsbelangen, die eine weitgehende Loslösung von Individualrechten ermöglicht, kann der Gesetzgeber eröffnen, indem er bestimmte privatrechtliche Rechtspositionen und Rechtsdurchsetzungsmöglichkeiten in regulatorischer Absicht schafft. Insbesondere könnten Umweltverbänden Verbandsklagebefugnisse für bestimmte Nachhaltigkeitsbelange eingeräumt werden.[63] Dies bedeutet, den Schutz von Naturgütern bzw. die Geltendmachung ökologischer Schäden nicht allein dem Staat als Treuhänder anheimzustellen, sondern diese Aufgabe gezielt auch privaten Verbänden zu eröffnen, die aufgrund ihres begrenzten Aufgabenprofils, der Freiheit von Interessenkonflikten und verschiedenen Informations- und Aufdeckungsmöglichkeiten zum Teil effizienter vorgehen können als staatliche Akteure.[64]

In diesem Kontext bietet sich erneut ein Verweis auf das Verwaltungsrecht an, wo Umweltschutzverbände auf Grundlage des Umweltrechtsgesetzes (UmwRG) etwa behördliche Genehmigungen oder Umweltverträglichkeitsprüfungen angreifen können, „ohne eine Verletzung in eigenen Rechten geltend machen zu müssen" (§ 2 Abs. 1 S. 1 UmwRG). Den Verbänden werden damit gezielt *common good rights of action* (im Gegensatz

---

62 So auch *Klinger* (Fn. 57), 551 (553 f.); BGH NJW 2022, 3156 (Rn. 19) sah hingegen keinen Anlass für ein Vorabentscheidungsersuchen. Die Kriterien des EuGH dazu, wann eine Pflicht der Mitgliedstaaten zur *privatrechtlichen* Sanktionierung von Unionsrechtsverstößen besteht, sind nicht eindeutig, vgl. *Wagner*, in: MüKo BGB (Fn. 61), § 823 Rn. 542; *ders.*, Marktaufsichtshaftung (Fn. 60), 130 (132); näher dazu auch *J.-U. Franck*, Marktordnung durch Haftung, Tübingen 2016, S. 168 ff.; *Hellgardt*, Regulierung (Fn. 9), S. 196 ff.
63 *Hellgardt/Jouannaud*, Nachhaltigkeitsziele (Fn. 5), 163 (187 f.); s.a. *Wagner*, Umweltschutz (Fn. 30), 201 (209 f.), der die Möglichkeit insbesondere für die Geltendmachung von Ersatzansprüchen für rein ökologische Schäden für sinnvoll hält.
64 Vgl. *Wagner*, Umweltschutz (Fn. 30), 201 (209).

zu *victim rights*) eingeräumt.⁶⁵ Entsprechende Regelungen zu Klagemöglichkeiten etwa gegen wettbewerbswidrige, verbraucherschutzwidrige oder AGB-rechtswidrige Praktiken zeigen, dass solche Verbandsklagen dem Privat- und Zivilprozessrecht nicht fremd sind und effektiv sein können.⁶⁶ Verbandsklagebefugnisse werden auch bereits genutzt, um etwa unzutreffende Werbeaussagen über die ökologische Nachhaltigkeit von Produkten (sog. *Greenwashing*) zu unterbinden und somit mittelbar Umweltbelange zu schützen.⁶⁷ Die dem Gesetzgeber offenstehende Einräumung von Verbandsklagerechten gegen private Rechtsverstöße im Umweltbereich bietet also Möglichkeiten, das Privatrecht effektiv zur Durchsetzung von Nachhaltigkeitsbelangen einzuspannen, ohne dass ein enger Individualrechtsbezug erforderlich wäre.

II. Einbezug von Nachhaltigkeitsbelangen in Verträge

Das Vertragsrecht wurde bislang weniger als Instrument zur Förderung von Nachhaltigkeitsbelangen diskutiert, hat hierfür aber großes Potenzial, weil es eine breitflächige Regulierung ermöglicht. So können etwa zwingende vertragliche Nachhaltigkeitsstandards, welche die Vertragsparteien zur Einhaltung umweltrechtlicher Mindeststandards verpflichten, einen gesamten Produkt- oder Dienstleistungssektor betreffen und zu umweltfreundlichen Veränderung bzw. Innovationen veranlassen.⁶⁸ Auch dispositives Vertragsrecht kann Vertragspartnern durch Bereithaltung einer an Nachhaltigkeitszielen orientierten rechtlichen Infrastruktur Anreize zu einer diesen Zielen entsprechenden Vertragsgestaltung bieten.⁶⁹

Mit Blick auf die Rechtsdurchsetzung bietet das Vertragsrecht den Vorteil, dass sich in jeder Vertragsbeziehung potenzielle Rechtsdurchsetzer finden, denen es möglich ist, die Einhaltung umweltbezogener Vorgaben des

---

65 *L. Klöhn*, Private versus Public Enforcement of Laws, in: Schulze (Hrsg.), Compensation of Private Losses, München 2011, S. 179 (182 f.).
66 Vgl. § 8 Abs. 3 Nr. 1 und 2 UWG, §§ 1-3 UKlaG.
67 In diesem Kontext wurde in BGH GRUR 2019, 966 klargestellt, dass es keinen Rechtsmissbrauch darstellt, wenn die Deutsche Umwelthilfe e.V. die durch ihre Marktverfolgungstätigkeit erzielten Überschüsse zur Quersubventionierung von Aufgaben einsetzt, die nicht vom UKlaG erfasst sind, sondern anderen Satzungszwecken dient, konkret der Einhaltung des nationalen und internationalen Umweltrechts.
68 *Hellgardt/Jouannaud*, Nachhaltigkeitsziele (Fn. 5) 193 f.; s.a. *Hellgardt*, Regulierung (Fn. 9), S. 631.
69 *Bach/Kieninger*, Ökologische Analyse (Fn. 13), 1088 (1088).

Vertragsrechts zu überprüfen.[70] Diese dezentrale Form der Rechtsdurchsetzung[71] kann zum Teil effektiver sein, als eine zentrale, behördliche Durchsetzung öffentlich-rechtlicher Vorgaben, deren Infrastruktur erst geschaffen werden muss. Entscheidend für den Erfolg regulativen Vertragsrechts ist stets, dass der regulierte Markt so groß ist, dass lokale Akteure nicht infolge erhöhter Compliance-Kosten von Anbietern anderer Standorte verdrängt werden, die keinen ähnlichen Anforderungen unterliegen.[72] Daher ist grundsätzlich eine supranationale Regulierung, insbesondere auf EU-Ebene, erstrebenswert.

Im Einzelnen lässt sich differenzieren zwischen regulatorischem Vertragsrecht (dazu unter 1.), das unmittelbar auf die Vertragsgestaltung einwirkt und der mittelbaren Steuerung autonomer Vertragsgestaltung (dazu unter 2.). Zudem stellt sich die Frage, ob Nachhaltigkeitsbelange im Falle eines Rechtsstreits über den Vertragsinhalt Berücksichtigung finden können, wenn diesbezüglich weder eine Parteivereinbarung noch eine Regelung im dispositiven Recht vorliegt (dazu unter 3.).

1. Regulatorisches Vertragsrecht

Durch zwingendes Vertragsrecht kann der Gesetzgeber Vertragsparteien unmittelbar zur Einhaltung von Nachhaltigkeitsstandards verpflichten. So kann beispielsweise die Beachtung von Umweltstandards im Rahmen eines Liefer- oder Herstellungsprozess eines Produkts vorgeschrieben werden und in das Gewährleistungsrecht Einzug nehmen.[73] Im Mietrecht können Mindestvorgaben für den energetischen Zustand der Mietswohnung bestimmt[74] oder gezielt Anreize zu ökologisch sinnvollen Modernisierungen

---

70 *Hellgardt*, Regulierung (Fn. 9), S. 631 f.; *Bach/Kieninger*, Ökologische Analyse (Fn. 13), 1088 (1088) betonen den Vorteil, dass zivilrechtliche Regulierungsinstrumente „self executing" sind.
71 Zur dezentralen Gemeinwohlverwirklichung mittels Privatrecht *Hellgardt*, Regulierung (Fn. 9), S. 561 f.
72 *Hellgardt/Jouannaud*, Nachhaltigkeitsziele (Fn. 5), 163 (194).
73 Vgl. *Hellgardt/Jouannaud*, Nachhaltigkeitsziele (Fn. 5), 163 (194); näher zu Fragen der Mängelgewährleistung und Schadensersatzhaftung bei Verstößen gegen *corporate social responsibility* (CSR)-Kodizes *J.-E. Schirmer*, Nachhaltigkeit in den Privatrechten Europas, ZEuP 2021, 35 (43 ff.); s.a. *S. Asmussen*, Haftung für CSR, Tübingen 2020, 145 ff.
74 Zu Möglichkeiten einer klimafreundlichen Ausgestaltung des Mietrechts *Gsell*, Miete und Klimaschutz (Fn. 9), 481 (486 ff.).

gesetzt werden.[75] Weichen Vertragsparteien bewusst von zwingenden, privat oder öffentlich-rechtlich verankerten ökologischen Mindeststandards ab, bieten die §§ 134, 138 Abs. 1 BGB den Zivilgerichten flexible Möglichkeiten, solche Verträge als nichtig zu sanktionieren. Die Nichtigkeitssanktion lässt sich je nach Konstellation effektivieren, indem bereicherungsrechtliche Ansprüche im Rahmen der Abwicklung nichtiger Verträge gem. § 817 S. 2 BGB ausgeschlossen werden, um eine möglichst abschreckende Wirkung zu erzielen.[76]

Auch dispositives Vertragsrecht kann regulatorische Wirkung zugunsten einer ökologisch förderlichen Vertragsgestaltung entfalten, indem es als normativer Referenzmaßstab für die privatautonome Gestaltung dient und weil Vertragsparteien ob des Zeit- und Kostenaufwands der Verhandlung abweichender Bestimmungen oftmals nicht vom dispositiven Rechtsrahmen abweichen.[77] Bestimmt etwa das Kaufgewährleistungsrecht nachhaltigkeitsbezogene objektive Beschaffenheitsanforderungen (z.B. Langlebigkeit oder Kreislauffähigkeit der Kaufsache),[78] wird damit ein für den überwiegenden Teil der Kaufverträge gültiger Standard gesetzt. Nur vereinzelt werden Parteien davon gezielt abweichende Beschaffenheitsvereinbarungen treffen.

---

75 Vgl. dazu § 536 Abs. 1a BGB, der Vermietern einen Anreiz zur Vornahme energetischer Wohnungssanierungen gibt, indem diesbezüglich eine mieterseitige Minderung für drei Monate ausgeschlossen wird; der mit dem WEG-Modernisierungsgesetz eingeführte § 554 Abs. 1 S. 1 BGB räumt Mietern einen Anspruch auf Zustimmung zu baulichen Veränderungen ein, die dem Laden elektrisch betriebener Fahrzeuge dienen.

76 Ein Vorbild bietet dafür die Rechtsprechung des BGH zur Schwarzarbeit, BGHZ 201, 1 (Rn. 17 ff.), mit der das Gericht bereicherungsrechtliche Wertersatzansprüche des Schwarzarbeiters für bereits erbrachte Leistungen nach § 817 S. 2 BGB ausschlossen hat, um das Regulierungsziel der Bekämpfung von Schwarzarbeit effektiver durchzusetzen. Vgl. dazu *Hellgardt/Jouannaud*, Nachhaltigkeitsziele (Fn. 5), 163 (196 f.).

77 Allgemein zur Steuerungswirkung dispositiven Rechts *Möslein*, Dispositives Recht, Tübingen 2011, S. 38 ff.

78 § 434 Abs. 3 S. 2 BGB bestimmt neuerdings für die übliche Beschaffenheit auch das Merkmal der *Haltbarkeit* der Kaufsache; näher zu ökologisch sinnvollen Stellschrauben im Gewährleistungsrecht *Bach/Kieninger*, Ökologische Analyse (Fn. 13), 1088, 1092 ff.; *Hellgardt/Jouannaud*, Nachhaltigkeitsziele (Fn. 5), 163 (211 ff.).

2. Anstöße zu nachhaltiger Vertragsgestaltung

Vertragsparteien können auch aus freien Stücken Umweltstandards in Verträge einbeziehen und über gesetzliche Standards hinausgehen. Dazu kann der Gesetzgeber vor allem durch die Schaffung von Informations- und Offenlegungspflichten Anreize setzen. So kann den Parteien eines Rechtsverhältnisses durch die Verpflichtung, ein ökologisch unerwünschtes Verhalten offenzulegen, eine umweltschonendere Handlungsalternative nahegelegt werden. Vor allem kann eine klare, möglichst einfach verständliche Informationslage über den „ökologischen Fußabdruck" von Produkten oder das ökologische Engagement eines Unternehmens (z.B. die Bemühungen zur Treibhausgasreduktion) die Kauf- bzw. Investitionsentscheidung der Marktteilnehmer maßgeblich beeinflussen, wodurch wiederum ein Anpassungsdruck für Anbieter entsteht. Bei solchen Informations- und Erklärungspflichten, die aktuell besonders im Kontext der nichtfinanziellen Berichterstattungspflichten großer Unternehmen auf Grundlage der europäischen *Corporate Social Responsibility* (CSR)-Richtlinie[79] diskutiert werden,[80] handelt es sich um mittelbar verhaltenssteuernde Regulierungsinstrumente. Die Entscheidung zur Umsetzung der ökologisch nachhaltigen Verhaltensweise steht dem betreffenden Akteur dabei offen, allerdings führt die erhöhte Transparenzpflicht bezüglich der unternehmenseigenen Nachhaltigkeitsstrategie zu einer „Selbststeuerung der Unternehmen durch Selbstreflexion und einer Fremdsteuerung der Unternehmen durch Anpassung der Transaktionsentscheidungen der Marktteilnehmer und des gesellschaftlichen Drucks, etwa durch NGOs und der Medienöffentlichkeit, aufgrund der veröffentlichten Information".[81]

---

[79] Änderungs-RL 2014/95/EU zur Novellierung der Bilanz-RL 2013/34/EU; die Aktualisierung der Richtlinie, die mit einer deutlichen Intensivierung der Berichtspflichten einhergeht, ist vorgesehen (*Corporate Sustainability Reporting Directive*); siehe den Entwurf COM (2021) 189 final v. 21.4.2021.

[80] Dazu eingehend *P. Hell*, Grundsatzfragen der Ausgestaltung der nicht finanziellen Unternehmenspublizität, EuZW 2018, 1015; s.a. *W. Schön*, „Nachhaltigkeit" in der Unternehmensberichterstattung, ZfPW 2022, 207 (auch mit kritischer Beurteilung der unionsrechtlichen Ansätze zur Regulierung der Finanzwirtschaft zum Zweck der Nachhaltigkeitsförderung).

[81] *Hell*, Unternehmenspublizität (Fn. 80), 1015 (1017).

3. Nachhaltigkeit als *default value*?

Abschließend ist zu diskutieren, inwieweit Umweltbelange im Rahmen eines vertragsbezogenen Privatrechtsstreits Berücksichtigung finden können, wenn die Parteien dazu nichts vereinbart haben und auch das dispositive Recht keine Regelung vorsieht. Wenn einem Gericht nun im Streitfall die Aufgabe der Vertragsauslegung obliegt, ist anzudenken, ob Nachhaltigkeit gewissermaßen als *default value* berücksichtigt werden kann, sofern ein ermittelbarer subjektiver Parteiwille dem nicht entgegensteht. Allerdings ist hierbei grundsätzlich Zurückhaltung geboten. Wenn weder im Vertrag noch im Gesetz Anknüpfungspunkte für einen Nachhaltigkeitsbezug bestehen, müssen Gerichte mit Blick auf die im Vertrag offengebliebene Frage grundsätzlich einen angemessenen Interessenausgleich zwischen den Parteien anstreben, der nicht von überindividuellen Interessen geleitet wird.[82]

In methodischer Hinsicht sind in diesem Kontext zwei Ansätze denkbar. Zunächst kommt ein Einbezug von Nachhaltigkeitsbelangen im Wege der ergänzende Vertragsauslegung[83] auf Grundlage der §§ 157, 133 BGB in Betracht. Dieser Ansatz dürfte sich nur in seltenen Fällen als tauglich erweisen, denn er setzt voraus, dass der konkrete Nachhaltigkeitsbezug entweder im (hypothetischen) Regelungsplan der Parteien angelegt oder zumindest bei vergleichbaren Rechtsgeschäften im Sinne einer Branchenüblichkeit typisch und damit auch im Rahmen des konkreten Vertragsverhältnisses erwartbar ist.[84] Keinesfalls darf sich das Ergebnis einer ergänzenden Vertragsauslegung in Widerspruch mit dem tatsächlichen Parteiwillen setzen.[85] Diese Gefahr besteht aber, wenn Zivilgerichte Aspekte ökologischer Nachhaltigkeit in einen Vertrag hineinlesen, obgleich die Vertragsparteien diese gar nicht bedacht haben.

Eine andere Möglichkeit könnte darin bestehen, im Falle einer vertraglichen Regelungslücke, die Potenzial für eine ökologisch sinnvolle Ergänzung bietet, auf Art. 20a GG als verfassungsrechtliche Wertvorgabe sowie auf ein-

---

82 K. *Larenz/C.-W. Canaris*, Methodenlehre der Rechtswissenschaft, 3. Aufl., Berlin Heidelberg 1995, S. 121 verweisen im Rahmen der ergänzenden Vertragsauslegung auf das Prinzip von „Treu und Glauben" (§ 157 BGB) und ein möglichst hohes Maß an „Vertragsgerechtigkeit".
83 Dazu BGHZ 90, 69 (74 ff.); *J. Busche*, in: MüKo BGB, 9. Aufl., München 2021, § 157 Rn. 26 ff.
84 Vgl. *J. Busche*, in: MüKo BGB (Fn. 83), § 157 Rn. 26 und 51 ff.
85 BGHZ 90, 69 (77); *W. Flume*, Allgemeiner Teil des BGB, Bd. 2, 4. Aufl., Berlin u.a. 1992, S. 326 f.; *J. Busche*, in: MüKo BGB (Fn. 83), § 157 Rn. 55.

fachgesetzliche Ausprägungen des Nachhaltigkeitsziels Bezug zu nehmen.[86] Auch wenn man einer damit angedeuteten „mittelbaren Drittwirkung" des Art. 20a GG grundsätzlich offen gegenüber steht,[87] ist insoweit Zurückhaltung geboten, weil eine an Nachhaltigkeit orientierte „Korrektur" im Sinne einer nachträglichen Erweiterung oder Veränderung eines Vertrags einen starken Eingriff in die Privatautonomie der Parteien bedeutet, der nur zulässig ist, sofern er sich für die Parteien nicht als überraschend darstellt. Demnach erscheint allenfalls in Ausnahmefällen, in denen das „ökologisch sinnvolle" Pflichtenprogramm unter Bezugnahme auf die Branchenüblichkeit bzw. Verkehrssitte oder einfachgesetzliche Wertungen naheliegend ist, eine zivilgerichtliche Lösung „in dubio pro Nachhaltigkeit" unter Bezugnahme auf Art. 20a GG zulässig.

Trotz der dargelegten Vorbehalte sei der Gedanke der Nachhaltigkeit als *default value* abschließend kurz anhand eines Beispiels verdeutlicht. Nutzt ein Verkäufer bei Versendung seiner Ware übermäßig viel (umweltbelastendes) Verpackungsmaterial, das aufwendig zu entsorgen ist, könnte der Käufer darauf drängen, die Entsorgungslast nicht selbst tragen zu müssen. Wäre nun weder dem Vertrag noch dem einfachen (dispositiven) Recht eine Regelung zur Beschaffenheit des Verpackungsmaterials bzw. eine Rücknahmepflicht des Verkäufers zu entnehmen,[88] könnten Gerichte im Sinne einer „ökologischen Vertragsauslegung" zur vertraglichen Nebenpflicht des Verkäufers gelangen, zu versendende Ware möglichst umweltverträglich zu verpacken[89] und demgemäß einen Anspruch des Käufers gegen den Verkäufer auf Rücknahme oder Entsorgung des Materials bzw. Ersatz der

---

86 Der Übergang von der Vertragsauslegung unter Berücksichtigung von Wertungen der Rechtsordnung zur „ergänzenden Auslegung" ist fließend, vgl. *Flume*, Allgemeiner Teil (Fn. 85), S. 324.

87 Näher *Hellgardt/Jouannaud*, Nachhaltigkeitsziele (Fn. 5), 163 (198 ff.); die Auslegung privatrechtlicher Normen und Verträge im Lichte des Art. 20a GG bejahen auch *Bach/Kieninger*, Ökologische Analyse (Fn. 13), 1088 (1089 f.).

88 Das Verpackungsgesetz regelt bereits mit dem Ziel, Auswirkungen von Verpackungsabfällen für die Umwelt zu verringern, allgemeine Anforderungen an Verpackungen (vgl. § 4 VerpackG) sowie bezüglich Einweggetränkeverpackungen Rücknahmepflichten (vgl. § 31 VerpackG).

89 Die Pflicht zur sachgemäßen Verpackung ist in der Regel als vertragliche Nebenpflicht (§ 241 Abs. 2 BGB) und nicht als Mangel der Kaufsache selbst einzuordnen, vgl. BGHZ 87, 88 (91); näher *H. P. Westermann*, in: MüKoBGB, 8. Aufl., München 2019, § 433 Rn. 58.

Entsorgungskosten schaffen.[90] Damit würde zugleich ein (regulatorischer) Anreiz gesetzt, Verpackungsmaterial im Versandhandel zu reduzieren bzw. möglichst ökologisch zu gestalten.

D. Verfassungsrechtliche Rahmenbedingungen der Berücksichtigung von Nachhaltigkeitszielen im Privatrecht

Schließlich ist auf einige verfassungsrechtliche Rahmenbedingungen der Verfolgung von Nachhaltigkeitszielen im Privatrecht einzugehen. Zunächst stellt sich die – bereits angerissene – Frage, ob ökologische Nachhaltigkeit von Verfassungs wegen auch im Privatrecht Beachtung verlangt. Daran besteht kein Zweifel, denn als objektives Verfassungsrecht stellt Art. 20a GG eine normative Vorgabe für den Privatrechtsgesetzgeber und die Zivilgerichte dar; von letzteren ist diese namentlich bei der Auslegung und Konkretisierung von unbestimmten Rechtsbegriffen und Generalklauseln zu berücksichtigen.[91] Ebenso können Nachhaltigkeitserwägungen im Rahmen zivilgerichtlicher Abwägungen sowie als Argumentationstopoi zur Stärkung bestimmter Rechtsposition einbezogen werden.[92] Vor diesem Hintergrund erscheint es auch nicht abwegig, Art. 20a GG – trotz seines (bloß) *objektiv-rechtlichen* Gehalts als Staatszielbestimmung[93] – eine mittelbare Dritt-

---

90 Sofern die betreffende Verpackung vom Anwendungsbereich des § 4 VerpackG umfasst ist, bietet sich hiermit auch ein gesetzlicher Anknüpfungspunkt zur Konkretisierung der vertraglichen Pflichten, sodass es sich insofern nicht um eine ergänzende Vertragsauslegung (im engeren Sinne) handeln würde.
91 Vgl. *Halfmeier*, Nachhaltiges Privatrecht (Fn. 4), 717 (729 ff.) (mit Parallelen zur Umsetzung des Sozialstaatsprinzips im Privatrecht); s.a. *Hellgardt/Jouannaud*, Nachhaltigkeitsziele (Fn. 5), 163 (174 ff., 198 ff.); *Bach/Kieninger*, Ökologische Analyse (Fn. 13), 1088 (1089 f.).
92 Vgl. *Medicus*, Umweltschutz (Fn. 1), 145 (155); aus der Gerichtspraxis etwa OLG Hamm v. 19.5.2009 – 9 U 219/08, Rn. 13; AG Frankfurt a. M. v. 10.11.2017 – 32 C 365/17, Rn. 20 (jeweils zur Ablehnung einer Verkehrssicherungspflicht im Rahmen des Fruchtfalls von Bäumen mit Verweis auf deren ökologisch wünschenswerten Bestand auch im Verkehrsraum); BGHZ 225, 316 (325) verweist zur Begründung der Sittenwidrigkeit gem. § 826 BGB im Rahmen des VW-Dieselskandals darauf, dass der Hersteller der manipulierten Fahrzeuge mit einer Gesinnung gehandelt habe, die gegenüber geltenden Rechtsvorschriften „insbesondere zum Schutz der Bevölkerung und der Umwelt gleichgültig" sei.
93 Nach der Konzeption der Verfasser wurde Art. 20a GG als objektiv-rechtliches Staatsziel ausgestaltet, welches keinen subjektiven und somit (unmittelbar) einklagbaren Anspruchstatbestand enthält, vgl. Gesetzesentwurf zur Änderung des Grundgesetzes (20.1.1994), BT-Drucks. 12/6633, S. 6.

wirkung zuzuschreiben, da Zivilgerichte die Norm in Entscheidungen im Horizontalverhältnis berücksichtigen müssen und sich daraus (mittelbar) auch Rechtsfolgen für Private ergeben können.[94] Dabei bleibt allein die unmittelbare Herleitung von Ansprüchen aus Art. 20a GG – ohne jegliche Rechtsgrundlage im einfachen Recht – ausgeschlossen.[95]

Gewiss sind aber auch im Rahmen der – verfassungsrechtlich grundsätzlich gebotenen – Berücksichtigung von Nachhaltigkeitszielen im Privatrecht allgemeine Grenzen zu beachten. Der in Art. 20a GG postulierte Schutz der natürlichen Lebensgrundlagen ist als Bestandteil der verfassungsmäßigen Ordnung im Wechselspiel mit anderen Verfassungsprinzipien und -werten zu sehen, die sich dabei je nach Konstellation verstärkend[96] aber auch attenuierend auswirken können. Das Nachhaltigkeitsziel fungiert – wie die meisten Verfassungswerte – als *Optimierungsgebot*, ist also auf die Verbesserung des status quo hin zu „mehr Nachhaltigkeit" gerichtet, kann dabei aber keine Absolutheit beanspruchen. Als begrenzende Prinzipien sind an dieser Stelle als kompetenzielle Schranke für die Zivilrechtsprechung der allgemeine Gesetzesvorbehalt (dazu unter I.) sowie als allgemeine materielle Grenze der Verhältnismäßigkeitsgrundsatz (dazu unter II.) anzusprechen.

I. Relevanz des allgemeinen Gesetzesvorbehalts

Es ist bereits angeklungen, dass die Prärogative zur Konkretisierung des – verfassungsrechtlich verankerten – Gemeinwohlbelangs ökologischer Nachhaltigkeit zuvörderst dem Gesetzgeber obliegt, was auch im Wortlaut des Art. 20a GG zum Ausdruck kommt.[97] Da in privatrechtlichen

---

94 Vgl. die Nachweise in Fn. 87; a.A. wohl *H. Schulze-Fielitz*, in: Dreier (Hrsg.), Grundgesetzkommentar, 3. Aufl., Tübingen 2015, Art. 20a Rn. 66.
95 Diese Haltung kommt etwa in LG Köln, Urt. v. 14.5.2020, BeckRS 2020, 50575 (Rn. 16) zum Ausdruck (ohne Bezug auf Art. 20a GG): „Der politische Wunsch zur Verbesserung des Klimaschutzes wirkt sich also zivilrechtlich insbesondere nicht anspruchsbegründend aus."
96 So können etwa grundrechtliche Schutzpflichten aus Art. 2 Abs. 1 S. 2 GG und Art. 14 GG, die sich auf negative Umweltfolgen für Gesundheit oder Eigentum beziehen, den Umweltschutzauftrag aus Art. 20a GG bestärken, vgl. BVerfGE 157, 30 (131 f.).
97 „Der Staat schützt auch in Verantwortung für die künftigen Generationen die natürlichen Lebensgrundlagen [...] *durch die Gesetzgebung* und *nach Maßgabe von Gesetz und Recht* durch die vollziehende und Gewalt und die Rechtsprechung." (Hervorhebung hinzugefügt).

Sachverhalten, die einen Nachhaltigkeitsbezug aufweisen, nicht stets konkrete gesetzliche Grundlagen für deren Berücksichtigung bereitstehen, stellt sich die kompetenzielle Frage, inwieweit die Zivilrechtsprechung berechtigt ist, auch *eigenständig* Nachhaltigkeitsziele zu verfolgen.[98] Diese Frage lässt sich aus methodischer Perspektive unter dem Gesichtspunkt der Wahrung der Gesetzesbindung (Art. 20 Abs. 3 GG) sowie in kompetenzieller Hinsicht als Problem des Gesetzesvorbehalts betrachten, welcher rechtsstaatlich-grundrechtliche sowie demokratie- und gewaltenteilungsspezifische Aspekte vereint.[99] Vorliegend geht es primär um letzteren Aspekt. Grundsätzlich erscheint es richtig, den Gesetzesvorbehalt, der originär eine Kompetenzgrenze für die Eingriffsverwaltung darstellt,[100] auch im Privatrecht anzuwenden, wenn dieses mit regulatorischer Intention eingesetzt wird, um Gemeinwohlziele wie Nachhaltigkeit unter Einschränkung von Grundrechten durchzusetzen.[101] Demnach bedarf es auch im Rahmen der Verfolgung von Nachhaltigkeitszielen mittels Privatrecht hinreichend konkreter gesetzlicher Grundlagen.[102] Dies wird aktuell besonders mit Blick auf die gerichtliche Entwicklung von Unterlassungs- und Haftungsansprüche gegen private Treibhausgasemittenten für Klimawandel bedingte Schäden diskutiert. Solche Ansprüche können möglicherweise die Bekämpfung des Klimawandels effektivieren, gehen allerdings auch mit erheblichen Eingriffen in Grundrechte der Haftungsadressaten einher (etwa in Art. 12 Abs. 1, Art. 14 Abs. 1, Art. 2 Abs. 1 GG) und betreffen Grundfragen zur Verteilung der Lasten des Klimawandels und zur Entwicklung einer Klimaschutzstrategie, also politisch umstrittene, gemeinwohlbezogene Fragen, die primär vom Gesetzgeber zu beantworten sind.[103] Vorliegend kann auf die Proble-

---

98 Näher dazu *Hellgardt/Jouannaud*, Nachhaltigkeitsziele (Fn. 5), 163 (197 ff.).
99 Zur Geltung des Gesetzesvorbehalts im Kontext der Umsetzung der Klimaschutzziele BVerfGE 157, 30, 172 ff.; zur Anwendung im Privatrecht im Kontext von Klimaschutzklagen *K. F. Gärditz*, Verfassungsfragen zivilrechtlicher Klagen zur Durchsetzung von Klimaschutzzielen, EurUP 2022, 45.
100 Vgl. *H. Maurer/C. Waldhoff*, Allgemeines Verwaltungsrecht, 20. Aufl., München 2020, § 6 Rn. 3 ff.
101 Zur Relevanz des Gesetzesvorbehalts im Privatrecht demnächst monographisch *Jouannaud*.
102 Vgl. *Hellgardt/Jouannaud*, Nachhaltigkeitsziele (Fn. 5), 163 (177 f., 209); *Gsell*, Miete und Klimaschutz (Fn. 9), 481 (488 f.)
103 Ähnlich *Gärditz*, Verfassungsfragen (Fn. 99): „Eine Auslegung und Anwendung der einfach-gesetzlichen Bestimmung hat [...] den Vorbehalt des Gesetzes zu beachten, weil es bei einer privaten Haftung von Emittenten um eine gemeinwohl- wie grundrechtswesentliche Systementscheidung im gesamten Haftungsrecht geht."

matik der Klimaklagen, denen in diesem Tagungsband ein eigener Beitrag gewidmet ist,[104] nicht vertieft eingegangen werden. Erforderlich ist in diesem Kontext aufgrund der Geltung des Gesetzesvorbehalts jedenfalls eine dogmatisch überzeugende Herleitung der Haftung unter Rückbindung an gesetzliche Grundlagen sowie eine klare Haftungseingrenzung, die rechtsstaatlichen Anforderungen an die Berechenbarkeit und Vorhersehbarkeit genügt; diese Hürden erscheinen de lege lata nur schwer bewältigbar.[105]

Im Allgemeinen geht mit der Geltung des Gesetzesvorbehalts für die Verfolgung von Nachhaltigkeitszielen allerdings nicht zwingend eine strenge Wortlautgrenze oder ein Rechtsfortbildungsverbot für Zivilgerichte einher. Die Geltung des Gesetzesvorbehalts schließt insbesondere nicht die Konkretisierung offener Wertungsbegriffe wie etwa „gute Sitten" (§§ 138, 817 S. 2, 826 BGB) oder „Treu und Glauben" (§ 242 BGB) durch die Rechtsprechung aus. Vielmehr haben – wie gesehen – auch die Zivilgerichte im Rahmen der Normkonkretisierung die Verfassungsvorgabe des Art. 20a GG als Wertungsmaßstab berücksichtigen. Aus der vorhandenen Gesetzessystematik kann sich zum Teil aber eine „Sperrwirkung" für die Rechtsprechung ergeben. Hat der Gesetzgeber etwa bestimmte Regelungen zur Verfolgung von Nachhaltigkeitszielen getroffen oder bewusst darauf verzichtet, dürfen solche von Gerichten grundsätzlich nicht verschärft bzw. eigenständig geschaffen werden.[106]

II. Grundsatz der Verhältnismäßigkeit

Trotz der Dringlichkeit, mit der viele Aspekte ökologischer Nachhaltigkeit – insbesondere der Klimawandel – anzugehen sind, um irreversible Schäden zu vermeiden, beanspruchen Nachhaltigkeitsziele keinen *unbedingten*

---

104 Siehe den Beitrag von *Burtscher/Schindl* in diesem Band.
105 Den Versuch einer dogmatischen Herleitung der Klimahaftung unternimmt dezidiert *Schirmer*, Nachhaltiges Privatrecht (Fn. 14), S. 178 ff. (am Beispiel der Klage des peruanischen Landwirts *Luciano Lliuya* gegen RWE); kritisch etwa *Gärditz*, Verfassungsfragen (Fn. 99), 45 ff.; *Wagner* Klimahaftung (Fn. 33), 2256 (2261) insbesondere unter Bezug auf das Gebot richterlicher Zurückhaltung; s.a. *Hellgardt/Jouannaud*, Nachhaltigkeitsziele (Fn. 5), 163 (190 ff.).
106 Dazu im Kontext einer möglichen „Ausstrahlungswirkung" der nachhaltigkeitsbezogenen CSR-Berichtspflichten *Hellgardt/Jouannaud*, Nachhaltigkeitsziele (Fn. 5), 163 (209 f.).

Vorrang gegenüber anderen Belangen.[107] Allerdings nimmt etwa das relative Gewicht des Klimaschutzgebots in der Abwägung bei fortschreitendem Klimawandel zu und das Gewicht nicht klimaneutraler Freiheitsbetätigung entsprechend ab.[108] Allgemein gilt, dass sowohl der Privatrechtsgesetzgeber als auch die Zivilgerichte den Verhältnismäßigkeitsgrundsatz als Grenze zu beachten haben, wenn privatrechtliche Instrumente zur Verfolgung von Regulierungszielen – dies gilt auch für das Nachhaltigkeitsziel – eingesetzt werden sollen.[109] Der Verhältnismäßigkeitsgrundsatz greift hier in seiner klassischen Ausprägung als Schutz vor hoheitlichen Eingriffen im zweipoligen Staat-Bürger-Verhältnis, weil es darum geht, ein Gemeinwohlziel (das sich freilich in Teilen mit Individualinteressen deckt) unter Hintanstellung individueller Rechtspositionen durchzusetzen. So haben die zuvor angesprochenen Beispiele, etwa der Einsatz privater Haftung oder zwingenden Vertragsrechts zur Nachhaltigkeitsförderung, auch gezeigt, dass damit in der Regel eine Beschränkung grundrechtlicher Freiheit der privaten Akteure einhergeht, deren Handeln ökologischen Standards nicht entspricht (z.B. ihrer Eigentums-, Berufs- oder Vertragsfreiheit). Diese Einschränkungen setzen voraus, dass sie einem *legitimen Ziel* dienen und die konkreten Maßnahmen *geeignet* sowie mit Blick auf die grundrechtlichen Einschränkungen *erforderlich* und *angemessen* sind.[110] Ein *legitimes Ziel* liegt bei Verfolgung von Nachhaltigkeitsbelangen gerade eingedenk ihrer verfassungsrechtlichen Relevanz (Art. 20a GG und grundrechtliche Schutzpflichten) in aller Regel vor. Auch die *Geeignetheit* privatrechtlicher Regulierungsinstrumente dürfte meist unproblematisch zu bejahen sein, denn – wie zuvor gesehen – bestehen vielfältige Wege, Privatrecht effektiv zu Nachhaltigkeitszwecken einzusetzen, sodass der Gesetzgeber dabei insbesondere

---

107 BVerfGE 157, 30, Leitsatz 2a): „Art. 20a GG genießt keinen unbedingten Vorrang gegenüber anderen Belangen, sondern ist im Konfliktfall in einen Ausgleich mit anderen Verfassungsrechtsgütern und Verfassungsprinzipien zu bringen."; s.a. *Gsell*, Miete und Klimaschutz (Fn. 9), 481 (486).
108 BVerfGE 157, 30 (100, 132, 139). Aus diesem Umstand hat das BVerfGE 157, 30 (130 ff.) abgeleitet, dass aus der abwehrrechtlichen Funktion der Grundrechte eine eingriffsgleiche Vorwirkung folgt, die verlangt, bereits im Vorfeld ausreichende Vorkehrungen zur Begrenzung der Erderwärmung vorzunehmen, weil ansonsten in Zukunft drastische Einschnitte grundrechtlicher Freiheit (i.S.e. einer klimawandelbedingten „Vollbremsung") drohen.
109 Allgemein zur Pflicht der Beachtung des Verhältnismäßigkeitsgrundsatzes beim Einsatz regulatorischen Privatrechts *Hellgardt*, Regulierung (Fn. 9), S. 301 ff.
110 Zur Struktur der Verhältnismäßigkeitsprüfung *T. Kingreen/R. Poscher*, Grundrechte. Staatsrecht II, 38. Aufl., Heidelberg 2022, S. 101 ff.

nicht gegen Rationalitätsgebote[111] verstößt. Dennoch ist grundsätzlich anzustreben, dass die Effizienz des Einsatzes privatrechtlicher Regulierung zu Nachhaltigkeitszwecken vom Gesetzgeber ex-ante empirisch analysiert wird, um zu vermeiden, nicht oder kaum zielführende Instrumente zu implementieren.[112] Die *Erforderlichkeit* verlangt, dass keine milderen Mittel ersichtlich sind, die mit gleicher Effektivität das legitime Ziel fördern können. Eine eindeutige Intensitätsskala, auf der sich öffentlich-rechtliche und privatrechtliche Instrumente klar anordnen lassen, ist allerdings nicht ersichtlich. Viele privatrechtliche Regulierungsinstrumente sind gewiss weniger eingriffsintensiv als öffentlich-rechtliche Gebote und Verbote – man denke etwa an *Nudging*-Instrumente, die Privaten individuelle Entscheidungsfreiräume belassen. Andere können jedoch ähnlich eingriffsintensiv wirken, so etwa deliktische Haftung im Vergleich zur Anordnung von Bußgeldern.[113] Die Effektivität der Regulierungsinstrumente ist folglich mit Blick auf den konkreten Regulierungsbedarf zu prognostizieren; zum Teil kann der Einsatz privatrechtlicher Mittel durchaus zielführender sein als öffentlich-rechtliche Regulierung. In der Regel wird die Auswahl eines spezifischen Regulierungsansatzes und die Einschätzung seiner Effektivität innerhalb des Gestaltungs- und Prognosespielraums des Gesetzgebers liegen. Schließlich verlangt die *Angemessenheit*, dass die mit der regulatorischen Maßnahme verbundenen Grundrechtseingriffe zumutbar sind. Dazu bedarf es einer Abwägung des verfolgten Nachhaltigkeitsbelangs mit den kollidierenden, grundrechtlich geschützten Interessen. Eine Besonderheit besteht – wie bereits angesprochen – darin, dass einige Nachhaltigkeitsbelange aufgrund der Unumkehrbarkeit vieler Umweltschäden stetig an Dringlichkeit und somit an Gewicht in der Abwägung zunehmen.[114]

---

111 Zu Rationalitätsanforderungen an die Gesetzgebung im Kontext der Bekämpfung des Klimawandels BVerfGE 157, 30 (239 ff.).

112 Zum Erfordernis, die Eignung der Regulierungsinstrumente zur Erreichung von Regulierungszielen empirisch zu untersuchen, *Hellgardt*, Regulierung (Fn. 9), S. 493 ff.

113 Vgl. *Franck*, Marktordnung (Fn. 62), S. 33 f. (im Kontext privater Haftung bei Verstößen gegen Marktordnungsrecht).

114 Mit Blick auf den Klimawandel betont das BVerfGE 157, 30 (139), dass „das relative Gewicht des Klimaschutzgebots in der Abwägung bei fortschreitendem Klimawandel zu[nimmt]."

E. Fazit

Allgemein ist zu konstatieren, dass die in den eingangs zitierten Beiträgen anklingende Skepsis gegenüber einem „nachhaltigen Privatrecht" inzwischen größerer Akzeptanz und Innovationsfreudigkeit gewichen ist. So konstatiert jüngst etwa *Wolfgang Schön*: „Der Gedanke der Nachhaltigkeit durchdringt heute alle Räume unserer Rechtsordnung und macht auch vor dem Privatrecht nicht halt."[115] Und *Jan-Erik Schirmer* stellt eindringlich fest: „Nachhaltigkeit drängt mit Macht in die europäischen Privatrechte."[116] Nach wie vor sind die Mittel des Privatrechts zur Förderung ökologischer Nachhaltigkeit freilich begrenzt und können bloß in sinnvoller Kombination mit öffentlich-rechtlicher Regulierung die notwendigen gesellschaftlichen Veränderungsprozesse einleiten, die zur Bewältigung der aktuellen ökologischen Krisen – allen voran des Klimawandels – notwendig und unions- sowie verfassungsrechtlich geboten sind. Es ist daher essenziel, ökologische Nachhaltigkeit als Forschungsfeld der Privatrechtswissenschaft ernst zu nehmen und zu untersuchen, welche privatrechtlichen Instrumente geeignet sind, um den notwendigen ökologischen Wandel unserer Gesellschaft zu fördern. Im vorliegenden Beitrag konnte – ausschnittsweise – gezeigt werden, dass das Privatrecht verschiedene Wege zur Verfolgung von Nachhaltigkeitszielen bereithält.

---

115 *Schön*, Unternehmensberichterstattung (Fn. 80), 207 (208).
116 *Schirmer*, Nachhaltigkeit (Fn. 73), 35 (63).

Nachhaltigkeit zwischen Eigennutz und Gemeinwohl

*Dr. Christopher Rennig**

A. Einleitung

Ist Ihnen bewusst, dass aus einer Retourensendung ein geschätzter CO_2-Ausstoß von 850 Gramm resultiert?[1] Und dass dies bei jährlich 280 Millionen Retouren allein in Deutschland einen Ausstoß von ca. 238.000 Tonnen CO_2 – und damit ca. 15 % der jährlichen Emissionen einer Nation wie Malta[2] – bedeutet?[3] Jetzt, da Sie über diese Informationen verfügen: Kann dies Ihr Verhalten dahingehend beeinflussen, dass Sie bei der nächsten Online-Bestellung eine Auswahl treffen, die eine Rücksendung zumindest unwahrscheinlicher macht? Diese Frage steht exemplarisch für den in diesem Beitrag zu behandelnden übergreifenden Gedanken: Darf und kann das Privatrecht – und hier insb. das Vertragsrecht – solche „Anstupser" für nachhaltiges Verhalten enthalten? Stellvertretend hierfür steht der von dem Wirtschaftswissenschaftler *Richard H. Thaler* und dem Rechtswissenschaftler *Cass R. Sunstein* im Jahr 2009 geprägte und seitdem genutzte Begriff des Nudging.[4]

Der Untersuchung, ob sich das Privatrecht für ein Nachhaltigkeits-Nudging eignet, soll aber vorausgeschickt werden, dass die hier behandelten Fragen sicherlich nicht das Kerngebiet der Nachhaltigkeitsdiskussion im Privatrecht betreffen. Vielmehr sind die hier angestellten Überlegungen

---

* *Christopher Rennig* ist Postdoktorand und Habilitand an der Phillips-Universität Marburg. Seit Oktober 2020 ist er zudem Schriftleiter der Recht Digital (RDi).
1 *B. Asdecker*, CO2-Bilanz einer Retoure – Definition, <http://www.retourenforschung.de/definition_co2-bilanz-einer-retoure.html> (08.09.2022).
2 Die CO_2-Emissionen von Malta beliefen sich im Jahr 2020 auf ca. 1,59 Mio. Tonnen, <https://ourworldindata.org/co2/country/malta> (24.09.2022).
3 *Asdecker* (Fn. 1); vgl. auch *I. Bach/E.-M. Kieninger*, Ökologische Analyse des Zivilrechts, JZ 2021, 1088 (1096).
4 *R. H. Thaler/C. R. Sunstein*, Nudge: Improving Decisions About Health, Wealth and Happiness, New Haven/London 2009. Das Buch ist im Jahr 2021 überarbeitet worden und unter dem Titel „Nudge: The Final Edition" (Penguin Books) erschienen. Auf diese Version beziehen sich – sofern nicht anders kenntlich gemacht – die Nachweise in diesem Beitrag.

als mögliches kleines Puzzleteil eines auf Nachhaltigkeit bedachten Privatrechts zu verstehen. Zudem wird bewusst auf eine vertiefte Diskussion der (privat-)rechtlichen Dimension des Nachhaltigkeitsbegriffs verzichtet. Im Wesentlichen konzentriert sich der Beitrag im Folgenden auf Belange der Nachhaltigkeit im engeren Sinne, wonach die ökologische Komponente den Kern des Nachhaltigkeitsbegriffs bildet und mit sozialen und ökonomischen Belangen im Rahmen des sog. Drei-Säulen-Modells[5] auf eine Art in Ausgleich zu bringen sind, dass die Grenzen der Erhaltung natürlicher Lebensgrundlagen („planetary boundaries") beachtet werden.[6] Bestandteil eines solchen Verständnisses des Nachhaltigkeitsbegriffs sind damit jedenfalls „ein sparsamer Umgang mit nicht erneuerbaren Ressourcen bzw. ein zwischen Regenerations- und Abbaurate ausgeglichener Verbrauch erneuerbarer Ressourcen, die Erhaltung von Biodiversität und Schonung sensibler Ökosysteme insb. durch Vermeidung stark umweltbelastender Eingriffe in die Natur, also z.B. Reduzierung schädlicher Abfälle oder Verringerung von Treibhausgasemissionen zur Begrenzung der anthropogenen Erderwärmung und des damit verbundenen Klimawandels".[7]

B. Nudging im Kontext von behavioral economics and law

Die Idee einer Verhaltenssteuerung durch Recht findet ihren Ausgangspunkt in verhaltensökonomischen Beobachtungen, die zu einer Analyse der Auswirkungen rechtlicher Regeln auf das Verhalten Einzelner geführt haben. Dort ist die Idee eines Nudging insb. Ausfluss einer Entwicklung, die sich seit Beginn einer verstärkten Hinwendung zu einer rechtsökonomischen Analyse des Rechts vollzogen hat. Vertreter der klassischen Rechtsökonomie legten ihren Überlegungen mit dem *homo oeconomicus* dabei

---

[5] Nach dem Drei-Säulen-Modell sind soziale, ökonomische und ökologische Belange unter gleichmäßiger Berücksichtigung in einen Ausgleich zu bringen, vgl. *K. Gehne*, Nachhaltige Entwicklung als Rechtsprinzip, Tübingen 2011, S. 91; ähnlich *G. Beaucamp*, Das Konzept der zukunftsfähigen Entwicklung im Recht, Tübingen 2002, S. 20; aufgrund der fehlenden Berücksichtigung räumlicher und zeitlicher Perspektiven kritisch *A.-C. Mittwoch*, Nachhaltigkeit und Unternehmensrecht, Tübingen 2022, S. 28 ff.
[6] *Mittwoch*, Nachhaltigkeit (Fn. 5), S. 38 f.; in diese Richtung auch im Sinne einer „Nachhaltigkeit im engeren Sinne", allerdings unter stärkerer Betonung der ökologischen gegenüber der sozialen und ökologischen Komponenten *A. Hellgardt/V. Jouannaud*, Nachhaltigkeitsziele und Privatrecht, AcP 222 (2022), 163 (168 m.w.N.); vgl. auch *J. E. Schirmer*, Nachhaltigkeit in den Privatrechten Europas, ZEuP 2021, 35 (38 f.).
[7] *Hellgardt/Jouannaud*, Nachhaltigkeitsziele (Fn. 6), 163 (169).

zunächst noch das Modell eines Menschen zugrunde, der auf Grundlage vollständiger Information (Rationalitätstheorem) am eigenen Nutzen orientierte Entscheidungen trifft (Eigennutztheorem);[8] mit anderen Worten einen Menschen, der alles weiß und dieses Wissen für seine Zwecke ausnutzt. Während teilweise vertreten wurde, dass sich dieser eigene Nutzen stets in einem Geldwert ausdrücken lassen muss,[9] herrscht heute die Ansicht vor, dass der eigene Nutzen sich ebenso gut in einer anderen Größe ausdrücken lassen kann (z.B. im Erwerb eines guten Rufs bzw. der Vermeidung eines schlechten Rufs) und dabei nicht ausschließlich egoistische, sondern auch altruistische Motive verfolgt werden können.[10] Verstanden werden kann das Eigennutztheorem der klassischen Rechtsökonomie also dahin, dass sich der *homo oeconomicus* gemäß seinen Präferenzen verhält und dabei für sich selbst beurteilt, was in diesem Sinne „gut" ist; eine von objektiven Wertungen geprägte moralische Dimension kommt dem nicht zu.[11] Gleichzeitig sieht man schon hieran, dass der *homo oeconomicus* zwar ein idealtypisches Modell darstellt, welches an bestimmten Rahmenbedingungen anknüpft, die auf dieser Grundlage getroffene Entscheidung jedoch zusätzlich von Parametern abhängt, die von Individuum zu Individuum unterschiedlich sein können.

Ohnehin sind die Grundannahmen, die dem Modell des *homo oeconomicus* zugrunde liegen, allenfalls theoretischer Natur: Weder verfügen Menschen stets über eine vollständige Informationsgrundlage, noch verfolgen sie mit ihrem Handeln ausschließlich den eigenen Nutzen. In diesem Zusammenhang identifizieren *Jolls, Sunstein* und *Thaler* drei Abweichungen, die „reale Menschen" von dem unter Laborbedingungen hergestellten Modell von einem *homo oeconomicus* aufweisen, namentlich bezüglich ihrer Rationalität (*bounded rationality*), ihrer Willensstärke (*bounded willpower*) sowie ihres Eigeninteresses (*bounded self-interest*).[12]

---

8 Zum *homo oeconomicus* und den diesem zugeschriebenen Eigenschaften vgl. statt vieler *Hacker*, Verhaltensökonomik und Normativität, Tübingen 2017, S. 29 ff.
9 Bspw. *R. A. Posner*, Utilitarianism, Economics, and Legal Theory, Journal of Legal Studies 8 (1979), S. 103 ff.
10 *E. V. Towfigh*, Das ökonomische Paradigma, in: E. V. Towfigh/N. Petersen (Hrsg.), Ökonomische Methoden im Recht, 2. Aufl., Tübingen 2017, Rn. 70.
11 *Towfigh*, Paradigma (Fn. 10), Rn. 69.
12 *C. R. Sunstein/C. Jolls/R. H. Thaler*, A Behavioral Approach to Law and Economics, 50 Stanford Law Review 1998, 1471 (1476 ff.); vgl. hierzu auch *M. Englerth/E. V. Towfigh*, Verhaltensökonomik, in: E. V. Towfigh/N. Petersen (Hrsg.), Ökonomische Methoden im Recht, 2. Aufl., Tübingen 2017, Rn. 493 ff.

Gerade an solchen Abweichungen zwischen dem Modell des *homo oeconomicus* und der Lebenswirklichkeit setzt nun die Idee des Nudging an: *Thaler* und *Sunstein* bezeichnen als Nudge „jeden Aspekt der Entscheidungsarchitektur, der das Verhalten der Menschen auf vorhersehbare Weise verändert, ohne Optionen zu verbieten oder ihre wirtschaftlichen Anreize wesentlich zu verändern."[13] Weder Ge- und Verbote noch ökonomische Anreize (z.B. in Gestalt von Steuern und Subventionen) erfüllen diese Prämissen und können deshalb nicht als Nudge bezeichnet werden.[14] Da durch Nudging letztlich die menschlichen Beschränkungen rationalen Verhaltens durch geeignete Instrumente ausgeglichen werden sollen, wird teilweise die Ansicht geäußert, der *homo oeconomicus*, der diesen Beschränkungen gerade nicht unterliegt, werde als Idealvorstellung suggeriert, die es zu erreichen gelte.[15] Das führt aber zu Folgeproblemen: Zunächst muss insb. der Begriff der Rationalität bis zu einem Grad umschrieben werden, der eine Identifizierung irrationalen Verhaltens ermöglicht, um in der Folge geeignete Instrumente modellieren zu können. Im Detail enthält diese Umschreibung allerdings kaum auflösbare Abgrenzungsschwierigkeiten: Der Begriff der Rationalitätsbeschränkung, der im allgemeinen Sprachgebrauch mit einer negativen Konnotation verbunden ist, umfasst nämlich auch solche Verhaltensweisen, die – je nach Betrachter – als positiv beurteilt werden können. Zum Beispiel zeigen verhaltenswissenschaftliche Experimente, dass Menschen unter Verzicht auf eigene Vorteile durchaus altruistische Motive verfolgen können, die im Kontext der traditionellen Rechtsökonomie wohl nicht als rational im Sinne des Eigennutztheorems bezeichnet werden würden.[16] Zugleich steht es für den *homo oeconomicus* nicht außer Frage, sich nach außen hin altruistisch zu verhalten, wenn damit zumindest

---

13 Übersetzt aus dem Englischen nach *Thaler/Sunstein*, Nudge (Fn. 4), S. 8.
14 *Thaler/Sunstein*, Nudge (Fn. 4), S. 8.
15 *J. Wolff*, Eine Annäherung an das Nudge-Konzept nach Richard H. Thaler und Cass R. Sunstein aus rechtswissenschaftlicher Sicht, RW 2015, 194 (211).
16 Ein Beispiel für ein solches Experiment ist das sog. Ultimatum-Spiel, in dessen Rahmen ein Spieler oder eine Spielerin entscheiden kann, welchen Geldbetrag er oder sie selbst und ihre Mitspieler erhalten, wenn die Mitspieler der vorgenommenen Aufteilung zustimmen, vgl. *V. Liberman/S. M. Samuels/L. Ross*, The Name of the Game: Predictive Power of Reputations Versus Situational Labels in Determining Prisoner's Dilemma Game Moves, 30 Personality and Social Psychology Bulletin 2004, 1175. Eine Fortentwicklung des Ultimatum-Spiels ist das sog. Diktator-Spiel, in dessen Rahmen der Spieler oder die Spielerin abschließend über die Verteilung des Geldbetrags entscheidet, vgl. *Englerth/Towfigh*, Verhaltensökonomik (Fn. 12), Rn. 497.

innerlich ein eigenes Interesse verfolgt wird. Wo hier die Grenzlinien verlaufen, wird kaum sicher festzustellen sein. *Eidenmüller* hat deshalb schon 2011 angemerkt, dass die Gründe, die *Thaler* und *Sunstein* für einen mit dem Nudging-Ansatz verfolgten liberalen Paternalismus (vgl. dazu noch unten, IV. B.) anführen – namentlich die Ermöglichung eines längeren, gesünderen und besseren Lebens[17] – „naive bzw. triviale Zielvorstellungen [sind], die nicht ansatzweise für eine ausgearbeitete normative rechtspolitische Konzeption gelten können."[18]

Daraus lässt sich allerdings nicht folgern, dass der Nudging-Ansatz gänzlich ungeeignet wäre, um eine rechtlich vermittelte Verhaltensbeeinflussung zu bewirken. Es bedarf allerdings einer genauen Zielvorstellung, die in hinreichendem Maße genau formuliert wird. In dem hier interessierenden Zusammenhang ist es deshalb zwingend erforderlich, den Nachhaltigkeitsbegriff aus rechtlicher Perspektive so genau wie möglich zu umreißen; entsprechende Versuche werden – wie oben dargestellt (I.) – bereits unternommen.[19]

C. Fliesenlegerfall 2.0 als gedanklicher Ausgangspunkt

Um die Genese und die Zielsetzung der Forschungsfrage zu veranschaulichen, soll im Folgenden das Pferd gewissermaßen von hinten aufgezäumt werden. Dazu wird eine spezifische Konstellation aufgezeigt, in der ein nachhaltiges Ergebnis mit einem im Vertragsrecht verortbaren Nudge erreicht werden könnte, um dadurch einen Ausgleich zwischen Eigennutz und Gemeinwohl zu fördern. Die Idee, insb. das Vertragsrecht als Vehikel für Anreize für nachhaltiges Verhalten zu nutzen, findet dabei ihren gedanklichen Ausgangspunkt in Entscheidungen des Bundesgerichtshofs (BGH) aus den Jahren 2018, 2020 und 2021. Diese weisen auf den ersten Blick mit Belangen der Nachhaltigkeit keinerlei Berührungspunkte auf, sondern betreffen die Frage der Ersatzfähigkeit fiktiver Mängelbeseitigungskosten. Zum Hintergrund: Von 2018 bis 2021 herrschte am BGH zwischen dem für das Kaufrecht zuständigen V. und dem für das Werkrecht zuständigen VII. Zivilsenat Uneinigkeit über diese Methode der Berechnung des Anspruchs auf Schadensersatz statt der Leistung. Stellte es noch

---

17 Vgl. dazu noch unten, IV. C. 1.
18 H. *Eidenmüller*, Liberaler Paternalismus, JZ 2011, 814 (820).
19 Vgl. dazu auch die Nachweise bei Fn. 6.

bis 2018 gefestigte Rechtsprechung sowohl für das Werk- als auch das Kaufrecht dar, dass fiktive Mängelbeseitigungskosten ersatzfähig seien, änderte der VII. Zivilsenat diese Rechtsprechung (nur) für den Werkvertrag mit Urteil vom 22.2.2018.[20] Darauf folgte ein Austausch von Standpunkten zwischen den Senaten,[21] in dem letzterer die Ansicht vertrat, dass eine solche Rechtsprechungsänderung – die er inhaltlich nicht mitzutragen bereit war – für das Kauf- und Werkrecht nur einheitlich möglich sei.[22] Die teilweise lehrbuchartig ausformulierten Entscheidungen der beiden Senate enthalten nun – unbeabsichtigt – Passagen, die auch hinsichtlich der Nachhaltigkeit des Verhaltens der an Kauf- oder Werkverträgen beteiligten Parteien von Interesse sind. In besonderem Maße gilt dies für einen durch die Gerichtspraxis inspirierten Beispielsfall, den der VII. Zivilsenat in seinem Beschluss vom 8.10.2020 gebildet hat, um die Erforderlichkeit einer Rechtsprechungsänderung zu illustrieren:[23]

> „Der Besteller hat den Unternehmer beauftragt, den Boden im Erdgeschoss seines Einfamilienhauses mit weißen Natursteinplatten zu fliesen. Der vereinbarte Preis beträgt 40.000€. Tatsächlich werden hellgraue Natursteinplatten verlegt. Der Austausch würde etwa 60.000€ netto kosten, da die Einbauküche wieder abgebaut, die Möbel ausgelagert, die verlegten Platten entfernt, die neuen Platten verlegt und die Familie vorübergehend in einem Hotel untergebracht werden muss. Der Unternehmer hat die Nacherfüllung nicht innerhalb der gesetzten Frist durchgeführt."

Auf Grundlage dieses Fallbeispiels arbeitet der Senat nun heraus, dass ein Werkbesteller gem. §§ 634 Nr. 1, 635 BGB einen Anspruch auf Nacherfüllung hat und bei deren Ausbleiben Vorschuss oder Kostenerstattung gem. §§ 634 Nr. 2, 637 BGB verlangen kann.[24] Ein Blick auf die gesetzlichen Vorgaben zeigt, dass die erfolgreiche Geltendmachung des Anspruchs auf die Zahlung eines Vorschusses oder die Kostenerstattung entscheidend davon abhängt, dass der Besteller gegenüber dem Unternehmer zunächst den Anspruch auf Nacherfüllung geltend gemacht hat, den dieser nicht

---

20 BGHZ 218, 1.
21 BeckRS 2020, 29059; BGHZ 229, 115; vgl. zum Ganzen *T. Riehm*, Fiktive Mängelbeseitigungskosten auf dem Weg zum Großen Zivilsenat, NJW 2021, 27; *D. Looschelders*, Fiktive Mängelbeseitigungskosten – Absage der Vorlage an den Großen Zivilsenat, NJW 2021, 1501.
22 Vgl. dazu insb. BGHZ 229, 115.
23 BeckRS 2020, 29059, Rn. 42.
24 BeckRS 2020, 29059, Rn. 43.

innerhalb einer angemessenen Frist erfüllt hat. Für die dem Werkrecht eigene Selbstvornahme ergibt sich dies aus §§ 634 Nr. 2, 637 Abs. 2 S. 1 BGB. Dasselbe gilt für einen Rücktritt (§§ 634 Nr. 3 Alt. 1, 323 BGB) eine Minderung (§§ 634 Nr. 3 Alt. 2, 638, 323 BGB) sowie einen Anspruch auf Schadensersatz statt der Leistung (§§ 634 Nr. 4, 281 Abs. 1 S. 1 BGB). Auch im Kaufrecht ist der Ablauf einer angemessenen Frist, die der Käufer dem Verkäufer zum Zwecke der Nacherfüllung setzt, im Grundsatz notwendige Voraussetzung für Gestaltungsrechte wie Rücktritt (§§ 437 Nr. 2 Alt. 1, 323 BGB) und Minderung (§§ 437 Nr. 2 Alt. 2, 441, 323 BGB) sowie den Sekundäranspruch auf Schadensersatz statt der Leistung (§§ 437 Nr. 3, 281 Abs. 1 S. 1 BGB). Abgesichert wird durch das Fristsetzungserfordernis jeweils das dem Verkäufer oder dem Unternehmer grundsätzlich zustehende „Recht zur zweiten Andienung".[25]

In dem durch den VII. Zivilsenat gebildeten Beispielsfall stellt es sich bei näherem Hinsehen aber nicht als besonders nachhaltig dar, dem Unternehmer ein „Recht zur zweiten Andienung" zu gewähren. Eine Nacherfüllung kann hier nämlich nur in Gestalt der Neuherstellung des Werks erfolgen, da eine nachträgliche Änderung der Fliesenfarbe nur auf diese Weise möglich ist; die Beseitigung des Mangels[26] durch eine Nachbesserung ist tatsächlich unmöglich. Dies steht im Widerspruch zu dem oben zugrunde gelegten Verständnis von Nachhaltigkeit: Die Entfernung voll funktionsfähiger, im rechtlichen Sinne aber mangelhaften Natursteinplatten führt mit großer Wahrscheinlichkeit zu deren Zerstörung; ein sparsamer Umgang mit nicht erneuerbaren Ressourcen ist dies nicht. Das vor diesem Hintergrund nachhaltige Ergebnis – namentlich der Verzicht auf die Nacherfüllung zugunsten eines Verbleibs der fälschlicherweise verlegten hellgrauen Natursteinplatten – lässt sich allerdings nur dadurch erreichen, dass der Besteller auf die Geltendmachung seines Nacherfüllungsanspruchs verzichtet. Hierdurch beraubt er sich aufgrund des grundsätzlichen Erfordernisses einer Fristsetzung allerdings zugleich der Möglichkeit, alternative Ersatzansprüche geltend zu machen. Ein (Geld-)Ausgleich für die mangelhafte Leis-

---

[25] Vgl. für das Kaufrecht *S. Lorenz*, Nacherfüllung und Obliegenheiten des Käufers: Zur Reichweite des „Rechts zur zweiten Andienung", NJW 2006, 1175 (1176); für das Werkrecht *J. Busche*, in: F. J. Säcker/R. Rixecker/H. Oetker/B. Limperg (Hrsg.), Münchener Kommentar zum BGB, 9. Aufl., München 2023, § 634 Rn. 75 f.

[26] Mangelhaft sind die verlegten Natursteinplatten aufgrund der Abweichung von einer vereinbarten Beschaffenheit, § 633 Abs. 2 S. 1 BGB.

tungserbringung lässt sich allenfalls außerrechtlich erreichen,[27] z.B. durch eine separate Vereinbarung zwischen Besteller und Unternehmer über den Verzicht auf die Nacherfüllung gegen die Zahlung eines Geldbetrags.

Betrachtet man den Besteller nun als einen *homo oeconomicus* in Reinform, so kann man für diesen, wie oben dargestellt, zwei Annahmen formulieren: Er kennt sämtliche Entscheidungsoptionen, die er nach deren Nutzen für sich selbst beurteilt, und er wählt schließlich stets die Option, die ihm den höheren Nutzen verschafft.[28] Geht man von einem nach diesen Grundbedingungen handelnden Besteller aus, so liegt der Schluss nahe, dass die Durchsetzung des Anspruchs auf Nacherfüllung durch diesen als für ihn nützlichste Alternative erkannt und durchgesetzt wird: Dadurch besteht zum einen die Möglichkeit, dass der Besteller die ursprünglich versprochene Leistung – namentlich die weißen Natursteinplatten – doch noch erhält; zum anderen kann er ausschließlich dadurch die Voraussetzungen für auf Geldzahlung gerichtete Sekundäransprüche schaffen.

Diese Annahmen der klassischen Rechtsökonomie gelten allerdings, wie bereits dargestellt, als überholt. Es besteht also Hoffnung, dass Ansatzpunkte zu finden sind, die dem Besteller das nachhaltige Verhalten „schmackhaft" machen. Wie könnte nun aber in dem durch den VII. Zivilsenat gebildeten Fall das Vertragsrecht einen Nudge dafür bieten, der die Erreichung des nachhaltigen Ergebnisses innerhalb des Rechts ermöglicht, ohne dass sich der Verzicht auf die Nacherfüllung für den Besteller als vollkommener Verzicht auf den eigenen Nutzen darstellt? Eine der wesentlichen Herausforderungen hierbei ist erstens der zielgenaue Zuschnitt eines Nudges gerade auf solche Situationen, in denen tatsächlich Nachhaltigkeitsbelange betroffen sind, zweitens die Verhinderung einer Ausnutzung als Vorwand für andere Zwecke. So ließe sich in der vorliegenden Situation z.B. überlegen, durch eine Ergänzung des § 323 Abs. 2 BGB um Konstellationen mit näher zu definierendem Nachhaltigkeitsbezug die Entbehrlichkeit einer Fristsetzung anzuordnen und dem Besteller so direkten Zugang zu Geldersatzansprüchen zu ermöglichen. Damit verbunden wären aber zwei Ergebnisse, die nicht wünschenswert sind: Entweder erwüchse dem Besteller

---

27 Abgesehen von dem auch hier bestehenden Erfordernis einer Fristsetzung ist insb. das Minderungsrecht nicht geeignet, einen solchen Geldausgleich rechtlich zu ermöglichen, da im Rahmen der Berechnung des Minderungsbetrags nach § 441 Abs. 3 BGB der objektive Wert der Kaufsache zugrunde gelegt wird und insb. ein Affektionsinteresse des Käufers nicht berücksichtigt wird, vgl. BT-Drucks. 14/6040, S. 235; *K. Stöber*, in: W. Ball (Hrsg.), BeckOGK zum BGB (Stand: 1.8.2022), § 441 Rn. 63 m.w.N.

28 Vgl. *Towfigh*, Paradigma (Fn. 10), Rn. 69.

hieraus keinerlei Vorteil, wenn – wie der VII. Zivilsenat dies tut – die Berechnung eines Ersatzanspruchs anhand der fiktiven Mängelbeseitigungskosten abgelehnt wird und zugleich kein Wertunterschied zwischen weißen und hellgrauen Natursteinplatten i.S.d. Differenzhypothese feststellbar ist. Oder eine solche Regelung öffnet der Umgehung des „Rechts der zweiten Andienung" Tür und Tor, wenn eine Berechnung des Ersatzanspruchs nach den fiktiven Mängelbeseitigungskosten als zulässig erachtet wird und Nachhaltigkeitsgesichtspunkte nur vorgeschoben werden.

Denkbar ist stattdessen die Konzeption einer auf solche Situationen zugeschnittenen Anspruchsgrundlage, die z.B. als § 635a BGB gesetzlichen Niederschlag finden könnte. Vorstellbar ist hierfür bspw. folgender Wortlaut:

> „Ist die Nacherfüllung nur in Gestalt der Neuherstellung eines neuen Werkes möglich und führt dies zwangsläufig zur Zerstörung des mangelhaften Werks, so kann der Besteller von dem Unternehmer anstelle der Nacherfüllung Kostenersatz in Höhe der Hälfte der für die Neuherstellung erforderlichen Kosten verlangen."

Ein solcher Anspruch verbindet – zumindest in der Theorie – gleich mehrere Vorteile: Zunächst wird, sollte der Besteller den Anspruch geltend machen, die Zerstörung des mangelhaften Werks verhindert; das ist nachhaltig im Sinne des hier zugrunde gelegten Begriffsverständnisses. Hierfür erhält der Besteller einen monetären Ausgleich, der einerseits einen Anreiz dafür bietet, das mangelhafte Werk zu behalten, andererseits aber so bemessen ist, dass eine Überkompensation zumindest beschränkt bleibt.[29] Zugleich wird mit der Formulierung eines solchen Anspruchs ausdrücklich keine Beschränkung der Rechtsposition des Bestellers verbunden, denn er kann ohne Weiteres weiterhin auf der Nacherfüllung und damit den Austausch der hellgrauen gegen die weißen Natursteinplatten bestehen und durch eine Fristsetzung die Durchsetzung von Sekundäransprüchen vorbereiten.[30] Die Beibehaltung des *status quo*, den Menschen ohnehin übermäßig bevorzu-

---

29 Welcher Prozentsatz der Neuherstellungskosten über einen solchen Anspruch verlangt werden können, wäre notwendiger Gegenstand weiterer Überlegungen. Je höher der Prozentsatz gewählt ist, desto höher wird einerseits der Anreiz, das mangelhafte Werk zu behalten, andererseits aber auch die Gefahr einer Überkompensation.
30 Ob man das Verhältnis zwischen einem solchen Anspruch und dem Anspruch auf Nacherfüllung als Wahlschuld i.S.d. §§ 262 ff. BGB oder als elektive Konkurrenz ausgestaltet, stellt dabei eine weitere Detailfrage dar, die noch zu klären wäre.

gen (sog. *status quo bias*[31]), wird jedoch zumindest attraktiver gemacht. Besonders charmant erscheint zudem, dass die Geltendmachung des Anspruchs für den Unternehmer ebenfalls Vorteile bereithält, denn im Gegensatz zu der Neuherstellung des Werks ist die Zahlung eines Betrags, der zwangsläufig unter dem zur Neuherstellung notwendigen Betrag bleibt, ebenfalls erstrebenswert.

D. Nudging, Nachhaltigkeit und Vertragsrecht

Aus dieser beispielhaften Konzeption eines Nudges im Vertragsrecht lässt sich nun also die übergreifende Frage entwickeln, ob das Vertragsrecht als zentraler Teil des Privatrechts ein geeignetes Vehikel dafür darstellt, Anreize für nachhaltiges Verhalten der Vertragsparteien zu setzen. Dieser Frage spürt dieser Beitrag nun nach, indem er entscheidende Begriffe zunächst jeweils in Zweierpaaren in eine Beziehung zueinander setzt: Dazu gehört ein kurzer Überblick über den Diskurs zu Privatrecht und Nachhaltigkeit, um insb. den hier verfolgten Ansatz dort einzuordnen (I.). Im Anschluss wird das Verhältnis von Privatrecht und Nudging-Konzept beleuchtet (II.), bevor zuletzt die Beziehung des Nudging-Konzepts zu Nachhaltigkeitsbelangen behandelt wird (III.). Die dort gewonnen Erkenntnisse münden schließlich in einer finalen Zusammenführung, in der zunächst allgemeine Überlegungen zu einem Einsatz des Vertragsrechts zum Zwecke des Nudging der Vertragsparteien hin zu nachhaltigem Verhalten beurteilt wird, bevor erste Anwendungsbeispiele entwickelt und bewertet werden (IV.).

I. Privatrecht und Nachhaltigkeit

Im privatrechtlichen Schrifttum findet sich eine Vielzahl von Beiträgen dazu, wie sich Belange der Nachhaltigkeit in dieses Rechtsgebiet einfügen.[32] Eine ausführliche Darstellung sämtlicher Überlegungen an dieser Stelle erscheint allerdings nicht zielführend; stattdessen soll lediglich eine Einord-

---

31 Vgl. hierzu *Englerth/Towfigh*, Verhaltensökonomik (Fn. 12), Rn. 532 sowie die Nachweise bei *Wolff*, Nudge-Konzept (Fn. 15), 194 (199, insb. Fn. 24).

32 Vgl. statt vieler monografisch *J.-E. Schirmer*, Nachhaltiges Privatrecht, Tübingen 2023; daneben *Schirmer*, Nachhaltigkeit (Fn. 6), 35 (38 f.); *Hellgardt/Jouannaud*, Nachhaltigkeitsziele (Fn. 6), 163 (168); vgl. im Hinblick auf Belange des Umweltschutzes *J. Croon-Gestefeld*, Gemeininteressen im Privatrecht, Tübingen 2022, S. 125 ff.

nung der hier untersuchten Frage in den Kontext bisheriger Überlegungen versucht werden. Insofern ist die Besonderheit eines Nudging-Konzepts, dass es nachhaltiges Verhalten nicht zwingend vorschreibt, sondern auf eine freiwillige Entscheidung des Einzelnen hinwirken will.[33] Dabei geht es hier nicht primär um eine ökologische Analyse geltenden Rechts,[34] sondern um die rechtspolitisch ausgerichtete Entwicklung von Ansätzen und Anwendungsbeispielen, um Anreize für freiwilliges nachhaltiges Verhalten im Vertragsrecht zu setzen.

II. Nudging im Privat- und insb. im Vertragsrecht

Dem Nudging können zwei Aspekte entnommen werden: Einerseits ein steuerungsorientierter, andererseits ein rechtspolitischer Aspekt.[35] Der steuerungsorientierte Aspekt bezeichnet die Analyse der (potenziellen) Auswirkungen rechtlicher Regeln auf das Verhalten von Normadressaten.[36] Für diesen Beitrag von Interesse ist aber vor allem der rechtspolitische Aspekt, denn er ist es letztlich, der einen Nudge aus dem außerrechtlichen in den rechtlichen Bereich überführt und dadurch ver- und insb. bewertbar macht. Dass Recht durch Gesetzgeber (auch) zum Zwecke der Verhaltenssteuerung eingesetzt wird, ist dabei kein neues Phänomen: So sollen z.B. Steuern ein bestimmtes Verhalten weniger attraktiv machen,[37] während von Subventionen der gegenteilige Effekt ausgehen soll.[38]

Die Besonderheit des Nudging-Konzepts besteht jedoch in seiner Zuordnung zu einem rechtspolitischen Programm, das *Thaler* und *Sunstein*

---

33 In diese Richtung zielen z.B. Überlegungen, in deren Zentrum ein an Nachhaltigkeitsbelangen anknüpfender Mangelbegriff steht, bspw. bei *K. Tonner et al.*, Gewährleistung und Garantie als Instrumente zur Durchsetzung eines nachhaltigen Produktumgangs, VuR 2017, 3; *I. Bach/M. Wöbbeking*, Das Haltbarkeitserfordernis der Warenkauf-RL als neuer Hebel für mehr Nachhaltigkeit?, NJW 2020, 2672; *J. Croon-Gestefeld*, Die nachhaltige Beschaffenheit der Kaufsache, NJW 2022, 497.
34 Vgl. dazu insb. *Bach/Kieninger*, Ökologische Analyse (Fn. 3), 1088 (1096).
35 *Wolff*, Nudge-Konzept (Fn. 15), 194 (204).
36 *Wolff*, Nudge-Konzept (Fn. 15), 194 (205 ff).
37 Vgl. dazu *G. Wagner*, Prävention und Verhaltenssteuerung durch Privatrecht – Anmaßung oder legitime Aufgabe?, AcP 206 (2006), 352 (358).
38 *Wolff*, Nudge-Konzept (Fn. 15), 194 (207).

als „Liberalen Paternalismus" bezeichnen.[39] Hierbei verbinden sie mit Liberalität und Paternalismus zwei Begriffe, die auf den ersten Blick gegensätzlich wirken. In Einklang gebracht werden sie dadurch, dass Nudging zwar einerseits Menschen dabei helfen soll, diejenigen Entscheidungen zu treffen, die sie bei vollständiger Informationsgrundlage, unbegrenzten kognitiven Fähigkeiten und absoluter Selbstkontrolle getroffen hätten (paternalistisches Element), ohne abweichende Entscheidungen zu verhindern oder bedeutend zu erschweren (liberales Element).[40]

Ein Nudging-Konzept, das den liberalen Paternalismus in das Privatrecht und speziell das Vertragsrecht integriert, führt schon ganz allgemein und ohne Berücksichtigung einer konkreten Zielsetzung zu potenziellen Konflikten mit Prinzipien des Privatrechts: Dieses soll „idealiter als Hort der Privatautonomie und unpolitischer Freiheitsraum"[41] fungieren, und steht damit insb. dem paternalistischen Element kritisch gegenüber, da hierdurch (politische) Wertungen ins Privatrecht überführt werden und damit geeignet ist, privatautonome Entscheidungen zu beeinflussen.[42] Insgesamt fügt sich dies in die andauernde und kontrovers geführte Diskussion um die Regulierungsfunktion des Privatrechts und eine etwaige verhaltenssteuernde Wirkung ein, die an dieser Stelle weder erschöpfend dargestellt noch abschließend aufgelöst werden kann.[43] Allerdings sollte

---

39 *Thaler/Sunstein*, Nudge (Fn. 4), S. 6 ff.; vgl. hierzu und zu anderen Paternalismusmodellen *Hacker*, Verhaltensökonomik (Fn. 8), S. 211 ff.; *H. Eidenmüller*, Effizienz als Rechtsprinzip, 4. Aufl., Tübingen 2015, S. 358 ff.
40 Als „goldene Regel" des liberalen Paternalismus wird angesehen, dass die Rechtsordnung „Anstöße" geben soll, die sehr wahrscheinlich helfen und sehr wahrscheinlich nicht schaden, vgl. *Thaler/Sunstein*, Nudge (Fn. 4), S. 7.
41 *Schirmer*, Nachhaltigkeit (Fn. 6), S. 42.
42 Vgl. *Hacker*, Verhaltensökonomik (Fn. 8), S. 221 ff.
43 Hingewiesen sei jedoch auf die grundlegenden Arbeiten zu Verhaltenssteuerung durch Privatrecht von *Wagner*, Prävention (Fn. 37); *A. Hellgardt*, Regulierung und Privatrecht – Staatliche Verhaltenssteuerung mittels Privatrecht und ihre Bedeutung für Rechtswissenschaft, Gesetzgebung und Rechtsanwendung, Tübingen 2016; sowie aus jüngerer Zeit *C. Latzel*, Verhaltenssteuerung, Recht und Privatautonomie, Berlin/Heidelberg 2020. Ein hilfreicher Überblick über den Diskussionsstand findet sich zudem bei *G. Hönn*, Privatautonomie von innen und außen – Zur Materialisierungsdebatte im Vertragsrecht, JZ 2021, 693; vgl. zudem die Schriftfassungen der Vorträge der unter dem Thema „Gemeinwohl und Privatrecht" abgehaltenen Zivilrechtslehrertagung 2019 in AcP 220 (2020), Heft 4–5.

nicht verkannt werden, dass gerade das Verhalten Privater für Aspekte des Klimaschutzes von erheblicher Bedeutung ist.[44]

Ungeachtet dieser Diskussion kommt dem Privatrecht schon *de lege lata* verhaltenssteuernde Wirkung zu. Zudem wird es genutzt, um mit rechtsökonomischen Methoden erkannte Rationalitätsbeschränkungen auszugleichen. Als Beispiel hierfür mag das im deutschen Recht in den §§ 305 ff. BGB kodifizierte AGB-Recht dienen: Einerseits wird ein AGB-Verwender im Hinblick auf die Klauselverbote mit großer Wahrscheinlichkeit sein Verhalten dergestalt anpassen, dass er diese Klauseln gerade nicht verwendet, um nicht die Folgen einer Unwirksamkeit tragen zu müssen. Der Schutz der Gegner des AGB-Verwenders ist zudem unter anderem Reaktion auf die verhaltensökonomische Erkenntnis, dass diese die gegen sie verwendeten Klauseln in der Regel widerspruchslos und ohne eingehende Überprüfung hinnehmen.[45]

Zur regelungstechnischen Umsetzung eines Nudging-Konzepts lassen sich verschiedene Instrumente identifizieren, die für eine Verhaltenssteuerung besonders geeignet erscheinen.[46] Hierzu gehört zunächst die optimale Bereitstellung relevanter Informationen, auf deren Grundlage eine rationale Entscheidung getroffen werden kann. Zudem ist denkbar, von einem Betroffenen die explizite Wahl zwischen zwei Optionen einzufordern. *Default rules* setzen dagegen basierend auf dem durch das Nudging-Konzept verfolgten Ziel einen bestimmten Standardfall fest, dem sich der Betroffene durch eine Abwahl entziehen kann.[47] Solchen Regeln unterworfene Personen haben zwar die Möglichkeit, sich durch aktive Entscheidung deren Geltung zu entziehen; ohne eine solche aktive Entscheidung kommt

---

44 *Bach/Kieninger*, Ökologische Analyse (Fn. 3), 1088 (1090); *J. Berkemann*, „Freiheitschancen über die Generationen" (Art. 20a GG) – Intertemporaler Klimaschutz im Paradigmenwechsel, DÖV 2021, 705 (705); *B. Gsell*, Miete und Recht auf Klimaschutz, NZM 2022, 481 (485).
45 *M. Fornasier*, in: MüKoBGB (Fn. 25), Vor § 305 Rn. 4 ff.; vgl. zu Untersuchungen des tatsächlichen Leseverhaltens bei AGB *P. McColgan*, Abschied vom Informationsmodell im Recht allgemeiner Geschäftsbedingungen, Tübingen 2020, S. 88.
46 Vgl. dazu *C. R. Sunstein*, Nudges.gov: Behaviorally Informed Regulation, in: E. Zamir/D. Teichman (Hrsg.), Oxford Handbook of Behavioral Economics and the Law, Oxford 2014, S. 719 (727 ff.); *Eidenmüller*, Paternalismus (Fn. 18), 814 (818).
47 Als Beispiel dienen die Ausgestaltungsmöglichkeiten bezüglich der Organspende, wobei insb. die Widerspruchslösung als Nudge in Form einer *default rule* angesehen wird, vgl. *Thaler/Sunstein*, Nudge (Fn. 4), S. 269 ff.; dazu aus grundrechtlicher Perspektive *Wolff*, Nudge-Konzept (Fn. 15), 194 (214 f. m.w.N).

der Standardfall allerdings mangels willensgetragener Entscheidung zur Anwendung.

Diese Instrumente sind gerade im Hinblick auf die Privatautonomie der betroffenen Personen mit unterschiedlichen Eingriffsintensitäten verbunden;[48] im Zusammenhang mit der gesetzgeberischen Tätigkeit kann sich dies auf eine grundrechtliche Bewertung auswirken.[49] Allerdings wird die in Gefahr gewägte Privatautonomie z.B. durch die Bereitstellung zusätzlicher Informationen zumindest nach der zugrunde liegenden Vorstellung gerade nicht beschränkt, sondern vielmehr gefördert – nicht umsonst ist es das erklärte Ziel des Informationsmodells, eine freie Entscheidung auf informierter Grundlage zu ermöglichen. Demgegenüber zeigen *default rules*, dass Nudges nicht immer so harmlos sind, wie sie gerade von ihren Schöpfern teilweise dargestellt werden: Denn mit dem abwählbaren Standardfall wird das vom Regelgeber als rational erkannte Ergebnis standardmäßig vorgeschrieben, wodurch etwaige Rationalitätsbeschränkungen ausgeglichen werden sollen. Dies wird aber eben dadurch erreicht, dass mit dem *status quo bias* gerade eine solche Rationalitätsbeschränkung ausgenutzt wird, wenn darauf gehofft wird, dass der Standardfall nicht aktiv abgewählt wird. Durch *default rules* kann so durchaus der Eindruck entstehen, die betroffene Person werde in gewisser Weise zur Hinnahme einer von Dritten getroffenen Entscheidung „überlistet".

III. Nudging und Nachhaltigkeit

1. Allgemeine Überlegungen

Dass sich der Nudging-Ansatz schon nach der Vorstellung seiner Schöpfer auch als Gegenmaßnahme für die Klimakrise eignet, zeigt sich daran, dass *Thaler* und *Sunstein* in einem Kapitel mit der Überschrift „Saving the Planet" Überlegungen zum Einsatz ihres Konzepts zur Reduktion von Emissionen anstellen.[50] Sie weisen hier auf verschiedene Faktoren hin, die im Hinblick auf Klimaschutz und Nachhaltigkeit als Rationalitätsbeschränkungen eingeordnet werden können:[51] Eine Voreingenommenheit

---

48 *Eidenmüller*, Paternalismus (Fn. 18), 814 (818).
49 Vgl. *Wolff*, Nudge-Konzept (Fn. 15), 194 (213 ff.).
50 *Thaler/Sunstein*, Nudge (Fn. 4), S. 281 ff.
51 *Thaler/Sunstein*, Nudge (Fn. 4), S. 282 ff.

hinsichtlich der Hinnahme der gegenwärtigen Situation im Vergleich zu einem Warten auf eine zukünftige Belohnung (*present bias*), Salienz,[52] das Fehlen eines spezifischen Gegenspielers, die bloß annäherungsweisen Vorhersagemöglichkeiten bezüglich der Auswirkungen des Klimawandels sowie eine Verlustaversion. Besondere Bedeutung kommt im Hinblick auf eine Nachhaltigkeit insb. dem *present bias* zu, da Belange des Klimaschutzes intertemporale Reichweite haben und – wie es das BVerfG formuliert hat – über die Staatszielbestimmung des Art. 20a GG objektivrechtliche Schutzverpflichtungen auch in Bezug auf künftige Generationen begründet sein können.[53] Die privaten Akteure des Privatrechts betrifft diese aus Art. 2 Abs. 2 S. 1 GG abgeleitete Verpflichtung zwar nicht unmittelbar; dennoch muss ein rechtspolitisches Nudging-Konzept den Umstand berücksichtigen, dass Menschen mit überwiegender Wahrscheinlichkeit den für sie günstigen *status quo* absichern wollen, anstatt ihr (Konsum-)Verhalten an den Bedürfnissen künftiger Generationen auszurichten.

Wählt man als Ziel eines solchen Konzepts nachhaltiges Verhalten seiner Adressaten, gerade im Hinblick auf die Sicherung der Lebensgrundlagen künftiger Generationen, ist an dieser Stelle ergänzend anzumerken, dass *Thaler* und *Sunstein* die verhaltenssteuernde Wirkung von Nudges originär wohl auf die Steigerung des (aktuellen) Wohlbefindens einzelner Individuen beziehen. Evident wird dies schon angesichts des Titels, den sie für ihr Werk gewählt haben: Versprochen werden dort bessere Entscheidungen für (individuelle) Gesundheit, Wohlstand und Glück.[54] Eine hierüber hinausgehende Zielsetzung, insb. die Umsetzung politischer Ziele, soll dagegen ausdrücklich nicht verfolgt werden.[55] Tatsächlich betrifft die Steuerung des Verhaltens Einzelner aber häufig zumindest auch soziale Probleme und fördert zugleich Gemeinwohlzwecke. Nimmt man z.B. die sich in der Europäischen Union aus der Tabakproduktrichtlinie[56] ergeben-

---

52 Salienz bedeutet in der Psychologie der Wahrnehmung, dass ein Reiz aus seinem Kontext hervorgehoben und dadurch dem Bewusstsein leichter zugänglich ist als ein nicht-salienter Reiz, vgl. *W. Stangl*, Online-Lexikon für Psychologie & Pädagogik, Eintrag „Salienz", <https://lexikon.stangl.eu/29331/salienz> (21.12.2022).
53 BVerfGE 157, 30 (111 f.).
54 Im englischen Original heißt das Buch: „Nudge: Improving Decisions About Health, Wealth and Happiness".
55 Vgl. z.B. *Thaler/Sunstein*, Nudge (Fn. 4), S. 27 ff.: Nudging sei „weder links noch rechts, weder demokratisch noch republikanisch".
56 Richtlinie 2014/40/EU des Europäischen Parlaments und des Rates vom 3.4.2014 zur Angleichung der Rechts- und Verwaltungsvorschriften der Mitgliedstaaten über die

de Pflicht zum Druck von Warnhinweisen auf Tabakprodukten in den Blick, so sollen diese primär zu einer Verbesserung der Gesundheit des auf diese Weise beeinflussten Individuums führen. Aber auch die Kosten, die in einem Gesundheitssystem durch die mit dem Rauchen verbundenen Gesundheitsbeeinträchtigungen entstehen, werden in der Folge reduziert.[57] Ohnehin wird vermutet, dass *Thaler* und *Sunstein* diesen Aspekt des Nudging-Ansatzes aufgrund der in Teilen der USA stark ausgeprägten Aversion gegen staatliche Intervention und dem Gemeinwohl dienenden Freiheitsbeschränkungen bewusst nicht betonen.[58] Die Förderung von Gemeinwohlzwecken – und damit z.B. die Sicherung der Lebensgrundlagen künftiger Generationen – muss deshalb nicht als eine Zweckentfremdung des Nudging-Ansatzes angesehen werden. Liest man zwischen den Zeilen des bereits erwähnten Kapitels mit dem Titel „Saving the Planet", ergibt sich Entsprechendes, wenn dort die Gefahren für „public health and welfare" betont werden.[59]

Ruft man sich nun in Erinnerung, dass ein *homo oeconomicus* den eigenen Nutzen einer Entscheidung anhand entsprechender Präferenzen selbst definieren und deshalb durchaus in der Lage sein kann, hierbei Belange der Nachhaltigkeit einfließen zu lassen,[60] so lassen sich für ein auf nachhaltiges Verhalten abzielendes Nudging (mindestens) zwei Personengruppen als potenzielle Regelungsadressaten identifizieren: Zunächst Menschen, die aus eigenem Antrieb in einer für sie vollständig rationalen Entscheidungssituation die nachhaltige Option wählen würden, ohne dass es hierfür eines zusätzlichen Anreizes bedürfte. Als Alternativmodell zum *homo oeconomicus* lässt sich in diesem Zusammenhang das Bild des *homo oecologicus* bemühen, das einen perfekt ökologisch denkenden und handelnden Menschen beschreibt.[61] Im Gegensatz dazu stehen aber solche Menschen, die Nachhaltigkeit nicht als einen ihre Entscheidungen beeinflussenden Teil der eigenen Präferenzen ansehen und die deshalb diese Belange nicht in eine aus ihrer Sicht rationale Entscheidung einfließen lassen. Hieran lässt sich verdeutlichen, dass für ein Nudging-Konzept sowohl bezüglich des

---

Herstellung, die Aufmachung und den Verkauf von Tabakerzeugnissen und verwandten Erzeugnissen und zur Aufhebung der Richtlinie 2001/37/EG, ABl L 127/1, 1.
57 Vgl. zu diesem Beispiel auch *Hacker*, Verhaltensökonomik (Fn. 8), S. 11.
58 *Wolff*, Nudge-Konzept (Fn. 15), 194 (219).
59 *Thaler/Sunstein*, Nudge (Fn. 4), S. 281.
60 Vgl. dazu schon oben, II.
61 *B. Fegebank*, Der Wunschverbraucher heißt Homo oecologicus, Haushalt in Bildung und Forschung 5 (2016), 19 (28).

steuerungsorientierten als auch des rechtspolitischen Aspekts jedenfalls im Hinblick auf nachhaltiges Verhalten zwei sich ergänzende Ebenen unterschieden werden können. Diese Unterscheidung hat Einfluss auf die Konzeption der Instrumente, die im Ergebnis den Zweck „Nachhaltigkeit" erreichen sollen.

Für die erste, dem *homo oecologicus* nahestehende Personengruppe ist wesentliche Voraussetzung für eine Entscheidungsfindung unter Berücksichtigung nachhaltiger Kriterien, dass ihnen die entsprechende Verhaltensmöglichkeit überhaupt bekannt ist. Nudging-Instrumente müssen zu diesem Zweck entsprechend auf die Annäherung an eine möglichst vollständige Informationsgrundlage im Sinne des für den *homo oeconomicus* postulierten Rationalitätstheorems abzielen. Hierdurch wird eine für die eigene Wahrnehmung und unter Zugrundelegung der eigenen Präferenzen rationale Entscheidung ermöglicht. Als Nudging-Instrument kommt hierfür insb. die (optimierte) Bereitstellung relevanter Informationen in Betracht. Nicht unbedingt erforderlich wären dagegen solche Instrumente, die auf die Entscheidungsfindung und Urteilsbildung einwirken, da diese Personengruppe bei Vorhandensein entsprechender Informationen selbständig die nachhaltige Verhaltensalternative wählt.

Für die zweite Gruppe läuft ein auf Informationsinstrumente beschränkter Ansatz allerdings Gefahr, nicht weit genug zu gehen. Ein auf nachhaltiges Verhalten gerichtetes Nudging-Konzept lässt sich zwar durchaus entwerfen, erfordert jedoch zusätzliche Ebenen. Dies liegt daran, dass diesen Personen eine aus ihrer Sicht irrationale Entscheidung abverlangt wird. Hierbei sind zwei Wege denkbar: Zunächst kann durch Nudging-Instrumente ein separat betrachtetes nicht-rationales Verhalten in den Bereich dessen gerückt werden, was der Betroffene entgegen seiner ursprünglichen Präferenz als rationale Entscheidung ansieht. Hierfür erforderlich sind – ebenso wie für die erste Personengruppe – Informationsinstrumente, da auch Mitglieder dieser Personengruppe eine nachhaltige Entscheidung nur dann treffen können, wenn ihnen diese Alternative überhaupt bewusst ist. Allerdings führt das bloße Wissen um die Existenz einer solchen Verhaltensalternative für diese für sich genommen noch nicht dazu, dass die nachhaltige Alternative tatsächlich gewählt wird. Zusätzlich müssen Nudging-Instrumente zur Anwendung kommen, die aus Sicht der angesprochenen Personengruppen dazu führen können, dass sich ihnen diese Entscheidung doch als eine am eigenen Nutzen orientiere Verhaltensweise darstellt. Hierfür bieten sich vor allem (monetäre) Anreize an, die einen Ausgleich für den Verzicht auf die für den eigenen Nutzen als vorteilhaft erkannte

Verhaltensalternative vermittelt. Zweitens ist denkbar, als nicht rational empfundenes Verhalten durch *default rules* standardmäßig vorzuschreiben und dem Betroffenen eine ausdrückliche Abwahl der nachhaltigen Alternative abzuverlangen.

Ein rechtspolitisches Nudging-Konzept mit dem Ziel der Verhaltenssteuerung hin zu nachhaltigem Verhalten muss also schon im Ausgangspunkt eine Entscheidung darüber enthalten, ob beide Personengruppen erfasst sein sollen. Einfluss hat dies wie dargestellt auf die Auswahl der in Betracht kommenden Nudging-Instrumente sowie deren konkreten Zuschnitt. Dabei dürfte es gerade Ausdruck eines entsprechenden politischen Willens sein, wie weitreichend die gewählten Maßnahmen sind. Zu beachten sind zudem die Grenzen, die Nudging-Instrumenten durch die Grundrechte der angesprochenen Individuen gesetzt werden.[62] Mit dem steuerungsorientierten Aspekt im Zusammenhang mit nachhaltigem Verhalten haben sich bereits mehrere Untersuchungen anderer Disziplinen auseinandergesetzt.[63] Dass der Einsatz von Anreizen zu diesem Zweck auch der Rechtsordnung nicht völlig fremd ist, soll nun gezeigt werden.

2. Beispiele für Nachhaltigkeits-Nudging durch die Rechtsordnung

Prominentes Beispiel für einen Nachhaltigkeit-Nudge im Recht stellen die unternehmensrechtlichen Berichtspflichten zu Belangen der *Corporate Social Responsibility* (CSR) dar.[64] Diese ergeben sich in Deutschland für

---

62 Vgl. zu den Bedenken gegenüber den verschiedenen Nudging-Instrumenten aus grundrechtlicher Perspektive *Wolff*, Nudge-Konzept (Fn. 15), 194 (213).
63 *O. Mont/M. Lehner/E. Heiskanen*, Nudging. A tool for sustainable behaviour?, Swedish Enviromental Protection Agency, Report 6643, Dezember 2014, <https://www.researchgate.net/publication/271211332_Nudging_A_tool_for_sustainable_behaviour> (11.09.2022); *K. M. Nelson, M. K. Bauer & S. Partelow*, Informational Nudges to Encourage Pro-environmental Behavior: Examining Differences in Message Framing and Human Interaction, 09.02.2021, <https://www.frontiersin.org/articles/10.3389/fcomm.2020.610186/full> (11.09.2022); *M. Gossen et al.*, Nudging Sustainable Consumption: A Large-Scale Data Analysis of Sustainability Labels for Fashion in German Online Retail, 10.6.2022, <https://www.frontiersin.org/articles/10.3389/frsus.2022.922984/full> (11.09.2022).
64 *F. Möslein/K. E. Sorensen*, Nudging for Corporate Long-Termism and Sustainability: Regulatory Instruments from a Comparative and Functional Perspective, 24 Columbia Journal of European Law 2018, 391 (394 f.), dort auch zu weiteren Verhaltensanreizen im Unternehmensrecht.

bestimmte Unternehmen[65] insb. aus den §§ 289b f. HGB, die wiederum Vorgaben der CSR-Richtlinie[66] in nationales Recht umsetzen. Inhaltlich umfassen die nichtfinanziellen Berichtspflichten gem. § 289c Abs. 2 Nr. 1 HGB u.a. Umweltbelange, wobei sich die Angaben auf Treibhausgasemissionen, den Wasserverbrauch, die Luftverschmutzung, die Nutzung von erneuerbaren und nicht erneuerbaren Energien oder den Schutz der biologischen Vielfalt beziehen können. Es bedarf allerdings einer genauen Differenzierung zwischen dieser Pflicht zur Veröffentlichung nichtfinanzieller Erklärungen und einer Pflicht zu nachhaltigem Verhalten. Letztere folgt nämlich gerade nicht aus der CSR-Richtlinie; insb. erfolgt keine Erweiterung von Geschäftsleiterpflichten in diese Richtung.[67] Stattdessen soll das Instrument der Offenlegung (Informationsfunktion) die betroffenen Unternehmen dazu bewegen, sich nachhaltig zu verhalten, um vorteilhafte Angaben machen und sich so in einem günstigeren Licht präsentieren zu können (sog. Regulierungsfunktion);[68] der eigene Nutzen besteht dann im Erwerb eines guten Rufs. Gleichwohl werden Unternehmen nicht daran gehindert, Belange der Nachhaltigkeit außer Acht zu lassen und dies in ihren Berichten offenzulegen, auch wenn damit einhergehenden Reputationsverluste dem unternehmerischen Erfolg abträglich sein können.[69] Trotz der theoretischen Freiwilligkeit nachhaltigen Verhaltens werden die nichtfinanziellen Berichtspflichten als Abkehr von dem *Shareholder-value*-Modell

---

65 Die Pflicht zur nichtfinanziellen Berichterstattung trifft Kapitalgesellschaften, welche – kumulativ – die Voraussetzungen des § 267 Abs. 3 S. 1 HGB erfüllen, die kapitalmarktorientiert i.S.d. § 264d HGB sind und die im Jahresdurchschnitt mehr als 500 Arbeitnehmer beschäftigen. Ausweitungen des persönlichen Anwendungsbereichs finden sich in §§ 340a Abs. 1 (Kreditinstitute), 341a Abs. 1a (Versicherungsunternehmen) und 315b Abs. 1 (Mutterunternehmen i.S.d. § 290 HGB) HGB. Durch die mitgliedstaatliche Umsetzung der am 16.12.2022 im europäischen Amtsblatt veröffentlichten Änderungsrichtlinie (EU) 2022/2464 (ABl. 2022 L 322/15, 1) hinsichtlich der Nachhaltigkeitsberichterstattung von Unternehmen wird der Kreis der berichtspflichtigen Unternehmen deutlich erweitert.
66 Richtlinie 2014/95/EU des Europäischen Parlaments und des Rates vom 22.10.2014 zur Änderung der Richtlinie 2013/34/EU im Hinblick auf die Angabe nichtfinanzieller und die Diversität betreffender Informationen durch bestimmte große Unternehmen und Gruppen, ABl. L 330/1, 1.
67 *Mittwoch*, Nachhaltigkeit (Fn. 5), S. 190.
68 In diese Richtung *Mittwoch*, Nachhaltigkeit (Fn. 5), S. 190; *P. Hell*, Grundsatzfragen der Ausgestaltung der nichtfinanziellen Unternehmenspublizität, EuZW 2018, 1015 (1017); *P. Hell*, Offenlegung nichtfinanzieller Informationen, Tübingen 2020, S. 93 ff.
69 *Mittwoch*, Nachhaltigkeit (Fn. 5), S. 191.

und als „Revolution übers Bilanzrecht" kritisiert.⁷⁰ Zugeschrieben werden kann eine Nudging-Komponente im Unternehmensrecht ferner den Vorgaben zu *Sustainable Finance*⁷¹ oder der Idee von Vertragsmechanismen, durch die Anreize für die Einhaltung nach außen kommunizierter Nachhaltigkeitsziele geschafft werden sollen (sog. *Green Pills*⁷²).

IV. Synthese: Nachhaltigkeits-Nudging im Vertragsrecht?

Nachdem nun die Beziehungen zwischen entscheidenden Faktoren beleuchtet wurden, sollen vor diesem Hintergrund Erwägungen dazu angestellt werden, wie sich der Nudging-Ansatz hin zu mehr Nachhaltigkeit in das Vertragsrecht integrieren lässt. Dem vorangestellt sind einige allgemeine Überlegungen, bevor beispielhaft konkrete Nachhaltigkeits-Nudges für das Vertragsrecht entwickelt und beurteilt werden.

1. Allgemeine Überlegungen für das Vertragsrecht

Privatrecht und Vertragsrecht im Speziellen dienen dem Ausgleich der Interessen der beteiligten Parteien. Im Gegensatz zu z.B. Steuern oder Subventionen sollte sich eine Anreizwirkung im Idealfall nicht darauf beschränken, das nachhaltige Verhalten einer Partei durch einseitige Anreize zu honorieren, während zugleich die andere Partei schlechter gestellt wird. Diese Besonderheit des Vertragsrechts erfordert es deshalb, Anreize mit beidseitiger Wirkung zu konzipieren. Am Beispiel von Unternehmensrecht und *Shareholder-value*-Modell wurde zudem gezeigt, dass Nachhaltigkeit in einem Konflikt mit (anderen) Rechtsprinzipien stehen kann. Nichts anderes gilt für das Vertragsrecht: So steht der im Zusammenhang mit dem „Fliesenlegerfall 2.0" (siehe oben, III.) entwickelte Nudge in einem Konflikt mit dem grundsätzlich zu gewährenden „Recht der zweiten Andienung" des Unternehmers oder Verkäufers. Daneben sind Rechtsprinzipien wie der

---

70 *P. Hommelhoff,* Nichtfinanzielle Ziele in Unternehmen von öffentlichem Interesse – die Revolution übers Bilanzrecht, in: Festschrift für Bruno M. Kübler zum 70. Geburtstag, München 2015, S. 291.
71 Vgl. hierzu *Mittwoch,* Nachhaltigkeit (Fn. 5), S. 216.
72 *J. Armour/L. Enriques/T. Wetzer,* Green Pills, European Corporate Governance Institute – Law Working Paper No. 657/2022, <https://papers.ssrn.com/sol3/papers.cfm?abstract_id=4190268> (20.12.2022).

Verbraucherschutz[73] oder der Mieterschutz[74] zu beachten. Mehrere Rechtsprinzipien können – und müssen – allerdings im Einzelfall durchaus in einen Ausgleich gebracht werden, wobei das zwischen diesen herrschende Stufenverhältnis zu berücksichtigen ist.[75]

2. Konkrete Nachhaltigkeit-Nudges im Vertragsrecht

Im Folgenden sollen nun konkrete Anwendungsfälle beleuchtet werden, in denen Nudging-Instrumente in das Vertragsrecht integriert werden könnten. Die Darstellung erhebt keinen Anspruch auf Vollständigkeit, sondern ist als nicht abschließende Ideensammlung zu verstehen. Dabei orientiert sich die folgende Darstellung an den Kategorien in Betracht kommender Nudging-Instrumente, namentlich Informationspflichten, Anreizen monetärer Art sowie *default rules*.

2.1. Informationspflichten zu Nachhaltigkeitsaspekten

Erinnert man sich an die Einleitung dieses Beitrags, wurde dort die Frage in den Raum gestellt, ob die Information über den mit Retourensendungen verbundenen CO_2-Ausstoß eine Veränderung im Verhalten bei Bestellungen im Fernabsatzgeschäft bezwecken könnte. Diese zunächst auf der steuerungsorientierten Ebene einzuordnende Frage kann, wenn man von einer solchen Verhaltensanpassung ausgeht – und sich diese im Idealfall auch empirisch nachweisen lässt – zusätzlich Auswirkungen auf rechtspolitischer Ebene haben. So ist bspw. denkbar, Unternehmern im Rahmen des Bestellvorgangs bei einem Fernabsatzgeschäft i.S.d. § 312c BGB eine Informationspflicht aufzuerlegen, durch die Verbraucherinnen und Verbraucher über die CO_2-Bilanz von Retourensendungen informiert werden. Damit verbunden ist die Hoffnung einer Anpassung des Bestellverhaltens, durch

---

73 Vgl. zur Einordnung des Verbraucherschutzes als Rechtsprinzip *M. Tamm*, Verbraucherschutzrecht, Tübingen 2011, S. 896 ff.
74 Vgl. zur Rolle des Mietraumwohnrechts *Gsell*, Klimaschutz (Fn. 44), 481 (484 m.w.N).
75 Nachhaltigkeit wird aufgrund der Eigenschaft als „general principle" im europäischen Recht teilweise als anderen Rechtsprinzipien gegenüber vorrangig angesehen, vgl. *B. Sjåfjell/A. Wiesbrock*, The importance of Article 11 TFEU for regulating business in the EU, in: B. Sjåfjell/A. Wiesbrock (Hrsg.), The Greening of European Business under EU Law, London/New York 2014, S. 1 (2); *Schirmer*, Nachhaltigkeit (Fn. 6), 35 (41).

das einer Rücksendung wahrscheinlicher vorgebeugt wird. Dem ließe sich entgegenhalten, dass Unternehmer nach § 312d Abs. 1 BGB i.V.m. Art. 246a §1 EGBGB bereits zahlreichen Informationspflichten unterliegen, die bei Verbrauchern zu einem *information overload* führen können.[76] Allerdings beziehen sich diese Pflichten nicht auf die Auswirkungen, die der Abschluss eines Fernabsatzvertrags und insb. die Ausübung des Widerrufsrechts aus § 312g Abs. 1 BGB auf Nachhaltigkeitsbelange haben kann. Zudem könnte eine zusätzliche Informationspflicht an anderer Stelle zu Vorteilen führen, die eine Mehrbelastung mehr als ausgleichen, z.B. wenn sich eine Abnahme der Anzahl an Rücksendungen für Unternehmer positiv auswirkt, da Prozesse und Strukturen zur Abwicklung von Rücksendungen abgebaut und damit Kosten gespart werden können. Demgegenüber wäre z.B. die Abschaffung des Widerrufsrechts nicht mehr der Nudging-Idee zuzuordnen und würde zudem aller Voraussicht nach dazu führen, dass sich Online-Händler freiwillig zu einer Rücknahme verpflichten.[77]

Ein weiterer möglicher Bezugspunkt für eine Informationspflicht zu Aspekten der Nachhaltigkeit betrifft ebenfalls Retourensendungen, namentlich die Praxis einiger Unternehmen, Retourensendungen zu zerstören, anstatt diese erneut dem Warenkreislauf zuzuführen.[78] Durch eine schon im Rahmen des Bestellvorgangs anzusiedelnde Informationspflicht des Unternehmers über das spätere Schicksal einer retournierten Ware ließe sich das Verhalten möglicherweise auf beiden Seiten im Sinne der Nachhaltigkeit beeinflussen. Wenn die erteilte Information nämlich aufdeckt, dass die Ware vernichtet wird, können Verbraucher ihr Verhalten anpassen, indem sie Vertragspartner wählen, die retournierte Ware erneut zum Verkauf anbieten (z.B. als B-Ware). Auch für Unternehmer geht von einer solchen Informationspflicht eine verhaltenssteuernde Wirkung aus, da diese in der Außendarstellung wahrscheinlich nicht als ein Unternehmen gelten wollen, das Retouren zerstört. Anzumerken ist, dass das zuständige Bundesumweltministerium durch die Schaffung einer Obhutspflicht in § 23 Abs. 2 Nr. 11 KrWG als „latenter Pflicht" hinsichtlich der Zerstörung retournierter Ware versucht hat, ohne die Entstehung durchsetzbarer Pflichten das Verhalten

---

76 Vgl. zur Diskussion um die Ausgestaltung des Informationsmodells im europäischen Verbraucherrecht statt vieler *B. Gsell*, Informationspflichten im europäischen Verbraucherrecht, ZfPW 2022, 130 (130, insb. Fn. 3 m.w.N).
77 *Bach/Kieninger*, Ökologische Analyse (Fn. 3), 1088 (1096).
78 Vgl. dazu bspw. Universität Bamberg, Retouren: Warum 20 Millionen Artikel vernichtet werden, Pressemitteilung vom 09.10.2019, <https://www.uni-bamberg.de/presse/pm/artikel/retourenvernichtung-asdecker-2019/> (24.09.2022).

der Verantwortlichen beeinflussen.[79] Ob dieses Vorhaben von Erfolg gekrönt ist, ist aber anzuzweifeln.

Solchen Informationspflichten scheint jedenfalls der europäische Gesetzgeber Potential zuzuschreiben: Beabsichtigt ist derzeit die Änderung der Verbraucherrechte-Richtlinie zur Einführung von verbraucherrechtlichen Informationspflichten zu bestimmten Nachhaltigkeitsaspekten – z.B. zu Haltbarkeitsgarantien und Reparaturkennzahlen.[80] Im Detail stößt dieser Vorschlag noch auf Kritik, die einerseits grundsätzliche Zweifel am Informationsmodell aufgreift und andererseits die fehlende Verzahnung mit der Warenkaufrichtlinie bemängelt.[81] Dies zeigt: Führt man Informationspflichten zu Nachhaltigkeitsaspekten ein, so sind damit noch nicht sämtliche Entscheidungen getroffen, durch die der dadurch gesetzte Nudge hinsichtlich seiner (potenziellen) Wirksamkeit beeinflusst wird. Vielmehr muss an weiteren Stellschrauben gedreht werden, nicht zuletzt in Bezug auf die Frage, wann, wo und wie solche Informationen zu erteilen wären. Zurückgreifen ließe sich hierbei auf die Erkenntnisse der Informationsökonomik.[82]

2.2. Anreize monetärer Art

In die Kategorie der Anreize monetärer Art fällt zunächst der oben vorgeschlagene Anspruch zur Attraktivitätssteigerung der nachhaltigen Alternative im Natursteinplatten-Fall des BGH. Wie dargestellt beinhaltet dieser einen Anreiz zur Wahl der nachhaltigen Alternative, indem er für beide Parteien finanzielle Vorteile bietet: Der Besteller erhält für den Verzicht auf Nacherfüllung und Sekundärrechte einen Ausgleich, während der Un-

---

79 Vgl. dazu Bundesministerium für Umwelt, Naturschutz, nukleare Sicherheit und Verbraucherschutz, Die Obhutspflicht im Kreislaufwirtschaftsgesetz (Stand: 09.10.2020), <https://www.bmuv.de/themen/wasser-ressourcen-abfall/kreislaufwirtschaft/abfallpolitik/uebersicht-kreislaufwirtschaftsgesetz/die-obhutspflicht-im-kreislaufwirtschaftsgesetz>.
80 Vorschlag für eine Richtlinie des Europäischen Parlaments und des Rates zur Änderung der Richtlinien 2005/29/EG und 2011/83/EU hinsichtlich der Stärkung der Verbraucher für den ökologischen Wandel durch besseren Schutz gegen unlautere Praktiken und bessere Informationen, COM (2022) 143 final.
81 *K. Tonner*, Mehr Nachhaltigkeit im Verbraucherrecht – die Vorschläge der EU-Kommission zur Umsetzung des Aktionsplans für die Kreislaufwirtschaft, VuR 2022, 323 (331).
82 Vgl. dazu die Nachweise bei *Eidenmüller*, Paternalismus (Fn. 18), 814 (818, insb. Fn. 40 f.).

ternehmer im Vergleich zu einer Neuherstellung ebenfalls mit geringeren Kosten belastet ist. Ein solcher Anspruch schafft daher den Spagat, für beide Parteien einen Anreiz zu schaffen, die nachhaltige Alternative zu wählen.

Dass der deutsche Gesetzgeber bereits Anreize monetärer Art für nachhaltiges Verhalten setzt, belegt insb. die in § 559 BGB vorgesehene Möglichkeit einer Mieterhöhung bei Durchführung von Modernisierungsmaßnahmen z.B. in Gestalt einer energetischen Sanierung. Der Vorschrift des § 559 BGB wird schon nach geltender Rechtslage eine öffentlich-rechtliche und insb. umweltpolitische Zwecksetzung zugeschrieben, indem sie finanzielle Anreize für Vermieter schafft, energetische Maßnahmen durchzuführen.[83] Diese Möglichkeit sieht § 559 BGB zwar bereits für die in § 555b Nr. 1, 3, 4, 5, 6 BGB genannten Fälle vor, wobei insb. Nr. 1 (energetische Modernisierung) und Nr. 3 (nachhaltige Reduzierung des Wasserverbrauchs) nach der oben genannten Begriffsbestimmung Nachhaltigkeitsbelange betreffen. Zugleich lässt sich an dieser Vorschrift zeigen, dass es bei der Konzeption von Anreizen entscheidend auf eine Feinjustierung ankommt, da der § 559 BGB in dieser Hinsicht noch in zweierlei Hinsicht Optimierungspotential hat.

Das liegt zunächst am Zusammenspiel zwischen § 555b BGB und § 559 BGB. Voraussetzung für eine Mieterhöhung nach einer energetischen Modernisierung i.S.d. § 555b Nr. 1 BGB ist, dass Endenergie nachhaltig eingespart wird. Da der dort verwendete Begriff der Nachhaltigkeit nur Beständigkeit meint, d.h. auf eine gewisse Dauer angelegt sein muss,[84] und damit mit dem oben genannten Begriffsverständnis (vgl. A.) nichts gemein hat, kann eine energetische Modernisierung auch dann vorliegen, wenn eine solche Energieeinsparung durch den Einbau einer Gaszentralheizung[85] oder die Erneuerung einer (mit fossilen Brennstoffen betriebenen) Heizungsanlage[86] erreicht wird. Die nachhaltige Einsparung von nicht-erneuerbarer Primärenergie oder sonstige Maßnahmen, durch die das Klima

---

83 *B. Schindler*, in: H. Schmidt (Hrsg.), BeckOGK zum BGB (Stand: 1.7.2022), § 559 Rn. 12 f.; vgl. ferner BT-Drucks. 17/10485, S. 13 f. zur Aufgabe des Mietrechts in Anbetracht des Klimawandels.
84 Zu beachten ist, dass der Begriff der Nachhaltigkeit i.S.d. § 555b Nr. 1 BGB mit dem oben genannten Begriffsverständnis identisch ist, vgl. BGH NZM 2002, 519 (520); NZM 2004, 336 (337 f.); WuM 2004, 288.
85 AG Berlin-Köpenick GE 2016, 265.
86 LG Köln BeckRS 2021, 30963, allerdings ohne Hinweis auf die Energiequelle der ausgetauschten Heizungsanlage.

nachhaltig geschützt wird, werden – sofern sie nicht zugleich zu einer Reduzierung des Verbrauchs von Endenergie führen – dagegen durch den Auffangtatbestand von § 555b Nr. 2 BGB erfasst. Allerdings berechtigen solche Maßnahmen gerade nicht zu einer Mieterhöhung, da § 555b Nr. 2 BGB nicht in die abschließende Aufzählung des § 559 Abs. 1 BGB aufgenommen wurde.[87] Dabei stellt es keine Selbstverständlichkeit dar, dass allein der Wechsel von nicht-erneuerbarer zu erneuerbarer Energie zu einer Einsparung von Endenergie führt[88] – der Vermieter hat deshalb mangels Umlagefähigkeit keinen Anreiz dafür, eine solche Maßnahme vorzunehmen,[89] obwohl dies von gesetzgeberischer Seite durchaus angestrebt war.[90]

Auch wenn man das Fehlen eines Anreizes zunächst kritisieren will, wird zugleich deutlich, wie schwierig sich die Suche nach geeigneten Nudging-Instrumenten, gerade monetärer Art, im Vertragsrecht gestalten kann. Denn dem ersten Impuls, Maßnahmen nach § 555b Nr. 2 BGB für eine Mieterhöhung ausreichen zu lassen, stehen berechtigte Mieterinteressen entgegen: Mit welcher Berechtigung soll die Miete erhöht werden, wenn sich dies nicht zugleich durch sinkende Energiekosten bemerkbar macht? Nachhaltigkeit würde hier vor allem auf dem Rücken der Mieter erreicht – und damit gerade dem hier entwickelten Verständnis eines für das Vertragsrecht geeigneten Nudging-Instruments widersprechen. Vielmehr scheinen für solche Fallgestaltungen insb. Subventionen taugliche Instrumente zu sein, da diese einerseits einen Anreiz für Vermieter schaffen, im Sinne des oben entwickelten Begriffsverständnisses nachhaltige Modernisierungen durchzuführen und andererseits nicht zu einer Belastung der Mieter ohne Ausgleich führen. Anzumerken ist in diesem Zusammenhang, dass solche Drittmittel gem. § 559a BGB bei der Berechnung einer Mieterhöhung nach § 559 Abs. 1 BGB von den anzusetzenden Kosten abzuziehen sind.

Eine Optimierung könnte die Vorschrift des § 559 Abs. 1 BGB mit Blick auf eine verhaltenssteuernde Wirkung zudem in Hinblick auf die pauschale Festlegung einer Erhöhung der jährlichen Miete um 8 % der für die Woh-

---

87 Vgl. zum Gesetzgebungsverfahren *P. Schüller*, in: W. Hau/R. Posek (Hrsg.), BeckOK, 63. Ed (Stand: 1.8.2022), § 559 Rn. 26.
88 So auch *Schüller*, in: Hau/Posek (Fn. 87), § 559 Rn. 26. Freilich wird dies häufig der Fall sein; so sah das auch der Gesetzgeber, vgl. BT-Drucks. 17/10485, S. 19 f. und BT-Drucks. 17/11894, S. 23.
89 *Schüller*, in: Hau/Posek (Fn. 87), § 559 Rn. 26.
90 Entwurf eines Gesetzes über die energetische Modernisierung von vermietetem Wohnraum und über die vereinfachte Durchsetzung von Räumungstiteln (Mietrechtsänderungsgesetz – MietRÄndG), BT-Drucks. 17/10485, S. 20.

nung aufgewendeten Kosten erfahren. Hierdurch hat der Gesetzgeber zwar einen Anreiz dafür geschaffen, energetische Maßnahmen vorzunehmen, ohne allerdings deren Wirksamkeit in der Einsparung von Endenergie und Energiekosten in die Abwägung miteinzubeziehen.[91] Dies zeigt sich an einer Entscheidung des BGH aus dem Jahr 2004: Danach wird die Zulässigkeit einer Mieterhöhung nicht durch das Verhältnis der hierdurch bewirkten (Energie-)Ersparnis begrenzt.[92] Zwar ist der Vermieter dennoch dem Gebot der Wirtschaftlichkeit unterworfen und es wird vertreten, dass die Mieterhöhung nicht außer Verhältnis zu den möglichen Energieeinsparungen stehen darf.[93] Allerdings sind hier keine festen Grenzen festgeschrieben, sodass der Vermieter grundsätzlich für unwirksame, aber dennoch teure Maßnahmen die Miete in derselben Höhe erhöhen darf wie für wirksame und günstige Maßnahmen. Ein Anreiz, bei der Modernisierung auf möglichst hohe Einsparungen hinzuwirken, existiert nicht.

Alternativ wäre an eine stärkere Verknüpfung mit der Einsparung von Energiekosten für den Mieter zu denken. Sinnvoll wäre eine Kombination des Ansatzes des Gesetzgebers und der Anknüpfung an die Kosteneinsparung des Mieters, indem die pauschale Festsetzung der Mieterhöhung dann in niedrigerer Höhe erfolgt, um ineffiziente Maßnahmen unattraktiv erscheinen zu lassen. Zugleich erscheint eine Deckelung der Mieterhöhung auf einen bestimmten Prozentbetrag nicht angezeigt, wenn der Mieter durch die energetische Maßnahme sogar mehr Energiekosten spart, als der Betrag, welcher der Miete prozentual anzurechnen wäre. Vorstellbar ist demnach eine Regelung, die einen niedrigen Mindestprozentbetrag als Mieterhöhung erlaubt, darüber hinaus aber an die Energiekostenersparnis des Mieters anknüpft. Dadurch erhält der Vermieter einen zusätzlichen Anreiz, möglichst wirksame Maßnahmen zu ergreifen, während der Mieter jedenfalls nicht schlechter steht als vor der energetischen Modernisierung.

---

91 Nach seiner aktuellen Konzeption knüpft § 559 BGB allein an die Einsparung von Endenergie an, nicht an die Einsparung von Energiekosten, vgl. *M. Artz*, in: MüKo BGB (Fn. 25), § 559 Rn. 19.
92 BGH NJW 2004, 1738.
93 *Artz*, in: MüKo BGB (Fn. 25), § 559 Rn. 19.

2.3. Vorrang nachhaltiger Alternativen durch *default rules*

Ob die Konzeption von *default rules* noch der Idealvorstellung eines *freiwilligen* Verhaltens entspricht, lässt sich wie dargestellt durchaus anzweifeln. Will man den Gedanken für das Vertragsrecht dennoch weiterverfolgen, so bietet bspw. die Initiative eines *right to repairs*[94] einen gedanklichen Ansatzpunkt für ein Nachhaltigkeits-Nudging durch *default rules*. Denkt man hier konsequent weiter, ließe sich – zusätzlich oder alternativ – über einen generellen Vorrang von Reparaturen gegenüber der Nachlieferung bzw. Neuherstellung nachdenken (*primacy of repair*). Steht die Wahl zwischen Nachbesserung und Nachlieferung bzw. Neuherstellung *de lege lata* dem Käufer (§ 439 Abs. 1 BGB) und dem Unternehmer (§ 635 Abs. 1 BGB) zu, so ließe sich diese Wahlmöglichkeit gerade im Kaufrecht anpassen: Wählt der Käufer nicht ausdrücklich die Nachlieferung, so ist der Verkäufer zur Nachbesserung verpflichtet. Freilich wird eine Vielzahl von Käufern im Rahmen eines Nacherfüllungsverlangens nicht die „Nacherfüllung" verlangen, sondern laienmäßig entweder die „Reparatur" oder die „Neulieferung" und eine solche Wahl – wenn auch unbeabsichtigt – vornehmen. Dennoch könnte die *default rule* in Einzelfällen zu einer Reparatur der mangelhaften Sache anstatt der weniger nachhaltigen Neulieferung[95] führen.

E. Fazit

Der Beitrag hat gezeigt, dass Nudging-Instrumente als Puzzleteil eines nachhaltigeren Privatrechts nicht gänzlich ungeeignet sind. Sie können

---

[94] Vgl. dazu auf europäischer Ebene Europäische Kommission, A new Circular Economy Action Plan, COM(2020) 98 final, Punkt 2.2., <https://eur-lex.europa.eu/legal-content/EN/TXT/?qid=1583933814386&uri=COM:2020:98:FIN>; auf nationaler Ebene vgl. den Koalitionsvertrag 2021-2025, S. 89, <https://www.spd.de/fileadmin/Dokumente/Koalitionsvertrag/Koalitionsvertrag_2021-2025.pdf>; *H.-W. Micklitz et al.*, Recht auf Reparatur, Veröffentlichungen des Sachverständigenrats für Verbraucherfragen, September 2022, <https://www.svr-verbraucherfragen.de/wp-content/uploads/SVRV_Policy-Brief_Recht-auf-Reparatur.pdf>; vgl. auch *U. Neumayr*, Ein neues Right to Repair – Bestehende Regelungen und Alternativen de lege ferenda, in: Klever/Schiestl et al (Hrsg.), Nachhaltigkeit im Privatrecht, Jahrbuch Junge Zivilrechtswissenschaft 2022, Baden-Baden/Wien 2023 [in diesem Buch], S. 97 ff.; *S. Schwamberger*, Die Ersatzlieferung durch „refurbished goods", Zugleich ein Beitrag zur Möglichkeit der ökologischen Auslegung des europäischen Kaufrechts, in: Klever/Schiestl et al [in diesem Buch], S. 121 ff..

[95] Vgl. zur Ersatzlieferung aus ökologischer Sicht *Bach/Kieninger*, Ökologische Analyse (Fn. 3), 1088 (1094 m.w.N.).

jedenfalls als Vorstufe eines Privatrechts fungieren, durch das der Gesetzgeber Nachhaltigkeit gezwungenermaßen „verordnen" will. Entscheidend für den tatsächlichen Wirkungsgrad von Nudges ist dabei deren zielgenauer Zuschnitt, sowohl im Hinblick auf angesprochenen Personenkreis, den Ausgleich mit dem Grundsatz der Privatautonomie als auch die inhaltliche Ausgestaltung. Dass Nudging dabei in der um Privatrecht und Nachhaltigkeit geführten Debatte kein Allheilmittel darstellt, wurde bereits angekündigt und sollte im Verlauf des Beitrags ebenfalls deutlich geworden sein. Dennoch lässt sich nicht von vornherein ausschließen, dass diese Maßnahmen private Akteure nicht doch zu einem nachhaltigeren Verhalten veranlassen könnten. Und angesichts der mit großer Wahrscheinlichkeit existenziellen Bedeutung, die der Nachhaltigkeit unseres Verhaltens in Zukunft zukommen wird, besitzt ein altes Sprichwort dann ganz sicher weiterhin Gültigkeit: „Kleinvieh macht auch Mist".

Nachhaltig konsumieren! Aber wie?

Was Verbraucher wissen müssen und wie das (Zivil-)Recht helfen kann

Dr. Karina Grisse, LL.M. (Edinburgh)[*]

A. Einleitung

Immer mehr Verbraucher entwickeln ein Bewusstsein dafür, dass sich auch am Konsumverhalten etwas ändern muss, wenn wir die Klimakrise in den Griff bekommen, die Umwelt erhalten und die Lebensgrundlage für die Zukunft sichern wollen.[1] Sie möchten sich nachhaltiger verhalten und nachhaltige Produkte kaufen.[2] In diesem „Moralkonsum"[3], also einem Konsumverhalten, bei dem Verbraucher sich für bestimmte Produkte entscheiden, weil sie meinen, damit das Richtige zu tun oder einen Beitrag zur Verbesserung der Welt zu leisten, liegt eine große Chance. Industrie und Handel haben diesen Trend erkannt und reagieren darauf. Sie bewerben ihre Produkte mit Aussagen wie „klimaneutral", „ohne Mikroplastik", „aus recyceltem Plastik" etc. und nutzen Siegel, die die Umweltverträglichkeit oder Nachhaltigkeit ihrer Produkte ausweisen sollen. Aber ermöglichen es diese Werbeversprechen und Siegel wirklich, nachhaltige Entscheidungen zu treffen?

Es besteht die Gefahr, dass punktuelle Werbeversprechen mit einzelnen „grünen" Schlagworten zu unberechtigt positiven Erwartungen an die Umwelt- und Klimaverträglichkeit eines Produktes und seiner Handelskonditionen führen. Bei mangelndem Wissen oder Irrtum besteht die Gefahr,

---

[*] *Karina Grisse* ist Habilitandin und Assistentin am Institut für Medien- und Kommunikationsrecht der Universität zu Köln.
[1] Vgl. *D.-M. Boltz/V. Trommsdorff*, Konsumentenverhalten, 9. Aufl., Stuttgart 2022, S. 162. In einer europäischen Studie gaben 94 % der Befragten Europäer an, dass Umweltschutz für sie wichtig ist (53 % very important, 41 % fairly important) und 68 %, dass sie ihr eigenes Konsumverhalten für schädlich halten, vgl. Special Eurobarometer 501, Attitudes of European citizens towards the Environment, March 2020, S. 5 (T1, T16), <https://europa.eu/eurobarometer/surveys/detail/2257>.
[2] Vgl. Special Eurobarometer 501, Attitudes of European citizens towards the Environment (Fn. 1), S. 5.
[3] *Boltz/Trommsdorff*, Konsumentenverhalten (Fn. 1), S. 162.

dass Verbraucher in bester Absicht gerade keine gute oder jedenfalls nicht die bestmögliche Entscheidung im Sinne der Nachhaltigkeit treffen.[4]

Dieser Aufsatz geht der Frage nach, was Verbraucher wissen müssen, um im Sinne der Nachhaltigkeit „gute" Entscheidungen zu treffen. Dafür wird zunächst dargelegt, welcher Nachhaltigkeitsbegriff zugrunde gelegt wird und was mit einer guten Entscheidung im Sinne der Nachhaltigkeit gemeint ist (B.). Dem Aufsatz liegt die These zugrunde, dass Verbraucher durch Information in die Lage versetzt werden, solch gute Entscheidungen zu treffen. Er gründet also jedenfalls im Ansatz auf dem Informationsmodell (C.). Nachdem dann bestimmt wurde, welche Information Verbraucher befähigt, nachhaltige Entscheidungen in unterschiedlichen Entscheidungssituationen zu treffen und überlegt wird, wie die relevante Information ermittelt werden könnte (D.), werden ausgewählte Methoden betrachtet, mithilfe derer die nötige Information generiert werden könnte. Hier zeigt sich, dass die Methode zur Erlangung der Information die eigentliche Herausforderung der umfassenden Verbraucherinformation ist. Es folgt dann ein Abgleich der so bestimmten erforderlichen Information mit dem Status Quo der Verbraucherinformation und deren rechtlicher Absicherung sowie mit aktuellen diesbezüglichen legislativen Vorhaben (E.). Betrachtet wird dabei das Unionsrecht. Mit ihrem „Grünen Deal"[5] hat die EU-Kommission ambitionierte Ziele und ein umfangreiches Maßnahmenpaket vorgestellt und dabei auch die Gestaltung und Kennzeichnung von Produkten mit Nachhaltigkeitsinformation auf dem Schirm. Die Betrachtung kommt zu dem Ergebnis, dass das geltende Recht die Informationsgrundlage für gute Entscheidungen im Sinne der Nachhaltigkeit nicht hinreichend gewährleistet,[6] dass aber die Pläne zu neuer EU-Gesetzgebung diesbezüglich einen großen Schritt vorangehen. Daran schließen sich Überlegungen an, wie die geplanten Verbraucherinformationsinstrumente durch eine noch umfassendere Informationskategorie und mit zivilrechtlichen Mitteln ergänzt

---

4 Sie verzichten vielleicht auf Fleisch, um das Klima zu schonen und kaufen Fleischersatzprodukte, die um die halbe Welt gereist sind. Oder sie fahren ins Kaufhaus, um den Verpackungsmüll des Online-Handels zu vermeiden und ahnen nicht, dass auch hier jedes einzelne Kleidungsstück in Plastik verpackt ankommt, bevor es ausgepackt und auf die Stange gehängt wird.
5 Europäischer Grüner Deal, <https://ec.europa.eu/info/strategy/priorities-2019-2024/european-green-deal_de>; Pressemitteilung vom 11.12.2019, <https://ec.europa.eu/commission/presscorner/detail/de/ip_19_6691>.
6 COM (2022) 143, S. 12.

werden können (F.). Der Beitrag präsentiert noch kein fertiges Konzept, sondern möchte als lautes Denken verstanden werden.

B. Begriffsbestimmung

I. Nachhaltigkeit

Wenn dieser Aufsatz von Nachhaltigkeit spricht, ist allein die ökologische Nachhaltigkeit gemeint. Das Bestreben der ökologischen Nachhaltigkeit ist es, „die ökologischen Lebensbedingungen auf diesem Planeten in einer Weise zu erhalten, die auch zukünftigen Generationen noch ein halbwegs angenehmes Leben zumindest potentiell ermöglicht".[7] Nachhaltig in diesem Sinne ist, was sich nicht schädlich auf Klima und Umwelt auswirkt und was Biodiversität und Ressourcen erhält.[8]

Die ökonomische und die soziale Nachhaltigkeit werden aus zwei Gründen ausgeklammert. Zum einen ist die Berechnung eines Nachhaltigkeitswerts bereits sehr komplex, wenn man nur die ökologische Nachhaltigkeit erfassen will. Zum anderen ist die ökologische Lebensgrundlage die notwendige Basis, ohne die ökonomische und soziale Ziele nicht erreicht werden können. Der Schutz der Ökosysteme[9] ist deshalb jedenfalls mittel- und langfristig immer auch Schutz der Wirtschaft und der sozialen Lebensumstände.[10] Bei immer weiterem Ressourcenverbrauch und ansteigender Erderwärmung werden auch die sozialen und wirtschaftlichen Folgen negativ sein. Denn die natürlichen Ressourcen, die durch nicht nachhaltigen Verbrauch, Umweltverschmutzung und Erderwärmung gefährdet sind, sind eben die Ausgangsstoffe, welche die Menschheit, und damit die Gesellschaft als soziale Gemeinschaft, und die Wirtschaft benötigen.

---

7 *A. Halfmeier*, Abschied vom Konsumschutzrecht, VuR 2022, 3.
8 Entweder indem Ressourcen schon nicht verbraucht werden oder indem nachwachsende Ressourcen in einer Weise genutzt werden, dass sie im Gleichgewicht bleiben und nachwachsen können.
9 Ein Ökosystem ist ein „dynamische[r] Komplex von Gemeinschaften aus Pflanzen, Tieren und Mikroorganismen sowie deren nicht lebender Umwelt, die als funktionelle Einheit in Wechselwirkung stehen", Art. 2 UN-Übereinkommen über die Biologische Vielfalt, Rio de Janeiro, 5. Juni 1992.
10 So fordert z.B. auch *Halfmeier*, Abschied vom Konsumschutzrecht (Fn. 7), 3, die ökologische Nachhaltigkeit in den Vordergrund zu stellen.

II. Gute Entscheidungen im Sinne der Nachhaltigkeit

Jede Handlung wirkt sich in irgendeiner Form auf die Umwelt aus. Jeder Konsum (Verbrauch!) nutzt Ressourcen. Und jede Produktion von irgendetwas wirkt sich in irgendeiner Form aufs Klima aus.[11] Alles hängt zusammen. Man kann deshalb die wenigsten Handlungen isoliert betrachten und als nachhaltig bezeichnen.[12] Freilich sind ein gewisser Ressourcenverbrauch und die damit einhergehenden Umwelt- und Klimaauswirkungen bis zu einem gewissen Maß unvermeidbar.

Das gilt auch für die typischen Entscheidungen, die Verbraucher täglich treffen, denn sie sind in der Regel auf Ressourcennutzung und -verbrauch angelegt. Man kauft z.B. ein Smartphone, in dem viele seltene Ressourcen verbaut sind, bei dessen Produktion Emissionen freigesetzt wurden, das bei seiner Verwendung Energie verbraucht und am Ende als Elektroschrott entsorgt wird. Auch Lebensmittel werden unter Ressourcenverbrauch hergestellt, kommen häufig eingepackt in Verpackungsmüll und werden schließlich selbst verbraucht.

Man kann aber dennoch von guten Konsumentscheidungen im Sinne der Nachhaltigkeit sprechen, nämlich dann, wenn Verbraucher sich für die Produkte entscheiden, die mit Blick auf die Ziele der Nachhaltigkeit am wenigsten schädlich sind. Das sind dann zwar noch nicht unbedingt nachhaltige Entscheidungen, aber zumindest Entscheidungen, die nach Nachhaltigkeit streben. Wenn hier also die Rede von einer guten Entscheidung im Sinne der Nachhaltigkeit ist, dann ist die Entscheidung unter mehreren Entscheidungsalternativen gemeint, die am wenigsten „unnachhaltig" ist.

C. Information als Werkzeug

In Märkten gibt es eine Vielzahl von Asymmetrien zwischen den (potentiellen) Vertragspartnern, die für beide Parteien gerechte und passende Vertragsschlüsse gefährden. Eine dieser Asymmetrien ist die Informationsasymmetrie, die regelmäßig zwischen Anbieter- und Nachfrageseite besteht. Diese besteht gerade auch mit Blick auf die Nachhaltigkeit von Produkten. So weiß etwa der Hersteller am besten über seine Produkte Bescheid, da er

---

11 Siehe in diesem Zusammenhang *C. Lamy/J. Ludwig*, Die Werbung mit Klimaneutralität, KlimR 2022, 142 zum Begriff der Klimaneutralität.
12 Andersherum scheint es aber leichter zu fallen, bestimmte Handlungen klar als nicht nachhaltig einzuordnen.

sie entwickelt, produziert und damit die Produkteigenschaften beeinflusst. Er weiß, welche Materialien und Stoffe verwendet werden und welche Herstellungsprozesse zum Einsatz kommen. Importeure und Händler kennen und beeinflussen die Handelswege, die Transportmittel und sind an der Preisbildung beteiligt. Information der Marktgegenseite ist das Mittel, um Wissensasymmetrien zu verringern und so informierte, autonome Entscheidungen – also Entscheidungen, die den selbstgesetzten Regeln und Werten folgen – zu ermöglichen.

Schon lange setzt das Zivilrecht auf Information. Das Informationsmodell zieht sich wie ein roter Faden durch die Rechtsetzungsakte, die das Zivilrecht der EU Mitgliedstaaten heute ganz wesentlich mitbestimmen.[13] Statt verbindliche Vorgaben für Vertragsinhalte zu machen und damit wesentlich in die Vertragsfreiheit einzugreifen, setzt das Informationsmodell darauf, den Informationsstand des Vertragspartners anzuheben und ihn so in die Lage zu versetzen, eine informierte und seinen Interessen dienende Entscheidung zu treffen.[14] Das Informationsmodell arbeitet vor allem mit Vorgaben an Inhalt und Form von verpflichtend zu gebender Information und sichert die Informationspflichten im Unterlassensfall oder bei unzutreffender Information durch Haftung ab.[15]

Wenn Informationen einen Vergleich zwischen Produkten mit Blick auf deren ökologische Nachhaltigkeit ermöglichen, können Verbraucher sich für die nachhaltigeren Produkte entscheiden.[16] Sie können die Nachhaltigkeit als einen Faktor in ihrer Entscheidung werten und selbst entscheiden, welchen Stellenwert sie ihr geben. Durch die Ausrichtung der Nachfrage auf nachhaltigere Produkte wird sich das Angebot an diese Nachfrage zunehmend anpassen.[17]

Neben der reinen Ermächtigung, seinen Konsum im Sinne der Nachhaltigkeit zu gestalten, würde Information auch das Bewusstsein für den Ressourcenverbrauch steigern. Information kann Verhaltensänderungen

---

13 Siehe *M. Rehberg*, in: BeckOGK-BGB, Stand: 1.6.2022, BGB § 123 Rn. 53.1 m.w.N.; s.a. *F. Weiler*, in: M. Tamm/K. Tonner/T. Brönneke (Hrsg.), Verbraucherrecht, 3. Aufl. 2020, § 13 Informationspflichten Rn. 3.
14 Vgl. etwa *Rehberg*, in: BeckOGK-BGB (Fn.13), BGB § 123 Rn. 53.
15 Vgl. *S. Kalss/C. Klampfl*, in: M. A. Dauses/M. Ludwigs (Hrsg.), Handbuch des EU-Wirtschaftsrechts, Stand: 57. EL August 2022, E. E. III. Gesellschaftsrecht Rn. 206.
16 ErwGr. 23 Ökodesign-VO-E.
17 Mit dieser Annahme auch ErwGr. 24 Ökodesign-VO-E.

bewirken.[18] So kann die Entscheidung im Sinne der Nachhaltigkeit auch mal Verzicht sein.[19] Die Transparenz, die durch prägnante und gut sichtbare Nachhaltigkeitsinformation auf Produkten oder Produktverpackungen entsteht, macht das Konsumverhalten auch für andere Mitglieder der Gesellschaft sichtbarer und kann so auch Konformitätsdruck ausüben.[20] Der Einfluss des sozialen Umfelds auf Konsumentscheidungen wächst mit der Sichtbarkeit der Produktnutzung.[21] Ist es innerhalb einer sozialen Gruppe ein anerkannter Wert, sich möglichst nachhaltig zu verhalten und ist die Nachhaltigkeit von Produkten an diesen auf Labels oder auf der Verpackung sichtbar, steigt die Wahrscheinlichkeit, dass nachhaltigere Entscheidungen getroffen werden, sofern andere diese Entscheidungen mitbekommen.

Halfmeier bezweifelt diese Wirkung u.a. mit dem Argument, dass Verbrauchern auch jetzt schon klar sein müsste, dass T-Shirts aus Fernost und Benzinverbrauch nicht nachhaltig sind und daraus aber keine Konsequenzen gezogen würden.[22] „Es wäre außerdem eine völlige psychologische Überforderung, jede einzelne alltägliche Konsumentscheidung zu einer Entscheidung pro oder contra Zukunft des Planeten zu machen."[23]

Das Informationsmodell ist immer wieder auf Kritik gestoßen.[24] Die Regulierung nahm bei der Bestimmung der Informationspflichten die begrenzte Aufnahmekapazität, aber auch das situative Desinteresse der Informationsbegünstigten zu wenig in den Blick.[25] Sicher löst Information allein

---

18 Davon geht auch die Kommission aus, vgl. ErwGr. 23 Ökodesign-VO-E. Skeptisch *Halfmeier*, Abschied vom Konsumschutzrecht (Fn. 7), 3 (6).
19 *Halfmeier*, Abschied vom Konsumschutzrecht (Fn. 7), 3 (6), hält das für unwahrscheinlich. Dort insgesamt kritisch zum Informationsparadigma.
20 Vgl. zur Bedeutung der sozialen Gruppe auf das Konsumverhalten *Boltz/Trommsdorff*, Konsumentenverhalten (Fn. 1), S. 170 ff.; *G. Felser*, Konsumentenpsychologie, Stuttgart 2014, S. 101 ff.
21 *Boltz/Trommsdorff*, Konsumentenverhalten (Fn. 1), S. 172.
22 *Halfmeier*, Abschied vom Konsumschutzrecht (Fn. 7), 3 (6).
23 *Halfmeier*, Abschied vom Konsumschutzrecht (Fn. 7), 3 (6).
24 Z.B. *B. Gsell*, Informationspflichten im europäischen Verbraucherrecht, ZfPW 2022, 130 mwN; *Sachverständigenrat für Verbraucherfragen*, Gutachten zur Lage der Verbraucherinnen und Verbraucher, 2021, S. 399; *C. Busch*, The future of pre-contractual information duties: from behavioural insights to big data, in: C. Twigg-Flesner (ed.), Research Handbook on EU Consumer and Contract Law, Cheltenham (UK) 2016, S. 221 ff.; *H.-W. Micklitz*, 60 Jahre Recht auf Information – ein Plädoyer gegen ein „weiter so", VuR 2022, 121.
25 Z.B. *Halfmeier*, Abschied vom Konsumschutzrecht (Fn. 7), 3 (6); *Sachverständigenrat für Verbraucherfragen*, Gutachten (Fn. 24), S. 399.

nicht alle Asymmetrien auf und ist auch mit Blick auf die Nachhaltigkeitsziele nicht geeignet, allein die erforderlichen Änderungen in allen Bereichen von Liefer- und Produktionsketten und auch im Konsumverhalten zu bewirken. Sie kann aber zumindest einen Beitrag leisten und steht insofern nicht in Konkurrenz zu strikterer Regulierung, wie verbindlichen Vorgaben zu Produktionsprozessen[26], zur Internalisierung von Umweltkosten[27] oder zu Verboten bestimmter Stoffe, Prozesse oder gar Produkte, wo dies geboten erscheint. Dass durch bessere Nachhaltigkeitsinformation ein „nicht aushaltbarer", „ständiger Zwang zum tugendhaften Verhalten" entstünde, wie *Halfmeier* meint, ist unwahrscheinlich. Die Information schafft eine Möglichkeit, gerade aber keinen Zwang. Dass sich Information auch ignorieren lässt, hat er selbst dargestellt.[28]

Der Informationsflut, die Verbraucher nicht realistisch bewältigen können, kann und sollte durch Vereinfachungen begegnet werden. Die Information verliert dadurch zwar an Präzision, kann aber ihren Zweck eher erfüllen. Dies betrifft weniger die Frage, ob Information ein geeignetes Mittel ist, sondern vielmehr die Frage, wie und in welcher Form die Information zu erteilen ist. Es muss ein Weg gefunden werden, Information sinnvoll zu komprimieren. Das ist keine neue Erkenntnis, sondern wird bereits praktiziert, etwa durch Labels, die eine Vielzahl von Eigenschaften in einem Bild bestätigen. *Metzger* spricht bei solchen komprimierten Informationspflichten von einem neuen Informationsmodell, „bei dem anstatt überlanger und überkomplexer Vertragsbedingungen auf kurze, prägnante Informationen zum entscheidenden Zeitpunkt gesetzt wird".[29]

D. Informationsanforderungen – Voraussetzungen guter Konsumentscheidungen im Sinne der Nachhaltigkeit

I. Informationsgehalt

Damit Verbraucher die im Sinne der Nachhaltigkeit besten Konsumentscheidungen treffen können, müssen sie die Auswirkungen der ihnen angebotenen Produkte auf Klima, Umwelt und Ressourcenverbrauch kennen, und zwar über alle Lebensphasen des Produktes hinweg. Dass ein Pro-

---

26 S.u. E.IV. zum Ansatz z.B. des ÖkodesignVO-E.
27 Dazu *Halfmeier*, Abschied vom Konsumschutzrecht (Fn. 7), 3 (7).
28 Oben Fn. 22.
29 MüKoBGB, BGB vor § 327 Rn. 35.

dukt z.B. klimaneutral (bzw. klimakompensiert) produziert wurde, macht es nicht zu einem guten Produkt unter Nachhaltigkeitsgesichtspunkten, wenn die Ressourcenbeschaffung aus ökologischer Sicht große Schäden verursacht oder die Lagerung oder Nutzung sehr energieaufwendig ist. Die Beurteilung eines Produktes als mehr oder weniger nachhaltig kann deshalb nur sinnvoll erfolgen, wenn man den gesamten Lebensweg unter Berücksichtigung einer Vielzahl verschiedener Faktoren in die Betrachtung einbezieht.

Das hat die EU schon vor fast 20 Jahren erkannt[30] und hat das sog. „Life cycle thinking", also die Betrachtung des gesamten Lebenszyklus („from cradle to grave") zunehmend in den Vordergrund ihrer Produktpolitiken gerückt.[31] Nur wenn der gesamte Lebenszyklus betrachtet wird, kann sichergestellt werden, dass eine Entscheidung, die mit Blick auf bestimmte Aspekte positiv ist, nicht an anderer Stelle (unerwartet) negative Auswirkungen hat.[32]

Die Verbraucher müssen die Umweltauswirkungen der ihnen angebotenen Produkte nicht im Einzelnen kennen, sie müssen vielmehr nur im Ergebnis wissen, welches die nachhaltigste Entscheidung wäre. Wichtig ist dabei vor allem, dass die Information es erlaubt, zu beurteilen, ob in Betracht kommende Produkte im Verhältnis zu anderen besser oder schlechter sind.

II. Entscheidungssituationen

Dabei ist zu beachten, dass Konsumentscheidungen in unterschiedlichem Maß durch Bedürfnisse gebunden sind. Es gibt Situationen, in denen der Verbraucher etwas benötigt und nur ein einziges Produkt das Bedürfnis erfüllen kann. Das kann etwa bei Originalersatzteilen der Fall sein. Dann gibt es die Situation, in der ein Verbraucher eine bestimmte Produktart benötigt, z.B. eine Batterie AAA, er aber zwischen Produktvarianten verschiedener Hersteller frei wählen kann. In anderen Situationen lässt das Bedürfnis mehr Entscheidungsfreiraum innerhalb einer bestimmten Art

---

30 KOM(2003) 302 endg.; s.a. European Commission (Joint Research Center), Understanding Product Environmental Footprint and Organisation Environmental Footprint methods, 2021, S. 3, 5 <https://ec.europa.eu/environment/eussd/smgp/pdf/EF%20simple%20guide_v7_clen.pdf>.
31 Siehe dazu: European Commission, Understanding PEF (Fn. 30), S. 3 ff.
32 European Commission, Understanding PEF (Fn. 30), S. 5.

von Produkten. Wenn es z.B. darum geht, Lebensmittel für eine Mahlzeit einzukaufen, dann müssen es zwar Lebensmittel sein, aber eine Vielzahl ganz unterschiedlicher Lebensmittel kann das Bedürfnis nach Nahrung befriedigen. Manchmal gibt es ein Bedürfnis nach einem Produkt, das eine bestimmte Funktion erfüllt, wobei jedoch in Herstellung und Nutzung ganz unterschiedliche Produkte in Frage kommen. So kommen als Bodenbelag einer Wohnung u.a. Teppich, Laminat, Echtholzparkett, PVC oder Steinboden in Betracht. Als Verhütungsmittel können die Pille, Kondome, Cremes und andere Produkte dienen. Eine Entscheidung kann aber noch freier sein. Geht es darum, für den Partner ein Weihnachtsgeschenk zu besorgen, kommen ganz unterschiedliche Produkte, aber auch Aktivitäten in Betracht. Und wer aus Lust und Laune shoppen geht, befriedigt lediglich das Bedürfnis, irgendetwas zu kaufen, was ihm oder ihr gefällt, ohne dass ein materielles Bedürfnis danach besteht.

Im Optimalfall würde Information in all diesen Entscheidungssituationen eine gute Entscheidung im Sinne der Nachhaltigkeit ermöglichen. Je weiter der Produktvergleich möglich wird, desto besser. Dann könnte bei der Frage, ob der Partner zu Weihnachten eine Flasche Whiskey, eine Ledertasche, ein Zeitschriftenabonnement oder neue Bluetooth-Lautsprecher bekommt, der Aspekt der Nachhaltigkeit zumindest eine Rolle spielen. Ob und in welchem Maße die Nachhaltigkeit am Ende ausschlaggebend ist, ist eine andere Frage. Die Freiheit, sich sehenden Auges anders zu entscheiden, bleibt mit dem Informationsmodell gerade bestehen und es kann auch gute Gründe geben, die Nachhaltigkeit in bestimmten Situationen nicht in den Vordergrund zu stellen.[33] In praktischer Hinsicht stellt die Umsetzbarkeit dieser breiten Vergleichsmöglichkeit eine große Herausforderung dar.[34]

III. Life Cycle Assessment (LCA), Product Environmental Footprint (PEF) und weitere Methoden

Eine recht umfassende Beurteilung der Umweltauswirkungen eines Produktes ermöglicht der sog. Umweltfußabdruck (Product Environmental Footprint, im Folgenden „PEF"). Die Rede ist auch von der Ökobilanz

---

33 Man unterscheidet mit unterschiedlichen Kriterien über unterschiedliche Produkte (*Boltz/Trommsdorff*, Konsumentenverhalten (Fn. 1), S. 277) und das ist nicht grundsätzlich falsch.
34 Dazu unten sogleich D.III.

eines Produktes. Der PEF wird auf Basis einer Lebenszyklus-Analyse (Life Cycle Assessment, im Folgenden „LCA") berechnet.[35] Die PEF-Methode wurde aus vorbestehenden Standards[36] entwickelt, um die ökologischen Auswirkungen eines Produktes bezogen auf seinen gesamten Lebenszyklus zu messen und kommunizieren zu können.[37] Die EU-Kommission empfiehlt diese Methode zur Berechnung des Umweltfußabdrucks von Produkten als Grundlage für Rechtsvorschriften und politische Maßnahmen mit Blick auf Nachhaltigkeitsförderung[38] und geht davon aus, dass die Umweltbilanz von Produkten Verbrauchern helfen kann, nachhaltigere Konsumentscheidungen zu treffen.[39]

Beim LCA werden die verschiedenen Phasen betrachtet, die ein Produkt durchläuft.[40] Das sind insbesondere Produktion, wobei auch schon die für die Produktion verwendeten Rohstoffe mit in den Blick genommen werden, Vermarktung, Nutzungsphase und Entsorgungsphase. Zusätzlich werden die Transportwege betrachtet. In einem „Life Cycle Inventory" werden Daten über Umweltbelastungen, die mit einem Produkt von der Gewinnung der Rohstoffe über die Produktion und Nutzung bis zur endgültigen Entsorgung, einschließlich Recycling, Wiederverwendung und Energierückgewinnung, verbunden sind,[41] gesammelt und analysiert.[42] Es werden 16 Wirkungskategorien betrachtet: Klimawandel, Ozonabbau, Humantoxizität (kanzerogen und nicht kanzerogen), Feinstaub, ionisierende Strahlung, fotochemische Bildung von Ozon, Versauerung, Eutrophierung (Land, Süßwasser und Meer), Ökotoxizität Süßwasser, Landnutzung, Was-

---

35 Die PEF-Berechnungsmethode der Kommission baut auf vorbestehende Berechnungsmethoden auf, Empfehlung (EU) 2021/2279 (Fn. 40), S. 25 f.
36 ISO 14040 ff. (insbesondere durch ISO 14040:2006 und ISO 14044:2006).
37 European Commission, Understanding PEF (Fn. 30), S. 3, 8.
38 Empfehlung (EU) 2021/2279 (Fn. 40), 1.3.
39 Schon ErwGr. 6 Empfehlung der Kommission vom 9. April 2013 für die Anwendung gemeinsamer Methoden zur Messung und Offenlegung der Umweltleistung von Produkten und Organisationen (aufgehoben).
40 Empfehlung (EU) 2021/2279 der Kommission vom 15. Dezember 2021 zur Anwendung der Methoden für die Berechnung des Umweltfußabdrucks zur Messung und Offenlegung der Umweltleistung von Produkten und Organisationen entlang ihres Lebenswegs (ABl. L 471 vom 30.12.2021, S. 1) in der Version vom 23.5.2022 (ABl. L 144 vom 23.5.2022, S. 7) (Konsolidierte Fassung), 1.1, Anhang I 4.2.
41 Die Systemgrenzen müssen in PEF-Category rules definiert werden, Empfehlung (EU) 2021/2279 (Fn. 40), Anhang I A.3.1.
42 <https://ec.europa.eu/environment/ipp/lca.htm>.

sernutzung, Ressourcennutzung (Mineralien und Metalle sowie fossil)[43].[44] Bei den Berechnungen müssen zwangsläufig auch Durchschnittswerte und Schätzungen zugrunde gelegt werden. Bei der Nutzungsphase etwa kann es nur darum gehen, wie oft ein Produkt durchschnittlich zu welchen Zwecken und mit welchem Energieverbrauch genutzt wird und darum, was seine durchschnittlich zu erwartende Lebensdauer ist.[45]

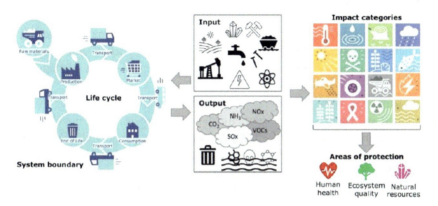

European Commission, Understanding PEF (Fn. 30), S. 5.

Basierend auf dem PEF-Leitfaden wurden sog. „Product Environmental Footprint Category Rules" (PEFCR) entwickelt und können weitere entwickelt werden, die die Systemgrenze definieren, die Berechnungsmethoden, Daten und Annahmen für bestimmte Produktkategorien[46] enthalten

---

43 „Die PEF-Methode umfasst keine Wirkungskategorie mit der Bezeichnung „Biodiversität", da derzeit kein internationaler Konsens über eine Methode zur Wirkungsabschätzung besteht, die diese Auswirkungen erfasst. Die PEF-Methode umfasst jedoch mindestens acht Wirkungskategorien, die sich auf die Biodiversität auswirken (nämlich Klimawandel, Eutrophierung – Süßwasser, Eutrophierung – Meer, Eutrophierung – Land, Versauerung, Wassernutzung, Landnutzung, Ökotoxizität – Süßwasser)", vgl. Empfehlung (EU) 2021/2279, S. 37.
44 European Commission, Understanding PEF (Fn. 30), S. 8, 17; Empfehlung (EU) 2021/2279 (Fn. 40), 3.2.3, Anhang I Tabelle 2.
45 Empfehlung (EU) 2021/2279 (Fn. 40), Anhang I 4.2.4.
46 „Produkte mit vergleichbaren Funktionen und Anwendungen sollten innerhalb derselben PEFCR zusammengefasst werden. Der Anwendungsbereich der PEFCR muss so gewählt werden, dass er hinreichend weit gefasst ist, um verschiedene Anwendungen und/oder Technologien abzudecken.", vgl. Empfehlung (EU) 2021/2279 (Fn. 40), Anhang II A.3.1.

und so die Berechnung des PEF vereinfachen und präzisieren.[47] Ein Vergleich von Produkten ist nach den PEF-Regeln nur innerhalb einer Produktkategorie vorgesehen.[48] Der Vergleich über einzelne Wirkungskategorien hinaus setzt voraus, dass die verschiedenen Faktoren gewichtet und aggregiert werden.[49] Die zuständigen technischen Sekretariate können in den PEFCR fakultativ Leistungsklassen (A-E) bestimmen, denen die Produkte einer Produktkategorie, ausgehend von einem repräsentativen Produkt, das Leistungsklasse C entspricht, zugeordnet werden können oder müssen.[50] Eine entsprechende Kennzeichnung kann Verbrauchern nachhaltige Entscheidungen innerhalb einer Produktkategorie ermöglichen. Ein Vergleich über Produktgruppen hinweg ist nach der PEF-Methode nicht möglich und insgesamt schwierig.

Damit ein Vergleich über Produktgruppen hinweg möglich würde, braucht es jedenfalls einen einheitlichen Wert sowie eine sinnvolle Vergleichseinheit. Es gibt methodische Ansätze, mit denen auch die Vergleichbarkeit über Produktgruppen hinweg ermöglicht werden könnte.[51] Über diese besteht aber bisher noch keine Einigkeit. Die Eignung solcher Methoden, zuverlässige Ergebnisse zu erzielen, wird noch eher skeptisch betrachtet.[52] Denn schon um alle Wirkkategorien auf einen Nenner zu bringen, müssen verschiedene Faktoren gewichtet werden. Ein Ansatz, um verschiedene Umweltfaktoren auf einen Wert zu aggregieren, ist die Berechnung von Umweltkosten.[53] Mit einem einzigen Geldwert in Euro werden die Kosten ausgedrückt, „die zur Beseitigung oder Vermeidung der Umwelt-

---

47 Empfehlung (EU) 2021/2279 (Fn. 40), S. 28.
48 Empfehlung (EU) 2021/2279 (Fn. 40), S. 27.
49 Empfehlung (EU) 2021/2279 (Fn. 40), Anhang I 5.2.2, Anhang II A.5.2.
50 Empfehlung (EU) 2021/2279 (Fn. 40), Anhang II A.5.2.
51 Siehe etwa zur Berechnung ökologischer Fußabdrücke in globalen Hektar: Global Footprint Network research team, Ecological Footprint Accounting: Limitations and Criticism, August 2020, <https://www.footprintnetwork.org/content/uploads/2020/08/Footprint-Limitations-and-Criticism.pdf>.
52 Siehe z.B. die behandelte Kritik in Global Footprint Network research team, Ecological Footprint Accounting (Fn. 51).
53 Dazu z.B. Umweltbundesamt (Hrsg.), Umweltkosten von Konsumgütern als Ansatzpunkt zur Verbesserung marktlicher und nicht-marktlicher Verbraucherinformationen („Zweites Preisschild") (TEXTE 187/2020), S. 43, <https://www.umweltbundesamt.de/sites/default/files/medien/5750/publikationen/2020_10_22_texte_187_2020_zweites_preisschild.pdf>; *S. Schroten/E.Schep et. al*, Environmental Prices Handbook EU28 version, November 2018, <https://cedelft.eu/wp-content/uploads/sites/2/2021/04/CE_Delft_7N54_Environmental_Prices_Handbook_EU28_version_Def_VS2020.pdf>.

belastung beziehungsweise für die Beseitigung der durch die Umweltbelastungen entstandenen Schäden nötig wäre[n]".[54] Da die Berechnung der Umweltkosten für ein Produkt oder eine Produkteinheit einen Eurowert hervorbringt, wird der Vergleich theoretisch auch mit ganz anderen Produkten möglich.[55]

Das deutsche Umweltbundesamt hat basierend auf diesem Gedanken geprüft, ob die Einführung eines „zweiten Preisschildes" sinnvoll wäre, um Verbrauchern die Entscheidung für möglichst umweltfreundliche Produkte zu ermöglichen.[56] Im Januar 2020 kam man zu dem Ergebnis, dass dies „aktuell" nicht empfehlenswert sei. Einer der Hauptgründe war die Komplexität der Berechnung und die Schwierigkeit, eine valide Datengrundlage zu erlangen.[57] Die Umweltkosten für ein Produkt sind stark abhängig von einer Vielzahl von Faktoren, wie z.B. der Region der Produktion (z.B. wasserreiche oder wasserarme Region) und der Jahreszeit.[58] Andererseits wird gerade auch der Informationswert der Angabe der Umweltkosten hervorgehoben, wenn sie jeweils aktuell erfolgen kann, denn dann würden Verbraucher z.B. erkennen können, zu welcher Jahreszeit es aus Nachhaltigkeitssicht sinnvoll ist, Tomaten aus regionalem Anbau zu kaufen und wann tatsächlich Tomaten aus wärmeren Ländern zu bevorzugen sind.[59] Festgehalten wird, dass die PEF-Methode der EU mit Modifikation und Weiterentwicklung eine geeignete Grundlage für die Berechnung der Umweltkosten sein kann.[60] Es bedürfe jedoch weiterer Forschung.[61]

IV. Betrachtung

Die Beurteilung der Berechnungsmethode muss anderen Disziplinen überlassen werden. Wünschenswert wäre es, wenn eine Methode entwickelt werden könnte, mit der die Vergleichbarkeit der Umweltauswirkungen tat-

---

54 <https://www.umweltbundesamt.de/themen/die-unsichtbaren-kosten-des-konsums>.
55 <https://ecochain.com/knowledge/environmental-cost-indicator-eci/>.
56 Umweltbundesamt (Hrsg.), Umweltkosten von Konsumgütern (Fn. 53), S. 43.
57 Umweltbundesamt (Hrsg.), Umweltkosten von Konsumgütern (Fn. 53), S. 89.
58 <https://www.umweltbundesamt.de/themen/die-unsichtbaren-kosten-des-konsums>.
59 Siehe Umweltbundesamt (Hrsg.), Umweltkosten von Konsumgütern (Fn. 53), S. 59.
60 Umweltbundesamt (Hrsg.), Umweltkosten von Konsumgütern (Fn. 53), S. 43.
61 Umweltbundesamt (Hrsg.), Umweltkosten von Konsumgütern (Fn. 53), S. 64.

sächlich produktgruppenübergreifend möglich würde. Dass dabei Nuancen verloren gehen oder die Ergebnisse nicht sehr präzise sind, ist vielleicht für die hier verfolgten Zwecke unschädlich, solange der ermöglichte Vergleich im großen Ganzen stimmt und die daraus folgende Lenkungswirkung in die richtige Richtung weist. Wie zuverlässig die Werte sein sollten, damit sie zur Produktkennzeichnung herangezogen werden können, ist einerseits eine politische Entscheidung, andererseits aber auch eine Frage, die verfassungsrechtliche Bedeutung haben kann; dies ist dann der Fall, wenn die Gefahr besteht, dass Produkte im Verhältnis zu anderen wegen methodischer Schwächen schlechter abschneiden und so Wettbewerbsnachteile[62] entstehen.

E. Nachhaltigkeitsinformation – Status Quo und legislative Vorhaben

I. Nachhaltigkeitswerbung und Lauterkeitsrecht

1. De lege lata

Industrie und Handel haben erkannt, dass Nachhaltigkeitsaspekte für Verbraucher an Bedeutung gewinnen. Bereits 2020 enthielt etwa 35 % der Werbung für Produkte und Dienstleistungen explizite Umweltwerbeaussagen, im Schnitt 2 pro Werbung.[63] Etwa 45 % der ausgewerteten Werbungen enthielten sog. implizite Green Claims,[64] d.h. Andeutungen durch z.B. grüne oder blaue Farbgebung oder Naturmotive, mit denen Verbraucher typischerweise naturverträgliche oder ökologische Eigenschaften assoziieren. Viele dieser Green Claims erfolgen in Form von Kennzeichen, die für das Vorliegen bestimmter nachhaltiger Produkteigenschaften stehen. Teilweise erfolgt die Verwendung auf gesetzlicher Grundlage,[65] teils werden sie durch private Unternehmen oder Initiativen vergeben, wobei ganz unterschiedliche Produkteigenschaften ausgewiesen werden und keine einheitlichen Standards zugrunde liegen. Zudem werden immer wieder auch

---

62 Unter lauterkeitsrechtlichen Gesichtspunkten Kommissionsleitlinie, Amtsblatt der EU 2021 C 526/1 S. 84.
63 *J. McGuinn/A. McNeill* et. al., Environmental claims in the EU – Inventory and reliability assessment, Draft final report, 2020, Annex • <https://ec.europa.eu/environment/eussd/smgp/pdf/2020_Greenclaims_inventory.zip>, S. 10.
64 *McGuinn/McNeill* et. al., Environmental claims in the EU (Fn. 63), S. 10.
65 Siehe z.B. unter E.III.

Siegel verwendet, die eine Zertifizierung durch eine unabhängige Stelle nur suggerieren.

Die Kontrolle von Werbeversprechen erfolgt wesentlich über das Lauterkeitsrecht. Die EU-Kommission hat sich in ihren „Leitlinien zur Auslegung und Anwendung der Richtlinie 2005/29/EG des Europäischen Parlaments und des Rates über unlautere Geschäftspraktiken von Unternehmen gegenüber Verbrauchern im Binnenmarkt" damit auseinandergesetzt, wie die UGP-RL zuverlässige Nachhaltigkeitswerbung bzw. „Behauptungen zum Umweltschutz" und „Umweltaussagen" absichern kann.[66] Obwohl die UGP-RL bisher keine Vorschriften spezifisch zu Umweltbelangen enthält, ist sie grundsätzlich geeignet, auch insofern die Lauterkeit von Werbung sicherzustellen.[67] Aus dem Irreführungsverbot (Art. 5 Abs. 1, 4 i.V.m. Art. 6 Abs. 1 lit. b UGP-RL) folgt, dass Werbung mit Nachhaltigkeitsgesichtspunkten nur wahre Tatsachen behaupten darf und die Werbeaussagen „klar, spezifisch, genau und eindeutig" sein müssen.[68] Irreführend ist etwa die Verwendung eines Siegels, ohne dass dieses von einer unabhängigen Stelle verliehen wurde.[69] Nach der Kommissionsleitlinie sind pauschale Slogans wie z.B. „klimaneutral" oder „umweltverträglich" irreführend, wenn nicht klar ist, worauf genau sie sich beziehen.[70] Nach Ansicht der Kommission muss klar und eindeutig sein, auf welchen Aspekt eines Produktes oder seines Lebenszyklus sich eine Aussage bezieht.[71]

Im Detail ergeben sich aber viele Fragen, die im Laufe der Zeit durch die Rechtsprechung noch zu beantworten sein werden, sofern eine Beantwortung überhaupt in grundsätzlicher Weise möglich ist. Das OLG Schleswig war etwa der Ansicht, dass „klimaneutral" eine klare Aussage sei, die der Verbraucher auf die Produktion beziehe[72] und setzt klimaneutral ohne weiteres mit CO_2-neutraler bzw. -kompensierter Produktion gleich.[73] So

---

66 Kommissionsleitlinie, Amtsblatt der EU 2021 C 526/1 S. 72 ff.
67 Kommissionsleitlinie, Amtsblatt der EU 2021 C 526/1 S. 73.
68 Kommissionsleitlinie, Amtsblatt der EU 2021 C 526/1 S. 75.
69 *C. Alexander*, in: MüKoUWG, 3. Aufl., München 2020, UWG Anh. § 3 Abs. 3 Nr. 2 Rn. 16.
70 Kommissionsleitlinie, Amtsblatt der EU 2021 C 526/1 S. 77 mit weiteren Beispielen.
71 Kommissionsleitlinie, Amtsblatt der EU 2021 C 526/1 S. 78.
72 OLG Schleswig KlimR 2022, 257, vor allem in Abgrenzung zum noch unschärferen Begriff der Umweltfreundlichkeit.
73 OLG Schleswig KlimR 2022, 257 Rn. 35 ff. Siehe dort Rn. 38 zu weiterer deutscher Rechtsprechung zum Begriff „klimaneutral". S.a. *Lamy/Ludwig*, Werbung mit Klimaneutralität (Fn. 11), 142 (144 ff.). Zur Problematik der Kompensation *C. Kaupa*, Peddling False Solutions to Worried Consumers, EuCML 2022, 139.

einfach ist es aber nicht, denn schon die Bedeutung des Begriffs der Klimaneutralität ist nicht in Stein gemeißelt, auch dann nicht, wenn er sich klar auf die Produktion beziehen soll. Geht es um Treibhausgasneutralität[74]?[75] Aber selbst Treibhausgasneutralität bedeutet noch nicht, dass ein Prozess keine (mittelbar) klimaschädlichen Wirkungen hat.[76] Schon gar nicht bedeutet treibhausgas- oder klimaneutral, dass es keine anderen umweltschädlichen Einflüsse gibt, die sich wiederum auch (mittelbar oder mittel- bis langfristig) auf das Klima auswirken können.[77] Im Detail sind viele Frage zu klären und das Verbraucherverständnis unterliegt zudem einem ständigen Wandel.

Aus Art. 12 UGP-RL folgt, dass Unternehmen wissenschaftliche Belege für behauptete Produkteigenschaften haben müssen.[78] Ihnen obliegt die Beweispflicht für die Richtigkeit ihrer Angaben. Die unberechtigte Verwendung von Gütezeichen, Qualitätskennzeichen oder Ähnlichem ist unlauter.[79] Es darf auch nicht mit umweltbezogenen Eigenschaften geworben werden, die gesetzlich vorgeschrieben und insofern selbstverständlich sind.[80] Ungelöst ist aber das Problem, dass verschiedene Siegel nach unterschiedlichen Kriterien zur Verfügung gestellt werden.

Das Lauterkeitsrecht ist bereits gut aufgestellt, um irreführender Werbung mit Umweltbelangen zu begegnen. Mit Blick auf die vorangestellten Informationsziele muss aber vor allem eins festgehalten werden: Das Lauterkeitsrecht etabliert ein umfassendes Irreführungsverbot, aber kein

---

74 § 2 Nr. 9 KSG Netto-Treibhausgasneutralität: das Gleichgewicht zwischen den anthropogenen Emissionen von Treibhausgasen (festgelegt in § 2 Nr. 1 KSG; s. a. Art. 3 Nr. 1 EU KlimaschutzVO 2018/842) aus Quellen und dem Abbau solcher Gase durch Senken. Siehe dazu Seite „Kohlenstoffsenke", <https://de.wikipedia.org/w/index.php?title=Kohlenstoffsenke&oldid=223155662> (13.07.2022). Wenn die Bezeichnung „Klimaneutral" für CO2-Neutralität genutzt wird, ist das in jedem Fall irreführend, denn CO2 ist lediglich eines von vielen Treibhausgasen, dazu *Lamy/Ludwig*, Werbung mit Klimaneutralität (Fn. 11), 142.
75 Vgl. *Lamy/Ludwig*, Werbung mit Klimaneutralität (Fn. 11), 142.
76 *Lamy/Ludwig*, Werbung mit Klimaneutralität (Fn. 11), 142; s.a. *Kaupa*, Peddling False Solutions (Fn. 73).
77 So kann Wasserverbrauch zu Trockenheit führen, das wiederum zu geringerer Resilienz gegen Schädlinge, was zu Pflanzensterben und damit der Verringerung natürlicher Senken führt, vgl. *Lamy/Ludwig*, Werbung mit Klimaneutralität (Fn. 11), 142.
78 Dazu Kommissionsleitlinie, Amtsblatt der EU 2021 C 526/1 S. 81 ff.
79 Anhang I Nr. 2 UGP-RL.
80 Anhang I Nr. 10 UGP-RL; dazu Kommissionsleitlinie, Amtsblatt der EU 2021 C 526/1 S. 83.

umfassendes Aufklärungsgebot.[81] Nicht getäuscht ist noch lange nicht umfassend informiert. Umfassende Information über die Nachhaltigkeit eines Produktes wird durch Art. 7 der UGP-RL bisher nicht als wesentliche Information eingeordnet, die in jedem Fall erteilt werden muss.

2. De lege ferenda

Die EU-Kommission möchte die UGP-RL mehr für Nachhaltigkeitsbelange sensibilisieren[82] und hat daher entsprechende Vorschläge vorgelegt.[83] Ergänzungen der UGP-RL sollen „zu einer kreislauforientierten, sauberen und grünen EU-Wirtschaft [beitragen], indem Verbraucher in die Lage versetzt werden, eine bewusste Kaufentscheidung zu treffen und so nachhaltige Verbrauchsmuster zu fördern" und darüber hinaus unlauteren Geschäftspraktiken begegnen, die nachhaltige Konsumentscheidungen durch Irreführung behindern.[84] Hier werden einige Ergänzungsvorschläge herausgegriffen, welche die hier behandelte Problematik tangieren.

So sollen etwa ökologische Auswirkungen, Haltbarkeit und die Reparierbarkeit eines Produktes in die Liste der wesentlichen Produktmerkmale in Art. 6 Abs. 1 lit. b aufgenommen werden.[85] Das bedeutet, dass Angaben, die geeignet sind, den Durchschnittsverbraucher in Bezug auf diese Merkmale zu täuschen, als irreführend gelten. Ein neuer Art. 6 Abs. 2 lit. d UGP-RL soll bestimmen, dass das „Treffen einer Umweltaussage über die künftige Umweltleistung ohne klare, objektive und überprüfbare Verpflichtungen und Ziele sowie ohne ein unabhängiges Überwachungssystem" irreführend ist. Per se unlauter soll es zukünftig sein, Nachhaltigkeitssiegel anzubringen, die nicht auf einem Zertifizierungssystem oder einer Festsetzung durch eine staatliche Stelle beruhen und allgemeine Umweltaussagen zu treffen, ohne für die hervorgehobene Umweltleistung Nachweise erbringen zu können.[86] Ebenso soll das Treffen einer Umweltaussage[87] zum gesamten Pro-

---

81 Zum Irreführungsgebot des UWG siehe schon BGH GRUR 1996, 367 (368); OLG Schleswig KlimR 2022, 257 Rn. 33.
82 Art. 1 COM (2022) 143 final.
83 COM (2022) 143 final S. 1.
84 COM (2022) 143 final S. 1.
85 Art. 1 Nr. 2 lit. a) COM (2022) 143 final.
86 Art. 1 Nr. 4, Anhang COM (2022) 143 final: Anhang I der UGP-RL Nr. 2a, 4a.
87 Damit sind allgemeine Umweltaussagen wie z.B. „umweltfreundlich", „ökologisch", „klimaneutral", „CO_2-neutral" etc. gemeint, siehe ErwGr. 9 COM (2022) 143 final S. 12.

dukt unlauter sein, wenn diese sich tatsächlich nur auf einen bestimmten Aspekt des Produkts bezieht.[88]

Die UGP-RL würde mit den vorgeschlagenen Tatbeständen geschärft. Im Wesentlichen würde aber vor allem klargestellt, was auch unter geltendem Recht bereits gilt. Auch mit den vorgeschlagenen Änderungen bliebe es aber dabei, dass das unionsrechtliche Lauterkeitsrecht keine umfassende Information von Verbrauchern mit Blick auf Nachhaltigkeitsbelange gewährleistet, und schon gar nicht dafür sorgt, dass Verbraucher Produkte mit Blick auf deren Nachhaltigkeit vergleichen können. Die Kommission klammert diese Problematik vielmehr ausdrücklich aus und will sie über sektorale Rechtsvorschriften angehen.[89]

II. Verbraucherrechte-RL

Auch die Verbraucherrechte-Richtlinie[90] soll Nachhaltigkeitsgesichtspunkte zukünftig mehr berücksichtigen. Hier stehen vor allem Informationspflichten über die Reparierbarkeit von Produkten im Vordergrund.[91] Für die Bestimmung einer Reparaturkennzahl soll im Unionsrecht eine einheitliche Methode festgelegt werden.[92]

Die Kommission geht – basierend auf den Ergebnissen einer öffentlichen Konsultation – davon aus, dass Informationen über die Reparierbarkeit von Produkten „die Verbraucher am wahrscheinlichsten in die Lage versetz[en], sich für nachhaltigere Produkte zu entscheiden und sich an der Kreislaufwirtschaft zu beteiligen".[93] Unternehmen und Unternehmensorganisationen hatten demgegenüber für Informationen über die Klima- und Umweltbilanz plädiert.[94] Beide Informationen sind wichtig. Ist ein Produkt reparierbar, kann es länger verwendet werden und muss weniger häufig durch ein neues ersetzt werden. Bei vielen Produkten kommt aber die Reparierbarkeit

---

88 Art. 1 Nr. 4, Anhang COM (2022) 143 final: Anhang I der UGP-RL Nr. 4b.
89 COM (2022) 143 final S. 12 f.
90 Richtlinie 2011/83/EU über die Rechte der Verbraucher.
91 Verbraucher sollen vor Vertragsschluss über die Reparaturkennzahl einer Ware informiert werden. Alternativ sollen Informationen „über die Verfügbarkeit von Ersatzteilen, einschließlich des Bestellverfahrens, und über die Verfügbarkeit von Benutzerhandbüchern und Reparaturanleitungen" erteilt werden, vgl. Art. 2 Nr. 2 lit. b und Nr. 3 lit. b COM (2022) 143 final.
92 Art. 2 Nr. 1 lit. b (14d) COM (2022) 143 final.
93 COM (2022) 143 final S. 9.
94 COM (2022) 142 final S. 9.

nicht in Betracht oder ist im Vergleich zum Neukauf zu aufwendig. Die Information über die Reparierbarkeit genügt daher nicht, um Verbraucher flächendeckend nachhaltige Entscheidungen zu ermöglichen.

III. Kennzeichnungen nach Unionsrecht

Das Unionsrecht kennt bereits auch eine Reihe von Kennzeichen, die über nachhaltigkeitsrelevante Produkteigenschaften informieren. Zu nennen sind beispielhaft etwa das Bio- und das Öko-Logo nach der Öko-Basis-VO[95], mit denen landwirtschaftliche und landwirtschaftsnahe Erzeugnisse[96] gekennzeichnet werden dürfen, die unter Einhaltung der Vorschriften der Öko-Basis-VO produziert wurden.[97] Dabei werden auch noch der eigentlichen Produktion nachgelagerte Schritte, nämlich Abholung, Verpackung, Beförderung und Lagerung in den Blick genommen.[98] Die Öko-Basis-VO verfolgt eine große Bandbreite an Zielen, die Produktion und Produktionsbedingungen nachhaltiger machen sollen.[99] Die genannten Zeichen und die durch die VO geschützten Attribute „ökologisch" und „biologisch"[100] informieren Verbraucher zuverlässig über die Einhaltung ökologischer/biologischer Produktionsstandards. In ganz ähnlicher Weise können Produkte mit dem EU-Umweltkennzeichen (Eco-Label) gekennzeichnet werden, wenn sie die für die Produktgruppe festgelegten Umweltanforderungen erfüllen und die zuständige Stelle das Label auf Antrag erteilt hat.[101] Die Vermutung liegt dann nahe, dass die Entscheidung für derart gekennzeichnete Erzeugnisse und Produkte oftmals die nachhaltigere Entscheidung im Vergleich zu anderen Erzeugnissen ist. Zuverlässig ist diese Annahme aber nicht.[102] Einen richtigen Vergleich von Produkten erlaubt die Kennzeichnung zudem nicht.

---

95 Verordnung (EU) 2018/848 über die ökologische/biologische Produktion und die Kennzeichnung von ökologischen/biologischen Erzeugnissen sowie zur Aufhebung der Verordnung (EG) Nr. 834/2007 des Rates.
96 Art. 1 Abs. 1 und 2 Öko-Basis-VO.
97 Siehe Art. 2 Nr. 1 und 2, Art. 30 Abs. 1 und 2, Art. 33 Abs. 1 Öko-Basis-VO.
98 Art. 23 Öko-Basis-VO.
99 Art. 4 und 5 Öko-Basis-VO.
100 Art. 30, Anhang IV Öko-Basis-VO.
101 Art. 6 Abs. 2, Art. 9 Verordnung (EG) Nr. 66/2010 vom 25. November 2009 über das EU-Umweltzeichen; siehe dazu www.eu-ecolabel.de.
102 Siehe das Beispiel bei Fn. 59.

Das Unionsrecht umfasst auch verschiedene Regelungen zu Kennzeichnungen mit Blick auf den Energieverbrauch verschiedener Produkte. So schreibt die VO (EU) 2017/1369[103] die Kennzeichnung energieverbrauchsrelevanter Produkte vor. Danach müssen einheitliche Produktinformationen „zur Energieeffizienz, zum Verbrauch an Energie und anderen Ressourcen durch die Produkte während des Gebrauchs und zusätzlicher Angaben über die Produkte" erteilt werden, „sodass Kunden in die Lage versetzt werden, sich für effizientere Produkte zu entscheiden, um ihren Energieverbrauch zu verringern".[104] Die Kommission erlässt für unterschiedliche Produktgruppen delegierte Rechtsakte, mit denen spezifische Anforderungen an die Energieverbrauchskennzeichnung festgelegt werden.[105] Energieverbrauchsrelevante Produkte, für die ein delegierter Rechtsakt dies vorschreibt, dürfen nur mit Etiketten auf den Markt gebracht werden, auf denen das Produkt einer Energieeffizienzklasse auf einer abgeschlossenen Skala zugeordnet wird.[106] Der Energieverbrauch in der Nutzungsphase ist ein wichtiger Faktor für eine nachhaltige Entscheidung und die Energieverbrauchskennzeichnung ist hilfreich für nachhaltigere Entscheidungen. Zudem erlaubt sie den Vergleich der Energieeffizienz innerhalb einer Produktgruppe.[107] Jedoch ist die energieeffiziente Nutzungsmöglichkeit eines Produktes nur ein Faktor von vielen, die über die Nachhaltigkeit des Produktes entscheiden. Durch die delegierten Rechtsakte können jedoch weitere Merkmale auf das Etikett mitaufgenommen werden, die weitere Produktaspekte vergleichbar machen. Das ist sinnvoll, solange es übersichtlich bleibt.[108]

---

103 Verordnung (EU) 2017/1369 vom 4. Juli 2017 zur Festlegung eines Rahmens für die Energieverbrauchskennzeichnung und zur Aufhebung der Richtlinie 2010/30/EU, geändert durch Verordnung (EU) 2020/740 vom 25. Mai 2020.
104 Art. 1 Abs. 1 VO (EU) 2017/1369.
105 Art. 13, 16 VO (EU) 2017/1369.
106 Art. 2 Nr. 19 ff., Art. 3, Art. 6 VO (EU) 2017/1369.
107 D.h. unter Produkten, „die dieselben grundlegenden Funktionen aufweisen", Art. 2 Nr. 1 VO (EU) 2017/1369.
108 Siehe z.B. den Entwurf der delegierten Verordnung für Smartphones und Tablets und das Label in Annex III, <https://ec.europa.eu/info/law/better-regulation/have-your-say/initiatives/12798-Energy-labelling-of-mobile-phones-and-tablets-informing-consumers-about-environmental-impact_en_>.

IV. Ökodesign-VO-E

Produktinformation über Nachhaltigkeitsaspekte ist auch Gegenstand der als Teil des europäischen „Green Deals"[109] von der Kommission vorgeschlagenen Ökodesign-VO (im Folgenden „Ökodesign-VO-E"),[110] welche die Ökodesign-RL ersetzen soll.[111] Durch die VO und delegierte Rechtsakte der Kommission sollen einerseits Designanforderungen festgelegt werden, um Produkte auf allen Stufen des Lebenszyklus nachhaltiger zu machen.[112] Gegenstand des Ökodesign-VO-E sind jedoch auch Informationspflichten. Art. 7 Ökodesign-VO-E bestimmt, welche umweltrelevanten Informationen verlangt werden. Anhang I bestimmt eine Vielzahl von umweltrelevanten Produktparametern, wie z.B. Umweltfußabdruck (berechnet nach der hier vorgestellten PEF-Methode)[113], CO_2-Fußabdruck[114] des Produktes sowie Informationen zu Emissionen, Freisetzung von Mikroplastik, anfallenden Abfallmengen, Recyclebarkeit, Haltbarkeit, Reparierbarkeit etc., die in einem digitalen Produktpass vorgehalten werden müssen, ohne den Produkte grundsätzlich[115] nicht mehr in den Verkehr gebracht werden dürfen.[116] Der Produktpass soll u.a. „Transparenz sowohl für die Unternehmen der Lieferkette als auch für die breite Öffentlichkeit erhöhen und die Effizienz des Informationstransfers erhöhen."[117] Er soll auch dazu dienen, Verbrauchern fundierte Entscheidungen zu ermöglichen.[118] Der Pass soll andere Informa-

---

109 Mitteilung der Kommission, Der europäische Grüne Deal, Brüssel, den 11.12.2019, COM (2019) 640 final.
110 Vorschlag für eine Verordnung zur Schaffung eines Rahmens für die Festlegung von Ökodesign-Anforderungen für nachhaltige Produkte und zur Aufhebung der Richtlinie 2009/125/EG, COM (2022) 142 final.
111 Zum Verhältnis der Ökodesign-VO zum bisherigen Ökodesignrecht *Tonner*, Mehr Nachhaltigkeit im Verbraucherrecht – die Vorschläge der EU-Kommission zur Umsetzung des Aktionsplans für die Kreislaufwirtschaft, VuR 2022, 323 (325 ff.).
112 COM (2022) 142 final S. 1. Die Ökodesign-VO soll den Rahmen bestimmen, während die Kommission darauf basierend durch delegierte Rechtsakte konkrete Design- und Leistungsanforderungen für Produktgruppen festlegen soll, Art. 4, 5, 66 Ökodesign-VO-E.
113 Art. 2 Nr. 23, 24 Ökodesign-VO-E, s. o. 0.0.
114 Art. 2 Nr. 25 Ökodesign-VO-E.
115 Näher ErwGr. 29 Ökodesign-VO-E.
116 Art. 8 Abs. 1, Abs. 2 lit. a, Anhang III lit. a iVm Art. 7 Abs. 2 lit. b i) und Anhang I Ökodesign-VO-E.
117 Zudem dient er der besseren Überwachung und Durchsetzung der Verordnung und als Grundlage für Marktforschung COM (2022) 142 final S. 11.
118 ErwGr. 26 Ökodesign-VO-E.

tionsinstrumente wie Etiketten, Aufschriften, Verpackungsinformation etc. ergänzen.[119] Die Kommission bestimmt in ihren delegierten Rechtsakten, die sich jeweils auf eine bestimmte Produktgruppe (oder ähnliche Produktgruppen)[120] beziehen müssen,[121] welche der weiteren Informationsinstrumente für welche Informationen zu nutzen sind.[122] Hervorzuheben ist dabei die Möglichkeit, zu bestimmen, dass Produkten Etiketten beigefügt sein müssen, die auch die Umweltinformationen enthalten.[123] Hinzukommt, dass die Kommission zu den umweltbezogenen Produktparametern Leistungsklassen festlegen kann.[124] Die Zuordnung zu einer Leistungsklasse kann dann auch auf das Etikett aufgenommen werden. Die Etiketten sollen so auch den Produktvergleich zugunsten nachhaltigerer Entscheidungen ermöglichen.[125]

Mit den Informationspflichten des Ökodesign-VO-E würde dem Ziel, Verbrauchern informierte Entscheidungen mit Blick auf die Nachhaltigkeit zu ermöglichen, im Rahmen des Anwendungsbereichs der VO[126] ein großer Schritt nähergekommen. Das gilt jedenfalls, wenn die Kommission von ihren Möglichkeiten umfangreich Gebrauch macht. Während die Produktpässe für die Verbraucherinformation sicherlich zu komplex sind und es auch nicht realistisch erscheint, dass Verbraucher in Alltagsentscheidungen von ihrer Zugriffsmöglichkeit[127] auf den digitalen Produktpass Gebrauch machen, sind etwa die Etiketten vielversprechend, wenn auf ihnen verschiedene umweltbezogene Produktparameter (insbesondere aber der Umweltfußabdruck) vereinfacht in Leistungsklassen nach dem Vorbild etwa der Energieeffizienzkennzeichnung[128] dargestellt sind.[129] Eine

---

119 ErwGr. 26 Ökodesign-VO-E.
120 Art. 2 Nr. 5 Ökodesign-VO-E: „Produktgruppe" eine Reihe von Produkten, die ähnlichen Zwecken dienen und hinsichtlich der Verwendung ähnlich sind oder ähnliche funktionelle Eigenschaften haben und hinsichtlich der Wahrnehmung durch den Verbraucher ähnlich sind.
121 COM (2022) 142 final S. 7, 13; Art. 5 Abs. 1 und 2.
122 Art. 7 Abs. 6, ErwGr. 27 Ökodesign-VO-E.
123 Art. 14 Ökodesign-VO-E.
124 Art. 7 Abs. 4 Ökodesign-VO-E.
125 Art. 14 Abs. 2, ErwGr. 39 Ökodesign-VO-E.
126 Art. 1 Ökodesign-VO-E.
127 Die Zugangsrechte können unterschiedlich erteilt werden, Art. 8 Abs. 2 lit. f, 9 Abs. 1 lit. f Ökodesign-VO-E. Der Produktpass soll z.B. über einen QR-Code vom Produkt aus abrufbar sein, ErwGr. 31 Ökodesign-VO-E.
128 S. oben E.III.
129 Vgl. ErwGr. 24 Ökodesign-VO-E.

Vergleichsmöglichkeit besteht dann innerhalb einer Produktgruppe, wobei der Begriff der Produktgruppe in Art. 2 Nr. 5 der Ökodesign-VO schon relativ breit definiert wird.[130] Je nachdem, welche Parameter in Leistungsklassen angegeben würden, würde es den Verbrauchern überlassen, diese für sich zu gewichten, was wohl die wenigsten fachkundig könnten. Was ist schlimmer? Ein hoher Wasserverbrauch, ein hoher CO_2-Abdruck oder Mikroplastik? Wo immer möglich, sollte deshalb der Umweltfußabdruck in Leistungsklassen angegeben werden müssen, denn seine Berechnung berücksichtigt eine Vielzahl von Impact-Faktoren, sodass viele der anderen in Anhang I Öko-Design-VO-E genannten Parameter darin aufgehen.

V. Zwischenfazit

Auf dem europäischen Markt kursiert eine Vielzahl von umweltbezogenen Kennzeichen, wobei einige gesetzlich definiert oder vorgeben sind. Aktuell trägt die Zahl der unterschiedlichen Kennzeichen, Labels und Werbebehauptungen zur Unübersichtlichkeit bei, anstatt Verbrauchern zuverlässig gute Entscheidungen im Sinne der Nachhaltigkeit zu ermöglichen. Die gesetzlichen Informationspflichten sind bisher eher punktuell und erlauben stets nur den Vergleich einer oder weniger ökologischer Eigenschaften innerhalb eng gezogener Produktgruppen.

Die vorgeschlagene Ökodesign-VO geht darüber hinaus. Sollte sie so oder ähnlich in Kraft treten, könnte die Kommission Informationspflichten zu einer Vielzahl von Umweltparametern einführen, insbesondere auch Informationen zum Umweltfußabdruck. Das wäre zu begrüßen, denn dem Umweltfußabdruck liegt eine breite Betrachtung zugrunde. Die von Experten vorgenommenen Berechnungen und Gewichtungen würden den Verbrauchern die Last abnehmen, zu entscheiden, welche Umweltbelastung im Vergleich zu anderen zu bevorzugen oder zu vernachlässigen ist. Eine Einordnung von Produkten in Leistungsklassen ermöglicht den Vergleich innerhalb einer Produktgruppe, d.h. zwischen Produkten, „die ähnlichen Zwecken dienen und hinsichtlich der Verwendung ähnlich sind oder ähnliche funktionelle Eigenschaften haben und hinsichtlich der Wahrnehmung

---

130 S.o. Fn. 120. Kritisch aber zur Unbestimmtheit: Umweltbundesamt (Hrsg.), Umweltkosten von Konsumgütern (Fn. 53), S. 41 f.

durch den Verbraucher ähnlich sind"[131]. Entscheidend wird sein, wie eng oder weit diese Kriterien ausgelegt werden.

Basierend auf der PEF-Methode kann der Umweltfußabdruck in Leistungsklassen immer nur dann Gegenstand von Informationspflichten sein, wenn zur jeweiligen Produktgruppe PEFCR vorliegen. Bisher existieren lediglich 19 PEFCR.[132] Es wird sehr lange dauern, bis es flächendeckende PEFCR und delegierte Rechtsakte nach der Ökodesign-VO gibt.[133] Viele vorbestehende produktspezifische Vorgaben sollen auch neben der Ökodesign-VO anwendbar bleiben und durch diese nur ergänzt werden.[134] Die Produktregeln der EU werden damit zunehmend komplexer und verwobener.

In den Materialien zum Ökodesign-VO-E und im Green Deal ist die Rede von einer kommenden Initiative der Kommission „zu umweltbezogenen Angaben", die die Ökodesign-VO weiter ergänzen soll, „indem die Zuverlässigkeit, Vergleichbarkeit und Überprüfbarkeit von umweltbezogenen Angaben über Produkte verbessert wird, indem solche Angaben anhand von Methoden der Lebenszyklusanalyse, einschließlich der Methode zur Ermittlung des Umweltfußabdrucks von Produkten, begründet und überprüft werden müssen".[135] Diese bleibt abzuwarten.

Zwischenzeitlich entstehen erste freiwillige Kennzeichnungsinitiativen auf Basis der PEF-Methode. Zu nennen ist etwa der Eco-Score[136], der jedoch weitere Kriterien mitberücksichtigt, und der Planet-Score[137]. Beide Labels orientieren sich am Ampelmodell, wie man es etwa von der Energieeffizienzkennzeichnung oder dem Nutri-Score kennt, und beschränken sich auf Lebensmittelkennzeichnung.

Festzuhalten bleibt, dass sich bei der Nachhaltigkeitskennzeichnung einiges tut. Die Möglichkeit eines produktgruppenübergreifenden Vergleichs ist in den aktuellen Gesetzesvorhaben auf Unionsebene noch nicht vorgesehen.

---

131 Art. 2 Nr. 5 Ökodesign-VO-E.
132 <https://ec.europa.eu/environment/eussd/smgp/PEFCR_OEFSR_en.htm>.
133 Dazu *Tonner*, Nachhaltigkeit im Verbraucherrecht (Fn. 111), 323 (326).
134 COM (2022) 142 final S. 2; Z.B. Vorschlag für eine Verordnung über Batterien und Altbatterien, zur Aufhebung der Richtlinie 2006/66/EG und zur Änderung der Verordnung (EU) 2019/1020, COM (2020) 798 final.
135 COM (2022) 142 final, S. 4; COM (2022) 140 final S. 14.
136 <https://unternehmen.lidl.de/pdf/show/51552>.
137 <https://www.planet-score.org/en/>.

F. Ergänzende produktgruppenübergreifende Informationsmöglichkeit mit zivilrechtlichen Mitteln

Ob ein produktgruppenübergreifender Nachhaltigkeitsvergleich von Produkten seriös möglich ist, ist eine Frage, die andere Disziplinen beantworten müssen. Die Berechnung der Umweltkosten auf Basis der PEFCR, die nach den Vorgaben des PEF-Leitfadens erstellt werden, scheint eine aussichtsreiche Methode zu sein.[138] Die Berechenbarkeit einer Vergleichseinheit (z.B. Umweltkosten) vorausgesetzt, wäre insbesondere das Wettbewerbsrecht geeignet, ergänzend zu den geplanten Informationsregeln eine Informationspflicht zu etablieren, die eine breitere Vergleichbarkeit von Produkten unter Nachhaltigkeitsgesichtspunkten ermöglicht.

Denkbar wäre es, in Art. 7 Abs. 4 UGP-RL in einem neuen lit. g) festzuschreiben, dass die auf Basis einer Ökobilanz i.S.d. Kommissionempfehlung (EU) 2021/2279 berechneten Umweltkosten des Produktes eine wesentliche Information sind, die folglich nicht unterlassen werden darf, und dass diese Information in übersichtlicher Form dargestellt werden muss. Auf diese Weise würde das Wettbewerbsrecht zu umfassender, aber stark komprimierter Information mit Blick auf Nachhaltigkeit führen. Nicht im Detail, sondern in der Summe.

Einschränkend könnte formuliert werden, dass das nur gilt, sofern bereits zutreffende PEFCR vorliegen, wenn anderenfalls eine zuverlässige Berechnung nicht möglich oder ein vergleichbares Ergebnis nicht berechenbar ist. Alternativ könnte ein Möglichkeitsvorbehalt in die Norm eingefügt werden. Der Anbieter müsste im Streitfall darlegen und beweisen, dass ihm die Berechnung nicht möglich war. Zudem müsste weiter geprüft werden, ob Einschränkungen unter Zumutbarkeitsgesichtspunkten erforderlich sind, etwa für Kleinstunternehmen. Ergänzend wiederum könnte eine solche Vorschrift regeln, dass die Berechnung der Kosten als richtig und die Kennzeichnung als übersichtlich gilt, wenn sie durch eine bei der Kommission akkreditierte Organisation erfolgt ist und die Information eingebettet in einem durch diese lizenzierten Kennzeichen erfolgt.

Solche Organisationen könnten dann entsprechende Kennzeichen, in welche die Umweltkosten eingefügt werden, als Unionsgewährleistungsmarke eintragen. Im Unterschied zur herkömmlichen Marke weist die Gewährleistungsmarke nicht auf die betriebliche Herkunft der Ware hin,

---

138 So die Einschätzung des Gutachtens im Auftrag des Umweltbundesamtes (Fn. 53).

sondern gibt an, dass eine Ware eine bestimmte Eigenschaft aufweist, die in einer Markensatzung festgelegt ist bzw. nach in der Satzung festgelegten Kriterien bestimmt ist.[139] Gewährleistungsmarken werden nur für neutrale Anmelder im Markenregister eingetragen.[140] Die Markensatzung muss Sanktionen und Prüfmechanismen enthalten.[141] Dies müsste die Kommission bei der Akkreditierung prüfen.

Die Markeninhaber könnten ihre Zeichen durch zusätzliche Informationen ergänzen oder die Umweltkosten anderer Produkte in einer Skala in Relation zu dem gegenständlichen Produkt ausweisen. Denkbar wäre auch, dass z.B. durch einen scanbaren QR-Code dem Verbraucher Hintergrundwissen oder Informationen zu einzelnen Parametern zugänglich gemacht werden, die die Umweltkosten des Produktes wesentlich bestimmt haben,[142] oder mittels einer App die (durchschnittlichen) Umweltkosten anderer Produkte aufgerufen werden können. So würde den Verbrauchern die Möglichkeit gegeben, sich weiter zu informieren, ohne dass sie in der Kaufsituation mit Information überflutet würden. Diese Zusatzelemente und die Darstellung der Kennzeichnung würden die Zeichen unterscheidbar machen. In der Berechnungsmethode der Umweltkosten kann gerade kein Unterscheidungskriterium liegen.

Die hier befürwortete Information könnte gleichermaßen als öffentlich-rechtliche Produktinformation z.B. in der Ökodesign-VO festgeschrieben werden, die in erster Linie durch staatliche Stellen überwacht und sanktioniert wird.[143] Damit geht ein erheblicher Verwaltungsaufwand einher. Im Unterschied dazu erfolgt die Marktüberwachung und Rechtsdurchsetzung im Lauterkeitsrecht dezentral durch Wettbewerber und Organisationen[144] (z.B. Verbraucherverbände oder qualifizierte Einrichtungen nach Art. 4 Abs. 3 der Richtlinie 2009/22/EG) und theoretisch neuerdings durch Ver-

---

139 Art. 83 ff. Verordnung (EU) 2017/1001 über die Unionsmarke (UM-VO). Einem ähnlichen Modell folgt z.B. der Nutri-Score, der allerdings eine Unionskollektivmarke ist, EUIPO Registernummer 016762379. Eine bekannte Gewährleistungsmarke ist etwa der für die Bundesrepublik Deutschland unter der Nummer 30 2019 108 870 eingetragene Grüne Knopf,
<https://www.dpma.de/dpma/veroeffentlichungen/hintergrund/ausderweltdermarken/erste_gewaehrleistungsmarke/index.html>.
140 Vgl. Art. 83 Abs. 2 UM-VO.
141 Vgl. Art. 84 Abs. 2 UM-VO.
142 Vgl. *Lamy/Ludwig*, Werbung mit Klimaneutralität (Fn. 11), 142 (146).
143 Vgl. Art. 59 ff., 68 Ökodesign-VO-E.
144 Art. 11 UGP-RL.

braucher selbst.[145] Die unionsrechtlichen Informationspflichten mit Bezügen zu kommerzieller Kommunikation werden jedoch über Art. 7 Abs. 5 UGP-RL ins Wettbewerbsrecht hineingezogen, sodass insofern neben die staatliche Überwachung und Rechtsdurchsetzung auch die zivilrechtliche tritt.[146]

Das vorgeschlagene Modell würde es Unternehmen freistellen, ob sie die Umweltkosten selbst berechnen, ihnen aber Rechtssicherheit zusagen, wenn sie diese Leistung bei durch die Kommission akkreditierten Stellen einkaufen. So kann die möglicherweise aufwendige Berechnung ausgelagert werden und es könnte ein Wettbewerb unter diesen Stellen entstehen.[147] Dies könnte dazu führen, dass zugunsten der Unternehmen, die ihre Produkte kennzeichnen müssen, Servicemodelle entstehen, die den Aufwand für sie möglichst geringhalten, indem sie z.B. bei der Beschaffung von Informationen und Daten als Berechnungsgrundlage behilflich sind. Gut denkbar wäre auch, dass durch Spezialisierung dieser Unternehmen auf bestimmte Produkte oder Branchen Effizienzgewinne entstehen.

Die Kennzeichnung mittels einer eingetragenen Marke, die diese Stellen ihren Kunden lizenzieren können, würde für eine weitere Rechtsdurchsetzungsebene sorgen, nämlich die der Markeninhaber und ggf. der Nutzungsberechtigten gegenüber unerlaubter Markennutzung oder Nutzung von Zeichen, die suggerieren, eine akkreditierte Stelle habe die Berechnung der Umweltkosten vorgenommen.

Man könnte weiter überlegen, auch die Kennzeichnung mit Umweltfußabdruck-Leistungsklassen in Art. 7 Abs. 4 UGP-RL zu regeln, unter der Voraussetzung, dass zutreffende PEFCR vorliegen, die Leistungsklassen definieren. Damit würde die Kennzeichnung mit einem PEF-Leistungsklassen-Ampelmodell bereits lauterkeitsrechtlich etabliert und die Kennzeichnungspflicht würde mit neuen PEFCR stetig weiterwachsen, ohne dass die Entwicklung delegierter Vorordnungen nach der Ökodesign-VO abgewar-

---

145 Art. 11a UGP-RL.
146 Vgl. auch *Tonner*, Nachhaltigkeit im Verbraucherrecht (Fn. 111), 323 (332 f.).
147 Dabei bliebe zu hoffen, dass insbesondere die vorgegebene Berechnungsmethode und die Akkreditierung bei der Kommission als Sicherheitsmechanismen dagegen dienen können, dass die Organisationen im Wettbewerb um Kunden unzutreffend niedrige Umweltkosten ausweisen, siehe zu diesem Problem bei Ratingagenturen für Finanzprodukte z.B. *M. Amort*, Haftung und Regulierung von Ratingagenturen, EuR 2013, 272, 273; *B. Haar/C. Kumpan* in: Hopt/Binder/Böcking, Handbuch Corporate Governance von Banken und Versicherungen, 2. Aufl. 2020, § 22 Rn. 8 ff.; *T. M. J. Möllers/C. Wecker*, Regulierung von Ratingagenturen in der Europäischen Union, ZRP 2012, 106.

tet werden müsste. Die Ampelkennzeichnung der Leistungsklassen könnte grafisch gebündelt mit dem absoluten Wert der Umweltkosten eines Produktes angegeben werden. So hätten Verbraucher auf einen Blick zwei Informationsparameter, die in unterschiedlichen Entscheidungssituationen Gewicht erlangen können.

G. Fazit und abschließende Überlegungen

Die Information über die Nachhaltigkeit von Produkten erlaubt informierte nachhaltige Entscheidungen und schafft – insbesondere wenn sie in einem absoluten Wert wie den Umweltkosten ausgedrückt werden kann – zugleich ein Bewusstsein für die Bedeutung von Konsumentscheidungen. Dadurch bietet sie die Möglichkeit, diese Entscheidungen zu überdenken oder zumindest sparsam zu treffen.

Die von der Kommission empfohlene Methode zur Berechnung des Umweltfußabdrucks von Produkten betrachtet eine Vielzahl unterschiedlicher Umwelteinflüsse über den ganzen Lebenszyklus eines Produktes hinweg. Darauf basierende aggregierte Leistungsklassen und Werte enthalten umfangreiche Informationen, die aber stark heruntergebrochen werden. Verbraucher können auf dieser Basis – wenn Produkte entsprechend gekennzeichnet sind – Entscheidungen treffen, die viele Nachhaltigkeitsaspekte berücksichtigen, ohne sich selbst mit diesen auseinandersetzen zu müssen und ohne die inkludierten Informationen wahrnehmen und verstehen zu müssen. So kann eine Überforderung durch zu viel Information vermieden werden.

Die aktuell große Herausforderung besteht darin, Berechnungsstandards zu finden, mit denen möglichst viele Informationen in sinnvoller Weise zu einem oder wenigen Werten aggregiert werden können, die auch den Vergleich zwischen Produkten verschiedener Produktgruppen unter Nachhaltigkeitsgesichtspunkten ermöglichen. Hierzu wird geforscht.[148] Sofern die Berechenbarkeit eines einheitlichen Wertes möglich wird, sollte dieser zur Kennzeichnung von Produkten verwendet werden. Der vorliegende Beitrag hat dafür eine wettbewerbsrechtliche Informationspflicht vorgeschlagen.

---

148 Siehe etwa Umweltbundesamt, Methodenkonvention 3.1 zur Ermittlung von Umweltkosten – Kostensätze, Stand 12/2020, <https://www.umweltbundesamt.de/sites/default/files/medien/1410/publikationen/2020-12-21_methodenkonvention_3_1_kostensaetze.pdf>.

Kennzeichnungen sollen nicht Designvorgaben für Produkte ersetzen, sondern vielmehr die diesbezüglichen Nachhaltigkeitsbestrebungen ergänzen, indem Verbraucher ermächtigt werden, durch Ausübung ihrer Nachfrage auch das Angebot zu beeinflussen und Verbesserungen weiter zu motivieren. Eine verbindliche und auf anerkannten Standards beruhende Kennzeichnung mit Nachhaltigkeitsinformationen schafft Anreize für Unternehmen, ihre Prozesse nachhaltiger und klimafreundlicher zu gestalten und die gesetzlichen Mindestdesignvorgaben möglichst noch zu übertreffen, denn ihre Anstrengungen werden am Markt sichtbar.

Erfolgt Information zur Nachhaltigkeit von Produkten nicht in einem einzigen Wert, sondern – wie de lege lata häufig und wie auch nach dem Ökodesign-VO-E möglich – durch die Angabe verschiedener Produktparameter, sollte darauf geachtet werden, dass höchstens sieben Informationseinheiten gleichzeitig verarbeitet werden können.[149] Grafiken erleichtern die Informationsaufnahme.[150] Die Ampel- bzw. Skalenmodelle haben sich bereits bewährt.[151]

Einen Nachteil hat die Verbraucherinformation aber, wenn sie auf komplizierten Berechnungen beruht: Sie erzeugt Kosten, die im Ergebnis die Verbraucher tragen.[152] Wenn dies jedoch ein weiterer Faktor ist, der nachhaltigeren und eben sparsameren Konsum bewirkt, dann ist das vielleicht nicht nur schlecht.

---

149 *Boltz/Trommsdorff*, Konsumentenverhalten (Fn. 1), S. 245.
150 Zur Bedeutung der bildlichen Signale für die Informationsaufnahme siehe *Boltz/Trommsdorff*, Konsumentenverhalten (Fn. 1), S. 223.
151 Sachverständigenrat für Verbraucherfragen, Gutachten zur Lage der Verbraucherinnen und Verbraucher, 2021, S. 175.
152 Vgl. *Halfmeier*, Abschied vom Konsumschutzrecht (Fn. 7), 3 (7).

Ein neues Right to Repair – Bestehende Regelungen und Alternativen de lege ferenda

Mag. Uwe Neumayr[*]

A. Einleitung

Die Europäische Kommission hat sich in ihrem Aktionsplan für die Kreislaufwirtschaft dem Ziel verschrieben, ein neues *Right to Repair* für Verbraucher einzuführen. Zusätzlich möchte die Kommission auch andere zivilrechtliche Maßnahmen setzen, die die Reparatur von Produkten und damit nachhaltigen Konsum fördern sollen.[1] Dieses Vorhaben war eine der gesetzgeberischen Prioritäten der EU für das Jahr 2022.[2] Die Europäische Kommission hatte ursprünglich geplant, den Vorschlag für ein Recht auf Reparatur gegen Ende September bzw Ende November 2022 zu veröffentlichen. Nunmehr wurde das Vorhaben auf Anfang 2023 verschoben.[3] Diese Entwicklungen sind Anlass genug, um sich näher mit dem Thema *Right to Repair* zu beschäftigen.

B. Grundsätze der Right-to-Repair-Bewegung

I. Herkunft und Gegenstand

Die *Right-to-Repair*-Bewegung stammt aus den USA[4] und hat sich mittlerweile auch in Europa etabliert.[5] Sie fußt auf dem Gedanken, dass das Eigentum an einer Sache stets auch das Recht enthalte, die Sache zu repa-

---

[*] *Uwe Neumayr* ist Doktorand und Universitätsassistent am Fachbereich Privatrecht der Paris Lodron Universität Salzburg.
[1] Ein neuer Aktionsplan für die Kreislaufwirtschaft, COM (2020) 98 final 6.
[2] Gesetzgeberische Prioritäten der EU für 2022, ABl C 2021/514 I, 1 (2).
[3] Die Europäische Kommission hat am 22.03.2023 ihren Vorschlag für eine Richtline zur Förderung der Reparatur von Waren (COM [2023] 115 final) vorgelegt, der nicht vor Drucklegung nicht mehr umfassend eingearbeitet werden konnte.
[4] Siehe etwa The Repair Association, <https://www.repair.org>.
[5] ZB Right to Repair Europe, <https://repair.eu>.

rieren und zu modifizieren. Der Hersteller soll dagegen nicht einwenden können, dass die Reparatur oder Modifikation der Ware in seine gesetzlich geschützten Rechte, vor allem sein geistiges Eigentum, eingreife. Vielmehr habe der Hersteller – politisch gesprochen – kein Recht darauf, „fremdes" Eigentum nach dem Verkauf zu kontrollieren.[6]

Die Vertreter der *Right-to-Repair*-Bewegung werfen Herstellern vor, dass sie versuchen, die Reparatur ihrer Produkte durch Verbraucher oder unabhängige Reparaturunterhemen gezielt zu unterbinden.[7] Beanstandet wird insbesondere, dass Produzenten den **Zugang zu Ersatzteilen und Werkzeugen** einschränken und nur eigene Fachwerkstätten damit beliefern.[8] Dadurch sollen – so vermutet man – unabhängige Reparateure vom **Markt für Reparaturen** ausgeschlossen werden.[9] So verwendet etwa Apple seit dem Jahr 2009 anstatt von herkömmlichen Phillips-Schrauben eigene „*pentalobe security screws*", für die lange Zeit kein passendes Werkzeug erhältlich war.[10] Moniert wird auch, dass Produktkomponenten wie Akkus fest verklebt werden, um einen Austausch gänzlich zu unterbinden.[11] Zudem sollen bei zahlreichen Produkten Warnhinweise, Fehlermeldungen oder gar Funktionseinschränkungen auftreten, wenn bei einer Reparatur Ersatzteile von Drittanbietern verwendet werden.[12]

---

6 *The Repair Association,* Right to Repair FAQ, < https://www.repair.org/stand-up> (03.12.2022).
7 Siehe etwa *The Repair Association,* Policy Objectives, <https://www.repair.org/policy> (03.12.2022).
8 Siehe auch *E. Maitre-Ekern/C. Dalhammar,* Regulating Planned Obsolescence: A Review of Legal Approaches to Increase Product Durability and Reparability in Europe, Review of European Community & International Environmental Law 2016, 378 (380).
9 So *iFixit,* Was ist das Recht auf Reparatur?, <https://de.ifixit.com/News/62335/was-ist-das-recht-auf-reparatur> (03.12. 2022).
10 *iFixit,* Bit History: The Pentalobe, <https://de.ifixit.com/News/9905/bit-history-the-pentalobe> (03.12.2022).
11 *iFixit,* Was ist das Recht auf Reparatur?, <https://de.ifixit.com/News/62335/was-ist-das-recht-auf-reparatur> (03.12.2022); *Maitre-Ekern/Dalhammar,* Obsolescence (Fn. 8), 378 (380).
12 *iFixit,* Was ist das Recht auf Reparatur?, <https://de.ifixit.com/News/62335/was-ist-das-recht-auf-reparatur> (03.12.2022).

II. Ziele und Hauptforderungen

Die *Right-to-Repair*-Bewegung richtet sich in erster Linie gegen die Monopolisierung von Reparaturen.[13] Verbrauchern soll das Recht eingeräumt werden, ihre **Produkte selbst zu reparieren** oder von **unabhängigen Reparaturdienstleistern** ihrer Wahl reparieren zu lassen.[14] Die Vertreter der Bewegung stellen dafür drei Hauptforderungen: **reparaturfreundliches Design, fairer Zugang zu Ersatzteilen und Reparaturanleitungen** sowie **vorvertragliche Informationen** über diese Aspekte. Produkte sollen also langlebig konstruiert werden und bei Bedarf (verhältnismäßig) einfach repariert werden können. Produkte sollen leicht zerlegbar und zentrale Komponenten einfach austauschbar sein. Darüber hinaus sollen Reparaturen für Verbraucher leicht zugänglich und erschwinglich sein. Ein universelles Recht auf Reparatur soll nach den Vertretern der *Right-to-Repair*-Bewegung jedermann Zugang zu Ersatzteilen und Reparaturanleitungen für die gesamte Lebensdauer des Produktes gewähren. Schließlich sollen Verbraucher und Reparateure vor Vertragsabschluss über die Reparierbarkeit des Produkts, etwa über einen Score, informiert werden.[15]

Inwiefern jede einzelne dieser Forderungen realistisch ist und die Interessen des Herstellers ausreichend berücksichtigt, soll an dieser Stelle dahingestellt bleiben. Untersucht werden soll im Folgenden vielmehr, inwieweit sich diese bereits im geltenden Recht wiederfinden.

C. Verwirklichung im geltenden Recht

I. Reparierbarkeit

1. Öffentliches Produktrecht und zivilrechtliche Durchsetzung

Die europäische Kommission setzt für die Verwirklichung der Kreislaufwirtschaft in erster Linie auf **öffentlich-rechtliche produktspezifische**

---

13 *The Repair Association,* Policy Objectives, <https://www.repair.org/policy> (03.12.2022).
14 *The Repair Association,* Policy Objectives, <https://www.repair.org/policy> (03.12.2022).
15 *Right to Repair Europe,* What we want, <https://repair.eu/what-we-want/> (03.12.2022); vgl. auch The Repair Association, Policy Objectives, <https://www.repair.org/policy> (03.12.2022).

Vorschriften. Das Zivilrecht soll diese Regelungen **ergänzen.**[16] Im Hinblick auf ein *Right to Repair* finden sich erste produktspezifische Ansätze in der **Ökodesign-RL**[17] und deren Durchführungsmaßnahmen. Einschlägige Ökodesign-Anforderungen existieren bislang für Server und Datenspeicherprodukte,[18] Schweißgeräte,[19] Kühlgeräte,[20] elektronische Displays,[21] Haushaltsgeschirrspüler,[22] Haushaltswaschmaschinen und Haushaltswaschtrockner[23] sowie Kühlgeräte mit Direktverkaufsfunktion.[24] Die jeweiligen Verordnungen sehen in erster Linie **Ersatzteilbereithaltungspflichten und Informationspflichten** vor, wobei in der Regel zwischen

---

16 Siehe vor allem ErwGr. 32 Warenkauf-Richtlinie (WKRL); kritisch zu diesem Ansatz E. *Terryn*, A Right to Repair? Towards Sustainable Remedies in Consumer Law, ERPL 2019, 851 (859 f.).

17 Richtlinie 2009/125/EG des Europäischen Parlaments und des Rates vom 21. Oktober 2009 zur Schaffung eines Rahmens für die Festlegung von Anforderungen an die umweltgerechte Gestaltung energieverbrauchsrelevanter Produkte, ABl L 2009/285, 10 idF ABl L 2012/315, 1.

18 VO (EU) 2019/424 der Kommission vom 15. März 2019 zur Festlegung von Ökodesign-Anforderungen an Server und Datenspeicherprodukte gemäß der Richtlinie 2009/125/EG des Europäischen Parlaments und des Rates und zur Änderung der Verordnung EU Nr 617/2013 der Kommission, ABl L 2019/74, 46.

19 VO (EU) 2019/1784 der Kommission vom 1. Oktober 2019 zur Festlegung von Anforderungen an die umweltgerechte Gestaltung von Schweißgeräten gemäß der Richtlinie 2009/125/EG des Europäischen Parlaments und des Rates, ABl L 2019/272, 121.

20 VO (EU) 2019/2019 der Kommission vom 1. Oktober 2019 zur Festlegung von Ökodesign-Anforderungen an Kühlgeräte gemäß der Richtlinie 2009/125/EG des Europäischen Parlaments und des Rates und zur Aufhebung der Verordnung EG Nr 643/2009 der Kommission, ABl L 2019/315, 187.

21 VO (EU) 2019/2021 der Kommission vom 1. Oktober 2019 zur Festlegung von Ökodesign-Anforderungen an elektronische Displays gemäß der Richtlinie 2009/125/EG des Europäischen Parlaments und des Rates, zur Änderung der Verordnung (EG) Nr 1275/2008 der Kommission und zur Aufhebung der Verordnung (EG) Nr 642/2009 der Kommission, ABl L 2019/315, 241.

22 VO (EU) 2019/2022 der Kommission vom 1. Oktober 2019 zur Festlegung von Ökodesign-Anforderungen an Haushaltsgeschirrspüler gemäß der Richtlinie 2009/125/EG des Europäischen Parlaments und des Rates, zur Änderung der Verordnung (EG) Nr 1275/2008 der Kommission und zur Aufhebung der Verordnung (EU) Nr 1016/2010 der Kommission, ABl L 2019/315, 267.

23 VO (EU) 2019/2023 der Kommission vom 1. Oktober 2019 zur Festlegung von Ökodesign-Anforderungen an Haushaltswaschmaschinen und Haushaltswaschtrockner gemäß der Richtlinie 2009/125/EG des Europäischen Parlaments und des Rates, zur Änderung der Verordnung Nr 1275/2008 der Kommission und zur Aufhebung der Verordnung (EU) 1015/2010 der Kommission, ABl L 2019/315, 285.

24 VO (EU) 2019/2024 der Kommission vom 1. Oktober 2019 zur Festlegung von Ökodesign-Anforderungen an Kühlgeräte mit Direktverkaufsfunktion gemäß der Richtlinie 2009/125/EG des Europäischen Parlaments und des Rates, ABl L 2019/315, 313.

Ein neues Right to Repair – Bestehende Regelungen und Alternativen de lege ferenda

Pflichten gegenüber Endnutzern und gegenüber gewerblichen Reparateuren unterschieden wird.[25] Explizite Vorgaben an die reparierbare Konzeption von Produkten gibt es hingegen nur vereinzelt. Müssen für eine bestimmte Produktkomponente Ersatzteile bereitgehalten werden, so impliziert dies mE aber, dass die entsprechende Komponente auch **reparierbar** sein muss. Ansonsten würde die Ersatzteilbereithaltungspflicht *ad absurdum* geführt werden.

Fraglich ist nun, ob und wie das Zivilrecht an diese Vorgaben anknüpft. Allgemein ist anerkannt, dass das Entsprechen von solchen Regelungen eine **gewährleistungsrechtlich relevante Eigenschaft** sein kann.[26] Für das neue (Verbraucher-)Gewährleistungsrecht knüpfen Art. 7 Abs. 1 WKRL und Art. 8 Abs. 1 DIRL dem Wortlaut nach nur für die übliche Zweckeignung an öffentlich-rechtliche Vorschriften an.[27] Droht also wie beim Abgasskandal eine Betriebsuntersagung durch die Zulassungsbehörde, so liegt jedenfalls ein Mangel vor, weil der Verstoß gegen eine Rechtsvorschrift den üblichen Gebrauch vereitelt.[28] Ist dies nicht der Fall, so darf das Übereinstimmen mit geltenden Rechtsvorschriften nach *Faber*[29] und *Kodek/Leupold*[30] – zumindest beim Neuwagenkauf – aber auch als bei Waren der gleichen Art üblich bzw vernünftigerweise zu erwarten gelten. So lasse sich das Übereinstimmen mit rechtlichen Vorschriften laut *Kodek/Leupold* „zwanglos unter

---

25 Siehe etwa Pkt 5 Abs. 1 lit. a und b Anhang II der VO (EU) 2019/2022.
26 So etwa OLG Wien 3 R 38/18s; siehe ähnlich für § 434 BGB vor der WKRL *K. Tonner/S. Schlacke/M. Alt,* Stärkung eines nachhaltigen Konsums im Bereich der Produktnutzung durch Zivil- und Öffentliches Recht, in: T. Brönneke/A. Wechsler (Hrsg.), Obsoleszenz interdisziplinär, Baden-Baden 2015, S. 235 (252), die das Merkmal der üblichen Beschaffenheit als „Einfallstor für öffentlich-rechtliche Produktstandards" bezeichnen. Siehe auch *R. Reischauer,* in: P. Rummel/M. Lukas, Kommentar zum Allgemeinen bürgerlichen Gesetzbuch, Bd. §§ 917-937 ABGB, 4. Aufl., Wien 2018, § 923 Rn. 64; siehe auch LG Wels 26 Cg 4/16s; 26 Cg 181/15v; BGH VbR 2019/28 Rn. 17 ff.; *Ch. Hess,* Geplante Obsoleszenz, Baden-Baden 2018, S. 174 f.; *S. Schlacke/M. Alt/K. Tonner/E. Gawel/W. Bretschneider,* Stärkung eines nachhaltigen Konsums im Bereich Produktnutzung durch Anpassungen im Zivil- und öffentlichen Recht, Dessau-Roßlau 2015, S. 128.
27 Art. 7 Abs. 1 lit. a WKRL; Art. 8 Abs. 1 lit. a DI-RL; § 6 Abs. 2 Z 1 VGG.
28 *W. Faber,* Bereitstellung und Mangelbegriff, in: J. Stabentheiner/Ch. Wendehorst/B. Zöchling-Jud (Hrsg.), Das neue europäische Gewährleistungsrecht, Wien 2019, S. 63 (106 ff.) unter Hinweis auf BGH NJW 2019, 1133; *W. Faber,* Neues Gewährleistungsrecht und Nachhaltigkeit (Teil I), VbR 2020, 4 (9); siehe auch BGH VbR 2019/28 Rn. 17 ff.
29 *Faber,* Nachhaltigkeit (Fn. 28), 4 (8); *Faber,* Gewährleistungsrecht (Fn 28), S. 63 (106 ff.).
30 *G. Kodek/P. Leupold,* Gewährleistung NEU, Wien 2019, S. 24 f.

die üblichen ‚Eigenschaften' und ‚sonstigen Merkmale', die der Verbraucher vernünftigerweise erwarten kann [...] subsumieren."[31] Ähnlich steht auch für Bach/Kieninger außer Frage, *„dass auch ohne eine explizite Bezugnahme im Gesetz nur dann von einer üblichen Beschaffenheit der Kaufsache i.S. des § 434 Abs. 3 Nr. 2 BGB n.F. auszugehen ist, wenn sämtliche öffentlich-rechtlichen Produktanforderungen erfüllt sind."*[32] Der Mehrwert des Zivilrechts liege hierbei in der Durchsetzung der öffentlich-rechtlichen Vorschriften.[33]

Der EuGH hat in der RS *Porsche Inter Auto und Volkswagen* zu Art. 2 VGKRL klargestellt, dass es für die Mangelhaftigkeit bei einem Verstoß gegen öffentliches Recht nicht darauf ankommt, ob die übliche Verwendung oder Zweckeignung dadurch gestört wird. Die **vernünftige Erwartung des Verbrauchers,** dass das Fahrzeug **mit den öffentlich-rechtlichen Vorschriften übereinstimmt,** verknüpft der EuGH damit, dass das Fahrzeug zur Serie eines genehmigten Fahrzeugtyps gehört und daher mit einer Übereinstimmungsbescheinigung versehen ist, die die Übereinstimmung mit dem genehmigten Typ bestätigt. Der EuGH weist zwar darauf hin, dass durch den Verstoß das Inverkehrbringen des Fahrzeugs nicht gestattet ist und die zuständige Behörde die Genehmigung entziehen kann.[34] Ob diesen Fragen für die Vertragsmäßigkeit Bedeutung zukommt, ergibt sich aus der Entscheidung nicht zweifelsfrei.

Die Argumentationslinie des EuGH lässt sich aber ohne weiteres auf die WKRL bzw. die DIRL und den Verstoß gegen Ökodesign-Recht übertragen: Produkte, auf die Durchführungsmaßnahmen nach der Ökodesign-RL anzuwenden sind, müssen nach Art. 5 Ökodesign-RL vor dem Inverkehrbringen mit der **CE-Kennzeichnung** versehen werden. Waren, die den Anforderungen nicht entsprechen und die keine CE-Kennzeichnung aufweisen, dürfen **nicht in Verkehr gebracht** werden (Art. 3 Ökodesign-RL). Zudem ist für das Produkt eine EG-Konformitätserklärung auszustellen, mit der der Hersteller zusichert, dass es allen einschlägigen Bestimmungen des jeweiligen Rechtsaktes entspricht. Je nach Schwere des Verstoßes kann das

---

31 So *Kodek/Leupold,* Gewährleistung (Fn. 30), S. 24 f.
32 I. *Bach/E.-M. Kieninger,* Ökologische Analyse des Zivilrechts, JZ 2021, 1088 (1093).
33 *Bach/Kieninger,* Analyse (Fn. 32), 1088 (1093); ähnlich K. Tonner, Mehr Nachhaltigkeit im Verbraucherrecht – die Vorschläge der EU-Kommission zur Umsetzung des Aktionsplans für die Kreislaufwirtschaft, VuR 2022, 323 (332); siehe auch *L. Specht-Riemenschneider/V. Mehnert,* Updates und das „Recht auf Reparatur", ZfDR 2022, 313 (332 f.).
34 EuGH 14. 7. 2022, C-145/20, *Porsche Inter Auto und Volkswagen* Rn. 50 ff.

Produkt außerdem vom Markt genommen werden.[35] Der Verbraucher wird daher – im Einklang mit der Entscheidung des EuGH in der RS *Porsche Inter Auto und Volkswagen*[36] – jedenfalls **vernünftigerweise erwarten dürfen,** dass das **Produkt den entsprechenden Vorschriften entspricht.** Der durch den EuGH vorgezeichnete Begründungsweg ist also auch für Verstöße gegen das Ökodesign-Recht gangbar. Er ist mE aber nicht erforderlich.

Der Ansicht, dass das Übereinstimmen mit öffentlich-rechtlichen Anforderungen vernünftigerweise erwartet werden darf, ist mE im Ergebnis durchaus zuzustimmen. Darauf, dass sämtliche oder ein Großteil der Waren den öffentlich-rechtlichen Vorgaben iS der Üblichkeit des Merkmals genügen oder es sich um Vorschriften handelt, die dem Verbraucher in der Regel bekannt sind oder sein müssen, kommt es aber nicht an. Vielmehr darf der **Verbraucher mE generell erwarten,** dass sich sein **Vertragspartner in Bezug auf den Vertragsinhalt rechtskonform verhält,** und zwar ganz unabhängig davon, was Inhalt der konkreten Norm ist. Es ist daher mE auch nicht entscheidend, ob die Norm das Inverkehrbringen oder die Betriebsgenehmigung regelt, oder gar nur sanktionslose Vorgaben macht. Würde man dies verneinen, so wäre es vor dem Gesichtspunkt der Verhaltenssteuerung des Rechts ein höchst fragwürdiges Auslegungsergebnis, wenn der Verbraucher vernünftigerweise erwarten müsste, dass sich sein Vertragspartner ohnehin rechtswidrig verhält.

2. Reparierbarkeit als übliche oder vernünftigerweise erwartete Eigenschaft

Gibt es keine entsprechenden öffentlich-rechtlichen Produktanforderungen, so stellt sich die Frage, ob die **Reparierbarkeit** eines Produkts dennoch eine gewährleistungsrechtlich relevante Eigenschaft sein kann. In Art. 7 WKRL wird die Reparierbarkeit der Ware nicht ausdrücklich als gewährleistungsrechtlich relevante objektive Eigenschaft genannt. Die WKRL konzentriert sich im Hinblick auf Nachhaltigkeitsaspekte auf die Haltbarkeit von Waren, die *„als objektives Kriterium für die Beurteilung der Vertragsmäßigkeit von Waren in die Richtlinie aufgenommen werden."*[37] *Kieninger* zieht daraus offenbar den Umkehrschluss, dass die **Reparierbarkeit keine sonstige Eigenschaft** iSd Art. 7 Abs. 1 lit. d WKRL und daher für die

---

35 Art. 7 Abs. 1 Ökodesign-RL; siehe näher §§ 3 und 7 Ökodesign-Verordnung 2007.
36 EuGH 14. 7. 2022, C-145/20, *Porsche Inter Auto und Volkswagen.*
37 ErwGr. 32 WKRL.

Anforderungen an die Vertragsmäßigkeit grundsätzlich unbeachtlich sei. Sie dürfe aufgrund des vollharmonisierenden Charakters der WKRL auch nicht von den Mitgliedstaaten in den Katalog der objektiven Anforderungen aufgenommen werden.[38] Nach *Kieninger* soll die Reparierbarkeit daher nur dann eine gewährleistungsrechtlich relevante objektive Eigenschaft iSd Art. 7 WKRL sein, wenn für die Ware bestimmte Reparaturvorgaben in öffentlichem Produktrecht wie den Durchführungsrechtsakten zur Ökodesign-RL gemacht werden. In diesen Fällen könne man nämlich das Kriterium Haltbarkeit auch im Sinne der dort näher definierten Reparierbarkeit auslegen, die ansonsten im objektiven Mangelbegriff der WKRL fehle."[39]

Dagegen geht *Faber* davon aus, dass die **Reparaturfähigkeit** einer Sache per se in Bezug auf eine bestimmte Art technischer Probleme durchaus eine **im Übergabezeitpunkt gegebene oder nicht gegebene Eigenschaft** iS der WKRL sein kann. Sie fehle in Bezug auf Akkus, zB wenn sich ein Gerät nicht öffnen lässt, um diesen auszutauschen. Sollte die Reparaturfähigkeit im konkreten Fall bei Waren derselben Art üblich sein oder vernünftigerweise erwartet werden, so liege ein Mangel vor.[40] ME ist der Ansicht von *Faber* zuzustimmen. Aus der Formulierung *"Menge, Qualität und sonstigen Merkmale – einschließlich ihrer Haltbarkeit, Funktionalität, Kompatibilität und Sicherheit"*[41] lässt sich schließen, dass die Aufzählung rein demonstrativ ist. Ein **sonstiges Merkmal** der Ware kann daher **jede Eigenschaft** sein, für die sich aus der Art der Ware und den öffentlichen Äußerungen der Vertriebskette eine vernünftige Erwartung bildet oder die für die Art der Ware schlicht üblich ist. Daraus ergibt sich aber auch, dass es für die **Relevanz der Reparierbarkeit** auf die **konkrete Warenart** und die **zu reparierende Produktkomponente** ankommt.

---

38 E.-M. *Kieninger,* Recht auf Reparatur („Right to Repair") und Europäisches Vertragsrecht, ZEuP 2020, 264 (274 f.).
39 *Kieninger,* Reparatur (Fn. 38), 264 (275).
40 *Faber,* Nachhaltigkeit (Fn. 28), 4 (9); siehe auch *E. Van Gool/A. Michel,* The New Consumer Sales Directive 2019/771 and Sustainable Consumption: a Critical Analysis, EuCML 2021, 136 (138); ähnlich zu § 434 BGB idF vor der WKRL: *Schlacke/Alt/Tonner/Gawel/Bretschneider,* Stärkung (Fn. 26), S. 124; in diesem Sinne zu § 922 ABGB siehe *H. Koziol,* Obsoleszenzen im österreichischen Recht, Wien 2016, Rn. 93; *A. Anderl/A. Ciarnau,* Obsoleszenz aus zivil- und strafrechtlicher Sicht, in: A. Zahradnik/Ch. Richter-Schöller (Hrsg.), Handbuch Nachhaltigkeitsrecht, Wien 2021, Rn. 6.23; *E. Karner,* Anmerkung zu OGH 1 Ob 71/15w, EvBl 2016, 925 (927).
41 Art. 7 Abs. 1 lit. d WKRL; Hervorhebungen durch den Verfasser.

3. Rechtsfolgen und Probleme bei der Rechtsdurchsetzung

Bejaht man das Vorliegen eines Mangels bei fehlender Reparierbarkeit, so hat dies freilich weitreichende Folgen. Der Übergeber kann im Ergebnis auch dann **gewährleistungspflichtig** werden, wenn die primäre Beschädigung erst nach der Übergabe eingetreten ist, etwa aufgrund **unsachgemäßer Nutzung** der Sache durch den Übernehmer. Da die fehlende Reparierbarkeit stets auf die Konstruktion an sich zurückzuführen ist, liegt sie regelmäßig bereits bei der Übergabe vor.[42] Die spätere Funktionsunfähigkeit ist damit – völlig unabhängig von ihrer Ursache – nur der Umstand, der zum Hervorkommen des bereits bestehenden Mangels führt.[43] Der Übergeber würde also selbst dann gewährleistungspflichtig werden, wenn der Übernehmer die primäre Beschädigung selbst – uU sogar vorsätzlich – verursacht.[44] Daraus können sich, wie *Bach/Kieninger* ausführen, auch **Fehlanreize** ergeben. Weiß der Übernehmer von der mangelnden Reparierbarkeit, so bestehe **kein Anreiz, die Sache pfleglich zu behandeln**. Vielmehr verleite dies dazu, sie kurz vor Eintritt der Verjährung zu beschädigen, um die noch ruhenden Gewährleistungsansprüche aufgrund der fehlenden Reparierbarkeit geltend machen zu können.[45] Mittelbar führe dieser Fehlanreiz nach *Bach/Kieninger* aber zu noch stärkerem Druck auf die Verkäuferseite. Zudem könne man den Fehlanreiz relativieren, wenn man dem Verkäufer nur ein Preisminderungsrecht zugesteht.[46]

Diese **Relativierung** ergibt sich mE schon aus der **typischen Fallkonstellation der fehlenden Reparierbarkeit**. Da sie idR auf die Konstruktion der Sache zurückzuführen ist, werden sämtliche Exemplare des Modells irreparabel sein. Der Austausch scheidet als Gewährleistungsbehelf daher regemäßig aus. Die Verbesserung iS einer Reparatur der primären Beschädigung ist nicht Gegenstand der Gewährleistung. Vielmehr müsste sich die Verbesserung darauf richten, das Produkt so zu modifizieren, dass es die geschuldete Reparierbarkeit aufweist, ohne dabei aber die primäre Beschädigung beseitigen zu müssen. Der Mangel ist ja gerade nicht die Funk-

---

42 Anderes gilt selbstverständlich für Fälle, in denen die Reparatur an der Verfügbarkeit von Ersatzteilen scheitert, die hier nicht zum Themenkomplex der „abstrakten" Reparierbarkeit, sondern zur Frage der Ersatzteilbereithaltungspflichten gezählt werden.
43 *Kieninger*, Reparatur (Fn. 38), 264 (274).
44 *Bach/Kieninger*, Analyse (Fn. 32), 1088 (1093).
45 *Bach/Kieninger*, Analyse (Fn. 32), 1088 (1093).
46 *Bach/Kieninger*, Analyse (Fn. 32), 1088 (1093 Fn. 66).

tionsunfähigkeit, sondern die fehlende Reparaturmöglichkeit.[47] Es werden daher **idR nur die sekundären Gewährleistungsbehelfe** in Frage kommen. Sofern der Reparierbarkeit keine besondere Bedeutung für den Verbraucher zukommt,[48] wird man regelmäßig wohl einen geringfügigen Mangel annehmen müssen. Aber selbst, wenn man dem Übernehmer die Auflösung des Vertrags zugesteht, so wird diese nicht sonderlich attraktiv sein, zumal der Übernehmer im Rahmen der Rückabwicklung des Vertragsverhältnisses ein angemessenes Benützungsentgelt[49] schuldet. In den meisten Fällen wäre also ohnehin die **Preisminderung** das Mittel der Wahl.

Darüber hinaus stellt sich bei fehlender Reparierbarkeit dasselbe **Fristenproblem** wie bei Haltbarkeitsmängeln. Dass das Produkt nicht repariert werden kann, ist bei der Übergabe regelmäßig nicht erkennbar, sondern erst dann, wenn ein Defekt den Reparaturbedarf auslöst. Je älter ein Produkt wird, desto anfälliger wird es auch für Funktionsausfälle. Der natürliche Reparaturbedarf steigt also mit zunehmendem Alter des Produkts. Zudem wird die Reparierbarkeit gerade bei langlebigen Produkten relevant sein.[50]

Möchte man einen Gewährleistungsanspruch aufgrund fehlender Reparierbarkeit zu einem **effektiven Instrument der Verhaltenssteuerung** erheben, so müsste man die **Gewährleistungsfrist** entsprechend – etwa auf die berechtigterweise erwartete Lebensdauer des Produkts – **ausdehnen** und die Pflicht des Übernehmers zur Zahlung eines **Benützungsentgelts** bei Auflösung des Vertrags beseitigen. Gerade der zweite Punkt schlägt natürlich erheblich zugunsten des Verbrauchers aus und lässt sich nur schwer mit einer Abwägung der Parteiinteressen begründen. Eine solche Maßnahme müsste daher sorgfältig mit einer **im Allgemeininteresse stehenden Verhaltenssteuerung** gerechtfertigt werden.

---

47 Siehe auch *Schlacke/Alt/Tonner/Gawel/Bretschneider,* Stärkung (Fn. 26), S. 151.
48 Siehe dazu etwa *B. A. Koch/Ch. Kronthaler,* in: J. W. Flume/Ch. Kronthaler/S. Laimer (Hrsg.), VGG – Verbrauchergewährleistungsgesetz, Wien 2022, § 12 Rn. 25.
49 Dazu *Koch/Kronthaler,* in: J. W. Flume/Kronthaler/Laimer (Fn. 48), § 15 Rn. 3.
50 Siehe dazu etwa *W. Faber,* Neues Gewährleistungsrecht und Nachhaltigkeit (Teil II), VuR 2020, 57 (60 ff.); *W. Faber,* Warenkauf und Nachhaltigkeit: vergebene Chancen?, in: P. Bydlinski (Hrsg.), Das neue Gewährleistungsrecht, Wien 2022, S. 17 ff.; *Koziol,* Obsoleszenzen (Fn. 40), Rn. 122 ff.; *Kodek/Leupold,* Gewährleistung (Fn. 30), S. 29 ff.

II. Ersatzteilbereithaltungspflichten

1. Ansprüche aus dem Kaufvertrag

Folgt man der hier vertretenen Ansicht, so wäre die Schlussfolgerung naheliegend, dass der Verbraucher, wenn es üblich ist oder vernünftigerweise erwartet werden darf, dass ein Produkt repariert werden kann, auch erwarten darf, dass die dafür erforderlichen Ersatzteile erhältlich sind. Außerdem könnte man überlegen, ob sich aus der Aktualisierungspflicht bei einmaliger Bereitstellung digitaler Inhalte (Art. 7 Abs. 3 WKRL und Art. 8 Abs. 2 DIRL) – die im Grunde auch nachvertragliche Züge aufweist – auch andere „nachvertragliche" Pflichten schließen lassen. Die WKRL erstickt solche Argumentationslinien aber bereits im Keim: ErwGr. 33 WKRL stellt klar, dass sich aus den objektiven Anforderungen der **WKRL** gerade **keine Verpflichtung** des Verkäufers ergeben soll, die Verfügbarkeit von Ersatzteilen zu gewährleisten.[51]

Ersatzteilbereithaltungspflichten können sich aber aus dem **nationalen Recht** ergeben. Dass den Hersteller solche Pflichten als Verkäufer treffen können, ist in der deutschen und österreichischen Literatur durchaus anerkannt. Die **deutsche Lehre** stützt sich vor allem auf den Grundsatz von **Treu und Glauben (§ 242 BGB)**, aus dem sich eine **Nachwirkung des Kaufvertrags** ergebe.[52] Nachvertragliche Ersatzteilbereithaltungspflichten sollen immer dann bestehen, wenn eine Partei beim Vertragsabschluss davon ausgegangen ist, dass der Vertragspartner auch nach Abwicklung des Vertrags Ersatzteile bereithalten wird, und dieser Umstand dem Vertragspartner bekannt sein musste.[53] Maßgeblich sei daher der für den Herstel-

---

51 So bereits *Faber*, Nachhaltigkeit (Fn. 28), 4 (9); siehe auch *Kodek/Leupold*, Gewährleistung (Fn. 30), S. 37 f.
52 Siehe etwa *H. Greulich*, Nachwirkungen bei Lieferverträgen, BB 1955, 208 (209 f.); *E. D. Graue*, Die mangelfreie Lieferung beim Kauf beweglicher Sachen, Heidelberg 1964, S. 387; *P. Finger*, Die Verpflichtung des Herstellers zur Lieferung von Ersatzteilen, NJW 1970, 2049 (2050); *H.-G. Rodig*, Verpflichtung des Herstellers zur Bereithaltung von Ersatzteilen für langlebige Wirtschaftsgüter und ausgelaufene Serien, BB 1971, 854; *H. Keese*, Die Zulässigkeit von Lieferbeschränkungen für Ersatzteile, BB 1971, 817 (818); *L.-Ph. Kühne*, Die nachvertragliche Ersatzteilbelieferung, BB 1986, 1527 (1528 f.); *M. Welters*, Obsoleszenz im Zivilrecht, Hamburg 2012, S. 23 ff., 55 ff.; a.A. *C. Hoth*, Die Pflicht zur Ersatzteilversorgung, Berlin 1990, S. 12 ff.; *M. Nietsch*, Nachvertragliche Lieferpflichten beim Kauf, JZ 2014, 229 (231 ff.).
53 So etwa *Graue*, Lieferung (Fn. 52), S. 387; zust *Finger*, Verpflichtung (Fn. 52), 2049 (2050).

ler **erkennbare Ersatzteilbedarf des Käufers**, der in der Regel bei jenen Produktteilen bestehe, die üblicherweise vor Ende der Lebensdauer des Produkts ersetzt werden müssen.[54] Zum Teil wird auch auf den **Zweck des Kaufvertrags** verwiesen, der sich nicht in der bloßen Eigentumsübertragung erschöpfe, sondern bei bestimmten Produkten auch darin bestehe, *„das Kaufobjekt auf angemessene Zeit für den Käufer funktionsfähig zu erhalten".*[55]

In der **österreichischen Literatur** ist das Bestehen von Ersatzteilbereithaltungspflichten **strittig**. *Schopper* leitet Ersatzteilbereithaltungspflichten des Herstellers als Verkäufer mit ähnlicher Begründung aus **ergänzender Vertragsauslegung** ab. Maßgeblich sei dafür die objektiv berechtigte Erwartung des redlichen und vernünftigen Erwerbers und das Informationsungleichgewicht, das über die Verfügbarkeit von Ersatzteilen zwischen Hersteller und Abnehmer herrsche.[56] *Koziol* lehnt diese Argumentationslinie hingegen ab, weil sie **nur Informationspflichten, aber keine Leistungspflichten** rechtfertige.[57]

Dass der Endabnehmer direkt vom Hersteller erwirbt, ist freilich der weniger häufige Fall. In der deutschen Lehre wird ein **Ersatzteillieferungsanspruch gegenüber dem Händler** überwiegend bejaht.[58] Der Umfang der Pflicht wird jedoch zum Teil geringer gehalten.[59] Für das österreichische Recht ist *Schopper* bei einer Pflicht des Händlers wesentlich zurückhaltender.[60] Beim Kauf vom Händler dürfe der redliche und vernünftige Käufer im Regelfall gerade nicht darauf vertrauen, dass dieser auch Ersatzteile für die entsprechenden Produkte bereithalten wird.[61]

---

54 So etwa *Finger,* Verpflichtung (Fn. 52), 2049 (2050).
55 So *Rodig,* Bereithaltung (Fn. 52), 854 (854); vgl. auch *Kühne,* Ersatzteilbelieferung (Fn. 52), 1527 (1529); ähnlich mit Verweis auf das Verbot widersprüchlichen Verhaltens *Welters,* Obsoleszenz (Fn. 52), S. 68 ff., insb. 85 f.; a.A. *Hoth,* Ersatzteilversorgung (Fn. 52), S. 17.
56 A. *Schopper,* Nachvertragliche Pflichten, Wien 2009, S. 549 ff.
57 *Koziol,* Obsoleszenzen (Fn. 40), Rn. 171.
58 *Graue,* Lieferung (Fn. 52), S. 388 f.; *P. Ramm,* Fortwirkung von Verträgen, München 1965, S. 76 f.; *Kühne,* Ersatzteilbelieferung (Fn. 52), 1527 (1529); *Welters,* Obsoleszenz (Fn. 52), S. 122 f.; a.A. *Finger,* Verpflichtung (Fn. 52), 2049 (2051).
59 Siehe vor allem *Welters,* Obsoleszenz (Fn. 52), S. 122 f.
60 *Schopper,* Pflichten (Fn. 56), S. 560 ff.
61 *Schopper,* Pflichten (Fn. 56), S. 567.

2. Direktanspruch des Endabnehmers gegen den Hersteller

Ob der Endabnehmer auch einen **direkten Anspruch auf Ersatzteilbereithaltung** gegen den Hersteller hat, wenn er vom Händler kauft, ist **strittig**. Nach einer Entscheidung des AG Rüsselsheim hat der Endabnehmer bei unterlassener Ersatzteillieferung einen entsprechenden Schadenersatzanspruch aus **Treu und Glauben** gegen den Hersteller von Kraftfahrzeugen. Der Hersteller habe ein besonderes Interesse daran, dass in seine Produkte nur Originalersatzteile eingebaut werden, und der Händler sei bei der Erfüllung solcher Pflichten stets auf die Mitwirkung des Herstellers angewiesen. Es entspreche dem Grundsatz von Treu und Glauben, dass der Hersteller dafür Sorge trage, dass Ersatzteile an den Handel geliefert werden.[62] Nach *Finger* ist die Pflicht des Herstellers eine **Nebenleistungspflicht zugunsten Dritter,** die sich aus denselben Überlegungen ergebe wie Schutzpflichten zugunsten Dritter.[63] Gegen diese Ansicht wird zurecht vorgebracht, dass sie die Grenzen zwischen schuldrechtlicher und deliktischer Haftung durchbricht.[64] Nach einer anderen Ansicht haftet der Hersteller nach den **Grundsätzen der Drittschadensliquidation.**[65] Die restliche Lehre lehnt diesen Ansatz ab, weil gerade keine atypische Schadensverlagerung vorliegt.[66] Jene Stimmen, die auch eine Ersatzteilbereithaltungspflicht des Händlers bejahen, möchten das Problem über einen **Reihenregress** lösen. Da eine Kette von gleichen Pflichten vorliege, müsse der Händler an den Endabnehmer leisten und beim Hersteller Rückgriff nehmen oder seinen Anspruch gegen diesen abtreten.[67]

Im Ergebnis fehlt es an einer überzeugenden Lösung für direkte Ersatzteilbereithaltungspflichten des Herstellers gegenüber dem Endabnehmer oder gar gegenüber Dritten.

---

62 AG Rüsselsheim DAR 2004, 280.
63 *Finger,* Verpflichtung (Fn. 52), 2049 (2051).
64 *Kühne,* Ersatzteilbelieferung (Fn. 52), 1527 (1529); vgl. auch *Hoth,* Ersatzteilversorgung (Fn. 52), S. 28.
65 *Greulich,* Nachwirkungen (Fn. 52), 208 (209 f.); *Schopper,* Pflichten (Fn. 56), S. 577 f.; dagegen *Rodig,* Bereithaltung (Fn. 52), 854 (855); *Kühne,* Ersatzteilbelieferung (Fn. 52), 1527 (1529); *Ramm,* Fortwirkung (Fn. 58), S. 77; *Hoth,* Ersatzteilversorgung (Fn. 51), S. 30 ff.; *Nietsch,* Lieferpflichten (Fn. 51), 229 (235 f.).
66 *Kühne,* Ersatzteilbelieferung (Fn. 52), 1527 (1529); *Hoth,* Ersatzteilversorgung (Fn. 52), S. 32 f.
67 Insb. *Graue,* Lieferung (Fn. 52), S. 388 f.; *Ramm,* Fortwirkung (Fn. 58), S. 76 f.; *Kühne,* Ersatzteilbelieferung (Fn. 52), 1527 (1529).

D. Vorschlag der Europäischen Kommission für ein Right to Repair[68]

Die Kommission hat ihren Vorschlag für das neue *Right to Repair* ursprünglich für Ende September 2022 angekündigt. Die Veröffentlichung wurde aber zunächst auf Ende November 2022 und offenbar **auf unbestimmte Zeit verschoben,** weil der Ausschuss für Regulierungskontrolle den Vorschlag negativ evaluiert hat. Welche Regelungen der Kommission nunmehr vorschweben, lässt sich aus heutiger Sicht nicht beantworten. Die Kommission hat aber **im öffentlichen Konsultationsprozess** bereits durchklingen lassen, welche Maßnahmen in Frage kommen. Die im Folgenden behandelten Regelungsmöglichkeiten basieren daher auf den Gedanken und Diskussionsvorschlägen der Kommission Stand April 2022 sowie der kommissionellen Zusammenfassung der Ergebnisse der öffentlichen Konsultation vom 24.06.2022.[69] Die Europäische Kommission erwägt – bzw. erwog – insbesondere eine **Änderung der WKRL,** vor allem im Bereich der Rechtsbehelfe, sowie die Einführung eines **nachvertraglichen Anspruchs auf Reparatur.**

I. Änderung des Gewährleistungsrechts

1. Vorrang der Verbesserung

Im Regelfall ist die Verbesserung der nachhaltigere Rechtsbehelf als der Austausch. Wird das Produkt vom Verkäufer nicht wiederverwertet, so verdoppelt sich durch den Ersatzkauf der Ressourcenverbrauch des Transaktionsvorgangs.[70] Durch die Reparatur kann dagegen Abfall vermieden und die Lebensdauer von Produkten verlängert werden. Die Reparatur ist im

---

68 Die nachfolgenden Überlegungen basieren zum Teil auf einer gemeinsam mit *Univ.-Prof. Dr. Wolfgang Faber* verfassten Stellungnahme im Konsultationsprozess.
69 *Europäische Kommission,* Sustainable consumption of goods – Promoting repair and reuse, Ref Ares(2022)4631828.
70 *Bach/Kieninger,* Analyse (Fn. 32), 1088 (1094); *Van Gool/Michel,* Directive (Fn. 40), 136 (144); vgl. auch *Schlacke/Alt/Tonner/Gawel/Bretschneider,* Stärkung (Fn. 26), S. 152; *B. Grunewald,* „Umweltverträglicher Konsum durch rechtliche Steuerung"?, Neuregelungen im Kauf-, Miet- und Gesellschaftsrecht als Mittel zur Sicherung von Nachhaltigkeit?, in: H. Curti/T. Effertz, Die ökonomische Analyse des Rechts : Entwicklung und Perspektive einer interdisziplinären Wissenschaft; Festschrift für Michael Adams, Frankfurt am Main 2013, S. 173 (180).

Ein neues Right to Repair – Bestehende Regelungen und Alternativen de lege ferenda

Allgemeinen auch effizienter als Recycling.[71] *Van Gool/Michel* bezeichnen die Reparatur gar als inhärent nachhaltigen Rechtsbehelf, der die Lebensdauer von Produkten verlängert.[72]

Zur Förderung von Reparaturen könnte man der **Verbesserung** daher als **alleinigem primären Gewährleistungsbehelf** Vorrang vor Austausch, Preisminderung und Vertragsauflösung einräumen.[73] Der Verbraucher könnte stets nur die Reparatur des Produkts verlangen, es sei denn die Verbesserung ist unmöglich oder unverhältnismäßig. Für das Verhältnis der übrigen Behelfe gibt es zwei verschiedene Regelungsoptionen. Einerseits könnte man drei Ebenen vorsehen: primär Verbesserung, sekundär Austausch und erst tertiär Preisminderung und Vertragsauflösung. Andererseits könnte der Austausch von der Ebene der primären Gewährleistungsbehelfe auf die Ebene der sekundären Behelfe verschoben werden. Dies wäre wohl mit einem Wahlrecht zwischen Austausch, Preisminderung und Vertragsauflösung verbunden. Ein auf diese Weise erweitertes Wahlrecht des Verbrauchers würde das Recht des Unternehmers zur zweiten Andienung aber wohl erheblich aushöhlen. Fraglich bleibt bei diesen Konstellationen aber dennoch, wie die Unverhältnismäßigkeit von Austausch und Verbesserung beurteilt werden soll, wenn es sich um Behelfe verschiedener Ebenen handelt. Man müsste daher wohl stattdessen auf die Zumutbarkeit des jeweiligen Behelfs abstellen und dafür konkrete Kriterien aufstellen.

Anstatt eines „absoluten Vorrangs" der Verbesserung könnte die **Verbesserung** in der Abwägung der **Verhältnismäßigkeit der primären Rechtsbehelfe** stärker gewichtet werden. Dafür könnte klargestellt werden, dass der Austausch des Produkts dann unverhältnismäßig ist, wenn die **Kosten der Reparatur niedriger oder gleich hoch** sind wie jene des Austausches. Der Verbraucher könnte sein grundsätzlich weiterhin bestehendes Wahlrecht nur dann zugunsten des Austausches ausüben, wenn dieser für den Unternehmer wirtschaftlich günstiger ist als die Reparatur.[74]

Darin zeigt sich aber bereits die Schwäche sämtlicher Regelungsoptionen, die an dem Verhältnis zwischen den Gewährleistungsbehelfen anset-

---

71 *Terryn*, Repair (Fn. 16), 851 (853).
72 *Van Gool/Michel*, Directive (Fn. 40), 136 (144).
73 So etwa *Van Gool/Michel*, Directive (Fn. 40), 136 (145); *Terryn*, Repair (Fn. 16), 851 (858).
74 Vorschläge in diese Richtung finden sich etwa bei H.-W. *Micklitz*, Squaring the Circle? Reconciling Consumer Law and the Circular Economy, EuCML 2019, 229 (236); siehe zu ökologischen Kriterien für die (Un-)Verhältnismäßigkeit *Van Gool/Michel*, Directive (Fn. 40), 136 (145); *Terryn*, Repair (Fn. 16), 851 (856).

zen: Für den Großteil der Konsumgüter wird dieser Vergleich aufgrund der **hohen Lohnkosten** für Reparaturleistungen **zugunsten des Austausches** ausschlagen.[75] Häufig wird es für den Verkäufer sogar am günstigsten sein, ein neues Produkt zu liefern und das mangelhafte Produkt nicht einmal zurückzuverlangen, um Kosten für Rücktransport und Entsorgung einzusparen.[76] Ein wirklicher Anreiz ergibt sich aus einem Vorrang der Verbesserung innerhalb der Gewährleistungsbehelfe also nur für hochpreisige Waren, für die der Unternehmer selbst einen entsprechend hohen Einstandspreis bezahlt. Dieser eingeschränkte Anreiz besteht auf Unternehmerseite aber ohnehin unabhängig von der Rechtslage. Der Unternehmer wird sich stets darum bemühen, den Mangel mit jenem Rechtsbehelf zu beseitigen, der für ihn finanziell günstiger ist.

Darüber hinaus dürfte der **steuernde Effekt** dieser Ansätze bei den derzeitigen ökonomischen Rahmenbedingungen **insgesamt nur sehr gering** sein. Der Vorrang der Verbesserung kann leicht umgangen werden, wenn beide Parteien den Austausch bevorzugen. Man wird den Vertragsparteien die **privatautonome Vereinbarung der Ersatzlieferung** auch bei einem „absoluten" Vorrang der Verbesserung nicht verwehren können.[77] Bei zahlreichen Verbrauchsgütern wird dies auch im Interesse der Parteien liegen: Der Verbraucher präferiert den für ihn klar attraktiveren Austausch,[78] weil er ohne größeren zeitlichen Aufwand ein neues Produkt erhält. Das ist gegenüber der Reparatur häufig vorteilhaft, zumal für Reparaturen ein gewisser Zeitrahmen notwendig ist, in dem die Ware dem Verbraucher nicht zur Verfügung steht.[79] Zudem erhält der Verbraucher durch den Austausch gegen eine neue Sache insgesamt eine längere Nutzungsmöglichkeit – und zwar nach derzeitiger Rechtslage kostenlos.[80] Gleichzeitig stellt der

---

75 Siehe auch *Bach/Kieninger*, Analyse (Fn. 32), 1088 (1093); *Van Gool/Michel*, Directive (Fn. 40), 136 (144).
76 So *Bach/Kieninger*, Analyse (Fn. 32), 1088 (1093).
77 Vgl. auch *Grunewald*, in: FS Adams (Fn. 70), S. 173 (181); *Bach/Kieninger*, Analyse (Fn. 32), 1088 (1094).
78 Siehe auch *Van Gool/Michel*, Directive (Fn. 40), 136 (144); *Micklitz*, Circle (Fn. 74), 229 (236); *V. Mak/E. Lujinovic*, Towards a Circular Economy in EU Consumer Markets – Legal Possibilities and Legal Challenges and the Dutch Example, EuCML 2019, 4 (8); *Bach/Kieninger*, Analyse (Fn. 32), 1088 (1094); *Grunewald*, in: FS Adams (Fn. 70), S. 173 (181).
79 Darauf weisen auch *Van Gool/Michel*, Directive (Fn. 40), 136 (144) hin; siehe allgemein zur Präferenz der Verbraucher für Neuanschaffungen statt Reparaturen *Terryn*, Repair (Fn. 16), 851 (853).
80 *Bach/Kieninger*, Analyse (Fn. 32), 1088 (1094).

Ein neues Right to Repair – Bestehende Regelungen und Alternativen de lege ferenda

Austausch auch für den Unternehmer in zahlreichen Fällen die effizientere und günstigere Variante dar. Die Kosten der notwendigen Arbeitskraft bei Reparaturen sind im Vergleich zu den Herstellungskosten regelmäßig sehr hoch.[81] In der Regel verfügt der Unternehmer bei einer reinen Händlerstruktur auch nicht über die notwendige Infrastruktur für effiziente Reparaturleistungen.

Bevorzugt nun der Verbraucher die Reparatur, der Unternehmer hingegen den Austausch, so wirkt sich der Vorrang der Verbesserung nicht aus, weil der Verbraucher sein Wahlrecht zugunsten der Verbesserung ausüben kann. In diesen Fällen steht der Reparatur höchstens die potenzielle Unverhältnismäßigkeit entgegen. Die einzige Fallgruppe, die von einem Vorrang der Reparatur tatsächlich berührt wird, ist jene, in der der **Unternehmer verbessern** möchte, der **Verbraucher aber den Austausch präferiert**. Hier wird dem Verbraucher die **Wahlmöglichkeit zugunsten der Reparatur entzogen**.[82] Man müsste also Verbraucherschutz und Nachhaltigkeitseffekt gegeneinander abwägen. Im Ergebnis wird diese Fallgruppe bei der derzeitigen wirtschaftlichen Lage aber **nur sehr hochpreisige Produkte** umfassen, bei denen die Reparatur für den Unternehmer günstiger ist als der Austausch ist. In diesen Konstellationen kann der Austausch aber auch bereits **nach dem aktuellen System unverhältnismäßig** sein,[83] sodass sich im Ergebnis kein steuernder Effekt im Vergleich zum geltenden Recht ergibt. Ein Vorrang der Verbesserung wird daher mE erst dann effektive Wirkungen entfalten, wenn die Kosten von Reparaturen sinken. Dies sollte also das primäre Ziel sein.[84]

Möchte man mit der Reparatur nachhaltigen Konsum fördern, so greift der Vorrang der Reparatur innerhalb der zweijährigen Gewährleistungsfrist außerdem zu kurz. Vielmehr müsste darauf hingewirkt werden, dass Waren von vornherein mit der **ökologisch optimalen Haltbarkeit** ausgestattet werden. Nach derzeitigem Stand wird das eine Verlängerung der durchschnittlichen Lebensdauer der meisten Produkte bedeuten.[85]

---

81 Siehe auch *Van Gool/Michel,* Directive (Fn. 40), 136 (144); *Micklitz,* Circle (Fn. 74), 229 (236).
82 Kritisch dazu *Micklitz,* Circle (Fn. 74), 229 (236).
83 Dazu allgemein etwa *Koch/Kronthaler,* in: J. W. Flume/Kronthaler/Laimer (Fn. 48), § 12 Rn. 6.
84 So auch *Bach/Kieninger,* Analyse (Fn. 32), 1088 (1094).
85 Siehe dazu etwa *E. Brouillat,* Live fast, die young? Investigating product life spans and obsolescence in an agent-based model, Journal of Evolutionary Economics 2015, 447 (450) m.w.N.; siehe auch *Faber,* Nachhaltigkeit (Fn. 50), 57 (57).

Diese längere Haltbarkeit kann auch mit zivilrechtlichen Instrumenten durchgesetzt werden. Dafür sind in erster Linie **längere Gewährleistungsfristen für Haltbarkeitsmängel** notwendig. Bei einer tatsächlichen Haftung für die Haltbarkeit über die erwartete Lebensdauer des Produkts verschiebt sich aber die Wertigkeit des Austauschanspruchs schon allein aus Äquivalenzgesichtspunkten, sodass die **Beschränkung des Wahlrechts** des Verbrauchers **eher gerechtfertigt** erscheint. Bei einem neuwertigen Produkt ist der Austausch durchaus legitim. Vertragsgegenstand und Schuldinhalt ist eine neue bzw neuwertige Ware und eine solche soll der Verbraucher über den Austausch auch verlangen können.[86] Je länger der Verbraucher die Sache in Gebrauch hat, desto weniger wird der Austausch vom subjektiven Äquivalenzgedanken getragen. Der Verbraucher erhält dann eine neue Ware ohne natürlichen Verschleiß, obwohl er die Ware unter Umständen schon jahrelang genutzt hat. Dem Verbraucher kommt damit insgesamt eine Nutzungsdauer zu, die die ursprünglich erwartete Lebensdauer des Produkts übersteigt. Dadurch werden weniger häufig Ersatzkäufe getätigt. Ein Austausch in einer späten Phase der Lebensdauer des Produkts ist für den Unternehmer also unter Umständen nachteilig. Gerade bei sehr langlebigen Produkten kann die Reparatur gegen Ende der Lebensdauer für den Unternehmer insgesamt daher sogar profitabler sein.[87]

2. Austausch durch generalüberholte Produkte (refurbished goods)

Schließlich könnte man dem Unternehmer erlauben, mangelhafte Produkte gegen **generalüberholte *(refurbished)* Produkte** auszutauschen.[88] Im Hinblick auf die Nachhaltigkeit des Rechtsbehelfs nähert sich dies der Reparatur an.[89]

Die obigen Überlegungen treffen auch auf den Austausch durch generalüberholte Produkte zu: Tritt der Mangel in der frühen Nutzungsphase auf, so reibt sich der Austausch mit dem **Äquivalenzgedanken.** Der

---

86 Vgl. EuGH 17.04.2008, C-404/06, *Quelle* Rn. 41 ff.
87 Dies steht unter der Annahme, dass die Erfüllung der Gewährleistungspflicht bei einer gewährleistungsrechtlichen Haftung während der gesamten erwarteten Lebensdauer nicht zu einer Verlängerung der Gewährleistungsfrist führt.
88 Befürwortend etwa *Terryn*, Repair (Fn. 16), 851 (861). Zur Zulässigkeit nach geltendem Recht siehe *S. Schwamberger* in diesem Band; *Terryn*, Repair (Fn. 16), 851 (861); *Van Gool/Michel*, Directive (Fn. 40), 136 (145 f.).
89 *Terryn*, Repair (Fn. 16), 851 (860).

Verbraucher erhält zwar auch bei der Verbesserung eine reparierte und nicht völlig neue Sache. Die grundlegende Nutzung, Abnutzung und der Zustand stammen aber immerhin vom Verbraucher selbst. Je länger der Verbraucher die Sache benutzt hat, desto geringer werden diese Bedenken. Dennoch müsste man wohl festlegen, dass der Austausch stets nur gegen eine verschleißmäßig gleichwertige Sache erfolgen kann und die Standards für generalüberholte Produkte regulieren.[90]

3. Maßnahmen zur Förderung von Gebrauchtwarenkäufen

Zu nachhaltigem Konsum kann auch der Kauf von gebrauchten Produkten beitragen.[91] Man könnte daher zur Förderung von **Gebrauchtwarenkäufen** die **Sonderregeln** für solche Geschäfte **beseitigen.** Dies könnte den Verbraucher dazu bewegen, gebrauchte Waren eher in Erwägung zu ziehen.

Eine bloße Angleichung an die herkömmliche zweijährige Gewährleistungsfrist dürfte mE **keinen signifikanten Effekt** haben, zumal auch diese den bestehenden Problembereichen nicht gerecht wird.[92] Aber auch bei längeren Gewährleistungsfristen erscheint eine Angleichung der Gewährleistungsfristen nicht zielführend. Der Verkäufer wird den Zustand des gebrauchten Produkts sorgfältiger überprüfen müssen, wobei er nicht in allen Fällen über genaue Informationen über die bisherige Nutzungsintensität verfügen wird. Durch die strengeren Gewährleistungsvorschriften erhöht sich das Haftungsrisiko zusätzlich. Diese **Risikoerhöhungen** wird der Verkäufer **in den Kaufpreis einpreisen**, wodurch die Preise für gebrauchte Produkte steigen. Die „Gewährleistungsprämie", die jedem Kaufvertrag inhärent ist,[93] wird darüber hinaus sogar noch höher sein als bei neuen Produkten. Dies wird entgegen der Zielrichtung der Maßnahme nicht notwendigerweise zur Attraktivität von gebrauchten Waren beitragen.

---

90 Siehe auch *Mak/Lujinovic,* Economy (Fn. 78), 4 (9).
91 *Bach/Kieninger,* Analyse (Fn. 32), 1088 (1095).
92 Kritisch gegenüber Anpassungen auch *Bach/Kieninger,* Analyse (Fn. 32), 1088 (1095).
93 Siehe zur Versicherungsfunktion des Gewährleistungsrechts etwa *H.-B. Schäfer/C. Ott,* Lehrbuch der ökonomischen Analyse des Zivilrechts, 6. Aufl., Berlin, Heidelberg 2020, S. 577 f.; *F. Gomez,* Ökonomische Analyse der Kaufrechts-Richtlinie, in: S. Grundmann/C. M. Bianca (Hrsg.), EU-Kaufrechtsrichtlinie, Köln 2002, Rn. 73; *D. Leenen,* § 477: Verjährung oder Risikoverlagerung?, Berlin, Boston 1997, S. 18 Fn. 41; *G. Rühl,* Die Verjährung kaufrechtlicher Gewährleistungsansprüche, AcP 207 (2007) 614 (624).

II. Nachvertragliches Recht auf Reparatur

Außerhalb des Gewährleistungsrechts erwägt die Europäische Kommission im Rahmen eines *Right to Repair*[94] einen **direkten nachvertraglichen Anspruch auf Reparatur** gegenüber dem Hersteller oder Unternehmer gegen ein angemessenes Entgelt. Dieses Recht soll der Verbraucher bei Defekten ausüben können, die aus normaler oder auch unsachgemäßer Verwendung resultieren und daher gerade keine Gewährleistungsfälle sind, oder die erst nach Ablauf der Gewährleistungsfrist auftreten.

Ein nachvertraglicher Anspruch auf Reparatur gegenüber dem Hersteller geht mE am **Grundgedanken** des *Right to Repair* vorbei, nämlich es dem Verbraucher – in berechtigten Fällen – zu ermöglichen, das **Produkt selbst zu reparieren** oder von einem **unabhängigen Reparateur** reparieren zu lassen. Vielmehr führt dieser Ansatz eher dazu, dass der Hersteller eine Art **Monopolstellung für Reparaturen** weiter etablieren kann. Dadurch wird ein freier Wettbewerb auf einem potenziellen Reparaturmarkt gehindert anstatt gefördert. Ein funktionierender **Wettbewerbsmarkt für Reparaturen** könnte dagegen zu einer effizienteren Ressourcennutzung und niedrigeren Preisen für Reparaturen beitragen.[95] Dadurch würde die Verbesserung als primärer Gewährleistungsbehelf auch für den Unternehmer attraktiver werden, wodurch schließlich auch Steuerungsansätze innerhalb der Gewährleistungsbehelfe effektiv werden können.

Ein nachvertraglicher Anspruch auf Reparatur gegenüber dem Verkäufer erscheint mE schon deshalb nicht zielführend, weil ein **Verkäufer mit einer Händlerstruktur** in der Regel gar nicht über die **Infrastruktur** und die entsprechend **geschulten Fachkräfte** verfügt, die für weitreichende Reparaturdienstleistungen notwendig sind. Es ist zwar in einigen Branchen durchaus üblich, dass Händler auch Reparaturen vornehmen. Mit einem universellen Anspruch würde man das Gewerbe des Händlers aber unweigerlich und untrennbar mit jenem des Reparateurs verbinden. Das ginge wohl besonders zulasten kleinerer und mittlerer Handelsunternehmen.

---

[94] Siehe zum Thema: *Bach/Kieninger,* Analyse (Fn. 32), 1088 (1095); *Kieninger,* Reparatur (Fn. 38), 264 (264 ff.); kritisch *Th. Klindt,* Kaufst Du noch oder reparierst Du schon? Kritisches zum geplanten „Recht auf Reparatur", BB 6/2022 (1).
[95] Vgl. im Ansatz auch *Kieninger,* Reparatur (Fn. 38), 264 (279).

E. Vorvertragliche Informationspflichten

Hinsichtlich vorvertraglicher Information über die Reparaturmöglichkeiten hat die Europäische Kommission in ihrem Vorschlag für eine RL zur Änderung der UGP-RL[96] und der VRRL,[97] der sogenannten **Empowering-RL**,[98] bereits konkrete Regelungen vorgesehen.[99] So sollen die **vorvertraglichen Informationspflichten** des Verkäufers nach der VRRL künftig die **Reparaturkennzahl** der Ware und – falls eine solche nicht existiert – vom Hersteller bereitgestellte Informationen über die **Verfügbarkeit von Ersatzteilen, Benutzerhandbüchern und Reparaturanleitungen** umfassen. (Art. 5 Abs. 1 lit. i und j sowie Art. 6 Abs. 1 lit. u und v VRRL idF des Empowering-RL-E). Die pflichtgemäß vom Unternehmer erteilten Informationen gehen als subjektive Anforderungen nach Art. 6 WKRL in den Kaufvertrag ein.[100]

Darüber hinaus sollen **ökologische Auswirkungen, Haltbarkeit und Reparierbarkeit** als wesentliche Produktmerkmale ergänzt werden, bei denen täuschende Angaben **als irreführende Handlungen iS des Art. 6 Abs. 1 UGP-RL** gelten. Zudem sollen die unwahre Präsentation einer Ware als reparierbar und die Unterlassung der Information, dass die Ware nicht im Einklang mit den gesetzlichen Anforderungen repariert werden kann,

---

96 Richtlinie 2005/29/EG des Europäischen Parlaments und des Rates vom 11. Mai 2005 über unlautere Geschäftspraktiken im binnenmarktinternen Geschäftsverkehr zwischen Unternehmen und Verbrauchern und zur Änderung der Richtlinie 84/450/EWG des Rates, der Richtlinien 97/7/EG, 98/27/EG und 2002/65/EG des Europäischen Parlaments und des Rates sowie der Verordnung (EG) Nr. 2006/2004 des Europäischen Parlaments und des Rates (Richtlinie über unlautere Geschäftspraktiken), ABl L 2005/149, 22 idF ABl L 2019/328, 7.

97 Richtlinie 2011/83/EU des Europäischen Parlaments und des Rates vom 25. Oktober 2011 über die Rechte der Verbraucher, zur Abänderung der Richtlinie 93/13/EWG des Rates und der Richtlinie 1999/44/EG des Europäischen Parlaments und des Rates sowie zur Aufhebung der Richtlinie 85/577/EWG des Rates und der Richtlinie 97/7/EG des Europäischen Parlaments und des Rates, ABl L 2011/304, 64 idF ABl L 2019/328, 7.

98 Vorschlag für eine Richtlinie des Europäischen Parlaments und des Rates zur Änderung der Richtlinien 2005/29/EG und 2011/83/EU hinsichtlich der Stärkung der Verbraucher für den ökologischen Wandel durch besseren Schutz gegen unlautere Praktiken und bessere Informationen, COM (2022) 143 final.

99 Siehe näher zu den einzelnen Regelungen *Tonner*, Nachhaltigkeit (Fn. 33), 323 (327 ff.).

100 Siehe zu diesem Mechanismus *Faber*, Nachhaltigkeit (Fn. 50), 57 (59); *U. Neumayr*, Zum Mangelbegriff des neuen VGG, RdW 2021, 833 (834); *U. Neumayr*, Das neue Verbrauchergewährleistungsrecht, RdW 2021, 536 (537); *S. Laimer*, in: J. W. Flume/Kronthaler/Laimer (Fn. 48), § 5 Rn. 3; ferner *Schlacke/Alt/Tonner/Gawel/Bretschneider*, Stärkung (Fn. 26), S. 116; *Van Gool/Michel*, Directive (Fn. 40), 136 (139).

in die Liste der **per-se-Verbote** aufgenommen werden, die jedenfalls als unlautere Geschäftspraktiken gelten (Nr 23g Anhang I UGP-RL idF des Empowering-RL-E).

F. Fazit und Ausblick de lege ferenda

Ziel des ursprünglichen *Right-to-Repair*-Gedankens ist gerade nicht, dass der Hersteller zur entgeltlichen Vornahme von Reparatur verpflichtet wird. Vielmehr soll ein rechtlicher Rahmen geschaffen werden, der es dem Verbraucher – in berechtigten Fällen – ermöglicht, das Produkt **selbst zu reparieren** oder einen **unabhängigen Reparaturbetrieb** damit zu beauftragen. Es geht also gerade darum, für Reparaturen nicht zwangsweise auf Leistungen des Herstellers angewiesen zu sein und die **Monopolisierung des Reparaturmarktes** aufzubrechen. Gleichzeitig dürfen aber auch die wirtschaftlichen Interessen des Herstellers, vor allem im Hinblick auf sein geschütztes geistiges Eigentum, nicht völlig vernachlässigt werden.

In erster Linie sind dafür Produktdesigns und Produktkonstruktionen erforderlich, die Reparaturen nicht erschweren, sondern begünstigen. Für jene Defekte, für die der Verbraucher erwarten kann, dass sie reparierbar sind, benötigt dieser Zugang zu Ersatzteilen, Werkzeugen und Reparaturanleitungen zu Marktkonditionen. Damit der Verbraucher diese Fragen im Rahmen seiner Kaufentscheidung berücksichtigen kann, braucht es entsprechende Informationspflichten.

Erste Ansätze dieser Vorrausetzungen gibt es bereits im geltenden Recht: **Die Reparierbarkeit und Reparaturfreundlichkeit** der Ware kann eine **gewährleistungsrechtlich relevante Eigenschaft** sein. Verlängert man die Gewährleistungsfrist für solche Mängel, so verwirklicht man damit schon einen Teil der Forderung nach einem reparaturfreundlichen Design. Erste allgemeine **Informationspflichten über die Reparierbarkeit (Reparaturkennzahl) oder die Ersatzteilverfügbarkeit** sind bereits im Vorschlag für die **Empowering-RL** enthalten. Es gibt zudem **einzelne öffentlich-rechtliche Ersatzteillieferungspflichten** für bestimmte Produkte wie Haushaltswaschmaschinen.[101]

---

[101] Verordnung (EU) 2019/2023 der Kommission vom 1. Oktober 2019 zur Festlegung von Ökodesign-Anforderungen an Haushaltswaschmaschinen und Haushaltswaschtrockner gemäß der Richtlinie 2009/125/EG des Europäischen Parlaments und des Rates, zur Änderung der Verordnung (EG) Nr. 1275/2008 der Kommission

Diese produktspezifischen Pflichten könnten zur Verwirklichung eines *Right to Repair* durch eine rein **zivilrechtliche Ersatzteilbereithaltungspflicht** ergänzt werden, die sich an die dogmatischen Grundsätze des Kontrahierungszwangs[102] anlehnt. Der Hersteller könnte dazu verpflichtet werden, Verbrauchern und Reparateuren **jene Ersatzteile zu verkaufen,** die für die **Behebung von Defekten benötigt** werden, deren selbstständige oder unabhängige **Reparierbarkeit der Verbraucher vernünftigerweise erwarten darf.** Darf der Verbraucher die unabhängige Reparatur eines bestimmten Defekts nicht erwarten, so hat der Hersteller eine sachliche Rechtfertigung für die Verweigerung des Verkaufs. Die Anknüpfung an die vernünftige Verbrauchererwartung bietet den Vorteil, dass der Hersteller den Umfang der Pflicht selbst durch öffentliche Aussagen steuern und einschränken kann, sofern eine produktspezifische Regelung dem nicht entgegensteht. Für die Dauer der Pflicht biete sich aus denselben Gründen ebenfalls eine Anknüpfung an die vernünftige Verbrauchererwartung an.[103] Die Pflicht könnte entfallen, wenn entsprechende Ersatzteile frei und in leicht zugänglicher Weise am Markt erhältlich sind. In diesen Fällen fehlt die Monopolstellung des Herstellers, die einen weitreichenden Abschlusszwang rechtfertigt.

---

und zur Aufhebung der Verordnung (EU) Nr. 1015/2010 der Kommission, ABl L 2019/315, 285.

102 Dazu *H. C. Nipperdey,* Kontrahierungszwang und diktierter Vertrag, Jena 1920; *F. Bydlinski,* Zu den dogmatischen Grundfragen des Kontrahierungszwangs, AcP 180 (1980) 1 ff.; *M. Schickmair,* Kontrahierungszwang, Wien 2020, S. 127 ff.

103 Siehe so auch zur Dauer der Aktualisierungspflicht in Art. 7 Abs. 3 WKRL und Art. 8 Abs. 2 DIRL.

Die Ersatzlieferung durch „refurbished goods"
Zugleich ein Beitrag zur Möglichkeit der ökologischen Auslegung des europäischen Kaufrechts

Jun.-Prof. Dr. Sebastian Schwamberger, LL.M.[*]

A. Einleitung

Der Konsum ist unzweifelhaft für einen wesentlichen Teil der Treibhausgasemissionen verantwortlich.[1] Jedoch lebt die europäische Wirtschaft vom Konsum[2] und ist dieser für ein Wirtschaftswachstum notwendig. Wird eine Ware defekt, so ist es für die Wirtschaft grundsätzlich von Vorteil, wenn eine neue angeschafft wird, anstatt die alte zu reparieren.[3] Aus ökologischer Sicht ist es aber um ein Vielfaches besser, wenn statt einer Neuanschaffung die Nutzungsdauer von Konsumgütern mittels Reparatur erhöht wird. Denn nur ein Teil der Geräte wird tatsächlich wiederverwertet[4] und die Herstellung neuer Waren verschlingt wesentlich mehr Energie als die Behebung des Defekts.[5] Eine Stärkung der Reparaturmöglichkeiten von Konsumgütern könnte sohin wesentlich zur Verbesserung des ökologischen Fußabdruckes der Europäischen Union beitragen. Davon scheint auch die Europäische Kommission überzeugt zu sein, welche ein „neues" Recht auf Reparatur einführen möchte.[6] Teil dieser Initiative ist auch den Einsatz reparierter Ware zu fördern, indem bei Mangelhaftigkeit einer Kaufsache

---

[*] *Sebastian Schwamberger* ist Juniorprofessor für Bürgerliches Recht, Wirtschaftsrecht und Recht der Digitalisierung an der Universität Rostock.
[1] Laut Angaben des deutschen Umweltbundesamts (<https://bit.ly/3odCl0Q> [31.12.2022]) war der private Konsum 2017 für 37% der Emissionen verantwortlich.
[2] Im Jahr 2020 waren es 6.7 Billionen € und damit knapp 50% des EU-BIP, vgl. <https://bit.ly/3KYaoEe> (31.12.2022).
[3] Vgl. *H-W. Micklitz*, Squaring the Circle? Reconciling Consumer Law and the Circular Economy, EuCML 2019, 229 (230 f.).
[4] Vgl. die Nw. bei *E-M. Kieninger*, Recht auf Reparatur („Right to Repair") und Europäisches Vertragsrecht, ZEuP 2020, 264 (265 f.).
[5] Vgl. *EEB*, Coolproducts don't cost the earth - full report (2019), <www.eeb.org/coolproducts-report>.
[6] Ares(2022)175084 S. 3, <https://bit.ly/35FY4by> (31.12.2022). Diese Bestrebungen haben zum Kommissionsvorschlag COM (2023) 155 final geführt.

eine Ersatzlieferung mittels sog „refurbished goods" – also wiederaufbereiteten Gütern – nach der Warenkauf-Richtlinie (WKRL)[7] ermöglicht werden soll.[8] Im nachfolgenden Beitrag sollen zunächst die ökologischen Vorteile der Verlängerung der Nutzungsdauer aufgezeigt und anschließend dargelegt werden, dass eine Ersatzlieferung mittels *refurbished goods* bereits nach geltendem europäischen Kaufrecht möglich ist.

B. Ökologische Aspekte der Verlängerung der Nutzungsdauer

Die Verlängerung der Nutzungsdauer ist grundsätzlich von ökologischem Vorteil. Dies ist insbesondere bei jenen Gütern der Fall, bei denen hohe ökologische Kosten in der sogenannten „non-use phase" [9] bzw der „extraction and manufacture-phase"[10] entstehen. Darunter sind die Aufwendungen für die Produktion, den Transport und vor allem auch die Entsorgung des jeweiligen Guts zu verstehen, also für jene Phase, in denen das Produkt noch nicht oder nicht mehr genutzt werden kann. Diese non-use phase verschlingt insbesondere bei Smartphones einen Großteil der CO_2-Belastung, nämlich 72%.[11] Lediglich 28% des CO_2-Ausstoßes erfolgt sohin während der „use-phase", also der aktiven Nutzung des Geräts durch den jeweiligen Nutzer.[12]

---

7   Richtlinie (EU) 2019/771 des Europäischen Parlaments und des Rates vom 20. Mai 2019 über bestimmte vertragsrechtliche Aspekte des Warenkaufs, ABl. L 2019/136, S. 28.
8   Im Kommissionsvorschlag (COM [2023] 155 final) findet sich nunmehr aber lediglich folgende Einfügung in Art. 13 Abs. 2 WKRL: „In derogation from the first sentence of this paragraph, where the costs for replacement are equal to or greater than the costs for repair, the seller shall repair the goods in order to bring those goods in conformity."
9   Vgl. *EEB*, Coolproducts don't cost the earth (Fn. 5) S. 3.
10 *J. Suckling/J. Lee*, Redefining scope: the true environmental impact of smartphones?, The International Journal of Life Cycle Assessment, 20/8, 1181 (1183).
11 Vgl. *EEB*, Coolproducts don't cost the earth (Fn. 5) S. 14 f.; *S. Frey, D. Harrison, and E. Billet*, Ecological footprint analysis applied to mobile phones, Journal of Industrial Ecology, 10(1-2), 2008; *E. Huang/K. Truong*, Breaking the disposable technology paradigm: opportunities for sustainable interaction design for mobile phones, Florence, Italy: CHI Proceedings - Green day, 5-10 April 2008, <https://hci.rwth-aachen.de/publications/huang2008a.pdf> (31.12.2022); *J. Suckling/J. Lee*, Redefining scope (Fn. 10), 1181 ff.; *A. Andrae/M. Vaija*, To Which Degree Does Sector Specific Standardization Make Life Cycle Assessments Comparable?—The Case of Global Warming Potential of Smartphones, Challenges, 2014/5, 409 ff.
12 Siehe die Nw. in Fn. 11.

Tritt zu einer ökologisch intensiven non-use phase auch noch eine kurze Lebensdauer der jeweiligen Produkte hinzu, so kann dies gemeinsam mit einer hohen Verbreitung des jeweiligen Produkts zu einer immensen ökologischen Belastung führen. Nimmt man wiederum das Beispiel Smartphone, so könnte die Verlängerung der Lebensdauer der über 600 Millionen Geräte in der Europäischen Union[13] um bloß ein Jahr zu einer Einsparung von 2,1 Millionen Tonnen CO^2 führen.[14] Dies entspricht den jährlichen Emissionen von 1 Million Autos.[15] Die Lebensdauer der Geräte wird aber nicht nur dadurch erhöht, dass Verbraucher diese reparieren lassen, sondern auch dadurch, dass die Hersteller von sich aus eine solche Reparatur bei defekten (rückläufigen) Geräten vornehmen, weil sie diese als *refurbished goods* auf den Markt bringen oder wenn sie durch diese Güter etwaige Ersatzlieferungen bedienen können.[16]

C. Fehlendes Interesse der Verbraucher an der Reparatur

Dem Verbraucher kommt im Falle der Mangelhaftigkeit des Kaufobjekts nach der vollharmonisierenden WKRL grundsätzlich ein Wahlrecht zu, ob er die Reparatur oder die Ersatzlieferung begehrt.[17] Der Verbraucher bleibt in seiner Wahl entweder auf Reparatur oder auf Ersatzlieferung beschränkt, wenn die eine Abhilfe unmöglich ist, oder – im Verhältnis zur anderen – unverhältnismäßig hohe Kosten verursachen würde.[18] Bei der Beurteilung der Unverhältnismäßigkeit der Kosten sind dabei der Wert der Ware ohne die Mangelhaftigkeit, die Bedeutung der Mangelhaftigkeit sowie der Umstand, ob die alternative Abhilfe ohne erhebliche Unannehmlichkeiten für den Verbraucher durchgeführt werden kann, zu berücksichtigen.[19]

---

13 Vgl. European Commission Joint Research Centre, Guidance for the Assessment of Material Efficiency: Application to smartphones – version 2 (2019), S. 25 ff., <https://publications.jrc.ec.europa.eu/repository/handle/JRC116106> (31.12.2022).
14 Vgl. *EEB*, Coolproducts don't cost the earth (Fn. 5) S. 9.
15 Vgl. *EEB*, Coolproducts don't cost the earth (Fn. 5) S. 9.
16 Vgl. *J. Suckling/J. Lee*, Redefining scope (Fn. 10), 1181 (1191).
17 Vgl. Art. 13 Abs. 2 WKRL: „Für die Herstellung des vertragsgemäßen Zustands der Waren kann der Verbraucher zwischen Nachbesserung und Ersatzlieferung wählen […]".
18 Art. 13 Abs. 2 WKRL. Vgl aber Art. 12 COM (2023) 155 final.
19 Art. 13 Abs. 2 WKRL.

Tatsächlich wird sich der Verbraucher aber in der Praxis regelmäßig für eine Ersatzlieferung und gegen eine Reparatur entscheiden.[20] Dies ist auf vielerlei Gründe zurückzuführen. Außerhalb der Gewährleistung halten die Verbraucher oftmals die Kosten für die Reparatur von deren Vornahme ab. Beispielsweise wurden bei einer jüngsten Untersuchung[21] des vzbv 1.289 Personen ab 18 Jahren hinsichtlich der Zahlungsbereitschaft bei Displayreparaturen befragt. Bei einem 300-Euro-Smartphone sei die durchschnittliche Zahlungsbereitschaft bei 22% des Neupreises gelegen. Tatsächlich hätten die Reparaturen aber 42-73% des Neupreises betragen, weshalb wohl die allermeisten dieser befragten Personen keine Reparatur vorgenommen hätten.

Demgegenüber steht den Verbrauchern aber bei Vorliegen einer Mangelhaftigkeit sowohl die Reparatur als auch die Ersatzlieferung „unentgeltlich" zu.[22] Wie soeben dargelegt führen aber schon geringe preisliche Unterschiede zwischen einer Reparatur und der Neuanschaffung eines Gutes dazu, dass Verbraucher eher gewillt sind, sich ein neues Gut anzuschaffen. Wenn die Kosten für die Reparatur höher sind als jene für die Neuanschaffung, so wird sich der Verbraucher typischerweise für eine Neuanschaffung entscheiden. Unter dem aktuellen Gewährleistungsrecht hat der Verbraucher aber grundsätzlich die freie Wahl zwischen der Reparatur und der Ersatzlieferung.

Bei aufrechtem Gewährleistungsanspruch betragen aus Sicht der Verbraucher die Kosten für die Reparatur und die Ersatzlieferung dasselbe; beide sind nämlich unentgeltlich. Insoweit werden sich Verbraucher vielfach schon deshalb für eine Ersatzlieferung und nicht für eine Verbesserung entscheiden. Daneben gibt es auch andere Gründe für eine Ersatzlieferung. Etwa, dass dem Begehren des Verbrauchers durch diese sofort entsprochen werden kann, während eine Verbesserung grundsätzlich einige Zeit in Anspruch nimmt. Außerdem kann das Vertrauen des Verbrauchers

---

20 Vgl. *B. Grunewald*, „Umweltverträglicher Konsum durch rechtliche Steuerung?", Neuregelungen im Kauf-, Miet- und Gesellschaftsrecht als Mittel zur Sicherung von Nachhaltigkeit?, in: Festschrift für Adams (2013) S. 173, die sich für ein Wahlrecht des Verkäufers ausspricht, da der Käufer i. d. Regel die Nachlieferung wählen wird. Jedoch ist es auch für den Verkäufer oftmals aufgrund der Reparatur im Inland und der Produktion in Billiglohnländern vorteilhafter, wenn er eine Ersatzlieferung anbietet, vgl. *I. Bach/E.-M. Kieninger*, Ökologische Analyse des Zivilrechts, JZ 2021, 1088 (1093 f.).

21 Vgl. *vzbv*, Displayreparaturen zu teuer (2022), <https://www.vzbv.de/pressemitteilun gen/reparaturen-bei-smartphones-zu-teuer> (31.12.2022).

22 Art. 14 Abs. 1 lit. a WKRL.

in das jeweilige Gut gesunken sein, weil dieses bereit einmal mangelhaft war. Diese Erwägungen für eine Ersatzlieferung werden oftmals die Argumente für eine Verbesserung, nämlich insbesondere die besseren ökonomischen Folgen und die Möglichkeit sein „eigenes" Gut wiederzuerlangen, überwiegen.

D. Die qualitativen Abstufungen von refurbished goods

Die Europäische Kommission möchte in ihrer Initiative zu einem Recht auf Reparatur insbesondere die Möglichkeit der Ersatzlieferung mittels *refurbished goods* ermöglichen.[23] *Refurbished goods* können ins Deutsche am ehesten als „aufbereitete Güter" bezeichnet werden. Dadurch ergibt sich auch schon der wesentliche Unterschied zu bloß reparierten Gütern. Bei *refurbished goods* wird nämlich nicht bloß ein spezifischer Defekt repariert, sondern die Güter werden zum Teil wiederaufgebaut. Das bedeutet, dass die wesentlichsten Komponenten des Produkts ebenfalls kontrolliert bzw ausgetauscht werden, obwohl es bei diesen Komponenten keine offensichtlichen Fehler gibt.[24]

Nicht alle *refurbished goods* sind aber von derselben Qualität, sondern es hat sich in den entsprechenden Online-Shops bereits eine gewisse qualitative Abstufung hinsichtlich des äußeren Erscheinungsbildes[25], sowie des

---

23 Ares(2022)175084 (Fn. 6) S. 3. Siehe nunmehr aber Art. 12 COM (2023) 155 final.
24 Vgl. *C. Bakker et al*, Products that Go Round: Exploring Product Life Extension through Design (2014) 69 Journal of Cleaner Production 10 (11): „Refurbishment (or reconditioning) is to return a used product to a satisfactory working condition by rebuilding or repairing major components that are close to failure, even where there are no reported or apparent faults in those components."
25 Vgl. <https://www.refurbed.at/produktzustande/> (31.12.2022): „**Exzellent**: Das Produkt (Handy, Tablets, Kameras) hat keine Beulen, Kratzer oder Abnutzungen, die aus 30 cm Entfernung sichtbar sind. **Sehr gut**: Das Produkt (Handy, Tablets, Kameras) kann minimale Beulen, Kratzer oder Abnutzungen haben, die aus 30 cm Entfernung sichtbar sein können. Auf dem Display/Screen können feinste Mikro-Kratzer sein, die bei eingeschaltetem Display aber nicht sichtbar sind. **Gut**: Das Produkt (Handy, Tablets, Kameras) kann sichtbare Gebrauchsspuren wie Kratzer und/oder leichte Dellen auf dem Gehäuse haben. Auf dem Display/Screen können feinste Mikro-Kratzer sein, die bei eingeschaltetem Display aber nicht sichtbar sind." <https://www.backmarket.at/de-at/about-us> (31.12.2022): „**Hervorragend**: Wie neu. Das Gehäuse kann sehr leichte Mikrokratzer aufweisen, die aus einer Entfernung von 20 cm (etwas länger als ein normalgroßer Bleistift) oder mehr unsichtbar sind. Bei Produkten mit Bildschirmen weist der Bildschirm keine Kratzer auf. **Sehr gut**: Leichte Gebrauchs-

technischen Zustands[26] etabliert, welche auch für die hiesige Untersuchung nützlich gemacht werden kann. Die Abstufung erfolgt dabei anhand der jeweils vorhanden Gebrauchsspuren auf dem Gerät. Die qualitativ höchste Stufe ist dabei jene des „exzellenten" oder „hervorragenden" Geräts, welches keine Gebrauchsspuren aufweist, gefolgt von der „sehr guten" und der „guten" Qualität. Diese weisen im Falle der ersteren Kategorie bereits einzelne oder – im Falle der letzteren – sichtbare Gebrauchsspuren auf.

E. Zur Möglichkeit der Ersatzlieferung

Der Verbraucher ist im Falle der Mangelhaftigkeit bzw der „Vertragswidrigkeit" der Kaufsache gemäß Art. 13 Abs. 1 WKRL primär berechtigt, die Herstellung des vertragsgemäßen Zustandes zu verlangen. Dabei kommt ihm ein Wahlrecht zwischen der Nachbesserung und der Ersatzlieferung zu, es sei denn die gewählte Abhilfe wäre unmöglich oder würde dem Verkäufer im Vergleich zu der anderen Abhilfemöglichkeit unverhältnismäßig hohe Kosten verursachen. Dabei legt Art. 14 die Modalitäten der Ersatzlieferung fest. Demnach hat diese „unentgeltlich", „innerhalb einer angemessenen Frist" sowie „ohne erhebliche Unannehmlichkeiten" zu erfolgen. Zwar hat der EuGH bereits in der Rs *Quelle* klargestellt, dass das Unentgeltlichkeitsgebot einen etwaigen Wertersatz bei der Ersatzlieferung

---

spuren. Das Gehäuse kann leichte Mikrokratzer aufweisen, die aus einer Entfernung von 50 cm (das ist etwas weniger als 2 längs aufgereihte A4-Blätter) oder mehr nicht sichtbar sind. Bei Produkten mit Bildschirmen wird der Bildschirm keine Kratzer aufweisen. **Gut:** Gebrauchsspuren. Das Gehäuse kann ein paar sichtbare Kratzer und Dellen aufweisen, die die Leistung nicht beeinträchtigen. Bei Produkten mit Bildschirm kann der Bildschirm leichte Kratzer aufweisen, die bei eingeschaltetem Bildschirm nicht sichtbar sind."

26 Vgl. <https://www.backmarket.at/de-at/about-us> (31.12.2022): „**Hervorragend:** Die Lebensdauer ist hoch und die Wahrscheinlichkeit, dass technische Probleme auftreten, ist sehr gering. **Sehr gut:** Die Lebensdauer ist überdurchschnittlich gut, und die Wahrscheinlichkeit, dass technische Probleme auftreten, ist gering. **Gut:** Die Lebensdauer ist durchschnittlich und entspricht noch den in unserer Qualitätscharta geforderten Qualitätsstufen." Dem gegenüber wird bei refurbed (<https://www.refurbed.at/produktzustande/> [31.12.2022]) grundsätzlich der Akku ausgetauscht, wenn dieser eine geringere Leistung aufweist: „Wir wissen wie wichtig ein leistungsstarker Akku ist, daher tauschen unsere Händler die gebrauchten Akkus im Normalfall aus. Solange nicht anders angegeben, haben die Akkus der verkauften Geräte mindestens 80% der Originalleistung."

ausschließt,[27] dennoch entschied sich aber der europäische Gesetzgeber dazu, in Art. 14 Abs. 4 der Warenkauf-Richtlinie explizit zu verankern, dass der Verbraucher nicht verpflichtet ist, für die normale Verwendung der ersetzten Waren in der Zeit vor ihrer Ersetzung zu zahlen.

Zur Möglichkeit der Ersatzlieferung mittels *refurbished goods* gibt es – soweit ersichtlich – zwei rezente Entscheidungen europäischer Gerichte, welche noch zur alten Verbrauchsgüterkaufrichtlinie (VGKRL)[28] ergangen sind:[29]

Das Bezirksgericht Amsterdam entschied in zwei Fällen, in denen Verbraucher überholte oder wiederaufbereitete Artikel nicht als Abhilfe für die Vertragswidrigkeit akzeptierten wollten, dass eine derartige Nacherfüllung nicht im Einklang mit der VGKRL sei. Zunächst hatte das Amsterdamer Gericht 2016[30] im Fall von IPhones zu entscheiden, ob die Vertragswidrigkeit eines Produkts, in diesem Fall eines Mobiltelefons, durch das Angebot des Verkäufers, ein generalüberholtes Telefon zu liefern, erfüllt werden kann oder ob der Verbraucher weiterhin Anspruch auf Ersatzlieferung hat. Das Gericht entschied, dass der Verbraucher gemäß Art. 3 der VGKRL das Recht hat, ein neues Produkt als Ersatzlieferung zu erhalten und nicht einen generalüberholten Artikel. Begründet wurde diese Entscheidung mit den Ausführungen des EuGH in der Rs *Quelle* wonach der Verbraucher keinen Nutzungsersatz bei der Ersatzlieferung zu leisten hat. Diese Ausführungen wiederholte das Gericht dann 2017 im Falle von IPads.[31]

Die zweite Entscheidung erging vom LG München I[32] in einem Verbandsverfahren. In diesem wurde eine Klausel als unwirksam qualifiziert, die dem Unternehmer erlaubte, die Ersatzlieferung auch durch ein überarbeitetes, als neuwertig einzustufendes Gerät zu bewirken, welches voll funktionsfähig ist. Es komme bei der Nacherfüllung gerade nicht nur darauf an, dass die nachgelieferte Sache keine Mängel i.S.e. Funktionseinschränkung aufweise, sondern darauf, dass die nachgelieferte Sache der ursprünglich

---

27 EuGH C-404/06 ECLI:EU:C:2008:231 – *Quelle*.
28 Richtlinie 1999/44/EG des Europäischen Parlaments und des Rates vom 25. Mai 1999 zu bestimmten Aspekten des Verbrauchsgüterkaufs und der Garantien für Verbrauchsgüter, ABl. L 1999/171, S. 12.
29 Siehe zu den niederländischen Entscheidungen auch *V. Mak/E. Lujinovic*, Towards a Circular Economy in EU Consumer Markets – Legal Possibilities and Legal Challenges and the Dutch Example, EuCML 2019, 4 (8 f.).
30 Bezirksgericht Amsterdam 8. Juli 2016, ECLI:NL:RBAMS:2016:4197.
31 Bezirksgericht Amsterdam 18. April 2017, ECLI:NL:RBAMS:2017:2519.
32 LG München I MMR 2021, 579.

geschuldeten Sache vollständig i.S.e. Gattungsschuld entspreche.[33] Ein gebrauchtes Gerät werde auch durch eine vom Hersteller vorgenommene Aufbereitung rechtlich betrachtet nicht zu einer neuen Sache.[34]

In der Literatur wird die Möglichkeit der Ersatzlieferung weitgehend verneint.[35] Der Verkäufer könne keine Sache liefern, deren Erhaltungszustand dem der ursprünglich gelieferten Sache im Zeitpunkt der Ersatzlieferung entspreche. Nur vereinzelt wird argumentiert, dass die Qualität von *refurbished goods* in der Regel höherwertiger sei, als jene des ausgetauschten Geräts, weshalb es grundsätzlich möglich sei, eine Ersatzlieferung auch mit einem solchen Gut zu bewirken.[36]

Nachfolgend soll dargelegt werden, dass bereits nach der geltenden Rechtslage eine Ersatzlieferung mittels *refurbished goods* möglich ist. Dies soll insbesondere mit dem Vergleich mit der Reparatur, dem fehlenden Benützungsentgelt sowie einer möglichen ökologischen Interpretation der europäischen Begriffe „Ersatzlieferung" bzw des „vertragsgemäßen Zustands" argumentiert werden.

I. *Refurbished Goods* als Vertragsinhalt

Eine Ersatzlieferung mittels eines *refurbished good* ist grundsätzlich dann möglich, wenn letzeres Inhalt des Vertrags zwischen Unternehmer und Verbraucher geworden ist. Der Unternehmer schuldet in diesem Fall von Anfang an die Lieferung eines mangelfreien *refurbished good*. Der Vertragsinhalt ist immer anhand des jeweils konkreten Parteiwillens zu ermitteln. Dabei ist aber gegenwärtig zu berücksichtigen, dass ein eigener Markt für „Neugeräte" und für *refurbished goods* existiert. Folglich wird es nicht ohne weiteres möglich sein, einen Vertrag so auszulegen, dass es dem Unternehmer freisteht, ob er dem Verbraucher ein Neugerät oder ein *refurbished*

---

33 LG München I MMR 2021, 579 Rn. 38.
34 LG München I MMR 2021, 579 Rn. 39.
35 Siehe nur *F. Faust*, in: W. Hau/R. Posek (Hrsg), BeckOK[63] (Stand: 01.08.2022), § 439 Rz 23: „Ist nach dem Vertrag eine *neue Sache* geschuldet, muss er als Ersatz eine **neue Sache** liefern. Er kann also nicht etwa eine Sache liefern, deren Erhaltungszustand dem der ursprünglich gelieferten Sache im Zeitpunkt der Ersatzlieferung entspricht." Siehe weiters *V. Mak/E. Lujinovic*, Towards a Circular Economy in EU Consumer Markets (Fn. 29), 4 (9). Siehe auch *P. Weingerl*, Sustainability, the Circular Economy and Consumer Law in Slovenia, EuCML 2020, 129 (132).
36 *K. Kryla-Cudna*, Sales Contracts and the Circular Economy, European Review of Private Law 2020, 1207 (1225).

good liefert. Vielmehr müssen im Vertrag konkrete Anhaltspunkte dafür vorliegen, dass der Unternehmer auch durch ein aufbereitetes Gerät erfüllen kann.

Ist aber ein *refurbished good* Vertragsinhalt, so stellt sich unweigerlich die Frage, ob auch bei mangelhaft erfüllten Stückschulden die Ersatzlieferung möglich ist. Eine solche Möglichkeit wird etwa in Österreich weitgehend verneint.[37] Der Austausch greife nur bei Gattungsschulden. Die Herstellung einer bloß wirtschaftlich gleichwertigen Ersatzlage bei Stückschulden sei nicht erfasst, weshalb sich kein Käufer etwa einen gleichwertigen Gebrauchtwagen mit anderer Farbe aufdrängen lassen müsse.[38] Ähnlich äußern sich zum Teil auch deutsche Autoren. Bei Stückschulden gebe es keine andere erfüllungstaugliche Sache, weshalb die Ersatzlieferung stets unmöglich sei.[39] Demgegenüber wird die Möglichkeit der Ersatzlieferung bei der Stückschuld insbesondere auch vom BGH dann bejaht, wenn eine gleichartige und gleichwertige Sache geliefert werden kann.[40] Tatsächlich dürfte nicht generell ausgeschlossen werden können, dass eine Ersatzlieferung aufgrund der vertraglichen Spezifika rechtlich unmöglich ist. Dies wird auch durch ErwGr. 48 S. 3 WKRL bestätigt, in welchem die rechtliche Unmöglichkeit nunmehr ausdrücklich angeführt ist.[41] Insbesondere bei *refurbished goods* zeigt sich aber, dass die Grenze zwischen Stück- und Gattungsschulden in der heutigen Zeit immer mehr verschwimmt. Gegen eine Ersatzlieferung spricht hier nicht generell, dass es sich um eine gebrauchte Sache handelt,[42] da auch gebrauchte Sachen Gattungsschulden sein können.[43] Insbesondere im Online-Handel wird man regelmäßig von der Möglichkeit der Ersatzlieferung auch bei *refurbished goods* ausgehen

---

37 Statt vieler *P. Bydlinski*, in: Koziol/P. Bydlinski/Bollenberger (Hrsg), ABGB, 6. Aufl., 2020, § 932 Rz 3; A.A. *B. Jud*, Schadenersatz bei Mangelhafter Leistung (2003), S. 151 ff.
38 *P. Bydlinski,* in: KBB (Fn. 36) § 932 Rz 3.
39 Siehe nur *A. Dieckmann*, Der Nacherfüllungsanspruch (2007) S. 117 ff; *F. Faust*, in: W. Hau/R. Posek (Fn. 35) § 439 Rz 56; *H.-J. Musielak*, Die Nacherfüllung beim Stückkauf, NJW 2008, 2801 ff.; *P. Huber*, Der Nacherfüllungsanspruch im neuen Kaufrecht, NJW 2002, 1004 (1006); a.A. *T. Ackermann*, Die Nacherfüllungspflicht des Stückkäufers, JZ 2002, 378 (381); *C.-W. Canaris*, Die Nacherfüllung durch Lieferung einer mangelfreien Sache beim Stückkauf, JZ 2003, 831 (834).
40 BGH NJW 2006, 2839.
41 *F. Faust*, in: W. Hau/R. Posek (Fn. 35) § 439 Rz 56.
42 Vgl. ErwGr. 16 VGKRL: „Gebrauchte Güter [...] aufgrund ihrer Eigenart im allgemeinen nicht ersetzt werden".
43 Vgl. *F. Faust*, in: W. Hau/R. Posek (Fn. 35) § 439 Rz 56.

können. Im Einzelfall können aber dennoch die vertraglichen Kriterien für die Kaufsache so individuell sein, dass eine Ersatzlieferung unmöglich ist.[44]

II. Einheitliche Auslegung des „vertragsgemäßen Zustands"

Sowohl die Ersatzlieferung als auch die Nachbesserung sollen insbesondere ausweislich Art. 13 Abs. 2 WKRL den „vertragsgemäßen Zustand" der Ware wiederherstellen. Ob durch ein *refurbished good* Ersatzlieferung bewirkt werden kann, ist sohin von der Auslegung des Begriffs „vertragsgemäßer Zustand" abhängig. Dabei stehen grundsätzlich zwei Auslegungsmöglichkeiten offen. (1) Entweder ist mit dem vertragsgemäßen Zustand jener Zustand gemeint, mit dem erfüllt werden hätte können, oder (2) der vertragsgemäße Zustand ist jener einer ursprünglich mangelhaften, aber im Rahmen der Nachbesserung erfolgreich nachgebesserten Ware. Die Relevanz dieser Unterscheidung soll an zwei Beispielen verdeutlicht werden:

Beispiel 1: Verbraucher V erwirbt ein Smartphone von Unternehmer U. Als V das Smartphone zuhause auspackt, stellt sich heraus, dass das Display gebrochen ist.
Beispiel 2: Wie Beispiel 1, nur bricht das Display aufgrund einer Mangelhaftigkeit erst nach sechs Monaten.

Im Beispiel 1 würden die Auslegungsvarianten des „vertragsgemäßen Zustands" unter (1) bedeuten, dass V ein gänzlich neues Smartphone erhalten muss, während er unter Auslegungsvariante (2) kein gänzlich neues, sondern ein ursprünglich neues Smartphone mit einem reparierten Display erhalten muss. In Beispiel zwei wird die Unterscheidung aber noch deutlicher. Hier würde die Variante erneut bedeuten, dass V ein gänzlich neues – also nicht sechs Monate gebrauchtes Smartphone – zu erhalten hat. Nach Auslegungsvariante (2) ist aber bloß der Zustand eines sechs Monate gebrauchten Smartphones mit einem ursprünglich mangelhaften, aber ausgetauschten Display herzustellen.

---

[44] Vgl. *H. P. Westermann,* in: F. J. Säcker/R. Rixecker/H. Oetker/B. Limperg (Hrsg.), Münchener Kommentar zum BGB, 8. Aufl., 2019, § 439 Rn. 15: „Dieses Recht [auf Ersatzlieferung] wird desto schwächer, je individueller die Kriterien waren, die beim Kauf bezüglich der konkreten Sache zugrunde lagen. Es handelt sich somit um eine Frage der Zumutbarkeit im Einzelfall, wobei die Beschränkung der Verbindlichkeit auf die konkret verkaufte Ware etwa dann nicht anzunehmen ist, wenn – was im Kfz-Handel vorkommen kann – eine neuwertige Ware deutlich unter Listenpreis verkauft ist."

1. Bei der Nachbesserung

Durch die Reparatur der Kaufsache ist es wohl nur ausnahmsweise möglich, die Ware in einen solchen Zustand zu versetzen, dass im Sinne der Auslegungsvariante (1) mit ihr ursprünglich hätte erfüllt werden können. Der Unternehmer schuldet in der Regel eine neue Ware und eben keine reparierte Ware. Dies liegt insbesondere daran, dass reparierte Waren am Markt regelmäßig weniger wert sind.[45]

1.1. Der merkantile Minderwert bei der Nachbesserung

Dass eine reparierte Ware weniger am Markt weniger wert als eine neue ist und deshalb nicht mir ihr erfüllt werden kann, lässt sich zudem durch die schadenersatzrechtliche Diskussion rund um den merkantilen Minderwert untermauern. Bekanntermaßen verlieren nämlich insbesondere Kfz selbst bei einwandfreier Reparatur am Markt an Wert. Grund hierfür ist, dass umfangreiche Reparaturen die Schadenssymptome nicht selten nur oberflächlich beseitigen, anstatt dem werkseitigen Zusammenbau des Fahrzeugs zu entsprechen.[46] Dieser merkantile Minderwert ist vom Schädiger (fiktiv[47]) zu ersetzen, soweit es sich nicht um einen Bagatellschaden handelt.[48]

---

[45] Vgl. *W. Faber*, Ausgleich eines merkantilen Minderwerts durch sekundäre Gewährleistungsbehelfe trotz erfolgter Verbesserung, JBl 2021, 589 (594); zurückhaltender *L. Klever*, Gewährleistung bei repariertem Vorschaden, VbR 2021, 196 (197): „Nicht jede Verbesserungsmaßnahme birgt [...] schon ‚konzeptionell das Risiko eines verbleibenden merkantilen Minderwerts in sich'".

[46] *G. Lukas*, Die Wertminderung aus juristischer Sicht, ZVR 1961, 333; *P. Apathy*, Merkantile Wertminderung unter Berücksichtigung der Bagatellschäden, ZVR 1988, 290 (293 ff.).

[47] Vgl. BGHZ 35, 396 (397 ff.) = NJW 1961, 2253; RIS-Justiz RS0030400.

[48] *H. Oetker*, in: Säcker/Rixecker/Oetker/Limperg (Fn. 44) § 249 Rn. 55 m.w.N.; *Danzl*, in: KBB (Fn. 36) § 1323 ABGB Rz. 14 m.w.N.

1.2. OGH 6 Ob 240/19s und BGH VIII ZR 184/20

Das Problem des merkantilen Minderwerts bei der Gewährleistung stand jüngst auch im Zentrum einer Entscheidung des Obersten Gerichtshofs.[49] Dabei zeigten sich an einem Gebrauchtwagen infolge erheblichen Wassereintritts Probleme an der Elektrik, die der Verkäufer durch Abdichtung und anschließende Trockenlegung aus technischer Sicht vollständig beheben konnte. Der Verdacht, es könnten ungeachtet der Verbesserung in Zukunft neuerlich Mangelsymptome auftreten, konnte ausgeräumt werden. Dennoch verblieb das Fahrzeug mit dem Makel der „Reparaturhistorie" behaftet, was sich auf dem Markt mit einem merkantilen Minderwert iHv € 3.000,– bis € 3.500,– niederschlug.

Der OGH befand, dass der Kläger aufgrund des merkantilen Minderwerts nach wie vor nicht das Geschuldete erlangt hatte. Die durch die Reparatur eingetretene Wertminderung sei aber als Störung der subjektiven Äquivalenz mit den Mitteln des Gewährleistungsrechts zu beheben, womit die sekundären Gewährleistungsbehelfe der Preisminderung und der Wandlung in Betracht kämen. Der Vorrang der Verbesserung und des Austauschs der VGKRL bzw § 932 Abs. 2 ABGB stünden einer derartigen zusätzlichen Heranziehung der sekundären Gewährleistungsbehelfe für den Restmangel nicht entgegen. Entscheidend sei vielmehr, dass in einem solchen Fall der zentrale Zweck des Gewährleistungsrechts, nämlich die Herstellung der subjektiven Äquivalenz, nur durch den zusätzlichen Ausgleich des nach der Reparatur verbliebenen Wertverlusts verwirklicht werden könne. Auf die Fragestellung, ob der Übernehmer verpflichtet sei, eine teilweise Verbesserung anzunehmen, und der Übergeber eine solche zu erbringen sei es im konkreten Fall nicht mehr angekommen, weil die Verbesserung bereits vorgenommen worden sei.

Ähnlich ging der BGH davon aus, dass selbst nach vollständiger und fachgerechter Beseitigung des Unfallschadens wegen eines merkantilen Minderwerts noch ein Mangel verbleiben könne, weil der Charakter eines Fahrzeugs als Unfallfahrzeug sich nicht durch Nachbesserung beseitigen

---

[49] OGH 6 Ob 240/19s EvBl 2021, 378 (*I. Vonkilch*) = ecolex 2021, 207 (*W. Buchleitner*) = JBl 2021, 589 (*W. Faber*) = ZVR 2022, 176 (*U. Huber*); dazu *W. Faber*, Österreichische Rechtsprechung zum Unionsprivatrecht, GPR 2021, 162; *L. Klever*, Gewährleistung (Fn. 44) 196.

lasse.⁵⁰ Dem liege die Überlegung zugrunde, dass trotz vollständiger und ordnungsgemäßer Instandsetzung eines erheblich beschädigten Kraftfahrzeugs bei einem großen Teil des Publikums, vor allem wegen eines nicht auszuschließenden Verdachts verborgen gebliebener Schäden und des Risikos höherer Schadensanfälligkeit infolge nicht fachgerechter Reparatur, eine den Preis beeinflussende Abneigung gegen den Erwerb eines derart beschädigten Kraftfahrzeugs bestehe.⁵¹ Jedoch sei nur bei Vorliegen eines merkantilen Minderwerts und nicht generell von einem Sachmangel auszugehen. Liege aber ein merkantiler Minderwert vor, so sei die Fristsetzung aufgrund eines unbehebbaren Mangels entbehrlich und bestehe sohin das Recht auf Rücktritt vom Vertrag nach § 434 Abs. 1, § 437 Nr. 2 Alt. 1, § 323 Abs. 1 BGB.⁵²

1.3. Eigene Ansicht

Die vom OGH und vom BGH erzielten Ergebnisse sind unter der alten Rechtslage – der VGKRL – und dem darin angeordneten mindestharmonisierenden Ansatz⁵³ natürlich vertretbar,⁵⁴ auch wenn eine etwaige Vorlage zu bevorzugen gewesen wäre. Unter der nunmehr geltenden vollharmonisierenden WKRL stößt man aber auf eine zentrale Problemstellung des europäischen Kaufrechts. Versteht man nämlich den vertragsgemäßen Zustand tatsächlich im Sinne der oben angeführten Auslegungsvariante (1), nämlich dass der Unternehmer die Herstellung jenes Zustands schuldet, in welchem er ursprünglich hätte erfüllen müssen, so ist die Nachbesserung in der Regel unmöglich. Mit der Nachbesserung kann nämlich regelmäßig nur der Zustand einer „reparierten Sache" hergestellt werden. Diese ist aber – vor allem aufgrund eines etwaigen merkantilen Minderwerts – keine „neue Sache". Mit einer „reparierten Sache" hätte der Unternehmer im Zeitpunkt der Übergabe nur erfüllen können, wenn eine solche Ver-

---

50 BGH BeckRS 2021, 38393 Rn. 19 m.w.N. Vgl. aber OLG Celle NJW 2013, 2203: „Ist der am Fahrzeug vorhanden gewesene Sachmangel im Rahmen der Nacherfüllung fachgerecht und vollständig behoben worden, haftet, weil die Nachbesserung als solche keinen Sachmangel begründen kann, dem nachgebesserten Fahrzeug kein merkantiler Minderwert an, der zu einer Minderung berechtigt."
51 BGH BeckRS 2021, 38393 Rn. 20.
52 BGH BeckRS 2021, 38393 Rn. 18 ff.
53 Vgl. Art. 8 Abs. 2 VGKRL.
54 Vgl. *W. Faber*, Merkantiler Minderwert (Fn. 44), 595.

tragsinhalt wurde.⁵⁵ Mit dieser Auslegungsvariante würde der Primärbehelf der Nachbesserung aber ihrer zentralen Rolle im europäischen Gewährleistungsgefüge beraubt. Gerade bei der Nachbesserung hat der Europäische Gesetzgeber in ErwGr. 48 S. 2 WKRL betont, wie wichtig diese für einen nachhaltigen Konsum ist: *„Wird dem Verbraucher die Möglichkeit geboten, eine Nachbesserung zu verlangen, dürfte dies einen nachhaltigen Verbrauch fördern und zur Verlängerung der Haltbarkeit von Produkten beitragen."* Um die Nachbesserung nicht ihrer praktischen Bedeutung zu berauben ist nach hier vertretener Ansicht davon auszugehen, dass durch die Nachbesserung eben nicht der „vertragsgemäße Zustand" im Sinne einer Neuware hergestellt werden muss.⁵⁶ Ansonsten wäre die Nachbesserung bei neuen Sachen nämlich regelmäßig unmöglich, da der Verkäufer ursprünglich weitgehend nicht mit einer reparierten Sache erfüllen können hätte, sondern nur mit einer neuen Sache. Mit diesem Ergebnis ist aber auch der zusätzliche Rückgriff auf die sekundären Gewährleistungsbehelfe für den merkantilen Minderwert versperrt.⁵⁷

2. Bei der Ersatzlieferung

Anders als bei der Nachbesserung soll bei der Ersatzlieferung der „vertragsgemäße Zustand" nur mit der Lieferung einer neuen Sache hergestellt werden können. Folgt man dieser Ansicht, so führt dies zu einer gespaltenen Auslegung des Begriffs „vertragsgemäßer Zustand", denn während bei der Nachbesserung eine reparierte Sache geschuldet wird, soll bei der Ersatzlieferung eine neue geschuldet sein. Nach hier vertretener Ansicht ist aber eine derartige Ungleichbehandlung eben nicht einzusehen. Vielmehr sollte

---

55 Siehe hierzu die Ausführungen unter V.A.
56 So i.E. auch *W. Faber*, Merkantiler Minderwert (Fn. 44), 595: „Nach den Wertungen der VGKRL und des österreichischen Umsetzungsrechts gilt eine vollständige Verbesserung als ‚Herstellung des vertragsgemäßen Zustands'. Weitere Gewährleistungsbehelfe (Preisminderung bzw Wandlung) scheiden aus, weil nach erfolgreicher Durchführung der Verbesserung kein Mangel mehr besteht."
57 So i.E. auch *W. Faber*, Merkantiler Minderwert (Fn. 44), 595; *F. Faust,* in: W. Hau/R. Posek (Fn. 35) § 439 Rn. 178: „Die ordnungsgemäße Nacherfüllung führt zum Verlust der Sekundärrechte."; Vgl. auch OLG Celle NJW 2013, 2203: „Ist der am Fahrzeug vorhanden gewesene Sachmangel im Rahmen der Nacherfüllung fachgerecht und vollständig behoben worden, haftet, weil die Nachbesserung als solche keinen Sachmangel begründen kann, dem nachgebesserten Fahrzeug kein merkantiler Minderwert an, der zu einer Minderung berechtigt." A.A. *L. Klever*, Die bloß teilweise Verbesserung im Gewährleistungsrecht, in: FS P. Bydlinski (2022), S. 155 ff; *ders.*, Gewährleistung (Fn 44.), 196 ff.

die Nachbesserung und die Ersatzlieferung gleich zu behandeln sein. Dies soll aber nicht bedeuten, dass der Unternehmer bei der Nachbesserung auch die Herstellung eines neuwertigen Zustands, im Sinne einer Kontrolle und ggf. eines Austauschs der wichtigsten Komponenten, zu bewirken hat. Vielmehr soll auch bei der Ersatzlieferung grundsätzlich nur jener Zustand als „vertragsgemäß" geschuldet sein, in welchen sich die Kaufsache befinden würde, wenn ursprünglich vertragskonform erfüllt worden wäre.

Gegen die Gleichbehandlung von Ersatzlieferung und Nachbesserung könnte insbesondere eine mögliche Aushöhlung des Verhältnismäßigkeitskriteriums vorgebracht werden. Tatsächlich verliert dieses Kriterium aber durch die hier vertretene Ansicht nicht gänzlich seinen Anwendungsbereich. Erstens greift dieses Kriterium naturgemäß immer dann, wenn es sich um einen geringfügigen bzw leicht zu behebenden Mangel handelt, weil bei einem solchen auch die Lieferung eines *refurbished goods* regelmäßig unverhältnismäßig wäre. Zweitens hat es aber auch dann einen bedeutsamen Anwendungsbereich, wenn es dem Unternehmer nicht möglich ist, ein – im Vergleich zur Nachbesserung – gleichwertiges *refurbished good* oder überhaupt nur eine neuwertige Sache zu liefern.

III. Art. 14(4) als Argument für eine Ersatzlieferung mittels *refurbished goods*

Dass der Unternehmer nicht verpflichtet ist, bei der Ersatzlieferung eine neuwertige Sache zu liefern wird zudem durch den Ausschluss eines Benutzungsentgelt im nunmehrigen Art. 14(4) WKRL bestätigt.[58] Gerade das Leisten eines Benützungsentgelts wird nämlich außerhalb des Verbrauchergeschäfts dafür herangezogen, dass der Verkäufer im Falle der Ersatzlieferung eine neue Sache zu liefern hat.[59] Die Pflicht zum Ersatz der aus der Sache gezogenen Nutzungen sei nur sinnvoll, wenn der Käufer eine unabgenutzte Sache erhalte.[60] Dementsprechend führte auch der deutsche

---

58 A.A. *V. Mak/E. Lujinovic,* Towards a Circular Economy in EU Consumer Markets (Fn. 29), 4 (9): „While the Court in *Quelle* does not expressly state that the goods should be new, the fact that no discount for use may be imposed on the consumer implies that replacement should put the consumer in the position that he would (and should) have been in from the delivery of the goods under the contract."
59 Siehe nur *F. Faust,* in: W. Hau/R. Posek (Fn. 35) § 439 Rz 23.
60 *F. Faust,* in: W. Hau/R. Posek (Fn. 35) § 439 Rz 23.

Gesetzgeber in den Materialien[61] zu § 439 BGB aus, dass sich der Nutzungsersatz daraus rechtfertige, *„dass der Käufer mit der Nachlieferung eine neue Sache erhält und nicht einzusehen ist, dass er die zurückgegebene Sache in dem Zeitraum davor unentgeltlich nutzen können soll und so noch Vorteile aus der Mangelhaftigkeit ziehen können soll."* Aufgrund dieser Ausführungen hatte auch die deutsche Regierung in der Rs *Quelle* argumentiert, dass ein durch das Unentgeltlichkeitsgebot gebotener fehlender Nutzungsersatz zu einer ungerechtfertigten Bereicherung des Verbrauchers führe.[62] Der Verbraucher verfüge aufgrund des Austauschs eines vertragswidrigen Verbrauchsguts über ein neues Verbrauchsgut, ohne dass er eine finanzielle Entschädigung hätte leisten müssen.[63] Der EuGH erwiderte jedoch hierauf, dass der Verkäufer für jede Vertragswidrigkeit hafte, der Verbraucher nicht ungerechtfertigt bereichert werde, sondern schlicht verspätet ein den Vertragsbestimmungen entsprechendes Verbrauchsgut erhalte, wie er es bereits zu Beginn hätte erhalten müssen.[64]

Nach hier vertretener Ansicht führt das Unentgeltlichkeitsgebot bzw der nunmehrige Ausschluss eines Nutzungsentgelts bei der Ersatzlieferung durchaus dazu, dass der Unternehmer nach einer erfolgreichen Ersatzlieferung keine Ansprüche gegen den Verbraucher geltend machen kann. Die beiden Vorgaben sprechen aber meines Erachtens nicht gegen eine Ersatzlieferung mittels *refurbished goods*. Vielmehr wird dem Unternehmer schon aufgrund der einheitlichen Auslegung des „vertragsgemäßen Zustands" die Möglichkeit der Ersatzlieferung eröffnet. Der Unternehmer hat aber jedenfalls ein Produkt jener Qualität zu liefern, der auch das auszutauschende Produkt entspricht. Wird beispielsweise bei einem Smartphone des Typs XY der Marke X nach einem halben Jahr der Bildschirm defekt, so kann der Unternehmer mittels einem *refurbished good* ersatzliefern, welches einem (mangelfreien) sechs Monate alten Smartphone des Typs XY der Marke X entspricht. Liefert er aber ein neuwertiges Smartphone, so ist es ihm verwehrt einen Ersatz „neu für alt" in Form eines Nutzungsentgelts zu begehren. Umgekehrt spricht der Ausschluss des Nutzungsentgelts aber auch genau dafür, dass der Unternehmer in diesem Fall kein neuwertiges Smartphone zu leisten hat.

---

61 FraktionsE, BT-Drs. 14/6040, S. 232 f.
62 Vgl. EuGH C-404/06 ECLI:EU:C:2008:231 – Rn. 40.
63 Vgl. EuGH C-404/06 ECLI:EU:C:2008:231 – Rn. 40.
64 EuGH C-404/06 ECLI:EU:C:2008:231 – Rn. 41.

IV. Ökologische Auslegung der „Ersatzlieferung"

Die Möglichkeit der Ersatzlieferung mittels *refurbished goods* ergibt sich aber nicht nur aufgrund der Gleichbehandlung der Nachbesserung und der Ersatzlieferung sowie dem Ausschluss des Benützungsentgelts, sondern ist der Begriff der „Ersatzlieferung" bzw des „vertragsgemäßen Zustands" meines Erachtens auch in gewissem Maße einer „ökologischen Auslegung" zugänglich. Darunter ist hier zu verstehen, dass bei der Auslegung eines Rechtsbegriffs und dem Vorhandensein von mehreren gleichwertigen Auslegungsvarianten jene zu bevorzugen ist, welche zu einem nachhaltigeren Ergebnis führt.[65] Ausgangspunkt für eine derartige ökologische Auslegung sollen sowohl ökologische Gesichtspunkte im Primärrecht als auch in den Erwägungsgründen der WKRL selbst sein.

1. Primärrechtliche Vorgaben

Die Nachhaltigkeit findet sich gleich an mehreren Stellen des Primärrechts.[66] Zunächst ist festzuhalten, dass sich die Europäische Union mit dem „Green Deal"[67] sowie „Fit for 55"[68] dem Klimaschutz, sowie der Nachhaltigkeit verschrieben hat. So wirkt die Europäische Union etwa nach Art. 3 Abs. 3 EUV *„auf die nachhaltige Entwicklung Europas [...] sowie ein hohes Maß an Umweltschutz und Verbesserung der Umweltqualität hin."* Weiters verpflichtet Art. 37 GRCh die Politik der Union auf ein *„hohes Umweltschutzniveau und die Verbesserung der Umweltqualität"* sowie den *„Grundsatz der nachhaltigen Entwicklung"*. Schließlich fordert Art. 11 AEUV, dass *„die Erfordernisse des Umweltschutzes [...] bei der Festlegung und Durchführung der Unionspolitiken und Unionsmaßnahmen insbesondere zur Förderung einer nachhaltigen Entwicklung einbezogen werden [müssen]."*[69]

---

65 In diese Richtung auch *M. Nettesheim*, in: E. Grabitz/M. Hilf/M. Nettesheim (Hrsg.), Das Recht der Europäischen Union, Werkstand: 77. EL September 2022, Art 11 AEUV Rn. 31.
66 *I. Bach/E.-M. Kieninger*, Ökologische Analyse des Zivilrechts (Fn. 20), 1088 (1090).
67 Mitteilung der Kommission, Der europäische Grüne Deal, COM (2019) 640 final.
68 COM (2021) 550 final.
69 Vgl. auch Art. 191 AEUV. Siehe dazu aus grundrechtlicher Sicht jüngst *C. Caliess*, Klimapolitik und Umweltschutz, ZUR 2021, 323.

Zwar kann nicht der „Green Deal" sowie „Fit for 55" für eine ökologische Auslegung herangezogen werden, wohl aber die Art. 37 GRCh sowie insbesondere Art. 11 AEUV oder auch Art. 191 AEUV. Zwar wird von manchen Seiten argumentiert, dass es sich bei diesen Bestimmungen lediglich um unverbindliche Politikziele handeln würde, da dort keine rechtlichen Konsequenzen der Nichtbeachtung angeordnet sind.[70] Jedoch hat der Europäische Gerichtshof Art. 11 AEUV bereits in der Rs *Concordia Bus Finland Oy Ab*[71] für die Auslegung des europäischen Sekundärrechts herangezogen. Insoweit würden bei der Vergabe öffentlicher Aufträge Belange des Umweltschutzes in die Definition des Auftrags einfließen und würden diese so bei der Frage, welches Angebot wirtschaftlich am günstigsten ist, eine Rolle spielen.[72] Insoweit wird Art. 11 AEUV zu Recht ein Auslegungsmaßstab zugestanden, welcher bei der Interpretation der Normen des EU-Recht zu berücksichtigen ist.[73] Sei der Spielraum für eine ökologische Interpretation eröffnet, so müssten die jeweiligen Normen im Lichte der Ziele des Art. 11 AEUV interpretiert werden.

2. Sekündärrechtliche Vorgaben

Außerdem findet sich auch in ErwGr. 32 WKRL, dass *„die Gewährleistung einer längeren Haltbarkeit von Waren wichtig für die Förderung nachhaltiger Verbrauchergewohnheiten und einer Kreislaufwirtschaft"* ist. Insoweit hatten „nachhaltige" Erwägungen insbesondere im Hinblick auf eine Kreislaufwirtschaft auch wesentlichen Einfluss auf den Normgehalt der WKRL. Beispielsweise wurde die Nachhaltigkeit auch als objektives Kriterium für die Beurteilung der Vertragsmäßigkeit von Waren in die Richtlinie aufgenommen.[74] Insoweit kann durchaus davon ausgegangen werden, dass die Nachhaltigkeit Teil des Sinn und Zwecks der WKRL ist.

Liegen nun zwei Möglichkeiten für die Auslegung des Begriffs der Ersatzlieferung bzw des vertragsmäßigen Zustands vor, so würde das Ziel der

---

70 Vgl. *L. Krämer*, Giving a Voice to the Environment by Challenging the Practice of Integrating Environmental Requirements into other EU Policies, in: S. Kingston (Hrsg.), European Perspectives on Environmental Law and Governance (2014) S. 83 (90).
71 EuGH C-513/99 – *Concordia Bus Finland Oy Ab*.
72 Vgl. EuGH C-513/99 – *Concordia Bus Finland Oy Ab* Rn. 57.
73 *M. Nettesheim*, in: E. Grabitz/M. Hilf/M. Nettesheim (Fn. 65) Art 11 AEUV Rn. 31; *J.-E. Schirmer*, Nachhaltigkeit in den Privatrechten Europas, ZEuP 2021, 35 (39 f.).
74 Vgl. auch Art. 7 Abs. 1 lit. d WKRL.

Förderung nachhaltiger Verbrauchergewohnheiten und einer Kreislaufwirtschaft eher dafür sprechen, dass die ökologischere Variante vom europäischen Gesetzgeber gewollt war. Insoweit ist auch im Rahmen einer derartigen ökologischen Auslegung davon auszugehen, dass eine Ersatzlieferung mittels *refurbished goods* möglich ist.

V. Nachbesserung mittels *refurbished spare parts*

Die angestrengten Argumente für eine Ersatzlieferung mittels *refurbished goods* können aber auch für die Frage, ob eine Nachbesserung immer durch Neuteile zu erfolgen hat, oder ob dem Unternehmer auch offensteht mittels aufbereiteter Ersatzteile (*„refurbished spare parts"*) nachzubessern, fruchtbar gemacht werden. Diese stand in einem Urteil des OLG Celle[75] im Mittelpunkt bei der eine Nachbesserung nicht durch VW-Neuteile, sondern durch VW-Austauschteile erfolgt ist. Diese wurden industriell so aufbereitet, dass sie die gleiche Qualität und Sicherheit sowie gleiche Lebensdauer und Leistung wie Neuteile hätten. Es handle sich somit um Teile, die den entsprechenden Neuteilen um nichts nachstünden, sodass beim fachgerechten Einbau Mangelfreiheit eintrete.

Folgt man den oben erzielten Ergebnissen, dass der Unternehmer nicht verpflichtet ist, mittels der Ersatzlieferung eine gänzlich neuwertige Sache herzustellen, so kommt man so auch zum Ergebnis, dass es dem Unternehmer grundsätzlich auch offenstehen muss, anstatt neuwertigen grds. diesen technisch gleichwertige *refurbished spare parts* zu verwenden. Zudem wäre es nicht einzusehen, warum Unternehmer selbst bei einigen Monate alten Gütern stets gänzlich neue Ersatzteile verwenden müssen, schlussendlich ist er nach hier vertretener Ansicht nicht verpflichtet, durch die Nachbesserung eine neue Ware herzustellen. Die Ersatzteile dürfen jedoch keinesfalls von schlechterer Qualität sein, als das ausgetauschte Teil im Falle einer hypothetischen Mangelfreiheit gewesen wäre. Auch wird dieses Ergebnis durch Art. 14 Abs. 4 WKRL bestärkt. Zwar ist in diesem bloß von einem Ausschluss des Benützungsentgelts bei der Ersatzlieferung die Rede, jedoch lässt sich die Bestimmung auf die Nachbesserung analog anwenden.[76]

---

75 OLG Celle NJW 2013, 2203.
76 Vgl. *G. Kodek/P. Leupold*, Gewährleistung NEU (2019) 56. Vgl. weiters *B. Koch*, Das System der Rechtsbehelfe, in: J. Stabentheiner/C. C. Wendehorst/B. Zöchling-Jud (Hrsg.), Das neue Europäische Gewährleistungsrecht (2019) 157 (186, Fn. 158): „Bei

F. Thesen

1. Die Möglichkeit der Ersatzlieferung durch *refurbished goods* wäre, verglichen mit der Ersatzlieferung durch fabrikneue Waren, ökologisch vorteilhaft.
2. Es gibt bereits in der Praxis verschiedene Abstufungen von *refurbished goods*, welche insbesondere am optischen Erscheinungsbild anknüpfen; diese Abstufung kann auch für die rechtliche Behandlung von *refurbished goods* fruchtbar gemacht werden.
3. Sollten *refurbished goods* bereits ursprünglich geschuldeter Vertragsinhalt sein, so ist eine Ersatzlieferung mittels eines anderen *refurbished goods* regelmäßig möglich. Wurde der Vertragsgegenstand aber stark individualisiert, so kann sich eine solche dennoch als unmöglich erweisen.
4. Die Möglichkeit einer Ersatzlieferung mittels *refurbished goods* ergibt sich unter anderem aus einer einheitlichen Auslegung des Begriffs des „vertragsgemäßen Zustands", welche mit den Primärbehelfen hergestellt werden soll.
5. Bei der Nachbesserung ist unter dem „vertragsgemäßen Zustand" keine neue Sache, sondern eine nachgebesserte Sache zu verstehen, sonst wäre eine Nachbesserung nämlich regelmäßig unmöglich und damit ihrer praktischen Bedeutung beraubt. Mit der Nachbesserung kann nämlich keine „neue" Sache, sondern lediglich eine „reparierte Sache" hergestellt werden.
6. Neben der Gleichbehandlung mit der Nachbesserung spricht auch Art. 14(4) WKRL für eine Möglichkeit der Ersatzlieferung mittels *refurbished goods*. Gerade der Umstand, dass kein Benutzungsentgelt zu leisten ist, spricht nämlich dafür, dass der Unternehmer keine neue Sache schuldet. Ansonsten wäre der Verbraucher unrechtmäßig bereichert.
7. Der Anwendungsbereich von Art. 14(4) WKRL besteht insoweit weiter, als dem Unternehmer grundsätzlich keine Nutzungsentgelte bspw bei der Lieferung eines besserwertigen *refurbished goods* verglichen mit der mangelhaften Sache, oder bei der Lieferung einer neuen Sache, zustehen.

Verbesserung stellt sich das Problem allerdings nicht, weil die ursprüngliche Sache ja beim Verbraucher verbleibt."

8. Zuletzt spricht auch die ökologische Auslegung des Begriffs des „vertragsgemäßen Zustands" für die Möglichkeit einer Ersatzlieferung mittels *refurbished goods*.
9. Sowohl aus dem Primärrecht (Art. 11 EUV) als auch aus der WKRL selbst ergeben sich Anhaltspunkte, dass der Europäische Gesetzgeber nachhaltige Ziele verfolgt. Insoweit gilt es diese Ziele auch bei der Auslegung unbestimmter Gesetzesbegriffe zu berücksichtigen.
10. Die für die Ersatzlieferung mittels *refurbished goods* vorgebrachten Argumente sprechen auch für eine Nachbesserung durch *refurbished spare parts*.

Der Richtlinienentwurf eines europäischen Lieferkettengesetzes – eine Chance für mehr Nachhaltigkeit?

Vanessa Dorothea Dohrmann, LL.M.[*]

A. Einleitung

Mehr Nachhaltigkeit in internationalen Lieferketten – dieses Ziel beschäftigt Politik und Wirtschaft in der westlichen Welt immer stärker. Die Gründe dafür liegen auf der Hand. Menschenunwürdige Arbeitsbedingungen auf Kaffeeplantagen in Kolumbien, Kinder- bzw. Zwangsarbeit in Textilfabriken in Bangladesch oder Umweltverschmutzungen durch die Ölförderung in Nigeria stellen nur ein paar ausgewählte Beispiele für die dunklen Seiten globaler Lieferketten dar.[1] Zwar sind ökologisches Wirtschaften und soziale Verantwortung im Rahmen der *Corporate Social Responsibility* (CSR) bereits seit längerer Zeit in den Fokus von Unternehmen gerückt.[2] Leitlinien und Standards basieren dabei aber weit überwiegend auf dem Prinzip der freiwilligen Selbstverpflichtung *(soft law)*.[3] Eine Ausnahme von diesem Grundsatz bildet in der Europäischen Union bislang die CSR-Richtlinie 2014/95/EU,[4] die von bestimmten Unternehmen eine jährliche Nachhaltigkeitsberichterstattung verlangt. Zur effektiveren Durchsetzung von Menschenrechten und Umweltschutz, d.h. mehr Nachhaltigkeit in der globalen Weltwirtschaft, möchte die EU-Kommission nun jedoch verschärfte

---

[*] *Vanessa Dorothea Dohrmann.* ist Doktorandin und wissenschaftliche Mitarbeiterin am Lehrstuhl für Bürgerliches Recht und Wirtschaftsrecht von Prof. Dr. Peter Krebs sowie am Lehrstuhl für Bürgerliches Recht, Immaterialgüterrecht und Medienrecht von Prof. Dr. Maximilian Becker, beide Universität Siegen.
[1] Siehe dazu bereits *V. Dohrmann*, Das deutsche Lieferkettensorgfaltspflichtengesetz als Vorbild für den europäischen Gesetzgeber? – Eine kritische Analyse, CCZ 2021, 265 (265).
[2] Zur *Corporate Social Responsibility Compliance* ausführlich *M. Nietsch* (Hrsg.), Corporate Social Responsibility Compliance, München 2021.
[3] *Dohrmann*, Lieferkettensorgfaltspflichtengesetz (Fn. 1), 265 (265).
[4] Richtlinie 2014/95/EU des Europäischen Parlaments und des Rates vom 22. Oktober 2014 zur Änderung der Richtlinie 2013/34/EU im Hinblick auf die Angabe nichtfinanzieller und die Diversität betreffender Informationen durch bestimmte große Unternehmen und Gruppen, (ABl. L 330 vom 15.11.2014, S. 1).

Rechtspflichten für Unternehmen schaffen *(hard law)* und veröffentlichte deshalb am 23. Februar 2022 einen Richtlinienentwurf für ein europäisches Lieferkettengesetz (*Proposal for a Directive on Corporate Sustainability Due Diligence,* kurz RL-Entwurf).[5] Hintergrund dessen waren hauptsächlich eine öffentliche Konsultation im Oktober 2020 und die darauf basierende Entschließung des Europäischen Parlaments vom 10. März 2021, in welcher das Parlament die Kommission dazu aufgefordert hatte, einen Vorschlag für eine Richtlinie zu Sorgfaltspflichtenregelungen und einer nachhaltigen Unternehmensführung vorzulegen.[6] Ob und inwieweit der RL-Entwurf in seiner aktuellen Fassung verabschiedet wird, bleibt angesichts des weiteren Gesetzgebungsprozesses noch abzuwarten. Fest steht jedenfalls schon jetzt, dass ein europäisches Lieferkettengesetz in absehbarer Zeit kommen wird![7] Auf nationaler Ebene wurde in Deutschland als einem der ersten EU-Mitgliedstaaten bereits 2021 ein Lieferkettengesetz, das sog. Lieferkettensorgfaltspflichtengesetz (LkSG), beschlossen, welches am 1. Januar 2023 in Kraft getreten ist.[8] Im Vergleich zu dem deutschen LkSG sieht der europäische RL-Entwurf allerdings deutlich strengere Bestimmungen vor. Gegenstand des vorliegenden Beitrags ist daher eine kritische Analyse des infragestehenden RL-Entwurfs für ein europäisches Lieferkettengesetz.

B. Grundlagen

I. Hintergrund und Entstehungsgeschichte

Mit Art. 1 der CSR-Richtlinie 2014/95/EU wird großen Unternehmen von öffentlichem Interesse, die mindestens 500 Mitarbeiter beschäftigen und deren Bilanzsumme oder Nettoumsatzerlöse den Schwellenwert der Bilanzierungsrichtlinie 2013/34/EU[9] für große Unternehmen übersteigen,

---

5 Vorschlag für eine Richtlinie des Europäischen Parlaments und des Rates über die Sorgfaltspflichten von Unternehmen im Hinblick auf Nachhaltigkeit und zur Änderung der Richtlinie (EU) 2019/1937, COM (2022) 71 final.
6 Entschließung des Europäischen Parlaments mit Empfehlungen an die EU-Kommission zur Sorgfaltspflicht und Rechenschaftspflicht von Unternehmen (2020/2129(INL)), P9_TA(2021)0073.
7 *Dohrmann,* Lieferkettensorgfaltspflichtengesetz (Fn. 1), 265 (266).
8 Gesetz über die unternehmerischen Sorgfaltspflichten in Lieferketten, (BGBl. Teil I Nr. 46 vom 22. Juli 2021, S. 2959).
9 Richtlinie 2013/34/EU des Europäischen Parlaments und des Rates vom 26. Juni 2013 über den Jahresabschluss, den konsolidierten Abschluss und damit verbundene

einschließlich börsennotierter Unternehmen, Banken und Versicherungsgesellschaften, bislang die Pflicht zu einer nicht-finanziellen Berichterstattung in Bezug auf Umwelt, Soziales und Menschenrechte im Lagebericht auferlegt. In Deutschland erfolgte deren Umsetzung durch das sog. CSR-Richtlinie-Umsetzungsgesetz[10] in §§ 289a ff. bzw. 315a ff. HGB. Laut EU-Kommission zeigte die CSR-Richtlinie 2014/95/EU zwar in gewissem Umfang positive Auswirkungen auf die Verbesserung der verantwortungsvollen Geschäftstätigkeit, die Mehrheit der Unternehmen hätte die negativen Auswirkungen in ihren Wertschöpfungsketten jedoch nicht ausreichend berücksichtigt.[11] Dies ergab sich im Wesentlichen aus der für die EU-Kommission erstellten CEPS-Studie zur Unterstützung der Überprüfung der CSR-Richtlinie 2014/95/EU[12] im November 2020. Die EU-Kommission unterbreitete daher 2021 einen Vorschlag für eine Richtlinie zur Nachhaltigkeitsberichterstattung von Unternehmen *(Proposal for a Directive on Corporate Sustainability Reporting Directive)*,[13] womit die CSR-Richtlinie 2014/95/EU geändert und weiter ausgebaut werden soll.[14] Die geplante Richtlinie ist eine Ergänzung zahlreicher bestehender bzw. beabsichtigter EU-Rechtsakte auf dem Gebiet der Nachhaltigkeitsregulierung, wie z.B. der Offenlegungsverordnung,[15] der Taxonomieverordnung[16], der Konfliktmineralienverord-

---

Berichte von Unternehmen bestimmter Rechtsformen und zur Änderung der Richtlinie 2006/43/EG des Europäischen Parlaments und des Rates und zur Aufhebung der Richtlinien 78/660/EWG und 83/349/EWG des Rates, (ABl. L 182 vom 29.6.2013, S. 19).

10 Gesetz zur Stärkung der nichtfinanziellen Berichterstattung der Unternehmen in ihren Lage- und Konzernlageberichten (CSR-Richtlinie-Umsetzungsgesetz), (BGBl. Teil I Nr. 20 vom 18. April 2017, S. 802).
11 COM (2022) 71 final (Fn. 5), S. 5.
12 Europäische Kommission, Study on the Non-Financial Reporting Directive, 2020, <https://op.europa.eu> (09.10.2022).
13 Vorschlag für eine Richtlinie des Europäischen Parlaments und des Rates zur Änderung der Richtlinien 2013/34/EU, 2004/109/EG und 2006/43/EG und der Verordnung (EU) Nr. 537/2014 hinsichtlich der Nachhaltigkeitsberichterstattung von Unternehmen, COM (2021) 189 final.
14 COM (2022) 71 final (Fn. 5), S. 5 f.
15 Verordnung (EU) 2019/2088 des Europäischen Parlaments und des Rates vom 27. November 2019 über nachhaltigkeitsbezogene Offenlegungspflichten im Finanzdienstleistungssektor (ABl. L 317 vom 9.12.2019, S. 1).
16 Verordnung (EU) 2020/852 des Europäischen Parlaments und des Rates vom 18. Juni 2020 über die Einrichtung eines Rahmens zur Erleichterung nachhaltiger Investitionen und zur Änderung der Verordnung (EU) 2019/2088 (ABl. L 198 vom 22.6.2020, S. 13).

nung[17] oder des in Vorbereitung befindlichen Vorschlags, mit dem das Inverkehrbringen von Produkten, die in Zwangsarbeit hergestellt wurden, auf dem Unionsmarkt wirksam verboten werden soll.[18] Gleichzeitig sollen die Unternehmen mit dem am 23. Februar 2022 veröffentlichten RL-Entwurf für ein europäisches Lieferkettengesetz echte Rechtspflichten im Sinne menschenrechtlicher und umweltbezogener Sorgfaltspflichten entlang ihrer Lieferketten treffen.[19] Dem RL-Entwurf vorausgegangen war ein langwieriger Entstehungsprozess. In einem Webinar[20] der European Parliament Working Group on Responsible Business Conduct kündigte Justizkommissar *Didier Reynders* bereits am 29. April 2020 einen entsprechenden Richtlinienvorschlag an. Im Oktober 2020 führte die EU-Kommission eine öffentliche Konsultation durch, die potenzielle regulatorische Schwerpunkte für eine nachhaltige Unternehmensführung identifizieren sollte. Eine überwiegende Mehrheit der Teilnehmer, darunter einige NGOs, befürwortete eine weitere Regulierung in diesem Bereich.[21] Im Dezember 2020 schaltete sich der Rat der Europäischen Union ein. Er forderte die EU-Kommission auf, einen Vorschlag für einen rechtlichen Rahmen zur nachhaltigen Unternehmensführung vorzulegen, der sektorübergreifende Sorgfaltspflichten für Unternehmen entlang globaler Lieferketten beinhaltet.[22] Die EU-Kommission wollte daraufhin noch im ersten Halbjahr 2021 einen Entwurf für eine Lieferkettenregulierung veröffentlichen.[23] Dies scheiterte jedoch durch den Ausschuss für Regulierungskontrolle im Mai 2021.[24] Angesichts der Ankündigung von Justizkommissar *Reynders* hatte inzwischen auch der Rechtsausschuss des Europäischen Parlaments einen Bericht für eine euro-

---

17 Verordnung (EU) 2017/821 des Europäischen Parlaments und des Rates vom 17. Mai 2017 zur Festlegung von Pflichten zur Erfüllung der Sorgfaltspflichten in der Lieferkette für Unionseinführer von Zinn, Tantal, Wolfram, deren Erzen und Gold aus Konflikt- und Hochrisikogebieten (ABl. L 130 vom 19.5.2017, S. 1).
18 COM (2022) 71 final (Fn. 5), S. 9 f.
19 Vgl. COM (2022) 71 final (Fn. 5), S. 3 f.
20 Speech by Commissioner *Reynders* in RBC Webinar on Due Diligence, <https://responsiblebusinessconduct.eu> (09.10.2022).
21 Sustainable corporate governance initiative – Summary report – public consultation, <https://ec.europa.eu> (09.10.2022).
22 Council Conclusions on Human Rights and Decent Work in Global Supply Chains, <https://www.consilium.europa.eu> (09.10.2022).
23 So z.B. in Deutschland berichtet von *M. Nietsch/M. Wiedmann*, Der Vorschlag zu einer europäischen Sorgfaltspflichten-Richtlinie im Unternehmensbereich (Corporate Sustainability Due Diligence Directive), CCZ 2022, 125 (125).
24 Ausschuss für Regulierungskontrolle, <https://ec.europa.eu> (09.10.2022).

päische Lieferkettenregulierung mit einem beiliegenden RL-Entwurf verabschiedet, mit dem die EU-Kommission zur Vorlage eines entsprechenden RL-Entwurfs aufgefordert wurde.[25] Dieser Bericht einschließlich RL-Entwurf wurde am 10. März 2021 mit einer Entschließung vom Europäischen Parlament bestätigt.[26] In der Folge überarbeitete die EU-Kommission ihren bis dahin vorliegenden Entwurf, der am 26. November 2021 erneut durch den Ausschuss für Regulierungskontrolle abgelehnt wurde.[27] Nichtsdestotrotz veröffentlichte die EU-Kommission am 23. Februar 2022 den infragestehenden RL-Entwurf aufgrund seiner politischen Bedeutung.[28] Ziel der Europäischen Union sei es schließlich, ein hohes Niveau an Menschenrechts- und Umweltschutz, d.h. an Nachhaltigkeit, zu gewährleisten (Erwägungsgründe Nr. 1 und 2 RL-Entwurf). Dies belegten der EU-Aktionsplan für Menschenrechte und Demokratie 2020-2024 sowie der Europäische *Green Deal* (Erwägungsgründe Nr. 9 und 12 RL-Entwurf). Um dieses Ziel zu erreichen, müssten neben den Staaten vor allem die Unternehmen stärker herangezogen werden (Erwägungsgrund Nr. 2 RL-Entwurf). Inhaltlich orientiert sich der RL-Entwurf erkennbar an den UN-Leitprinzipien für Wirtschaft und Menschenrechte sowie dem einschlägigen OECD-Leitfaden (siehe dazu auch Erwägungsgründe Nr. 6 und 7).[29]

II. Kompetenzgrundlagen der Europäischen Union

Die Kompetenz der EU zum Erlass eines europäischen Lieferkettengesetzes beruht auf Art. 50 Abs. 1 und 2 Buchst. g, 114 AEUV.[30] Grund dafür sind in erster Linie die jüngsten Entwicklungen in den Mitgliedstaaten, wo diverse Sorgfaltspflichten für Unternehmen im Hinblick auf ihre Lieferketten

---

25 Pressemitteilung des Rechtsausschusses des Europäischen Parlaments, <https://www.europaparl.europa.eu> (09.10.2022).
26 Entschließung des Europäischen Parlaments (Fn. 6).
27 Regulatory Scrutiny Board Opinion, Proposal for a Directive of the European Parliament and of the Council on Sustainable Corporate Due Diligence and amending Directive (EU) 2019/1937, SEC (2022) 95.
28 COM (2022) 71 final (Fn. 5), S. 25 f.
29 Näher dazu *J. Baumüller/S. Needham/O. Scheid*, Verschärfung der unternehmerischen Sorgfaltspflichten entlang der Wertschöpfungskette, DK 2022, 194 (197 f.). Ausführlich dazu zum LkSG *H. Fleischer*, Grundstrukturen der lieferkettenrechtlichen Sorgfaltspflichten, CCZ 2022, 205 (205 ff.).
30 COM (2022) 71 final (Fn. 5), S. 12 ff.

geschaffen wurden.[31] Dazu gehören etwa das französische *loi de vigilance* (2017) und das deutsche LkSG (2021). Weitere Mitgliedstaaten, wie z.B. Österreich, Belgien, Italien oder die Niederlande, planen bereits ähnliche Lieferkettenregelungen.[32] Die durch den RL-Entwurf beabsichtigte Etablierung gleicher Wettbewerbsbedingungen soll daher die Niederlassungsfreiheit für in der EU ansässige Gesellschaften verwirklichen (vgl. Art. 50 Abs. 1 und 2 Buchst. g AEUV) und etwaige Binnenmarkthindernisse umfassend beseitigen (vgl. Art. 114 AEUV).[33] Dies zeigt sich auch daran, dass Drittstaatengesellschaften, die auf dem europäischen Markt tätig sind, in den Anwendungsbereich des RL-Entwurfs einbezogen werden.[34]

III. Vor- und Nachteile eines europäischen Lieferkettengesetzes

Obwohl die Kompetenz der EU zur Verabschiedung eines europäischen Lieferkettengesetzes gegeben ist, stellt sich rein praktisch betrachtet die Frage, welche Vor- bzw. Nachteile eine Regelung auf supranationaler Ebene gegenüber nur nationalen Gesetzesvorschriften hätte. Vorteile könnten die Schaffung eines einheitlichen *level playing fields* und mehr Rechtssicherheit für die Unternehmen sein.[35] Eine drohende Rechtszersplitterung in der EU, wie sie sich derzeit andeutet, würde verhindert.[36] Nachteil für die Mitgliedstaaten wäre wiederum ein Autonomieverlust im Bereich der Lieferkettenregulierung, zumal sie zum Teil schon eigene Lieferkettengesetze erlassen haben. Hinzu käme auf nationaler Ebene ein nicht unerheblicher Anpassungsbedarf vorhandener Bestimmungen an die Vorgaben des RL-Entwurfs, wovon beispielsweise das deutsche LkSG betroffen wäre.

C. Wesentliche Inhalte des RL-Entwurfs

I. Persönlicher Anwendungsbereich

Der persönliche Anwendungsbereich ergibt sich aus Art. 2 RL-Entwurf.

---

31 So auch *L. Hübner/V. Habrich/M.-P. Weller*, Corporate Sustainability Due Diligence, Der EU-Richtlinienentwurf für eine Lieferkettenregulierung, NZG 2022, 644 (644).
32 COM (2022) 71 final (Fn. 5), S. 13.
33 COM (2022) 71 final (Fn. 5), S. 12 ff.
34 Vgl. COM (2022) 71 final (Fn. 5), S. 3.
35 Vgl. COM (2022) 71 final (Fn. 5), S. 3.
36 Vgl. COM (2022) 71 final (Fn. 5), S. 3.

1. Schwellenwertbestimmungen

Einerseits werden nach Art. 2 Abs. 1 RL-Entwurf Unternehmen in der EU adressiert,

- die im Durchschnitt mehr als 500 Beschäftigte und im jeweils vorangegangenen Geschäftsjahr einen weltweiten Netto-Jahresumsatz von mehr als 150 mio. Euro erzielt haben (Buchst. a) oder
- die eine Beschäftigtenschwelle von 250 und eine weltweite Netto-Jahresumsatzschwelle von 40 mio. Euro überschreiten, gleichzeitig aber mindestens 50 % ihres Umsatzes in einem oder mehreren der drei folgenden Hochrisikosektoren erwirtschaftet haben: Textilien und Kleidung; Land-, Forst- und Fischereiwirtschaft einschließlich der Herstellung von Lebensmittelprodukten; Gewinnung mineralischer Ressourcen (Buchst. b).

Andererseits werden gem. Art. 2 Abs. 2 RL-Entwurf Drittstaatengesellschaften aufgeführt,

- die im vorangegangenen Geschäftsjahr mehr als 150 mio. Euro ihres weltweiten Netto-Jahresumsatzes in der EU erwirtschaftet haben (Buchst. a) oder
- die eine Netto-Jahresumsatzschwelle von 40 mio. Euro und nicht mehr als 150 mio. Euro in der EU überschreiten, gleichzeitig aber mindestens 50 % ihres weltweiten Netto-Jahresumsatzes in einem oder mehreren der drei zuvor genannten Hochrisikosektoren erzielt haben (Buchst. b).

Nach Einschätzung der EU-Kommission betrifft dies faktisch etwa 13.000 Unternehmen in der Europäischen Union und ca. 4.000 Unternehmen aus Drittstaaten,[37] wobei der Kreis der Branchen mit hohem Schadenspotenzial, Erwägungsgrund Nr. 70 RL-Entwurf zufolge, laufend erweitert werden kann. Insgesamt wären damit lediglich 1 % der Unternehmen in der Union vom Anwendungsbereich des RL-Entwurfs erfasst.[38] Wenngleich dieser Wert auf den ersten Blick verschwindend gering erscheinen mag, ist er im Vergleich zu den 0,1 % der vom LkSG adressierten Unternehmen[39] um ein Vielfaches höher. Hinzu kommt, dass sich der RL-Entwurf durch die

---

37 COM (2022) 71 final (Fn. 5), S. 20.
38 COM (2022) 71 final (Fn. 5), S. 18.
39 So die Schätzung von *E.-M. Kieninger*, Miniatur: Lieferkettengesetz – dem deutschen Papiertiger fehlen die Zähne, ZfPW 2021, 252 (253).

Einbeziehung von Tochterunternehmen und aller etablierten Geschäftsbeziehungen praktisch auf deutlich mehr Unternehmen auswirken dürfte.[40]

2. Kritische Beurteilung

Zu begrüßen sind die Kategorisierung der Unternehmen nach Schwellenwerten sowie die Unterscheidung nach Sektoren i.S.e. risikobasierten Ansatzes (s. Art. 2 Abs. 1 und 2 RL-Entwurf).[41] Die Anknüpfung an mehrere Schwellenwerte verhindert eine einseitige Sichtweise, die nur auf ein Kriterium, wie etwa § 1 Abs. 1 LkSG allein auf die Beschäftigtenanzahl des einzelnen Unternehmens, abstellt. Kleine und mittlere Unternehmen (KMU), bis auf solche, die unter Art. 2 Abs. 1 Buchst. b und Art. 2 Abs. 2 Buchst. b RL-Entwurf fallen, sind von der Erfüllung der Sorgfaltspflichten ausgenommen. Über Geschäftsbeziehungen mit Unternehmen, welche die Sorgfaltspflichten einhalten müssen, werden KMU jedoch indirekt ebenfalls belastet.[42] Wie diesem Problem konkret begegnet werden soll, lässt der RL-Entwurf leider offen. Problematisch kommt an dieser Stelle hinzu, dass die Aufzählung der Risikobranchen möglicherweise nicht abschließend ist und der der sektorspezifischen Unterscheidung zugrunde gelegte Umsatz des Unternehmens relativ zu dessen Gesamtumsatz betrachtet wird.[43] Dies könnte dazu führen, dass gerade mittelgroße Unternehmen in den sensiblen Sektoren besonders stark von den Sorgfaltspflichten des RL-Entwurfs getroffen würden, wohingegen größere Unternehmen ihre Geschäftstätigkeit in nicht-sensiblen Sektoren ausbauen und den Vorgaben des RL-Entwurfs somit entfliehen könnten. Die Einführung einer absolu-

---

40 So zum LkSG bereits *Dohrmann*, Lieferkettensorgfaltspflichtengesetz (Fn. 1), 265 (269).
41 Zu der Unterscheidung nach Sektoren i.S.e. risikobasierten Ansatzes auch *Hübner/Habrich/Weller*, Corporate Sustainability (Fn. 31), 644 (645).
42 COM (2022) 71 final (Fn. 5), S. 18; *M. Birkholz*, CSDD-E: Konkrete Sorgfaltspflichten für Unternehmen statt Vorgaben zur Sustainable Corporate Governance?, DB 2022, 1306 (1309); *K. Brock*, EU-Lieferkettengesetz – Was bringt der Kommissionsvorschlag für eine Richtlinie zur unternehmerischen Nachhaltigkeit mit sich?, GmbHR 2022, R132 (R134); *J. Baumüller/S. Needham/O. Scheid*, Vorschlag der EU-Kommission zur Corporate Sustainability Due Diligence Directive (CSDDD), DB 2022, 1401 (1404). So zum LkSG auch *E. Wagner/S. Wagner/F. Schuler*, in: E. Wagner/M. Ruttloff/S. Wagner (Hrsg.), Das Lieferkettensorgfaltspflichtengesetz in der Unternehmenspraxis, München 2022, § 1 Rn. 34.
43 Ähnlich *P. Velte/C. Stave*, Zum Entwurf einer EU-Richtlinie zur Corporate Sustainability Due Diligence (CSDD), WPg 2022, 790 (797).

ten Umsatzschwelle in den Hochrisikosektoren würde daher sinnvoller erscheinen.[44] Positiv zu würdigen ist schließlich noch die Einbeziehung von Drittstaatengesellschaften (s. Art. 2 Abs. 2 RL-Entwurf).[45] Indem auch ausländische Unternehmen vom Anwendungsbereich des RL-Entwurfs erfasst sein sollen, wird einer Benachteiligung europäischer Unternehmen im globalen Wettbewerb aktiv entgegen gewirkt.[46] Internationale Großkonzerne, wie z.B. *Apple*, *Microsoft*, *Coca Cola*, *Nestlé* oder *BP*, müssten die Sorgfaltspflichten des RL-Entwurfs ebenso erfüllen. Zur Sorgfaltspflichtenvermeidung veranlasste Unternehmenssitzverlagerungen ins Nicht-EU-Ausland würden größtenteils verhindert.[47]

3. Gemeinsamkeiten und Unterschiede zum LkSG

Nach § 1 Abs. 1 LkSG betrifft das LkSG ungeachtet der Rechtsform Unternehmen, die ihre Hauptverwaltung, ihre Hauptniederlassung, ihren Verwaltungssitz, ihren satzungsmäßigen Sitz oder eine Zweigniederlassung gem. § 13d HGB im Inland haben und in der Regel mindestens 3.000 bzw. 1.000 (ab dem 01. Januar 2024) Arbeitnehmer beschäftigen. Sowohl dem RL-Entwurf als auch dem LkSG liegt damit in der Sache ein rechtsformübergreifender Ansatz zugrunde (Art. 3 Buchst. a RL-Entwurf: Definition des Unternehmensbegriffs durch Verweis auf die Bilanzierungs-Richtlinie 2013/34/EU und Sonderregelungen für beaufsichtigte Finanzunternehmen; § 1 Abs. 1 S. 1 LkSG: Ungeachtet der Rechtsform).[48] Darüber hinaus beziehen der RL-Entwurf und das LkSG unter gewissen Voraussetzungen beide auch ausländische bzw. Drittstaatengesellschaften mit ein (Art. 2 Abs. 2 RL-Entwurf; § 1 Abs. 1 LkSG: Hauptverwaltung, Hauptniederlassung, Verwaltungssitz oder Zweigniederlassung im Inland).[49] Unterschiede ergeben

---

44 So auch der Vorschlag von *Hübner/Habrich/Weller*, Corporate Sustainability (Fn. 31), 644 (646).
45 Ebenso *Hübner/Habrich/Weller*, Corporate Sustainability (Fn. 31), 644 (646).
46 Siehe dazu auch COM (2022) 71 final (Fn. 5), S. 19 f.
47 So bereits *Dohrmann*, Lieferkettensorgfaltspflichtengesetz (Fn. 1), 265 (269).
48 So auch *Hübner/Habrich/Weller*, Corporate Sustainability (Fn. 31), 644 (645); *D. Walden*, in: A. Depping/D. Walden (Hrsg.), LkSG, München 2022, § 1 Rn. 11, 13.
49 So auch *Hübner/Habrich/Weller*, Corporate Sustainability (Fn. 31), 644 (645); *M. Bettermann/V. Hoes*, Der Entwurf der Europäischen Corporate Sustainability Due Diligence Richtlinie – Vergleich zum deutschen Lieferkettensorgfaltspflichtengesetz, WM 2022, 697 (698). Zu § 1 LkSG *M. Nietsch/M. Wiedmann*, Adressatenkreis und sachlicher Anwendungsbereich des neuen Lieferkettensorgfaltspflichtengesetz, NJW 2022, 1 (2); *Wagner/Wagner/Schuler*, in: Wagner/Ruttloff/Wagner (Fn. 42), § 1 Rn. 4.

sich zwischen dem RL-Entwurf und dem LkSG dagegen in den Auswahlkriterien und Schwellenwerten (Art. 2 Abs. 1 RL-Entwurf; § 1 Abs. 1 LkSG: Satzungssitz im Inland).[50] Sieht das LkSG mit den im Inland beschäftigten Arbeitnehmern nur einen Schwellenwert vor, statuiert der RL-Entwurf drei Schwellenwerte, nämlich die Beschäftigten weltweit, den gesamten Netto-Jahresumsatz und den anteiligen Netto-Jahresumsatz in sensiblen Sektoren.[51]

4. Reichweite

Der RL-Entwurf umfasst die eigenen Tätigkeiten des Unternehmens, solche von Tochterunternehmen und diejenigen aller etablierten Geschäftsbeziehungen (vgl. Art. 1 Abs. 1 Buchst. a), Art. 6 Abs. 1 RL-Entwurf). Wenngleich die Entschließung des Parlaments sogar die Einbeziehung der gesamten Lieferkette gefordert hatte,[52] geht der RL-Entwurf damit sehr weit. So begrenzt beispielsweise das LkSG die Reichweite der Sorgfaltspflichten auf den eigenen Geschäftsbereich des Unternehmens und die unmittelbare Zuliefererebene. Mittelbare Zulieferer werden gem. § 9 Abs. 3 LkSG lediglich dann erfasst, wenn dem Unternehmen tatsächliche Anhaltspunkte vorliegen, die eine Verletzung einer menschenrechts- oder umweltbezogenen Pflicht möglich erscheinen lassen (substantiierte Kenntnis). Der Unternehmensbegriff i.S.d. RL-Entwurfs wird in Art. 3 Buchst. a) RL-Entwurf durch Verweise auf die Anhänge I und II der Bilanzierungsrichtlinie 2013/34/EU definiert. In Deutschland bedeutet dies eine Geltung für die AG, KGaA, GmbH und ausschließlich haftungsbeschränkt strukturierte Personenhandelsgesellschaften. Unternehmen der Finanzindustrie sind rechtsformunabhängig, je nach europäischer Regulierung, betroffen (vgl. Art. 3 Buchst. a) RL-Entwurf). Mit den Anhängen I und II der Bilanzierungsrichtlinie

---

50 So auch *Hübner/Habrich/Weller*, Corporate Sustainability (Fn. 31), 644 (645); *T. Bomsdorf/B. Blatecki-Burgert*, Lieferketten-Richtlinie und Lieferkettensorgfaltspflichtengesetz, ZRP 2022, 141 (141 f.).

51 So auch *M. Ruttloff/V. Rothenburg/M. Hahn*, Der Richtlinienvorschlag zu unternehmerischen Sorgfaltspflichten im Bereich der Nachhaltigkeit – Auswirkungen auf die Corporate Governance, DB 2022, 1116 (1117); *Hübner/Habrich/Weller*, Corporate Sustainability (Fn. 31), 644 (645); *Bettermann/Hoes*, Corporate Sustainability Due Diligence (Fn. 49), 697 (697). Zu den Arbeitnehmerschwellen in § 1 LkSG *Wagner/Wagner/Schuler*, in: Wagner/Ruttloff/Wagner (Fn. 42), § 1 Rn. 5 ff.

52 Vgl. Art. 1 Abs. 1 und Erwägungsgrund Nr. 29 Entschließung des Europäischen Parlaments (Fn. 6).

2013/34/EU vergleichbare Rechtsformen sind für Drittstaatenunternehmen ebenfalls adressiert. Eine Geschäftsbeziehung besteht für das Unternehmen im Prinzip zu allen Rechtssubjekten seiner Wertschöpfungskette (vgl. Art. 3 Buchst. e) und g) RL-Entwurf). Eine unmittelbare vertragliche Beziehung ist nicht notwendig (vgl. Art. 3 Buchst. e) RL-Entwurf). Allerdings muss eine Geschäftsbeziehung etabliert sein (vgl. Art. 1 Abs. 1, Art. 6 Abs. 1 RL-Entwurf). Etabliert ist eine Geschäftsbeziehung gem. Art. 3 Buchst. f) RL-Entwurf, wenn sie in Anbetracht ihrer Intensität oder Dauer beständig ist und keinen unbedeutenden oder lediglich untergeordneten Teil der Wertschöpfungskette darstellt. Etablierte Geschäftsbeziehungen können daher sowohl gegenüber unmittelbaren als auch mittelbaren Zulieferern existieren.[53] Das LkSG ist, was die Einbeziehung unmittelbarer Zulieferer anbelangt, weitreichender.[54] Sinnvoller erscheint an dieser Stelle die abgestufte Reichweite der Sorgfaltspflichten nach dem LkSG. Den Unternehmen ist es praktisch nahezu unmöglich, die Tätigkeiten all ihrer mittelbaren Zulieferer zu durchblicken. Ein unverhältnismäßig hoher Aufwand für die Unternehmen trägt sicherlich auch nicht zur Nachhaltigkeit im weiteren Sinne bei und sollte deshalb vermieden werden.

II. Geschützte Rechtspositionen

Der RL-Entwurf umfasst alle mit der Herstellung von Produkten oder der Erbringung von Dienstleistungen verbundenen Tätigkeiten der vor- und nachgelagerten Geschäftsbeziehungen des Unternehmens in der Wertschöpfungskette (Art. 3 Buchst. g) RL-Entwurf). Im Gegensatz zum LkSG bezieht sich der RL-Entwurf damit auf die sog. *Upstream-* und die *Downstream-*Lieferkette, d.h. auf den gesamten Lebenszyklus (Erwägungsgrund Nr. 18 RL-Entwurf).[55] Gerade die *Downstream-*Aktivitäten können den Un-

---

53 So auch *Hübner/Habrich/Weller*, Corporate Sustainability (Fn. 31), 644 (648). Ähnlich auch *Ruttloff/Rothenburg/Hahn*, Corporate Governance (Fn. 51), 1116 (1118 f.).
54 *Hübner/Habrich/Weller*, Corporate Sustainability (Fn. 31), 644 (648).
55 So auch *H. Hembach*, Praxisleitfaden Lieferkettensorgfaltspflichtengesetz, Frankfurt am Main 2022, S. 46; *Nietsch/Wiedmann*, Sorgfaltspflichten-Richtlinie (Fn. 23), 125 (127); *Birkholz*, Sorgfaltspflichten (Fn. 42), 1306 (1309); *Brock*, EU-Lieferkettengesetz (Fn. 42), R132 (R133); *Bomsdorf/Blatecki-Burgert*, Lieferketten-Richtlinie (Fn. 50), 141 (142); *Ruttloff/Rothenburg/Hahn*, Corporate Governance (Fn. 51), 1116 (1118). Zum Begriff der Lieferkette im LkSG *Walden*, in: Depping/Walden (Fn. 48), § 2 Rn. 479 ff.; *Wagner/Wagner/Schuler*, in: Wagner/Ruttloff/Wagner (Fn. 42), § 1 Rn. 40 f.

ternehmen erhebliche Schwierigkeiten bereiten, indem es nahezu unmöglich sein wird, die in Verkehr gebrachten Produkte während und über ihre Lebensdauer hinaus zu verfolgen.[56] Die von dem RL-Entwurf geschützten Rechtspositionen ergeben sich über Art. 3 Buchst. b) und c) RL-Entwurf aus dessen Anhang. Dieser listet zahlreiche international anerkannte Abkommen zum Schutz der Menschenrechte bzw. der Umwelt auf. Dazu gehören zum Schutz der Menschenrechte beispielsweise die ILO-Abkommen 138 und 182 zum Verbot von Kinderarbeit (Ziffer 10 und 11), das ILO-Abkommen 29 zum Verbot von Sklaverei und Zwangsarbeit (Ziffer 12-14), die ILO-Abkommen 87 und 98 zur Koalitionsfreiheit (Ziffer 15) sowie der Internationale Pakt über wirtschaftliche, soziale und kulturelle Rechte (Sozialpakt) zum Verbot der Vorenthaltung eines angemessenen Lohns (Ziffer 17). Zum Umweltschutz führt der Anhang des RL-Entwurfs etwa die Abkommen von Minamata (Ziffer 3-5), Stockholm (Ziffer 6 und 7) und Basel (Ziffer 10-12) auf. Während der Katalog der genannten Abkommen zum Menschenrechtsschutz überwiegend mit § 2 LkSG übereinstimmt, ist die Aufzählung der Abkommen zum Umweltschutz im RL-Entwurf breiter. Problematisch erscheint, ähnlich wie bereits im LkSG, das Abstellen auf inhaltlich sehr offen formulierte Menschenrechts- und Umweltabkommen, die statt an Unternehmen an Staaten gerichtet sind und von denen gerade die großen Wirtschaftsmächte USA und China nur sehr wenige Abkommen ratifiziert haben.[57] Es sollte daher in Betracht gezogen werden, an andere Standards, wie z.B. die UN-Leitprinzipien, anzuknüpfen oder eine umweltgutsbezogene Generalklausel zu positionieren.[58]

---

56 *Brock*, EU-Lieferkettengesetz (Fn. 42), R132 (R133). Ähnlich auch *Birkholz*, Sorgfaltspflichten (Fn. 42), 1306 (1310); *Ruttloff/Rothenburg/Hahn*, Corporate Governance (Fn. 51), 1116 (1118).
57 Dazu zum LkSG bereits *Dohrmann*, Lieferkettensorgfaltspflichtengesetz (Fn. 1), 265 (270); *E. Ehmann/D. F. Berg*, Das Lieferkettensorgfaltspflichtengesetz (LkSG): ein erster Überblick, GWR 2021, 287 (292).
58 *Dohrmann*, Lieferkettensorgfaltspflichtengesetz (Fn. 1), 265 (270). Für die Anknüpfung an die UN-Leitprinzipien bereits zum LkSG die Stellungnahme der *Bundesvereinigung der Deutschen Arbeitgeberverbände (BDA)* zum Referentenentwurf des Bundesministeriums für Arbeit und Soziales für ein Gesetz über die unternehmerischen Sorgfaltspflichten in Lieferketten, <https://www.bmas.de> (28.10.2022). Für eine umweltgutsbezogene Generalklausel die *Initiative Lieferkettengesetz*, Stellungnahme zum Gesetzentwurf für ein Lieferkettengesetz, <https://www.bmas.de> (28.10.2022).

III. Sorgfaltspflichten im Rahmen der Corporate Sustainability

In Art. 4 Abs. 1 RL-Entwurf gibt es zunächst eine überblicksartige Auflistung der Sorgfaltspflichten im Rahmen der *Corporate Sustainability*, die ähnlich wie in § 3 Abs. 1 LkSG aussieht. Die einzelnen Sorgfaltspflichten zum Menschenrechts- und Umweltschutz finden sich sodann in Art. 5-11 RL-Entwurf. Dabei handelt es sich, genau wie bei dem LkSG, um bloße Bemühens- und keine Erfolgpflichten (siehe dazu Erwägungsgrund Nr. 15 RL-Entwurf: *„obligations of means"*).[59] Die Unternehmen müssen somit nicht garantieren, dass es niemals zu negativen Auswirkungen auf die Menschenrechte und die Umwelt kommen wird oder diese stets beendet werden.[60]

1. Einbeziehung der Sorgfaltspflicht in die Unternehmenspolitik, Art. 5 RL-Entwurf

Nach Art. 5 Abs. 1 S. 1 RL-Entwurf haben die Unternehmen die Sorgfaltspflichten in alle Bereiche ihrer Unternehmenspolitik einzubeziehen. Davon umfasst sind zumindest die Managementsysteme und Unternehmensrichtlinien (vgl. Erwägungsgründe Nr. 16 und 28 RL-Entwurf). Vergleichbar ist die Regelung mit § 4 Abs. 1 S. 2 LkSG, der die Unternehmen dazu auffordert, das Risikomanagement in allen maßgeblichen Geschäftsabläufen zu verankern.[61] Gem. Art. 5 Abs. 1 S. 1 RL-Entwurf benötigen die Unternehmen darüber hinaus eine Strategie zur Erfüllung der Sorgfaltspflichten, deren Elemente in Art. 5 Abs. 1 S. 2 RL-Entwurf beschrieben sind. Hierbei zeigt sich eine starke Parallele zu der geforderten Grundsatzerklärung in § 6 Abs. 2 LkSG.

---

59 So auch *Walden*, in: Depping/Walden (Fn. 48), § 3 Rn. 6 ff.; *Hembach*, Praxisleitfaden (Fn. 55), S. 46; *Hübner/Habrich/Weller*, Corporate Sustainability (Fn. 31), 644 (646 f.); *M. Ruttloff/L. Kappler*, in: Wagner/Ruttloff/Wagner (Fn. 42), § 3 Rn. 466. Dazu zum LkSG Gesetzentwurf der Bundesregierung, Entwurf eines Gesetzes über die unternehmerischen Sorgfaltspflichten in Lieferketten (BT-Drs. 19/28649), S. 41; *Fleischer*, Sorgfaltspflichten (Fn. 29), 205 (209). Speziell zu den menschenrechtlichen Sorgfaltspflichten als Bemühenspflichten *L. Hübner*, Bausteine eines künftigen Lieferkettengesetzes, NZG 2020, 1411 (1415).

60 *Walden*, in: Depping/Walden (Fn. 48), § 3 Rn. 6 ff.; *Hübner/Habrich/Weller*, Corporate Sustainability (Fn. 31), 644 (647).

61 So auch *Birkholz*, Sorgfaltspflichten (Fn. 42), 1306 (1311); *Bettermann/Hoes*, Corporate Sustainability Due Diligence (Fn. 49), 697 (699). A.A. *Walden*, in: Depping/Walden (Fn. 48), § 4 Rn. 5.

2. Risikoanalyse, Art. 6 RL-Entwurf

Art. 6 Abs. 1 RL-Entwurf zufolge müssen die Unternehmen die tatsächlichen und potenziellen negativen Auswirkungen auf die Menschenrechte und die Umwelt aus ihren eigenen Tätigkeiten, denen ihrer Tochterunternehmen und denen ihrer etablierten Geschäftsbeziehungen ermitteln. Eine Erleichterung besteht gem. Art. 6 Abs. 2 RL-Entwurf für Unternehmen i.S.v. Art. 2 Abs. 1 Buchst. b) und Abs. 2 Buchst. b) insofern, als diese nur in den Bereichen mit hohem Schadenspotenzial tatsächliche und potenzielle schwerwiegende negative Auswirkungen identifizieren müssen. Art. 6 RL-Entwurf entspricht sinngemäß der vorzunehmenden Risikoanalyse nach § 5 LkSG.[62] Da die Einhaltung von Menschenrechts- und Umweltstandards zumindest in der EU regelmäßig gewährleistet ist und die Durchführung einer Risikoanalyse damit entbehrlich wird, sollte der RL-Entwurf zusätzlich eine sog. *White List* vorsehen, die solche Länder auflistet, in denen die Durchsetzung geschützter Rechtspositionen garantiert ist und daher keine Risikoanalyse zu erfolgen hat.[63]

3. Präventionsmaßnahmen, Art. 7 RL-Entwurf

Gem. Art. 7 Abs. 1 RL-Entwurf werden die Unternehmen verpflichtet, geeignete Maßnahmen zu ergreifen, um potenzielle negative Auswirkungen auf die Menschenrechte und die Umwelt, die durch die Risikoanalyse ermittelt wurden oder hätten ermittelt werden müssen, zu vermeiden oder, falls sie nicht oder nicht unmittelbar vermieden werden können, angemessen abzuschwächen. Art. 7 Abs. 2 bis 5 RL-Entwurf beinhalten eine Aufzählung möglicher Maßnahmen. Dazu gehören insbesondere die Ausarbeitung und Durchführung eines Präventionsaktionsplans mit angemessenen und klar definierten Zeitplänen (Art. 7 Abs. 2 Buchst. a) RL-Entwurf) sowie die Veranlassung von Geschäftspartnern, mit denen eine etablierte Geschäftsbeziehung besteht und bei denen potenzielle Risiken identifiziert werden, vertraglich zuzusichern, den Verhaltenskodex oder den vom Unternehmen

---

62 Dazu auch *Walden*, in: Depping/Walden (Fn. 48), § 5 Rn. 13; *Birkholz*, Sorgfaltspflichten (Fn. 42), 1306 (1311); *Ruttloff/Rothenburg/Hahn*, Corporate Governance (Fn. 51), 1116 (1119).
63 So *Dohrmann*, Lieferkettensorgfaltspflichtengesetz (Fn. 1), 265 (271). Für Deutschland die *Bundesvereinigung der Deutschen Arbeitgeberverbände (BDA)*, Stellungnahme (Fn. 58).

erarbeiteten Plan zu befolgen bzw. diese Pflichten an ihre Vorlieferanten weiterzureichen, soweit deren Tätigkeiten Bestandteil der Wertschöpfungskette des Unternehmens sind. Zeigen die Maßnahmen nach Art. 7 Abs. 2 RL-Entwurf keine ausreichende Wirkung, kann das Unternehmen versuchen, mit mittelbaren Zulieferern einen Vertrag zu schließen, um sie zur Einhaltung des Verhaltenskodexes oder des erarbeiteten Plans zu verpflichten (Art. 7 Abs. 3 RL-Entwurf). Scheitern alle Präventionsmaßnahmen aus Art. 7 Abs. 2 bis 4 RL-Entwurf, soll das Unternehmen die Beziehung zu dem entsprechenden Geschäftspartner nicht erneuern bzw. ausbauen (Art. 7 Abs. 5 RL-Entwurf). Wenngleich sich Art. 7 RL-Entwurf zum Teil in § 6 LkSG widerspiegelt, konzentriert sich die deutsche Regelung, anders als der RL-Entwurf, stärker auf Präventionsmaßnahmen im eigenen Geschäftsbereich.[64]

4. Abhilfemaßnahmen, Art. 8 RL-Entwurf

Nach Art. 8 Abs. 1 RL-Entwurf müssen die Unternehmen geeignete Maßnahmen ergreifen, um tatsächliche negative Auswirkungen, die bei der Risikoanalyse ermittelt wurden oder hätten ermittelt werden müssen, gem. den Absätzen 2 bis 6 dieses Artikels zu beheben. Ist eine Behebung nicht möglich, sollen die Unternehmen die negativen Auswirkungen zumindest minimieren (Art. 8 Abs. 2 RL-Entwurf). Art. 8 Abs. 3 Buchst. a) RL-Entwurf zufolge müssen die Unternehmen ggf. die nachteiligen Auswirkungen durch Schadensersatzzahlungen an die betroffenen Personen und eine finanzielle Entschädigung an die betroffenen Gemeinschaften neutralisieren oder zumindest minimieren, wobei dies in einem angemessenen Verhältnis zur Bedeutung und zum Umfang der negativen Auswirkungen sowie dazu, wie das Verhalten des Unternehmens zu den negativen Auswirkungen beiträgt, zu erfolgen hat. Wie die Höhe des Schadensersatzes bzw. der finanziellen Entschädigung zu bestimmen ist, lässt der RL-Entwurf allerdings offen.[65] Abgesehen von den zu leistenden Schadensersatz- und Entschädigungszahlungen ähnelt Art. 8 RL-Entwurf der Regelung des § 7 LkSG.[66]

---

64 *A. Depping/Walden*, in: Depping/Walden (Fn. 48), § 6 Rn. 5; *Nietsch/Wiedmann*, Sorgfaltspflichten-Richtlinie (Fn. 23), 125 (130).
65 Ähnlich *Nietsch/Wiedmann*, Sorgfaltspflichten-Richtlinie (Fn. 23), 125 (130).
66 Vgl. *Depping*, in: Depping/Walden (Fn. 48), § 7 Rn. 6.

5. Beschwerdeverfahren, Art. 9 RL-Entwurf

Der Kreis der beschwerdeberechtigten Personen und Organisationen ergibt sich aus Art. 9 Abs. 1 und 2 RL-Entwurf. Demnach genügt es, dass Personen betroffen sind oder berechtigten Grund zu der Annahme haben, dass sie von negativen Auswirkungen betroffen sein könnten (Art. 9 Abs. 2 Buchst. a) RL-Entwurf). Darüber hinaus sind sowohl Gewerkschaften und andere Arbeitnehmervertreter in der betreffenden Wertschöpfungskette (Art. 9 Abs. 2 Buchst. b) RL-Entwurf) als auch Organisationen der Zivilgesellschaft, die in der betreffenden Wertschöpfungskette aktiv sind, beschwerdeberechtigt (Art. 9 Abs. 2 Buchst. c) RL-Entwurf). Dieser erweiterte Kreis an Beschwerdeberechtigten entspricht ungefähr der Regelung des § 8 Abs. 4 S. 2 LkSG, wo allerdings noch etwas umfassender von potenziell Beteiligten die Rede ist.[67] Im Vergleich zur EU-Whistleblowerrichtlinie 2019/1937[68], deren Art. 4 Abs. 1 einen beruflichen Kontext erfordert, ist die Gruppe der Beschwerdeberechtigten im RL-Entwurf deutlich größer.[69] Es liegt daher nahe, dass die EU-Kommission den vielfach kritisierten Punkt des Art. 4 Abs. 1 EU-Whistleblowerrichtlinie 2019/1937 nun im vorliegenden RL-Entwurf nicht erneut schaffen möchte. Genau wie in § 8 Abs. 2 LkSG fordert Art. 9 Abs. 3 RL-Entwurf die Unternehmen zur Festlegung einer Verfahrensordnung auf, welche die Bearbeitung von Beschwerden beschreibt. Gem. Art. 9 Abs. 4 RL-Entwurf, der sich in ähnlicher Weise auch in § 8 Abs. 1 S. 3 und 4 LkSG findet, können die Beschwerdeberechtigten verlangen, dass zu ihrer Beschwerde angemessene Folgemaßnahmen ergriffen werden und im Falle von potenziell oder tatsächlich schwerwiegenden negativen Auswirkungen eine Erörterung mit Vertretern des Unternehmens vorgenommen wird.

6. Überwachung, Art. 10 RL-Entwurf

Zur Sicherstellung der Effektivität sollen die Sorgfaltspflichten nach Art. 10 S. 1 RL-Entwurf von den Unternehmen anlassbezogen, mindestens aber alle

---

67 Dazu auch *Bettermann/Hoes*, Corporate Sustainability Due Diligence (Fn. 49), 697 (701 f.). Umfassend *K. Bürger/S. Müller*, in: Depping/Walden (Fn. 48), § 8 Rn. 100 ff.
68 Richtlinie (EU) 2019/1937 des Europäischen Parlaments und des Rates vom 23. Oktober 2019 zum Schutz von Personen, die Verstöße gegen das Unionsrecht melden (ABl. L 305 vom 26.11.2019, S. 17).
69 Siehe auch *Nietsch/Wiedmann*, Sorgfaltspflichten-Richtlinie (Fn. 23), 125 (131); *G. Spindler*, Der Vorschlag einer EU-Lieferketten-Richtlinie, ZIP 2022, 765 (772).

zwölf Monate, überprüft werden (vgl. auch §§ 5 Abs. 4, 6 Abs. 5, 7 Abs. 4 und 8 Abs. 5 LkSG). Dabei sollen die Überprüfungen gem. Art. 10 S. 2 RL-Entwurf auf der Grundlage von qualitativen und quantitativen Indikatoren erfolgen. Gelangt die Überprüfung zu einer anderen Risikoeinschätzung, ist die Strategie zur Erfüllung der Sorgfaltspflichten im Rahmen der Unternehmenspolitik zu aktualisieren (Art. 10 S. 3 RL-Entwurf).

7. Berichterstattung, Art. 11 RL-Entwurf

Unternehmen, die bereits aufgrund der CSR-Richtlinie 2014/95/EU berichten,[70] sollen nach Art. 11 S. 1 RL-Entwurf weiterhin danach ihre Berichtspflichten erfüllen. Die anderen Unternehmen, die ebenfalls vom Anwendungsbereich des RL-Entwurfs erfasst sind, sollen bis jeweils zum 30. April des Folgejahres über die Umsetzung der Sorgfaltspflichten im Vorjahr auf ihrer Unternehmenswebsite in einer im internationalen Geschäftsverkehr üblichen Sprache berichten (Art. 11 S. 2 RL-Entwurf). Dies betrifft in erster Linie Unternehmen mit Sitz außerhalb der EU.[71] Die Kommission kann gem. Art. 11 S. 3 RL-Entwurf weitere delegierte Rechtsakte zum Umfang der Berichterstattung der Sorgfaltspflichten erlassen. Im Hinblick auf die Ersparung eines unnötigen Bürokratieaufwands ist die Regelung insgesamt zu begrüßen.[72]

8. Eindämmung des Klimawandels, Art. 15 RL-Entwurf

Eine Besonderheit enthält der RL-Entwurf neben den zuvor genannten Sorgfaltspflichten in Art. 15 Abs. 1 für die Eindämmung des Klimawandels. Demnach müssen Unternehmen i.S.v. Art. 2 Abs. 1 Buchst. a), Abs. 2 Buchst. a) RL-Entwurf einen Plan festlegen, mit dem sie sicherstellen, dass das Geschäftsmodell und die Strategie des Unternehmens mit dem Übergang zu einer nachhaltigen Wirtschaft und der Begrenzung der Erderwärmung auf 1,5 Grad Celsius gemäß dem Übereinkommen von Paris vereinbar sind. In diesem Plan wird nach Satz 2 der Vorschrift insbesondere auf der Grundlage von Informationen, die dem Unternehmen vernünfti-

---

70 In Deutschland wurden die Berichtspflichten in §§ 289a bzw. 315a HGB umgesetzt.
71 Ebenso *Nietsch/Wiedmann*, Sorgfaltspflichten-Richtlinie (Fn. 23), 125 (131). Ähnlich *Baumüller/Needham/Scheid*, Corporate Sustainability (Fn. 42), 1401 (1407).
72 Ebenso *Velte/Stave*, EU-Richtlinie (Fn. 43), 790 (795).

gerweise zur Verfügung stehen, ermittelt, inwieweit der Klimawandel ein Risiko für die Unternehmenstätigkeit darstellt bzw. sich darauf auswirkt. Aus dogmatischer Sicht statuiert der RL-Entwurf damit eine weitere Sorgfaltspflicht, die sich besonders mit dem Klimaschutz befasst und als Verschärfung der allgemeinen Sorgfaltspflichten hinsichtlich negativer Auswirkungen auf die Umwelt gewertet werden kann.[73] Dafür spricht vor allem der Bezug auf die Strategie und das Geschäftsmodell.[74] Das LkSG kennt eine solche Regelung wie Art. 15 Abs. 1 RL-Entwurf nicht.

IV. Durchsetzung der Sorgfaltspflichten

Bei der Durchsetzung der Sorgfaltspflichten beinhaltet der RL-Entwurf ein zweigliedriges System: Zum einen die öffentlich-rechtliche Durchsetzung (Art. 17, 18 und 20 RL-Entwurf) und zum anderen die private Durchsetzung der Sorgfaltspflichten (Art. 22 RL-Entwurf). Das LkSG sieht hingegen nur eine öffentlich-rechtliche Durchsetzung durch das Bundesamt für Wirtschaft und Ausfuhrkontrolle, kurz BAFA, als zuständige Behörde vor (§ 19 Abs. 1 LkSG) und schließt eine zivilrechtliche Haftung ausdrücklich aus (§ 3 Abs. 3 LkSG).[75]

1. Öffentlich-rechtliche Durchsetzung, Art. 17, 18 und 20 RL-Entwurf

Art. 17 Abs. 1 RL-Entwurf verpflichtet die Mitgliedstaaten zur Einrichtung von Aufsichtsbehörden, die die Aktivitäten der Unternehmen überwachen und untersuchen. Die Befugnisse der Aufsichtsbehörden ergeben sich aus Art. 18 RL-Entwurf. Neben der Anordnung zur Beendigung von Verstößen gehört dazu insbesondere die Verhängung von Bußgeldern (Art. 18 Abs. 5 Buchst. a) und b) RL-Entwurf). Art. 20 Abs. 3 und 4 RL-Entwurf schreibt diesbezüglich vor, dass die zu verhängenden Geldbußen gegen Unternehmen umsatzbezogen kalkuliert und veröffentlicht werden sollen. Auf wessen Umsatz, also z.B. auf den Konzernumsatz oder den Umsatz des einzel-

---

73 *Hübner/Habrich/Weller*, Corporate Sustainability (Fn. 31), 644 (647). A.A. *Bettermann/Hoes*, Corporate Sustainability Due Diligence (Fn. 49), 697 (703).
74 So auch *Nietsch/Wiedmann*, Sorgfaltspflichten-Richtlinie (Fn. 23), 125 (128).
75 Ausführlich zum Ausschluss der zivilrechtlichen Haftung nach § 3 Abs. 3 LkSG *H. Fleischer*, Zivilrechtliche Haftung im Halbschatten des Lieferkettensorgfaltspflichtengesetzes, DB 2022, 920.

nen Unternehmens, dabei abzustellen ist, bleibt allerdings offen.[76] Einen Anhaltspunkt bietet zumindest die Definition des Unternehmensbegriffs in Art. 3 Buchst. a) RL-Entwurf, wonach dies der jeweilige Rechtsträger ist. Anders als § 24 Abs. 3 LkSG, der sich auf die wirtschaftliche Einheit bezieht, wird eine Konzernbetrachtung somit nicht vorgenommen.[77] Weitere Präzisierungen zum Umsatz sind ebenfalls nicht vorhanden.

2. Zivilrechtliche Durchsetzung, Art. 22 RL-Entwurf

a. Schadensersatzhaftung

Art. 22 Abs. 1 RL-Entwurf verpflichtet die Mitgliedstaaten, eine Schadensersatzhaftung für Verletzungen der Sorgfaltspflichten aus Art. 7 und 8 RL-Entwurf (Prävention und Abhilfe), wodurch negative Auswirkungen eingetreten sind, vorzusehen. Dies gilt nach Art. 22 Abs. 2 S. 1 RL-Entwurf nicht, wenn das Unternehmen Abhilfemaßnahmen gem. Art. 7 Abs. 2 Buchst. b) und Abs. 4 sowie Art. 8 Abs. 3 Buchst. c) und Abs. 5 RL-Entwurf ergriffen hat. Das Unternehmen soll für Schäden durch negative Auswirkungen als Ergebnis der Tätigkeiten eines indirekten Partners, mit dem es eine etablierte Geschäftsbeziehung unterhält, grundsätzlich nicht haften müssen, es sei denn, es wäre je nach Einzelfall unangemessen zu erwarten, dass die ergriffene Maßnahme, einschließlich der Prüfung der Einhaltung, geeignet wäre, die negative Auswirkung zu vermeiden, abzuschwächen, zu beheben oder zu minimieren. Art. 22 Abs. 2 S. 2 RL-Entwurf zufolge sind bei der Festlegung des Haftungsumfangs die Bemühungen zur Schadenswiedergutmachung, der Erfüllungsgrad der von den Aufsichtsbehörden geforderten Abhilfemaßnahmen, die getätigten Investitionen, jede gezielte Unterstützung sowie die Zusammenarbeit mit anderen Unternehmen zu berücksichtigen. Erforderlich ist nach Art. 22 Abs. 1 RL-Entwurf zunächst eine Pflichtverletzung in Form eines Verstoßes gegen Art. 7 oder 8 RL-Entwurf. Ein Verstoß gegen die klimaschutzbezogenen Sorgfaltspflichten des Art. 15

---

76 *Nietsch/Wiedmann*, Sorgfaltspflichten-Richtlinie (Fn. 23), 125 (134); *Spindler*, EU-Lieferketten-Richtlinie (Fn. 69), 765 (774).
77 *Nietsch/Wiedmann*, Sorgfaltspflichten-Richtlinie (Fn. 23), 125 (134). Zu § 24 Abs. 3 LkSG *T. Handel*, in: Depping/Walden (Fn. 48), § 24 Rn. 88 ff.

RL-Entwurf ist dagegen nicht haftungsbewehrt.[78] Um eine effektive Durchsetzung von Art. 15 RL-Entwurf zu gewährleisten, sollte die Schadensersatzhaftung des Art. 22 RL-Entwurf gleichwohl auch auf Verstöße gegen Art. 15 RL-Entwurf erstreckt werden. Des Weiteren verlangt Art. 22 Abs. 1 Buchst. b) RL-Entwurf eine Kausalität zwischen der Pflichtverletzung und dem Schaden. Im Hinblick auf Art. 22 Abs. 2 RL-Entwurf sind verschiedene Interpretationen denkbar. Einerseits kann die Norm mit dem Kriterium der Vorhersehbarkeit dahingehend verstanden werden, dass die Schadensfolgen auch wahrscheinlich gewesen sein müssen, und insoweit an die Grundsätze zur haftungsausfüllenden Kausalität, wie im deutschen Recht, anzuknüpfen ist.[79] Andererseits kann die Vorschrift als Verschuldenserfordernis gesehen werden.[80] Jedoch ist dies nicht eindeutig ersichtlich. Wer die Darlegungs- und Beweislast in Bezug auf die von Art. 22 RL-Entwurf aufgestellten Haftungsvoraussetzungen trägt, regelt der RL-Entwurf nicht. Laut Erwägungsgrund Nr. 58 RL-Entwurf möchte die EU-Kommission die Entscheidung darüber den Mitgliedstaaten überlassen.

b. Anwendbares Recht

Art. 22 Abs. 5 RL-Entwurf verpflichtet die Mitgliedstaaten sicherzustellen, dass die in den nationalen Rechtsvorschriften zur Umsetzung dieses Artikels vorgesehene Haftung zwingend Anwendung findet und Vorrang hat in Fällen, in denen das auf entsprechende Ansprüche anzuwendende Recht nicht das Recht eines Mitgliedstaats ist. Die Mitgliedstaaten sollen die zivilrechtliche Schadensersatzhaftung also als Eingriffsnorm ausgestalten.[81]

---

78 So auch festgestellt von *Ruttloff/Rothenburg/Hahn*, Corporate Governance (Fn. 51), 1116 (1121); *Nietsch/Wiedmann*, Sorgfaltspflichten-Richtlinie (Fn. 23), 125 (133); *Birkholz*, Sorgfaltspflichten (Fn. 42), 1306 (1312).
79 So *Nietsch/Wiedmann*, Sorgfaltspflichten-Richtlinie (Fn. 23), 125 (133).
80 Dazu *Nietsch/Wiedmann*, Sorgfaltspflichten-Richtlinie (Fn. 23), 125 (133); *Spindler*, EU-Lieferketten-Richtlinie (Fn. 69), 765 (774 f.). A.A. *Bomsdorf/Blatecki-Burgert*, Lieferketten-Richtlinie (Fn. 50), 141 (143).
81 Art. 20 Entschließung des Europäischen Parlaments (Fn. 6); *Hübner/Habrich/Weller*, Corporate Sustainability (Fn. 31), 644 (649); *Nietsch/Wiedmann*, Sorgfaltspflichten-Richtlinie (Fn. 23), 125 (134); *Bomsdorf/Blatecki-Burgert*, Lieferketten-Richtlinie (Fn. 50), 141 (142 f.).

Anderenfalls würde Art. 4 Abs. 1 Rom II-VO[82] nämlich das Recht am Schadensort zur Anwendung bringen und die zivilrechtliche Haftungsnorm damit in Fallkonstellationen mit Drittstaatenbezug ins Leere laufen.[83] So haben beispielsweise die Kläger in dem vor dem LG Dortmund verhandelten *Kik*-Fall ihre Ansprüche bewusst aus dem pakistanischen Recht hergeleitet.[84] Probleme können sich durch die Umsetzung von Art. 22 Abs. 5 RL-Entwurf als Eingriffsnorm grundsätzlich insofern ergeben, als dass ausländisches Recht verdrängt wird und ein erhöhtes Konfliktpotenzial in der Justiz entsteht.[85] Allerdings ist nicht eindeutig ersichtlich, ob die Gesamtvorschrift als Eingriffsnorm statuiert werden soll oder bezüglich anderer Voraussetzungen, wie z.B. den Geschäftsleiterpflichten oder dem Verschulden, nach wie vor die allgemeinen Vorschriften des IPR gelten.[86] Hinsichtlich des LkSG wird noch diskutiert, wie dessen Vorschriften über das internationale Privatrecht durchgesetzt werden können.[87] Nach überwiegender Ansicht werden mit dem LkSG keine Eingriffsnormen i.S.v. Art. 16 Rom II-VO geschaffen.[88] Angesichts der jüngsten Rechtsprechung des *UK Supreme Court* in den Rechtssachen *Okpabi v Royal Dutch Shell* und *Vedanta v Lungowe* zur grenzüberschreitenden Haftung von Konzernobergesellschaften besteht für deutsche Unternehmen daher momentan die Gefahr, einer zivilrechtlichen Haftung nach englischem *common law* zu unterfallen.[89]

---

82 Verordnung (EG) Nr. 864/2007 des Europäischen Parlaments und des Rates vom 11. Juli 2007 über das auf außervertragliche Schuldverhältnisse anzuwendende Recht („Rom II") (ABl. L 199 vom 31.7.2007, S. 40).
83 So auch *Hübner/Habrich/Weller*, Corporate Sustainability (Fn. 31), 644 (649).
84 Siehe dazu LG Dortmund BeckRS 2019, 388. In zweiter Instanz OLG Hamm BeckRS 2019, 10073.
85 *Nietsch/Wiedmann*, Sorgfaltspflichten-Richtlinie (Fn. 23), 125 (134).
86 *Nietsch/Wiedmann*, Sorgfaltspflichten-Richtlinie (Fn. 23), 125 (134).
87 Zu der Diskussion z.B. *L. Nasse*, Das neue Lieferkettensorgfaltspflichtgesetz, RAW 2022, 3.
88 *Ehmann/Berg*, Lieferkettensorgfaltspflichtengesetz (Fn. 57), 287 (291); *Kieninger*, Lieferkettengesetz (Fn. 39), 252 (254); *Dohrmann*, Lieferkettensorgfaltspflichtengesetz (Fn. 1), 265 (271); *Wagner/Wagner/R. Holtz*, in: Wagner/Ruttloff/Wagner (Fn. 42), § 13 Rn. 2114. A.A. noch *E. Ehmann*, Der Regierungsentwurf für das Lieferkettengesetz: Erläuterung und erste Hinweise zur Anwendung, ZVertriebsR 2021, 141 (150 f.).
89 Auf diese Problematik zum LkSG eindringlich hinweisend *Kieninger*, Lieferkettengesetz (Fn. 39), 252 (255 f.).

V. Regelungen für die Unternehmensführung

In Art. 15 Abs. 3, 25 und 26 RL-Entwurf beinhaltet der RL-Entwurf noch drei bedeutsame Regelungen für die Unternehmensführung, die dem LkSG unbekannt sind. Hintergrund dessen ist die Entschließung des Europäischen Parlaments vom 10. März 2021, in der die Kommission nicht nur zu einem Richtlinienvorschlag für Sorgfaltspflichtenregelungen, sondern auch für eine nachhaltige Unternehmensführung aufgefordert worden war.[90]

1. Managementvergütung, Art. 15 Abs. 3 RL-Entwurf

Art. 15 Abs. 3 RL-Entwurf enthält eine Regelung zur variablen Vergütung von Organmitgliedern, jedoch lediglich für Klimaschutzmaßnahmen nach Abs. 1 und 2 der Vorschrift. Begrüßenswert wäre hier stattdessen eine allgemein auf die Berücksichtigung von Nachhaltigkeitsbelangen i.S.v. Art. 25 Abs. 1 RL-Entwurf oder gar auf die Erfüllung sämtlicher Sorgfaltspflichten des RL-Entwurfs bezogene Vorgabe zur Organvergütung gewesen.

2. Sorgfaltspflicht der Unternehmensführung, Art. 25 RL-Entwurf

Art. 25 Abs. 1 RL-Entwurf verlangt, dass die Mitglieder der Unternehmensleitung von Gesellschaften, die nach Art. 2 Abs. 1 in den Anwendungsbereich des RL-Entwurfs fallen, bei ihrer Pflicht im Unternehmensinteresse zu handeln, Nachhaltigkeitsaspekte berücksichtigen müssen, insbesondere die Auswirkungen auf Menschenrechte, Klimawandel und Umwelt. Einerseits möchte der europäische Gesetzgeber damit erreichen, dass die Unternehmensleitung neben den Interessen der *shareholder* verstärkt auch die Belange der *stakeholder* in ihre Entscheidungen einbezieht *(stakeholder value)*.[91] Andererseits sollen laut Erwägungsgrund Nr. 63 S. 3 RL-Entwurf keine Änderungen bestehender nationaler Unternehmensstrukturen erforderlich sein. Hier könnten sich Widersprüche ergeben, die in den Mitgliedstaa-

---

90 Siehe dazu bereits oben B. I.
91 Dazu auch *Hübner/Habrich/Weller*, Corporate Sustainability (Fn. 31), 644 (650); *J. Schmidt*, Sustainable directors´ duties?, NZG 2022, 481 (481). Differenzierend *S. Harbarth*, „Corporate Sustainability Due Diligence"-Richtlinie (Kein) Systemumbruch im deutschen Aktienrecht?, AG 2022, 633 (637 ff.). Ähnlich zur CSR-Richtlinie 2014/95/EU bereits *P. Hommelhoff*, Aktuelle Impulse aus dem europäischen Unternehmensrecht: Eine Herausforderung für Deutschland, NZG 2015, 1329 (1330).

ten entsprechende Rechtsunsicherheiten hervorrufen dürften. In Deutschland wäre davon in erster Linie § 93 AktG betroffen.[92] Hinsichtlich der Definition der Mitglieder der Unternehmensleitung gilt Art. 3 Buchst. o) RL-Entwurf. Demnach gehören Mitglieder der Unternehmensleitung dem Verwaltungs-, Leitungs- oder Aufsichtsorgan eines Unternehmens an oder sind sonstige Personen, die ähnliche Funktionen wahrnehmen. Der Kreis an Mitgliedern der Unternehmensleitung ist durch den zuletzt genannten Punkt deutlich erweitert und umfasst auch Beschäftigte in leitenden Positionen. Art. 25 Abs. 2 RL-Entwurf stellt wiederum klar, dass die durch dessen Abs. 1 statuierte Pflicht mit den sonstigen Pflichten der Unternehmensleitung gleichzusetzen ist. Für Schäden, die aus einer unzureichenden Berücksichtigung von *Stakeholderinteressen* resultieren, tragen die Mitglieder der Unternehmensleitung daher eine persönliche Verantwortung.[93] Laut Erwägungsgrund Nr. 64 RL-Entwurf entspricht die persönliche Verantwortung der Mitglieder der Unternehmensleitung den internationalen Rahmenwerken für Sorgfaltspflichten. Allerdings fordern weder die UN-Leitprinzipien für Wirtschaft und Menschenrechte noch die einschlägigen OECD-Leitlinien eine persönliche Haftung der Organmitglieder.[94]

3. Persönliche Verantwortung der Unternehmensführung, Art. 26 RL-Entwurf

Art. 26 Abs. 1 RL-Entwurf überträgt die dem Unternehmen auferlegten Sorgfaltspflichten nach Art. 4 in eine persönliche Verantwortung der Unternehmensführung für deren Umsetzung. Dies entspricht im deutschen Recht § 93 Abs. 1 S. 1 AktG.[95] Der Definition in Art. 3 Buchst. o) RL-Entwurf folgend müsste die Verpflichtung aber auch leitende Beschäftigte treffen. Ob dies gerechtfertigt ist, erscheint fragwürdig.

---

92 Zu den Auswirkungen auf das deutsche Gesellschaftsrecht *Ruttloff/Rothenburg/Hahn*, Corporate Governance (Fn. 51), 1116 (1122); *Hübner/Habrich/Weller*, Corporate Sustainability (Fn. 31), 644 (650); *Velte/Stave*, EU-Richtlinie (Rn. 43), 790 (791); *Harbarth*, „Corporate Sustainability Due Diligence" (Fn. 91), 633 (637 ff.); *Schmidt*, director´s duties (Fn. 91), 481 (481); *J. Schmidt*, Gesellschaftsrecht: Auf dem Weg zu einem „EU supply chain Act" und „EU directors´ duties"? Kommissionsvorschlag veröffentlicht, NZG 2022, 338 (338).
93 So auch *Nietsch/Wiedmann*, Sorgfaltspflichten-Richtlinie (Fn. 23), 125 (136). Dazu auch *Ruttloff/Rothenburg/Hahn*, Corporate Governance (Fn. 51), 1116 (1122 f.).
94 Dazu auch *Nietsch/Wiedmann*, Sorgfaltspflichten-Richtlinie (Fn. 23), 125 (136).
95 Dazu *Hübner/Habrich/Weller*, Corporate Sustainability (Fn. 31), 644 (650).

D. Fazit und Ausblick

Mit dem RL-Entwurf verfolgt die EU-Kommission insgesamt einen durchaus ambitionierten Ansatz. Dazu zählen insbesondere der weite Anwendungsbereich, die umfassenden Sorgfaltspflichten, deren Durchsetzung mittels Schaffung eines zivilrechtlichen Haftungstatbestands sowie die Regelungen für die Unternehmensführung. Zwar ist aufgrund des laufenden Gesetzgebungsprozesses bekanntermaßen noch mit teils wesentlichen, inhaltlichen Änderungen des RL-Entwurfs zu rechnen. Bereits existierende nationale Lieferkettengesetze, wie etwa das LkSG, werden aller Wahrscheinlichkeit nach (erheblicher) Anpassungen bedürfen. Der vorliegende RL-Entwurf für ein europäisches Lieferkettengesetz würde jedoch einen globalen Standard etablieren,[96] der sich über die supranationalen Grenzen der EU hinaus zu einem Vorbild für die Verabschiedung weiterer länderübergreifender Lieferkettenregelungen entwickeln könnte. Denn zu beachten gilt es stets: Ohne die verbindliche Einführung internationaler Sorgfaltspflichtenstandards, die gerade auf Unternehmen in den einflussreichen Nationen des amerikanischen und asiatischen Raums Anwendung finden, ist die Erreichung eines weltweit hohen Niveaus an Menschenrechts- und Umweltschutz nicht möglich. Inwiefern sich solch globale Regelwerke tatsächlich durchsetzen werden, bleibt angesichts immer noch bestehender politischer Meinungsverschiedenheiten zwischen den großen Wirtschaftsmächten abzuwarten. Daher ist zu überlegen, ob auch weiterhin verstärkt auf die freiwillige Verantwortungsübernahme der Unternehmen zur Einhaltung von Menschenrechten und Umweltschutz gesetzt werden sollte. Zusammen mit dem europäischen Lieferkettengesetzentwurf versprechen freiwillige Sorgfaltspflichtenstandards in Unternehmen auf jeden Fall eines für die Lieferketten in der globalen Weltwirtschaft: Mehr Nachhaltigkeit!

---

96 Ebenso *Brock*, EU-Lieferkettengesetz (Fn. 42), Rl32 (Rl34).

Proposal for a Directive on Corporate Sustainability Due Diligence
Gesellschafts-, delikts- und kollisionsrechtliche Grenzen privatrechtlicher Lieferkettenregulierung

*Dr. Joshua Blach**

A. Einleitung

> „Humanity has the ability to make *development* sustainable – to ensure that it meets the needs of the present without compromising the ability of future generations to meet their own needs. The concept of sustainable development does imply *limits*"[1].

Nachhaltigkeit ist nach diesem viel beachteten, 1987 veröffentlichten Abschlussbericht der Brundtland-Kommission als Entwicklung, als intertemporaler Prozess zu verstehen, der sich auf Gegenwart und Zukunft bezieht, der gewisse Grenzen mit sich bringt.[2] Seit Beginn dieses Jahres wissen wir, wie die Kommission der Europäischen Union gedenkt, diesen Prozess zu lenken, welche Grenzen sie im Binnenmarkt tätigen Unternehmen zu setzen beabsichtigt. Um Grenzen soll es auch im Rahmen dieses Beitrags gehen, nämlich um die gesellschafts-, delikts- und kollisionsrechtlichen Grenzen privatrechtlicher Lieferkettenregulierung, auf die der „Vorschlag für eine Richtlinie über die Sorgfaltspflichten von Unternehmen im Hinblick auf Nachhaltigkeit"[3] vom 23. Februar 2022 stößt. Diesem waren zwei Interventionen des kommissionsinternen Ausschusses für Regulierungskontrolle vorausgegangen, der die Folgenabschätzung des Entwurfs bis zum heutigen

---

* *Joshua Blach* ist Rechtsreferendar im OLG-Bezirk München.
1 UN-Report of the World Commission on Environment and Development, Our Common Future, A/42/427, S. 24 f. (Herv. d. Verf.).
2 Zur Definitionsanalyse s. etwa *F. Ekardt*, Theorie der Nachhaltigkeit, 3. Aufl., Baden-Baden 2021, S. 65 ff.
3 Vorschlag für eine Richtlinie des Europäischen Parlaments und des Rates über die Sorgfaltspflichten von Unternehmen im Hinblick auf Nachhaltigkeit und zur Änderung der Richtlinie (EU) 2019/1937, 2022/0051(COD), im Folgenden: RL-E.

Tage nicht positiv beschieden hat.⁴ Dass die Kommission ihre Initiative dennoch weiterverfolgen konnte, ist der Verdienst – vielmehr die Schuld – von *Maroš Šefčovič*, dem Vizepräsidenten für Interinstitutionelle Beziehungen und Vorausschau, der die Bedenken des Ausschusses nicht zu teilen schien und dessen Vetos überspielte.

Mit dem Kommissionsvorschlag wird das dringende und ambitionierte Ziel verfolgt, sicherzustellen, dass im Binnenmarkt tätige Unternehmen zur Nachhaltigkeitswende der Volkswirtschaften beitragen, indem (potenzielle) negative Auswirkungen ihrer Geschäftstätigkeiten, Tochterunternehmen und Wertschöpfungsketten auf Menschenrechte und Umweltbelange vermieden werden.⁵

I. Kontextualisierung

Vor dem Hintergrund bereits erlassener⁶ oder geplanter⁷ Regelungen zu nachhaltigen Wertschöpfungsketten auf mitgliedstaatlicher Ebene ist die europäische Harmonisierungsbestrebung keineswegs als vorausschauende Initiative zu begreifen. Vielmehr stellt sie den Anstoß eines reaktiven Legislativprozesses dar, der einerseits einer der Binnenmarktintegration abträglichen Fragmentierung rechtlicher Rahmenbedingungen entgegenwirken, gleiche Wettbewerbsbedingungen und Rechtssicherheit für alle Beteiligten schaffen soll.⁸ Andererseits soll die geplante Nachhaltigkeits-RL als Kern eines Regelungskomplexes fungieren, der die unternehmerische Wertschöpfungskettenverantwortung branchenübergreifend regelt und durch

---

4 *RSB*, Opinion, S. 1, 6, SEC(2022) 95.
5 ErwGr. 14 RL-E.
6 Loi de vigilance (2017), Wet zorgplicht kinderarbeid (2019), Lieferkettensorgfaltspflichtengesetz (2021).
7 Etwa in Belgien, Dänemark, Finnland, Italien und Luxemburg.
8 ErwGr. 71 RL-E; Begründung zum RL-E, S. 3 f., 14 f., 17; BR-Drs. 137/22 S. 2.

Proposal for a Directive on Corporate Sustainability Due Diligence

bereits bestehende (NFRD[9], SFDR[10], Taxonomie-VO[11], Umwelthaftungs-RL[12], Konfliktmineralien-VO[13], Holzhandels-VO[14]) und noch zu erlassende (VO über entwaldungsfreie Produkte[15], über das Verbot von Produkten, die mit Zwangsarbeit hergestellt wurden[16], Batterie-VO[17]) Nachhaltigkeitsvorgaben flankiert wird. Zugleich setzt die Kommission durch ihren Vorschlag in jedenfalls partieller Übereinstimmung mit Empfehlungen des EU-Parla-

---

9 Richtlinie 2014/95/EU des Europäischen Parlaments und des Rates vom 22. Oktober 2014 zur Änderung der Richtlinie 2013/34/EU im Hinblick auf die Angabe nichtfinanzieller und die Diversität betreffender Informationen durch bestimmte große Unternehmen und Gruppen, ABl. L 2014/330, 1.
10 Verordnung (EU) 2019/2088 des Europäischen Parlaments und des Rates vom 27. November 2019 über nachhaltigkeitsbezogene Offenlegungspflichten im Finanzdienstleistungssektor, ABl. L 2019/317, 1.
11 Verordnung (EU) 2020/852 des Europäischen Parlaments und des Rates vom 18. Juni 2020 über die Einrichtung eines Rahmens zur Erleichterung nachhaltiger Investitionen und zur Änderung der Verordnung (EU) 2019/2088, ABl. L 2020/198, 13.
12 Richtlinie 2004/35/EG des Europäischen Parlaments und des Rates vom 21. April 2004 über Umwelthaftung zur Vermeidung und Sanierung von Umweltschäden, ABl. L 2004/143, 56; zu Reformüberlegungen s. die Entschließung des Europäischen Parlaments vom 20. Mai 2021 zur Haftung von Unternehmen für Umweltschäden, 2020/2027 (INI).
13 Verordnung (EU) 2017/821 des Europäischen Parlaments und des Rates vom 17. Mai 2017 zur Festlegung von Pflichten zur Erfüllung der Sorgfaltspflichten in der Lieferkette für Unionseinführer von Zinn, Tantal, Wolfram, deren Erzen und Gold aus Konflikt- und Hochrisikogebieten, ABl. L 2017/130, 1.
14 Verordnung (EU) Nr. 995/2010 des Europäischen Parlaments und des Rates vom 20. Oktober 2010 über die Verpflichtungen von Marktteilnehmern, die Holz und Holzerzeugnisse in Verkehr bringen, ABl. L 2010/295, 23.
15 Vorschlag für eine Verordnung des Europäischen Parlaments und des Rates über die Bereitstellung bestimmter Rohstoffe und Erzeugnisse, die in Verbindung mit Entwaldung und Waldschädigung in Verbindung stehen, auf dem Unionsmarkt sowie ihre Ausfuhr aus der Union und zur Aufhebung der Verordnung (EU) Nr. 995/2010, 2021/0366 (COD); zu den Änderungen des Europäischen Parlaments vom 13. September 2022 s. P9_TA(2022)0311.
16 Proposal for a Regulation of the European Parliament and of the Council on prohibiting products made with forced labour on the Union market, 2022/0269 (COD); dazu *J. Blach*, Zum Kommissionsvorschlag einer „Verordnung über das Verbot von Produkten, die mit Zwangsarbeit hergestellt wurden", CCZ 2022, 341.
17 Vorschlag für eine Verordnung des Europäischen Parlaments und des Rates über Batterien und Altbatterien, zur Aufhebung der Richtlinie 2006/66/EG und zur Änderung der Verordnung (EU) 2019/1020, 2020/0353 (COD).

ments[18] Teile des Aktionsplans „Finanzierung nachhaltigen Wachstums"[19] um, durch den – im Einklang mit Option C einer von ihr in Auftrag gegebenen Studie[20] – eine nachhaltige Unternehmensführung gefördert und kurzfristiges Denken an den Kapitalmärkten abgebaut werden soll.

II. Gang der Untersuchung

Um diese Regelungsziele zu erreichen, werden im Richtlinienentwurf nicht nur wertschöpfungskettenspezifische Sorgfaltspflichten vorgesehen, die die erfassten Unternehmen als selbstständige juristische Personen adressieren (Artt. 1 Abs. 1 lit a), 3 lit. a), 4 Abs. 1 RL-E). Es sollen auch die damit korrelierenden Leitungspflichten ihrer organschaftlichen Vertreter geschärft werden. Der Kommissionsvorschlag ist daher nicht nur als Wertschöpfungskettenregulierung, sondern darüber hinaus als ein das mitgliedstaatliche Gesellschaftsrecht partiell harmonisierender Rechtsakt zu betrachten.[21] Die dadurch aufgeworfenen Fragen für die Struktur nationaler Gesellschaftsrechtsordnungen gilt es zunächst herauszuarbeiten (B.). Sodann sind die im Richtlinienentwurf vorgesehenen haftungsrechtlichen Vorgaben und die damit einhergehende Inkonsistenz mit mitgliedstaatlichen Deliktsrechtssystemen zu betrachten (C.). Schließlich soll der von der Kommission eingeschlagene Weg zur kollisionsrechtlichen Durchsetzung dieser Vorgaben kritisch gewürdigt werden (D.), bevor die hiesigen Untersuchungsergebnisse zusammen zu fassen sind (E.).

---

18 Entschließung des Europäischen Parlaments vom 10. März 2021 mit Empfehlungen an die Kommission zur Sorgfaltspflicht und Rechenschaftspflicht von Unternehmen (2020/2129(INL)).
19 COM (2018) 97 final, Maßnahme 10, S. 14.
20 Generaldirektion Justiz und Verbraucher, Study on directors' duties and sustainable corporate governance, abrufbar unter: op.europa.eu/de/publication-detail/-/publication/e47928a2-d20b-11ea-adf7-01aa75ed71a1/language-en (24.10.2022).
21 Vgl. Vorschlag für eine VO über entwaldungsfreie Produkte, S. 3; *M. Nietsch/M. Wiedmann*, Der Vorschlag zu einer europäischen Sorgfaltspflichten-Richtlinie im Unternehmensbereich, CCZ 2022, 125 (135); *A.-C. Mittwoch*, Der aktuelle Richtlinienvorschlag für eine Europäische Corporate Sustainability Due Diligence, NR 2022, 149 (150).

B. Gesellschaftsrechtliche Aspekte

Nähert man sich dem Richtlinienentwurf aus gesellschaftsrechtlicher Perspektive, so fällt der Blick schnell auf Artt. 25 f. (I., II.), die durch recht inhaltsleere Investitionsverpflichtungen (III.) ergänzt werden und neben eine klimaschutzbezogene Umsetzungsvorgabe zu variablen Vergütungen von Geschäftsleitern (Art. 15 Abs. 3 RL-E[22]) treten.

I. Kompetenzzuweisung

Nach Art. 26 Abs. 1 RL-E haben die Mitgliedstaaten sicherzustellen, „dass die in Artikel 2 Absatz 1 genannten Mitglieder der Unternehmensleitung für die Einrichtung und Kontrolle der Maßnahmen zur Erfüllung der" im Richtlinienentwurf vorgesehenen Sorgfaltspflichten, insbesondere für die – von Geschäftsleitern schon kraft der nationalen Kompetenzordnung von AG und, nach Feststellung durch die Geselleschafterversammlung, GmbH auszuarbeitende[23] – Unternehmensstrategie (Art. 5 Abs. 1 S. 1 RL-E) „verantwortlich sind". Sieht man darüber hinweg, dass dabei auch die „Beiträge von Interessenträgern" berücksichtigt werden sollen und es bei diesen Interessenträgern nicht nur um solche der jeweils verpflichteten juristischen Person, sondern auch um sämtliche weltweiten Stakeholder aller Tochter-, Enkelgesellschaften und Geschäftspartner, deren „Interessen" durch die Unternehmensbeziehungen „beeinträchtigt werden könnten" (Art. 3 lit. n) RL-E) und damit um einen kaum eingrenzbaren Personenkreis geht,[24]

---

22 Die vergütungsrechtlichen Bestandteile des RL-E gehen kaum über das hinaus, was im Einklang mit der Aktionärsrechte-RL II (ABl. L 2017/132, 1) und Grundsatz 24 des DCGK 2022 aus dem 2009 eingefügten (VorstAG, BGBl. I 2009, 2509), 2019 terminologisch angepassten (ARUG II, BGBl. I 2019, 2637) § 87 Abs. 1 S. 2 AktG für börsennotierte Gesellschaften folgt. Schon danach ist die Vergütungsstruktur auf eine nachhaltige und langfristige Entwicklung der Gesellschaft auszurichten, wozu auch soziale und ökologische Gesichtspunkte zählen (BT-Drs. 19/15153, 55; eingehend *J. Dörrwächter*, Nachhaltigkeit und Gesellschaftsinteresse, NZG 2022, 1083 (1086 f.); *J. Grothaus/J. MacDonald*, Neue Pflichten zur nachhaltigen Unternehmensführung, DB-Beilage 2022/2, 40 (40 f.)), sodass Art. 15 Abs. 3 RL-E hier unberücksichtigt bleibt.
23 *M. Oltmanns*, in: T. Heidel (Hrsg.), Aktienrecht, 5. Aufl., Baden-Baden 2020, § 76 Rn. 5; *V. Römermann*, in: ders. (Hrsg.), Münchener Anwaltshandbuch GmbH-Recht, 4. Aufl., München 2018, § 2 Rn. 141.
24 Krit. auch *EESC*, Opinion, 4.1, INT/973; befremdlich daher, dass *J. Baumüller/ S. Needham/O. Scheid*, Vorschlag der EU-Kommission zur Corporate Sustainability

so gibt diese Entwurfsvorgabe wenig Anlass zur Kontroverse. Sie ist aber insofern bezeichnend, als sich Art. 2 Abs. 1 RL-E gar nicht zu Mitgliedern der Unternehmensleitung verhält. Die entsprechende, Art. 1 Nr. 2 lit. i) Aktionärsrechte-RL II nachempfundene Legaldefinition ist vielmehr in Art. 3 lit. o) RL-E zu finden. In Art. 26 Abs. 1 RL-E soll daher wohl zum Ausdruck kommen, dass nur die Mitglieder der Unternehmensleitung der in Art. 2 Abs. 1 RL-E genannten, d.h. nach mitgliedstaatlichem Recht gegründeten, Gesellschaften für Einrichtung und Kontrolle der Maßnahmen verantwortlich sind, sodass die Verwaltung von Drittstaatengesellschaften bewusst[25] privilegiert wird. Entgegen teilweise vertretener Auffassung[26] ist mit dem Passus „verantwortlich sind" auch keine Haftungsbewährung verbunden, sondern lediglich eine Kompetenzzuweisung ausgesprochen.[27] Dies erhellt zum einen aus ErwGr. 64, durch den auf internationale, eine Binnenhaftung von Geschäftsführungsorganen gerade nicht vorsehende,[28] Rahmenwerke zur Erfüllung der Sorgfaltspflicht rekurriert wird. Zum anderen ist der systematische Zusammenhang mit Art. 25 Abs. 2 RL-E zu beachten, in dem eine Organbinnenhaftung ausdrücklich angesprochen wird, dies indes nur „für die Bestimmungen dieses Artikels".

Due Diligence Directive, DB 2022, 1401 (1405) von „relevanten Stakeholdern" sprechen.

25 S. 20 RL-E; ein redaktionelles Versehen, das von *M. Ruttloff/V. Rothenburg/M. Hahn*, Der Richtlinienvorschlag zu unternehmerischen Sorgfaltspflichten im Bereich der Nachhaltigkeit, DB 2022, 1116 (1117) mit Blick auf den wortgleichen Art. 25 Abs. 1 RL-E erwogen wird, liegt also fern.

26 *L. Hübner/V. Habrich/M.-P. Weller*, Corporate Sustainability Due Diligence, NZG 2022, 644 (650); *M. Charnitzky/J. Weigel*, Die Krux mit der Sorgfalt, RIW 2022, 413 (419).

27 So im Erg. auch *S. Lutz-Bachmann/K. Vorbeck/L. Wengenroth*, Nachhaltigkeitsbezogene Sorgfaltspflichten in Geschäftsbeziehungen, BB 2022, 835 (841); *R. Grabosch*, Nachhaltigkeit in Lieferketten, AuR 2022, 244 (245 f.); *C. König*, Die geplante EU-Richtlinie über Nachhaltigkeitspflichten von Unternehmen, NZG 2022, 1186 (1191); wer meint, diese Frage erübrige sich, weil eine Organhaftung ohnehin aus der Legalitäts(kontroll)pflicht und damit aus § 93 Abs. 2 AktG, § 43 Abs. 2 GmbHG folgt, liegt damit zwar richtig, übersieht aber, dass zu den Mitgliedern der Unternehmensleitung i.S.d. RL-E grds. auch leitende Angestellte gehören, die der Legalitäts(kontroll)pflicht nicht unterliegen.

28 *Nietsch/Wiedmann*, Vorschlag, (Fn. 21), 125 (136) mit Blick auf die UN-Guiding Principles und die OECD-Leitlinien.

II. Unternehmensinteresse

Damit soll die aus Art. 25 Abs. 1 RL-E folgende Verpflichtung der Geschäftsleitung haftungsrechtlich abgesichert werden, die darin besteht, bei der Ausübung ihrer Pflicht, im besten Interesse des Unternehmens zu handeln, die kurz-, mittel- und langfristigen Folgen für Nachhaltigkeitsaspekte zu berücksichtigen. Zwischen Durchsetzungs- und Schlussbestimmungen und demnach schon an einem systematisch deplatzierten Standort ist damit *en passant* nicht weniger als das Unternehmensinteresse angesprochen, das in allen mitgliedstaatlichen Gesellschaftsrechtsordnungen den Leitmaßstab für die Organwalter von Verbänden darstellt.[29] Die Kommission möchte das Unternehmensinteresse künftig wohl nicht im Sinne eines in Deutschland wohl vorherrschenden moderaten Shareholder-Value-Ansatzes, nach dem bei den vom Management zu treffenden Abwägungsentscheidungen ein latenter „Gewichtungsvorsprung" der Interessen der Gesellschafter vor Stakeholder-Belangen besteht,[30] verstanden wissen. Vielmehr soll die Geschäftsleitung, womöglich in Anlehnung an Entwicklungen des niederländischen Gesellschaftsrechts,[31] Nachhaltigkeitsaspekte bei der Erfüllung ihrer Kardinalpflicht, das Unternehmensinteresse zu verwirklichen, systematisch[32] berücksichtigen müssen. Nach welcher Maßgabe diese Aspekte zu berücksichtigen sein sollen, ob Nachhaltigkeitsbelange neben Ertragswertinteressen paritätisch oder gar prioritär berücksichtigt werden müssen und wie die Geschäftsleitung mit Zielkonflikten zwischen Stakeholder- und Shareholder-Belangen umzugehen hat, lässt die Kommission dabei in

---

[29] Vgl. nur *H. Gesell/C. Flaßhoff/M. Krömker*, in: K. Van Hulle/H. Gesell (Hrsg.), European Corporate Law, Baden-Baden 2006, Part 1 Rn. 52.

[30] *C. H. Seibt*, in: K. Schmidt/M. Lutter (Hrsg.), Aktiengesetz, 4. Aufl., Köln 2020, § 76 Rn. 40 f.; *T. Bürgers*, in: ders./T. Körber/J. Lieder (Hrsg.), Aktiengesetz, 5. Aufl., Heidelberg 2021, § 76 Rn. 15; *H. Fleischer*, in: G. Spindler/E. Stilz (Hrsg.), BeckOGK AktG (1.7.2022), § 76 Rn. 37; *M. Weber*, in: W. Hölters/ders. (Hrsg.), Aktiengesetz, 4. Aufl., München 2022, § 76 Rn. 22 f.; eingehend *S. Harbarth*, „Corporate Sustainability Due Diligence"-Richtlinie, AG 2022, 633 (634 ff.).

[31] S. nur *M. Lokin/J. Veldman*, The Potential of the Dutch Corporate Governance Model for Sustainable Governance and Long Term Stakeholder Value, EraLaw 2019-(4), 50; *A. Colenbrander/T. Lambooy*, Engaging External Stakeholders in Dutch Corporate Governance, ICCLJ 2018-(2), 1.

[32] ErwGr. 63 RL-E.

Gänze offen.³³ Umso mehr erwartet man eine Antwort auf die zwangsläufig aufgeworfene Frage, wodurch sich denn diese Nachhaltigkeitsaspekte, die immerhin den Dreh- und Angelpunkt des gesamten Richtlinienentwurfs bilden, auszeichnen. Doch auch in dieser Hinsicht gibt sich die Kommission äußerst schmallippig. Wohl weil sie, im Einklang mit Teilen der Literatur, meint, die aus Art. 25 Abs. 1 RL-E folgende Umsetzungsvorgabe sei rein deklaratorisch,³⁴ erschöpfen sich ihre Konturierungsbemühungen in einem in ErwGr. 63 untergebrachten Verweis auf „die in der Richtlinie 2013/34/EU genannten Nachhaltigkeitsaspekte". Indes liefert auch die damit angesprochene NFRD an keiner Stelle ein Nachhaltigkeitskonzept, das als Auslegungsdirektive fungieren könnte, sondern allenfalls der von der Kommission im April 2021 veröffentlichte,³⁵ jüngst im Trilog konsentierte³⁶ Reformvorschlag (CSRD) zur Überarbeitung der NFRD. Nach Art. 1 Abs. 2 lit. b) der CSRD sind unter Nachhaltigkeitsaspekten Umwelt-, Sozial-, Menschenrechts- und Governance-Faktoren, einschließlich Nachhaltigkeitsfaktoren im Sinne von Art. 2 Nr. 24 der SFDR, d.h. auch die Bekämpfung von Korruption und Bestechung, zu verstehen.

Was soll aus diesem mirakulösen *compositum mixtum* für das Leitungskonzept, auf das das Management betroffener Gesellschaften verpflichtet werden soll, folgen? Allein der Verweis auf „die Achtung der Menschenrechte" wirft kaum zu beantwortende Auslegungsfragen auf, die daraus resultieren, dass Menschenrechte staatliche Schutzpflichten statuieren und auf einer regulatorischen Ebene wirken, die der privatrechtlichen Anerkennung und Zuweisung subjektiver Rechtspositionen denknotwendig vorge-

---

33 *RSB*, Opinion, S. 3, SEC(2022) 95; *J. Schmidt*, Sustainable directors' duties?, NZG 2022, 481; *G. Spindler*, Der Vorschlag einer EU-Lieferketten-Richtlinie, ZIP 2022, 765 (776); *Dörrwächter*, Nachhaltigkeit (Fn. 22), 1083 (1088); *Grothaus/MacDonald*, Unternehmensführung (Fn. 22), 40 (41); a.A. *König*, Nachhaltigkeitspflichten (Fn. 27), 1186 (1191).
34 ErwGr. 63 RL-E; *Charnitzky/Weigel*, Krux (Fn. 26), 413 (419); in diese Richtung auch *M. Birkholz*, CSDD-E: Konkrete Sorgfaltspflichten für Unternehmen statt Vorgaben zur Sustainable Corporate Governance?, DB 2022, 1306 (1308); *Spindler*, EU-Lieferketten-Richtlinie (Fn. 33), 765 (776); *Harbarth*, Richtlinie (Fn. 30), 633 (638 f.).
35 Vorschlag für eine Richtlinie des Europäischen Parlaments und des Rates zur Änderung der Richtlinien 2013/34/EU, 2004/109/EG und 2006/43/EG und der Verordnung (EU) Nr. 537/2014 hinsichtlich der Nachhaltigkeitsberichterstattung von Unternehmen (2021/0104 (COD)).
36 Dossier interinstitutionnel 2021/0104(COD), 10835/22.

lagert ist.[37] Vor diesem Hintergrund ist es, auch unter rechtsstaatlichen Gesichtspunkten,[38] höchst bedenklich, dass sich die Kommission die Regelungstechnik des deutschen Gesetzgebers (vgl. § 2 Abs. 1 LkSG[39]) mitsamt der daran geübten Kritik[40] zu eigen macht, wenn sie meint, es genüge dem genuin hoheitlichen Konkretisierungsauftrag, in Art. 3 lit. c) RL-E auf Teil I des Anhangs zum Richtlinienentwurf zu verweisen. Denn der Annex ist einerseits nicht enumerativ[41] und in ihm findet sich andererseits nicht mehr als ein bunter Strauß an amorphen Verbotstatbeständen und 23 programmatisch formulierten völkerrechtlichen Verträgen, denen sich mit Blick auf die konkrete Ausformung der zu schützenden Rechtspositionen nicht das Geringste entnehmen lässt.[42] Bleibt es im Zuge des weiteren Ge-

---

37 *C. Wendelstein*, „Menschenrechtliche" Verhaltenspflichten im System des Internationalen Privatrechts, RabelsZ 2019, 111 (115 ff.); *J. Blach*, „Menschenrechtsschutz" durch Billigkeitshaftung, CCZ 2022, 13; *König*, Nachhaltigkeitspflichten (Fn. 27), 1186 (1187).

38 Vgl etwa *DAV*, Stellungnahme zum Vorschlag für eine Richtlinie des Europäischen Parlaments und des Rates über die Sorgfaltspflichten von Unternehmen im Hinblick auf Nachhaltigkeit und zur Änderung der RL (EU) 2019/1937, NZG 2022, 909, dessen Fachausschüsse von „gravierenden rechtsstaatlichen Bedenken", „schweren Verletzungen des Bestimmtheitsgrundsatzes" sprechen und den RL-E im Erg. für „rechtsstaatlich inakzeptabel" halten.

39 BGBl. I 2021, 2959.

40 S. nur *H. Fleischer*, Zivilrechtliche Haftung im Halbschatten des Lieferkettensorgfaltspflichtengesetzes, DB 2022, 920; *M. Nietsch/M. Wiedmann*, Adressatenkreis und sachlicher Anwendungsbereich des neuen Lieferkettensorgfaltspflichtengesetz, NJW 2022, 1 (3); *W. G. Paefgen*, Haftung für die Verletzung von Pflichten nach dem neuen Lieferkettensorgfaltspflichtengesetz, ZIP 2021, 2006 (2007); *B. Spießhofer*, Das Lieferkettensorgfaltspflichtengesetz, AnwBl. 2021, 534 (535); *G. Spindler*, Verantwortlichkeit und Haftung in Lieferantenketten, ZHR 2022, 67 (78); *P. S. Stöbener de Mora/P. Noll*, Grenzenlose Sorgfalt?, NZG 2021, 1237 (1240); *G. Thüsing*, Sorgfaltspflichtengesetz – Verantwortung mit Augenmaß und Präzision, ZRP 2021, 97 (97 f.); a.A. *M. Kaltenborn*, Zur privatrechtlichen Bindung völkerrechtlicher Abkommen zum Menschenrechts- und Umweltschutz, KlimaRZ 2022, 35 (36), der meint, die bis zur Deduktionsunfähigkeit reichende Unbestimmtheit menschenrechtlicher Garantien lasse sich durch „General Comments der UN-Menschenrechtsgremien" konkretisieren und damit – insb. in Anbetracht der Grundrechtssensibilität der tangierten Eingriffsverwaltung (vgl. §§ 15 ff., 22 ff. LkSG) – ein befremdliches Rechtsstaatsverständnis unter Beweis stellt.

41 S. Nr. 21 von Teil I des Anhangs.

42 Krit. auch *M. Bettermann/V. Hoes*, Der Entwurf der Europäischen Corporate Sustainability Due Diligence Richtlinie, WM 2022, 697 (699); *Birkholz*, CSDD-E (Fn. 34), 1306 (1310); *Lutz-Bachmann/Vorbeck/Wengenroth*, Geschäftsbeziehungen (Fn. 27), 835 (839); *Spindler*, EU-Lieferketten-Richtlinie (Fn. 33), 765 (769); *König*, Nachhaltigkeitspflichten (Fn. 27), 1186 (1188).

setzgebungsverfahrens bei diesem Stand der legislativen Unschärfe, so ist zu erwarten, dass die mit Art. 25 Abs. 1 RL-E einhergehende Einschränkung von Leitungsautonomie und -ermessen die Geschäftsleitung zu einer übertriebenen und damit gesamtvolkswirtschaftlich schädlichen Risikoaversion veranlasst,[43] ist doch kaum eine unternehmerische Entscheidung denkbar, von der nicht auch nur potentiell[44] nachteilige Folgen für die dem Kommissionsvorschlag zugrundeliegenden Nachhaltigkeitsaspekte ausgehen.[45] Soweit mitunter auf die Konnexität zwischen der Vorgabe zur Berücksichtigung dieser Nachhaltigkeitsaspekte und der Pflicht, im besten Interesse des Unternehmens zu handeln, verwiesen und daraus eine tröstliche Einschränkung der vom Kommissionsvorschlag ausgehenden Modifikationen mitgliedstaatlicher Geschäftsleiterpflichten gefolgert wird,[46] ist an die fundamentale Bedeutung des Unternehmensinteresses zu erinnern, die eine solche Einschränkung nicht trägt: Das Unternehmensinteresse verkörpert nicht weniger als die zentrale Verhaltensmaxime, die dem Handeln aller Gesellschaftsorgane als abschließend zu verstehende Grenzen setzt und sämtliche Bereiche der Unternehmensleitung ausfüllt.[47]

Wenn die Kommission bestreitet, dass die Förderung von Nachhaltigkeitsbelangen auch und gerade mit einer prioritären Gewinnzielbindung i.S.e. rigoroseren Shareholder-Value-Ansatzes kompatibel ist[48] und unbeachtet lässt, dass die progressive positivrechtliche Normierung von an die Gesellschaft adressierten,[49] über die Legalitätspflicht in das Verbandsbinnenverhältnis transportierten »Nachhaltigkeitspflichten« eine hinreichende Gemeinwohlbindung von Wirtschaftsunternehmungen sowie einen funktionalen Verhaltensanreiz für Organwalter (§ 93 Abs. 2 AktG, § 43 Abs. 2 GmbHG) gewährleistet; wenn sie ferner die rechtsökonomischen Nachteile, die ein primär Stakeholder-Value orientiertes Leitungskonzept bedingt,[50] in Kauf nimmt und an der hier kritisierten Entwurfsvorgabe festhält,[51] so mag sie sich zumindest befleißigen, die eingeforderten Nachhaltigkeitsas-

---

43 Vgl. BGH ZIP 1997, 1027 (1029).
44 ErwGr. 14, Art. 1 Abs. 1 lit. a) RL-E.
45 *Schmidt*, directors' duties (Fn. 33), 481.
46 *König*, Nachhaltigkeitspflichten (Fn. 27), 1186 (1191).
47 *C. Schubert*, Das Unternehmensinteresse, Baden-Baden 2020, passim.
48 Vgl. *Dörrwächter*, Nachhaltigkeit (Fn. 22), 1083 (1083, 1092); *H. C. Grigoleit*, in: ders. (Hrsg.), Aktiengesetz, 2. Aufl., München 2020, § 76 Rn. 20; *Weber*, in: Hölters/ders. (Fn. 30), § 76 Rn. 22b f.; *DAV*, Stellungnahme (Fn. 38), 909 (916).
49 S. oben unter A. I.
50 Dazu etwa *Fleischer*, in: Spindler/Stilz (Fn. 30), § 76 Rn. 31 ff.
51 Krit. *RSB*, Opinion, S. 2, SEC(2022) 95; *EESC*, Opinion, 4.11, INT/973.

pekte rechtssicher zu definieren und der Geschäftsleitung hinreichend konturierte Abwägungsdirektiven an die Hand zu geben. Die Kommission mag sich zudem die Frage stellen, inwieweit es zweckmäßig und der Binnenmarktintegration zuträglich ist, dass der vom Management von Kapitalgesellschaften geschuldete Leitungsmaßstab von Gesellschaft zu Gesellschaft divergent ausfällt, weil er davon abhängig gemacht wird, ob die jeweilige Gesellschaft die für den persönlichen Anwendungsbereich des Richtlinienvorschlags (Art. 2 RL-E) maßgeblichen Schwellenwerte überschreitet oder nicht.

III. Investitionsverpflichtungen

Schließlich kann auch den im Kommissionsentwurf vorgesehenen Investitionsverpflichtungen der Vorwurf eines unausgegorenen legislativen Aktionismus nicht erspart bleiben. Nach Artt. 7 Abs. 2 lit. c), 8 Abs. 3 lit. d) RL-E sollen Unternehmen „verpflichtet" werden, „notwendige Investitionen zu tätigen, z.B. in Management- oder Produktionsverfahren und -infrastrukturen, um" den näher umschriebenen Präventions- und Abhilfemaßnahmen zu entsprechen – dies indes nur „gegebenenfalls". Unterhalb des Horizonts dieser *contradictio in adiecto* bleibt die aus der Legalitätspflicht folgende externe Pflichtenbindung von Geschäftsleitern, nach der bei der Amtsführung sämtliche im Außenverhältnis bestehenden Rechtspflichten der Gesellschaft zwingend einzuhalten sind.[52] Dies umfasst, in Korrelation zur Risikoexposition der jeweiligen Gesellschaft, grundsätzlich die Implementierung einer internen organisatorischen Compliancestruktur, die eine allumfassende Rechtstreue der Gesellschaft und eine funktionale Schadensprävention garantiert.[53] Eine solche Legalitätsgewährleistung und -kontrolle gibt es aber nicht kostenlos. Vielmehr haben Vorstände und Geschäftsfüh-

---

[52] *J. Koch*, Aktiengesetz, 16. Aufl., München 2022, § 76 Rn. 9 f.; *Y. Schnorbus*, in: A. Pentz (Hrsg.), GmbH-Gesetz, 7. Aufl., München 2022, § 43 Rn. 36.

[53] *E. Bicker*, Compliance – Organisatorische Umsetzung im Konzern, AG 2012, 542 (544); *M. Hoffmann-Becking*, in: ders. (Hrsg.), Münchener Handbuch des Gesellschaftsrechts, Bd. IV, 5. Aufl., München 2020, § 25 Rn. 18 ff.; *H. Diekmann*, in: H.-J. Priester/D. Mayer/H. Wicke (Hrsg.), Münchener Handbuch des Gesellschaftsrechts, Bd. III, 5. Aufl., München 2018, § 45 Rn. 84 ff.

rer schon kraft der ihnen obliegenden Finanzverantwortung[54] zwingend – nicht nur „gegebenenfalls" – diejenigen Investitionen zu tätigen, derer es bedarf, um sämtliche – d.h. auch die aus dem Kommissionsentwurf folgenden – Pflichten, die an die juristische Person als selbstständiges Rechtssubjekt adressiert sind, erfüllen zu können. Der von Artt. 7 Abs. 2 lit. c), 8 Abs. 3 lit. d) RL-E ausgehende Pflichtenmaßstab besteht mithin schon *eo ipso*.[55] Die Erfüllung einer Pflicht zur Tätigung „notwendiger" Investitionen, die über die mit der Legalitäts- und Legalitätskontrollpflicht einhergehende Investitionsverpflichtung hinaus geht, ließe sich, insbesondere mit Blick auf die von dem extraterritorial wirkenden Kommissionsentwurf gleichermaßen erfassten und im EU-Ausland domizilierten Drittstaatengesellschaften (Artt. 2 Abs. 2, 3 lit. a) ii) RL-E), auch nicht effektiv kontrollieren, durchsetzen oder sanktionieren.[56] Artt. 7 Abs. 2 lit. c), 8 Abs. 3 lit. d) RL-E sind daher ersatzlos zu streichen.

C. Deliktsrechtliche Aspekte

In unmittelbarem Zusammenhang mit diesen Kommissionsvorstellungen stehen auch die mindestharmonisierenden (Art. 22 Abs. 4 RL-E) haftungsrechtlichen Aspekte des Richtlinienvorschlags, die der *Loi de vigilance*[57] (Art. L. 225-102-5 C. com. i.V.m. Art. 1240 f. C. civ.) nachempfunden sein und jedenfalls beim deutschen Gesetzgeber keinen frenetischen Jubel auslösen dürften. Denn dieser hat dem Lieferkettensorgfaltspflichtengesetz nach langen rechtspolitischen Kontroversen ein rein öffentlich-rechtliches Durchsetzungsregime zugrunde gelegt (§§ 3 Abs. 3 S. 1, 12 ff., 23 f. LkSG).

---

54 *L. Tomasic*, in: Grigoleit (Fn. 48), § 93 Rn. 55; *H. Fleischer*, in: ders./W. Goette (Hrsg.), MüKoGmbHG, Bd. II, 3. Aufl., München 2019, § 43 Rn. 62; *D. A. Verse*, in: F. Scholz (Hrsg.), GmbHG, 12. Aufl., Köln 2021, § 43 Rn. 66.
55 Vgl. auch *Birkholz*, CSDD-E (Fn. 34), 1306 (1311).
56 Vgl. *T. Bomsdorf/B. Blatecki-Burgert*, Lieferketten-Richtlinie und Lieferkettensorgfaltspflichtengesetz, ZRP 2022, 141 (143).
57 Loi n° 2017-399 v. 27.03.2017 relative au devoir de vigilance des sociétés mères et des entreprises donneuses d'ordre, J.O. n° 74 v. 28.03.2017, texte n° 1.

I. Kryptische Entwurfsvorgaben

1. Art. 22 Abs. 1 RL-E

Art. 22 Abs. 1 RL-E sieht nun vor, dass Unternehmen „für Schäden haften", wenn sie erstens ihre Präventions- und Abhilfepflichten nach den Artt. 7 f. RL-E nicht erfüllt haben (Art. 22 Abs. 1 lit. a) RL-E) und dies zweitens dazu geführt hat, dass „negative Auswirkungen [vgl. Art. 3 lit. b, lit. c) RL-E] eingetreten sind, die ermittelt, vermieden, abgeschwächt, behoben oder durch angemessene Maßnahmen nach den Artikeln 7 und 8 minimiert hätten werden müssen" (Art. 22 Abs. 1 lit. b) RL-E).

2. Art. 22 Abs. 2 UAbs. 1 RL-E

Eine im rechtswissenschaftlichen Schrifttum für das Lieferkettensorgfaltspflichtengesetz zuweilen postulierte,[58] von Teilen der deutschen Vorgängerregierung in einem frühen Gesetzgebungsstadium vorgesehene,[59] letztendlich aber bewusst[60] abgelehnte *safe harbor*-Regelung[61] findet sich sodann in Art. 22 Abs. 2 UAbs. 1 RL-E. Danach haften Unternehmen, die den ihnen obliegenden Pflichten zur präventiven (Art. 7 Abs. 2 lit. b) RL-E) oder repressiven (Art. 8 Abs. 3 lit. c) RL-E) vertraglichen Kaskadierung und entsprechender Kontrolle (Artt. 7 Abs. 4, 8 Abs. 5 RL-E) bestimmter Wertschöpfungsstandards nachgekommen sind, grundsätzlich nicht für von einem indirekten Partner, zu dem eine etablierte Geschäftsbeziehung besteht (Art. 3 lit. f) RL-E), verursachte Schäden. Diese Haftungsbefreiung soll wiederum nicht eintreten, wenn die Erwartung, die gewählte Form der Vertragsgestaltung und die Kontrolle vertragsgemäßen Verhaltens seien geeignet, negative Auswirkungen zu vermeiden, abzuschwächen, zu beheben oder zu minimieren, im Einzelfall unangemessen war.

---

58 *L. Hübner*, Bausteine eines künftigen Lieferkettengesetzes, NZG 2020, 1411 (1415); *A. Chatzinerantzis/J. Grothaus*, Unternehmensverantwortung in Lieferketten, BB-Beilage 2/2021, 20 (22); s. auch *H. Fleischer*, Grundstrukturen der lieferkettenrechtlichen Sorgfaltspflichten, CCZ 2022, 205 (207).

59 *BMAS/BMZ*, Entwurf für Eckpunkte eines Bundesgesetzes über die Stärkung der unternehmerischen Sorgfaltspflichten zur Vermeidung von Menschenrechtsverletzungen in globalen Wertschöpfungsketten (Sorgfaltspflichtengesetz), S. 5, abrufbar unter: die-korrespondenten.de/fileadmin/user_upload/die-korrespondenten.de/Lieferkettengesetz-Eckpunkte-10.3.20.pdf (24.10.2022).

60 BT-Drs. 19/28643 S. 4.

61 Grundlegend *S. Augschill*, "Safe harbor"-Regelungen, Berlin 2016.

3. Art. 22 Abs. 2 UAbs. 2 RL-E

In UAbs. 2 von Art. 22 Abs. 2 des Kommissionsentwurfs wird sodann angeordnet, dass „[b]ei der Bewertung des Vorliegens und Umfangs eines Haftungsfalls" nach Art. 22 Abs. 2 UAbs. 1 RL-E den unternehmerischen Bemühungen, „insoweit diese direkt mit dem fraglichen Schaden in Verbindung stehen", behördenseitig geforderten Abhilfemaßnahmen, getätigten Investitionen,[62] einer gezielten Unterstützung nach den Artt. 7 f. RL-E und einer auf die Bewältigung negativer Auswirkungen gerichteten Kooperation mit anderen Unternehmen gebührend Rechnung zu tragen ist.

II. Decodierung und Würdigung

1. Von Art. 22 Abs. 1 RL-E

Es gestaltet sich schon als schwieriges Unterfangen, die aus Art. 22 Abs. 1 RL-E folgende und an die Grenze der Verständlichkeit reichende[63] Umsetzungsvorgabe klar zu erfassen. Im Ausgangspunkt überzeugend und jedenfalls gewiss ist zunächst, dass eine dem verpflichteten Rechtsträger zurechenbare (§ 31 BGB analog) Verletzung einer aus Artt. 7 f. RL-E folgenden Pflicht haftungsbegründend wirkt. Wenig überzeugend ist indes, dass die Schadensersatzhaftung aus Art. 22 Abs. 1 RL-E auch an eine Verletzung der aus Art. 8 Abs. 3 lit. a) RL-E „gegebenenfalls" folgenden Pflicht anknüpft, die ihrerseits „die Zahlung von Schadensersatz" bzw. „eine[...] finanzielle[...] Entschädigung" vorsieht – und dies, entgegen des grundsätzlich geltenden Tatbestandsprinzips und der Subjektbezogenheit des deutschen Delikts- und Schadensrechts,[64] nicht nur an die unmittelbar betroffenen Personen, sondern auch „an die betroffenen Gemeinschaften". Wer zu diesem nebulösen Kreis der Anspruchsberechtigten gehören soll, lässt sich dem Kommissionsvorschlag nicht entnehmen. Als kausale Folge[65] einer

---

62 S. oben unter B. III.
63 Vgl. v. *Westphalen*, Lieferkettengesetz à l'Europe, IWRZ 2022, 97 (98); *Nietsch/Wiedmann*, Unternehmensbereich (Fn. 21), 125 (133).
64 S. nur *F. Pardey*, in: K. Haag (Hrsg.), Geigel, Der Haftpflichtprozess, 28. Aufl., München 2020, Kap. 4 Rn. 4, Kap. 8 Rn. 3; *C. Höpfner*, in: Staudinger (NB 2021), Vorb. zu §§ 249 ff. Rn. 49; *G. Wagner*, in: MüKoBGB, Bd. VII, 8. Aufl., München 2020, § 823 Rn. 88; *H. Sprau*, in: Grüneberg, 81. Aufl., München 2022, § 823 Rn. 74.
65 „als Ergebnis dieses Versäumnisses negative Auswirkungen eingetreten sind, die [...] zu Schaden [sic] geführt haben".

Pflichtverletzung muss jedenfalls eine negative Auswirkung eingetreten sein, die kausal zu einem Schaden geführt hat.[66] Wie weit diese Kausalitätserfordernisse im Einzelnen reichen, ob etwa auch mittelbare Folgeschäden erfasst werden, wodurch sich überhaupt eine ersatzfähige Schadensposition auszeichnet, ob etwa auch reine Vermögensschäden ersatzfähig sein sollen,[67] und wer im Rahmen von Art. 22 RL-E berechtigt sein soll, einen eingetretenen Schaden zu liquidieren, bleibt trotz der gleich zweifachen Erwähnung des Schadenserfordernisses in Art. 22 Abs. 1 RL-E gänzlich unklar. Ebenso unklar bleibt, welche der zwei[68] Spuren des mitgliedstaatlichen Haftungsrechts mit dem Entwurf einer Umsetzungsvorhabe zur zivilrechtlichen Haftung verfolgt wird. Der Begründung zum Richtlinienvorschlag lässt sich insoweit nur entnehmen, dass die vorgesehene zivilrechtliche Haftung hinsichtlich der Einstandspflicht für negative Auswirkungen auf die Umwelt die Umwelthaftungs-RL flankieren soll,[69] im Rahmen derer jedoch ein Verschuldens- und einen Gefährdungshaftungstatbestand kombiniert wurden (Art. 3 Abs. 1 Umwelthaftungs-RL). Für eine klassische Verschuldenshaftung spricht neben den dogmatischen Friktionen, die aus der Annahme, eine transnationale Wertschöpfungskette stelle die Quelle einer erhöhten, haftungsrechtlich verschuldensunabhängig zu regulierenden und von europäischen Unternehmen faktisch beherrschten Gefahr dar,[70] jedenfalls mittelbar Art. 22 Abs. 2 UAbs. 1 RL-E.[71]

---

66 *Lutz-Bachmann/Vorbeck/Wengenroth*, Geschäftsbeziehungen (Fn. 27), 835 (842); *DAV*, Stellungnahme (Fn. 38), 909 (916); *König*, Nachhaltigkeitspflichten (Fn. 27), 1186 (1190).
67 So *König*, Nachhaltigkeitspflichten (Fn. 27), 1186 (1188); s. auch *Bettermann/Hoes*, Entwurf (Fn. 42), 697 (702 in Fn. 27).
68 *J. Esser*, Die Zweipurigkeit unseres Haftpflichtrechts, JZ 1953, 129; zu einer möglichen Dreispurigkeit *H. Koziol*, Die Sicherstellungshaftung, AcP 2019, 376.
69 Begründung zum RL-E, S. 10; S 15 f. sind insoweit völlig unergiebig.
70 Zur Legitimation der Gefährdungshaftung s. *J. Esser*, Grundlagen und Entwicklung der Gefährdungshaftung, 2. Aufl., München 1969, S. 69 ff., 97 ff.; *M. R. Will*, Quellen erhöhter Gefahr, München 1980, S. 280 ff.; *G. Brüggemeier*, Grundstrukturen des zivilrechtlichen Delikts, AcP 2019, 771 (795); treffend *W. Willburg*, Die Elemente des Schadensrechts, Marburg a. d. Lahn 1941, S. 26 ff.; *E. v. Caemmerer*, Reform der Gefährdungshaftung, Berlin/New York 1971, S. 16.
71 So (im Erg.) auch *Spindler*, EU-Lieferketten-Richtlinie (Fn. 33), 765 (774 f.); *Nietsch/Wiedmann*, Unternehmensbereich (Fn. 21), 125 (133); *Lutz-Bachmann/Vorbeck/Wengenroth*, Geschäftsbeziehungen (Fn. 27), 835 (842) „Exkulpationsmöglichkeit"; *DAV*, Stellungnahme (Fn. 38), 909 (916); *König*, Nachhaltigkeitspflichten (Fn. 27), 1186 (1186, 1189); a.A. wohl *Bomsdorf/Blatecki-Burgert*, Lieferketten-Richtlinie (Fn. 56), 141 (143).

2. Von Art. 22 Abs. 2 UAbs. 1 RL-E

Das Ergreifen bestimmter Präventions- und Abhilfemaßnahmen soll danach grundsätzlich eine haftungsbefreiende Wirkung entfalten. Dies indes nur, soweit es um Schäden geht, die unmittelbar von indirekten Geschäftspartnern, zu denen etablierte Geschäftsbeziehungen bestehen, verursacht wurden.[72] Dies ist insofern inkonsequent, als im Rahmen der im Kommissionsentwurf vorgesehenen Sorgfaltspflichten gerade nicht zwischen direkten und indirekten Geschäftspartnern differenziert wird. Wenn an einer solchen Entwurfsvorgabe festgehalten wird, so ist ihr Anwendungsbereich auch auf direkte Geschäftspartner zu erstrecken.[73] Und wer gilt überhaupt als indirekter Geschäftspartner und wann ist eine zu diesem bestehende Geschäftsbeziehung etabliert? In Art. 3 lit. e) ii) RL-E heißt es lediglich, eine Geschäftsbeziehung sei eine Beziehung zu einem Rechtssubjekt („Partner"), das für das Unternehmen oder mit dessen Produkten und Dienstleistungen zusammenhängende Geschäftstätigkeiten ausübt. Als etabliert soll eine solche Geschäftsbeziehung gelten, wenn sie hinsichtlich ihrer Intensität oder Dauer beständig ist oder sein dürfte und keinen untergeordneten Teil der unternehmerischen Wertschöpfungskette darstellt (Art. 3 lit. f) RL-E). Die damit angesprochene, in Art. 3 lit. g) RL-E enthaltene, durch ErwGr. 18 RL-E konkretisierte und wiederum an der *Loi de vigilance* orientierte[74] Wertschöpfungskettendefinition ist ihrerseits, wie auch die des deutschen Lieferkettensorgfaltspflichtengesetzes (§ 2 Abs. 5 LkSG),[75] so ausufernd formuliert, dass sich der Kreis der von den vorgesehenen Sorgfaltspflichten und Art. 22 Abs. 2 UAbs. 1 RL-E erfassten Unternehmen nicht ansatzweise sinnvoll eingrenzen lässt[76]. Insgesamt sind diese Entwurfsvorgaben so unbestimmt,[77] die Anzahl der in die Risikoanalyse-, Präventions- und Abhilfepflichten einbezogenen Up- und Downstream-Wertschöpfungskettenglieder so grenzen- und konturenlos, dass

---

72 Zu weitgehend daher die Folgerungen von *Bomsdorf/Blatecki-Burgert*, Lieferketten-Richtlinie (Fn. 56), 141 (143).
73 Vgl. auch *Bettermann/Hoes*, Entwurf (Fn. 42), 697 (702).
74 Vgl. *Nietsch/Wiedmann*, Unternehmensbereich (Fn. 21), 125 (127).
75 S. *J. Blach*, Konzerndeliktsrecht, Verkehrspflichtenallokation im Unterordnungskonzern und ihr Einfluss auf die Haftungsverfassung transnationaler Wertschöpfungsketten, Baden-Baden 2022, S. 432 ff.
76 *Spindler*, EU-Lieferketten-Richtlinie (Fn. 33), 765 (768).
77 Vgl. *EESC*, Opinion, 1.8, 4.1, INT/973; *Lutz-Bachmann/Vorbeck/Wengenroth*, Geschäftsbeziehungen (Fn. 27), 835 (838); *Ruttloff/Rothenburg/Hahn*, Sorgfaltspflichten (Fn. 25), 1116 (1118).

pflichtgemäßes Verhalten schier ausgeschlossen erscheint.[78] Das Haftungsrisiko, das die vom Kommissionsentwurf erfassten Unternehmen trifft, wird damit unüberschaubar. Die verfolgten Regelungsziele drohen auf diese Weise verfehlt, die Lebensumstände der Schutzsubjekte aufgrund adverser Regelungseffekte im Ergebnis verschlechtert zu werden.[79]

3. Von Art. 22 Abs. 2 UAbs. 2 RL-E

Ungeachtet dessen provozieren die Kommissionsvorgaben zur zivilrechtlichen Haftung auch konkrete Friktionen in den mitgliedstaatlichen Haftungsrechten. Dies gilt, fernab der transsubjektiven Dimension der Einstandspflicht für Zuliefererverhalten,[80] insbesondere unter Berücksichtigung von Art. 22 Abs. 2 UAbs. 2 RL-E. In Anbetracht des Grundsatzes der Totalreparation[81] und der damit korrelierenden Differenzhypothese[82] einerseits sowie des schadensrechtlichen Bereicherungsverbots[83] andererseits fiele die dogmatische Einbettung dieser Entwurfsvorgabe in nationale Haftungsstrukturen schon schwer genug, wenn Art. 22 Abs. 2 UAbs. 2 RL-E auf die „Bewertung des [...] Umfangs eines Haftungsfalls" und damit auf die rechtsfolgenbezogene Haftungsausfüllung beschränkt wäre. Ausweislich des eindeutigen Wortlauts von Art. 22 Abs. 2 UAbs. 2 RL-E und ErwGr. 57 verschiedener Sprachfassungen[84] soll dieses näher umschriebene unternehmerische »Nachtatverhalten« indes auch „[b]ei der Bewertung des Vorliegens

---

78 Vgl. *Birkholz*, CSDD-E (Fn. 34), 1306 (1310); *Bomsdorf/Blatecki-Burgert*, Lieferketten-Richtlinie (Fn. 56), 141 (142).
79 *Blach*, Konzerndeliktsrecht (Fn. 75), S. 450 f. m.w.N.; jüngst auch *C. Osterloh-Konrad* i.R.d. Munich Dispute Resolution Day 2022, s. den Tagungsbericht von *S. Schröter/ M. Jahani*, Menschenrechtsklagen in Deutschland, ZEuP 2022, 734 (735); ferner *RSB*, Opinion, S. 4, SEC(2022) 95.
80 Vgl. etwa *P. C. Pordzik*, Transsubjektive Deliktsverantwortlichkeit, Tübingen 2022.
81 Zu diesem *Höpfner*, in: Staudinger (Fn. 64), Vorb. zu §§ 249 ff. Rn. 1, 3 f.; *I. Ebert*, in: H. P. Westermann/B. Grunewald/G. Maier-Reimer (Hrsg.), Erman, 16. Aufl., Köln 2020, Vorb. vor § 249 Rn. 4.
82 Dazu *W. P. Müller*, in: J. Jahnke/M. Burmann (Hrsg.), Handbuch Personenschadensrecht, 2. Aufl., München 2022, Kap. 2 Rn. 1530 ff.; *Grüneberg*, in: Grüneberg (Fn. 64), Vorb v. § 249 Rn. 10.
83 S. BGH NJW 2020, 40 (41) m. zust. Anm. *K. Tonner*; *J. W. Flume*, in: W. Hau/ R. Poseck (Hrsg.), BeckOK BGB (1.5.2022), § 249 Rn. 46 ff.; zur Zugehörigkeit dieses Prinzips zum materiellen *ordre public* im deutschen und österreichischen Recht s. BGH NJW 1992, 3096 (3103); OLG Brandenburg NJOZ 2020, 1545 (1555); OGH 18 OCg 6/18h unter IV. E. 4.1.
84 „of the existence [...] of liability", „de l'existence [...] de la responsabilité".

[...] eines Haftungsfalles" und damit auf Ebene der Haftungsbegründung berücksichtigt werden.[85] Dies führt zu dem widersinnigen Ergebnis, dass die im Kommissionsentwurf vorgesehene zivilrechtliche Haftung für einen bereits eingetretenen Schaden im Anwendungsbereich von Art. 22 Abs. 2 RL-E dem Grunde nach von *post delictum* gezeigtem Verhalten, etwa der Kooperation mit den zuständigen Aufsichtsbehörden oder anderen Unternehmen bei der Bewältigung negativer Auswirkungen, abhängig gemacht wird.[86] Das „Zivilrechtliche" an einer solchen haftungsrechtlichen Vorgabe lässt sich vor diesem Hintergrund allenfalls unter Berücksichtigung der – ebenfalls nebulösen[87] – Aktivlegitimation zur Geltendmachung der aus Art. 22 RL-E bzw. der jeweiligen Umsetzungsnorm folgenden Ansprüche erklären. Wie Art. 20 Abs. 2 RL-E zeigt, handelt es sich bei diesen Entwurfsvorgaben indes um ein dem *public enforcement* entstammendes Konzept (s. auch etwa § 81d Abs. 1 S. 2 Nr. 5 GWB). Es belegt einmal mehr, dass es bei der zivilrechtlichen Haftung europäischer Unternehmen für wertschöpfungskettenspezifische Rechts(gut)verletzungen nicht um einen restitutiven Schadensausgleich im Einzelfall, sondern um die Verwirklichung verteilungspolitischer Belange geht,[88] die das Haftungsrecht zunehmend von seiner Kompensationsfunktion entkoppeln[89].

III. Abschließende Bewertung

Kommt der Ausgleich von Schäden, die bei den an Wertschöpfungsketten europäischer Unternehmen partizipierenden Schutzsubjekten angefallen sind, als normative Legitimation einer transsubjektiv wirkenden Haftungsnorm nicht in Betracht, ließe sich allenfalls die Präventionsfunktion des Haftungsrechts ins Feld führen.[90] Indes würde dabei zum einen verkannt,

---

85 Irrig daher *Bettermann/Hoes*, Entwurf (Fn. 42), 697 (702); *Ruttloff/Rothenburg/Hahn*, Sorgfaltspflichten (Fn. 25), 1116 (1122); *Nietsch/Wiedmann*, Unternehmensbereich (Fn. 21), 125 (133).
86 Krit. auch *Spindler*, EU-Lieferketten-Richtlinie (Fn. 33), 765 (775).
87 S. auch *I. Naujoks/A. Schmidt-Räntsch*, Der EU-Richtlinienvorschlag zu unternehmerischen Sorgfaltspflichten, ZUR 2022, 257 (258); *Spindler*, EU-Lieferketten-Richtlinie (Fn. 33), 765 (775); *König*, Nachhaltigkeitspflichten (Fn. 27), 1186 (1187).
88 *Blach*, Billigkeitshaftung (Fn. 37), 13 (19).
89 Vgl. *König*, Nachhaltigkeitspflichten (Fn. 27), 1186 (1190).
90 Zu dieser, der Ausgleichsfunktion und entspr. Krit. an beiden Prinzipien *G. Wagner*, Verantwortlichkeit im Zeichen digitaler Techniken, VersR 2020, 717 (721 ff.); *ders.*, in: MüKoBGB (Fn. 64), Vorb. Vor § 823 Rn. 43 ff.; zu einem nicht anzuerkennenden

dass die multilaterale Konzeption moderner Kollisionsrechtssysteme[91] der verhaltenssteuernden Wirkung nationaler Haftungsbestimmungen ihre Legitimationsgrundlage entzieht, sobald Verhaltensweisen gesteuert werden sollen, die sich auf Territorien anderer Staaten zutragen. Jenseits der nationalen Staatsgrenzen übernimmt ausländisches Recht die Aufgabe der Verhaltenssteuerung und -koordinierung zugunsten des Rechts(güter)schutzes im Ausland domizilierter Individuen.[92] Dessen ungeachtet bedarf es zur Steuerung des wirtschaftlichen Verhaltens europäischer Abnehmergesellschaften keiner spezifischen zivilrechtlichen Haftungsnorm. Neben die empfindlichen und potenziell existenzbedrohlichen öffentlich-rechtlichen Haftungsrisiken (vgl. Art. 20 Abs. 1–Abs. 3 RL-E, § 24 LkSG) treten aus der Legalitäts- und Legalitätskontrollpflicht folgende Organbinnen- (§ 93 Abs. 2 AktG, § 43 Abs. 2 GmbHG), Reputations- und unter bestimmten Voraussetzungen[93] deliktische Außenhaftungsrisiken, die von allgemeinen Marktmechanismen (»Investor Social Responsibility« am Kapitalmarkt[94] und »Customer Social Responsibility« der Marktgegenseite) flankiert werden. Von einer wertschöpfungskettenspezifischen Haftungsnorm, wie sie im Kommissionsentwurf vorgesehen ist, drohen vielmehr gesamtvolkswirtschaftlich schädliche Effizienzeinbußen auszugehen. Denn die Existenzberechtigung einer jeden Haftungsregelung muss sich rechtsökonomischen Rationalitäten entsprechend – cum grano salis – daran messen lassen, ob die durch die Haftungsandrohung provozierten Präventionskosten geringer ausfallen als die durch sie zu verhütenden Schadenskosten.[95] Hinsichtlich letzterer ist bei einer neutralitätswahrenden Perspektive auf ausländische Rechtsordnungen davon auszugehen, dass sie durch die *lex loci delicti* funktional auf das unmittelbar schädigende Wertschöpfungskettenglied umverteilt werden. Die mit der im Richtlinienvorschlag vorgesehenen zi-

---

pönalen Zweck vgl. BGH NJW 1992, 3096 (3103); *J. Hager*, in: Staudinger (NB 2017), Vorb. zu §§ 823 ff. Rn. 11.
91 Vgl. *K. Schurig*, Kollisionsnorm und Sachrecht, Berlin 1981, S. 29 f., 75 f.
92 *G. Wagner*, Haftung für Menschenrechtsverletzungen, RabelsZ 2016, 717 (747).
93 Mit Blick auf konzernierte Wertschöpfungsketten *Blach*, Konzerndeliktsrecht (Fn. 75), S. 303–408, 425–428.
94 Vgl. *P. O. Mülbert*, Soziale Verantwortung von Unternehmen im Gesellschaftsrecht, AG 2009, 766 (768); *J. Vetter*, Geschäftsleiterpflichten zwischen Legalität und Legitimität, ZGR 2018, 338 (360 ff.); *M. Habersack*, Gemeinwohlbindung und Unternehmensrecht, AcP 2020, 594 (635); *Dörrwächter*, Nachhaltigkeit (Fn. 22), 1083.
95 Zur Learned Hand-Formel s. *United States v. Carroll Towing Co.*, 159 F.2d 169, 173 (2nd Cir. 1947); s. auch *G. Calabresi*, The Costs of Accidents, Yale 1970, S. 68 ff.; *S. Shavell*, Foundations of Economic Analysis of Law, Cambridge 2004, S. 178 ff.

vilrechtlichen Haftung verbundenen Schadensvermeidungskosten dürften hingegen insofern exorbitant ausfallen, als mit ihnen eine anlasslose Überwachung eines jeden Up- und Downstream-Wertschöpfungskettengliedes einhergeht. Die von Art. 25 RL-E ausgehenden Monitoringkosten treffen zudem nicht nur die vom Kommissionsvorschlag unmittelbar erfassten Unternehmen. Einpreisungseffekte geben diese Kosten an die Absatzmärkte weiter. Un- (Art. 3 lit. a) iv) KOM-E) und mittelbar werden auch eine Vielzahl von Kapitalmarktakteuren, die an diesen Unternehmen beteiligt oder deren Interessen auf andere Weise mit den in den persönlichen Anwendungsbereich des Vorschlags einbezogenen Unternehmen verflochten sind, an den Überwachungskosten beteiligt. Dem steht nicht mehr als das Interesse der Schutzsubjekte gegenüber, das ihnen zur Verfügung stehende Haftungssubstrat nicht auf das Vermögen des unmittelbaren Schädigers beschränkt zu wissen, ihren Haftungszugriff vielmehr auf ein weiteres, am anderen Ende der Wertschöpfungskette stehendes Unternehmen zu erstrecken. Bei einer ideologiefreien Abwägung muss dieses Individualinteresse hinter gesamtvolkswirtschaftlichen Interessen an einer effizienten Ressourcenallokation zurücktreten. Art. 22 RL-E ist ersatzlos zu streichen.

D. Kollisionsrechtliche Aspekte

In diesem Fall würde sich auch Art. 22 Abs. 5 RL-E erübrigen. Der dort an die Mitgliedstaaten gerichtete Auftrag, die Art. 22 RL-E umsetzende nationale Haftungsbestimmung als Eingriffsnorm i.S.d. Art. 16 Rom II-VO[96] auszugestalten, soll die von Art. 4 Abs. 1 Rom II-VO ausgesprochene Sachnormverweisung überbrücken und auf diese Weise sicherstellen, dass die *lex loci delicti* partiell durch das aus dem Kommissionsentwurf folgende Haftungsregime überlagert wird. Indes wird dadurch eine künstliche *dépeçage* erzeugt, denn: Der Kauf- (Art. 4 Abs. 1 lit. a) Rom I-VO) oder Dienstleistungsvertrag (Art. 4 Abs. 1 lit. b) Rom I-VO) zwischen europäischer Abnehmergesellschaft und ausländischem Zulieferer unterliegt grundsätzlich ausländischem Recht. Die vertragliche (Art. 8 Abs. 2, Abs. 3

---

96 Verordnung (EG) Nr. 864/2007 des Europäischen Parlaments und des Rates vom 11. Juli 2007 über das auf außervertragliche Schuldverhältnisse anzuwendende Recht, ABl. L 2007/199, 40.

Rom I-VO[97]) oder deliktische (Artt. 4 Abs. 2, Abs. 3 S. 2, 23 Rom II-VO i.V.m. Art. 8 Abs. 2, Abs. 3 Rom I-VO) Haftung des unmittelbar schädigenden Wertschöpfungskettengliedes unterliegt grundsätzlich ausländischem Recht. Entsprechendes gilt grundsätzlich für das Personalstatut des im Ausland domizilierten Zulieferers[98] sowie den Innenregress zwischen den womöglich gesamtschuldnerisch haftenden (Art. 22 Abs. 3 RL-E), an den schadensgegenständlichen Wertschöpfungsketten beteiligten Gesellschaften europäischer Provenienz (Art. 20 Rom II-VO). Quasivertragliche Ansprüche gegen die europäische Abnehmergesellschaft[99] unterliegen, unabhängig von der umstrittenen Qualifikationsfrage,[100] grundsätzlich ausländischem Recht (Art. 4 Abs. 1 lit. a), lit. b), Abs. 2, Abs. 4 Rom I-VO, Art. 4 Abs. 1 Rom II- VO). Besteht Versicherungsschutz für das Risiko, dessen Realisierung zum Schaden des Gläubigers geführt hat, richtet sich auch das Versicherungsstatut grundsätzlich nach ausländischem Recht (Art. 7 Abs. 3 UAbs. 3, mitunter auch Art. 4 Abs. 1 lit. b) Rom I-VO). Obschon also alle sonstigen den Schadensfall charakterisierenden Umstände auf ausländisches Recht hindeuten, soll ausgerechnet mitgliedstaatliches Recht über die Haftung europäischer Unternehmen entscheiden. Ob dies dem Bestreben nach der Schaffung eines *level playing field* geschuldet ist[101] – was auch eine Harmonisierung der Darlegungs- und Beweislastverteilung erfordert hätte[102] – oder, weit wahrscheinlicher, von einer empiriefreien und jedweder rechtsvergleichenden Erkenntnis entbehrenden Perhorreszenz der Anwendung

---

97 Verordnung (EG) Nr. 593/2008 des Europäischen Parlaments und des Rates vom 17. Juni 2008 über das auf vertragliche Schuldverhältnisse anzuwendende Recht, ABl. L 2008/177, 6.
98 Eingehend *Blach*, Konzerndeliktsrecht (Fn. 75), S. 101 f.
99 Zu möglichen, aus den Grundsätzen des Vertrags mit Schutzwirkungen zugunsten Dritten folgenden Ansprüchen gegen europäische Gesellschaften s. etwa *M. Habersack/M. Ehrl*, Verantwortlichkeit inländischer Unternehmen für Menschenrechtsverletzungen durch ausländische Zulieferer, AcP 2019, 155 (191 ff.).
100 Für eine vertragliche Qualifikation *U. Magnus*, in: Staudinger (NB 2021), Art. 12 Rom I Rn. 37; für eine außervertragliche Qualifikation *A. Dutta*, Das Statut der Haftung aus Vertrag mit Schutzwirkung für Dritte, IPRax 2009, 293 (294 ff.).
101 Darauf hindeutend die Begründung zum RL-E, S. 16.
102 S. ErwGr. 58 RL-E; zu der Beweisnot der Anspruchsteller, einer Aufwertung ihrer prozessualen Situation über die Grundsätze der sekundären Darlegungslast und gegen eine zuweilen postulierte (*T. Görgen*, Unternehmerische Haftung in transnationalen Menschenrechtsfällen, Baden-Baden 2019, S. 279 f.) Beweislastumkehr *Blach*, Konzerndeliktsrecht (Fn. 75), S. 410 ff.

ausländischen Rechts beflügelt wird,[103] bleibt das Geheimnis der Kommission. Gewiss ist: Qua Eingriffsnormen soll am europäischen Rechtswesen die Welt genesen – und dies auf dogmatisch tönernen Füßen, denn: Eingriffsnormen sind restriktiv zu handhaben.[104] Nur solche Vorschriften, „deren Einhaltung von einem Staat als so entscheidend für die Wahrung seines öffentlichen Interesses, insbesondere seiner politischen, sozialen oder wirtschaftlichen Organisation, angesehen wird, dass sie ungeachtet" der herkömmlichen kollisionsrechtlichen Verweisungsbefehle internationale Gültigkeit beanspruchen, kommen als Eingriffsnormen in Betracht.[105] Damit sind all jene Regelungen angesprochen, denen im Kern überindividuelle, gemeinwohlorientierte, qualifizierte öffentliche Interessen zugrunde liegen[106] und die im innerstaatlichen Recht der Parteidisposition entzogen sind, also zum *ius cogens* gehören[107]. Ob dies der Fall ist, haben die mitgliedstaatlichen Gerichte auf der Grundlage einer ausführlichen Analyse des Wortlauts, der allgemeinen Systematik, des *Telos* sowie des Entstehungszusammenhangs der jeweiligen Vorschrift festzustellen.[108] Daraus er-

---

103 Dafür sprechen neben ErwGr. 61 RL-E und der Einschätzung des Rechtsausschusses des EU-Parlaments (Bericht mit Empfehlungen an die Kommission zur Sorgfaltspflicht und Rechenschaftspflicht von Unternehmen (2020/2129(INL)) vom 11.02.2021, A9–0018/2021, S. 19 f., 54) zahlreiche unbegründete Behauptungen im Schrifttum, s. etwa G. *Osieka*, Zivilrechtliche Haftung deutscher Unternehmen für menschenrechtsbeeinträchtigende Handlungen ihrer Zulieferer, Frankfurt a. M./Bern/Brüssel 2014, S. 238; *M.-P. Weller/L. Nasse*, Menschenrechtsarbitrage als Gefahrenquelle, in: A. Bergmann/I. Drescher/H. Fleischer et al. (Hrsg.), ZGR-Sonderheft 22, Berlin/Boston 2020, S. 107 (127, 129); *C. Thomale/L. Hübner*, Zivilgerichtliche Durchsetzung völkerrechtlicher Unternehmensverantwortung, JZ 2017, 385 (391).
104 EuGH Urt. v. 17.10.2013, ECLI:EU:C:2013:663 Rn. 49 – *Unamar*; Urt. v. 18.10.2016, ECLI:EU:C:2016:774 Rn. 44 – *Nikiforidis*; Urt. v. 31.01.2019, ECLI:EU:C:2019:84 Rn. 29 – *Da Silva Martins*.
105 Vgl. den mit Art. 16 Rom II-VO kohärent auszulegenden (EuGH Urt. v. 31.01.2019, ECLI:EU:C:2019:84 Rn. 28 – *Da Silva Martins*) Art. 9 Abs. 1 Rom I-VO in Anlehnung an EuGH Urt. v. 23.11.1999, ECLI:EU:C:1999:575 Rn. 30 – *Arblade*.
106 *F. Maultzsch*, in: C. Budzikiewicz/M.-P. Weller/W. Wurmnest (Hrsg.), BeckOGK Rom II (1.9.2022), Art. 16 Rn. 20 ff.; *D. Looschelders*, in: Staudinger (NB 2019), Einl. IPR Rn. 1282; *A. Staudinger*, in: Schulze HK-BGB, 11. Aufl., Baden-Baden 2022, Art. 9 Rom I Rn. 4; *D. Jakob/P. Picht*, in: T. Rauscher (Hrsg.), EuZPR/EuIPR, Bd. III, 4. Aufl., Köln 2016, Art. 16 Rom II Rn. 4; a.A. *J. Schilling*, Eingriffsnormen im europäischen Richtlinienrecht, ZEuP 2014, 843 (848) m.w.N.
107 *A. Junker*, in: MüKoBGB, Bd. XIII, 8. Aufl., München 2021, Art. 16 Rom II Rn. 10; *A. Spickhoff*, in: W. Hau/R. Poseck (Hrsg.), BeckOK BGB (1.5.2022), Art. 16 Rom II Rn. 1.
108 EuGH Urt. v. 31.01.2019, ECLI:EU:C:2019:84 Rn. 31 – *Da Silva Martins*.

gibt sich die Notwendigkeit einer regelungskontextbezogenen Betrachtung der entsprechenden Norm innerhalb der sie beheimatenden nationalen Rechtsordnung und das Erfordernis eines hinreichenden Inlandsbezugs[109].

All dies spricht dagegen, die aus dem Kommissionsentwurf folgenden haftungsrechtlichen Umsetzungsregelungen als mitgliedstaatliche Eingriffsnormen anzusehen. Wie etablierte Eingriffsnormen, etwa außenwirtschaftsrechtliche Bestimmungen[110], sozialversicherungsrechtliche Haftungsbeschränkungen[111] oder kartellrechtliche Ver- und Gebotsnormen[112] zeigen, streitet schon der von der Kommission mit Art. 22 RL-E offenbar intendierte Individualschutz (ErwGr. 61 RL-E) gegen eine Eingriffsnormqualität. Hinzu kommt, dass der Großteil des außervertraglichen Haftungsrechts der Mitgliedstaaten nicht harmonisiert ist, sodass sich auf mitgliedstaatlicher Ebene divergente systematische Wertungen ergeben, die keinen einheitlichen Schluss in Richtung einer Eingriffsnormqualität der nationalen Umsetzungsbestimmungen zulassen. Im deutschen Recht ist die Deliktshaftung auch weitgehend dispositiv ausgestaltet,[113] mithin keineswegs Bestandteil des *ius cogens*. Zudem hat sich der deutsche Gesetzgeber nicht nur gegen den Erlass einer wertschöpfungskettenspezifischen Haftungsnorm ausgesprochen (§ 3 Abs. 3 S. 1 LkSG), sondern auch bewusst[114] davon abgesehen, die Bestimmungen des Lieferkettensorgfaltspflichtengesetzes einer kollisionsrechtlichen Sonderanknüpfung zu unterstellen. Auch der französische Gesetzgeber hat im Rahmen der *Loi de vigilance* auf eine ausdrückliche kollisionsrechtliche Regelung verzichtet.[115] Darüber glaubt sich die Kommission, obschon auch der eingriffsnormkonstitutive Inlandsbezug

---

109 *H.-P. Mansel*, Internationales Privatrecht de lege lata wie de lege ferenda und Menschenrechtsverantwortlichkeit deutscher Unternehmen, ZGR 2018, 439 (471); *M. Stürner*, in: Westermann/Grunewald/Maier-Reimer (Fn. 81), Art. 16 Rom II Rn. 6.
110 *B. v. Hoffmann*, Sonderanknüpfung zwingender Normen im internationalen Deliktsrecht, in: P. Gottwald/E. Jayme/D. Schwab (Hrsg.), Festschrift für Dieter Henrich zum 70. Geburtstag, Bielefeld 2000, S. 283 (295).
111 *D. Schramm*, Ausländische Eingriffsnormen im Deliktsrecht, Bern 2005, S. 73 f.
112 *M. Stürner*, in: Westermann/Grunewald/Maier-Reimer (Fn. 81), Art. 16 Rom II Rn. 7.
113 *A. Spickhoff*, in: Soergel BGB, Bd. XII, 13. Aufl., Stuttgart 2005, Vor § 823 Rn. 99.
114 Vgl. BT-Drs. 19/30505 S. 28; 19/28649 S. 53.
115 *S. Nordhues*, Die Haftung der Muttergesellschaft und ihres Vorstands für Menschenrechtsverletzungen im Konzern, Baden-Baden 2019, S. 317 f.; *L. Nasse*, Devoir de vigilance, ZEuP 2019, 774 (800); die unterschiedlich beurteilen, ob sich aus den Materialien und der Genese etwas anderes ergibt.

wertschöpfungskettenspezifischer Schadensfälle in der Regel nur schwach ausgeprägt ist,[116] hinwegsetzen zu können. Anders als tradierte Eingriffsnormen des europäischen Sekundärrechts – etwa Artt. 17 f. Handelsvertreter-RL[117], denen ein ungeschriebener kollisionsrechtlicher Regelungsgehalt innewohnt, der lediglich eine Umgehung der dortigen Regelungsstandards durch eine subjektive Anknüpfung garantieren soll und einen starken Gemeinschaftsbezug des Sachverhalts voraussetzt[118] – folgt der internationale Geltungsanspruch hier nicht unmittelbar aus der supranationalen Rechtssetzungsebene. Vielmehr ordnet die Kommission in Art. 22 Abs. 5 RL-E den Erlass mitgliedstaatlicher Eingriffsnormen *ex cathedra* an, indem sie einen kollisionsrechtlichen Handlungsauftrag an die Mitgliedstaaten richtet. Dies ist, wie Art. 3 Abs. 1 Arbeitnehmerentsende-RL[119] i.V.m. ErwGr. 34 Rom I-VO belegt, zwar kein dogmatisches Novum. Das Vorgehen der Kommission determiniert aber den Bestandteil und Stellenwert öffentlicher Interessen auf nationaler Ebene, obschon der mitgliedstaatlichen Judikatur hinsichtlich der Eingriffsnormqualität einer nationalen – und damit auch Richtlinienvorgaben umsetzenden – Sachnorm ein autonomer Beurteilungsspielraum zukommt[120] und der EuGH eine nur begrenzte Kontrollkompetenz für sich beansprucht[121]. Wenn künftig alle Vorschriften, die dem Rang der *de lege ferenda* Art. 22 Abs. 1–Abs. 4 RL-E umsetzenden mitgliedstaatlichen Haftungsregelungen entsprechen und vergleichbare Interessen verkörpern, zu Eingriffsnormen erklärt werden, stehen wir am Anfang einer rückschrittlichen Entwicklung, die sich von der wertneutralen Konzeption eines modernen und weltoffenen Kollisionsrechtssystems ab- und der Statuten-

---

116 Wendelstein, Verhaltenspflichten (Fn. 37), 111 (147 f.); Mansel, Menschenrechtsverantwortlichkeit (Fn. 109), 439 (471); zu denkbaren, eine hinreichende Inlandsbeziehung konstituierenden Umständen Blach, Konzerndeliktsrecht (Fn. 75), S. 157 f., alle unter Rekurs auf Art. 26 Rom II-VO.
117 Richtlinie des Rates vom 18. Dezember 1986 zur Koordinierung der Rechtsvorschriften der Mitgliedstaaten betreffend die selbständigen Handelsvertreter (86/653/EWG), ABl. L 1986/382, 17.
118 EuGH Urt. v. 09.11.2000, ECLI:EU:C:2000:605 Rn. 25 f. – *Ingmar*.
119 Richtlinie 96/71/EG des Europäischen Parlaments und des Rates vom 16. Dezember 1996 über die Entsendung von Arbeitnehmern im Rahmen der Erbringung von Dienstleistungen, ABl. L 1997/18, 1.
120 EuGH Urt. v. 31.01.2019, ECLI:EU:C:2019:84 Rn. 30 ff. – *Da Silva Martins*; Maultzsch, in: Budzikiewicz/Weller/Wurmnest (Fn. 106), Art. 16 Rom II Rn. 24 f; K. Thorn, in: Rauscher (Fn. 106), Art. 9 Rom I Rn. 12.
121 EuGH Urt. v. 31.01.2019, ECLI:EU:C:2019:84 Rn. 33 – *Da Silva Martins*; zu deren Reichweite A. Köhler, Eingriffsnormen, Tübingen 2013, S. 321 ff.

lehre zuwendet. Deutlich kohärenter wäre es, die zwingende Anwendung mitgliedstaatlichen Haftungsrechts durch eine punktuelle Modifikation der Rom II-VO sicherzustellen, wofür die internationale Produkthaftung (Art. 5 Rom II-VO) als Regelungsvorbild fungieren könnte.[122] Noch methodenehrlicher wäre es, von den Bestrebungen nach einer apodiktischen Anwendung eigenen Rechts Abstand zu nehmen und, wie auch bei allen anderen der Rom II-VO unterliegenden außervertraglichen Schuldverhältnissen, die sich von menschenrechtlich geprägten deliktischen Schädigungen in keiner Weise scheiden lassen,[123] auf die Präventions- und Kompensationsqualität ausländischen Rechts zu vertrauen.

E. Zusammenfassung

1. Das dem Kommissionsentwurf zugrundeliegende Stakeholderverständnis ist einzuschränken, will man die geschäftsführenden Organen obliegende Pflicht, bei der Unternehmensleitung disparate Interessen verschiedener Share- und Stakeholder auszutarieren, nicht *ad absurdum* führen.
2. Von der Anreicherung des Unternehmensinteresses mit Nachhaltigkeitsaspekten (Art. 25 Abs. 1 RL-E) ist, insbesondere in diesem Rechtsakt, Abstand zu nehmen. Andernfalls mag sich die Kommission befleißigen, das dem Richtlinienentwurf zugrundeliegende Nachhaltigkeitskonzept trennscharf zu konkretisieren und den organschaftlichen Vertretern der erfassten Gesellschaften rechtssichere Abwägungsdirektiven an die Hand zu geben.
3. Die aus Artt. 7 Abs. 2 lit. c), 8 Abs. 3 lit. d) RL-E „gegebenenfalls" folgenden Investitionsverpflichtungen sind, in Ermangelung eines regulatorischen Mehrwerts, ersatzlos zu streichen.
4. Eines *private enforcement* in Gestalt einer zivilrechtlichen Haftungsvorgabe bedarf es neben dem öffentlich-rechtlichen Durchsetzungsregime des Kommissionsvorschlags nicht.

---

122 Eingehend *G. Wagner*, Tort Law and Human Rights, in: M. Saage-Maaß/P. Zumbansen/M. Bader et al. (Hrsg.), Transnational Legal Activism in Global Value Chains, Cham 2021, S. 209 (223 f., 231).
123 *Wendelstein*, Verhaltenspflichten (Fn. 37), 111 (151); *Blach*, Billigkeitshaftung (Fn. 37), 13 (15 f.); *ders.*, Globale Unternehmenshaftung im Lichte des IPR, in: K. Duden (Hrsg.), IPR für eine bessere Welt, Tübingen 2022, S. 71 (81 f.).

5. Art. 22 Abs. 1, Abs. 2 RL-E halten einer rechtsökonomischen Legitimationskontrolle insofern nicht stand, als von diesen Entwurfsvorgaben Monitoringkosten »orwellschen« Ausmaßes ausgehen, die die prognostizierbaren Schadenskosten um ein Vielfaches übersteigen.
6. Wenn an den Entwurfsvorgaben festgehalten wird, sind die von Art. 22 Abs. 1, Abs. 2 RL-E ausgehenden zahlreichen Friktionen aufzulösen – nicht zuletzt, um adverse Regelungseffekte zu vermeiden. Insbesondere ist die Aktivlegitimation zu harmonisieren, ein Verschuldenserfordernis ausdrücklich festzuschreiben, die ersatzfähigen Schadenspositionen und Kausalitätserfordernisse zu konkretisieren und die Definitionen eines „indirekten Geschäftspartners" sowie einer „etablierten Geschäftsbeziehung" zu überarbeiten. Von der Anordnung einer haftungsbegründenden Wirkung unternehmerischen »Nachtatverhaltens« ist abzusehen.
7. Die Erfolgsortverweisung des internationalen Deliktsrechts bedarf bei einer neutralitätswahrenden Perspektive auf ausländische Rechtsordnungen keiner »menschenrechtlich« indizierten Korrektur durch forcierte Eingriffsnormen – die bei Lichte besehen keine sind. Die Tatortanknüpfung erweist sich auch bei wertschöpfungskettenspezifischen Schadensfällen als funktionale Kollisionsregel.

Bindung von Unternehmen an Menschenrechte
Die Verknüpfung von nationalem Recht und Völkerrecht im LkSG

Dr. Markus Lieberknecht, LL.M. (Harvard) *

A. Einleitung

Das Anliegen, global operierende Unternehmen an menschenrechtliche Standards zu binden, ist in den letzten Jahren in den Mittelpunkt der rechtspolitischen Agenda gerückt.[1] Mit den 2011 vom UN-Menschenrechtsrat verabschiedeten Guiding Principles on Business and Human Rights wurzelt dieses Projekt in seiner aktuellen Evolutionsstufe vor allem im Völkerrecht. Zur Erreichung des Regelungsziels können in Form von *private* oder *public enforcement* unterschiedliche Rechtsgebiete aktiviert werden. Beide Varianten lassen sich in Form eines *smart mix* auch kombinieren.[2] Durch diese Ergebnisoffenheit bei der Wahl der rechtlichen Instrumente hat die Thematik eine rege intradisziplinäre Diskussion ausgelöst, die vom Völker- und Verfassungsrecht[3] über das Internationale Privat- und Verfah-

---

* *Markus Lieberknecht* ist akademischer Mitarbeiter und Habilitand am Institut für ausländisches und internationales Privat- und Wirtschaftsrecht der Universität Heidelberg, Lehrstuhl Prof. Dr. Marc-Philippe Weller, Licencié en droit (Montpellier) sowie akademischer Mitarbeiter am European Legal Studies Institute (ELSI) der Universität Osnabrück. Frau Vera Wenker sei herzlich für Unterstützung bei der Erstellung der Schriftfassung gedankt, den Herren Colin Partington und Marius Schulte-Hullern für Unterstützung bei der Materialsammlung.
1 Zur Entwicklung der rechtspolitischen Diskussion vgl. stellvertretend *L. Hübner*, Unternehmenshaftung für Menschenrechtsverletzungen, Tübingen 2022, S. 381 ff.
2 Zur Bedeutung dieses Ansatzes siehe *J. Basedow*, in: M. Schmidt-Kessel (Hrsg.), Rechtsdurchsetzung und Streitbeilegung: Die Vielfalt von Durchsetzungsformen im Lichte von Zielkonflikten, Tübingen 2019, S. 101 (109 ff.); zu einem verwandten Kontext siehe *A. Baur/P. M. Holle/K. Reiling*, Rechtsgebietsübergreifende Prävention von Unternehmenskriminalität, JZ 2019, 1025.
3 Siehe *E. Hoffberger-Pippan*, Ein Lieferkettengesetz für Deutschland zur Einhaltung der Menschenrechte – eine Ersteinschätzung aus völkerrechtlicher Sicht, AVR 58 (2020), 400; *A. Zimmermann/N. Weiß*, Völker- und verfassungsrechtliche Parameter eines deutschen Lieferkettengesetzes, AVR 58 (2020), 424.

rensrecht[4] bis zum Haftungs- und Unternehmensrecht[5] reicht. Den – vorläufigen[6] – Abschluss dieses Prozesses bildet das LkSG,[7] mit dem der deutsche Gesetzgeber Pionierarbeit auf dem Gebiet der Menschenrechtsverantwortung von Unternehmen leistet.[8] Das wesentliche Anliegen des LkSG besteht darin, Durchsetzungsdefizite im Ausland auszugleichen (*infra* B.). Das Gesetz bezieht sich hierzu auf völkerrechtliche Übereinkommen, über die es aber zum Teil auch in Form autonomer Standards hinausgeht, und nimmt überdies vielfach auf das nationale Recht der Produktionsstaaten Bezug (*infra* C.). Diese Rechtsquellenvielfalt innerhalb des LkSG wirkt sich in vielfältiger Hinsicht auf die Rechtsanwendung und -wirklichkeit aus. (*infra* D.).

---

4 Siehe *Hübner*, Unternehmenshaftung (Fn.1), S.103 ff., 139 ff.; *H.-P. Mansel*, Internationales Privatrecht de lege lata wie de lege ferenda und Menschenrechtsverantwortlichkeit deutscher Unternehmen, ZGR 2018, 439 (448 ff.); *G. Wagner*, Haftung bei Menschenrechtsverletzungen, RabelsZ 80 (2016), 717 (732 ff.).
5 Siehe *Hübner*, Unternehmenshaftung (Fn.1), S.177 ff.; *L. Hübner/C. Thomale*, Zivilgerichtliche Durchsetzung völkerrechtlicher Unternehmensverantwortung, JZ 2017, 385 ff.; *G. Wagner*, Menschenrechtsverletzungen (Fn. 4), 717 (750 ff.); *M.-P. Weller/L. Kaller/A. Schulz*, Haftung deutscher Unternehmen für Menschenrechtsverletzungen im Ausland, AcP 216 (2016), 387 (398 ff.); *M.-P. Weller/L. Nasse*, Menschenrechtsarbitrage als Gefahrenquelle – Systemkohärenz einer Verkehrspflicht zur Menschenrechtssicherung in Lieferketten?, ZGR Sonderheft 22, 2020, 107; *M.-P. Weller/L. Nasse*, Unternehmensorganisation zum Schutz der Menschenrechte: Eine neue Verkehrspflicht in § 823 Abs.1 BGB, in: B. Paal/D. Pölzig/O. Fehrenbacher (Hrsg.), Deutsches, Europäisches und vergleichendes Wirtschaftsrecht: Festschrift für Werner F. Ebke zum 70 Geburtstag, München 2021, S.1076.
6 Die nächste Entwicklungsstufe stellt voraussichtlich eine aktuell im Entwurfsstadium befindliche europäische Richtlinie dar, die substantielle Anpassungen am LkSG mit sich bringen könnte, siehe Proposal for a Directive of the European Parliament and of the Council on Corporate Sustainability Due Diligence and amending Directive (EU) 2019/1937; näher hierzu *L. Hübner/V. Habrich/M.-P. Weller*, Corporate Sustainability Due Diligence – Der EU-Richtlinienentwurf für eine Lieferkettenregulierung, NZG 2022, 644.
7 Gesetz über die unternehmerischen Sorgfaltspflichten zur Vermeidung von Menschenrechtsverletzungen in Lieferketten (Lieferkettensorgfaltspflichtengesetz – LkSG), BGBl. 2021 I S. 2959 ff.
8 Auch im Ausland existieren inzwischen mehrere Rechtsakte mit ähnlicher Zielrichtung, namentlich der 2015 im Vereinigten Königreich erlassene *Modern Slavery Act*, die französische *loi de vigilance* von 2017, das niederländische *Wet Zorpflicht Kinderarbeid* von 2019 und zuletzt der US-amerikanische *Uyghur Forced Labor Prevention Act* von 2021, vgl. hierzu *C. Frank-Fahle*, Menschenrechte im internationalen Wirtschaftsrecht, RIW 2022, 588, (590 f.); *T. Helck*, Gesetz über die unternehmerischen Sorgfaltspflichten in Lieferketten: Worauf sich Unternehmen zukünftig vorbereiten müssen, BB 2021, 1603 (1603 f.).

B. Regelungsziel des LkSG

Die Regelungsstruktur des LkSG erschließt sich am besten, wenn man sich zunächst die Zielrichtung des Gesetzes und seine grenzüberschreitenden Implikationen vor Augen führt.

I. Abbau von Rechtsdurchsetzungsdefiziten als Regelungsziel

Schauplatz der Missstände, denen das LkSG abhelfen soll, sind Produktionsstandorte im Ausland. Den treibenden politischen Kräften hinter dem LkSG stand insbesondere ein konkretes Beispiel vor Augen: die Tragödie der Rana-Plaza-Textilfabrik in Bangladesch, die im Jahr 2013 über 1.000 Menschen das Leben kostete. Für einen solchen Produktionsstandort im Ausland gilt zunächst das örtliche Ordnungsrecht, welches typischerweise einseitig seinen eigenen Anwendungsbereich festlegt.[9] Trotzdem herrschen nicht selten Verhältnisse, die menschenrechtlich nicht hinnehmbar erscheinen. Dafür sind im Wesentlichen zwei Ursachen denkbar: Rechts*setzungs*defizite und Rechts*durchsetzungs*defizite. Erstere können im Einzelfall vorkommen und es ist sogar ein fließender Übergang zu bewusster Unterregulierung denkbar, wenn sich ein Staat mittels niedriger Menschenrechtsstandards als günstiger Produktionsstandort etablieren möchte.[10] Praktisch bedeutsamer ist aber die letztere Kategorie, also Defizite bei der Durchsetzung inhaltlich eigentlich adäquater rechtlicher Standards aufgrund von *governance gaps*.[11] Die Ausnutzung solcher Durchsetzungslücken (sog. Menschenrechtsarbitrage[12]) ermöglicht es grenzüberschreitend operieren-

---

9 Auch allseitige Kollisionsnormen für öffentliches Recht kennt das deutsche Recht kaum, vgl. *C. von Bar/P. Mankowski*, IPR, Bd. I, 2. Aufl., München 2003, § 4 Rn. 59; *C. Ohler*, Die Kollisionsordnung des Allgemeinen Verwaltungsrechts, Tübingen 2005, S. 48 ff.

10 Zum umweltrechtlichen Phänomen eines *pollution haven* siehe etwa *M. Lehmann/F. Eichel*, Globaler Klimawandel und Internationales Privatrecht, RabelsZ 83 (2019), 77 (81); zu den daraus potentiell resultierenden negativen Externalitäten siehe *W. Dodge*, Extraterritoriality and Conflict-of-Laws Theory: An Argument for Judicial Unilateralism, 39 Harvard International Law Journal 101, 105 (1998).

11 Vgl. hierzu *A. Rühmkorf*, Corporate Social Responsibility in der Lieferkette, ZGR 2018, 410 (414 ff.).

12 Vgl. *Weller/Nasse*, Menschenrechtsarbitrage (Fn. 5), 107 ff.

den Unternehmen, Kosten zu externalisieren.¹³ Das LkSG möchte dieser Dynamik entgegenwirken, indem es deutsche Unternehmen in die Pflicht nimmt, sich an ausländischen Produktionsstandorten für akzeptable Verhältnisse einzusetzen. Das Rechtsdurchsetzungsdefizit im Ausland soll also durch die Durchsetzung deutscher Rechtsnormen ausgeglichen werden.

II. Grenzüberschreitende Regulierung durch das LkSG

In der Sache betreibt das LkSG damit nichts anderes als extraterritoriale Regulierung. Aus Sicht des Völkerrechts ist daran auch im Hinblick auf das Interventionsverbot¹⁴ wenig auszusetzen:¹⁵ Die regulierten Unternehmen weisen ersichtlich einen *genuine link* zu Deutschland auf und unterstehen aufgrund des Personalitätsprinzips der deutschen Jurisdiktion.¹⁶ Rechtspolitisch kann man diesen Ansatz gleichwohl diskussionswürdig finden, weil Deutschland damit weltweit die Einhaltung bestimmter Wertvorstellungen einfordert. Dabei soll es allerdings nicht darum gehen, die deutschrechtlichen Standards etwa im Bauordnungs- oder Arbeitsrecht zu exportieren, sondern darum, Verstöße gegen menschenrechtliche Mindeststandards abzustellen. Stellt man sich die Frage, wo solche global konsentierten Standards zu finden sind, erscheinen völkerrechtliche Übereinkommen als die tauglichsten Quellen. Die darin enthaltenen, an Staaten adressierten Normen muss das LkSG in konkrete Verpflichtungen für private Akteure übersetzen. Diese Transformationsleistung ist die zentrale Innovation des LkSG und zugleich seine größte Herausforderung.

---

13 Vgl. *M. Habersack/M. Ehrl*, Verantwortlichkeit inländischer Unternehmen für Menschenrechtsverletzungen durch ausländische Zulieferer – de lege lata und de lege ferenda, AcP 219 (2019), 155 (160 ff.).
14 Siehe hierzu schon *K. Meessen*, Zu den Grundlagen des internationalen Wirtschaftsrechts, AÖR 110 (1985), 398 (412); *K. Vogel*, Der räumliche Anwendungsbereich der Verwaltungsrechtsnorm, Frankfurt a. M. 1965, S. 201.
15 Wie hier schon *R. Grabosch*, in: R. Grabosch (Hrsg.), Das neue LkSG, Baden-Baden 2021, § 2 Rn. 5; kritischer in Bezug auf einzelne Aspekte der Regelung *V. Thalhammer*, Das umstrittene Lieferkettensorgfaltspflichtengesetz – Ein juristischer Blick auf Kritik aus Zivilgesellschaft, Wirtschaft und Politik, DÖV 2021, 825 (827 ff., 835).
16 Vgl. auch *Mansel*, Menschenrechtsverantwortlichkeit (Fn. 4), 439 (471); zu Nationalität als sachgerechtem Anknüpfungspunkt siehe *R. Michaels*, Towards a Private International Law for Regulatory Conflicts?, 59 Japanese Yearbook of International Law 175, 195 (2016); zum Spezialfall multinationaler Akteure siehe *E. Spahn*, Multijurisdictional Bribery Law Enforcement: The OECD Anti-Bribery Convention, 53 Virginia Journal of International Law 1, 44 f. (2012).

C. Regelungstechnik des LkSG

Der Inhalt des LkSG lässt sich in zwei Kategorien abschichten. Erstens: Wovor möchte das LkSG Betroffene schützen? Zweitens: Welche konkreten Maßnahmen fordert es dazu von den Unternehmen? Der hier interessierende rechtsordnungsübergreifende Konnex ist in der ersteren Kategorie besonders ausgeprägt. Insoweit stellt § 2 LkSG die wesentliche Schnittstelle des Gesetzes zum Völker- und Auslandsrecht dar.[17] Die Vorschrift normiert zum einen „geschützte Rechtspositionen" (Abs. 1) und definiert zum anderen „menschenrechtliche Risiken" (Abs. 2), die als Bezugspunkt für den in §§ 3 ff. LkSG enthaltenen Pflichtenkanon dienen.

I. Geschützte Rechtspositionen gemäß § 2 Abs. 1 LkSG

Eine grundlegende Kategorie des Menschenrechtsschutzes im LkSG bilden dabei die in § 2 Abs. 1 LkSG festgeschriebenen geschützten Rechtspositionen, die sich „aus den in den Nummern 1 bis 11 der Anlage aufgelisteten Übereinkommen zum Schutz der Menschenrechte ergeben."[18] Die besagte Anlage nimmt Bezug auf diverse von der Bundesrepublik ratifizierte Menschenrechtsübereinkommen.[19] Darunter sind mehrere Verträge im Rahmen der International Labour Organization (ILO) einschließlich der sogenannten Kernarbeitsnormen[20] sowie der UN-Zivilpakt[21] und der UN-Sozialpakt.[22] Unabhängig davon, ob die Bundesrepublik mit der Einführung des LkSG einer völkerrechtlichen Verpflichtung nachkommt,[23]

---

17 Ähnlich wie hier *A. Kulick*, in: BeckOGK, München 2022, § 2 LkSG (im Erscheinen).
18 Die Anlage enthält Bezugnahmen auf insgesamt 14 völkerrechtliche Verträge. Nr. 12-14 der Anlage betreffen Übereinkommen zur Vermeidung umweltbezogener Risiken auf und korrespondieren mit § 2 Abs. 3 LkSG. Dieser Beitrag beschränkt sich auf die menschenrechtsspezifischen Aspekte des LkSG.
19 Zu verschiedenen vorab diskutierten Regelungstechniken vgl. *Zimmermann/Weiß*, Parameter (Fn. 3), S. 424 (446).
20 Vgl. *P. S. Stöbener de Mora/P. Noll*, Grenzenlose Sorgfalt? – Das Lieferkettensorgfaltspflichtengesetz: Teil 1, NZG 2021, 1237 (1239).
21 Internationaler Pakt vom 19. Dezember 1966 über wirtschaftliche, soziale und kulturelle Rechte, BGBl. 1973 II S. 1569.
22 Internationaler Pakt vom 19. Dezember 1966 über bürgerliche und politische Rechte, BGBl. 1973 II S. 1533.
23 Dafür etwa *Zimmermann/Weiß*, Parameter (Fn. 3), 425 ff. unter Verweis auf UN-Menschenrechtsrat, Empfehlung 26/9 vom 26.7.2014, A/HRC/26/L.22/Rev.1 und

stützt sich das LkSG also maßgeblich auf völkerrechtliche Verträge, um menschenrechtlichen Schutzgütern Konturen zu verleihen. Dass insoweit kein allgemeingültiger Kanon existiert, zeigt bereits ein Blick in den aktuellen europäischen Richtlinienentwurf, dessen Anhang nicht weniger als 22 menschenrechtliche Übereinkommen umfasst,[24] also noch bedeutend mehr als das LkSG. Derartige Pauschalverweise auf völkerrechtliche Übereinkommen, die eine Vielzahl von thematisch potentiell relevanten und auch irrelevanten Regelungen enthalten, sind im Hinblick auf das Bestimmtheitsgebot nicht unproblematisch, zumal Verstöße gem. § 24 LkSG bußgeldbewehrt sind.[25] Eben aus diesem Grund wurde auch das französische Schwestergesetz des LkSG, die *loi de vigilance*, vom französischen Conseil constitutionnel in Teilen für verfassungswidrig befunden.[26]

II. Menschenrechtliche Risiken gemäß § 2 Abs. 2 LkSG: die „elf Todsünden"

Das Problem der (Un-)Bestimmtheit des Begriffs der geschützten Rechtspositionen war dem Gesetzgeber bewusst. Es wird in § 2 Abs. 2 LkSG adressiert. Die dort geregelten menschenrechtlichen Risiken und Verbote sollen klarer konturieren, welchen Zuständen genau die Unternehmen wirksam vorbeugen müssen. Sie markieren, anders gewendet, die Untergrenze menschenrechtskonformer Zustände. Dabei postuliert das Gesetz wohlgemerkt keine Erfolgspflicht, sondern eine Bemühenspflicht, die prozessorientiert und auf die Vermeidung untunlicher Risiken fokussiert ist.[27] Bei einem menschenrechtlichen Risiko handelt es sich ausweislich § 2 Abs. 2 LkSG um einen Zustand, bei dem aufgrund tatsächlicher Umstände mit hinrei-

---

UN-Menschenrechtsrat, Empfehlung 26/22 vom 27.6.2914, A/HRC/26/L.1; in der Sache wohl ebenfalls dafür *Frank-Fahle*, Menschenrechte (Fn. 8), 588.

24 Vgl. Anhang des Vorschlags für eine Richtlinie des Europäischen Parlaments und des Rates über die Sorgfaltspflichten von Unternehmen im Hinblick auf Nachhaltigkeit und zur Änderung der Richtlinie (EU) 2019/1937 vom 23.2.2022, COM (2022) 71 final, S. 4 f.

25 Siehe *A. Keilmann/F. Schmidt*, Der Entwurf des Sorgfaltspflichtengesetzes: Warum es richtig ist, auf eine zivilrechtliche Haftung zu verzichten, WM 2021, 717.

26 *Conseil constitutionnel*, 23.3.2017, Décision n° 2017-750 DC, Rn. 5 ff.; siehe hierzu *L. Nasse*, Devoir de vigilance, ZEuP 2019, 774 (88 f.); *Zimmermann/Weiß*, Parameter (Fn. 3), 424 (447 f.).

27 Vgl. *G. Spindler*, Verantwortlichkeit und Haftung in Lieferantenketten – das Lieferkettensorgfaltspflichtengesetz aus nationaler und europäischer Perspektive, ZHR 186 (2022), 67 (80 ff.).

chender Wahrscheinlichkeit ein Verstoß gegen die in den nachfolgenden Nr. 1-11 geregelten Verbote droht. Dieser Verbotskatalog enthält also gewissermaßen die „elf Todsünden" des LkSG.

1. Bezugnahme auf völkerrechtliche Übereinkommen

Diese Verbote nehmen ihrerseits, wie bereits die geschützten Rechtspositionen in § 2 Abs. 1 LkSG, in weiten Teilen Bezug auf die in der Anlage aufgelisteten Übereinkommen. Paradigmatisch für diese Regelungstechnik ist § 2 Abs. 2 Nr. 2 LkSG, der die schlimmsten Formen der Kinderarbeit verbietet. Für die Frage, welche Praktiken hiervon genau erfasst sind, verweist die Norm konkret auf Art. 3 des ILO-Übereinkommens Nr. 182 und paraphrasiert in ihren lit. a bis d einige Passagen daraus. Hier signalisiert das Gesetz dem Rechtsanwender unmissverständlich, dass die Konkretisierung des LkSG-Tatbestandes anhand des ILO-Übereinkommens und dessen Begleitmaterialien zu erfolgen hat. Bei anderen menschenrechtlichen Verboten fehlt es indes an einer direkten Bezugnahme, sodass sich die vom Gesetzgeber intendierte Rückkopplung an konkrete völkerrechtliche Verträge erst durch die Lektüre der Gesetzesbegründung erschließt.[28] Das LkSG anhand dieser Bezugnahmen konkret zu subsumieren, bleibt allerdings oftmals herausfordernd, weil die Übereinkommen mit Blick auf eine Umsetzung durch den nationalen Gesetzgeber formuliert sind. Das gilt umso mehr, als die vom LkSG umfasste Palette an Menschenrechten auch bürgerliche und soziale Rechte einschließt, vom Recht auf Bildung und Meinungsfreiheit bis zum Recht auf kulturelle Teilhabe. Derartige Teilhabe- und Leistungsrechte liegen jedoch gemeinhin außerhalb des Einflussbereichs von Unternehmen[29] und können von diesen nur in seltenen Konstellationen verletzt oder, umgekehrt, gewährleistet werden. Die oben angesprochene Transformationsleistung von völkerrechtlichen Standards in spezifische Verhaltensnormen für Unternehmen bleibt das LkSG dem Rechtsanwender somit oftmals schuldig.[30]

---

28 Vgl. etwa die Bezugnahme auf die ILO-Übereinkommen Nr. 155 und 187 in BT-Drs. 19/28649, S. 36. Beide Übereinkommen werden weder im Gesetzestext noch in der Anlage genannt, vgl. *M. Rothermel*, in: Rothermel, LkSG, Mönchengladbach 2022, § 2 Rn. 33.
29 Vgl. auch *M. Charnitzky/J. Weigel*, Die Krux mit der Sorgfalt, RIW 2022, 12.
30 Ähnlich kritisch *J. Blach*, „Menschenrechtsschutz" durch Billigkeitshaftung – konzeptionelle Überlegungen zur Haftungsverfassung von Wertschöpfungsketten, CCZ

2. Bildung von autonomen LkSG-Standards

Punktuell löst sich das Gesetz zudem gänzlich von völkervertraglichen Grundlagen und postuliert autonome Standards. Dies ist beispielsweise in § 2 Abs. 2 Nr. 7 LkSG der Fall. Die Vorschrift baut auf Art. 1 lit. a ILO-Übereinkommen Nr. 111 auf, der sieben Diskriminierungsgründe aufzählt, etwa Rasse, Hautfarbe und Geschlecht.[31] Das LkSG modifiziert allerdings zum einen die Bezeichnung zweier dieser Tatbestände in potentiell wertungsrelevanter Weise, indem es statt des vorbelasteten Begriffs „Rasse" den Terminus „ethnische Abstammung" verwendet und nicht vom „Glaubensbekenntnis", sondern von „Religion und Weltanschauung" spricht. Vor allem aber fügt es den Diskriminierungsgründen des ILO-Überkommens Nr. 111 noch vier weitere Tatbestände hinzu, namentlich „Gesundheitsstatus", „Behinderung", „sexuelle Orientierung" und „Alter".[32] Der genaue Gehalt dieser LkSG-autonomen Diskriminierungsverbote bleibt zunächst unklar, weil Rechtsanwender nicht auf einen zugrundeliegenden Vertragstext zurückgreifen können. Zwar finden sich zumindest die Diskriminierungsgründe „Behinderung", „Alter" und „sexuelle Identität" auch in § 1 AGG. Eine unbesehene Übertragung der etablierten AGG-Kategorien auf das LkSG erscheint allerdings wenig empfehlenswert, weil das LkSG gerade keinen Export spezifisch deutscher Schutzstandards bezweckt.[33] Welches Maß beispielsweise an Behindertengerechtigkeit an Produktionsstandorten im globalen Süden vernünftigerweise erwartet werden darf und muss, ist stattdessen eine rechtspolitisch offene und jedenfalls einzelfallabhängige Frage, die durch Behörden- und Gerichtspraxis noch konkretisiert werden muss.

2022, 13, 14; *Stöbener de Mora/Noll*, Sorgfalt (Fn. 20), 1237 (1240); eher positiv hingegen *E. Ehmann*, Der Regierungsentwurf für das Lieferkettengesetz: Erläuterung und erste Hinweise zur Anwendung, ZVertriebsR 2021, 141 (151).

31 Das Übereinkommen wird nicht im Gesetz genannt, bildet aber – neben Art. 2 Abs. 1 UN-Zivilpakt und Art. 2 Abs. 2 UN-Sozialpakt – ausweislich der Gesetzesbegründung die inhaltliche Grundlage für § 2 Abs. 2 Nr. 7 LkSG, vgl. BT-Drs. 19/28649, S. 37 f.

32 Art. 1 lit. a ILO-Übereinkommen Nr. 111 nennt Rasse, Hautfarbe, Geschlecht, Glaubensbekenntnis, politische Meinung, nationale Abstammung und soziale Herkunft. Das LkSG ersetzt „Rasse" durch „ethnische Abstammung" sowie „Glaubensbekenntnis" durch „Religion oder Weltanschauung" und fügt dem Katalog die Diskriminierungsgründe „Gesundheitsstatus", „Behinderung", „sexuelle Orientierung" und „Alter" hinzu; vgl. hierzu auch *Kulick*, in: BeckOGK (Fn. 17).

33 Für ein gleichlaufendes Begriffsverständnis aber *Grabosch*, in: Grabosch (Fn. 15), § 4 Rn. 36.

3. Rückbindung an das nationale Recht des Produktionsstaats

Die in § 2 Abs. 2 LkSG enthaltenen Verbote erfüllen noch in einer weiteren Hinsicht eine Scharnierfunktion: Sie verzahnen das LkSG mit dem Recht am Tätigkeitsort. Dieses ausländische Sachrecht determiniert ausweislich des Gesetzeswortlauts den Inhalt mehrerer der in § 2 Abs. 2 LkSG enthaltenen Verbote:[34] Punktuell verweist das LkSG auf ausländisches Ordnungsrecht als direkte Pflichtenquelle, etwa bei der eminent wichtigen Kategorie der Arbeitsschutzvorschriften (§ 2 Abs. 2 Nr. 5 LkSG). An anderer Stelle fungiert die ausländische Rechtslage als Inhalts- und Schrankenbestimmung einer vom LkSG grundsätzlich geschützten Rechtsposition. Dies ist etwa der Fall bei der konkreten Bezifferung eines angemessenen Mindestlohns,[35] beim zulässigen Umfang gewerkschaftlicher Betätigung[36] und beim Schutz vor widerrechtlichen Zwangsräumungsmaßnahmen.[37] In wieder anderen Fällen ergibt sich die Relevanz des nationalen Rechts erst über Bande, indem das LkSG sich auf Übereinkommen stützt, die ihrerseits an das Ortsrecht anknüpfen.[38] In der Summe sind diese mannigfaltigen Bezugnahmen überaus bemerkenswert: Das LkSG wirkt in weiten und wichtigen

---

34 Man kann insoweit von einer Akzessorietät des LkSG zum nationalen Recht sprechen, vgl. *Kulick*, in: BeckOGK (Fn. 17).

35 Siehe § 2 Abs. 2 Nr. 8 LkSG, wonach der angemessene Lohn „mindestens der nach dem anwendbaren Recht festgelegte Mindestlohn" ist, sich ansonsten aber „nach dem Recht des Beschäftigungsorts" bemisst. Siehe hierzu auch das Anwendungsbeispiel *infra* unter D. II.

36 Siehe § 2 Abs. 2 Nr. 6 lit. c LkSG, der die Koalitionsfreiheit schützt, nach der „Gewerkschaften sich frei und in Übereinstimmung mit dem Recht des Beschäftigungsortes betätigen dürfen".

37 Siehe § 2 Abs. 2 Nr. 10 LkSG, in Bezug auf den die Regierungsbegründung auf die Nichteinhaltung von „im nationalen Recht vorgesehene prozessrechtliche Garantien" rekurriert, vgl. BT-Drs. 19/28649, S. 38. Damit dürfte das Merkmal „widerrechtlich" im Wesentlichen auf Verletzung des Ortsrechts gemünzt sein, das freilich wiederum rechtsstaatlich defizitär sein kann, siehe auch *Kulick*, in: BeckOGK (Fn. 17) unter Verweis auf UN Committee on Economic, Social and Cultural Rights, General comment No. 4: The right to adequate housing vom 13.12.1991 (Art. 11 (1) ICESCR), E/1992/23, Rn. 17.

38 Siehe etwa in § 2 Abs. 2 Nr. 1 (Verbot der Kinderarbeit) die Bezugnahme auf ILO-Übereinkommen Nr. 138, das in seinen Art. 2 Abs. 3, Art. 3 Abs. 3 sowie Art. 4-8 seinerseits auf nationales Recht verweist. Ferner bezieht sich § 2 Abs. 2 Nr. 2 LkSG (Verbot der schlimmsten Formen der Kinderarbeit) auf Art. 3 ILO-Übereinkommen Nr. 182 und greift das dort verwendete Verbot des „Heranziehen[s], Vermitteln[s] oder Anbieten[s] eines Kindes zu unerlaubten Tätigkeiten" auf, wobei sich die Bestimmung des Merkmals „unerlaubt" wiederum nach dem anwendbaren nationalen Recht richten dürfte, vgl. *F. Ebert*, in: E. Ales/M. Bell/O. Deinert/S. Robin-Olivier (Hrsg.),

Teilen als Hebel zur Durchsetzung von nationalem Recht. Diese Dynamik ist auch einleuchtend, wenn man sich vergegenwärtigt, dass das Gesetz insbesondere *enforcement gaps* in Bezug auf das nationale Ordnungsrecht schließen soll.[39] Dieses stellt – zumindest typischerweise – klarere und für Unternehmen passgenauere Verhaltensnormen zur Verfügung, als es die völkerrechtlichen Übereinkommen tun. In der Folge könnte sich die Durchsetzung von ausländischem Sachrecht als heimliche Kerndisziplin des LkSG erweisen.

4. Auffangtatbestand in § 2 Abs. 2 Nr. 12 LkSG

Ferner enthält § 2 Abs. 2 Nr. 12 eine Auffangklausel, die wiederum die Brücke zu den oben angesprochenen geschützten Rechtspositionen gemäß § 2 Abs. 1 LkSG schlägt. Hiernach besteht ein menschenrechtliches Risiko auch bei einem drohenden Verstoß gegen das Verbot eines „über die Nummern 1 bis 11 hinausgehenden Tuns oder pflichtwidrigen Unterlassens, das unmittelbar geeignet ist, in besonders schwerwiegender Weise eine geschützte Rechtsposition zu beeinträchtigen und dessen Rechtswidrigkeit bei verständiger Würdigung aller in Betracht kommenden Umstände offensichtlich ist." Ihrer Machart nach ist diese Auffangklausel das diametrale Gegenteil von § 2 Abs. 2 Nr. 1 bis 11 LkSG; diese sollen die LkSG-Schutzgüter möglichst klar konturieren, weil es bei einem Globalverweis auf die in der Anlage enthaltenen Übereinkommen womöglich an der verfassungsrechtlich gebotenen Bestimmtheit gemangelt hätte.[40] Demgegenüber erweitert der offen formulierte Tatbestand des § 2 Abs. 2 Nr. 12 LkSG die Szenarien potentiell erheblich.[41] Man kann sich deshalb fragen, ob er nicht die wichtige Spezifizierungsfunktion von § 2 Abs. 2 LkSG untergräbt. Der Wortlaut der Bestimmung legt allerdings eine Beschränkung auf flagrante Verstöße nahe,

---

International and European Labour Law – Article-by-Article Commentary, London 2018, C 182, Art. 3 Rn. 13.

39 Siehe *supra* unter B. I.
40 Zur Vereinbarkeit verschiedener Verweisungstechniken mit dem Bestimmtheitsgebot vgl. *D. Krebs*, Menschenrechtliche und umweltbezogene Sorgfaltspflicht: Der Wettlauf zwischen europäischer und deutscher Rechtsetzung, ZUR 2021, 394 (399). Kritisch zur Bestimmtheit von § 2 Abs. 1 LkSG *Keilmann/Schmidt*, Entwurf (Fn. 25), 717.
41 Wohlwollend zur Verfassungskonformität von § 2 Abs. 2 Nr. 12 LkSG aber *Kulick*, in: BeckOGK (Fn. 17).

die sich jedem vernünftigen Menschen aufdrängen.[42] Im Ergebnis erscheint es unwahrscheinlich, dass viele praktisch relevante Anwendungsfälle existieren, die nicht bereits von § 2 Abs. 2 Nr. 1-11 LkSG abgedeckt sind.[43]

D. Auswirkungen auf die Anwendung des LkSG

Das LkSG hat hiernach einen Chimärencharakter: Das Gesetz ist ein aus verschiedenen Rechtsquellen zusammengesetztes Mischwesen. Das wirft die Frage auf, ob diese Versatzstücke in der Summe ein organisches und harmonisches Ganzes ergeben, das die gesetzgeberischen Ziele erreicht. In der Tat wirken sich die vorgenannten Regelungstechniken in vielfältiger, nicht immer willkommener Weise auf die Anwendung des LkSG aus.

I. Autonomes Verständnis des LkSG

Wie oben gezeigt, stammen wesentliche Inhalte des LkSG konzeptionell und inhaltlich nicht originär vom deutschen Gesetzgeber, sondern sind völkerrechtlichen Verträgen entlehnt.[44] Die Regelungsstruktur des LkSG erschöpft sich allerdings wohlweislich nicht in einer direkten Verweisung auf den Norminhalt der völkerrechtlichen Bestimmungen. Maßgeblich sind vielmehr stets Zweckrichtung und Funktion des LkSG selbst,[45] welches in § 2 Abs. 1 und 2 LkSG zwar seine Inspirationsquellen (überwiegend)

---

42 Dieser Ansatz erinnert an den dereinst von Justice Potter Stewart für die Prüfung von Obszönität formulierten Maßstab „*I know it when I see it*" in *Jacobellis v. Ohio*, 378 U.S. 184, 197 (1964) (Stewart J., concurring). Zur Übertragung des Verständnisses des Begriffs „offensichtlich" aus anderen Gesetzen siehe *M. Rutloff/R. Schulga*, in: E. Wagner/M. Rutloff/S. Wagner (Hrsg.), Das Lieferkettensorgfaltspflichtengesetz in der Unternehmenspraxis, München 2022, § 2 Rn. 121.
43 Zu einigen denkbaren – eher speziellen – Szenarien siehe *Kulick*, in: BeckOGK (Fn. 17).
44 Siehe bereits *H. Fleischer*, Grundstrukturen der lieferkettenrechtlichen Sorgfaltspflichten CCZ 2022, 205.
45 Ähnlich auch zu § 3 Abs. 1 LkSG *Fleischer*, Grundstrukturen (Fn. 44), 205 (208): „Hierdurch verwandeln sich die für Unternehmen rechtlich unverbindlichen Standards des Wirtschaftsvölkerrechts (*soft law*) in dem Maße, in dem der deutsche Gesetzgeber sie aufgreift, zu verbindlichen Vorgaben (*hard law*)."; ähnlich wie hier auch *Kulick*, in: BeckOGK (Fn. 17).

deutlich benennt und inhaltlich aufgreift,[46] dabei aber auch eigene Akzente setzt. Ein einheitliches Verständnis völkerrechtlicher Rechtsbegriffe ist somit bedeutsam,[47] indiziert aber nicht notwendigerweise den autonomen Regelungsgehalt des LkSG. Diese Lesart stützt auch der Wortlaut von § 2 Abs. 1 LkSG, der nicht von „Menschenrechten", sondern von „geschützten Rechtspositionen" spricht[48] und den nötigen Transfer zwischen Völkerrecht und LkSG durch die Formulierung andeutet, dass sich die geschützten Rechtspositionen erst aus den Übereinkommen „ergeben".

II. Kombination von Rechtsquellen im LkSG

Eine erhöhte Komplexität in der Rechtsanwendung ergibt sich daraus, dass die in § 2 Abs. 2 LkSG geregelten Verbote nicht immer nur auf eine einzige der oben aufgeführten Regelungstechniken zurückgreifen, sondern vom Rechtsanwender zuweilen die Kombination einer Vielzahl von Rechts- und Erkenntnisquellen verlangen. Die damit einhergehenden Schwierigkeiten lassen sich am besten anhand eines konkreten Anwendungsbeispiels illustrieren:

Unterstellt, ein deutsches Bekleidungsunternehmen möchte sicherstellen, dass seine Zulieferer in Bangladesch ihrem Personal einen nach den Vorgaben des LkSG angemessenen Lohn zahlen. Den Rechtsanwender, der diesen Lohn quantifizieren möchte, verweist § 2 Abs. 2 Nr. 8 LkSG zunächst auf das nationale Recht Bangladeschs, denn hiernach ist „mindestens der nach dem anwendbaren Recht festgelegte Mindestlohn" zu zahlen. Dieser beträgt in Bangladesch für den Textilsektor umgerechnet ca. 53 EUR.[49] Weil gemäß § 2 Abs. 2 Nr. 8 LkSG aber *mindestens* dieser gesetzlichen Mindestlohn zu zahlen ist, kann nach dem LkSG auch ein höheres Lohnniveau angezeigt sein, wenn ein gesetzlicher Mindestlohn im Produktionsstaat nicht existiert oder das vorgeschriebene Lohnniveau unangemessen niedrig

---

46 Die völkerrechtlichen Textstufen zeichnet auch der Regierungsentwurf nach, vgl. BT-Drs. 19/28649, S. 23.
47 Siehe auch *D. Schönfelder*, in: Grabosch (Fn. 15), § 4 Rn. 10 f.
48 Siehe *Kulick*, in: BeckOGK (Fn. 17).
49 Vgl. minimum-wage.org, Bangladesh Minimum Wage, Labor Law, and Employment Data Sheet, Bangladesh Minimum Wage Rate 2022, <https://perma.cc/4PD4-BGWT>.

ausfällt.⁵⁰ Erscheint der gesetzliche Mindestlohn im regionalen Vergleich – wie es in Bangladesch der Fall ist⁵¹ – auffällig niedrig, wird das betroffene Unternehmen selbst eine Angemessenheitsprüfung durchführen müssen. Die Gesetzesbegründung gibt ihm hierzu die Maßgabe an die Hand, dass die „örtlichen Lebenserhaltungskosten des Beschäftigten und seiner Familienangehörigen sowie die örtlichen Leistungen der sozialen Sicherheit" berücksichtigt werden sollen.⁵² Zudem stützt sich der Regierungsentwurf auf Art. 7 lit. a Ziff. ii. des UN-Sozialpakts, der „einen angemessenen Lebensunterhalt für [alle Arbeitnehmer] und ihre Familien in Übereinstimmung mit diesem Pakt" anmahnt. Die letztere Wendung konkretisiert Art. 11 Abs. 1 UN-Sozialpakt dahingehend, dass darunter „ausreichende Ernährung, Bekleidung und Unterbringung sowie [...] eine stetige Verbesserung der Lebensbedingungen" zu verstehen seien. Ist dieses Niveau mit einem Mindestlohn von 53 EUR in Bangladesch gewährleistet oder nicht? Das lässt sich nur mit Mühe verlässlich feststellen. Schlussendlich muss das Textilunternehmen, das seine Hausaufgaben machen möchte, auch nach Konsultation der einschlägigen Norm im LkSG, des ausländischen Rechts, der Gesetzesmaterialien, mehrerer völkerrechtlicher Bestimmungen und empirischer Daten eine rechtspolitische Wertung vornehmen. Zumindest dann, wenn länderspezifische Daten zugänglich sind, kann dabei allerdings auf international anerkannte Berechnungsmodi wie die sog. Anker-Methode zurückgegriffen werden.⁵³

III. Konfliktpotential im LkSG

Das Nebeneinander von Rechtsquellen im LkSG kann aber nicht nur für zusätzliche Komplexität sorgen, sondern auch für Konflikte. Im vorhergenannten Mindestlohn-Beispiel zogen sämtliche relevanten Regelungen am gleichen Strang, wenn auch nicht notwendigerweise mit dem gleichen Nachdruck. Denkbar ist allerdings auch, dass die verschiedenen in- und ausländischen sowie völkerrechtlichen Normen, mit denen sich ein deut-

---

50 Vgl. *Ehmann*, Regierungsentwurf (Fn. 30), 141 (144); BMAS, Fragen und Antworten zum Lieferkettengesetz, Stand 25.10.2022, V. 3., <https://perma.cc/G29Y-V2VA>.
51 Vgl. The Business Standard, Bangladesh's monthly minimum wage lowest in Asia-Pacific region: ILO, <https://perma.cc/679Y-763B>.
52 BT-Drs. 19/28649, S. 38.
53 Vgl. hierzu m.w.N. *Grabosch*, in: Grabosch (Fn. 15), § 4 Rn. 40 f.

sches Unternehmen im Rahmen der Lieferketten-Compliance konfrontiert sieht, auf Kollisionskurs geraten.

1. Anwendungsbeispiel: Zwangsarbeit in Xinjiang

Auch dieser Problemkreis lässt sich anhand eines realitätsnahen Beispiels illustrieren. Man stelle sich ein deutsches Textilunternehmen vor, das Zuliefererbeziehungen in die chinesische Provinz Xinjiang unterhält. Angesichts der Berichte über die Unterdrückung der uigurischen Bevölkerung und damit einhergehende Zwangsarbeit insbesondere im Baumwoll- und Textilsektor[54] sowie des erhöhten öffentlichen Drucks auf in Xinjiang agierende Unternehmen[55] möchte das deutsche Textilunternehmen seine Lieferkette auf LkSG-Konformität prüfen. Dazu wäre im allerersten Schritt zu klären, ob die kolportierten Arbeitsmaßnahmen in Xinjiang überhaupt gegen die im LkSG normierten Verbote verstoßen. Auf den ersten Blick scheint es sich um ein Lehrbuchbeispiel für Zwangsarbeit zu handeln, aber der Teufel steckt im – völkerrechtlichen – Detail. Verbotene Zwangsarbeit ist nach § 2 Abs. 2 Nr. 3 S. 1 Hs. 2 LkSG „jede Arbeitsleistung [...], die von einer Person unter Androhung von Strafe verlangt wird und für die sie sich nicht freiwillig zur Verfügung gestellt hat." Für einige Arbeitsmaßnahmen, denen Uiguren in Internierungslagern unterzogen werden, dürfte dieser Tatbestand erfüllt sein. Allerdings stellt § 2 Abs. 2 Nr. 3 S. 1 Hs. 3 LkSG klar, dass das Verbot sich nicht auf Arbeitsleistungen erstreckt, die dem Ausnahmetatbestand in Art. 2 Abs. 2 ILO-Übereinkommen Nr. 29 über Zwangs- und Pflichtarbeit unterfallen. Nach lit. c dieser ILO-Norm gilt Arbeit aufgrund einer gerichtlichen Verurteilung prinzipiell *nicht* als verbotene Zwangs- oder Pflichtarbeit. Ob die Internierung von Uiguren auf einer gerichtlichen oder bloß behördlichen Entscheidung basiert, wäre konkret zu prüfen. Von chinesischer Seite werden die Maßnahmen primär als Erziehungsmaßnahme dargestellt und wären, wenn man dieser Darstellung

---

54 Vgl. stellvertretend United Nations, Office of the High Commissioner for Human Rights, OHCHR Assessment of human rights concerns in the Xinjiang Uyghur Autonomous Region, People's Republic of China, 31.8.2022, <https://perma.cc/4QAG-8K7P>.
55 Vgl. stellvertretend Business & Human Rights, China: 83 major brands implicated in report on forced labour of ethnic minorities from Xinjiang assigned to factories across provinces; includes company responses, 1.5.2020, <https://perma.cc/GPG5-WXDR>.

Glauben schenken wollte, womöglich vom Anwendungsbereich des ILO-Übereinkommens Nr. 29 ausgeschlossen.[56] Jedenfalls würden strafrechtlich zur Zwangsarbeit verurteilte politische Dissidenten aufgrund dieses Kriteriums aus dem Schutzbereich von § 2 Abs. 2 Nr. 3 LkSG herausfallen.[57] Etwas anderes könnte sich allenfalls aus einer ebenfalls in Art. 2 Abs. 2 lit. c ILO-Übereinkommen Nr. 29 geregelten *Rückausnahme* ergeben. Hiernach fällt eine Arbeitsleistung nur unter die vorgenannte Ausnahme, wenn sie „unter Überwachung und Aufsicht der öffentlichen Behörden ausgeführt wird und [...] der Verurteilte nicht an Einzelpersonen oder private Gesellschaften und Vereinigungen verdingt oder ihnen sonst zur Verfügung gestellt wird".[58] Im Falle der Zwangsarbeit in Xinjiang ist es auch plausibel, dass diese zwar in staatlicher Repression wurzelt, aber jedenfalls auch in privat betriebenen Produktionsstätten stattfindet, aus denen die Erzeugnisse in die Lieferkette eingespeist werden. Diese – aber eben nur diese – Spielart der Zwangsarbeit wäre vom ILO-Übereinkommen Nr. 29 untersagt und in der Folge auch LkSG-widrig. Die Prüfung des vermeintliche Lehrbuchbeispiels führt also zu dem überaus kontraintuitiven Ergebnis, dass das deutsche Unternehmen, möchte es seine Prüfung auf die eigentliche Substanz des LkSG beschränken, den Bereich staatlich orchestrierter Zwangsarbeit ausklammern müsste. Der völkerrechtlich verbürgte Schutz bleibt insoweit ersichtlich hinter landläufigen deutschen Wertvorstellungen zurück. Denkbar wäre es deshalb, den oben diskutierten Auffangtatbestand (§ 2 Abs. 2 Nr. 12 LkSG)[59] zu aktivieren. Angesichts der Unbestimmtheit der Auffangklausel[60] und mit Blick auf die in § 2 Abs. 2 Nr. 3 LkSG speziell geregelte Begrifflichkeit der verbotenen Zwangsarbeit erscheint auch diese Lösung allerdings weder sonderlich praktikabel noch systemkonform.

---

56 Zur Einordnung von Ausbildungsmaßnahmen siehe *Kulick*, in: BeckOGK (Fn. 17).
57 Siehe auch Art. 8 Abs. 3 lit. b und c Ziff. i UN-Zivilpakt.
58 Vgl. auch *Rothermel*, in: Rothermel (Fn. 28), § 2 Rn. 45.
59 *Supra* C. II. 4.
60 Siehe *M. Nietsch/M. Wiedmann*, Der Regierungsentwurf eines Gesetzes über die unternehmerischen Sorgfaltspflichten in der Lieferkette, CCZ 2021, 101 (105); *M. Rutloff/R. Schulga*, in: Wagner/Rutloff/Wagner (Hrsg.), Das Lieferkettensorgfaltspflichtengesetz in der Unternehmenspraxis, München 2022, § 2 Rn. 117.

2. Problem der Ratifikationslücken

Das vorgenannte Beispiel rührt noch an einen weiteren Konfliktherd, nämlich das Problem der Ratifikationslücken: In China ist das oben angesprochene ILO-Übereinkommen Nr. 29 (derzeit noch) nicht in Kraft.[61] Diese Konstellation ist kein Einzelfall. Die Übereinkommen, auf die das LkSG Bezug nimmt, sind zwar sämtlich von Deutschland[62] und auch ausnahmslos von einem großen Teil der Staatengemeinschaft ratifiziert worden,[63] aber eben doch nicht universell akzeptiert. Es existieren vielmehr Ratifikationslücken, gerade in Bezug auf bedeutende Exportpartner wie Vietnam, Indien oder eben China.[64] Dies gilt nicht nur für eher randständige Verträge, sondern auch für zentrale Regeln wie die ILO-Kernarbeitsnormen.[65] Die Durchsetzung von völkerrechtlichen Regelungen in Staaten, die sich den entsprechenden Verträgen gerade nicht unterworfen haben, ist völkerrechtlich bedenklich, jedenfalls aber rechts- und potentiell außenpolitisch heikel. Zumindest systemkonform wäre dieser Ansatz allerdings, weil die Tatbestände des LkSG zwar den materiellen Gehalt der Übereinkommen aufnehmen sollen,[66] hierfür aber keine Fixierung auf deren Geltungsbereich erforderlich ist. In der Literatur wird insoweit zum Teil vertreten, nach der Regelungskonzeption sei der räumliche Geltungsbereich der menschenrechtlichen Verbote generell von der Ratifikation der korrespondierenden Übereinkommen entkoppelt.[67] Dafür wird insbesondere § 7 Abs. 3 S. 2 LkSG angeführt, wonach Ratifikations- oder Umsetzungslücken allein keine Pflicht zum Abbruch von Geschäftsbeziehungen zu begründen vermögen; diese Regelung sei überflüssig, wenn die unterlassene Ratifikation

---

61 Das Übereinkommen soll zum 12.8.2023 in Kraft treten, vgl. ILO, Ratifications of CO29 – Forced Labour Convention, 1930 (No. 29), Stand 3.11.2022, <https://perma.cc/4NDC-SQMN>.
62 Vgl. *Ehmann*, Regierungsentwurf (Fn. 30), 141 (143).
63 So auch die Prämisse des Gesetzgebers, vgl. BT-Drs. 19/28649, S. 1, 34.
64 Ratifikationslücken bestehen beispielsweise bei den folgenden für § 2 Abs. 2 Nr. 6 LkSG relevanten Übereinkommen: beim ILO-Übereinkommen Nr. 87 in Bezug auf China, Indien, Marokko, die USA und Vietnam; beim ILO-Übereinkommen Nr. 198 in Bezug auf China, Indien, Myanmar und die USA; beim ILO-Übereinkommen Nr. 100 in Bezug auf Myanmar und die USA.
65 Diese sind von 41 Staaten – einschließlich einiger wichtiger Außenhandelspartner der Bundesrepublik – nicht ratifiziert worden, vgl. *Stöbener de Mora/Noll*, Sorgfalt (Fn. 20), 1237 (1240).
66 Siehe *supra* D. I.
67 Vgl. Siehe *Rutloff/Wilske/Schulga*, in: Wagner/Rutloff/Wagner (Fn. 60), § 2 Rn. 105 f.; i.E. wohl auch *Zimmermann/Weiß*, Parameter (Fn. 19), 424, (454).

bereits dazu führe, dass ein Verbot im betreffenden Staat nicht beachtet werden müsse.[68] Dem lässt sich allerdings entgegenhalten, dass § 7 Abs. 3 S. 2 LkSG lediglich eine klarstellende Funktion hat: Ratifikationslücken indizieren nicht zwingend, dass die betreffenden Menschenrechte im jeweiligen Staat missachtet werden. Stattdessen kommt es auf die tatsächliche Situation vor Ort an.[69] Andernfalls könnte man beispielsweise aus der mangelnden Ratifikation der ILO-Übereinkommen Nr. 87, 198 und 100[70] folgern, dass Unternehmen die USA wegen struktureller Mängel bei der Koalitionsfreiheit *per se* zu meiden hätten. Das LkSG hat vielmehr in der Gesamtschau keine einheitliche Position zur Bedeutung des Ratifikationsstands.[71] Ausweislich des Regierungsentwurfs sollen einige Übereinkommen ausdrücklich unabhängig von ihrem Ratifikationsstand instruktiv für den jeweiligen Verbotstatbestand sein.[72] An anderer Stelle führt die Gesetzesbegründung aus, dass bestimmte völkervertragliche Übereinkommen den Gehalt gewisser menschenrechtlicher Verbote gerade auch im Hinblick auf Staaten ausformen sollen, die das betreffende Übereinkommen nicht ratifiziert haben.[73] Weil eine Default-Position des LkSG hiernach nicht erkennbar ist, muss die Bedeutung des Ratifikationsstandes für den jeweiligen Verbotstatbestand und den jeweiligen Nicht-Ratifikationsstaat individuell gewürdigt werden.

3. Pflicht zur Konfrontation mit dem Produktionsstaat?

Das Beispiel der Geschäftsbeziehungen nach Xinjiang wirft ein Schlaglicht auf eine weitere potentiellen Reibungsfläche: Wenn Menschenrechte nicht durch die Nichtdurchsetzung des Ortsrechts, sondern *gerade* durch die staatlichen Praktiken des Produktionslandes gefährdet werden, drohen Un-

---

68 *Rutloff/Wilske/Schulga*, in: Wagner/Rutloff/Wagner (Fn. 60), § 2 Rn. 105.
69 Mit *Grabosch*, in: Grabosch (Fn. 15), § 2 Rn. 7 spielt der Ratifizierungsstatus aber bei der Risikoanalyse eine Rolle, weil in Nicht-Ratifikationsstaaten das betreffende Risiko tendenziell erhöht ist.
70 Siehe *supra* Fn. 64.
71 Wie hier wohl auch *A. Sagan/A. Schmidt*, Das Lieferkettensorgfaltsgesetz: Ein Überblick aus der Perspektive des Arbeitsrechts, NZA-RR 2022, 281 (284).
72 Vgl. BT-Drs. 19/28649, S. 36, wonach die ILO-Übereinkommen Nr. 155 und 187 „unabhängig von ihrem Ratifikationsstand" eine „wesentliche Orientierung" für das Verständnis von § 2 Abs. 2 Nr. 5 LkSG bieten.
73 So etwa für die Zwecke von § 2 Abs. 2 Nr. 1 LkSG das in ILO-Übereinkommen Nr. 138 normierte Mindestalter für die Beschäftigung von Kindern, vgl. BT-Drs. 19/28649, S. 35; siehe auch *Rutloff/Schulga*, in: Wagner/Rutloff/Wagner (Fn. 60), § 2 Rn. 129.

ternehmen infolge ihrer LkSG-Verpflichtungen zwischen die politischen Fronten zu geraten. Bereits unabhängig vom LkSG steht beispielsweise VW derzeit in der Kritik, weil es sich entschlossen hat, seinen Produktionsstandort in Xinjiang aufrechtzuerhalten.[74] Mit Inkrafttreten des LkSG können sich ähnlich gelagerte Konstellationen aus Vorstandssicht von wirtschaftlichen Abwägungen im Rahmen des Reputationsmanagements[75] zu rechtlich gebundenen Entscheidungen im Rahmen der Legalitätspflicht wandeln. Aktiver Widerstand gegen die vom chinesischen Staat orchestrierten menschenrechtswidrigen Praktiken kann für Konzerne wie VW indes potentiell schwerwiegende Konsequenzen für die weitere Tätigkeit an einem überragend wichtigen Markt haben.[76] Auch manche im LkSG normierten Verbotstatbestände, wie die Missachtung der Koalitionsfreiheit (§ 2 Abs. 2 Nr. 6 LkSG), stehen in direktem Widerspruch zum Recht der Volksrepublik China, das die Gründung freier Gewerkschaften untersagt.[77] Das wirft die Frage auf, welches Maß an Konfrontation mit politisch repressiven Produktionsstaaten das LkSG deutschen Unternehmen abverlangen will. Dem übergeordneten Zweck des LkSG, die Menschenrechtslage in den Produktionsstaaten zu verbessern, wäre eine harte Linie zweifellos zuträglich. Allerdings ist das Gesetz nicht einseitig mit dem Ziel größtmöglichen Menschenrechtsschutzes auszulegen, sondern auch mit Blick auf berechtigte Interessen der Unternehmen[78] und den Angemessenheitsvorbehalt, der sämtliche Elemente des Gesetzes durchzieht.[79] Bereits mit der Grundidee einer Pflicht zur Überwachung externer Betriebe weist das LkSG den Unternehmen eine unorthodoxe und nach Ansicht mancher Kommentatoren systemfremde[80] Rolle zu. Insoweit sollte die Stoßrichtung des Gesetzes auf der Verhinderung von Menschenrechtsverletzungen in und durch Unternehmen liegen. In eine eher konziliante Richtung weisen

---

74 Vgl. Der Spiegel, Heft 43/2022, VW-Chef Blume hält an umstrittenem Werk in Xinjiang fest, <https://perma.cc/G9CY-VYS5>.
75 Vgl. hierzu *C. Seibt*, Corporate Reputation Management: Rechtsrahmen für Geschäftsleiterhandeln, DB 2015, 171.
76 Siehe auch *J. Ekkenga*, Zur privatrechtlichen Bindung völkerrechtlicher Abkommen zum Menschenrechts- und Umweltschutz, KlimaRZ 2022, 37.
77 Siehe *Rutloff/Wilske/Schulga*, in: Wagner/Rutloff/Wagner (Fn. 60), § 2 Rn. 111; *Grabosch*, in: Grabosch (Fn. 15), § 4 Rn. 34.
78 Vgl. auch den funktionalen Ansatz bei *Kulick*, in: BeckOGK (Fn. 17), der einerseits auf die Funktionsweise der Menschenrechte und andererseits auf die Rolle der Unternehme auf internationaler und nationaler Ebene abstellt.
79 Siehe zu letzterem stellvertretend *Grabosch*, in: Grabosch (Fn. 15), § 2 Rn. 57 ff.
80 Siehe etwa die Fundamentalkritik bei *Ekkenga*, Bindung (Fn. 76), 37 (38 f.).

auch Verlautbarungen der beteiligten politischen Akteure, wonach Unternehmen nicht aufgegeben wird, sich für politische Veränderungen vor Ort einzusetzen[81] oder gegen das Ortsrecht zu verstoßen.[82] Letztlich kann also von den Unternehmen kein uneingeschränkter Konfrontationskurs gegenüber dem Produktionsstaat erwartet werden, wohl aber, dass sie dem Menschenrechtsschutz auch unter Überwindung gewisser Widerstände einen angemessenen Stellenwert einräumen und ernsthafte Bemühungen an den Tag legen.[83]

IV. Durchsetzung und Befolgung des LkSG

Das Regelungskonzept des LkSG verlangt dem Rechtsanwender einiges ab.[84] Um sich ein klares Bild von den geschützten Rechtsgütern und Verboten zu machen, muss dieser neben dem Gesetzestext regelmäßig auch dessen Begründung und die völkerrechtlichen Materialien sowie das jeweilige Ortsrecht konsultieren, wobei all diesen Quellen wiederum von Vorschrift zu Vorschrift unterschiedliches Gewicht zukommen kann. Selbst nach einer gewissenhaften Analyse, welche die völkerrechtlichen Normtexte und Sekundärquellen berücksichtigt, wird in vielen Fällen Unklarheit über die genauen Regelungsinhalte des LkSG verbleiben.[85] Auf Unternehmensseite

---

81 Vgl. BMZ, Fragen und Antworten zum Lieferkettensorgfaltspflichtengesetz, 2022, S. 3, <https://perma.cc/3AGZ-KMUE>: „Es wird von keinem Unternehmen verlangt, die rechtlichen und politischen Rahmenbedingungen im Partnerland zu verändern."
82 Siehe etwa die Ausschussbegründung zum LkSG, BT-Drs. 19/28649, S. 1: „[…] von keinem Unternehmen darf etwas rechtlich und tatsächlich Unmögliches verlangt werden. […] Rechtlich Unmögliches bedeutet etwa, dass es mit einem Verhalten gegen geltendes Recht verstoßen würde."
83 Ähnlich wie hier bereits *Rutloff/Wilske/Schulga*, in: Wagner/Rutloff/Wagner (Fn. 60), § 2 Rn. 115; dort (Rn. 116) sowie bei *Grabosch*, in: Grabosch (Fn. 15), § 4 Rn. 35 auch zu konkreten Umsetzungsstrategien bei Konflikten zwischen LkSG und Ortsrecht.
84 Kritisch auch *Charnitzky/Weigel*, Sorgfalt (Fn. 29) 12; *Keilmann/Schmidt*, Entwurf (Fn. 25), 717; *E. Wagner/M. Rutloff*, Das Lieferkettensorgfaltspflichtengesetz – Eine erste Einordnung, NJW 2021, 2145 (2146).
85 Ähnlich gelagert auch die Kritik bei *Blach*, Menschenrechtsschutz (Fn. 30), 13 f.; *Charnitzky/Weigel*, Sorgfalt (Fn. 29), 12; DAV, Stellungnahme zum Regierungsentwurf eines Gesetzes über die unternehmerischen Sorgfaltspflichten in Lieferketten, NZG 2021, 546 (Rn. 12 ff.); *H. Hembach*, Praxisleitfaden Lieferkettensorgfaltspflichtengesetz, 2018, C. II., S. 58; *B. Spießhofer*, Das Lieferkettensorgfaltspflichtengesetz: Was kommt an 2023?, AnwBl 2021, 534 (535); *C. Schork/B. Schreier*, Das Lieferkettensorgfaltspflichtengesetz – Eine Herausforderung (auch) für die deutsche Automobilindustrie, RAW 2021, 74 (76); *Stöbener de Mora/Noll*, Sorgfalt (Fn. 20), 1237 (1240);

kann diese Unklarheit grundsätzlich sowohl in *overcompliance* als auch in *undercompliance* resultieren.[86] Das Adressatenverhalten wird eher in die letztere Richtung gravitieren, je unzulänglicher die Durchsetzung der unklaren Regel ausfällt. Zu den Rechtsanwendern, denen Verständnis und Anwendung des LkSG Schwierigkeiten bereiten dürften, zählt indes auch das mit der Durchsetzung betraute Bundesamt für Wirtschaft und Ausfuhrkontrolle (BAFA).[87] Ungeachtet der Tatsache, dass das BAFA gemäß § 14 Abs. 1 Nr. 1 LkSG von Amts wegen tätig wird, erscheint es naheliegend, dass die Behörde ihre begrenzten Ressourcen[88] nicht auf rechtlich oder faktisch unklare Grenzfälle verwenden wird. Schon aufgrund der sehr eingeschränkten Möglichkeiten des BAFA zur grenzüberschreitenden Sachverhaltsermittlung dürfte zivilgesellschaftlichen Akteuren und Whistleblowern[89] große Bedeutung bei der Aufdeckung von Missständen zukommen. Überdies lassen sich hochgradig unklare Verhaltensnormen mit Blick auf das Bestimmtheitsgebot schwerlich erst im Rahmen von Bußgeldverfahren konkretisieren. Der verlässlichste Ausweg aus diesem Henne-Ei-Problem dürfte darin liegen, dass das BAFA regen Gebrauch von der in § 20 LkSG normierten Ermächtigung zur Veröffentlichung von Handreichungen macht.[90] In anderen Regulierungsmaterien wie der Finanzmarktaufsicht

---

weniger kritisch *Ehmann*, Regierungsentwurf (Fn. 30), 141 (151); *Fleischer*, Grundstrukturen (Fn. 44), 205 (208).

86 Überdies kann bei Entscheidungen unter (Rechts-)Unsicherheit das persönliche Haftungsrisiko der Entscheidungsträger eine große Rolle spielen und insbesondere übermäßig risikoaverses Verhalten auslösen, vgl. hierzu *A. Engert*, The bad man revisited: Rechtsunsicherheit in der Verschuldenshaftung, in: W. Kaal/M. Schmidt/A. Schwartze/H. Baum (Hrsg.), Festschrift zu Ehren von Christian Kirchner, Tübingen 2014, S. 735 (737 ff.); *M. Lieberknecht*, Die internationale Legalitätspflicht, Köln 2021, S. 240 ff.

87 Zu den Befugnissen des BAFA siehe *Sagan/Schmidt*, Das Lieferkettensorgfaltspflichtengesetz: Ein Überblick aus der Perspektive des Arbeitsrechts, NZA-Rechtsprechungs-Report Arbeitsrecht 2022, 281 (282 f.).

88 Der Regierungsentwurf weist einen Personalbedarf von 65 Vollzeitstellen aus, vgl. BT-Drs. 19/28649, S. 25. Diese 65 Personen sollen ab 1.1.2023 ca. 3.000 deutsche Unternehmen und ab dem 1.1.2024, wenn gemäß § 1 Abs. 1 LkSG die Schwelle für die Anwendbarkeit des LkSG von 3.000 auf 1.000 Arbeitnehmer absinkt, sogar ca. 4.800 deutsche Unternehmen – und deren Lieferketten – regulieren, vgl. BMZ, Fragen und Antworten zum Lieferkettensorgfaltspflichtengesetz, 2022, S. 1, <https://perma.cc/3A GZ-KMUE>.

89 Siehe hierzu *Sagan/Schmidt*, Lieferkettensorgfaltspflichtengesetz (Fn. 87), 281 (288).

90 So auch *Rutloff/Wilske/Schulga*, in: Wagner/Rutloff/Wagner (Fn. 60), § 2 Rn. 115. Die erste Handreichung liegt seit August 2022 vor, vgl. BAFA, Risiken ermitteln, gewichten und priorisieren – Handreichung zur Umsetzung einer Risikoanalyse nach den

oder dem Außenwirtschaftsrecht hat sich diese Vorgehensweise als probates Mittel erwiesen, gesetzliche Regelungen mit hohem Abstraktionsgrad für die Unternehmenspraxis operationalisierbar zu machen. Jedenfalls bis auf Weiteres spricht damit allerdings einiges dafür, dass die LkSG-Praxis von *underenforcement* und in der Folge von *undercompliance* geprägt sein wird, bis es gelungen sein wird, den Regelungsgehalt des LkSG klarer zu konturieren. Mit Blick auf das Regelungsziel des LkSG ist dieser Befund nicht frei von Ironie: Ein Gesetz, das gerade Rechtsdurchsetzungsmängeln im Ausland abhelfen soll,[91] läuft Gefahr, selbst ein Beispiel für mangelnde Durchsetzung zu werden.

E. Zusammenfassung in Thesenform

1. Konzeptionell ist das LkSG von dem Ziel geprägt, Rechtsdurchsetzungsmängeln im Ausland mittels extraterritorialer Regulierung deutscher Unternehmen durch den heimischen Gesetzgeber abzuhelfen. Weil das LkSG dabei nicht 1:1 die Standards des deutschen Ordnungsrechts exportieren soll, muss es international konsentierte Maßstäbe adaptieren.
2. Dazu bedient es sich u.a. der Kategorie der geschützten Rechtspositionen (§ 2 Abs. 1 LkSG), die anhand von Verweisen auf völkerrechtliche Übereinkommen allerdings nur unzulänglich konkretisiert werden. Eine klarere Konturierung soll der Katalog der menschenrechtlichen Risiken (§ 2 Abs. 2 LkSG) leisten, der in Form bestimmter Verbote menschenrechtswidriger Praktiken „elf Todsünden" sowie eine Auffangklausel enthält.
3. Die Verbote nach dem LkSG stützen sich inhaltlich auf drei verschiedene Rechtsquellen: Sie nehmen *erstens* ebenfalls Bezug auf völkerrechtliche Übereinkommen, erweitern diese *zweitens* punktuell um LkSG-autonome Standards und ordnen *drittens* vielfach eine Einhaltung des nationalen Rechts im Produktionsstaat an.
4. Dieser Chimärencharakter des LkSG wirkt sich auch bei der Auslegung und Anwendung des Gesetzes aus. Zum einen bedarf es eines autonomen Verständnisses des LkSG, zum anderen müssen bei der Anwendung diverser Tatbestände gleich mehrere dieser Rechtsquellen kombiniert

---

Vorgaben des Lieferkettensorgfaltspflichtengesetzes, 2022, <https://perma.cc/UU99-959F>; näher hierzu S. *Reich*, Praxishinweise des Bundesamtes für Wirtschaft und Ausfuhrkontrolle zur Umsetzung des Lieferkettensorgfaltspflichtengesetzes, AG 2022, R289.

91 Siehe *supra* unter B I.

und gewichtet werden. Wie das Beispiel der Quantifizierung eines angemessenen Mindestlohns gemäß § 2 Abs. 2 Nr. 8 LkSG zeigt, müssen Unternehmen hierzu sogar komplexe rechtspolitische und empirische Überlegungen anstellen.
5. Das Nebeneinander diverser Rechtsordnungen und -quellen sorgt überdies für Konfliktpotential. Friktionen treten in besonderem Maße dann auf, wenn der Produktionsstaat selbst menschenrechtswidrige Praktiken orchestriert oder die im LkSG aufgegriffenen Übereinkommen nicht ratifiziert hat. Allerdings erwartet das LkSG von deutschen Unternehmen in diesem Fall keinen einseitigen Konfrontationskurs gegenüber ausländischen Staaten.
6. Die Bestimmtheitsmängel, die sich vor diesem Hintergrund aus der Komplexität der Anwendung des LkSG ergeben, dürften sich jedenfalls bis auf Weiteres in *underenforcement* und *undercompliance* niederschlagen, weil die behördlichen Durchsetzungskapazitäten in Relation zum Umfang der geregelten Sachverhalte stark limitiert sind. Eine probate Lösung, um diesem Missstand abzuhelfen, läge in der Förderung von Rechtsklarheit durch behördliche Leitfäden des BAFA.

Nachhaltigkeit in der Zusammenschlusskontrolle

*Jun.-Prof. Dr. Juliane K. Mendelsohn**

A. Einleitung - Die Nachhaltigkeitsfrage

„As horrendous as history has been, geohistory will probably be worse."[1]

Zu Beginn dieses Kurzbeitrags steht eine einfache ethische Frage: *Ist in Anbetracht einer drohenden Klimakatastrophe bzw. dem Beginn des Anthropozäns ein ausnahmsloses Festhalten an dem derzeitigen Wirtschaftssystem vertretbar?*[2]

Da der Wettbewerb zentraler Allokationsmechanismus moderner Wirtschaftssysteme ist und in diesem Rahmen die Zusammenschlusskontrolle die zukünftige Struktur und Funktionsfähigkeit der Märkte sichert, stellt sich die Frage, ob sich die Zusammenschlusskontrolle diesen dringenden Nachhaltigkeitsbedenken verschließen kann und weiterhin rein wohlfahrtsorientiert ausgerichtet sein sollte. Hiermit verbunden sind die Fragen, wie der Begriff der Wohlfahrt zu verstehen ist und was die (weiteren) Ziele des Wettbewerbsrechts sind.

Um diese Fragen zu beantworten, widmet sich dieser Beitrag der Konzeption und Funktion der Zusammenschlusskontrolle. Aufgrund der Nähe der Zusammenschlusskontrolle zum Wettbewerbsleitbild und den Zielen des Wettbewerbsrechts wird der derzeit stattfindende Wandel dieser Begriffe näher beschrieben und gefragt, ob ein weiterer Wandel bevorsteht. Hier

---

* *Juliane K. Mendelsohn* ist Juniorprofessorin für „Law and Economics of Digitization" an der Technischen Universität Ilmenau. Ich bedanke mich bei Madlen Karg für unsere Gespräche und bei der Gesellschaft Junge Zivilrechtswissenschaften für fantastische Diskussionen auf der Tagung 2022 in Linz.

1 *B. Latour*, Second Lecture: How to (de-)animate nature, in: B. Latour (Hrsg.), Facing Gaia: Eight Lectures on the New Regime, Cambridge 2017, S. 41 (73). (Deutsch: *B. Latour*, Kampf um Gaia – Acht Vorträge über das neue Klimaregime, Berlin 2020).

2 Diese Frage würden viele mit „nein" beantworten, so auch die Europäische Kommission, die sich nicht nur mehrfach politisch dazu geäußert hat, sondern mit dem Europäischen Grünen Deal dafür auch ein Maßnahmenpaket geschaffen hat. *M. Vestager*, Keeping the EU Competitive in a Green and Digital World, Rede (2.3.2020); *Europäische Kommission*, 11.12.2019, Mitteilung: „Der europäische Grüne Deal", COM (2019) 640 final.

wird zwischen den Kernzielen des Wettbewerbsrechts (Wohlfahrt) und den sog. „weiteren" Zielen der Wettbewerbspolitik („*the broader goals of competition policy*") als Bestandteil der europäischen Wirtschaftsordnung unterschieden. Es folgt eine kritische Betrachtung des Zusammenschlusses Bayer/Monsanto vor allem in Bezug auf die verquickten Themen Innovation und Nachhaltigkeit. Hier wird vertreten, dass ein offenes, innovatives Wettbewerbssystem für die Lösung dringender wirtschaftspolitischer Fragen unabdingbar ist, Lösungen und neue Ansätze aber nicht nur von etablierten Marktakteuren kommen werden und erhebliche Marktkonzentrationen und Pfadabhängigkeiten diesen Zielen entgegenstehen. Zuletzt wird aufgezeigt, wie Nachhaltigkeitsbedenken in der Zusammenschlusskontrolle berücksichtigt werden können.

B. Nachhaltigkeit im Wettbewerbsrecht

I. Status quo der Nachhaltigkeitsdiskussion

Im Rahmen der Zusammenschlusskontrolle wurden Nachhaltigkeitserwägungen bislang wenig diskutiert.[3] Im Gegensatz zu den Artt. 101 und 102 AEUV bestehen auch keine Ausnahmeklauseln, die als Einfallstore für außerwettbewerbliche Ziele dienen können.[4] Bei der Diskussion um die Berücksichtigung von Nachhaltigkeitserwägungen im Rahmen der Verhaltensverbote (Art. 101 und 102 AEUV) besteht grundsätzlich die Unterschei-

---

3   *E. Deutscher/S. Markis*, Sustainability concerns in EU merger control: from output maximising to polycentric innovation competition, 00 Journal of Antitrust Enforcement 2022, 1; *T. Kuhn/ C. Cappero*, Sustainability in Merger Control – Time to Broaden the Discussion, 41/12 European Competition Law Review, 2020, 596; *N. Kar/E. Cochrane/ B. Spring*, Environmental Sustainability and EU Merger Control: EU Competition Policy's Dark Horse to Support Green Investment, in: S. Holmes/D. Middelschulte/M. Snoep (Hrsg.), Competition law, climate change & environmental sustainability, New York, 2021, S. 117. Zu anderen „außerwirtschaftlichen" Interesse in der Zusammenschlusskontrolle *R. Podszun*, Außerwettbewerbliche Interessen im Kartellrecht und ihre Grenzen, in: J. Kokott/ P. Pohlmann/R. Polley (Hrsg.), Europäisches, deutsches und internationales Kartellrecht, Heidelberg 2018, S. 613.
4   Auch im Rahmen der Artt. 101 und 102 AEUV ist diese Frage weiterhin umstritten. S. *O. Odudu*, The Boundaries of EC Competition Law: the scope of Article 81, Oxford 2006; *C. Townley*, Art. 81 and Public Policy, Cambridge 2009; *G. Monti*, Article 81 EC and Public Policy, 39/5 Common Market Law Review, 2002, 1057; *S. Holmes*, Climate Change, Sustainability, and Competition Law, 8/2 Journal of Antitrust Enforcement, 2020, 354.

dung zwischen Nachhaltigkeitserwägungen, die sonst verbotene Absprachen (Kartelle) oder den Missbrauch von Marktmacht rechtfertigen können und solchen, die zu weiteren Untersagungen führen (von *Holmes* und *Nowag* bezeichnet als „*the shield*" and „*the sword*"[5]). Rechtfertigende Ausnahmen belohnen Nachhaltigkeitsbemühungen der Unternehmen,[6] bergen aber die Gefahr, den freien Wettbewerbsprozess erheblich einzuschränken oder gar außer Kraft zu setzen.[7] Verbote auf Grund von Nachhaltigkeitserwägungen führen hingegen zu einer Verschärfung des Wettbewerbsrechts anhand einer bisher nicht bekannten Ratio. Ohne eine solche Verschärfung, wäre der grüne Wandel, soweit er das Wettbewerbsrecht tangiert, weitestgehend den Unternehmen überlassen.[8] Ob sich das Wettbewerbsrecht diesen Fragen widmen kann, richtet sich vor allem nach seinen Zielen: Was sind die (weiteren) Ziele des Wettbewerbsrechts? Fallen objektive Nachhaltigkeitsvorteile,[9] sofern sie auch den Verbrauchern nutzen, unter das allgemeine Wohlfahrtsziel?

II. Die Besonderheit der Zusammenschlusskontrolle und ihre Nähe zur Wettbewerbskonzeption

Die geltende Zusammenschlusskontrollverordnung (FKVO, VO 139/2004)[10] ist ein Produkt des sog. „*more economic approach*", der zu einer stärkeren Ökonomisierung bzw. Einbettung des Wettbewerbsrechts in die Wohlfahrtsökonomik, aber auch zu mehr Klarheit und Präzision der

---

5 *S. Holmes*, Climate Change, Sustainability, and Competition Law (Fn. 4), 354 (390); *J. Nowag*, Environmental Integration in Competition and Law and Free-Movement Law, Oxford 2016.
6 Dazu *G. Monti*, Four Options for a Greener Competition Law, 11/3 Journal of European Competition Law & Practice, 2020, 24.
7 Ein Außerkraftsetzen dieser Regelungen ist kritisch zu betrachten, zumal der positive Wandel der Wettbewerbsziele äußert gering sein dürfe, wenn diese schlichtweg vernachlässigt werden.
8 Für eine größere Rolle des Staates und öffentlicher Institutionen, s. *M. Mazzucato*, Mission Economy – Auf dem Weg zur Neuen Wirtschaft, New York/Frankfurt 2019.
9 Vgl. *Autoriteit Consument en Markt*, Guidelines Sustainability agreements – Opportunities within competition law, 25.3.2022, para. 29, <https://www.acm.nl/sites/default/files/documents/2020-07/sustainability-agreements%5B1%5D.pdf>.
10 Verordnung (EG) Nr. 139/2004 des Rates vom 20.1.2004 über die Kontrolle von Unternehmenszusammenschlüssen ("EG-Fusionskontrollverordnung") ABL Nr. L 024 vom 29/01/2004 S. 0001 – 0022.

Methodik und Ziele des Wettbewerbsrechts geführt hat.[11] Nach Art. 2 Abs. 3 FKVO sind Zusammenschlüsse zu untersagen, sofern diese den *„wirksame(n) Wettbewerb im Gemeinsamen Markt oder in einem wesentlichen Teil desselben erheblich behindert würde(n)"* (*„significant impediment to effektive competition"*, sog. SIEC-Kriterium). Nach Art. 2 Abs. 1 lit. b FKVO sind hierbei ausschließlich wirtschaftliche Faktoren zu berücksichtigen.[12] Ohne dass es bereits zu verbotenen Praktiken gekommen oder ein Schaden konkret nachweisbar ist, untersagt die Zusammenschlusskontrolle ansonsten erlaubte und auch gängige Zusammenschlusstatbestände, wenn davon auszugehen ist, dass diese den Wettbewerb erheblich behindern oder beeinträchtigen würden. Auf eine Marktabgrenzung[13] und Feststellung der relevanten Wettbewerbsparameter folgt die Formulierung einer sog. Schadenstheorie (*„theory of harm"*), die sich nach gängigen Methoden und Erkenntnissen richtet[14] und angewendet wird, um die möglichen Effekte des Zusammenschlusses zu ermitteln.

Weitreichend vertreten wird demnach, dass die Zusammenschlusskontrolle nur dem Schutz des Wettbewerbs als Instrument der optimalen Allokation von Gütern dient.[15] So führt beispielsweise die Plattform *Inter-*

---

11 D. *Melamed/N. Petit,* The Misguided Assault on the Consumer Welfare Standard in the Age of Platform Markets, 54/4 Review of Industrial Organization, 2019, 741.
12 Diese sind: „(...) die Marktstellung sowie die wirtschaftliche Macht und die Finanzkraft der beteiligten Unternehmen, die Wahlmöglichkeiten der Lieferanten und Abnehmer, ihren Zugang zu den Beschaffungs- und Absatzmärkten, rechtliche oder tatsächliche Marktzutrittsschranken, die Entwicklung des Angebots und der Nachfrage bei den jeweiligen Erzeugnissen und Dienstleistungen, die Interessen der Zwischen- und Endverbraucher sowie die Entwicklung des technischen und wirtschaftlichen Fortschritts, sofern diese dem Verbraucher dient und den Wettbewerb nicht behindert (...)" - Art. 2 Abs. 1 FKVO (Fn. 11).
13 Die Marktabgrenzung trifft eine Entscheidung darüber, „wo" der relevante Wettbewerb stattfindet. Nach klassischem Verständnis findet Wettbewerb nur auf oder um bestimmte Märkte statt, aber nie außerhalb dieser.
14 Diese werden in den Entscheidungen ausgeführt und in den Leitlinien zur Bewertung von (horizontalen und nichthorizontalen) Zusammenschlüssen, EU 2004/ C 31/3 und EU 2008/ C 265/07, festgehalten.
15 *J. Nowag,* Environmental Integration (Fn. 5); *G. Monti,* Article 81 EC and Public Policy, (Fn. 4); *O. Odudu,* The Boundaries of EC Competition Law (Fn. 4); *O. Odudu,* The Wider Concerns of Competition Law, 30/3 Oxford Journal of Legal Studies, 2010, 599; *H. Schweitzer,* Competition Law and Public Policy: Reconsidering an Uneasy Relationship: The Example of Art. 81, 2007/30 EUI Working Papers 2007; *C. Townley,* Art. 81 and Public Policy (Fn. 4); *S. Kingston,* Greening EU Competition Policy, Cambridge 2012; *I. Lianos,* Polycentric Competition Law, Current Legal Problems 2018, 161; *N. Dunne,* Public Interest and EU Competition Law, The Antitrust Bulletin

national Competition Networks (ein Forum, in dem sich nationale Wettbewerbsbehörden über gemeinsame Grundsätze der Wettbewerbspolitik verständigen) aus:

"The legal framework for competition law merger review ("merger review law") should focus exclusively on identifying and preventing or remedying anticompetitive mergers. A merger review law should not be used to pursue other goals."[16]

Diese Aussage stößt allerdings an zwei Grenzen:

- Seit dem Vertrag von Lissabon gebietet der Zielkatalog der Europäischen Verträge (ua Art. 3 AEUV) nebst der Integrations- und den Querschnittsklauseln die Berücksichtigung diverser Ziele bei der Anwendung der Vorschriften der Verträge.[17] Hierbei wird teilweise vertreten, dass es sich um rein politische Ziele handelt, die das Programm der Wettbewerbsnormen (Artt. 101, 102 AEUV und die FKVO) und dessen konkrete, nach dem Schema Tatbestand und Rechtsfolge funktionierende, Normen, die von ihrer Dogmatik und Rechtsnatur her auch keinen Raum für Abwägungen und praktische Konkordanzen lassen, weitestgehend unberührt lassen.[18] Vielmehr sei es die Aufgabe anderer Politikbereiche (und des Regulierungsrechts) außerwettbewerbliche Ziele zu verwirklichen.[19]

2020, 256; *J. Mellott/R. Ciric*, Public Interest in Merger Control: The Lay of the Land, The Antitrust Bulletin 2020, 208.

16 *International Competition Network*, ICN Recommended Practices for Merger Analysis, 2008, I.A.Comment 1.
17 Zu diesen gehören (AEUV): Art. 8 (Beseitigung von Ungleichheit); Artt. 9, 147 Abs. 2 (Ausbildung, sozialen Schutz, Beschäftigung); Art. 10 (Antidiskriminierung); Art. 11 (Umweltschutz), Art. 12 (Verbraucherschutz); Art. 13 (Tierschutz); Art. 14 (Dienste von allgemeinem wirtschaftlichem Interesse); Art. 15 (verantwortungsvolle Verwaltung); Art. 16 (Datenschutz); Art. 167 Abs. 1 (Kultur); Art. 168 Abs. 1 (Gesundheit); Art. 173 Abs. 3 (Industriepolitik); Art. 174 Abs. 1 (wirtschaftlicher und sozialer Zusammenhalt); Art. 208 (Entwicklung).
18 *R. Podszun*, Stellungnahme „Konzentration im Agrarmarkt", Bundestag Ausschuss für Wirtschaft und Energie, Ausschuss-Drs. 19(9)85, 25.6.2018, 1, (7-12).
19 *U. Immenga/E.-J. Mestmäcker*, in: Immenga/Mestmäcker (Hrsg.) Wettbewerbsrecht, Bd.I, Europäisches Kartellrecht, 6. Aufl., München 2019, I. Abschnitt (Einleitung) A. I. 4., Rn. 14: *"Die Ziele der Wirtschaftspolitik sind nicht geeignet, zwingende Normen des Binnenmarktes und der Wettbewerbsregeln zu modifizieren.";* C. Grave/J. Nyberg in: Loewenheim/Meessen/Riesenkampff/Kersting/Meyer-Lindemann, Kartellrecht, 4. Aufl., München 2020, Art. 101 Abs. 1 AEUV Rn. 291.

Vertreter einer „holistischen"[20] Betrachtungsweise fordern hingegen die Integration von sozialen und nachhaltigen Zielen in allen Bereichen der Wirtschaftsordnung, um nach einer teleologischen und systematischen Auslegung der Verträge, dem Kohärenzprinzip des Art. 7 AEUV gerecht zu werden.[21] Zweifelsohne sind in der Europäischen Wettbewerbspolitik im weiteren Sinne nicht nur wirtschaftliche Wohlfahrtsziele zu berücksichtigen, dafür tangiert der Wettbewerb als zentrales Allokationsinstrument der modernen Wirtschaft zu stark diverse weitere Rechtsgüter, Interessen und Politikbereiche. Strittig ist allerdings, welche Tragweite dieses Kohärenzprinzip hat und was es in der praktischen Umsetzung bedeutet, auch wettbewerbsferne Ziele zu berücksichtigen. Im Wettbewerbsrecht und vor allem im Rahmen der Zusammenschlusskontrolle ist die Kommission bis dato weit von einem Gleichrang oder einer praktischen Konkordanz entfernt.[22] Vielmehr scheint die Kommission Nachhaltigkeitsziele im Rahmen der Zusammenschlusskontrolle nur zu berücksichtigen, sofern diese bereits den Wettbewerb tangieren – sofern Unternehmen bereits um mehr Nachhaltigkeit ringen und hierbei in Konkurrenz zu einander stehen – aber nicht darüber hinaus.[23] Diese enge Betrachtungsweise lässt außer Acht, dass Nachhaltigkeitsaspekte auf bestimmten Märkte für die Verbraucher wichtig sind, auch wenn

---

20 G. *Monti*, Article 81 EC and Public Policy (Fn. 4), 1057 (1069); C. *Townley*, Art. 81 and Public Policy (Fn. 4), S. 47-55; S. *Kingston*, Greening EU Competition Policy, Cambridge 2012, S. 97-126; N. *Dunne*, Public Interest and EU Competition Law, The Antitrust Bulletin 2020, 256; H.-G. *Kamann/P. Rackevei*, Außerwettbewerbliche Schutzziele in der Anwendungspraxis des europäischen Wettbewerbsrechts, in: A. Heger/ S. Gourdet (Hrsg), Fairen Wettbewerb in der Europäischen Union sichern, Baden Baden 2022, S. 105, s. auch M. *Karg* in: M. Kramme et al, Nachhaltigkeit im Spiegel des Rechts, Verlag Österreich 2023.

21 So E. *Deutscher/ S. Markis*, Sustainability concerns in EU merger control (Fn. 3), S. 1 (6).

22 So B. *Paal*, Gutachten zu Rechtsfragen im Zusammenhang mit der Berücksichtigung(-sfähigkeit) von außer-ökonomischen Zielen auf der Grundlage und am Maßstab der europäischen Fusionskontrollverordnung, 23.4.2017, < https://www.gruene-bundestag.de/fileadmin/media/gruenebundestag_de/themen_az/gentechnik/pdf/gutachtenmonsanto-2017.pdf>.

23 E. *Deutscher/S. Markis*, Sustainability concerns in EU merger control (Fn. 3), 1 (13): „Yet, the Commission considered that, when assessing the impact of mergers on sustainability parameters, the constitutional principle of conferral and the legal basis of the EUMR required it to act within the contours of Art. 2 EUMR and within the perimeters of competition policy „in order achieve", and not „go beyond", the objective of ensuring that competition in the Internal Market is not distorted."; vgl. *Europäische Kommission*, 21.3.2018, Fall M.8084 – Bayer/Monsanto, Rn. 3016.

der Markt dies nicht wiederspiegelt. Ein wichtiger Bereich ist hierbei der globale Agrochemikalische Sektor und das Auseinanderfallen der Marktmacht großer globaler Akteure und der geringen Nachfragemacht dieser Verbraucher.
- Auch kann vertreten werden, dass der materielle Tatbestand der FKVO (das sog. SIEC-Kriterium) zwar klar formuliert ist und selber keine Abwägungsklausel enthält, aber dennoch so offen formuliert und in die Verträge integriert ist, dass er sich einem Wandel des Wettbewerbsleitbildes und seiner Ziele nicht entziehen kann. Für die Berücksichtigung und stärkere Einbeziehung von Nachhaltigkeitszielen spräche demnach die besondere Nähe des materiellen Tatbestands zum jeweils geltenden oder sich wandelnden Bild des Wettbewerbs. Dass ein Wandel zu einer nachhaltigeren Wirtschaftspolitik zu verzeichnen und auch von Nöten ist, lässt sich an den derzeitigen Diskussionen und Initiativen der Kommission erkennen.

III. Das wandelnde Bild des Wettbewerbs

Das moderne[24] Wettbewerbsrecht findet seine Ursprünge in dem US Sherman Act von 1890 und dem deutschen Kartellgesetz von 1923 (kurz darauf folgten die ersten Wettbewerbsgesetze in Schweden, 1925, und Norwegen, 1926). Diese Normen dienten vor allem dazu, die Macht der großen Trusts und Kartelle zu begrenzen. Geprägt von der sog. Harvard School verfolgte das US Antitrustrecht lange einen marktstrukturbezogenen Ansatz, der wettbewerbsbeschränkende Praktiken, wie Absprachen und Monopolisierungsbestrebungen „per se" untersagte.[25] Das europäische Wettbewerbsrecht war zunächst stark von ordoliberalen Ideen geprägt. Ziel war die Schaffung und der Erhalt eines freiheitlichen Wirtschaftssystems durch eine sozial und freiheitlich geprägte Wirtschaftsordnung. Im Vergleich zu den heutigen Zielen des Wettbewerbsrechts hatten beide Schulen ein deutlich breiteres, teilweise mystisches Wettbewerbsbild vor Augen. *Böhm*

---

24 Auch das römische Recht und die lex mercatoria kannten Wettbewerbsvorschriften. Allerdings handelt es sich hierbei um Vorschriften für Handel außerhalb einer klassischen Nationalökonomie.
25 *T.A. Piraino*, Reconciling the Harvard and Chicago Schools: A New Antitrust Approach for the 21st Century, 82/2 Indiana Law Journal, 2007, 345 (348); zu den Vertretern; *J.S. Bain*, Barriers to New Competition, 5. Aufl., Cambridge 1971; *J. M. Clarke*, Competition as a dynamic process, Connecticut 1961.

bezeichnete den Wettbewerb als „*genialstes Entmachtungsinstrument der Geschichte*",[26] *Hayek* bekanntlich als „*Entdeckungsverfahren*", welches sich einer „*Anmaßung des Wissens*" über die näheren Funktionsweisen und Ergebnisse des Prozesses entzieht.[27] Wo die ordoliberale Schule einen sozialmarktwirtschaftlichen Zielkatalog verfolgte,[28] sorgte sich das US Antitrustrecht um libertäre Marktfreiheiten, aber auch um den Schutz politischer Freiheiten und um die Begrenzung wirtschaftspolitischer Macht.[29]

Die Ziele des Wettbewerbsrechts wandelten sich ab Mitte der 70er Jahre, zunächst in den USA, mit der zunehmenden Popularität der Chicago School of Antitrust.[30] Besonders einflussreich war hierbei das Werk von *Bork*, The Antitrust Paradox. *Bork* kritisierte die gängige Wettbewerbspraxis der US Gerichte und Behörden, indem er zahlreiche Praktiken und Verbote unter eine Wohlfahrtanalyse stellte und fragte, ob diese Verbote tatsächlich, vom Ergebnis her, eine effizienzsteigernde Wirkung hätten.[31] Einziges wahres Ziel des Wettbewerbsrechts könne folglich der Schutz oder die Steigerung der Wohlfahrt (Effizienzen) sein.[32] *Bork* wollte hiermit das Wettbewerbsrecht von unnötigen „*Sentimentalitäten*" und Fehlannahmen befreien.[33] Bedeutend ist aber auch die wirtschaftspolitische Grundausrichtung der Chicago School, die Intervention in Märkte deutlich zurückzufahren.[34] Auch die europäische Wettbewerbspolitik orientiert sich seit Anfang

---

26 *F. Böhm*, Wettbewerb und Monopolkampf, Neuausgabe Baden Baden 2010.
27 *F.A. Hayek*, The Pretence of Knowledge, 77/4 The Swedish Journal of Economics, 1975, 433.
28 Vgl. *E.-J. Mestmäcker*, The Role of Competition in a Liberal Society; in: Koslowski (Hrsg.), The Social Market Economy, Theory and Ethics of the Economic Order, Berlin/Heidelberg 1998, S. 329.
29 Ausführlich dazu *C. Edwards*, 'Conglomerate Bigness as a Source of Power', in NBER (Hrsg.), Business Concentration and Price Policy, Princeton 1955, S. 331.
30 Dazu *D.A. Crane*, Chicago, Post-Chicago, and Neo-Chicago, 76/4 University of Chicago Law Review, 2009, 1911.
31 Die Wohlfahrtsökonomik beschäftigt sich mit der Allokation von Ressourcen. Diese war seit Beginn der Chicago School mit Theorien von George Stigler und Milton Friedman stark durch den sog. Monetarismus – einer angebotsorientierten Wirtschaftspolitik und Quantitätstheorie – geprägt. *J. Van Overtveldt*, The Chicago School. How the University of Chicago Assembled the Thinkers Who Revolutionized Economics and Business, Chicago 2008.
32 *R. Posner*, Antitrust Law, 2. Aufl., Chicago 2001.
33 "*Uncritical sentimentality about the 'little guy'*": *R. Bork*, The Antitrust Paradox, 2. Aufl., Chicago 1993.
34 *H. J. Hovemkamp/F. Scott Morton*, Framing the Chicago School of Antitrust Analysis, 168/7 University of Pennsylvania Law Review 2020, 1843.

der 2000er und der Einführung des sog. *„more economic approach"*³⁵ stärker an der Konsumentenwohlfahrt (*consumer welfare standard, CWS*). Im Bereich der Zusammenschlusskontrolle wurde der marktstrukturbezogene Marktbeherrschungstest, der vor allem Zusammenschlüsse untersagte, die zu einer (gemeinsamen) Marktbeherrschung führten, durch das flexiblere, ökonomische SIEC-Kriterium (*significant impediment to effective competition*) ersetzt. Durch den Konsumentenwohlfahrtsstandard haben das europäische Wettbewerbsrecht und seine Methodik deutlich an Klarheit und ökonomischer Fundierung gewonnen,³⁶ dafür aber den breiten Zielkatalog aufgegeben.

Seit einigen Jahren steht der Konsumentenwohlfahrtsstandard zunehmend in der Kritik. Es geht hierbei nicht nur um die Tatsache, dass wohlfahrtsbezogene Methoden und Ansätze im Wettbewerbsrecht dominieren, viele stört auch die laxe und zurückhaltende Umsetzung, die vor allem im Bereich der Zusammenschlusskontrolle besonders auffällig ist,³⁷ und die teilweise lange Dauer und Komplexität der Wettbewerbsverfahren.³⁸ Neben den Rufen nach der verstärkten Umsetzung wünschen sich viele auch die Öffnung des Zielkatalogs und die Berücksichtigung von Innovation, sozialen Zielen, Datenschutzzielen, Nachhaltigkeitserwägungen und die Auswirkung der Wettbewerbspolitik auf demokratische Institutionen und den sozialen Frieden.³⁹ Wenngleich dies zunächst wie ein buntes Potpourri an Wünschen an den Wettbewerb erscheint, geht es auch um die Frage, wie der Wettbewerb und seine Ziele zu deuten sind und was der Konsumentenwohlfahrtsstandard leisten kann. Auch dieses Kriterium kann enger oder weiter ausgelegt werden, richtet sich allerdings stets nach den Interessen und Präferenzen der Verbraucher.

---

35 *A. C. Witt,* The More Economic Approach to EU Antitrust Law, London 2016; *Europäische Kommission,* White Paper on the Modernisation of the Rules Implementing Articles 85 and 86 of the EC Treaty, No 99/027, 28.4.1999.
36 *D. Melamed/N. Petit,* The Misguided Assault on the Consumer Welfare Standard (Fn. 13).
37 So wurde kein Zusammenschluss der bisher 800 Zusammenschlüsse im *„Big Tech"*-Bereich untersagt und dies hat hier zu einem erheblichen Zuwachs an Konzentration geführt; *A. C. Witt,* Who's Afraid of Conglomerate Mergers, 67/2 Antitrust Bulletin, 2022, 208.
38 Diese Gründe waren auch maßgeblich für den Erlass des Digital Markets Act, s. *O. Budzinski/J. Mendelsohn,* Regulating Big Tech: From Competition Policy to Sector Regulation, im Erscheinen, ORDO, 2022.
39 Vorreiter sind hierbei die Vertreter der sog. *„Neo-Brandeis"* School in den US, darunter FTC Chefin Lina Khan und der Special Assistant to the President for Technology and Competition Policy, Tim Wu.

In der Mikroökonomik ist die Konsumentenwohlfahrt bereits seit Jahrzehnten definiert und beschreibt die Differenz zwischen der Nachfrage und dem gezahlten Preis. Was unterhalb der Nachfragekurve und oberhalb des Preises liegt, ist flexibel und umfasst je nach Konsumenten- oder Nachfragegruppe jegliche individuellen Vorteile wie Preis und Qualität aber eben auch Innovation, Datenschutz (Privacy) und sogar die Nachhaltigkeit der Produkte oder Kaufprozesse.[40] Die OECD definiert die Konsumentenwohlfahrt demnach wie folgt:

> "Consumer welfare refers to the individual benefits derived from the consumption of goods and services. In theory, individual welfare is defined by an individual's own assessment of his/her satisfaction, given prices and income. Exact measurement of consumer welfare therefore requires information about individual preferences."[41]

In der Wettbewerbsanalyse hat sich der Konsumentenwohlfahrtsstandard seit der Chicago School allerdings fast ausschließlich auf Preisvorteile bezogen. Hinzu kommt, dass der wettbewerbsrechtliche Konsumentenbegriff nicht nur die Endverbraucher, sondern die gesamte Marktgegenseite umfasst.[42] Konsumentenwohlfahrt im Wettbewerbsrecht nimmt daher eher die Form einer preisbezogenen allgemeinen Wohlfahrt an. Das Ziel der geringen Intervention geht mit einem fundamentalen Glauben an die Kräfte und Selbstheilungskräfte der Märkte einher, die auch jenseits des Denkens der Chicago School die Bedeutung des Marktes als ergebnisoffenen Prozess und als fundamentale gesellschaftliche Institution rechtfertigt. Demnach obliegt es dem Wettbewerbsrecht diesen Prozess zu schützen, ohne jedoch

---

40 L. Samuel/F. Scott Morton, What Economists Mean When They Say „Consumer Welfare Standard", ProMarket 16.2.2022, <https://www.promarket.org/2022/02/1 6/consumer-welfare-standard-antitrust-economists/>: „*To academic economists, consumer welfare is the area under the demand curve and above the price paid. This basic concept was popularized by Alfred Marshall in his seminal book* Principles of Economics, *published in 1890. Anything that factors into demand creates consumer welfare: those factors can include price, quality, innovation, privacy, etc. Importantly, this definition of consumer welfare is used by economists across the policy spectrum in trade, public finance, competition, and other areas of microeconomics, including by those who consider current antitrust enforcement to be too lax*".

41 OECD, Glossary of Statistical Terms, < https://stats.oecd.org/glossary/detail.asp?ID= 3177>.

42 P. Akman, 'Consumer' Versus 'Customer': The Devil in the Detail, 37/2 Journal of Law and Society, 2010, 315; V. Daskalova, Consumer Welfare in EU Competition Law: What Is It (Not) About?, 11/1 The Competition Law Review, 2015, 133.

selbst verteilend einzugreifen. Das Wettbewerbsrecht wird daher als Instrument der Marktgerechtigkeit (*„allocative justice"*) oder der rein formalen Gerechtigkeit betrachtet, nicht hingegen der verteilenden oder materiellen Gerechtigkeit (*„distributive justice"*).[43] Wichtig ist aber auch, und das ist der zentrale Kritikpunkt dieses Beitrags, dass eine rein formale Betrachtungsweise und eine Skepsis gegenüber der Marktintervention auch bedeutet, dass sich die Wettbewerbsanalyse immer näher an der Marktlogik und der Betrachtungsweise der Märkte aus Sicht der Unternehmen orientiert und die Kraft des Wettbewerbs für das Erreichen anderer Ziele aus dem Blick lässt.

Daher werden derzeit die Rufe nach einem ganzheitlicheren Verständnis des Wettbewerbs lauter. Grund dafür sind nicht nur dringende Ziele, die auch aus Sicht der Verbraucher auch mittels des Wettbewerbs zu erreichen sind, sondern ein seit der Finanzkrise von 2008 schwindendes Vertrauen in die Selbstheilungskräfte der Märkte, vor allem bei der Erreichung wettbewerbsfremder Ziele. Je mehr wohlfahrtsferne Ziele – Gleichheit, Dekonzentration, Datenschutz, Nachhaltigkeit – in den Mittelpunkt des Denkens über zukünftige (teilweise utopische) Wirtschaftssysteme rücken, desto mehr wandelt sich wohlmöglich das Wettbewerbsleitbild weg von einem rein formalen Prozess hin zu einem (zwangsläufig offeneren) Prozess, der Kraft seiner Eigenart (rivalisierender Kampf um die besten Ergebnisse, Marktplatz der Ideen) gerade auch zum Erreichen dieser Ziele eingesetzt werden sollte. Ohne Einordnung und Abgrenzung dieser Ziele von den wirtschaftlichen Kernzielen des Wettbewerbsrechts bleibt diese Diskussion jedoch unsystematisch und dogmatisch wenig zufriedenstellend.

In der Diskussion um die Öffnung des Zielkatalogs wird oft von den „weiteren" Zielen der Wettbewerbspolitik (*„broader competition policy"*) gesprochen.[44] Um die Bedeutung des Wettbewerbs außerhalb der Wohlfahrtsanalyse des Wettbewerbsrechts zu verstehen und zu berücksichtigen, scheint es hilfreich, zwischen den „engeren" und „weiteren" Zielen des Wettbewerbs zu unterscheiden. Die engen Ziele begrenzen sich auf die

---

43 Dazu ausführlich *J. Mendelsohn*, Competition, Concentration, and Inequality through the Lens of the Theory of Reflexive Modernisation, in: J. Broulík/ K. Cseres (Hrsg.), Competition Law and Economic Inequality, London 2022.

44 *G. Monti*, Article 81 EC and Public Policy, (Fn. 4); *O. Odudu*, The Boundaries of EC Competition Law (Fn. 4); *O. Odudu*, The Wider Concerns of Competition Law, 30/3 Oxford Journal of Legal Studies, 2010, 599; *J. Stiglitz*, Towards A Broader View of Competition Policy, Working Paper, 22.3.2017, Roosevelt Institute, <https://rooseveltinstitute.org/publications/towards-a-broader-view-of-competition-policy/>.

Funktionsfähigkeit des Wettbewerbs auf konkreten Märkten. Die Bedeutung des Wettbewerbs (als Institution) für die weitere Rechts- und Wirtschaftsordnung ist allerdings größer. Die Idee des Wettbewerbs liegt im Zentrum unserer liberalen Wirtschaftsordnung. Der Wettbewerb gilt als zentrales Instrument, um Ressourcen optimal zu verteilen, aber eben auch um andere Ziele – Austauschgerechtigkeit, Freiheit, Gleichheit, Nachhaltigkeit – zu erreichen. Zum Wettbewerb im weiteren Sinne gehört auch der rege und innovative Ideenwettbewerb („*marketplace of ideas*") und der (private) politische Wettbewerb, der möglichst frei von Manipulation und Korruption (Capture, Lobbyismus) zu halten ist. Die Wirkkraft des Wettbewerbs im weiteren Sinne führte auch immer zur Wahl des entsprechenden Wettbewerbsleitbilds im engeren Sinne. So wollten die Ordoliberalen mittels eines freien Wettbewerbs die Fundamente für eine freiheitliche (und entmachtete) Gesellschaft legen. Die Chicago School hingegen glaubte an die Effizienz und die Wohlfahrtsmaxime als übergeordnetes Ordnungs- und Rechtsprinzip.[45]

Die Nachhaltigkeit gehört kraft der Ziele der Unionverträge jedenfalls zu den weiteren Zielen des Wettbewerbs. Der Wandel zu einer nachhaltigeren Wirtschaft kann erheblich vom Wettbewerb profitieren, wenn es darum geht, neue Ideen, Prozesse und Produktionsweisen zu entdecken und diese zur Marktreife zu bringen. Voraussetzung dafür ist allerdings, dass sich vor allem neue Ideen und ein Umdenken sowohl am Markt als auch politisch durchsetzen lässt. Das ist nur möglich, wenn diese Prozesse möglichst offen gehalten und nicht von bestehenden Marktakteuren dominiert und blockiert werden.

Diese weiteren Ziele des Wettbewerbs beeinflussen allerdings auch die engere Wettbewerbsanalyse – ihr Verständnis von Wohlfahrt und Innovation. Die Bedeutung des Wettbewerbs für die Erreichung von Nachhaltigkeitszielen hat zur Konsequenz, dass die Wohlfahrtsanalyse sich nicht nur nach Preiseffekten richten sollte und dass vor allem bei der dynamischen Analyse der Märkte nicht nur die Innovationen der Zusammenschlussparteien, sondern das Potential des Sektors insgesamt zu berücksichtigen ist. Welche Bedeutung der Wettbewerb – der sich von der unternehmenseige-

---

45 R. *Posner*, Economic Analysis of Law, 7. Aufl., Chicago 2007; kritisch dazu H. *Eidenmüller*, Effizienz als Rechtsprinzip, 4. Aufl., Tübingen 2015; E.-J. *Mestmäcker*, A Legal Theory Without Law – Posner v. Hayek on Economic Analysis of Law, Tübingen 2007; Zur Effizienzdebatte: R. *Posner*, The Ethical and Political Basis of the Efficiency Norm in Common Law Adjudication, 3 Hofstra Law Review, 1979, 487 und J. *Coleman*, Efficiency, Utility and Wealth Maximization, 8 Hofstra Law Review, 1979, 509.

nen Marktlogik und den unternehmenseigenen Innovationspfaden löst – und das Wettbewerbsrecht für Nachhaltigkeit haben können, zeigt der Zusammenschluss der Pharma- und Agrochemie-Giganten Bayer und Monsanto.

IV. Kritischer Blick auf den Zusammenschluss Bayer/Monsanto

In den letzten Jahren gab es nur wenige Zusammenschlüsse, in denen Nachhaltigkeitsaspekte eine Rolle spielten. Darunter zählt die kontroverse[46] Übernahme der Monsanto AG durch den deutschen Pharmakonzern, Bayer AG, für 66 Milliarden USD im Jahr 2018. Der Zusammenschluss folgte auf eine allgemeine Konsolidierung des Agrochemie-Sektors über mehrere Jahre. In den Jahren 2002 – 2014 bestand der Sektor noch aus sechs globalen Konzernen: Syngenta, Bayer, Monsanto, Dow, DuPont und BASF. Nach den Übernahmen blieben nur noch drei Konzerne übrig: Dow/DuPont, ChemChina/Syngenta und Bayer/Monsanto. Nach eignen Angaben reagierte der Bayer Konzern auf diese Konsolidierung und glaubte, sich ohne diesen Zusammenschluss nicht langfristig auf diesen Märkten behaupten zu können.[47] Gleichzeitig wurde Bayer/Monsanto durch den Zusammenschluss zum bislang größten und weltweit führenden Unternehmen im Agrochemiegeschäft.

---

46 Zur Reaktion des Marktes auf die Übernahme, s. *B. Fröndhoff*, Fünf Jahre Nach Monsanto-Kauf, Handelsblatt 16.9.2021, <https://www.handelsblatt.com/unternehmen/industrie/pharma-und-chemiekonzern-fuenf-jahre-nach-monsanto-kauf-diese-fuenf-grafiken-zeigen-wie-die-uebernahme-bayer-belastet/27618298.html>; siehe auch: *I. Lianos*, Stellungnahme „*The Bayer/Monsanto merger: a critical appraisal*", Bundestag Ausschuss für Wirtschaft und Energie, Ausschuss-Drs. 19(9)90, 26.6.2018, 12: „*The higher levels of concentration in this industry will not only produce anticompetitive effects on price and innovation, but will also greatly reduce other important, from a social contract perspective, parameters of competition such as biodiversity, variety and alternative ways of agriculture, in view of the emphasis put by all the four integrated platforms on a chemical-based and GMO oriented model of agriculture*".

47 Hierbei ist zu bedenken, dass solche Marktkonsolidierungen und Interessen und Strategien der Parteien für die Wettbewerbsanalyse zwar von Bedeutung sein können, eine objektive Wettbewerbsanalyse allerdings auch alternative Marktentwicklungen und ihre Auswirkungen auf die Wohlfahrt und auf innovative Dynamiken nicht außer Betracht lassen sollte.

Juliane K. Mendelsohn

Die Bayer/Monsanto-Entscheidung bietet in materieller Hinsicht zwei Besonderheiten: Wie auch beim Zusammenschluss Dow/DuPont (2017)[48] spielten die potentiellen Auswirkungen auf die Innovation in den relevanten Sektoren und auf die Sicherstellung der globalen Lebensmittelsicherheit eine Rolle.[49] Zudem wurden von mehreren Stakeholdern weitreichende Nachhaltigkeitsbedenken gegen den Zusammenschluss vorgetragen. Diese betrafen die kontroversen Saatgutmodifikationen und die Produktionsweisen der Konzerne und die Auswirkungen der Konzentration auf die Gegenmacht der abhängigen Bauern weltweit.[50]

---

48 Die Kommission schreibt in der Dow/DuPont-Entscheidung: *"It is clear from the purpose and wording of the Merger Regulation and the Horizontal Merger Guidelines that the Commission is required prevent significant impediments to effective competition without limiting its assessment to neither price effects nor product and price competition between existing products. It is also part of the Commission's task to determine whether a transaction is likely to lead to diminished innovation and future competition".* Europäische Kommission, 27.3.2017, Fall M.7932 – Dow/DuPont, Rz. 1992. Demnach lautete die innovationsbezogne Schadenshypothese wie folgt:*"...a merger between competing innovators by reducing rivalry in the industry and increasing cannibalisation of existing and future sales is likely to result in a decrease in the incentive to innovate by the merging parties."* Europäische Kommission, 27.3.2017, Fall M.7932 – Dow/DuPont, Rz. 2002.

49 Europäische Kommission, 21.3.2018, Fall M.8084 – Bayer/Monsanto, Rz. 1041 ff, 3006 ff. Dazu: R. Podszun, *„Konzentration im Agrarmarkt"* (Fn. 18), 1 (5): *„Die Kommission sichert die Innovationskraft also durch die Aufrechterhaltung diverser Entwicklungspfade, hier konkret: rivalisierender Forschungs- und Entwicklungseinheiten. Diversität wird als wesentlicher Faktor des Wettbewerbs erkannt. Das ist eine Anerkennung der evolutionsökonomischen Perspektive, die eine strukturelle Absicherung von Diversität und Variation, Auswahlmöglichkeiten und Offenheit fordert.";* siehe auch W. Kerber, 'Competition, innovation and maintaining diversity through competition law', in: J. Drexl/W. Kerber/R. Podszun, Competition Policy and the Economic Approach – Foundations and Limitations, 2011, S. 173.

50 Europäische Kommission, 21.3.2018, Fall M.8084 – Bayer/Monsanto, Rz. 3007: *„In particular, those interested third parties contend that the Commission should assess the impact of the merger not only in terms of higher prices, loss of innovation and loss of products (seeds, traits, etc.) choice, but also in terms of loss of biodiversity as a harm to environment. They further argue that the assessment of innovation competition should not only address the question whether the Parties would continue investing in new products but whether these investments would be directed towards quality products. The risk in terms of innovation would lie not only in a reduction of innovation efforts but also in a misuse of innovation. According to IPES-Food, the merged entity would have very little, if any incentive, to innovate towards the use of less chemical products or towards healthier farming products. Finally, when assessing the risks that the concentration bears, the Commission should take into consideration the direct link that exists between safe food - and hence safe agriculture – and public health."*

In Bezug auf die Innovation untersuchte die Kommission, ob die Beseitigung von sich überschneidenden Forschungsbemühungen der beiden Konzerne zu einer Verringerung des Innovationswettbewerbs führen könnte. Die Kommission begutachtete sowohl Auswirkung auf die Innovationrivalität zwischen den zwei Konzernen als auch die möglichen Auswirkungen auf die Innovation des Sektors insgesamt.[51] Beim Grad der Innovationsrivalität zwischen den Parteien identifizierte die Kommission „Innovationsräume", in denen die Forschung und Entwicklung der Marktakteure in den Bereichen der Entwicklung neuer Pflanzenschutzmittel, Saatgutarten und Pflanzensorten miteinander konkurrierten.[52] Nach einer ähnlichen Methode wie beim Preiswettbewerb analysierte die Kommission die Substituierbarkeit und Nähe der Innovationsvorhaben von Bayer und Monsanto. Zur Ermittlung der Auswirkungen auf den allgemeinen Grad der Innovation kamen strukturelle Kriterien, wie die erhöhte Konzentration, die bestehenden Marktzutrittsschranken, die Innovationskraft der anderen Marktteilnehmer und der mögliche Rückgang an Forschungs- und Entwicklungsleistungen hinzu.[53]

Die Kommission kam zu dem Ergebnis, dass der Zusammenschluss wahrscheinlich den Innovationsanreiz beeinträchtigen, überschneidende F&E-Infrastrukturen und Innovationsbemühungen beseitigen und die Innovation insgesamt verringern würde.[54] Diese Bedenken führten allerdings nicht zur Untersagung des Zusammenschlusses. Stattdessen wurden weit-

---

51 *E. Deutscher/S. Markis*, Sustainability concerns in EU merger control (Fn. 3), 1 (15).
52 *E. Deutscher/S. Markis*, Sustainability concerns in EU merger control (Fn. 3), 1 (15); Die Kommission formulierte folgende Schadenstheorie: *Europäische Kommission*, 21.3.2018, Fall M.8084 – Bayer/Monsanto, Rz. (1041): *„A merger between two innovators is likely to increase the cannibalisation effects. In fact, pre-merger if an innovator is successful in introducing a new product, even though this might cannibalise one or more of its existing products, nevertheless it will capture sales from its rivals and the possible related gross margin and profits. A merger between two potential innovators internalises this negative externality effect – from the perspective of each innovator, the lost expected profits on the products of the other merging firm becomes an additional cannibalisation effect. (1042): Consumers may also ultimately be harmed in this case by both the loss of product variety and the reduced intensity of future product market competition in the markets where the discontinued/deferred/redirected early pipeline product would potentially have been introduced but for the merger. This effect applies both in the short-term, notably in relation to existing early pipeline products and current lines of research, and over time, in relation to any future R&D efforts."*
53 *Europäische Kommission*, 21.3.2018, Fall M.8084 – Bayer/Monsanto, Rz. 75-88.
54 *Europäische Kommission*, 21.3.2018, Fall M.8084 – Bayer/Monsanto, Rz. 1263-1273; *E. Deutscher/S. Markis*, Sustainability concerns in EU merger control (Fn. 3), 1 (18).

reichende, strukturelle Abhilfemaßnahmen verhängt:[55] Bayer wurde aufgefordert, sein Saatgut und Pestizide-Portfolio zu veräußern und die weltweite Forschung und Entwicklung in diesem Bereich (Saatgut und agronomische Merkmale) abzugeben. Auch mussten die Forschungsaktivitäten, die mit Monsantos Pflanzenschutzmittelwirkstoff Glyphosat[56] in Konkurrenz standen, abgegeben und eigenständig weitergeführt werden. Diese Unternehmungen wurden teilweise von dem Unternehmen BASF übernommen. Die neue Bayer/Monsanto AG wurde zudem dazu aufgefordert, Lizenzen zu den gemeinsamen agrarwirtschaftlichen Digitallösungen zu erteilen.[57] Obwohl Abhilfemaßnahmen im Gegensatz zur Untersagung den deutlich geringeren Eingriff darstellen, wird von weiten Teilen der Literatur vertreten, dass diese als *„Ausdruck der Handlungsfähigkeit der Kartellbehörden"* und als *„effektives (Mittel) der hoheitlich Kontrolle"* von Megafusionen zu betrachten sind.[58] Die Abhilfemaßnahmen richten sich allerdings nach der Schadensanalyse der Kommission, ihre Wirksamkeit ist demnach begrenzt durch die Möglichkeit, die zukünftige Entwicklung der Märkte vorherzusehen. Jedenfalls standen die negativen Auswirkungen der Konzentration auf die Innovation in dieser Entscheidung fest.[59]

Obwohl die innovationsbasierte Schadenstheorie überwiegend als positive Entwicklung betrachtet wird,[60] wurde die Analyse der Kommission auch

---

55 *Europäische Kommission,* 21.3.2018, Fall M.8084 – Bayer/Monsanto, Rz. 3030-3325; Hierbei ist klarzustellen, dass im Gegensatz zu strukturellen Abhilfemaßnahmen, verhaltensbezogene Abhilfemaßnahmen als wenig wirksam gelten. Zu den Abhilfemaßnahmen im Fall Bayer Monsanto, s. *R. Podszun,* „Konzentration im Agrarmarkt" (Fn. 18), 1 (6); aA *I. Lianos,* „The Bayer/Monsanto merger: a critical appraisal" (Fn. 46), 1, (46).
56 Bayer konnte sich damit allerdings nicht von den Klagen gegen diesen Wirkstoff befreien. Zur Beilegung den Klagen gegen das Produkt „Roundup" siehe Bayers Fünf-Punkte-Plan zur Beilegung der Roundup-Rechtsstreitigkeiten, <https://www.bayer.com/de/roundup-rechtsstreitigkeiten-fuenf-punkte-plan>.
57 *Europäische Kommission,* 30.4.2018, Fall M.8851 – BASF/Bayer Divestment Business; *R. Podszun,* „Konzentration im Agrarmarkt" (Fn. 18), 1 (6).
58 s. *R. Podszun,* „Konzentration im Agrarmarkt" (Fn. 18), 1 (6).
59 Zum grundsätzlichen Verhältnis und einer Neudeutung der Arrow v Schumpeter Kontroverse, siehe: *J. Stiglitz,* Innovation and Competition: Did Arrow Hit the Bull's Eye, in: J. Lerner/S. Stern, The Rate and Direction of Inventive Activity Revisited, Chicago 2012, 361 (401): The unifying principle, richly supported by the empirical literature, is that innovation, broadly defined, is spurred if the market is contestable; that is, if multiple firms are vying to win profitable future sales.
60 *N. Petit,* Significant Impediment to Industry Innovation: A Novel Theory of Harm in EU Merger Control?, ICLE Antitrust & Consumer Protection Research Program, White Paper 2017-I.

als unzureichend kritisiert. Die Autoren *Deutscher* und *Makris* kritisierten die rückwärtsgewandte und output-orientierte bzw. lineare Innovationsanalyse der Kommission, die methodisch weitestgehend der Analyse von Preiswettbewerb entsprechen.[61] Die Kommission habe sich vor allem auf Innovationspfade, die bereits von den Parteien gelegt wurden, beschränkt und diese auch nicht weiter hinterfragt. Innovation sei hierbei zu eng verstanden worden und nicht als offener, dynamischer und „polyzentrischer"[62] Prozess.[63] Auch die quantitativen Kriterien, wie die Anzahl der zitierten Patente und die Investition in KI-Verfahren legen nur den Fokus auf bereits bestehende Innovationen, Ansätze und Projekte.

Daran knüpft die hier bereits geäußerte Kritik an, dass die Kommission zu stark die Perspektive der sich zusammenschließenden Parteien einnahm (bzw. der bestehenden Marktlogik folgte) und hierbei das eigentliche Potential des Wettbewerbs – auch zur Erreichung nicht-wohlfahrtsorientier-

---

61 *E. Deutscher/S. Markis*, Sustainability concerns in EU merger control (Fn. 3), 1 (20): „*A key concern of this consequentialist understanding of innovation that underpins the Commission's approach is whether post-merger the parties will produce more or less innovation quantity and quality. Quality is understood in single-dimensional terms as commercial success or technological relevance. Such an approach ignores the multi-dimensional aspect of quality of innovation as it examines only whether a merger can undermine the process of innovation that is geared towards conventional agriculture*".

62 *E. Deutscher/S. Markis*, Sustainability concerns in EU merger control (Fn. 3), 1 (27-32) beschreiben den polyzentrischen Prozess. Siehe auch *I. Lianos*, Polycentric Competition Law (Fn. 15), 161: "*Polycentricity has close affinities with the concept of polyarchy that has been put forward in democratic theory as a variant of democracy which provides each member of the society the opportunity to express his or her preference, not so much in order to express a diversity of opinions or values, but because this enables each member of the society to make a rational calculation about alternative policies.*"; *V. Ostrom*, 'Polycentricity' in: M. D. McGinnis (Hrsg.), Polycentric governance and development: readings from the Workshop in Political Theory and Policy Analysis, Michigan, 1999; *P. D. Aligiga/ V.Tarko*, 'Polycentricity: From Polanyi to Ostrom, and Beyond', 25/2 Governance, 2012, 237; auch: *V. Ostrom/ CM Tiebout/R. Warren*, The Organization of Government in Metropolitan Areas: A Theoretical Inquiry, 55/4 Amercian Political Science Review, 1961, 831; *M Polanyi*, The Logic of Liberty, Oxfordshire 1951, S. 34.

63 This theory of harm, although a welcome improvement to the current framework of merger analysis, fails to accommodate all competition-relevant sustainability concerns because of its exclusive focus on innovation capabilities, efforts, and output. On this basis, we argue that innovation competition should not be understood only as an output-maximizing device but also as a polycentric process under which independent decision-makers pursue various innovation paths. Such an approach gives prominence to the diversity, quality, and direction of innovation and constitutes an alternative to the predominant output-centred understanding of innovation.

ter Ziele (Innovation und Nachhaltigkeit) – übersah. Dabei geht es bei Innovation eigentlich darum, neue Produkte und Innovationsstränge zu entwickeln. Durch diesen engen Blick wurden ferner die, sehr wohl erfassbaren,[64] Interessen der Verbraucher (zum Teil der Stakeholder und Bauern) und Endverbraucher an alternativen und nachhaltigeren Agrarlösungen nicht berücksichtigt, sondern nur die direkten Preisauswirkungen des Zusammenschlusses. Auch bleiben die Auswirkungen auf die „weiteren" Ziele des Wettbewerbs und das System „Wettbewerb" im Agrarsektor und die Auswirkungen der–Konzentration auf die gesellschaftliche und politische Debatte rund um Saatgut und zukünftigen Ernährungsquellen, die von innovativen Ideen profitieren würde, außer Betracht.

In Hinblick auf die Nachhaltigkeitserwägungen wird oft vertreten, dass die Kommission diese nicht berücksichtige und auch nicht berücksichtigen sollte.[65] Allerdings hat die Kommission die Berücksichtigung von Nachhaltigkeitsaspekten nicht gänzlich abgelehnt, aber stark eingeschränkt.

Zunächst werden aber alle Ziele der Union erwähnt und die Kommission bettet ihre Entscheidung in diese ein:

"(3011) In the light of recital 23 of the Merger Regulation, the Commission has placed its competitive assessment of the Transaction within the general framework of the achievement of the fundamental objectives referred to in the EU Treaties. In particular, the Commission is mindful of the potential implications of a possible reduction of competition caused by the Transaction on human health, food safety, consumer protection, environmental protection and climate. The Commission has, in particular, paid specific attention in its review to ensure that post-Transaction innovation in the agroindustry sector is preserved as the key for the emergence of more effective, healthier, safer and more environmentally-friendly products."[66]

Nach Ansicht der Kommission obliegt es ihr nicht, „isolierte" Nachhaltigkeitsbedenken zu prüfen, sondern nur solche, die Resultat einer „erheblichen Behinderung wirksamen Wettbewerbs" sind oder mit dieser im Zusammenhang stehen. Die Kommission beschränkt sich damit auf Nachhaltigkeitserwägungen, die im aktuellen Marktgeschehen bzw. zwischen den fusionierenden Parteien bereits als relevante Wettbewerbsparameter beste-

---

64 E. Deutscher/S. Markis, Sustainability concerns in EU merger control (Fn. 3), 1 (33).
65 R. Podszun, „Konzentration im Agrarmarkt" (Fn. 18), 1 (7-10).
66 Europäische Kommission, 21.3.2018, Fall M.8084 – Bayer/Monsanto, Rn. 3011.

hen. Diesen Kompromiss, der zur (eingeschränkten) Berücksichtigung von Nachhaltigkeitszielen führt, begründet die Kommission mit dem Wortlaut des Art. 2 Abs. 2 FKVO, der ihr zwar ermöglicht, „weitere" Ziele zu berücksichtigen, aber nur sofern dadurch der Wettbewerb oder die „engeren", in Art. 2 Abs. 1 FKVO genannten, Ziele beschränkt werden und nicht darüber hinaus:

> "(3020) The legal test laid down in the Merger Regulation to appraise the compatibility of mergers with the internal market is therefore consistent with the objectives of the Merger Regulation, as explained in its preamble. After establishing that mergers must be appraised in accordance with "...the objectives of this Regulation...", Article 2(1), second paragraph, of the Merger Regulation lays down in more detail the factors that the Commission shall take into account in making its appraisal, which are all of them competition-related. Accordingly, Article 2(2) of the Merger Regulation provides that "[a] concentration which would not significantly impede effective competition in the market or in a substantial part of it, in particular as a result of the creation or strengthening of a dominant position, shall be declared compatible with the common market". Therefore, whilst the general framework of the achievement of the other mentioned criteria not related strictly to competition is taken into account in the competitive appraisal, the Commission is nevertheless bound to apply to notified mergers the criteria mentioned in Article 2 of the Merger Regulation. The Commission is thus obliged to clear a merger when its competition appraisal, taking into account all relevant criteria, concludes that it does not significantly impede effective competition."[67]

Sofern nur Faktoren berücksichtigt werden, die im Markt oder von den Parteien bereits als Wettbewerbsparameter verstanden werden, bleibt die Wettbewerbsanalyse statisch. Durch diesen engen Blick wurden ferner die messbaren Interessen der Verbraucher an nachhaltigen Alternativen nicht berücksichtigt.

Auch bleiben die Auswirkungen auf die „weiteren" Ziele des Wettbewerbs und auf die gesellschaftliche und politische Debatte rund um Saatgut und zukünftigen Ernährungsquelle außer Betracht. Der Wettbewerb im weiteren Sinne beschreibt den wirtschaftlich verankerten, gesamtgesellschaftlichen Prozess zur Allokation von Gütern und zum Herauskristallisieren der

---

67 *Europäische Kommission*, 21.3.2018, Fall M.8084 – Bayer/Monsanto, Rn. 3020.

„besten" Ideen und Möglichkeiten. Eine enge Wettbewerbsanalyse, die sich im Wesentlichen auf die Vorstellung der Parteien und bereits gesäte Wege beschränkt, behindert diesen Prozess. Gegenteil des Wettbewerbs ist, wie von *Böhm* vermutet, die Konzentration und Vermachtung der Märkte. Unternehmen in konzentrierten Märkten besitzen nicht nur Marktmacht, sie behindern auch den offenen Diskurs und den Streit um neue Wege.[68] Dies tun sie entweder direkt, qua ihrer Macht, oder indirekt, durch Lobbyismus, durch Beeinflussung des Diskurses oder Hervorrufen von Capture.[69] Sie können ihre Ansichten besser im Diskurs durchsetzen und beeinflussen faktisch, welche Regelung sich am Markt und in Gesetzgebungsprozessen durchsetzen. Marktmächtige Unternehmen sind zudem schwieriger zu kontrollieren und regulieren.[70] Insbesondere bei besonders sensiblen oder bedeutsamen Zusammenschlüssen sollte auch die Funktion des Wettbewerbs in demokratischen Prozessen und in der allgemeinen Marktordnung berücksichtigt werden. Nachfolgend werden zwei Vorschlägen gemacht, wie dieses Berücksichtigungsgebot zur Umsetzung kommen kann.

C. Einfallstore für die „Berücksichtigung" von Nachhaltigkeitserwägungen im Rahmen der Zusammenschlusskontrolle

Obwohl Nachhaltigkeitsziele nicht im Wettbewerbsrecht erwähnt werden, gehört die Nachhaltigkeit zu den Zielen des Unionsrechts. Fraglich ist, inwiefern diese politischen Ziele auch das Wettbewerbsrecht beeinflussen dürfen oder sollten.

Das Gebot der Querschnittsklausel des Art. 11 AEUV ist eigentlich klar. Es sollen weder klare Regelungen (und die Tatbestand-Rechtsfolge-Struktur der Wettbewerbsnormen) ausgehebelt werden noch ist eine Abwägung oder praktische Konkordanz (außerhalb des öffentlichen Rechts, die ebenso eine solche Abwägung gebietet) geboten. Nach Art. 11 AEUV müssen vielmehr *„bei der Durchführung der Unionspolitiken und -maßnahmen die Erfordernisse des Umweltschutzes insbesondere zur Förderung einer nachhaltigen*

---

68 S. *Evanega/J. Conrow/J. Adams/M. Lynas*, The state of the 'GMO' debate - toward an increasingly favorable and less polarized media conversation on ag-biotech? 13/1 GM Crops Food, 2022, 38.
69 Vgl. *J. Broulík*, Cultural Capture of Competition Policy: Exploring the Risk in the US and the EU, 45/2 World Competition 2022, 159.
70 Zur Verstärkung dieser Effekte durch die Finacialisierung und gemeinsame Eigentumsstrukturen, s. *I. Lianos*, *„The Bayer/Monsanto merger: a critical appraisal"* (Fn. 46), 1 (32 ff.).

Entwicklung einbezogen werden". Das bedeutet, dass überall dort, wo es die Praxis oder die offenen Rechtbegriffe ermöglichen, diese Ziele zum Tragen kommen sollten. In der Zusammenschlusskontrolle ist dies in dreifacher Weise möglich:

- Trotz der linearen und ökonomischen Konzeption des SIEC-Kriteriums von 2004 und der Idee, dass vor allem dieses Wettbewerbskonzept die möglichst effiziente Verteilung knapper Ressourcen sicherstellen soll, ist das Kriterium dennoch offen und unbestimmt genug, dass – sofern relevant – dieser Wettbewerb eben auch dem Schutz und dem Erhalt schwindender Ressourcen dienen kann. Nichts anderes ist das Ziel der Nachhaltigkeitspolitik. Das Anthropozän erfordert einen wirtschaftlichen Paradigmenwechseln, indem knappe Güter nicht mehr nur verteilt, sondern auch geschützt werden müssen. Auch die „weiteren" Ziele des Wettbewerbs können demnach das Wettbewerbskonzept der Zusammenschlusskontrollverordnung beeinflussen und einen Wandel des Wettbewerbsverständnisses einleiten.
- Bedingt durch die Gegebenheiten des Einzelfalls kann die Nachhaltigkeit bei der Marktdefinition oder der Schadenstheorie eine Rolle spielen. Sofern Unternehmen bereits im Wettbewerb um nachhaltigere Produkte oder Produktionsweisen stehen, beeinflusst dies auch aus der Sicht der Marktgegenseite die Marktdefinition. Ebenso ist es denkbar, dass Schadenstheorien die dynamischen oder nachhaltigen Entwicklungen auf den Märkten zumindest mitberücksichtigen. Sofern Firmen um nachhaltige Produkte oder Produktionsweisen konkurrieren, ist die Nachhaltigkeit bereits als einschlägiger Wettbewerbsparameter zu betrachten. Denkbar ist auch, dass eine enge Verknüpfung der Nachhaltigkeitsbemühungen mit den Innovationsbestrebungen der Unternehmen besteht. Sofern Unternehmen durch dynamische Entwicklungen Nachhaltigkeitsziele fördern wollen, ist fraglich, ob die Kommission nur die Entwicklungen und Pfade der Unternehmen zu berücksichtigen hat oder darüber hinaus die Auswirkungen der Konzentration auf die Entwicklung weiterer (potentieller) Innovationen in Betracht ziehen muss. Letzteres würde den Blick der Kommission weiten und zur Einbeziehung „weiterer" Wettbewerbsziele führen, aber auch dem Wesen der Innovation als pfadunabhängigem, offenem (polyzentrischem) Prozess gerecht werden.
- Die moderne Zusammenschlusskontrolle trifft in den wenigsten Fällen eine klare Zulassungs- oder Untersagungsentscheidung. Vielmehr wird versucht, einen Kompromiss zu finden, bzw. die Wettbewerbsbedenken

mittels Abhilfemaßnahmen auszuräumen und den Zusammenschluss dennoch zu genehmigen.[71] An dieser Stelle hat bereits *Lianos* vorgeschlagen, dass Zusammenschlüsse, bei denen die Beschränkung des Wettbewerbs feststeht und Nachhaltigkeitsbedenken bestehen, zu untersagen und nicht durch Abhilfemaßnahmen zu retten sein sollten. Allenfalls müssten die Abhilfemaßnahmen auch die Nachhaltigkeitsbedenken ausräumen.[72]

D. Zu guter Letzt – zur „Materialisierung" der Zusammenschlusskontrolle

Wenige Stimmen befürworten die wahllose und willkürliche Materialisierung des Wettbewerbsrechts, insbesondere der Zusammenschlusskontrolle. Nach herkömmlicher Ansicht liegt die Kraft des Wettbewerbs gerade darin, ein ergebnisoffener (rein formaler) Prozess zu sein. Dieser ist von der Nachfrageseite/Marktgegenseite geleitet und spürt die „richtigen" Preise und Bedingungen auf, ohne dass diese lenkend bestimmt werden. Jeglicher „materieller" Eingriff in diesen Prozess ist daher als marktfremde „Anmaßung des Wissens" zu betrachten. Das Wettbewerbsrecht schützt demnach nur diesen allokativen Prozess und wird nicht verteilend oder distributiv tätig.[73] Hiergegen lässt sich grundsätzlich einwenden, dass die Grenzen

---

71 R. Podszun, „Konzentration im Agrarmarkt" (Fn. 18), 1 (6): „Die zum Teil sehr gewichtigen Abhilfemaßnahmen sind auch Ausdruck der Handlungsfähigkeit der Kartellbehörden: Selbst „Megafusionen" können einer effektiven hoheitlichen Kontrolle unterworfen werden".
72 I. Lianos, „The Bayer/Monsanto merger: a critical appraisal" (Fn, 46), 1 (46): „To the extent that the merger in question leads to a significant impediment of effective competition, as well as produces additional social costs, which are caused by the reduction of competition, conditionally clearing the merger by accepting remedies that deal with the "pure" competition law concerns should not be considered sufficient, to the extent that some of the horizontal integration clauses, such as Article 11 TFEU, impose duties to the Commission, as to all other EU Institutions, to "integrate" environmental protection requirements, "into the definition of the Union's policies and activities", such as competition law. As highlighted above, deciding the kind of competition to be protected and promoted by the European Commission (competition that takes into account environmental and sustainability concerns) constitutes an example of how such "integration" may take place".
73 Die sog. „distributive" Gerechtigkeit ist demnach Aufgabe des öffentlichen Rechts, im Falle von Marktversagen, des Regulierungsrechts, J. Mendelsohn, Competition, Concentration, and Inequality (Fn. 43). Zur Auflösung der Grenzen zwischen öffentlichem und privatem Recht, M. Auer, Der privatrechtliche Diskurs der Moderne, Tübingen 2014, S. 63-73.

zwischen der allokativen und distributiven Gerechtigkeit, zwischen dem Schutz des Wettbewerbs und der Korrektur von Marktversagen (Umweltschäden als zu internalisierende Externalität), zwischen Privatrecht und öffentlichem Recht zunehmend verschwimmen. Das heißt nicht, dass diese freiheitsichernden Unterscheidungen aufzugeben sind, sondern nur, dass sie fließend sind. Auch in Bezug auf das moderne Wettbewerbsrecht lässt sich einwenden, dass auch dieses bereits „verteilt" – nämlich an die Verbraucher. Wichtiger wäre daher die Unterscheidung, ob programmatisch und mittels Regulierung eine messbare Zielgröße verfolgt wird (Marktöffnung, Preissenkungen) oder ob mittels des Wettbewerbs ein ergebnisoffener Prozess zur Erreichung eines materiellen Guts (Wohlfahrt, Nachhaltigkeit) geschützt und gefördert wird. Damit bliebe der offene Wettbewerbsprozess erhalten, ohne dass er jedoch auf ein enges Wohlfahrtsziel – welches sich in Bezug auf die weiteren Ziele und Dimensionen des Wettbewerbs nicht als Allheilmittel erwiesen hat – begrenzt ist.

Nachhaltigkeit und Gesellschaftsrecht – die Idee vom „Corporate Purpose"

*Akademischer Assistent a. Z. Dr. Tony Grobe**

A. Einleitung

"The point is [...] that greed [...] is good. Greed is right, greed works. Greed clarifies, cuts through, and captures the essence of the evolutionary spirit. Greed, in all of its forms; greed for life, for money, for love, knowledge has marked the upward surge of mankind. [...]"[1]

Die Cineast*innen unter den Leser*innen werden das Zitat ohne Zweifel erkannt haben. Es stammt von „Gordon Gekko" aus dem Film Wall Street, einem Finanzinvestor, der in besonders aggressiver Weise das Management von Gesellschaften unter Druck setzt mit dem Ziel, Kosten zu reduzieren und die Profite der Aktionäre zu mehren.

Der damit verkörperte Geist, angelehnt an die sog. *Friedman*-Doktrin[2], bestimmt auch heute noch das Handeln in den Führungsetagen US-amerikanischer Unternehmen: Es gilt die alleinige Orientierung am sog. *Shareholder Value*.[3] Danach sind die Manager eines Unternehmens in einem marktwirtschaftlichen System allein verpflichtet, den Wünschen der Anteilseigner nachzukommen und den Unternehmensgewinn im Sinne einer langfristigen Renditemaximierung zu erhöhen.[4]

---

* *Tony Grobe* ist Akademischer Assistent a. Z. am Lehrstuhl für Bürgerliches Recht, Handels-, Gesellschafts- und Wirtschaftsrecht (Prof. Dr. Tim Drygala) an der Universität Leipzig.
1 Auszug aus dem Film Wall Street, 1987, [...] durch den Autor ergänzt, <https://www.americanrhetoric.com/MovieSpeeches/moviespeechwallstreet.html>, (17.11.2022).
2 *M. Friedman*, The Social Responsibility of Business is to Increase its Profits, The New York Times Magazine, 13. 9. 1970.
3 Maßgeblich für das amerikanische Recht *Dodge v. Ford Motor Co.*, 204 Mich. 459, 170 N. W. 668, 3 A. L. R. 413; zudem *W. Busse von Colbe*, Was ist und was bedeutet Shareholder Value aus betriebswirtschaftlicher Sicht?, ZGR 1997, 271; *P. Mülbert*, Shareholder Value aus rechtlicher Sicht, ZGR 1997, 129; *A. v. Werder*, Shareholder Value-Ansatz als (einzige) Richtschnur des Vorstandshandelns?, ZGR 1998, 69.
4 Zurückgehend auf die Aussage von *Friedman* (Fn. 2): „In a free-enterprise, private-property system, a corporate executive is an employee of the owners of the business. He

Aus den Managementwissenschaften[5] wurden zuletzt vermehrt Zweifel geäußert, ob die Orientierung an dieser Doktrin noch zeitgemäß ist. So müsse mehr auf die gegenwärtigen Probleme der Menschheit und die Herausforderungen einer „volatilen Zukunft"[6] eingegangen werden: Es seien neue Wege zu beschreiten, um den Herausforderungen der Zeit, wie Umweltkatastrophen, Kriege, soziale Ungleichheit usw., zu begegnen.[7] Dies erfordere auch ein neues Denken in der Wirtschaftswelt. Dem Staat fehlen Kompetenz und Geld, den Herausforderungen von Gegenwart und Zukunft gerecht zu werden.

Hinzu tritt der Umstand, dass junge Menschen ihre Arbeitskraft Unternehmen nur dann zur Verfügung stellen wollen, wenn diese einem höheren Zweck dienen.[8] Diese Generationen fordern eine Sinnhaftigkeit in ihrem beruflichen Tun. Unternehmen sollen daher nach einem solchen höheren Zweck suchen und ihn sich geben.

Aus diesen Überlegungen wird gefolgert, dass Unternehmen aufgrund ihrer wirtschaftlichen Macht einen Beitrag für die Gemeinschaft leisten müssen. So sei die Zeit reif für einen neuen Kapitalismus, der das parallele Erreichen eines langfristigen Profits und eines nachhaltigen Nutzens für das Gemeinwohl zu seinem Zielsystem erklärt.[9] Als ein Mittel zu Erreichung des Ziels dient der „Corporate Purpose".

B. „Corporate Purpose"

Was ist aber unter dem Begriff „Corporate Purpose" zu verstehen? Bemüht man eine laienhafte Übersetzung ins Deutsche, so könnte man davon aus-

---

has direct responsibility to his employers. That responsibility is to conduct the business in accordance with their desires, which generally will be to make as much money as possible, while conforming to the basic rules of the society, both those embodied in law and those in ethical custom."; sowie A. *Rappaport*, Creating Shareholder Value, New York 1986, passim (dt.: Shareholder Value, 1999), der hervorhebt, dass die Renditemaximierung langfristig sein muss.

5 So vor allem C. *Mayer*, Prosperity. Better Business Makes the Greater Good, Oxford 2018, A. *Edmans*, Grow the Pie. How Great Companies Deliver Both Purpose and Profit, Cambridge 2020.
6 Zusammenfassend A. *Bruce/C. Jeromin*, Corporate Purpose – das Erfolgskonzept der Zukunft, Wiesbaden 2020, S. 175.
7 *Bruce/Jeromin*, Corporate Purpose (Fn. 6), S. 175.
8 Dazu *Bruce/Jeromin*, Corporate Purpose (Fn. 6), S. 35 f.
9 So *Bruce/Jeromin*, Corporate Purpose (Fn. 6), S. 176.

gehen, dass es sich um den aus der gesellschaftsrechtlichen Dogmatik stammenden Begriff des Gesellschaftszwecks handelt. Dem ist jedoch nicht so, wie sich später noch zeigen wird.[10] Es können aber aus dem unter I. Gesagten bereits erste Ideen einer Begriffsbestimmung nutzbar gemacht werden. Die Befürworter des „Corporate Purpose" sprechen davon, dass moderne Unternehmen zu ihrer gesellschaftlichen Legitimität eines Existenzgrundes bedürfen, der über die reine Gewinnorientierung hinausgeht.[11]

Was darunter genau zu verstehen ist, ist nicht ganz eindeutig. Knüpft man allein am gemeinnützigen Handeln von Unternehmen an, sind größere Überschneidungen mit der Corporate Social Responsibility (CSR) gegeben.[12] Insofern könnte man davon ausgehen, dass es sich bei der Idee vom „Corporate Purpose" um eine Spielart von CSR in neuem Gewand und mit neuem Begriff handelt.

Eine solche Schlussfolgerung wäre jedoch zu einfach und wird auch von den Befürwortern des „Corporate Purpose" scharf zurückgewiesen.[13] Nachdem in den 1950er Jahren durch *Howard Bowen* die wissenschaftliche Auseinandersetzung mit CSR eingeleitet wurde,[14] entwickelte *Keith Davis* das *Iron Law of Responsibility*:

„The Iron Law of Responsibility suggests that to the extent businessmen do not accept social-responsibility obligations as they arise, other groups eventually will step in to assume those responsibilities and the power that goes with them."[15]

Gemeint ist damit aber das Engagement außerhalb des erwerbsmäßigen Handelns wie etwa das Unterstützen von ortsansässigen Vereinen oder Veranstaltungen und sonstiges soziales Engagement.[16]

---

10 Siehe dazu unter II. 2
11 Vgl. *C. Storck*, Börsen-Zeitung vom 16.3.2019; *B. Weißenberger*, FAZ vom 6.4.2020, S. 18.
12 Nach *H. Fleischer*, Corporate Purpose: Ein Management-Konzept und seine gesellschaftsrechtlichen Implikationen, ZIP 2021, 5 (6) erfolge die Abgrenzung von CSR schärfer als es vielleicht notwendig wäre.
13 *Bruce/Jeromin*, Corporate Purpose (Fn. 6), S. 16.
14 *H. Bowen*, Social Responsibilities of the Businessman, Iowa City 1953.
15 *K. Davis*, The Case for and against Business Assumption of Social Responsibilities, Academy of Management Journal 1 (1973), S. 312 (314).
16 Dazu *K. Adenauer/S. Merk*, (Un-)bedingte Handlungsfreiheit öffentlicher Unternehmen? – Grenzen korporativer Freigiebigkeit bei Gesellschaften des Privatrechts in kommunaler Hand, NZG 2013, 1251; *H. Fleischer*, Unternehmensspenden und Leitungsermessen des Vorstands im Aktienrecht, AG 2001, 171 (179 ff.); *J. Hahn*, Die

Die Befürworter des „Corporate Purpose" grenzen sich bewusst von der Einordnung als Teil der CSR ab. Nach *C. Mayer* ist der „Corporate Purpose"

"[...] not corporate social responsibility (CSR) as meritorious philanthropy; it is poverty alleviation and environmental protection as core corporate activities."[17]

Der vorrangige Zweck der Kapitalgesellschaft bestehe nicht darin, Gewinne zu erzielen, sondern Problemlösungen für die Allgemeinheit und die Umwelt zu kreieren.[18] Ähnlich beschreibt es auch *Edmans*:

„Pieconomics [as a form of Corporate Purpose][19] is an approach to business that seeks to create profits only through creating value for society."[20]

Während beim CSR spezielle CSR-Abteilungen darüber entscheiden würden, etwaige Schäden von Stakeholdern abzuwenden, verfolge der „Corporate Purpose" einen anderen Zweck:

„Being a responsible business isn't so much about sacrificing profits to reduce carbon emissions (splitting the pie differently), but innovating and being excellent at its core business (growing the pie)."[21]

CSR-Projekte beeinflussen nicht die Wertschöpfungskette des Unternehmens, sondern verursachen vornehmlich Kosten.[22] Die Idee vom „Corporate Purpose" stellt eine klare Gegenposition zum *Shareholder Value*-Ansatz dar und ist daher seinem Opponenten, dem sog. *Stakeholder Value*-Ansatz zuzuordnen.[23]

Parteispende der Aktiengesellschaft, AG 2018, 472; *T. Mann/F. Schnuch*, Corporate Social Responsibility öffentlicher Unternehmen, DÖV 2019, 417; *P. Mülbert*, Soziale Verantwortung von Unternehmen im Gesellschaftsrecht, AG 2009, 766; *G. Spindler*, Corporate Social Responsibility in der AG – Mythos oder Realität?, in: B. Erle/W. Goette/D. Kleindiek/G. Krieger/H.-J. Priester/Ch. Schubel/M. Schwab/Ch. Teichmann/C.-H. Witt (Hrsg.), Festschrift für Peter Hommelhoff, Köln 2012, 1133; zu den empirischen Hintergründen *W. Bayer/T. Hoffmann*, Parteispenden aus dem Gesellschaftsvermögen, AG 2014, R 371 ff.

17 So *Mayer*, Prosperity (Fn. 5), S. 117.
18 *Mayer*, Prosperity (Fn. 5), S. 109.
19 Vom Autor ergänzt.
20 *Edmans*, Grow the Pie (Fn. 5), S. 27.
21 *Edmans*, Grow the Pie (Fn. 5), S. 28.
22 *Bruce/Jeromin*, Corporate Purpose (Fn. 6), S. 28.
23 Grundlegend zum Stakeholder Value *M. Blair/L. Stout*, A Team Production Theory of Corporate Law, 85 Virginia Law Review (1999), S. 247; *E. Elhauge*, Sacrificing Corpo-

Nachhaltigkeit und Gesellschaftsrecht – die Idee vom „Corporate Purpose"

C. Mayer, der Begründer der Idee vom „Corporate Purpose", fordert den Gesetzgeber auf, Gesellschaften zu verpflichten, sich einen „Corporate Purpose" zu geben und diesen in der Satzung zu verankern und Rechenschaft darüber abzugeben, wie dieser „Corporate Purpose" mit Leben gefüllt werde.[24] Ferner fordert er neue Gesellschaftsformen, die etwa dem US-amerikanischen Vorbild der *benefit corporation*[25] entsprechen:

> „Policy should therefore seek to promote companies of varied legal structures. This is key to the successful development of purposeful companies and financial institutions because supportive legal structures are critical to their formation."[26]

C. US-rechtlicher Hintergrund

Der Ursprung der Diskussion über die Direktiven der Unternehmenssteuerung liegt im US-amerikanischen Gesellschaftsrecht. In den Vereinigten Staaten findet die Forderung nach einer Abkehr vom reinen *Shareholder Value*-Ansatz vermehrt Anhänger. Im "Statement on the Purpose of a Corporation" des Business Roundtable aus dem Jahr 2019[27] sprechen sich die CEOs von 181 führenden US-amerikanischen Unternehmen gegen den Vorrang der alleinigen Orientierung an den Anteilseignerinteressen aus und für eine Berücksichtigung aller Stakeholder. Die Unternehmenspraxis scheint damit Sympathien für die Idee eines „Corporate Purpose" aufzuweisen. Verstärkt wird dies durch die Forderungen einflussreicher Finanzinvestoren: So hat *Larry Fink*, der CEO von Blackrock, in den vergangenen Jahren in seinen jährlichen Schreiben auf die Wichtigkeit aller Stakeholder hingewiesen:

---

rate Profits in the Public Interest, 80 New York University Law Review (2005), S. 733; dazu aus dem neueren deutschsprachigen Schrifttum *A. Mittwoch*, Nachhaltigkeit und Unternehmensrecht, Tübingen 2022, S. 121 ff.

24 *Mayer*, Prosperity (Fn. 5), S. 232.
25 Zur Benefit Corporation *J. H. Murray*, Choose Your Own Master: Social Enterprise, Certifications and Benefit Corporation Statutes, 2 American University Business Law Review 1 (2012); *M. Loewenstein*, Benefit Corporation Law, University of Cincinnati Law Review 85 U. Cin. L. Rev. (2017); *F. Resor*, Benefit Corporation Legislation, Wyoming Law Review 12 Wyo. L. Rev. (2012).
26 *Mayer*, Prosperity (Fn. 5), S. 201.
27 The Business Roundtable, Business Roundtable Redefines the Purpose of a Corporation to Promote 'An Economy That Serves All Americans', August 19, 2019.

„In today's globally interconnected world, a company must create value for and be valued by its full range of stakeholders in order to deliver long-term value for its shareholders."[28]

Es ist kein bloßer Zufall, dass die Befürworter eines „Corporate Purpose" im US-amerikanischen Rechtskreis so stark vertreten sind. Zurückzuführen ist dies auf das bundesstaatsspezifische Gesellschaftsrecht. Denn mehr als die Hälfte der börsennotierten US-amerikanischen Gesellschaften wurden im Bundesstaat Delaware gegründet, haben dort ihren Rechtssitz und unterliegen damit dem Delaware General Corporation Law.[29] Nach diesem sind die *directors* dazu verpflichtet

„to promote the value of the corporation for the benefit of its stockholders".[30]

Nach dem Gesellschaftsrecht von Delaware haben sich die *directors* allein am *Shareholder Value* zu orientieren.[31] Wollen sie davon abweichen und gemeinnützige oder soziale Ziele verfolgen, können sie dies nur, wenn sie die Rechtsform einer *benefit corporation* wählen.[32] Bestätigt wird dies auch durch die strikte Rechtsprechung des Delaware Supreme Court.[33] Im Ge-

---

28 *L. Fink*, Larry Fink's 2022 Letter to CEOs: The Power of Capitalism, <https://www.blackrock.com/dk/formidler/2022-larry-fink-ceo-letter>, (18.11.2022); wenngleich hier nicht unerwähnt bleiben darf, dass die Aussagen Finks in seinem Brief aus dem Jahr 2022 im Vergleich zu den Vorjahren abgeschwächt sind, vgl. *L. Fink*, A Sense of Purpose, Letter to CEOs, 2018, <https://corpgov.law.harvard.edu/2018/01/17/a-sense-of-purpose/> (18.11.2022).
29 Annual Report 2019, Delaware Divisions of Corporations, <https://corpfiles.delaware.gov/Annual-Reports/Division-of-Corporations-2019-Annual-Report.pdf> (18.11.2022).
30 Dodge v. Ford Motor Co., 204 Mich. 459, 170 N. W. 668, 3 A. L. R. 413; eBay Domestic Holdings, Inc. v. Newmark, 16 A3d 1, 34 (Del. Ch. 2010).
31 Revlon, Inc. v. MacAndrews & Forbes Holdings, Inc., 506 A.2d 173, 182 (Del. 1958): "The Revlon board's authorization permitting management to negotiate a merger or buyout with a third party was a recognition that the company was for sale. The duty of the board had thus changed from the preservation of Revlon as a corporate entity to the maximization of the company's value at a sale for the stockholders' benefit. . . . The directors' role changed from defenders of the corporate bastion to auctioneers charged with getting the best price for the stockholders at a sale of the company."; dazu auch *Fleischer*, Corporate Purpose (Fn.12), 5 (10).
32 *Murray*, Statutes (Fn. 25); *Loewenstein*, Benefit Corporation Law (Fn. 25); *Resor*, Benefit Corporation Legislation (Fn. 25).
33 Zuletzt eBay Domestic Holdings, Inc. v. Newmark, 16 A3d 1, 34 (Del. Ch. 2010); zuvor bereits Revlon, Inc. v. MacAndrews & Forbes Holdings, Inc., 506 A.2d 173, 182 (Del. 1958).

gensatz zu Jurisdiktionen anderer Bundesstaaten kennt das Gesellschaftsrecht von Delaware nicht sog. *Other Constituency Statutes*, die es einem Unternehmen ausdrücklich erlauben (aber nicht vorschreiben), neben den Interessen der Aktionäre auch die Interessen der Stakeholder und anderer Interessengruppen zu berücksichtigen.[34]

Aufgrund der omnipräsenten Geltung des Gesellschaftsrechts von Delaware im US-amerikanischen Rechtskreis ist die Orientierung am *Shareholder Value* allgemeine Praxis. Diese Doktrin findet sich auch in den *Principles of Corporate Governance des American Law Institute (ALI)* aus dem Jahre 1984 wieder.[35]

Allerdings darf die alleinige Ausrichtung am Interesse der Aktionäre in Form einer langfristigen Renditemaximierung nicht allein als Ausdruck alter traditioneller Kapitalismusmuster verstanden werden. Der *Shareholder Value*-Ansatz dient der Überwindung des sog. *Principal-Agent*-Konflikts.[36] Darunter versteht man die sich aus der Trennung von Leitungsmacht und Teilhaberschaft ergebende Gefahr, dass die Entscheidungen des *Agents* den Interessen des *Principals* zuwiderlaufen.[37] Durch die Geltung des *Shareholder Value*-Ansatzes handelt der *director* dann nicht pflichtwidrig, wenn er Gewinne erwirtschaftet und damit im Interesse der Aktionäre handelt. Die Aktionäre können dann davon ausgehen, dass die Maßnahmen des *directors* nicht missbräuchlich sind.

Vor diesem Hintergrund übt die überwiegende Mehrheit der US-amerikanischen Gesellschaftsrechtler entsprechende Kritik[38] am „Corporate Pur-

---

34 C. *Geczy/J. Jeffers/D. Musto/A. Tucker*, Institutional Investing when Shareholders are not Supreme, 5 Harv. Bus. L. Rev. 73, 95 (2015); C. *Hansen*, Other Constituency Statutes: A Search for Perspective, 46 Bus. Law. 1355 (1991); ferner *Fleischer*, Corporate Purpose (Fn. 12), 5, (10).
35 American Law Institute, Principles of Corporate Governance, § 2.01(a): „A corporation [...] should have as its objective the conduct of business activities with a view to enhancing corporate profit and shareholder gain."
36 Grundlegend *A. Berle/G. Means*, The Modern Corporation and Private Property, New York 1932, passim; *M. Jensen/W. Meckling*, Theory of the firm: Managerial behavior, agency costs and ownership structure, 3 Journal of Financial Economics, 1976, S. 305 (308).
37 *T. Baums*, Der Aufsichtsrat – Aufgaben und Reformfragen, ZIP 1995, 11; *H. Fleischer*, Grundfragen der ökonomischen Theorie im Gesellschafts- und Kapitalmarktrecht, ZGR 2001, 1 (6 f.); *U. Seibert*, Gesetzliche Steuerungsinstrumente im Gesellschaftsrecht, ZRP 2011, 166; ferner *T. Drygala/M. Staake/S. Szalai*, Kapitalgesellschaftsrecht, Berlin/Heidelberg 2012, § 21 Rn. 5.
38 So vor allem *E. Rock*, For Whom is the Corporation Managed in 2020?: The Debate Over Corporate Purpose, May 2020, ECGI Working Paper Series in Law, Working

pose", der allgemein dem *Stakeholder Value*-Ansatz zugeordnet wird: So ermögliche das Recht anderer Bundesstaaten in Form von *Other Constituency Statutes* die Berücksichtigung weiterer gesellschaftsrechtlicher Bezugsgruppen.[39] Diese Möglichkeit werde aber kaum wahrgenommen.

Ferner – so der Vorwurf – vermische die *Purpose*-Diskussion verschiedene Fragen miteinander[40], u.a. die rechtliche Debatte um die Unternehmenszielbestimmung sowie die politische Debatte über die soziale Verantwortung großer börsennotierter Gesellschaften. Das Privatrecht an sich und das „Herumdoktern" am Corporate Objective seien kein Ersatz für Klima-, Arbeitnehmer- und Gesundheitsschutz.[41] Vielmehr würden solche Ansätze das Wertschöpfungspotential des Privatrechts zerstören und im schlimmsten Fall nicht dazu beitragen, die anvisierten Probleme zu lösen.[42]

Im Generellen wird dem *Stakeholderism* eine Abfuhr erteilt. Dieser führe nicht nur zu einer verminderten Verantwortlichkeit des Managements gegenüber den Aktionären und in der Folge zu wirtschaftlichen Einbußen[43], sondern sei geprägt durch leere Versprechen, da es für die *directors* keine Anreize zur Förderung von Stakeholder-Interessen gebe, wenn nicht zugleich der *Shareholder Value* gefördert werde.[44] Und selbst diejenigen Unternehmenslenker, die im Business Roundtable von 2019 das Abrücken

---

Paper N° 515/2020 September 2020, <https://papers.ssrn.com/sol3/papers.cfm?abstract_id=3589951> (19.11.2022).

39 *Geczy/Jeffers/Musto/Tucker*, Institutional Investing (Fn. 34); *Hansen*, Other Constituency Statutes (Fn. 34); ferner *Fleischer*, Corporate Purpose (Fn. 12), 5 (10).
40 Dazu *Rock*, The Debate (Fn. 38), S. 7 ff., 16 ff., 19 ff., 22 ff.
41 *L. Strine*, Our Continuing Struggle with the Idea that For-Profit Corporations Seek Profit, 47 WAKE FOREST L. REV. 135 (2012), <http://www.wakeforestlawreview.com/wp-content/uploads/2014/10/Strine_LawReview_4.12.pdf> (18.11.2022); *R. Gordon*, Addressing Economic Insecurity: Why Social Insurance is better than Corporate Governance Reform, <https://clsbluesky.law.columbia.edu/2019/08/21/addressing-economic-insecurity-why-social-insurance-is-better-than-corporate-governance-reform/> (18.11.2022).
42 *Rock*, The Debate (Fn. 38), S. 30.
43 *L. Bebchuk/R. Tallarita*, The Illusory Promise of Stakeholder Governance, Cornell Law Review, Volume 106, 2020, S. 122, <https://live-cornell-law-review.pantheonsite.io/wp-content/uploads/2021/02/The-Illusory-Promise-of-Stakeholder-Governance.pdf> (18.11.2022); *L. Bebchuk/R. Tallarita*, Will Corporations Deliver Value to All Stakeholders?, Law Working Paper N° 645/2022 May 2022, <https://ecgi.global/sites/default/files/working_papers/documents/stakeholdersfinal.pdf> (18.11.2022).
44 *Bebchuk/Tallarita*, Stakeholder Governance (Fn. 43), S. 101.

vom *Shareholder Value* hin zu einem *Stakeholder Value*-Modell befürworteten, verfolgen weiterhin den *Shareholder Value Primacy*-Kurs.[45]

Jedoch zeigen aktuelle Entwicklungen, dass der *Stakeholderism* eine immer größer werdende Anzahl an Befürwortern findet. Insbesondere Finanzinvestoren und Stimmrechtsberater – wie einleitend ausgeführt – haben sich in den letzten Jahren klar für die Erweiterung der zu berücksichtigenden Interessengruppen ausgesprochen. Und auch der Supreme Court of Delaware scheint von seinem bisher angewandten strikten Maßstab abzurücken: So wurde in der Rechtssache *Marchand v Barnhill* ausgeführt, dass die *directors* verpflichtet sind, ein Compliance-System einzurichten und auch in der Pflicht stehen, sich regelmäßig über mögliche Verstöße zu informieren.[46] Daraus folgern einige Stimmen, dass aufgrund der Pflicht zur Etablierung eines Compliance-Systems die Tür dafür geöffnet wurde, dass die *directors* auch ESG-Aspekte verstärkt beachten müssen, wenngleich eine solche Investition nicht unmittelbare finanzielle Vorteile für die Aktionäre beinhaltet.[47] Es bleibt abzuwarten, wie sich diese Entscheidung auf die Praxis auswirken wird.

D. Versuch einer rechtlichen Einordnung

Nachdem der Ursprung des „Corporate Purpose", seine Verflechtungen sowie Hindernisse im US-amerikanischen Gesellschaftsrecht näher untersucht wurden, soll aus österreichischer sowie deutscher Perspektive eine rechtliche Einordung erfolgen.

I. Das Gesellschaftsinteresse – *Shareholder Value* oder *Stakeholder Value*?

Die rechtliche Einordnung des „Corporate Purpose" wird aufgrund der unterschiedlichen Ausgangslage erschwert. Bevor eine genaue Begriffsbestimmung erfolgen kann, ist daher zunächst die Frage aufzuwerfen, ob das österreichische und das deutsche Recht von dem gleichen Dilemma

---

45 *Bebchuk/Tallarita*, 'Stakeholder' Capitalism Seems Mostly for Show, Wall Street Journal, 6.8.2020.
46 Marchand v. Barnhill, 2019 WL 2509617, at *15 (Del. June 18, 2019).
47 *B. Boland/A. Howell*, Shareholder Activism Pushes Boundaries of Board Duties, 19 August 2019, <https://www.foley.com/en/insights/publications/2019/08/shareholder-activism-pushes-boundaries> (19.11.2022).

wie das US-amerikanische Gesellschaftsrecht betroffen sind und sich die Pflichten der Leitungsorgane der Gesellschaft allein am *Shareholder Value* orientieren oder ihnen ein weitergehender Ermessensspielraum eingeräumt wird.

Das österreichische Aktiengesetz (öAktG) ist bei Beantwortung der Frage sehr deutlich: Nach § 70 Abs. 1 öAktG hat der Vorstand unter eigener Verantwortung die Gesellschaft so zu leiten, wie das Wohl des Unternehmens unter Berücksichtigung der Interessen der Aktionäre und der Arbeitnehmer sowie des öffentlichen Interesses es erfordert. Daraus folgt, dass gerade nicht allein die Interessen der Aktionäre die Entscheidungen des Vorstands lenken, sondern auch sog. Stakeholder-Interessen qua gesetzlicher Bestimmung zu berücksichtigen sind.[48] Dem Vorstand einer österreichischen Aktiengesellschaft steht damit ein umfassender Ermessensspielraum zu.

Das deutsche Aktienrecht ist hingegen nicht so klar in seiner gesetzlichen Formulierung: So hat der Vorstand einer deutschen Aktiengesellschaft nach § 76 Abs. 1 AktG die Gesellschaft unter eigener Verantwortung zu leiten. Etwaige Ausführungen zu Arbeitnehmern oder dem öffentlichen Interesse fehlen gänzlich.[49] Nach § 93 Abs. 1 Satz 1 AktG hat der Vorstand die Sorgfalt eines ordentlichen und gewissenhaften Geschäftsleiters anzuwenden. Nach Satz 2 (vgl. auch § 84 Abs. 1a öAktG) liegt eine Pflichtverletzung nicht vor, wenn das Vorstandsmitglied bei einer unternehmerischen Entscheidung vernünftigerweise annehmen durfte, auf der Grundlage angemessener Information zum Wohle der Gesellschaft zu handeln. Was unter dem Gesellschaftswohl zu verstehen ist, definiert das Gesetz allerdings ebenfalls nicht. Das wohl herrschende und auch überzeugende Verständnis geht von einer interessenpluralen Zielkonzeption aus.[50] Der Vorstand hat bei

---

48 Dazu *P. Doralt*, Shareholder-value und stakeholder-value, ÖBA 2000, 639; *S. Kalss*, in: W. Goette/M. Habersack/S. Kalss (Hrsg.), Münchener Kommentar zum Aktiengesetz, Band 2, 5. Aufl., München 2020, § 70 öAktG Rn. 161 ff.

49 Ob es sich so ohne weiteres „von selbst versteht", wie es in der RegBegr. von 1965 heißt, dass der Vorstand bei Maßnahmen auch Belange von Arbeitnehmern zu berücksichtigen hat, ist im Hinblick auf die vorhandene Meinungsvielfalt zu diesem Punkt eher fraglich, vgl. RegBegr. *B. Kropff*, passim.

50 Dazu RegBegr. *B. Kropff*, S. 97; BGHZ 219, 193 Rn. 54 = NZG 2018, 1189; *M. Habersack*, Gemeinwohlbindung und Unternehmensrecht, AcP 220 [2020], 594 (603 ff.); *M. Kort*, Vorstandshandeln im Spannungsverhältnis zwischen Unternehmensinteresse und Aktionärsinteressen, AG 2012, 605; *J. Koch*, Der Vorstand im Kompetenzgefüge der Aktiengesellschaft, in: H. Fleischer/J. Koch/B. Kropff/M. Lutter (Hrsg.), 50 Jahre AktG, Berlin 2016, S. 65 (73 ff.); *T. Rönnau*, Untreue zu Lasten juristischer Personen und Einwilligungskompetenz der Gesellschafter, in: M. Böse/D. Sternberg-

Ausübung seines Ermessens die in der Gesellschaft auftretenden Interessen im Wege der praktischen Konkordanz abzuwägen.[51] Eine spezielle Reihung der Interessen existiert nicht.[52] Die alleinige Ausrichtung am *Shareholder Value*-Grundsatz ist mit dem Grundkonzept des Aktienrechts nicht vereinbar.[53] Allerdings ist maßgeblich und vorrangig zu berücksichtigen, dass der Bestand des Unternehmens und seine dauerhafte Rentabilität gesichert sind.[54] Sehr deutlich formuliert es die Präambel in Absatz 2 des Deutschen Corporate Governance Kodex (DCGK) 2022:

„Die Gesellschaft und ihre Organe haben sich in ihrem Handeln der Rolle des Unternehmens in der Gesellschaft und ihrer gesellschaftlichen Verantwortung bewusst zu sein. Sozial- und Umweltfaktoren beeinflussen den Unternehmenserfolg und die Tätigkeiten des Unternehmens haben Auswirkungen auf Mensch und Umwelt. Vorstand und Aufsichtsrat berücksichtigen dies bei der Führung und Überwachung im Rahmen des Unternehmensinteresses."

Die Festlegung eines höheren Zwecks wie es der „Corporate Purpose" darstellen soll, widerspricht grundsätzlich nicht der Ausrichtung der Organpflichten des Vorstands. Eine andere Frage betrifft hingegen die dogmatische Einordnung eines „Corporate Purpose" in das Recht der Aktiengesellschaft und die grundlegende Frage der Zuständigkeit.

Lieben (Hrsg.), Festschrift für Knut Amelung, Berlin 2009, S. 247 (261 ff.); *J. Vetter*, Geschäftsleiterpflichten zwischen Legalität und Legitimität, ZGR 2018, 338 (348 ff.); *J. Koch*, Aktiengesetz, 16. Aufl., München 2022, § 76 Rn. 30; *H.-J. Mertens/A. Cahn*, in: W. Zöllner/U. Noack (Hrsg.), Kölner Kommentar zum Aktiengesetz, 3. Aufl. Köln, § 76 Rn. 15 ff.; ferner *Mittwoch*, Nachhaltigkeit (Fn. 23), S. 142 f.

51 *K. Hopt*, Übernahmen, Geheimhaltung und Interessenkonflikte: Probleme für Vorstände, Aufsichtsräte und Banken, ZGR 2002, 333 (360); *Koch*, AktG (Fn. 50), § 76 Rn. 33.

52 *G. Spindler*, in: MünchKomm. AktG (Fn. 48), § 76 Rn. 75; *Koch*, AktG (Fn. 50), § 76 Rn. 31.

53 Mit überzeugender Begründung *Koch*, AktG (Fn. 50), § 76 Rn. 30.

54 Zur Grenze der Ermessensausübung siehe OLG Hamm AG 1995, 512 (514); *M. Kort*, in: Hirte/Mülbert/Roth (Hrsg.), Großkomm. AktG, 5. Aufl., Berlin 2015, § 76 Rn. 53; *U. Hüffer*, Das Leitungsermessen des Vorstands in der Aktiengesellschaft, in: R. Damm/P.W. Heermann/R. Veil (Hrsg.), in: Festschrift für Thomas Raiser, Berlin 2005, S. 163 (168 ff.); *Koch*, AktG (Fn. 50), § 76 Rn. 34.

II. Dogmatik und Terminologie

Der Begriff des „Corporate Purpose" ist sowohl dem österreichischen als auch dem deutschem Gesellschaftsrecht fremd. Geläufig ist hingegen in beiden Rechtsordnungen die Differenzierung zwischen Unternehmensgegenstand und Gesellschaftszweck. Bei beiden Begriffen handelt es sich um diejenigen Grenzen, in denen sich das Handeln des Vorstands bewegen darf.[55] Als Unternehmensgegenstand versteht man den Schwerpunkt der unternehmerischen Tätigkeit.[56] Er dient als Mittel zur Verwirklichung des Gesellschaftszwecks und ist nach § 23 Abs. 3 Nr. 2 AktG bzw. nach § 17 Nr. 2 öAktG notwendiger Satzungsbestandteil. Bei der BMW AG lautet dieser bspw. nach § 2 Abs. 1 Satzung[57]:

> „Gegenstand des Unternehmens ist die Herstellung und der Vertrieb von Motoren und damit ausgestatteten Fahrzeugen, deren Zubehör sowie von Erzeugnissen der Maschinen- und Metallindustrie und die Erbringung von Dienstleistungen, die mit den vorgenannten Gegenständen im Zusammenhang stehen."

Die Verfolgung eines höheren Zwecks steht grundsätzlich mit der Art der unternehmerischen Tätigkeit in keinem Zusammenhang.[58] Jedoch kann daran gedacht werden, dass nachhaltige Aspekte die Art der unternehmerischen Tätigkeit beeinflussen können.[59]

Schwieriger gestaltet sich die Abgrenzung zum Gesellschaftszweck. Dieser bezeichnet die allgemeine Zielsetzung des Zusammenschlusses, mit dessen Abänderung kein Mitglied bei seinem Beitritt rechnen kann.[60] Er kann erwerbswirtschaftlicher, sonstiger wirtschaftlicher oder ideeller Art

---

55 Dazu *P. Limmer*, in: Henssler (Hrsg.), BeckOGK. AktG, Stand: 1.7.2022, § 23 Rn. 31, 35; *Koch*, AktG (Fn. 50), § 23 Rn. 21, 22; zur Unterscheidung siehe auch *G. Roth*, Verbandszweck und Gläubigerschutz, Wiesbaden 2020, S. 562 ff.
56 BayObLG GmbHR 2003, 414 (415); *C. Seibt*, in: K. Schmidt/M. Lutter (Hrsg.), AktG, 4. Aufl., Köln 2020, § 23 Rn. 35; *Koch*, AktG (Fn. 50), § 23 Rn. 24; *R. Thoma*, Der Handel mit Waren aller Art als Unternehmensgegenstand einer GmbH – zugleich Anmerkung zu OLG Düsseldorf, RNotZ 2011, 117 ff., RNotZ 2011, 413 (414).
57 <https://www.bmwgroup.com/content/dam/grpw/websites/bmwgroup_com/ir/downloads/de/2021/hv/Satzung_der_BMW_AG.pdf> (19.11.2022).
58 *Fleischer*, Corporate Purpose (Fn. 12), 5 (11); zuvor bereits *H. Fleischer*, Gesellschaftszweck, Corporate Purpose, Raison d'être, Der Aufsichtsrat 2019, 137.
59 *M. Habersack*, „Corporate Purpose", in: G. Bachmann/S. Grundmann/A. Mengel/K. Krolop (Hrsg.), Festschrift für Christine Windbichler, Berlin 2020, S. 707.
60 BGHZ 96, 245 (251) (zum Verein); KG NZG 2005, 88 (89) (zur AG).

sein.[61] Eine Pflicht zur Aufnahme in die Satzung besteht hingegen nicht.[62] Fehlt es an einer ausdrücklichen Regelung, so ist davon auszugehen, dass es sich um einen erwerbswirtschaftlichen Zweck handelt.[63] Dennoch wird in Anlehnung an § 33 Abs. 1 Satz 2 BGB verlangt, dass alle Aktionäre zustimmen, wenn der Gesellschaftszweck geändert werden soll.[64]

Obwohl man aufgrund der Übersetzung vom Englischen ins Deutsche davon ausgehen könnte, dass „Corporate Purpose" und „Gesellschaftszweck" die gleiche Bedeutung haben, ist dem nicht so. Vielmehr ist der aus der gesellschaftsrechtlichen Dogmatik entspringende „Gesellschaftszweck" nicht mit dem „Corporate Purpose" gleichzusetzen.[65]

Die allgemeine Ablehnung einer Gleichstellung mit dem Gesellschaftszweck unter Hinweis auf die „unterschiedliche Herkunft und Funktion"[66] greift allerdings zu kurz. Dass der Ursprung des „Corporate Purpose" in der Managementlehre liegt, genügt nicht als Argument dagegen, dass auch neue Vorschläge einer fremden Wissenschaft im Rahmen des vorhandenen Gesellschaftsrechts hinreichend Berücksichtigung finden können. Und auch die inhaltliche Analyse erfordert eine genaue Betrachtung: Wenn *Fleischer* davon spricht, dass es sich bei dem Gesellschaftszweck um einen Grundbegriff der gesellschaftsrechtlichen Dogmatik handle, der dazu diene, jenen mehrheitsfesten Kern des verbandsrechtlichen Zusammenwirkens zu bezeichnen und dessen Änderung kein Anteilseigner ohne seine Zustim-

---

61 *Fleischer*, Corporate Purpose (Fn. 12), 5 (11); *Habersack*, „Corporate Purpose" (Fn. 59), S. 707; *V. Röhricht/A. Schall*, in: Großkomm. AktG (Fn. 54), § 23 Rn. 91; *Seibt*, in: K. Schmidt/Lutter, AktG (Fn. 56), § 23 Rn. 3; *Drygala/Staake/Szalai*, Kapitalgesellschaftsrecht (Fn. 37), § 4 Rn. 30.
62 Vgl. *H. Wicke*, Nachhaltigkeit als Unternehmenszweck, DNotZ 2020, 448 (450); *Limmer*, in: BeckOGK. AktG, Stand: 1.7.2022, § 23 Rn. 35.
63 *Habersack*, „Corporate Purpose" (Fn. 59), S. 707; *W. Paefgen*, Nochmals: »Corporate Purpose« - Überlegungen zu einem Beitrag in der Festschrift für Christine Windbichler, DZWIR 2022, 555; *J. Dörrwächter*, in: D. Kubis/U. Tödtmann (Hrsg.), Arbeitshandbuch für Vorstandsmitglieder, 3. Aufl., München 2022, § 4 Rn. 30; ferner *H. Fleischer*, in: Fleischer/Goette (Hrsg.), Münchener Kommentar GmbHG, Band 1, 4. Aufl., München 2022, § 1 Rn. 12, 13; *H. Altmeppen*, GmbHG, 10. Aufl., München 2021, § 1 Rn. 7.
64 *Koch*, AktG (Fn. 50), § 23 Rn. 22; *Pentz*, in: MünchKomm. AktG (Fn. 48), § 23 Rn. 70; *Röhricht/Schall*, in: Großkomm. AktG (Fn. 54), § 23 Rn. 125 ff.
65 *Fleischer*, Corporate Purpose(Fn. 12), 5 (11); *Habersack*, „Corporate Purpose" (Fn. 59), S. 707; *T. Kuntz*, Corporate Purpose – konzeptionelle Grundlagen, rechtshistorische und rechtsdogmatische Aspekte, ZHR 186 (2022), 652 (681).
66 So *Fleischer*, Corporate Purpose(Fn. 12), 5 (11).

mung hinnehmen müsse,[67] dann spricht es nicht ohne weiteres dagegen, dass dies auch für den „Corporate Purpose" gilt. Der „Corporate Purpose" fordert die Existenz eines Daseinszwecks der Gesellschaft. *In concreto* soll bei Verwirklichung des Unternehmensgegenstands zur Erreichung des Gesellschaftszwecks das Merkmal eines allgemeinen Mehrwerts – mag dieser sozialer, ökologischer oder anderer nachhaltiger Natur sein – erfüllt werden. Eben weil der „Corporate Purpose" diesen Mehrwert für das erwerbswirtschaftliche Handeln der Gesellschaft fordert, ist die Bezeichnung als „Mischzweck" treffend.[68]

Allerdings kann auch die Einordnung des „Corporate Purpose" als Mischzweck nicht darüber hinwegtäuschen, dass die Verfolgung erwerbswirtschaftlicher Geschäfte als Gesellschaftszweck – auch bei Befolgung eines wie auch immer ausgestalteten „Corporate Purpose" – weiterhin das Hauptziel der Gesellschaft bleibt. Folglich ist damit im Ergebnis *Fleischer* beizupflichten, wonach es für den „Corporate Purpose" keinen passenden Korrespondenzbegriff gibt und dieser weder vom Unternehmensgegenstand noch vom Gesellschaftszweck erfasst ist.[69]

III. Zuständigkeitsfragen

Da der „Corporate Purpose" kein notwendiger Satzungsbestandteil nach § 23 Abs. 2-4 AktG ist, fällt die gesetzliche Zuständigkeit für die inhaltliche Ausgestaltung und Konkretisierung im Grundsatz in die Leitungskompetenz des Vorstands.[70] Der vom „Corporate Purpose" verfolgte Zweck, die gesamte unternehmerische Wertschöpfungskette an einem bestimmten *Purpose* auszurichten, betrifft die strategische Ausrichtung des Unternehmens und damit eine Aufgabe des Gesamtvorstands.

Legt der Vorstand ein entsprechendes Konzept zur Verfolgung eines „Corporate Purpose" fest, hat er nach § 90 Abs. 1 Nr. 1 AktG dem Aufsichtsrat Bericht zu erstatten, damit dieser seiner Überwachungs- und Be-

---

67 *Fleischer*, Corporate Purpose , (Fn.12), 5 (11).
68 So *Habersack*, „Corporate Purpose" (Fn. 59), S. 707 (708); *Fleischer*, Corporate Purpose (Fn. 12), 5 (11).
69 *Fleischer*, Corporate Purpose (Fn.12), 5 (11); zuvor bereits *Fleischer*, Gesellschaftszweck, Corporate Purpose, Raison d'être (Fn 588) 137.
70 *Fleischer*, Corporate Purpose (Fn.12), 5 (11); *Habersack*, „Corporate Purpose „ (Fn. 59), S. 707 (714); dem grundsätzlich zustimmend mit weiteren Differenzierungen *Kuntz*, Corporate Purpose (Fn. 65), 652 (683 ff.).

ratungsfunktion nachgehen kann.[71] Dem Aufsichtsrat steht es ferner frei, diesbezüglich einen Zustimmungsvorbehalt nach § 111 Abs. 4 Satz 2 AktG zu statuieren.[72]

Fraglich erscheint vorliegend, ob die Aktionäre – bei der Gründung oder zu einem späteren Zeitpunkt – einen „Corporate Purpose" in der Satzung verankern können.[73] Dafür spricht, dass der Gesellschaftszweck sowohl erwerbswirtschaftliches als auch gemeinnütziges Tätigsein erfasst und daher *a maiore ad minus* eine Mischform zulässig sein dürfte.[74] Jedoch wurde bereits ausgeführt, dass der „Corporate Purpose" gerade mit dem Begriff des Gesellschaftszwecks – auch in gemischter Form – nicht gleichzusetzen ist. Zulässig erscheint hingegen, dass die Aktionäre im Rahmen der Satzung die Förderung und Ausweitung gemeinwohlfördernder Belange durch den Vorstand zum Ausdruck bringen können[75], ohne dabei jedoch eine allzu konkrete Vorgabe festzulegen.[76] Überdies erscheint der Einsatz von Gewinnverwendungsklauseln und die Aufnahme von Nachhaltigkeitsaspekten im Unternehmensgegenstand als zulässig, wobei bei Letzteren eine gewisse Konkretisierung der Aktivität gefordert ist, um der Leitungsautonomie des Vorstands zu entsprechen.[77]

Da der dem „Corporate Purpose" zugrundeliegende Gedanke allein daran orientiert ist, die unternehmerische Wertschöpfungskette an einem bestimmten *Purpose* auszurichten, ist eine Zuständigkeit betroffen, die nicht mehr den Aktionären zugeordnet ist. Denn die damit verbundene Festlegung der Grundprinzipien der Unternehmensführung nach *Shareholder*

---

71 *Fleischer*, Corporate Purpose (Fn.12), 5 (11); grundsätzlich zu den Berichtspflichten nach § 90 siehe *Drygala/Staake/Szalai*, Kapitalgesellschaftsrecht (Fn. 37), § 21 Rn. 112; zur Durchsetzung von Berichtspflichten siehe *T. Grobe*, Inter- und Intraorganklagen in der Aktiengesellschaft, Berlin 2020, S. 309 ff.
72 *Fleischer*, Corporate Purpose (Fn.12), 5 (11); *Habersack*, „Corporate Purpose" (Fn. 59), S. 707 (715).
73 Dazu *Fleischer*, Corporate Purpose (Fn.12), 5 (11 f.); *Habersack*, „Corporate Purpose" (Fn. 59), S. 707 (715 f.); *Kuntz*, Corporate Purpose (Fn. 65), S. 652 (686 ff.).
74 So *H. Fleischer*, Corporate Social Responsibility – Vermessung eines Forschungsfeldes aus rechtlicher Sicht, AG 2017, 509 (514); *Fleischer*, Corporate Purpose (Fn.12), 1, 5 (11 f.); *Habersack*, „Corporate Purpose" (Fn. 59), S. 707 (716); *M. Kort*, Die Bedeutung von Unternehmensgegenstand und Gesellschaftszweck einer AG bei Auslagerung von Geschäftsbereichen auf gemeinnützige Gesellschaften, NZG 2011, 929 (931); *M. Kort*, Gemeinwohlbelange beim Vorstandshandeln, NZG 2012, 926 (930); *J. Vetter*, Geschäftsleiterpflichten (Fn. 50), 338 (371 f.).
75 So z.B. *Habersack*, „Corporate Purpose" (Fn. 59), S. 707 (716).
76 *Habersack*, „Corporate Purpose" (Fn. 59), S. 707 (716).
77 *Habersack*, „Corporate Purpose" (Fn. 59), S. 707 (716).

Value oder *Stakeholder Value* liegt allein in der Kompetenz des Vorstands. Das Bild der Aktionäre als „Herren der Gesellschaft"[78] und eine damit verbundene Befugnis ist als solches seit der Aktienrechtsnovelle von 1937 nicht mehr vorhanden.[79]

E. Gesellschaftsrechtlicher Mehrwert?

Aus gesellschaftsrechtlicher Sicht stellt sich die Frage nach dem Mehrwert eines „Corporate Purpose".

I. „Mehr Bewusstsein schaffen" für nachhaltige Themen

Da dem Vorstand – wie schon festgestellt wurde – nach dem deutschen (und österreichischen) Recht die alleinige Kompetenz zusteht, die strategische Ausrichtung des Unternehmens im Rahmen von Unternehmensgegenstand und Gesellschaftszweck festzulegen, folglich keine mit dem US-amerikanischen Gesellschaftsrecht vergleichbare Lage gegeben ist, stellt sich die Frage nach dem Mehrwert der „Corporate Purpose"-Doktrin.

Zwar würde die Etablierung eines „Corporate Purpose" ein größeres Bewusstsein für nachhaltiges Handeln schaffen. Allerdings wird die Thematik der Nachhaltigkeit bereits an anderen Stellen intensiv behandelt. So ist bereits die Vergütungsstruktur der Vorstandsmitglieder von börsennotierten Gesellschaften nach § 87 Abs. 1 Satz 2 AktG u.a. an einer nachhaltigen Entwicklung der Gesellschaft auszurichten.[80] Der Gesetzgeber verpflichtet den Vorstand, darüber zu berichten, inwiefern nachhaltige Aspekte verfolgt werden und welche CSR-Strategie existiert (vgl. §§ 289b–289e, 315b–315d

---

78 So *Fleischer*, Corporate Purpose (Fn.12), 5 (11) unter Hinweis auf *H. Wiedemann*, Organverantwortung und Gesellschafterklagen in der Aktiengesellschaft, Wiesbaden 1989, S. 33.
79 So überzeugend *Habersack*, „Corporate Purpose" (Fn. 59), S. 707 (717); *Habersack*, Gemeinwohlbindung (Fn. 50), 594 (603).
80 Dazu ausführlich *Koch*, AktG (Fn. 50), § 87 Rn. 25; *C. Arnold/J. Herzberg/R. Zeh*, Vorstandsvergütung und Nachhaltigkeit, AG 2021, 141; *J. Häller/B. Hoegen*, Aktuelle Herausforderungen bei der Gestaltung der Vorstandsvergütung, ZVglRWiss 120 (2021), 209 (215 ff.); *S. Needham/B. Schildhauer/S. Müller*, Nachhaltige Vorstandsvergütung?, Der Konzern 2021, 155; *D. v. Zehmen*, Vergütungssysteme für Vorstände auf dem Prüfstand, BB 2021, 628 (632 f.).

HGB).⁸¹ Der DCGK 2022 verweist ebenfalls in seiner Präambel auf Ziele der Nachhaltigkeit bei Ausübung der Unternehmensleitung.⁸² Ab 2023 verpflichtet das Lieferkettensorgfaltspflichtengesetz Unternehmen ab einer Größe von 3000 Mitarbeitern (ab 2024: 1000) menschenrechtliche und umweltbezogene Sorgfaltspflichten in angemessener Weise zu beachten.⁸³ Auf europäischer Ebene liegt seit 2021 ein Vorschlag zu einer CSR-Richtlinie vor, der eine Berichtspflicht für Unternehmen mit mehr als 250 Mitarbeitern, einer Bilanzsumme von mehr als 20 Millionen EUR oder einem Umsatz von mehr als 40 Millionen EUR vorsieht.⁸⁴

Die gegenwärtigen gesetzlichen Regelungen als auch die Gesetzesvorhaben machen deutlich, dass der Vorstand einer Aktiengesellschaft gar nicht umhin kommt, sich mit Nachhaltigkeitsaspekten auseinanderzusetzen. Der mittelbar bewirkte Druck, der vor allem von den Investoren ausgeht, nimmt Einfluss auf die Entscheidungspraxis der Unternehmensleitung.

II. Ein Lösungsansatz für das Problem der interessenpluralistischen Zielkonzeption?

Wenn im deutschen Recht aufgrund der Geltung des *Stakeholder Value*-Ansatzes bei der Entscheidungsfindung des Vorstands bereits nachhaltige Aspekte auch im Hinblick auf die Ausgestaltung der unternehmerischen Wertschöpfungskette berücksichtigt werden können, stellt sich die Frage, welcher sonstige rechtliche Nutzen dem „Corporate Purpose" beizumessen

---

81 Siehe *Koch*, AktG (Fn. 50), § 76 Rn. 35 d ff.; *Fleischer*, Corporate Social Responsibility (Fn. 74), 509; *B. Roth-Mingram*, Corporate Social Responsibility (CSR) durch eine Ausweitung der nichtfinanziellen Informationen von Unternehmen, NZG 2015, 1341.
82 Zum DCGK, <https://www.dcgk.de/de/kodex/aktuelle-fassung/praeambel.html> (22.11.2022).
83 *Koch*, AktG (Fn. 50), § 76 Rn. 35h ff.; *V. Dohrmann*, Der Richtlinienentwurf eines europäischen Lieferkettengesetzes, eine Chance für mehr Nachhaltigkeit, in: Klever/Schiestl et al (Hrsg.), Nachhaltigkeit im Privatrecht, Jahrbuch Junge Zivilrechtswissenschaft 2022, Baden-Baden/Wien 2023 [in diesem Buch], S. 143 ff.; *M. Lieberkecht*, Bindung von Unternehmen an Menschenrechte, Die Verknüpfung von nationalem Recht und Völkerrecht im LkSG, in: Klever/Schiestel et al. [in diesem Buch] S. 193 ff.
84 *L. Hübner/V. Habrich/M.-P.Weller*, Corporate Sustainability Due Diligence – Der EU-Richtlinienentwurf für eine Lieferkettenregulierung, NZG 2022, 644; *M. Nietsch/M. Wiedmann*, Der Vorschlag zu einer europäischen Sorgfaltspflichten-Richtlinie im Unternehmensbereich (Corporate Sustainability Due Diligence Directive), CCZ 2022, 125.

ist. Die Kritiker des *Stakeholder Value*-Ansatzes verweisen auf die Gefahren des Interessenpluralismus: So seien die in Betracht kommenden Interessen zu unbestimmt, sodass dem Vorstand ebenso unbestimmte Handlungsmaximen zukommen, die es erschweren, ihn für sein Handeln in Verantwortung zu nehmen. Der Vorstand könnte eigene Ziele verfolgen, ohne mit Konsequenzen rechnen zu müssen. Insofern ermöglicht der weite Ermessensspielraum eine gewisse Entziehung einer Kontrolle.

Eine gewisse Rangfolge existiert bereits dadurch, dass die herrschende Auffassung darauf abstellt, dass auch im Rahmen des *Stakeholder Value*-Ansatzes grundsätzlich die Steigerung des Unternehmenserfolgs im Sinne nachhaltiger Rentabilität anzustreben ist. Folglich sind damit die Anteilseignerinteressen hinreichend berücksichtigt. Fraglich ist jedoch, wie die anderen Stakeholder-Interessen, wie Arbeitnehmerinteressen, Gläubigerinteressen, Gemeinwohl- und ESG-Interessen, zu gewichten sind.

Durch die Etablierung eines „Corporate Purpose" erscheint die Möglichkeit gegeben, Gemeinwohl- bzw. ESG-Interessen gegenüber anderen Stakeholder-Interessen zu privilegieren, sofern die Formulierung des „Corporate Purpose" entsprechende Anhaltspunkte enthält. Da durch den „Corporate Purpose" die gesamte unternehmerische Wertschöpfungskette an einem bestimmten *Purpose* ausgerichtet werden soll, können die dort aufgeführten Aspekte im Rahmen der Abwägung vorrangig berücksichtigt werden. Erforderlich ist dabei allerdings, dass der formulierte *Purpose* entsprechende judizielle Anhaltspunkte enthält. Der Blick in die Praxis enttäuscht dabei leider auf ganzer Linie: Während *Philip Morris* „[e]ine rauchfreie Zukunft gestalten"[85] will, formulieren andere: „Sport hat die Kraft, Leben zu verändern" (Adidas AG)[86], „Wir geben Menschen ein Zuhause" (Vonovia SE)[87], „Our Energy for a Sustainable Life" (RWE AG)[88] oder „We pioneer sustainable aerospace for a safe and united world" (Airbus SE)[89].

Offensichtlich ist die Inhaltsleere dieser Aussagen. So erinnert ihre Phrasenhaftigkeit eher an die „Haftung für Werbeaussagen"[90] als an rechtlich hilfreiche Parameter zur Ausgestaltung des Unternehmensinteresses. Die

---

85 Siehe *Bruce/Jeromin*, Corporate Purpose (Fn. 6), S. 52 zu Philip Morris International.
86 Adidas AG, <https://www.adidas.de/purpose> (22.11.2022).
87 Zu Vonovia, <https://www.valuedesk.de/blog/corporate-purpose> (22.11.2022).
88 RWE AG, <https://www.rwe.com/der-konzern/profil-und-strategie> (22.11.2022).
89 Airbus SE, <https://www.airbus.com/en/what-we-do> (22.11.2022).
90 So *Jan-Erik Schirmer* im Kolloquium zum Privatrecht an der Humboldt-Universität Berlin am 29. Juni 2022.

Ableitung eines Mehrwerts erscheint hier nur mit hinreichend Phantasie möglich.

Fraglich ist daher, welche Folgerungen aus dieser Erkenntnis gezogen werden können: Der „Corporate Purpose" ist in seiner abstrakten Gestalt geeignet, Gemeinwohl- und Nachhaltigkeitsaspekte im Abwägungsprozess zu privilegieren. Allerdings ist die praktische Umsetzung in der Gegenwart aus rechtlicher Hinsicht unbrauchbar. Daher erscheint es zum einen angebracht, dass der Gesetzgeber Parameter zur Bestimmung des „Corporate Purpose" aufstellt. Und zum anderen die Möglichkeit eröffnet, einen an diesen Parametern orientierten „Corporate Purpose" in der Satzung zu verankern, wenn die Aktionäre mit qualifizierter Mehrheit zustimmen.

F. Zusammenfassung und Folgerungen

(1) Der „Corporate Purpose" stellt eine Reaktion auf die *Shareholder Value Primacy* des US-Rechts dar.
(2) Sowohl in Österreich als auch in Deutschland kann die Ausrichtung der Wertschöpfungskette an einem (nachhaltigen) *Purpose* aufgrund der Geltung des *Stakeholder Value*-Ansatzes erfolgen.
(3) Der „Corporate Purpose" ist weder mit dem Unternehmensgegenstand noch mit dem Gesellschaftszweck gleichzusetzen.
(4) Die alleinige Zuständigkeit für die inhaltliche Ausgestaltung obliegt dem Vorstand; weder zur Gründung noch zu einem späteren Zeitpunkt können die Gesellschafter einen „Corporate Purpose" in der Satzung festlegen.
(5) Der gesellschaftsrechtliche Mehrwert kann in der Überwindung des Willkürvorwurfs der interessenpluralistischen Zielkonzeption liegen, sofern der formulierte Purpose entsprechende inhaltliche Vorgaben enthält.
(6) Die in der gegenwärtigen Praxis verwendeten *Purposes* sind in den überwiegenden Fällen inhaltsleer und ungeeignet.
(7) Der Gesetzgeber sollte gesetzliche Vorgaben formulieren und die Möglichkeit eröffnen, dass der „Corporate Purpose" in der Satzung verankert wird.

Das lauterkeitsrechtliche Irreführungsverbot als Beurteilungsmaßstab für die unternehmerische Werbung mit Nachhaltigkeitsbelangen

Dr. Alexander Wimmer[*]

A. Ausgangspunkt: Der Verbraucher als Lenker der Marktwirtschaft und diesbezügliche Herausforderungen durch (nachhaltigkeitsbezogene) Werbung

In einer *„offenen Marktwirtschaft mit freiem Wettbewerb"* (vgl. Art. 3 EUV; Art. 119 AEUV) soll der Verbraucher[1] der Lenker des wirtschaftlichen Markt- und Wettbewerbsgeschehens sein (Prinzip der Konsumentensouveränität[2]).[3] Ideengeschichtlich findet sich dieser Ordnungsgedanke bereits bei *A. Smith*. Er führte aus: *„Der Verbrauch allein ist Ziel und Zweck einer jeden Produktion, daher sollte man die Interessen der Produzenten eigentlich nur soweit beachten, wie es erforderlich sein mag, um das Wohl der Konsumenten zu fördern."*[4] In abgewandelter Form zeigt sich diese Idee später im Rahmen des für das unionsrechtliche Wirtschaftsordnungs- bzw. Wett-

---

[*] *Alexander Wimmer* lehrt seit 2017 am Institut Recht der Wirtschaft der Universität Wien. Derzeit ist er Habilitand am genannten Institut.
[1] Maßstabsfigur des Abnehmers ist nachfolgend der private Endverbraucher. Art. 2 lit. a UGP-RL definiert den Verbraucher als *„jede natürliche Person, die im Geschäftsverkehr […] zu Zwecken handelt, die nicht ihrer gewerblichen, handwerklichen oder beruflichen Tätigkeit zugerechnet werden können"*. Vgl. dazu allgemein *A. Anderl/C. Appl*, in: A. Wiebe/G. Kodek (Hrsg.), UWG, 2. Aufl., Wien 2022, § 2 Rn. 60 ff.
[2] Vgl. zu diesem Grundsatz im UWG *R. Heidinger/C. Handig/A. Wiebe/A. Frauenberger/P. Burgstaller*, in: A. Wiebe/G. Kodek (Hrsg.), UWG, 2. Aufl., Wien 2021, § 1 Rn. 173; *R. Podszun*, in: H. Harte-Bavendamm/F. Henning-Bodewig (Hrsg.), UWG, 5. Aufl., München 2021, § 1 Rn. 52–53.
[3] Zur Wechselbeziehung instruktiv aus ökonomischer Sicht *C. Weizsäcker*, Asymmetrie der Märkte und Wettbewerbsfreiheit, in: V. Vanberg (Hrsg.), Evolution und freiheitlicher Wettbewerb, Tübingen 2010, S. 211 ff..
[4] *A. Smith*, Der Wohlstand der Nationen, Köln 1776/2013, S. 558.

bewerbsrecht prägenden⁵ deutschen Ordoliberalismus.⁶ So proklamiert *F. Böhm*⁷ etwa, dass der Verbraucher „*als Organist unmittelbar am Manual der Wirtschaftsorgel*"⁸ sitze.

Will man diese wirtschaftspolitische bzw. -philosophische Ausgangsposition rechtsnormativ bzw. -dogmatisch einordnen, so ist beim aus den wirtschaftlichen Grundrechten (Art. 5,⁹ 6 StGG; Art. 16, 17 GRC; Art. 1 des

---

5 Vgl. dazu die Rede von *H. von der Groeben* vor dem Europäischen Parlament in Straßburg am 16.06.1965; ferner *D. Gerber*, Law and Competition in Twentieth Century Europe: Protecting Prometheus, Oxford 1998, passim; *D. Zimmer*, Der rechtliche Rahmen für die Implementierung moderner ökonomischer Ansätze, WuW 2007, 1198; *P. Behrens*, The ordoliberal concept of „abuse" of a dominant position and its impact on Article 102 TFEU, Hamburg 2015; *H. Schweitzer*, Parallels and Differences in the Attitudes Towards Single-Firm Conduct: What are the Reasons? The History, Interpretation and Underlying Principles of Sec. 2 Sherman Act and Art. 82, EC EUI LAW Working Paper No. 2007/32; *S. Grundmann*, Privatrecht und Regulierung, in: H. Grigoleit et. al. (Hrsg.), Privatrechtsdogmatik im 21. Jahrhundert – Festschrift für Claus-Wilhelm Canaris, Berlin 2017, S. 907 (919); ferner *J. Mohr*, Die Interdependenz der Ordnungen als rechts- und wirtschafts-philosophische Konzeption, JZ 2018, 685; zur gedanklichen Herstellung zwischen dem von *F. Böhm* geprägten Konzept der Privatrechtsgesellschaft und unionsrechtlichen Aspekten *K. Riesenhuber*, Privatrechtsgesellschaft: Leistungsfähigkeit und Wirkkraft im deutschen und Europäischen Recht – Entwicklung, Stand und Verfassung des Privatrechts, in: K. Riesenhuber (Hrsg.), Privatrechtsgesellschaft, Tübingen 2007, S. 1; sowie aus der Praxis der Unionsgerichte EuG 17.12.2003, Rs. T-219/99 (*British Airways*) Slg 2003, II-5917; EuGH 15.03.2007, Rs. C-95/04 P (*British Airways*) Slg 2007, I-2331, Rn. 106; 02.04.2009, Rs. C-202/07 (*P France Télécom*) Slg. 2009, I-2369, Rn. 105; früher bereits 13.02.1979, Rs. 85/76 (*Hoffmann-La Roche*) Slg. 1979, 461, Rn. 129; 09.11.1983, Rs. 322/81 (*Michelin I*) Slg. 1983, 3461, Rn. 107.
6 Vgl. zum Ordoliberalismus bzw. zur Ordnungsökonomik *N. Goldschmidt/M. Wohlgemuth*, Grundtexte zur Freiburger Tradition der Ordnungsökonomik, Tübingen 2008; ferner wenn auch mitunter missverständlich *T. Biebricher/R. Ptak*, Soziale Marktwirtschaft und Ordoliberalismus zur Einführung, München 2020.
7 *F. Böhm*, Wirtschaftsordnung und Staatsverfassung, Tübingen 1950, S. 53, 90; weiterentwickelt bei *E. Mestmäcker*, Macht – Recht – Wirtschaftsverfassung, ZHR 137 (1973) 97.
8 Vgl. auch *V. Vanberg*, Privatrechtsgesellschaft und Ökonomische Theorie, in: K. Riesenhuber (Hrsg.), Privatrechtsgesellschaft, Tübingen 2007, S. 131 (146).
9 Vgl. VfSlg 11.483/1987: „*Die Freiheit der Erwerbsausübung, wie sie verfassungsgesetzlich verbürgt ist, hat grundsätzlich einen freien Wettbewerb und damit einen Konkurrenzkampf zur Folge; er ist vom Verfassungsgesetzgeber also mitgedacht und darf sohin von Gesetzes wegen nur aus besonderen Gründen, etwa weil überwiegende volkswirtschaftliche Erwägungen dafür sprechen, unterbunden werden.*" Ferner dazu, dass der bloße Konkurrenzschutz kein legitimes öffentliches Interesse sei: VfSlg 10.932/1986; 11.483/1987.

1. Zusatzprotokolls zur EMRK)[10] sowie dem Prinzip der Privatautonomie[11] entstammenden Grundsatz der wirtschaftlichen Selbstbestimmung[12] der Marktteilnehmer zu beginnen. Indes benötigt dieser rechtsnormative Ausgangspunkt der wirtschaftlichen Selbstbestimmung ein rechtliches „Sicherungsnetz", das vor Verfälschungen durch Machtpositionen schützt..[13] Im Zentrum dieser Ordnungsaufgabe steht der Wettbewerbsmechanismus[14] als

---

10 Vgl. zum rechtsnormativen Fundament der Marktwirtschaft in Österreich *K. Korinek*, Verfassungsrechtliche Grundlagen des Eigentumsschutzes und des Enteignungsrechts in Österreich, in: K. Korinek/D. Pauger/P. Rummel (Hrsg.), Handbuch des Enteignungsrechts, Wien 1994, S. 1 (45 f.); ferner *H. Mayer/G. Kucsko-Stadlmayer/K. Stöger*, Bundesverfassungsrecht, 11. Aufl., Wien 2011, Rn. 1495; *W. Berka*, Verfassungsrecht, 8. Aufl., Wien 2021, Rn. 1540 ff.

11 Im Wesenskern geht es bei diesem zentralen Prinzip um die Möglichkeit zur Gestaltung von Rechtsverhältnissen nach eigener Willkür (vgl. *R. Welser/A. Kletečka*, Bürgerliches Recht, Bd. I, 15. Aufl., Wien 2018, Rn. 310 ff.: Freilich bestehen im deutschsprachigen Raum zum Konzept der Privatautonomie vielfach Unterschiede, wie es im Detail ausgelegt wird. Bezogen auf den Geltungsgrund formuliert *F. Bydlinski*, Privatautonomie und objektive Grundlagen des verpflichtenden Rechtsgeschäfts, Wien 1967, S. 127: Privatautonomie als „*rechtliche Anerkennung der Möglichkeit, durch Willensäußerungen Rechtsfolgen herbeizuführen und zu verhindern.*" Vom Rechtssubjekt ausgehend *W. Flume*, Rechtsgeschäft und Privatautonomie, in: E. Caemmerer/E. Friesenhahn/R. Lange (Hrsg.), Hundert Jahre deutsches Rechtsleben – Festschrift zum hundertjährigen Bestehen des DJT, Bd. I, Karlsruhe 1960, S. 135 (136): Privatautonomie als „*das Prinzip der Selbstgestaltung der Rechtsverhältnisse durch den Einzelnen nach eigenem Willen*"; *H. Koppensteiner* in H. Koppensteiner/G. Eckert/P. Thyri (Hrsg.), Wettbewerbsrecht, Bd. I, 4. Aufl., Wien 2021, § 1 Rn. 8 ff. versteht hingegen Privatautonomie als Kürzel für Eigentum, Erwerbs-, und Vertragsfreiheit.

12 Dazu genauer *A. Wimmer*, Zwischen wirtschaftlichen Nutzen und ideellen Zielen – Öffentlich-ideelle Interessen im Rahmen unternehmerischer Betätigungen von Körperschaften (im Entstehen).

13 *H. Schweitzer*, Vertragsfreiheit, Marktregulierung, Marktverfassung: Privatrecht als dezentrale Koordinationsordnung, AcP 220 (2020) 544 (563).

14 Der Begriff des Wettbewerbs kann und soll aus rechtlicher Sicht nicht abschließend formuliert werden; vgl. ferner *K. Herdzina*, Wettbewerbspolitik, 5. Aufl., Stuttgart 1999, S. 47 f.; *I. Schmidt/J. Haucap*, Wettbewerbspolitik und Kartellrecht, 10. Aufl., Oldenburg 2013, S. 8 ff.; treffend ist nach wie vor die Formulierung des Wettbewerbs als Entdeckungsverfahren von *A. von Hayek*, Der Wettbewerb als Entdeckungsverfahren, in: E. Streit (Hrsg.), Rechtsordnung und Handelsordnung, Tübingen 2003, S. 132 (132 ff.); praktisch handhabbarer (jedoch auch nicht vollends befriedigend) ist die Definition von *K. Borchardt/W. Fikentscher*, Wettbewerb, Wettbewerbsbeschränkung, Marktbeherrschung, Stuttgart 1957, S. 15: „*das selbständige Streben sich gegenseitig im Wirtschaftserfolg beeinflussender Anbieter oder Nachfrager (Mitbewerber) nach Geschäftsverbindungen mit Dritten (Kunden) durch Inaussichtstellen möglichst günstiger Geschäftsbedingungen*"; ferner *W. Möschel*, Wettbewerb zwischen Privatautonomie und ökonomischer Effizienz, AcP 216 (2016) 13 (14): „*Wettbewerb nennen wir jene*

Entmachtungsvehikel.[15] Dieser soll den Privatrechtssubjekten zu individuellen Handlungsfreiheiten verhelfen, die diese ausgerichtet an ihrer jeweiligen *voluntas* nützen können.[16] Private Machtungleichgewichtlagen bzw. deren missbräuchliche Ausnutzung sind im Gefüge der Gesellschafts-[17] und Wirtschaftsordnung[18] mit dem Wettbewerbsmechanismus auszugleichen. Vor diesem Hintergrund hat insbesondere das (europäische) Kartellrecht und das Lauterkeitsrecht die Aufgabe, die für die wirtschaftliche Selbstbestimmung essenziellen wirtschaftlichen Freiheitsrechte der Marktteilnehmer materiell offen zu halten.[19] *Summa summarum* ist der rechtlich geschützte wirtschaftliche Wettbewerb demnach als Entmachtungsvehikel zur Herstellung der wirtschaftlichen Selbstbestimmung der Marktteilnehmer zu

---

Interaktionsprozesse, die aus der Wahrnehmung individueller Handlungsfreiheiten entstehen".

15 *F. Böhm*, Die Idee des Ordo im Denken Walter Euckens, ORDO 3, Freiburg 1950, S. XV (XXXV): „*Die Wettbewerbswirtschaft wiederum ist ein kulturelles Wunderwerk, das auf ein hohes Maß von pflegehafter Verwaltungskultur, einsichtiger Grundsatzfestigkeit, Achtung vor der individuellen Freiheit, Liebe zur individuellen Freiheit, Willen, diese Freiheit zu behaupten, und von Rechtsbewusstsein angewiesen ist, das also nur bei hochgespannter Daueranstrengung eines politisch geschulten, freiheitsliebenden Volkes vor Verfall geschützt werden kann".*

16 Vgl. *W. Möschel*, Wettbewerb (Fn. 14), 13; *C. Canaris*, Verfassungs- und europarechtliche Aspekte der Vertragsfreiheit in der Privatrechtsgesellschaft, in: P. Badura/R. Scholz (Hrsg.), Wege und Verfahren – Festschrift für Peter Lerche, München 1993, S. 873 (875); *W. Flume*, Allgemeiner Teil des Bürgerlichen Rechts, 2. Bd, 3. Aufl., Berlin 1979, S. 6; *R. Podszun*, Wirtschaftsordnung durch Zivilgerichte, Tübingen 2014, S. 258.

17 *F. Böhm* wies stets auch auf die gesellschaftspolitische Bedeutung des Wettbewerbsprinzips hin; vgl. *F. Böhm*, Kartelle und Monopole im Modernen Recht, Karlsruhe 1960, S. 3 ff.; vgl. ferner zur Interdependenz des funktionsfähigen Wettbewerbs für eine Demokratie aus US-amerikanischer Sicht *T. Wu*, The Curse of Bigness, New York City 2018, S. 78 ff., 138 f.

18 Die Wirtschaftsordnung als Teilbereich der Privatrechtsgesellschaft ist auf jene soziale Interaktionen gerichtet, die die menschliche Bedarfsdeckung mit knappen Wirtschaftsgütern zum Ziel hat; vgl. *U. Immenga*, Marktrecht, in: W. Hadding (Hrsg.), Festgabe Zivilrechtslehrer 1934/1935, Berlin 1999, S. 223 (224); *F. Böhm*, Ordnung der Wirtschaft, Stuttgart 1937, S. 54 f. der die Wirtschaftsordnung als Kürzel für Normen, „*deren Zweck es ist, das wirtschaftliche Verhalten der Einzelnen und Gruppen in einem bestimmten Sinn zu beeinflussen, vor allem aber das Zusammenwirken der Einzelnen [...] untereinander zu ordnen"* ansieht; ferner *H. Koppensteiner*, Wirtschaftsrecht: Inhalts- und Funktionsbezogene Überlegungen zu einer umstrittenen Kategorie, Rechtstheorie 1973, 1 (1 ff.): „*Recht der Unternehmen".*

19 Statt vieler *Koppensteiner*, in: Koppensteiner/Thyri/Eckert (Fn.11), § 1 Rn. 11 ff. m.z.Nw.

verstehen und nicht alleinig als Mittel zur Herstellung gesamtwirtschaftlicher Effizienz.[20]

Dieses skizzierte Konzept sieht sich aufgrund der verstärkten unternehmerischen Werbung[21] mit Nachhaltigkeitsbelangen,[22] worunter nachfolgend bestimmte Umwelt-[23] und Sozialbelange[24] verstanden werden, beson-

---

20 *Koppensteiner*, in: Koppensteiner/Thyri/Eckert (Fn.11), § 2 Rn. 3.
21 I.S.d. kommunikativen Vermittlung positiver Leistungen in Bezug auf Umwelt- und Sozialbelange mit Blick auf Produkteigenschaften (Produktion, Beschaffenheit, Verpackung, Anwendbarkeit oder Entsorgung) oder allgemein des Unternehmens mit dem Ziel, Geschäftsabschlüsse zu fördern. Vgl. allgemein zum Begriff der Werbung Art. 2 lit. a) RL 2006/114/EG: „*jede Äußerung bei der Ausübung eines Handels, Gewerbes, Handwerks oder freien Berufs mit dem Ziel, den Absatz von Waren oder die Erbringung von Dienstleistungen, einschließlich unbeweglicher Sachen, Rechte und Verpflichtungen, zu fördern*". Der EuGH legt diese Wendung weit aus und subsumiert darunter jede Art von Kommunikationshandlung mit einem Absatzförderungsziel. Vgl. EuGH 11.07.2013, Rs. C-657/11 (*Belgian Electronic Sorting Technology/Bert Peelaers*) ECLI:EU:C:2013:516.
22 Der Begriff der Nachhaltigkeit kann verschiedenartig verstanden werden. Von zentraler Bedeutung des Begriffs der Nachhaltigkeit ist nach wie vor der sogenannte Brundtland-Bericht (World Commission on Environment and Development, Report of the World Commission on Environment and Development: Our Common Future, Oxford 1987. Im Rahmen dieser Abhandlung wird Nachhaltigkeit i.S.d. der Brundtland-Kommission verstanden, die ein Konzept vorsieht, wonach das Wirtschaften den Bedürfnissen der heutigen Generation entsprechen solle, ohne die Möglichkeiten künftiger Generationen zu gefährden und somit auf sozial, ökonomisch und ökologisch ausgewogene Entwicklung ausgerichtet ist. Zugleich ist dann Nachhaltigkeit als Ziel eines fortdauernden Prozesses sowie Verbundbegriff und Querschnittsmaterie zu verstehen. *W. Kahl*, in: W. Kahl (Hrsg.), Nachhaltigkeit als Verbundbegriff, Tübingen 2008, S.1 (23 ff.); *A. Hellgardt/V. Jouannaud*, Nachhaltigkeitsziele und Privatrecht, AcP 222 (2022) 163 (165); ferner *K. Bosselmann*, The Principle of Sustainability, 2. Aufl., London 2016, S. 8 ff.; *K. Gehne*, Nachhaltige Entwicklung als Rechtsprinzip, Tübingen 2011, S. 91; aus rechtlicher Sicht ist freilich zu fragen, welche Nachhaltigkeitskonzepte den unterschiedlichen Rechtsnormen zu Grunde gelegt wurden. Laut Art. 2 Z. 24 VO (EU) 2088/2019 sind unter Nachhaltigkeitsfaktoren Umwelt-, Sozial- und ArbeitnehmerInnenaspekte, die Achtung der Menschenrechte und die Bekämpfung von Korruption und Bestechung zu verstehen; siehe auch die Agenda 2030 der Vereinten Nationen für nachhaltige Entwicklung aus dem Jahr 2015. Von zentraler Bedeutung ist dabei der Katalog mit 17 Zielen für soziale, ökologische und wirtschaftlich nachhaltige Entwicklung, <https://www.un.org/Depts/german/gv-70/band1/ar7 0001.pdf> (23.11.2022).
23 Damit ist vor allem die Verringerung von Treibhausgasemissionen, die nachhaltige Nutzung von Meeresressourcen, der Übergang zu einer Kreislaufwirtschaft, die Verminderung der Umweltverschmutzung sowie der Schutz der Biodiversität gemeint.
24 Z.B. Verbesserung der Arbeitsbedingungen in Dritt- und Schwellenländern, Engagement für soziale Projekte, Förderung der Gleichbehandlung von Frauen und Männer, Maßnahmen gegen Diskriminierung in Bezug auf ethnische Zugehörigkeit, Religion,

deren Herausforderungen gegenüber.[25] Auch wenn die Werbung mit diesen Faktoren nicht neu ist, hat sie sich den letzten Jahren nochmals deutlich intensiviert. Man liest und hört in Werbungen vom *„ersten klimaneutralen Stempel",*[26] *„fairer Milch",*[27] *„klimaneutralen Premium-Heizöl"*[28] oder *„klimaneutralen Müllbeuteln".*[29] Zugleich wird auch Sensibilität der Abnehmer für irreführende Werbeaussagen mit Nachhaltigkeitsaspekten größer.[30] Das hohe Einfluss- und Beeinträchtigungspotenzial der Nachhaltigkeitswerbung auf selbstbestimmte Nachfrageentscheidungen von Verbrauchern am Markt resultiert neben dem allgemeinen Anliegen der (verbraucherbezogenen) Werbung, regelmäßig Gefühls- und Prestigekonnotationen hervorzurufen,[31] aus Spezifika der Nachhaltigkeitswerbung, die später[32] genauer zu beschreiben sind.

B. Bedeutung des lauterkeitsrechtlichen Irreführungsverbots für das Thema, seine allgemeine Struktur und Themeneingrenzung

Angesichts des rechtsnormativen Postulats der wirtschaftlichen Selbstbestimmung der Abnehmer, gilt es mit rechtlichen Mitteln unrichtige oder täuschende Werbeaussagen über Umwelt- und Sozialbelange zu vermeiden. Im Wettbewerbsprozess soll sich der Unternehmer durchsetzen, der die

---

Alter oder sexueller Orientierung. Oder aber auch die (finanzielle) Unterstützung von sozialen Projekten und Aspekten (Sponsoring), wobei hierbei nicht nur Engagement in der Sozialbranche verstanden werden sollte, sondern auch im politischen, humanitären, kulturellen, religiösen und sportlichen Bereich. Vgl. zum Sponsoring allgemein im Rahmen des Irreführungstatbestands *Anderl/Appl*, in: Wiebe/Kodek (Fn. 1), § 2 Rn. 322 ff.; *Weidert*, in: Harte-Bavendamm/Henning-Bodewig (Fn. 2), § 5 Rn. 1221 ff.

25 Vgl. *G. Kucsko*, Über irreführende Umweltengel, ecolex 1990, 93: *„Umweltschutz ebenso wie die Werbung mit dem Umweltschutz in die Mode gekommen ist";* dazu jüngst auch *A. Hirsch*, Die grüne Seite des Lauterkeitsrechts, ecolex 2022, 817 (817).
26 OGH 28.11.2012, 4 Ob 202/12b.
27 OLG München 01.03.2012, 6 U 1738/11.
28 LG Konstanz 19.11.2021, 7 O 6/21 KfH.
29 LG Kiel 02.07.2021, 14 HKO 99/20.
30 Der VKI präsentierte unlängst ein Meldeformular auf seiner Webseite für Greenwashing-Verdachtsfälle, siehe <https://vki.at/greenwashing-check-meldeformular/5577> (30.11.2022). Vgl. *C. Alexander*, Green Deal: Verbraucherschutz und ökologischer Wandel, WRP 2022, 657 (658).
31 Vgl. dazu *W. Lindacher/N. Peifer*, in: O. Teplitzky/K. Peifer/M. Leistner (Hrsg.), Großkommentar UWG, 3. Aufl., Berlin 2021, Vor § 5 Rn. 1.
32 Siehe dazu unter Punkt C.II.

Wünsche der Verbraucher am besten erfüllt, und nicht derjenige, der die Verbraucher am besten täuscht. Von besonderer Bedeutung ist hierbei das lauterkeitsrechtliche Irreführungsverbot des § 2 UWG (§§ 5, 5a dUWG). Dieser Norm liegt anerkanntermaßen der Wahrheits-[33] sowie ein (eingeschränkter) Informationsgrundsatz[34] zu Grunde.[35] Gesetzessystematisch dient § 2 UWG einerseits als Konkretisierung der Generalklausel (vgl. § 1 Abs. 3 UWG)[36] und stellt andererseits eine Verbindung zum Anhang des UWG, der sogenannten „Schwarzen Liste" (§ 1 Abs. 2 UWG) her. *Cum grano salis* kann zwischen der Irreführung durch irreführende aktive Verhaltensweisen (Abs. 1–3) und Irreführung durch Unterlassen der Preisgabe wesentlicher Information (Abs. 4–6) differenziert werden.[37] Der Schutzgegenstand der Norm ist die Sicherstellung der informierten Entscheidungsmacht des Abnehmers (Verbraucher und sonstige Abnehmer) durch Herund Sicherstellung des wahrheitskonformen, ausreichenden Informationsstands über Produkt und Anbieter. Damit sollen neben den Abnehmern auch Konkurrenten und die Allgemeinheit in ihrem Interesse am unver-

---

33 Vgl. etwa OGH 07.08.2007, 4 Ob 133/07y; *Anderl/Appl*, in: Wiebe/Kodek (Fn. 1), § 2 Rn. 18 f.; *S. Augenhofer*, Ein Flickenteppich oder doch der große Wurf? – Überlegungen zur neuen RL über unlautere Geschäftspraktiken, ZfRV 2005, 204 (206); BGH 06.07.1995, I ZR 58/93.

34 Dieses Informationsgebot wurde vor allem durch die Umsetzung der RL-UGP und der damit einhergehenden Regelung der Irreführung durch Vorenthalten wesentlicher Informationen (§ 2 Abs. 4 ff. UWG) geprägt. Vgl. *Anderl/Appl*, in: Wiebe/Kodek (Fn. 1), § 2 Rn. 19; *M. Görg*, UWG, Wien 2020, § 2 Rn. 25: *„Im Vordergrund dieser unionsrechtlich indizierten Neuerung steht also nicht mehr allein die Korrektheit, sondern – iSd Markttransparenz und einer optimalen Ressourcenallokation sowie in Fortführung des Konzepts von ECG (§§ 5ff) und KSchG bzw FAGG (§§ 4ff) – auch die Vollständigkeit der (wesentlichen) Information als maßgebliche Entscheidungsgrundlage, und zwar am Maßstab des Verbraucherleitbildes des EuGH sowie des verwendeten Kommunikationsmediums. Wobei unlautere Irreführungen über wesentliche Vertragspunkte idR auch die „Klarheit" und „Verständlichkeit" der betreffenden Information iSd § 5a Abs 1 FAGG (Art 6 Abs 1 VerbraucherrechteRL) ausschließen und dem Transparenzgebot gem § 6 Abs 3 KSchG widersprechen".*

35 *H. Koppensteiner*, Wettbewerbsrecht, 3. Aufl., Wien 1997, § 21 Rn. 12; *Anderl/Appl*, in: Wiebe/Kodek (Fn. 1), § 2 Rn. 12 ff.; zur deutschen Rechtsentwicklung *P. Ruess*, in: P. Heermann/J. Schlinghoff (Hrsg.), Münchener Kommentar zum UWG, 3. Aufl., München 2020, § 5 Rn. 21 ff.

36 Deshalb hält § 1 Abs. 3 UWG fest: *„Unlautere Geschäftspraktiken sind insbesondere solche, die [1. aggressiv im Sinne des § 1a oder 2.] irreführend im Sinne des § 2 sind".*

37 Diese Unterscheidung geht auf die Art. 6, 7 UGP-RL zurück. Vgl. dazu auch *Görg*, UWG (Fn. 34), § 2 Rn. 11.

fälschten Wettbewerb als Institution geschützt werden.[38] Rechtsmethodisch ist die Prüfung des § 2 UWG allgemein mehrstufig bzw. vielschichtig.[39] Darauf muss für die Zwecke dieser Abhandlung allerdings nicht im Detail eingegangen werden. Platzgründe zwingen zudem dazu, den Fokus auf die grundlegende Frage der Begründung und Auslotung des „Strengeprinzips" zu verengen. Somit kann hier weder eine allgemeine Darstellung der umfassenden Rechtsprechung und Literatur in Österreich und Deutschland zur Umweltwerbung,[40] noch der vielen rechtspraktischen Detailfragen[41]

---

38 OGH 11.05.2012, 4 Ob 166/11g: „*Das Irreführungsverbot dient nicht nur dem Schutz der Marktgegenseite, sondern gleichermaßen auch dem des Mitbewerbers im Horizontalverhältnis.*" Zum rechtshistorisch alleinigen Schutzzweck des Konkurrentenschutzes *Anderl/Appl*, in: Wiebe/Kodek (Fn. 1), § 2 Rn. 7 ff.; ferner *Koppensteiner*, Wettbewerbsrecht (Fn. 35), § 21 Rn. 12; *Görg*, UWG (Fn. 35), § 2 Rn. 18 ff.

39 Vgl. dazu OGH 08.04.2008, 4 Ob 42/08t; *Anderl/Appl*, in: Wiebe/Kodek (Fn. 1), § 2 Rn. 38 ff.

40 Siehe für eine umfassende Darstellung des allgemeinen Meinungsbilds aus Sicht der deutschen Rechtslage z.B. *A. Wiebe* in K. Fezer/W. Büscher/I. Obergfell (Hrsg.), Lauterkeitsrecht: UWG, Bd. I, 3. Aufl., München 2016, Umweltwerbung Rn. 1 ff.

41 Intensiv diskutierte Rechtsfragen sind etwa, wie durchschnittlich aufmerksame, informierte und verständige Abnehmer Nachhaltigkeitsaussagen in Werbungen verstehen oder ob der Begriff „klimaneutral" anders als „umweltneutral" für die Verbraucher einen nachprüfbaren Inhalt habe; in neuerer Zeit sind (angesichts der verstärkten öffentlichen Diskussion nicht weiter verwunderlich) zahlreiche erst- und instanzgerichtliche Entscheidungen in Deutschland (LG Düsseldorf 19.07.2013, 38 O 123/12; LG Frankfurt am Main 21.05.2016, 3-06 O 40/16; LG Mönchengladbach 25.02.2022, 8 O 17/21; LG Oldenburg 16.12.2021, 15 O 1469/21; OLG Schleswig 30.06.2022, 6 U 46/21; OLG Koblenz wrp 2011, 1499 [1501] [CO^2-neutral]; LG Konstanz 19.11.2021, 7 O 6/21 KfH; OLG Schleswig 30.06.2022, 6 U 46/21; LG Kiel 02.07.2021, 14 HKO 99/20; OLG Oldenburg 16.12.2021, 15 O 1469/21) sowie eine Entscheidung des OGH (28.11.2012, 4 Ob 202/12b) zur lauterkeitsrechtlichen Beurteilung von Bewerbungen von Produkten mit den termini „klimafreundlich" bzw. „klimaneutral" von ergangen. Den vorläufigen Höhepunkt stellt die jüngst ergangene Urteil des OLG Schleswig (30.06.2022, 6 U 46/21) dar. Hierbei wies der Unternehmer daraufhin, dass seine Müllbeutel klimaneutral seien. Das Urteil befasst sich in der Entscheidungsbegründung ausführlich auch mit anderen erst- und instanzgerichtlichen Entscheidungen, die zur Werbung mit der „Klimaneutralität" ergangen sind. Anders als viele rezente Urteile meint das OLG, dass der Werbeaussage „klimaneutral" lediglich das Versprechen der (finanziell) ausgeglichenen Emissionsbilanz entnommen werden könne. Der Begriff der Klimaneutralität erwecke keine Fehlvorstellung über die Art und Weise, wie die ausgeglichene Emissionsbilanz erreicht wird, sondern beinhalte nur die Zusage eines entsprechenden Ergebnisses. Der Begriff „klimaneutral" i.S.e. „Neutralität" der Emissionsbilanz (unter Einbeziehung von Kompensationszahlungen) sei im Verständnis des an Umweltaussagen interessierten Verbraucherkreises etabliert. Damit habe der Begriff anders als die Bezeichnung umweltfreundlich einen nachprüfbaren Inhalt. Die Werbeaussage wäre schon deshalb *in casu* nicht irreführend,

zum Thema erfolgen. Grundlegende Fragen wie die Verhältnismäßigkeitsprüfung als Einfallstor für den rechtlichen Schutz von Umwelt- und Sozialbelangen werden an anderer Stelle[42] vertieft diskutiert.

C. Begründung und Auslotung des Strengeprinzips zur Werbung mit umwelt- und sozialbezogenen Nachhaltigkeitsbelangen

I. Die Entwicklungsstränge des Strengeprinzips in Rechtsprechung und Literatur

BGH[43] und OGH[44] betonen in ständiger Rechtsprechung, dass die Werbung mit Umweltbelangen im Lichte des UWG-Irreführungstatbestands (§ 2 UWG; §§ 5, 5a dUWG) streng beurteilt werden müsste.[45] Aufgrund der hohen Irreführungsgefahr dürfe nur mit Umweltaspekten geworben werden, wenn sie eindeutig belegt seien und eine Irreführung für den Abnehmer ausgeschlossen sei. Bei unklaren Aussagen sei der Abnehmer näher aufzuklären, ansonsten habe der Werbende die ungünstigste Auslegung gegen sich gelten zu lassen.

---

weil die Angabe mit dem deutlich sichtbaren Hinweis verbunden war, dass zur Herstellung der Klimaneutralität Klimaschutzprojekte unterstützt werden. Erklärender Ausführungen Hinweise zu Art und Umfang der Kompensationsmaßnahmen bedürfe es nicht. Auch § 5a dUWG liege nicht vor, weil die Pflicht zu Unterrichtung über wesentliche Informationen Informationspflicht durch die Angabe einer Internetadresse, auf der sich die notwendigen Angaben finden, erfüllt worden wäre.

42 *A. Wimmer*, Nutzen (Fn. 12).
43 BGH 20.10.1988, I ZR 219/87; 20.10.1988, I ZR 238/87; 09.06.1994, I ZR 116/92; 14.12.1995, I ZR 213/93; 05.12.1996, I ZR 140/94.
44 OGH 09.10.1990, 4 Ob 121/90; 09.10.1990, 4 Ob 132/90; 18.05.1993, 4 Ob 38/93; 12.10.1993, 4 Ob 1092/93; 22.03.1994, 4 Ob 23/94; 20.09.1994, 4 Ob 90/94; 20.10.1998, 4 Ob 268/98k; 28.11.2012, 4 Ob 202/12b; 17.04.2013, 4 Ob 44/13v; 23.08.2018, 4 Ob 144/18g.
45 Zur Werbung mit Sozialbelangen wird indessen selbiges (noch) nicht bzw. nur vereinzelt ohne nähere Begründung angenommen. Vgl. *A. Anderl/A. Ciarnau*, in: A. Zahradnik/C. Richter-Schöller (Hrsg.), Handbuch Nachhaltigkeitsrecht, Wien 2021, Rn. 4.2; zur Werbung mit sozialen Nachhaltigkeitsbelangen sind Rechtsprechung und Literatur in Österreich sowie in Deutschland im Vergleich zur umweltbezogenen Werbung geringer. Relevante Entscheidungen sind etwa BGH 09.05.1980, I ZR 76/78; 22.09.2005, I ZR 55/02; 26.10.2006, I ZR 33/04; 26.10.2006, I ZR 97/04; OLG München 01.03.2012, 6 U 1738/11; OGH 11.09.1990, 4 Ob 109/90; 17.10.2006, 4 Ob 164/06f; 28.09.2021, 4 Ob 108/21t.

Den Ausgangspunkt dieses sogenannten „Strengeprinzips"[46] im Bereich der Umweltwerbung in der Rechtsprechung bilden im Wesentlichen Entscheidungen des BGH und des OGH Ende der 1980er bzw. Anfang der 1990er.[47] In den für die diesbezügliche OGH-Rechtsprechung grundlegenden Urteilen Ozonschutz I[48] und Ozonschutz II[49] begründete der 4. Senat[50] die restriktive Beurteilung von Umweltwerbungen ähnlich wie der BGH in der zeitlich zuvor ergangenen Umweltengel-Entscheidung[51] mit Vergleichslinien zur Gesundheitswerbung. Die Umweltwerbung spreche die Besorgnis der Verbraucher um die eigene Gesundheit sowie jene um die nachfolgenden Generationen an, womit sie hohe suggestive Anziehungskraft bei Kaufentscheidungen habe.

An diesen strengen Beurteilungsgrundsätzen hält der 4. Senat in zahlreichen Entscheidungen[52] bis in die neueste Zeit fest,[53] wobei darauf aufbauend im Ergebnis soweit ersichtlich nur ein einziges Mal die Umweltwer-

---

46 So die Bezeichnung in der Literatur *F. Rüffler*, Umweltwerbung und Wettbewerbsrecht (Teil Ia), ÖBl 1995, 243; *G. Federhoff-Rink*, Umweltschutz und Wettbewerbsrecht im europäischen Binnenmarkt, Konstanz 1994, S. 145 ff., 254 ff.; *T. Lappe*, Zur ökologischen Instrumentalisierbarkeit des Umweltrechts, WRP 1995, 170; *C. Rohnke*, Werbung mit Umweltschutz, GRUR 1988, 667.
47 Vgl. die Rechtsprechungsnachweise in Fn. 43 und 44.
48 OGH 4 Ob 121/90 ecolex 1991, 39 (*Kucsko*).
49 OGH 4 Ob 132/90 ecolex 1991, 39 (*Kucsko*).
50 Im Sachverhalt, der den beiden Entscheidungen zu Grunde lag, warb der von einem Konkurrenten beklagte Unternehmer mit unterschiedlichen Umweltschutzmotiven auf seinen Haarspraydosen. Im ersten Rechtsverfahren stand die Werbeschrift „Neues Treibmittel entspricht der UNO-Ozonschutzkonvention", verbunden mit dem Motiv einer grünen Hand über einer grünen Weltkugel auf blauem Grund zur Frage. Nachdem diese per einstweiliger Verfügung untersagt wurde, warb der Unternehmer dann nur mehr mit der Aufschrift „Neues Treibmittel". Indes war damit nach wie vor eine Darstellung einer grünen Hand über einer grünen Weltkugel verbunden. Dies veranlasste die zweite Ozonschicht-Entscheidung.
51 BGH 20.10.1988, I ZR 219/87.
52 Vgl. aus der jüngeren Judikatur OGH 28.11.2012, 4 Ob 202/12b; 17.04.2013, 4 Ob 44/13v; 23.08.2018, 4 Ob 144/18g.
53 Siehe etwa die jüngste Entscheidung OGH 4 Ob 144/18g ecolex 2018, 1009 (*Horak*) = ÖBl 2019, 34 (*Graf*) (Ocean Bottle II), wo einem Unternehmer die Werbeaussage, die Plastikflaschen seien mit 50 % Plastikmüll „aus dem Meer" hergestellt worden, bzw. des Hinweises, dass der gesammelte Müll „an die Küste gespült wurde" untersagt wurde. Denn tatsächlich bestehe die Flasche zwar zu mehr als 50 % aus recyceltem PET-Plastik, das nach der Fußball-Weltmeisterschaft 2014 in Brasilien an Stränden, Flussufern und Wasserläufen einer Bucht in Rio de Janeiro aufgesammelt wurde. Es stehe jedoch nicht fest, dass das Plastik aus dem Meer stammt.

bung im Lichte des Irreführungstatbestands als zulässig erachtet wurde.[54] Beispielhaft sei diesbezüglich darauf hingewiesen, dass es vom Senat auch als irreführend angesehen wurde, (i) wenn mit der Umweltbelassenheit des Produkts geworben wird, und zwar nicht das Endprodukt, aber ein Zusatzstoff chemisch behandelt wurde, oder auch (ii) bei einer Werbung mit der Klimaneutralität nicht ausgeschlossen werden könne,[55] dass private Endverbraucher darunter tatsächlich eine Produktion ohne Ausstoß von Treibhausgasen verstehen und nicht die durch monetäre Kompensationszahlungen herbeigeführte „Klimaneutralität".[56] Zugleich zeigen die den Urteilen zu Grunde liegenden Sachverhalte, welche Bandbreite an verschiedenen Produkten mit Umwelt- und Klimaaspekten beworben werden: Von Insektenabwehrmittel[57] über Stempel[58] bis hin zu Handspülflaschen.[59]

Noch umfangreicher ist die Rechtsprechung in Deutschland.[60] Dort entwickelte sich ausgehend von der bereits erwähnten Umweltengel-Entscheidung[61] ebenso eine restriktive Linie zu Umweltwerbungen. Im Vergleich zur OGH-Rechtsprechung sind indes zwei wichtige Divergenzen hervorzuheben. Hinsichtlich der Begründung des Strengeprinzips führte der BGH neben den erwähnten Argumenten der Vergleichslinien zur Gesundheitswerbung und der hohen suggestiven Anziehungskraft ab der Entscheidung „Umweltfreundliches Bauen"[62] im Jahr 1995 ein zusätzliches Begründungselement ein. Die restriktive Beurteilung von Umweltwerbungen sei im „Hinblick auf die Komplexität von Fragen des Umweltschutzes und des meist nur geringen sachlichen Wissensstandes des von der Werbung

---

54 OGH 12.10.1993, 4 Ob 38/93; *in casu* ging es um die Werbung mit einem Recycling-Verfahren von Skiern. Der Verweis auf Recyclingmethoden sei zulässig, wenn der Werbemitteilung zu entnehmen sei, wie das Verfahren abläuft, welche Stoffe dabei anfallen und was mit ihnen geschieht. Denn beim Recycling von gebrauchten Konsumgütern dürfe nicht nur von einer reinen Kosten/Nutzen-Rechnung ausgegangen werden, weil dem „*(Energie)Aufwand für das Verfahren [...] als Nutzen nicht nur der Wert des wiedergewonnenen Materials, sondern auch der einer geringeren Menge an zu deponierendem Müll in Form ersparter Deponiegebühren und der nicht allein in Geld bewertbare Nutzen gegenüber stehe*".
55 OGH 18.05.1993, 4 Ob 38/93.
56 OGH 28.11.2012, 4 Ob 202/12b
57 OGH 22.03.1994, 4 Ob 23/94.
58 OGH 28.11.2012, 4 Ob 202/12b.
59 OGH 23.08.2018, 4 Ob 144/18g.
60 Vgl. etwa BGH 20.10.1988, I ZR 219/87; 20.10.1988, I ZR 238/87; 09.06.1994, I ZR 116/92; 14.12.1995, I ZR 213/93; 05.12.1996, I ZR 140/94.
61 BGH 20.10.1988, I ZR 219/87.
62 BGH 14.12.1995, I ZR 213/93.

angesprochenen breiten Publikums über die naturwissenschaftlichen Zusammenhänge und Wechselwirkungen in diesem Bereich gerechtfertigt." Auch in der genaueren Auslotung unterscheidet sich die Rechtsprechungslinie des BGH von jener des 4. OGH-Senats. Von Beginn an lehnte das deutsche Höchstgericht das Konzept der „absoluten Umweltverträglichkeit"[63] ab,[64] weil der durchschnittliche Verbraucher wisse, dass selbst bei umfassender Berücksichtigung von Umweltfaktoren Restbelastungen der Umwelt bleiben könnten. Der Begriff „umweltfreundlich" werde von Abnehmern nur dahingehend verstanden, dass diese relativ umweltverträglicher als Konkurrenzprodukte seien. Zudem sieht der BGH[65] bei mehrdeutigen Umweltschutzangaben keine zwingende Aufklärungspflicht des Werbenden. Ansonsten würde man das Irreführungsverbot als Informationsgebot interpretieren, was auch im Rahmen von Umweltwerbungen unzulässig sei.

Wendet man den Blick der Literatur zu, so zeigt sich, dass die restriktive Linie in den Ozonschutz-Urteilen von Stimmen im Ergebnis bzw. in den groben Grundlinien zustimmend aufgenommen wurde.[66] Hervorhebenswert sind hierbei die wichtigen Arbeiten von *E. Artmann*[67] und *F. Rüffler*.[68] Beide[69] lehnen eine Instrumentalisierung des Wettbewerbsrechts zugunsten des Umwelt- und Gesundheitsschutzes ab bzw. sehen die Rechtfertigung des Strengeprinzips in der hohen Anlockwirkung sowie der Komplexität der Beurteilung von Umweltfaktoren durch Abnehmer.[70] Schlagwortartige

---

63 Absolute Umweltverträglichkeit meint, dass ein Produkt keine negativen Umweltauswirkungen aufweist. Das Konzept der relativen Umweltfreundlichkeit zeichnet sich dadurch aus, dass das Produkt lediglich im Verhältnis zu anderen, vergleichbaren Produkten weniger umweltbelastend ist. Vgl. dazu auch *Kucsko*, Umweltengel (Fn. 25), 93; *Federhoff-Rink*, Umweltschutz (Fn. 47), S. 122; *Rohnke*, Umweltschutz (Fn. 46), S. 671.
64 BGH 20.10.1988, I ZR 219/87; 20.10.1988, I ZR 238/87; 09.06.1994, I ZR 116/92; 14.12.1995, I ZR 213/93.
65 BGH 14.12.1995, I ZR 213/93; 05.12.1996, I ZR 140/94; ferner OLG Koblenz 10.08.2011, 9 U 163/11; OLG Hamburg 02.05.2007, 5 U 85/06; LG Konstanz 19.11.2021, 7 O 6/21 KfH.
66 Vgl. exemplarisch *Kucsko*, Umweltengel (Fn. 25), S. 93; *Rüffler*, Umweltwerbung (Fn. 47), 243; *F. Rüffler*, Umweltwerbung und Wettbewerbsrecht (Teil Ib), ÖBl 1995, 251; Umweltwerbung und Wettbewerbsrecht (Teil II), ÖBl 1996, 3.
67 Wettbewerbsrecht und Umweltschutz, Wien 1997.
68 Umweltwerbung (Fn. 47), 243; Umweltwerbung (Fn. 66) 251.
69 Vgl. *Artmann*, Umweltwerbung (Fn. 68), S. 242 ff.; *Rüffler*, Umweltwerbung (Fn. 66), 243.
70 Dafür indes in Deutschland *Lappe*, Umweltrecht (Fn. 46), 170; *Lindacher*, in: Jacobs/Lindacher/Teplitzky (Fn. 31), § 3 Rn. 707.

Umweltwerbungen seien ohne aufklärende Zusätze irreführend. Voraussetzung für die Zulässigkeit sei zusätzlich, dass ein signifikanter Umweltvorteil gegenüber substituierbaren Konkurrenzprodukten bestehe. Die umfangreiche Literatur in Deutschland zur Umweltwerbung allgemein[71] lässt sich bezüglich dem Strengepinzip grob in zwei Meinungslinien unterteilen. Während prominente Stimmen die Lockerungen des Strengeprinzips des BGH befürworten,[72] sprechen sich andere Autoren[73] wie *W. Lindacher*[74] oder *T. Lappe*[75] für die verstärkte ideelle Einbeziehung von Umweltaspekten bei der Auslegung des lauterkeitsrechtlichen Irreführungsverbots aus. Andernfalls werde Unternehmen der Anreiz genommen, auch Umwelt- und Klimaaspekte im Rahmen ihrer Aktivitäten zu berücksichtigen.

---

[71] *T. Ackermann*, Die deutsche Umweltrechtsprechung auf dem Weg zum Leitbild des verständigen Verbrauchers?, WRP 1996, 502; *T. Brandner*, Beiträge des Wettbewerbsrechts zum Schutz der Umwelt, in: W. Ermann/W. Hefermehl/H. Mees/H. Piper/O. Teplitzky/P. Ulmer (Hrsg.), Festschrift für Otto-Friedrich Freiherr von Gamm, München 1990, S. 27; *C. Cordes*, Umweltwerbung – Wettbewerbliche Grenzen der Werbung mit Umweltschutzargumenten, Köln 1994; *G. Federhoff-Rink*, Social Sponsoring in der Werbung – zur rechtlichen Akzessorietät der Werbung mit Umweltsponsoring, GRUR 1992, 643; *G. Federhoff-Rink*, Anmerkung zum Urteil des OLG Stuttgart vom 12.03.1993, 2 U 250/92 – umweltbezogene Werbung für Erdgas, WRP 1993, 631; *K. Fezer*, Umweltwerbung mit unternehmerischen Investitionen in den Nahverkehr, JZ 1992, 443; *K. Fezer*, Das wettbewerbsrechtliche Irreführungsverbot als ein normatives Modell des verständigen Verbrauchers im Europäischen Unionsrecht – Zugleich eine Besprechung der Entscheidung „Mars" des EuGH vom 6. 7. 1995 – Rechtssache C 470/93, WRP 1995, 671; *Lappe*, Umweltrecht (Fn. 46), 170; *H. Micklitz*, Umweltwerbung im Binnenmarkt, WRP 1995, 1014; *Rohnke*, Umweltschutz (Fn. 46), 667; *T. Völker*, Irreführende Umweltwerbung, Baden-Baden 2000; *A. Wiebe*, Zur „ökologischen Relevanz" des Wettbewerbsrechts, GRUR 1993, 798.
[72] *J. Bornkamm/J. Feddersen*, in: H. Köhler/J. Bornkamm/J. Feddersen (Hrsg), UWG, 40. Aufl., München 2022, § 5 Rn. 2.180 ff.; *J. Busche*, in: P. Heermann/J. Schlinghoff (Hrsg.), Münchener Kommentar zum UWG, 3. Aufl., München 2020, § 5 Rn. 410 ff.
[73] *M. Kloepfer*, Unlauterkeitsrecht und Umweltschutz, in: J. Isensee/H. Lecheler (Hrsg.), Freiheit und Eigentum– Festschrift für Walter Leisner, Berlin 1990, S. 181 (192): *„Danach sind bei der Frage nach der relevanten Irreführung auch außerwettbewerbliche Faktoren einzubeziehen. Sicher ist hier auch der Umweltschutz ein Belang von Allgemeininteresse, der Eingang in die Abwägung finden kann".* Methodisch vgl. ferner *Fezer*, Umweltwerbung (Fn. 71), 443 (447).
[74] *Lindacher*, in: Jacobs/Lindacher/Teplitzky (Fn. 31), § 3 Rn. 285, 707.
[75] *Lappe*, Umweltrecht (Fn. 46), 170.

II. Stellungnahme

1. Begründung des Strengeprinzips für die Umweltwerbung

Bei einer eigenen Bewertung der Rechtslage ist eingangs das Strengeprinzip auf seine rechtsnormative Stichhaltigkeit zu überprüfen. Die Untersuchung bisher hat gezeigt, dass das Strengeprinzip unterschiedlich verstanden und gehandhabt wird. Es bedarf somit einer eigenständigen Identifizierung der maßgeblichen rechtsnormativen Wertungen. Denn nur so kann beantwortet werden, ob – wie von Rechtsprechung und überwiegender Literatur angenommen – Verbraucher bei Umweltwerbungen durch eine restriktive Auslegung des § 2 UWG besonders geschützt werden müssen. Andernfalls wäre der allgemeine Prüfungsmaßstab des § 2 UWG anzuwenden.[76] Die Rechtsprechung in Österreich und Deutschland liefert hier wie dargelegt im Wesentlichen drei Argumentationslinien, die teils miteinander verbunden werden:

(i) Vergleichslinien zur Gesundheitswerbung: Weder vom OGH noch vom BGH wird allerdings hierzu explizit dargelegt, ob mit diesem Verweis der Schutz der menschlichen Gesundheit und/oder der Schutz der Umwelt per se als Rechtsgüter und/oder diese Aspekte im Rahmen des UWG lediglich aufgrund der starken subjektiven Anziehungskraft auf die Kaufentscheidung hervorgestrichen werden soll. Dieser letztgenannte Faktor in Gestalt des (ii) enormen Einflusspotenzials von Umweltwerbungen aufgrund der Sorge um die eigene Gesundheit bzw. wegen des Verantwortungsgefühls für spätere Generationen wird jedenfalls ebenso als eigenständiger Rechtfertigungsgrund in zahlreichen Entscheidungen[77] genannt. Zusätzlich führte der BGH wie erwähnt das Argument (iii) der Schwierigkeit für Abnehmer an, Inhalte von Umweltwerbungen korrekt zu erfassen.[78] Gradmesser für die Stichhaltigkeit dieser Begründungsstränge ist der Schutzzweck bzw. der Schutzgegenstand des lauterkeitsrechtlichen Irreführungsverbots. Wie bereits angemerkt, wollen § 2 UWG sowie das UWG allgemein (vgl. § 1 Abs. 4 Z. 3, 6, 7 UWG) vor allem geschäftliche Entscheidungen i.S.v. Willensentschließungen von Marktteilnehmern be-

---

[76] Auf die besondere Schutzwürdigkeit der Verbraucher im Bereich der Umweltwerbung verweisen *Anderl/Ciarnau*, in: Zahradnik/Richter-Schöller, Nachhaltigkeitsrecht (Fn. 46), Rn. 4.10; vgl. ferner unlängst *Hirsch*, Grüne Seite (Fn. 25), 817.
[77] OGH 28.11.2012, 4 Ob 202/12b; 20.10.1998, 4 Ob 268/98k.
[78] Soweit ersichtlich auch nicht in Relation zu den anderen Begründungspunkten gesetzt.

züglich Käufen und verschiedenen weiteren damit Zusammenhang stehenden Aspekten (vgl. § 1 Abs. 4 Z. 7 UWG) vor Beeinträchtigungen schützen. Die Beschreibung dieser Schutzrichtung in Form der Attribute „geschäftlich" bzw. „wirtschaftlich"[79] (vgl Art 1 UGP-RL) ist demnach nicht derart zu verstehen, dass lediglich wirtschaftlich-finanzielle Vermögenspositionen und -interessen des Abnehmers durch § 2 UWG geschützt werden sollen. Vielmehr geht es darum, die wesentlichen Informationsgrundlagen für wirtschaftliche Entscheidungen her- und sicherzustellen. Wirtschaftlich ist die Selbstbestimmung im gegebenen Zusammenhang deswegen, weil sich der Fokus des normativen Schutzgefüges auf die Konsumentscheidungen des Verbrauchers im Markt- und Wettbewerbsprozess konzentriert, die wiederum Auswirkungen auf die Interessen von Konkurrenten des Anbieters bzw. den Wettbewerbsprozess haben. Dieses offene Konzept der Verbraucherautonomie belässt die Wahl der Prämissen der Marktentscheidung beim Abnehmer, ohne dass die schützenswerten Motive vom Gesetzgeber auf wirtschaftlich-finanzielle Interessen eingeschränkt würden. Rechtsnormative Basis dafür ist Art. 2 lit. k UGP-RL (§ 1 Abs. 4 Z. 7 UWG), der ohne Beschränkung auf wirtschaftlichen Interessen des Verbrauchers schlechthin die Fähigkeit, geschäftliche Entscheidungen auf informierter Grundlage zu treffen, schützt.[80] Es können somit auch Umweltinteressen durch § 2 UWG geschützt werden, solange sie im konkreten Einzelfall geeignet waren, die Marktentscheidungen des Verbrauchers zu beeinflussen (§ 1 Abs. 4 Z. 7 UWG). Maßgeblich ist daher aber in Bezug auf Nachhaltigkeitswerbungen, dass § 2 UWG de lege lata[81] sowie das UWG insgesamt von einer *Outside-in*-Perspektive ausgeht. Umweltbelange werden nicht per se geschützt, wenn die Entscheidung Auswirkungen auf die Umwelt hat (*Inside-out-Perspektive*). Sie müssen einen Einfluss auf die geschäftliche Entscheidung des Marktteilnehmers und einen Bezug zu einem von § 2 UWG gewählten Referenzpunkt (§ 1 Abs. 4 Z. 7 i.V.m. § 2 Abs. 1, 3, 4, 5 UWG) aufweisen. Teleologie und Systematik des § 2 UWG fordern auch bei Umweltaspekten also einerseits eine Wesentlichkeit in Bezug auf die geschäftliche Entscheidung des Marktteilnehmers als auch einen Bezug zu den verschiedenen Referenzpunkten der Norm (§ 2 Abs. 1, 3, 4, 5 UWG). Das Strengeprinzip

---

79 Diese termini sollen nachfolgen synonym verwendet werden.
80 BGH 04.02.2010, I ZR 66/09.
81 Vgl. Art. 6 Abs. 1 lit. b UGP-RL-Entwurf, der „*ökologische und soziale Auswirkungen*" in die Aufzählung von irreführungsrelevanten Umständen aufnimmt. Vgl dazu C. *Alexander*, Green Deal (Fn. 30), 657 (659).

kann demnach nicht mit dem qualifizierten öffentlichen Interesse am Gesundheits- und/oder Umweltschutz begründet werden.

Anders sieht die Rechtslage hinsichtlich des Arguments der hohen Anziehungskraft auf Kaufentscheidungen von Verbrauchern aus. Dieses ist nach den erläuterten teleologisch-systematischen Strukturzusammenhängen in § 2 UWG jedenfalls von Relevanz. Empirisch lässt sich nachweisen, dass Umweltaspekte bereits seit längerer Zeit und konstant auf höherem Niveau größeren Einfluss auf Kaufentscheidungen von Abnehmergruppen haben. Im Bewusstsein des hohen Einflusspotenzials von Umweltfaktoren im Zuge von Werbungsaktivitäten waren bereits 1991 für ca. 95 % der (deutschen) Marketingfachleute Umweltaspekte der attraktivste Werbeinhalt.[82] Aber auch jüngere wissenschaftliche Arbeiten belegen den nach wie vor gegebenen hohen Einfluss von umweltbezogenen Faktoren auf das Kaufverhalten von Verbrauchern.[83] Es wurde ebenso nachgewiesen, dass, wenn Verbraucher Greenwashing-Aktivitäten von Unternehmen bemerken, sich dies auf ihre Kaufentscheidungen negativ auswirkt.[84] Daher wird man *summa summarum* bei (vagen oder falschen) Umweltaussagen[85] die Täuschungseignung und die Relevanz im Rahmen des Irreführungstatbestands widerlichen vermuten können.[86] Indes kann die hohe Anziehungskraft *per se* noch nicht das Strengeprinzip erklären. Es gibt nämlich zahlreiche Werbungsin-

---

82 Meinungsumfrage der GfK/Wirtschaftswoche 1991.
83 *A. Schievekamp*, Greenwashing – Wer erkennt die Täuschung?, Wien 2018, S. 64.
84 Vgl. *H. Chen/S. Chang*, Greenwash and Green Trust, Journal Business Ethics 2013, 489; *Schievekamp*, Greenwashing (Fn. 84), S. 60 ff.
85 Gemäß Erw.Gr. 9 des Kommissionsentwurfs zur Novelle der UGP-RL (COM [2022] 143 final) sind Umweltaussagen insbesondere „umweltfreundlich", „umweltschonend", „öko", „grün", „naturfreundlich", „ökologisch", „umweltgerecht", „klimafreundlich", „umweltverträglich", „CO$_2$-freundlich", „CO$_2$-neutral", „CO$_2$-positiv", „klimaneutral", „energieeffizient" „biologisch abbaubar", „biobasiert" oder ähnliche Aussagen sowie weiter gefasste Aussagen wie „bewusst" oder „verantwortungsbewusst", mit denen eine hervorragende Umweltleistung suggeriert wird oder die diesen Eindruck entstehen lassen.
86 Vgl. allgemein zu diesen Erfordernissen im Rahmen des § 2 UWG *Anderl/Appl*, in: Wiebe/Kodek (Fn. 1), § 2 Rn. 45 ff.; RIS-Justiz RS0078202: „*Gegen § 2 UWG wird erst dann verstoßen, wenn der Geschäftsverkehr eine Angabe – ob zu Recht oder zu Unrecht – als wesentlich ansieht und sich deshalb bei Unrichtigkeit dieser Behauptung getäuscht glaubt. Zwischen den Vorstellungen der angesprochenen Verkehrskreise und dem Entschluss, sich mit dem Angebot näher zu befassen, insbesondere zu kaufen, muss also ein innerer Zusammenhang bestehen. Die Angabe muss gerade in dem Punkt und in dem Umfang, in welchem sie von den tatsächlichen Verhältnissen abweicht, die Kauflust eines nicht unbeträchtlichen Teiles der umworbenen Verkehrskreise irgendwie beeinflussen.*"

Das lauterkeitsrechtliche Irreführungsverbot als Beurteilungsmaßstab

halte, die auf verschiedene Art und Weise suggestive Anziehungskraft auf Verbraucher auslösen, bei denen die Rechtsprechung aber keine oder nicht im selben Ausmaß restriktive Beurteilungsparameter im Rahmen des § 2 UWG annimmt. Beispielhaft sei auf die Werbung mit Preisfaktoren verwiesen, die, wie auch der OGH[87] hervorstreicht, ebenso einen maßgeblichen Einfluss auf Verbraucherentscheidungen hat.

Vielmehr ist das zentrale Begründungselement des Strengeprinzips die Schwierigkeit der Beurteilung von Umweltwerbungsinhalten durch Verbraucher, die die Missbrauchsanfälligkeit erhöht. Dieser Faktor resultiert wiederum aus zwei Unteraspekten. Zum einen wird der Begriff „Umwelt" vielfach unterschiedlich konnotiert.[88] Dies „erleichtert" vage bzw. irreführende Umweltaussagen, wie auch eine Studie der EU-Kommission belegt.[89] Zum anderen ist auf die regelmäßig bestehende Komplexität der zugrundeliegenden naturwissenschaftlichen Zusammenhänge bei Umweltaspekten hinzuweisen, durch die Werbeaussagen oftmals undurchsichtig werden. Plausibilisieren und vertiefen lässt sich dieser Gedanke mit der im wirtschaftswissenschaftlichen Schrifttum[90] entwickelten Unterscheidung zwischen Erfahrungsgütern,[91] Suchgütern[92] und Vertrauensgütern. In Bezug auf Umweltaspekte ist i.d.R. die Kategorie des Vertrauensguts relevant.[93] Diese zeichnen sich dadurch aus, dass der Verbraucher bei der diesbezügli-

---

87 OGH 05.07.2011, 4 Ob 76/11x.
88 OLG Schleswig 30.06.2022, 6 U 46/21 Rn. 22.
89 Gemäß einer Studie der EU-Kommission (Europäische Kommission, Environmental claims in the EU – inventory and reliability assessment [Umweltaussagen in der EU – Inventar und Zuverlässigkeitsbeurteilung], Brüssel 2020) enthält ein wesentlicher Anteil (53,3 %) von Werbungen in der gesamten EU und in einem breiten Spektrum von Produktgruppen vage, irreführende oder unbegründete Informationen über die Umwelteigenschaften der Produkte.
90 Vgl. *P. Nelson*, Advertising as Information, Journal of Political Economy, 82 (1974) 729; *M. Darby/E. Karni*, Free Competition and the Optimal Amount of Fraud, JLE 16 (1973) 67; dazu aus lauterkeitsrechtlicher Sicht allgemein *A. Beater*, Unlauterer Wettbewerb, Tübingen 2011, Rn. 135 ff., 1189 ff.; *T. Lettl*, Der lauterkeitsrechtliche Schutz vor irreführender Werbung in Europa, München 2004, S. 78 f.
91 Die Kategorie der Erfahrungsgüter kennzeichnet, dass der Abnehmer die Produktqualität durch den Konsum feststellt bzw. feststellen kann (z.B. Grundnahrungsmittel). Vgl. *Beater*, Wettbewerb (Fn. 90), Rn. 1190.
92 Bei Suchgütern erkundigt sich der Verbraucher über die Eigenart und die Qualität des Produkts vor dem Erwerb (umfassend), z.B. teure Technikprodukte. Vgl. *Beater*, Wettbewerb (Fn. 90), Rn. 1190.
93 Wichtig ist im gegebenen Zusammenhang, dass die Vertrauensguteigenschaft sich nicht auf das gesamte Produkt beziehen muss, sondern eben auch einen Aspekt der Umweltverträglichkeit der Verwendung oder Produktion.

chen Beurteilung als Entscheidungsfaktor überwiegend oder vollständig auf die wahrheitskonformen Angaben des Verkäufers vertrauen muss. Die umweltbezogenen Eigenschaften können vom Verbraucher nicht sicher oder nur mit unvertretbarem Aufwand oder in nicht akzeptabler Form überprüft werden. Man denke an Angaben des werbenden Unternehmers, wonach ein Produkt vollumfänglich mit Recyclingmaterial hergestellt werde; einen bestimmten chemischen Stoff nicht enthält; oder ein Elektrogerät voraussichtlich für eine bestimmte Anzahl von Vorgängen halten wird.[94]

2. Auslotung des Strengeprinzips bei umweltbezogenen Werbungen

Wenn man nun aufbauend auf den vorstehenden Thesen das Strengeprinzip genauer ausloten will, so ist im Ausgangspunkt eine erhöhte Restriktion angezeigt, womit vor allem zu pauschale, ohne Spezifizierung ausgegebene Umweltaussagen à la „umweltfreundlich", „öko" oder „grün" kritisch zu beurteilen sind.[95] Denn ohne nähere Erläuterungen lassen sie aufgrund der vagen Begriffsinhalte und der Heterogenität des Bezugspunkts der „Umweltfreundlichkeit" (z.B. Produktion, Verpackung, Gebrauch oder gesamtes Produkt) zu viel Spielraum, damit sich der Verbraucher tatsächlich ein Bild darüber machen könnte, inwiefern der Umweltgedanke „in das Produkt Eingang gefunden hat" (vgl § 2 Abs. 1 UWG: „in Bezug auf das Produkt"). Dies ist auch aus Sicht der Allgemeinheit in ihrem Interesse an einem unverfälschten Wettbewerbsprozess nicht zweckgemäß, weil die Gefahr besteht, dass Unternehmer durch derart globale Vermarktungen von Verbrauchern bevorzugt werden, obwohl sie im Vergleich zu Konkurrenzprodukten tatsächlich nicht mehr „Umweltfreundlichkeit" anbieten. Bei zu geringen Anforderungen an die Informationspflichten über Umweltaspekte kann der Wettbewerbsprozess seine Anreizfunktion zur unternehmerischen Investition in Verbesserungen in „umweltfreundlichere" Produkte nicht entfalten. Spezifizierungen wie etwa Angaben des Bezugspunkts der Umweltfreundlichkeit und feste Verpflichtungen bei zukunftsorientierter Werbung sind somit notwendig.[96] Bei Kommunikationsmitteln mit wenig Platz sollten die

---

94 Vgl. Erw.Gr. 11, 13, 17 Kommissionsentwurf zur Novelle der UGP-RL.
95 Vgl. Erw.Gr. 11, 13, 17 Kommissionsentwurf zur Novelle der UGP-RL.
96 Vgl. Erw.Gr. 4 Kommissionsentwurf zur Novelle der UGP-RL: „*Umweltaussagen, insbesondere klimabezogene Aussagen, beziehen sich zunehmend auf die künftige Leistung in der Form eines Übergangs zu CO2- oder Klimaneutralität oder eines ähnlichen Ziels bis zu einem bestimmten Datum. Durch diese Aussagen schaffen die Gewerbe-*

Umweltaussagen mit ergänzenden Informationen, die etwa in Form von Links und/oder QR-Codes abgerufen werden können.[97] Zu fordern sind ebenso regelmäßig evidenzbasierte Nachweise für Umweltbehauptungen.

Bei alldem darf hierbei aber nicht übersehen werden, dass das Strengeprinzip kontextsensibel anzuwenden ist. Je abstrakter und schematischer es gehandhabt wird, desto größer ist die Gefahr, dass dabei die vielfältigen Wechselwirkungen im Bereich der Umweltwerbung aus den Augen verloren werden. So ist auch in einem OGH-Urteil[98] zu lesen, dass die Offenlegung *„aller nur denkbarer Auswirkungen auf die Umwelt, die ein als umweltschonend angepriesenes Verfahren hat"*, nicht bestehe, weil ansonsten die Werbung mit Recyclingverfahren unmöglich gemacht würden, womit auch Anreize zur Investition in derartige erheblich gemindert würden. Zudem kann auf dem Leitbild des „durchschnittlich informierten und verständigen Durchschnittsverbrauchers"[99] im Rahmen des § 2 UWG die These nicht überzeugen, dass Verbraucher generell wenig Kenntnisse bezüglich Umweltaspekten hätten.[100] Im Grundsatz wird man davon ausgehen können, dass sich mit der erhöhten Umweltsensibilität zugleich in vielen Bereichen auch ein höheres Wissen der Verbraucher über Umweltfaktoren entwickelt hat.[101] Darauf aufbauend ist bei der Anwendung von § 2 UWG auf Umweltwerbungen stets aufgrund des herausgearbeiteten Wertungsfundaments des Strengeprinzips zu fragen, ob im konkreten Fall tatsächlich der Umweltaspekt für den Verbraucher hohe suggestive Anziehungskraft

---

treibenden den Eindruck, dass die Verbraucher durch den Kauf ihrer Produkte zu einer CO2-armen Wirtschaft beitragen. Um die Lauterkeit und Glaubwürdigkeit dieser Aussagen zu gewährleisten, sollte Artikel 6 Absatz 2 der Richtlinie 2005/29/EG geändert werden, um solche Aussagen nach einer Einzelfallbewertung zu verbieten, wenn sie nicht durch vom Gewerbetreibenden vorgegebene, klare, objektive und überprüfbare Verpflichtungen und Ziele gestützt werden. Diese Aussagen sollten auch durch ein unabhängiges Überwachungssystem gestützt werden, um den Fortschritt des Gewerbetreibenden hinsichtlich der Verpflichtungen und Ziele zu überwachen".

97 Vgl. LG Kiel 02.07.2021, 14 HKO 99/20.
98 OGH 18.05.1993, 4 Ob 38/93.
99 Vgl. dazu exemplarisch *Anderl/Appl*, in: Wiebe/Kodek (Fn. 1), § 2 Rn. 66 ff. m.z.Nw.
100 Vgl. BGH 09.06.1994, I ZR 116/92, wonach für den Verbraucher selbstverständlich sei, dass die Verwendung von Naturstoffen zu Eingriffen in die Natur führe.
101 Vgl. OLG Karlsruhe 6 U 140/08 GRUR-RR 2009, 144 zum „zumindest heute" vorherrschenden Wissen über „Ökostrom"; siehe ferner *Busche*, in: Heermann/Schlinghoff (Fn. 73), § 5 Rn. 378: *„Es ist nämlich klar, dass sich der „saubere Strom" nach seiner Erzeugung auf dem Transportweg auch mit Strom anderer Erzeugungsquellen mischt. Ein verständiger Verbraucher wird sich bei Zweifeln überdies zu informieren haben".*

hatte und selbständig schwierig für ihn zu beurteilen ist. Nicht generell-abstrakt, sondern situations-, produkt- bzw. vertragsbezogen hat hierbei die Analyse zu erfolgen. Im Zuge dessen spielt dann eine Rolle, auf welche Produktart sich die Entscheidung des Verbrauchers bezieht. So wird etwa bei PVC-Produkten der Verbraucher stärker als bei anderen Wirtschaftsgütern auf den Umweltfaktor sensibilisiert sein bzw. vermehrt bezüglich (Wieder-)Verwertungsaspekten und Gesundheitsgefahren auf Angaben des Anbieters angewiesen sein als bei anderen Produkten. Zudem bzw. damit zusammenhängend ist auch einzubeziehen, in welcher Relation der Umweltfaktor zum Gesamtprodukt steht: Z.B. hat der Umweltfaktor Einfluss auf den wirtschaftlichen Wert des Produkts (etwa bei aus biologischem Anbau stammenden Äpfel oder Eiern aus Freilandhaltung) oder stellt dieser einfach nur einen „Zusatznutzen" dar (z.B. finanzielle Beiträge für Umweltprojekte)? Die Beurteilung von finanziellen Umweltleistungen wird regelmäßig leichter zu überprüfen sein, als etwa bei komplexen Recyclingverfahren.

3. Werbung mit Sozialbelangen

Fraglich ist, ob das Strengeprinzip auch auf die Werbung mit sozialen Nachhaltigkeitsbelangen übertragbar ist. Dies wird in der Literatur ohne nähere Begründung und Differenzierung bejaht.[102] Angesichts der Heterogenität der Werbung mit Sozialspekten und dem herausgearbeiteten Postulat der kontextsensiblen Anwendung des Strengeprinzips, sollte hier keine allgemein-abstrakte Aussage diesbezüglich gegeben werden. Die hohe Anziehungskraft wird allerdings oftmals gegeben sein. So belegt auch eine jüngere Studie von mehreren (Agrar-)Ökonomen,[103] dass soziale Nachhaltigkeitsbelange ein maßgeblicher Kauffaktor seien. Vor allem das Fairtrade-Label habe einen hohen Einfluss auf Kaufentscheidungen. Gemäß den obigen Ausführungen muss aber für die Anwendung des Strengeprinzips und der daraus folgenden besonderen Aufklärungspflichten auf Sozialwerbungen vor allem das Begründungselement der diffizilen Überprüfbarkeit durch den Verbraucher vorliegen. Diesbezüglich wird man im Einzelfall

---

102 *Anderl/Ciarnau*, in: Zahradnik/Richter-Schöller, Nachhaltigkeitsrecht (Fn. 46), Rn. 4.10.
103 S. *Iweala/A. Spiller/S. Meyerding*, Buy good, feel good? The influence of the warm glow of giving on the evaluation of food items with ethical claims in the U.K. and Germany, Journal of Cleaner Production, Amsterdam 2019, S. 315.

wieder unterschieden müssen. So werden für den Verbraucher Aussagen über finanzielle Wohltätigkeitsbeiträge für Sozialprojekte leichter zu überprüfen sein als die Verbesserung von Arbeitsbedingungen in Drittländern. Indes gilt auch hier: Je konkreter eine Werbungsaussage über Sozialaspekte formuliert ist, desto geringer ist auch das Bedürfnis nach zusätzlichen Informationen.

D. Thesen

- Das rechtsnormative Ziel der Konsumentensouveränität wird durch die Werbung mit umwelt- und sozialbezogenen Nachhaltigkeitsbelangen besonders herausgefordert.
- Das Strengeprinzip, das besondere Aufklärungspflichten bei Umweltwerbungen für Unternehmer im Rahmen des lauterkeitsrechtlichen Irreführungsverbots vorsieht, wird von OGH und BGH unterschiedlich begründet und gehandhabt.
- Das Strengeprinzip für Werbung mit Umweltaspekten ist vor allem aufgrund der eingeschränkten, eigenständigen Überprüfungsmöglichkeiten der diesbezüglichen Werbungsinhalte durch Verbraucher gerechtfertigt.
- Das Strengeprinzip gilt nicht mit vorgefasstem Inhalt abstrakt für sämtliche umweltbezogene Werbaussagen, es ist kontextsensibel anzuwenden.
- Die Übertragung des Strengeprinzips auf Werbung mit Sozialbelangen ist einzelfallbezogen anhand der diffizilen Überprüfbarkeit durch den Verbraucher zu analysieren.

Kollektiver Rechtsschutz als Grundmodell für ein Umweltprozessrecht – Baustein für einen Zivilprozess im öffentlichen Interesse

Dr. Christian Uhlmann, LL.M. (Cornell)[*]

A. Einleitung

Die Frage, wer für den Klimawandel und seine Folgen zur Verantwortung gezogen werden kann, beginnt zunehmend die Zivilgerichte zu beschäftigen.[1] Paradigmatisch ist insoweit die vor dem OLG Hamm verhandelte Klage eines peruanischen Landwirts gegen RWE auf Ersatz von Aufwendungen zum Schutz seines Eigentums vor konkreten Auswirkungen des Klimawandels[2] und die Mitte September 2022 vom LG Stuttgart abgewiesene Klage der Deutschen Umwelthilfe gegen Mercedes-Benz[3]. Daneben ist das in den Niederlanden angestrengte Verfahren gegen Royal Dutch Shell („Shell") hervorzuheben, in dem das erstinstanzliche Gericht Shell

---

[*] *Christian Uhlmann* ist akademischer Rat a.Z. und Habilitand am Institut für ausländisches und internationales Privat- und Wirtschaftsrecht an der Universität Heidelberg (Lehrstuhl Prof. Dr. *Christoph A. Kern*, LL.M. (Harvard)).
[1] Eine Übersicht anhängiger Verfahren gegen Unternehmen und Individuen ist zu finden unter <http://climatecasechart.com> (18.08.2022); siehe dazu auch *M.-P. Weller/M.-L. Tran*, Klimaklagen im Rechtsvergleich – *private enforcement* als weltweiter Trend?, ZEuP 2021, 573; allgemein zur Zweispurigkeit des Umweltrechts *W. Kahl/K. Gärditz*, Umweltrecht, 12. Aufl., München 2021, § 4 Rn. 153; siehe auch schon *F. Baur*, Zur Entstehung des Umweltschutzrechts aus dem Sachenrecht des BGB, JZ 1987, 317.
[2] OLG Hamm I-5 U 15/17 ZUR 2018, 118; dazu *B. Burtscher/D. Schindl*, Klimaklagen: eine Zeitenwende?, ÖJZ 2022, 649 (653 f.); *W. Frank*, Aspekte zur Risikobewertung beim Eigentumsschutz gem. § 1004 BGB am Beispiel der Klimaklage eines peruanischen Bauern gegen RWE, ZUR 2019, 518. Zur vorinstanzlichen Entscheidung (LG Essen 2 O 285/15 NVwZ 2017, 734) *W. Frank*, Störerhaftung für Klimaschäden?, NVwZ 2017, 664.
[3] LG Stuttgart 17 O 789/21 BeckRS 2022, 23882; dazu *N. Schmidt-Ahrendts/V. Schneider*, Gerichtsverfahren zum Klimaschutz, NJW 2022, 3475 (3479 ff. Rn. 25 ff.); *D. Walden/L. Frischholz*, Climate Change Litigation: Beitrag zu globaler Gerechtigkeit oder Abkehr von (zivil)rechtlichen Grundprinzipien?, ZIP 2022, 2473 (2475).

verurteilt hat, die CO_2-Emissionen bis Ende 2030 erheblich zu verringern.[4] Bei diesen und vergleichbaren Fällen lag der Hauptfokus auf dem materiellen Recht.[5] Abgesehen von der Internationalen Zuständigkeit und weiteren prozessualen Einzelfragen wurde grundlegenden verfahrensrechtlichen Aspekten bisher wenig Aufmerksamkeit geschenkt. Stattdessen kommt das tradierte Verfahrensrecht zur Anwendung, das auf den Zwei-Parteien-Prozess und den Individualrechtsschutz zugeschnitten ist.[6] Den Interessen der Allgemeinheit, die in solchen Verfahren (auch) eine maßgebliche Rolle einnehmen, kommt hingegen kein gesonderter Stellenwert zu.

Dies überrascht angesichts der besonderen öffentlichen Dimension, die Umweltklagen zukommen kann. Vor diesem Hintergrund stellt sich die Frage, ob und gegebenenfalls inwieweit die tradierten Verfahrensgrundsätze des grundsätzlich auf Individualklagen zwischen zwei Parteien angelegten Zivilprozesses Bestand haben können. Die besondere Relevanz der Frage erklärt sich vor dem Hintergrund, dass die Zivilprozessrechte Deutschlands, Österreichs und der Schweiz den Parteien eine zentrale Rolle zuweisen – und dies trotz unterschiedlicher historischer Ausgangspunkte: der namentlich von *Adolf Wach* geprägte liberale deutsche Zivilprozess, der auf *Franz Klein* zurückgehende soziale Zivilprozess sowie unterschiedliche kantonale Zivilprozessordnungen. Diese Rolle, die sich auch in den ALI/UNIDROIT Principles of Transnational Civil Procedure[7] von 2004 sowie in den Ende 2020 verabschiedeten ELI/UNIDROIT Model European

---

4 Rechtbank Den Haag Case C/09/571932 / HA ZA 19-379; dazu *Burtscher/Schindl*, Klimaklagen (Fn. 2), 649 (655 f.); *M.-P. Weller/M.-L. Tran*, Climate Litigation against companies, Climate Action (2022) 1:14 (Springer Nature), 1 (4 ff.).

5 Zu den materiell-rechtlichen Aspekten *A. Chatzinerantzis/M. Appel*, Haftung für den Klimawandel, NJW 2019, 881 (882 ff.); *Frank*, Klimaklage (Fn. 2), 518 (519 ff.); *N. Ipsen/G. Waßmuth/L. Plappert*, Klimawandel als Haftungsrisiko, ZIP 2021, 1843 (1844 ff.); *M. Thöne*, Klimaschutz durch Haftungsrecht – vier Problemkreise, ZUR 2022, 323 (323 ff.); *M.-P. Weller/Tran*, Climate Litigation (Fn. 4), 1 (7 ff.).

6 Zum Zwei-Parteien-Prinzip etwa *F. Jacoby*, in: R. Bork/H. Roth (Hrsg.), Stein/Jonas, ZPO, Bd. 1, 23. Aufl., Tübingen 2014, vor § 50 Rn. 25 f.; *W. Lindacher/W. Hau*, in: W. Krüger/T. Rauscher (Hrsg.), MüKo ZPO, Bd. 1, 6. Aufl., München 2020, vor § 50 Rn. 4 ff.; *L. Rosenberg/K. Schwab/P. Gottwald*, Zivilprozessrecht, 18. Aufl., München 2018, § 40 Rn. 26 ff.; ferner *J. Adolphsen*, Parteibegriff – Prozessrecht und materielles Recht –, ZZP 135 (2022), 299 (305 ff.).

7 Principle 10 ALI/UNIDROIT Principles of Transnational Civil Procedure, <https://www.unidroit.org/instruments/civil-procedure/ali-unidroit-principles/> (18.08.2022).

Rules of Civil Procedure (ERCP)[8] wiederfindet, wird gemeinhin als Parteiherrschaft bezeichnet und zeigt sich im Wesentlichen in der Herrschaft über Anfang, Gegenstand und Ende des Prozesses (Dispositionsmaxime) sowie über die vorzubringenden Tatsachen (Beibringungsgrundsatz bzw. Verhandlungsmaxime)[9].

Ausgangspunkt des Beitrags ist die Einsicht, dass den europäischen Zivilprozessrechten mit der Verbandsklage[10] bereits eine Verfahrensform bekannt ist, die stark durch das öffentliche Interesse geprägt ist: Von ihr wird sich nicht nur eine verbesserte Durchsetzung individueller Rechtspositionen versprochen; im Vordergrund steht vielmehr das öffentliche Interesse an einer wirksamen Durchsetzung des objektiven Rechts[11]. Daher verwundert es nicht, dass sich Kollektivverfahren von klassischen Individualverfahren erheblich unterscheiden, hat eine Entscheidung im kollektiven

---

8 Rules 21 u. 23 f. ERCP, <https://www.unidroit.org/instruments/civil-procedure/eli-unidroit-rules/> (18.08.2022).
9 Zur Parteiherrschaft exemplarisch *C. Althammer*, Mindeststandards und zentrale Verfahrensgrundsätze im deutschen Recht, in: C. Althammer/M. Weller (Hrsg.), Mindeststandards im europäischen Zivilprozessrecht, Tübingen 2015, S. 3 (17 ff.); *A. Bruns*, Maximendenken im Zivilprozessrecht. Irrweg oder Zukunftschance?, in: A. Bruns/J. Münch/A. Stadler (Hrsg.), Die Zukunft des Zivilprozesses, Tübingen 2014, S. 53 (56 ff.); *W. Hau*, Informationsverantwortung im Zivilprozess, ZfPW 2022, 154 (159 f.); *C. Kern*, in: R. Bork/H. Roth (Hrsg.), Stein/Jonas, ZPO, Bd. 2, 23. Aufl., Tübingen 2016, vor § 128 Rn. 161; *D. Leipold*, Zivilprozeßrecht und Ideologie, JZ 1982, 441 (441 f.); *H. Prütting*, Die Grundlagen des Zivilprozesses im Wandel der Gesetzgebung, NJW 1980, 361 (362 f.); *K. Reischl*, Der Umfang der richterlichen Instruktionstätigkeit – ein Beitrag zu § 139 Abs. 1 ZPO –, ZZP 116 (2003), 81 (102 f.); *Rosenberg/Schwab/Gottwald*, Zivilprozessrecht (Fn. 6), § 76 f.; *R. Stürner*, Verfahrensgrundsätze des Zivilprozesses und Verfassung, in: W. Grunsky/R. Stürner/G. Walter/M. Wolf (Hrsg.), Festschrift für Fritz Baur, Tübingen 1981, S. 647 (650 ff.); *A. Wach*, Vorträge über die Reichs-Civilprozessordnung, 2. Aufl., Bonn 1896, S. 53 ff.; zu Österreich *W. Rechberger/D.-A. Simotta*, Zivilprozessrecht, 9. Aufl., Wien 2017, Rn. 456 ff.
10 Richtlinie (EU) 1828/2020 des Europäischen Parlaments und des Rates vom 25. November 2020 über Verbandsklagen zum Schutz der Kollektivinteressen der Verbraucher und zur Aufhebung der Richtlinie 2009/22/EG, in Folge Verbandsklagen-RL.
11 Allgemein *A. Bruns*, Einheitlicher kollektiver Rechtsschutz in Europa?, ZZP 125 (2012), 399 (401 ff.); *R. Guski*, Konfliktermöglichung durch überindividuellen Rechtsschutz: Funktion und Dogmatik der Verbandsklage, ZZP 131 (2018), 353 (357 ff.); *A. Halfmeier*, Popularklagen im Privatrecht, Tübingen 2006, S. 199 ff.; *R. Kehrberger*, Die Materialisierung des Zivilprozessrechts, Tübingen 2019, S. 135 f.; *H. Roth*, Veränderungen des Zivilprozessrechts durch „Materialisierung"?, in: J. Münch (Hrsg.), Prozessrecht und materielles Recht, Tübingen 2015, S. 283 (289); *ders.*, Private Rechtsdurchsetzung im Zivilprozess, JZ 2018, 1134 (1136).

Rechtsschutz doch unmittelbar Auswirkungen für eine Vielzahl materiell Betroffener.

Kernanliegen des Beitrags ist die Entwicklung von Grundzügen eines Zivilprozesses im öffentlichen Interesse am Beispiel eines Umweltprozesses, der sich an den transnationalen Kollektivverfahren immanenten Grundsätzen orientiert. Dazu ist zunächst das Verhältnis des Zivilprozesses bzw. die Rolle der Parteiherrschaft zum öffentlichen Interesse zu klären (B.). Im Anschluss wird eine Analyse der Charakteristika des kollektiven Rechtsschutzes in Gestalt der Gruppen- und Verbandsklage vorgenommen (C.). Schließlich erfolgt eine Entwicklung von Leitlinien, wie ein Zivilprozess im öffentlichen Interesse anhand eines Umweltprozessrechts ausgestaltet werden kann, in dem nicht nur die Interessen der beteiligten Parteien zu beachten sind, sondern auch Drittinteressen eine maßgebliche Rolle einnehmen (D.).

B. Der Zivilprozess bzw. die Rolle der Parteiherrschaft und das öffentliche Interesse

Bevor analysiert wird, wie das öffentliche Interesse den kollektiven Rechtsschutz prägt, ist zu klären, inwieweit das tradierte Verfahrensrecht Gemeinwohlinteressen und den Grundsatz der Parteiherrschaft in Ausgleich bringt. Aufgrund des Umstands, dass die Schweiz erst seit 2011 über eine bundesgesetzliche Zivilprozessordnung verfügt[12], liegt der Fokus der Untersuchung auf den Verfahrensordnungen von Deutschland und Österreich.

I. Ausgangspunkt in Deutschland: der liberale Zivilprozess

Die in Deutschland 1877 verabschiedete und 1879 in Kraft getretene CPO wird landläufig als Produkt der liberalen Epoche des 19. Jahrhunderts bezeichnet.[13] Charakteristisch für diese Ära war die Betonung der individuel-

---

12 Zu den vorher bestehenden kantonalen Zivilprozessrechten *N. Bettinger*, Prozessmodelle im Zivilverfahrensrecht, Tübingen 2016, S. 169 ff.
13 *H. Gaul*, Zur Frage nach dem Zweck des Zivilprozesses, AcP 168 (1968), 27 (47); *Kehrberger*, Materialisierung (Fn. 11), S. 51; *M.-R. McGuire*, Die materielle Prozessleitung zwischen richterlicher Hilfe und staatlicher Bevormundung: § 139 dZPO und §§ 182 f. öZPO im Vergleich, in: G. Peer/W. Faber/M. Auer/P. Götzl/A. Heidinger/A. Holly/S. Janisch/F. Rüffler/H. Sprohar-Heimlich/J. Stagl/C. Waß (Hrsg.), Jahrbuch

len Freiheit und der Wunsch nach Staatsferne bzw. Subsidiarität staatlichen Eingreifens.[14] Hintergrund dieses Emanzipationsstrebens bildet der Kampf des Bürgertums gegen obrigkeitliche Unterdrückung, der in zahlreichen Revolutionen und Kundgebungen seinen Ausdruck fand. Zwar blieb den liberalen Kräften ein Erfolg ihres Strebens in Form einer Verfassung verwehrt – die Revolution von 1848/49 war im damaligen Deutschen Bund im Wesentlichen nicht von Erfolg gekrönt –, sie konnten ihre Vorstellungen allerdings in zahlreichen einfachen Gesetzen zum Ausdruck bringen und sich damit einen gewissen Autonomiestatus sichern.[15] Nach diesem liberalen Verständnis oblag die Durchsetzung von Allgemeininteressen zuvörderst dem öffentlichen Recht; das Privatrecht – wie auch das dazugehörige Prozessrecht – wurde als ausschließliche Angelegenheit der Parteien angesehen.[16] Vor diesem Hintergrund sind Aussagen wie das „unpolitische Privat- und Prozessrecht"[17] und die „Interessenlosigkeit des Staates" an der Durch-

---

Junger Zivilrechtswissenschaftler 2003, Stuttgart 2004, S. 99 (99 f. u 105 f.); *P. Meyer*, Wandel des Prozessrechtsverständnisses – vom „liberalen" zum „sozialen" Zivilprozess?, JR 2004, 1; *H. Roth*, Entwicklung und Reformen der ZPO, JR 2018, 159; *R. Sprung*, Die Ausgangspositionen österreichischer Zivilprozessualistik und ihr Einfluß auf das deutsche Recht, ZZP 92 (1979), 4 (6); *R. Stürner*, Liberalismus und Zivilprozess, ÖJZ 2014, 629; ferner *K. Bettermann*, Hundert Jahre Zivilprozeßordnung – Das Schicksal einer liberalen Kodifikation, ZZP 91 (1978), 365 (367 ff.); *R. Greger*, Vom „Kampf ums Recht" zum Zivilprozeß der Zukunft, JZ 1997, 1077 (1078); *Reischl*, Instruktionstätigkeit (Fn. 9), 81 (93).

14 *W. Frotscher/B. Pieroth*, Verfassungsgeschichte, 19. Aufl., München 2021, Rn. 331; *D. Grimm*, Recht und Staat der bürgerlichen Gesellschaft, Frankfurt 1987, S. 11 ff.; *McGuire*, Jahrbuch Junger Zivilrechtswissenschaftler 2003 (Fn. 13), S. 99 (106); *R. Stürner*, Liberalismus (Fn. 13), 629.

15 *Grimm*, Gesellschaft (Fn. 14), S. 69 f.; *H. Rupp*, Die Unterscheidung von Staat und Gesellschaft, in: J. Isensee/P. Kirchof (Hrsg.), Handbuch des Staatsrechts, 3. Aufl., Heidelberg 2004, § 31 Rn. 3 ff.; ferner *R. Stürner*, Liberalismus (Fn. 13), 629 (630).

16 *P. Böhm*, Parteiautonomie versus Richtermacht: Die Verantwortung für die Programmierung des Verfahrensablaufs, in: M. Marinelli/E.-M. Bajons/P. Böhm (Hrsg.), Die Aktualität der Prozess- und Sozialreform Franz Kleins, Wien 2015, S. 149 (150); *Grimm*, Gesellschaft (Fn. 14), S. 13 ff. u. 67 ff., *McGuire*, Jahrbuch Junger Zivilrechtswissenschaftler 2003 (Fn. 13), S. 99 (105); vgl. auch *R. Koch*, Mitwirkungsverantwortung im Zivilprozess, Tübingen 2013, S. 98; *D. Olzen*, Die Wahrheitspflicht der Parteien im Zivilprozeß, ZZP 98 (1985), 403 (413 f. u. 416 f.); *H. Roth*, Das Spannungsverhältnis im deutschen Zivilprozeßrecht, in: P. Gottwald (Hrsg.), Recht und Gesellschaft in Deutschland und Japan, Köln 2009, S. 149 (163); *ders.*, Private Rechtsdurchsetzung (Fn. 11), 1134 (1140).

17 Siehe dazu etwa *Grimm*, Gesellschaft (Fn. 14), S. 11, 15 f., 20 u. 24.

setzung privater Rechtspositionen zu verstehen[18]. Hinzu kommen Analysen, die eine Trennung von Staat und Gesellschaft bzw. in eine private und politische Sphäre konstatierten.[19] Daher verwundert es auch nicht, dass der Prozesszweck ganz vom Schutz subjektiver Rechte eingenommen war.[20]

Die Fokussierung auf die individuelle Entscheidungsfreiheit hat im materiellen Recht in erster Linie mit dem Schlagwort ‚Privatautonomie' seinen Ausdruck und auf der Ebene des Prozessrechts mit dem Grundsatz der Parteiherrschaft seine Entsprechung gefunden[21]. Diese Übertragung des Grundprinzips des materiellen Rechts auf den Prozess bedingt, dass die Parteien über ihre Rechtspositionen nach eigenem Belieben und ohne staatliche Bevormundung entscheiden sollen; das subjektive Recht steht im Vordergrund, nicht Positionen Dritter oder öffentliche Belange. Vor dem Hintergrund, dass die unmittelbar rechtlichen Auswirkungen einer

---

18 *Wach*, Vorträge (Fn. 9), S. 2 u. 53; ferner *Roth*, Private Rechtsdurchsetzung (Fn. 11), 1134; *C. Seiler*, in: Thomas/Putzo, 43. Aufl., München 2022, Einl I Rn. 3.

19 *Grimm*, Gesellschaft (Fn. 14), S. 15 f. u. 69 f.; *P. Kirchhof*, Verfassungsrechtliche Grundlagen der „Privatrechtsgesellschaft", in: K. Riesenhuber (Hrsg.), Privatrechtsgesellschaft, Tübingen 2007, S. 83 (86); *Rupp*, Handbuch des Staatsrechts (Fn. 15), § 31; siehe auch *M. Auer*, Der privatrechtliche Diskurs der Moderne, Tübingen 2014, S. 34 ff.; *W. Kahl*, Die rechtliche Bedeutung der Unterscheidung von Staat und Gesellschaft, JURA 2002, 721; *J. Schapp*, Zum Verhältnis von Recht und Staat, JZ 1993, 974 (976 ff.); *M. Stolleis*, Öffentliches Recht und Privatrecht im Prozeß der Entstehung des modernen Staates, in: W. Hoffmann-Riem/E. Schmidt-Aßmann (Hrsg.), Öffentliches Recht und Privatrecht als wechselseitige Auffangordnungen, Baden-Baden 1996, S. 41 (55 ff.); *W. Zöllner*, Privatrecht und Gesellschaft, in: K. Riesenhuber (Hrsg.), Privatrechtsgesellschaft, Tübingen 2007, S. 53 (55 u. 69).

20 Etwa *A. Wach*, Handbuch des Deutschen Civilprozessrechts, Leipzig 1885, S. 4 ff.; ferner *Adolphsen*, Parteibegriff (Fn. 6), 299 (305); *Brehm*, in: Stein/Jonas (Fn. 6), vor § 1 Rn. 13; *Gaul*, Zweck des Zivilprozesses (Fn. 13), 27 (42 ff.); *Leipold*, Zivilprozeßrecht (Fn. 9), 441 (448); *Meyer*, Zivilprozess (Fn. 13), 1 (4); *Roth*, Prozessrecht und materielles Recht (Fn. 11), S. 283 (289); *ders.*, Gewissheitsverluste in der Lehre vom Prozesszweck?, ZfPW 2017, 129 (131); *Sprung*, Ausgangspositionen (Fn. 13), 4 (6).

21 Zur Parteiherrschaft als Fortsetzung der Privatautonomie auf Ebene des Prozessrechts *Kern*, in: Stein/Jonas (Fn. 9), vor § 128 Rn. 161; *R. Koch*, Mitwirkungsverantwortung (Fn. 16), S. 99 f.; *McGuire*, Jahrbuch Junger Zivilrechtswissenschaftler 2003 (Fn. 13), S. 99 (100 u. 121); *Rosenberg/Schwab/Gottwald*, Zivilprozessrecht (Fn. 6), § 76 Rn. 1 u. § 77 Rn. 3; *Roth*, Recht und Gesellschaft (Fn. 16), S. 149 (163); *E. Schilken*, Abdankung der Prozessmaximen durch Justizgrundrechte?, ZZP 135 (2022), 153 (157 f.); *Seiler*, in: Thomas/Putzo (Fn. 18), Einl I Rn. 1; *H.-L. Weyers*, Über Sinn und Grenzen der Verhandlungsmaxime im Zivilprozess, in: R. Dubischar/H. Folkers/W. Futter/J. Köndgen/D. de Lazzer/D. Rothoeft/E. Schmidt/G. Struck/H.-L. Weyers (Hrsg.), Festschrift für Josef Esser, Kronberg 1975, S. 193 (200); ferner *Gaul*, Zweck des Zivilprozesses (Fn. 13), 27 (51); *Leipold*, Zivilprozeßrecht (Fn. 9), 441 (448).

gerichtlichen Entscheidung auf die Parteien beschränkt sind, erscheint dies im Ausgangspunkt auch konsequent.

Dieses „verabsolutierte" liberale Verständnis setzte sich auf prozessualer Ebene in der Einsicht fort, die persönliche Entscheidungsfreiheit möglichst weitgehend vor staatlichen Eingriffen abzuschirmen.[22] Neben den schon beschriebenen Ausprägungen der Parteiherrschaft wird diesem Grundsatz ferner Rechnung getragen, wenn den Parteien auch hinsichtlich des Verfahrensablaufs ein möglichst großer Gestaltungsspielraum eingeräumt wird, also weitestgehend Parteibetrieb herrscht. So entsprach es der CPO von 1877, dass neben der Zustellung von Schriftsätzen etwa auch die Bestimmung von Terminen und Fristen sowie die Ladung zur mündlichen Verhandlung als Angelegenheit der Parteien erachtet wurde.[23] Aus Furcht vor überbordendem staatlichen Einfluss kam dem Gericht eine überwiegend passive Rolle zu.[24]

II. Ausgangspunkt in Österreich: der soziale Zivilprozess

Für den materiellen Begründer der öZPO, *Franz Klein*, stand weniger die Herrschaft der Parteien über das Verfahren, als vielmehr die objektive Dimension des Zivilprozesses im Vordergrund. Abgeschreckt von den von der dZPO den Parteien eingeräumten Einflussmöglichkeiten auf den Prozess, die unter anderem in der Rechtspraxis zu starken Verfahrensverzögerungen führten, betonte er die Verantwortung des Gerichts – und zwar nicht nur hinsichtlich des Verfahrensablaufs im Allgemeinen, sondern auch hinsichtlich der Feststellung beweiserheblicher Tatsachen im Besonderen.[25]

---

22 *Böhm*, Die Aktualität der Prozess- und Sozialreform Franz Kleins (Fn. 16), S. 149 (154); *Leipold*, Zivilprozeßrecht (Fn. 9), 441 (443); *Meyer*, Zivilprozess (Fn. 13), 1; *Reischl*, Instruktionstätigkeit (Fn. 9), 81 (94); *Sprung*, Ausgangspositionen (Fn. 13), 4 (6); vgl. *McGuire*, Jahrbuch Junger Zivilrechtswissenschaftler 2003 (Fn. 13), S. 99 (104); *R. Stürner*, Liberalismus (Fn. 13), 629 (634).
23 *J. Damrau*, Der Einfluß der Ideen Franz Kleins auf den Deutschen Zivilprozeß, in: H. Hofmeister (Hrsg.), Forschungsband Franz Klein, Wien 1988, S. 157; *Meyer*, Zivilprozess (Fn. 13), 1; ferner *Wach*, Vorträge (Fn. 9), S. 63 ff.
24 *Böhm*, Die Aktualität der Prozess- und Sozialreform Franz Kleins (Fn. 16), S. 149 (153); *Meyer*, Zivilprozess (Fn. 13), 1; *Roth*, Entwicklung (Fn. 13), 159.
25 *F. Klein*, Pro futuro, Leipzig 1891, S. 10 ff.; *ders.*, Vorlesungen über die Praxis des Civilprozesses, Wien 1900, S. 55 f.; ferner *Böhm*, Die Aktualität der Prozess- und Sozialreform Franz Kleins (Fn. 16), S. 149 (154 ff.); *H. Fasching*, Die Weiterentwicklung des österreichischen Zivilprozeßrechts im Lichte der Ideen Franz Kleins, in: H.

Die starke gerichtliche Stellung und die damit verbundene Beschränkung der Parteiherrschaft bedingte zudem eine Nuancierung im Prozesszweck: Neben dem Individualrechtsschutz kommt dem öffentlichen Interesse an der Funktionsfähigkeit einer effektiven staatlichen Rechtspflege eine zentrale Rolle zu;[26] der Institution ‚Zivilprozess' wurde darüber hinaus das Prädikat „staatliche Wohlfahrtseinrichtung" zugesprochen[27]. Inwieweit mit der öZPO auch ein Schutz sozial Schwächerer bezweckt werden sollte, wird – obwohl dies insbesondere dem Verständnis *Anton Mengers*, dem akademischen Lehrer von *Franz Klein*, entsprechen dürfte – allerdings unterschiedlich beurteilt.[28]

Die stärkere Inpflichtnahme des Gerichts insbesondere bei der Sachverhaltsfeststellung führte zu einer partiellen Abkehr vom Beibringungsgrund-

---

Hofmeister (Hrsg.), Forschungsband Franz Klein, Wien 1988, S. 97 (102 ff.); *McGuire*, Jahrbuch Junger Zivilrechtswissenschaftler 2003 (Fn. 13), S. 99 (106 ff.); *W. Rechberger*, Rechtspolitische Ziele und Gestaltungsanliegen der österreichischen Zivilprozeßordnung, in: Bundesministerium für Justiz/P. Lewisch/W. Rechberger (Hrsg.), 100 Jahre ZPO, Wien 1998, S. 53 (58 ff.); *Reischl*, Instruktionstätigkeit (Fn. 9), 81 (92); *R. Sprung*, Die Grundlagen des österreichischen Zivilprozeßrechts, ZZP 90 (1977), 380 (383 ff.); *ders.*, Ausgangspositionen (Fn. 13), 4 (13).

26 *Fasching*, Forschungsband Franz Klein (Fn. 25), S. 97 (102 u. 104); *G. Kodek*, „Instrumentalisierung" von Zivilprozessen?, in: C. Althammer/H. Roth (Hrsg.), Instrumentalisierung von Zivilprozessen, Tübingen 2018, S. 93 (95); *A. Konecny*, in: H. Fasching/A. Konecny, Kommentar zu den Zivilprozessgesetzen, Bd. 1, 3. Aufl., Wien 2013, Einleitung Rn. 11 ff.; *McGuire*, Jahrbuch Junger Zivilrechtswissenschaftler 2003 (Fn. 13), S. 99 (107); *Reischl*, Instruktionstätigkeit (Fn. 9), 81 (92 f. u. 94 f.); *Sprung*, Grundlagen (Fn. 25), 380 (382 f. u. 392 f.); *ders.*, Ausgangspositionen (Fn. 13), 4 (10 f.); *M. Trenker*, Einvernehmliche Parteidisposition im Zivilprozess, Wien 2020, S. 124 ff; ferner *Böhm*, Die Aktualität der Prozess- und Sozialreform Franz Kleins (Fn. 16), S. 149 (156 f.); *Gaul*, Zweck des Zivilprozesses (Fn. 13), 27 (47 f.); *Klein*, Pro futuro (Fn. 25), S. 51; *Meyer*, Zivilprozess (Fn. 13), 1; *Rechberger*, 100 Jahre ZPO (Fn. 25), S. 53 (56); *R. Stürner*, Liberalismus (Fn. 13), 629 (630).

27 *Klein*, Vorlesungen (Fn. 25), S. IV; ferner *Fasching*, Forschungsband Franz Klein (Fn. 25), S. 97 (102); *McGuire*, Jahrbuch Junger Zivilrechtswissenschaftler 2003 (Fn. 13), S. 99 (100 u. 106); *Rechberger/Simotta*, Zivilprozessrecht (Fn. 9), Rn. 458; *Sprung*, Grundlagen (Fn. 25), 380 (393 f.); *ders.*, Ausgangspositionen (Fn. 13), 4 (12); *Trenker*, Parteidisposition (Fn. 26), S. 11.

28 Dazu *M. Stampfer*, Die Zivilprozeßordnung von 1898 vor dem Hintergrund zeitgenössischer sozialer Rechtsgestaltung, in: Bundesministerium der Justiz/P. Lewisch/W. Rechberger (Hrsg.), 100 Jahre ZPO, Wien 1998, S. 69 (75 ff. u. 84 ff.); *McGuire*, Jahrbuch Junger Zivilrechtswissenschaftler 2003 (Fn. 13), S. 99 (107); *Roth*, Recht und Gesellschaft (Fn. 16), S. 149 (162); *Trenker*, Parteidisposition (Fn. 26), S. 125 f.; ferner *Sprung*, Ausgangspositionen (Fn. 13), 4 (14 ff.).

satz.²⁹ Die Hinwendung zum abgeschwächten Untersuchungsgrundsatz bringt es mit sich, dass das Gericht eine Beweisaufnahme innerhalb des durch den Streitgegenstand vorgegebenen Rahmens stets von Amts wegen anordnen kann – vorausgesetzt es kommt beim Urkunds- und Zeugenbeweis nicht zu einem Widerspruch beider Parteien.³⁰ Dazu gesellen sich umfassende Kooperations- und Editionspflichten der Parteien.³¹ Die Mitwirkung des Gerichts an der Sachverhaltsermittlung ist allerdings nicht nur dem mit der Verfahrenskonzentration verbundenen Beschleunigungsanliegen geschuldet; sie versteht sich auch vor dem Hintergrund des im Berufungsverfahren geltenden strikten Neuerungsverbots³². Mit der Abkehr vom reinen Parteibetrieb oblag der Verfahrensablauf im Wesentlichen dem Gericht. Abgesehen von der Einleitung des Verfahrens und der Bestimmung des Streitgegenstands war der Prozessbetrieb den Parteien weitestgehend entzogen, es herrschte mithin Amtsbetrieb.³³

III. Synthese

Im Ausgangspunkt ist jede Prozessordnung vor die Frage gestellt, wie sie private und öffentliche Interessen in Ausgleich bringen möchte.³⁴ Eine

---

29 *Klein*, Pro futuro (Fn. 25), S. 10 ff.; *ders.*, Vorlesungen (Fn. 25), S. 55 u 57 ff.; ferner *Böhm*, Die Aktualität der Prozess- und Sozialreform Franz Kleins (Fn. 16), S. 149 (157 ff.); *W. Kralik*, Die Verwirklichung der Ideen Franz Kleins in der Zivilprozeßordnung von 1895, in: H. Hofmeister (Hrsg.), Forschungsband Franz Klein, Wien 1988, S. 89 (91 ff.); *McGuire*, Jahrbuch Junger Zivilrechtswissenschaftler 2003 (Fn. 13), S. 99 (107 f.); *Rechberger*, 100 Jahre ZPO (Fn. 25), S. 53 (59 f.); *Reischl*, Instruktionstätigkeit (Fn. 9), 81 (95 f.); *Sprung*, Grundlagen (Fn. 25), 380 (383 f.). Zum abgeschwächten bzw. modifizierten Untersuchungsgrundsatz *Rechberger/Simotta*, Zivilprozessrecht (Fn. 9), Rn. 458 ff.; *Trenker*, Parteidisposition (Fn. 26), S. 131.
30 § 183 Abs. 1 Nr. 4, Abs. 2 öZPO; dazu *Kralik*, Forschungsband Franz Klein (Fn. 29), S. 89 (92); *Rechberger/Simotta*, Zivilprozessrecht (Fn. 9), Rn. 459; *Trenker*, Parteidisposition (Fn. 26), S. 132 ff. u. 145 ff.; ferner *McGuire*, Jahrbuch Junger Zivilrechtswissenschaftler 2003 (Fn. 13), S. 99 (110 f., 117 u. 126).
31 Etwa § 184 Abs. 1 u. §§ 303 ff. öZPO; dazu *Kralik*, Forschungsband Franz Klein (Fn. 29), S. 89 (92 f.).
32 § 482 öZPO; dazu *Fasching*, Forschungsband Franz Klein (Fn. 25), S. 97 (109 f.); *Kralik*, Forschungsband Franz Klein (Fn. 29), S. 89 (95); *Rechberger/Simotta*, Zivilprozessrecht (Fn. 9), Rn. 1078 ff.
33 *Meyer*, Zivilprozess (Fn. 13), 1 (2); *Rechberger/Simotta*, Zivilprozessrecht (Fn. 9), Rn. 462; *Sprung*, Ausgangspositionen (Fn. 13), 4 (15).
34 Siehe auch *C. Kern*, Der spanische Zivilprozess vor dem EuGH – zwischen Parteiherrschaft und Gemeinwohlinteressen, in: C. Stumpf/F. Kainer/C. Baldus (Hrsg.),

Verwirklichung der Parteiherrschaft in Reinform scheitert schon an der Einsicht, dass jede Führung eines Prozesses stets mit der Inanspruchnahme staatlicher Ressourcen verbunden ist.[35] Zudem droht das insbesondere in neuerer Zeit bemühte Anliegen eines schnellen und kostengünstigen Verfahrens – und der damit zusammenhängenden zügigen Erreichung von Rechtsfrieden und Rechtssicherheit –[36] vereitelt zu werden.[37] Vor diesem Hintergrund ist es auch wenig überraschend, dass zwar der deutsche Zivilprozess nicht zugunsten des österreichischen Modells aufgegeben,[38] aber bereits mit der Amtsgerichtsnovelle von 1909 begonnen wurde, durch Hinwendung zum Amtsbetrieb hinsichtlich der Zustellung von Schriftstücken und der Ladung zum Termin sukzessive den Grundsatz der Parteiherrschaft einzuschränken[39]. So begrenzt die nunmehrige dZPO insbesondere die Verhandlungsmaxime in zahlreicher Hinsicht.[40] Neben der mit der Umsetzung des Stuttgarter-Modells erfolgten Hinwendung zum Hauptverhandlungsmodell[41] im Jahr 1976 – Konzentration des Rechtsstreits auf möglichst eine umfassend vorbereitete mündliche Verhandlung –[42] führte gera-

---

Festschrift für Peter-Christian Müller-Graff, Baden-Baden 2015, S. 400 (402 f.); ferner *Kodek*, Instrumentalisierung (Fn. 26), S. 93 (95); *Roth*, Prozesszweck (Fn. 20), 129 (138).

35 Vgl. zu dieser Einsicht etwa *T. Pfeiffer*, Internationale Zuständigkeit und prozessuale Gerechtigkeit, Frankfurt 1995, S. 252.

36 Exemplarisch die Regierungsbegründung des ZPO-Reformgesetzes von 2001 BT-Drucks. 14/4722, S. 58.

37 Zu weiteren eigenständigen, in der Regel vom Individualschutz losgelösten Wertungen des Zivilprozessrechts *Brehm*, in: Stein/Jonas (Fn. 6), vor § 1 Rn. 98 ff.

38 Zu den damaligen Reformbestrebungen anlässlich des Inkrafttretens der öZPO *Damrau*, Forschungsband Franz Klein (Fn. 23), S. 157 (159); *Sprung*, Ausgangspositionen (Fn. 13), 4.

39 *Bettinger*, Prozessmodelle (Fn. 12), S. 55 ff.; *Brehm*, in: Stein/Jonas (Fn. 6), vor § 1 Rn. 150 f.; *Damrau*, Forschungsband Franz Klein (Fn, 23), S. 157 (161); *McGuire*, Jahrbuch Junger Zivilrechtswissenschaftler 2003 (Fn. 13), S. 99 (111 f.); *Meyer*, Zivilprozess (Fn. 13), 1 (2); *Roth*, Entwicklung (Fn. 13), 159 (160 f.); vgl. auch *Bettermann*, Kodifikation (Fn. 13), 365 (385 ff.); *Prütting*, Grundlagen (Fn. 9), 361 (363).

40 *R. Koch*, Mitwirkungsverantwortung (Fn. 16), S. 97 u. 102; *Rauscher*, in: MüKo ZPO (Fn. 6), Einleitung Rn. 356; *Reischl*, Instruktionstätigkeit (Fn. 9), 81 (85); *Schilken*, Prozessmaximen (Fn. 21), 153 (167 ff.); *R. Stürner*, Liberalismus (Fn. 13), 629 (635 u. 637); siehe auch schon *Bettermann*, Kodifikation (Fn. 13), 365 (389 ff.); *Gaul*, Zweck des Zivilprozesses (Fn. 13), 27 (48); *Prütting*, Grundlagen (Fn. 9), 361 (362 f.).

41 Dazu aus rechtsvergleichender Perspektive *R. Stürner/C. Kern*, Comparative Civil Procedure – Fundamentals and Recent Trends, in: O. Gürzumar et. al. (Hrsg.), Gedächtnisschrift für Halûk Konuralp, Bd. 1, Ankara 2009, S. 997 (1006 ff.).

42 § 272 Abs. 1 dZPO; dazu *H. Putzo*, Die Vereinfachungsnovelle, NJW 1977, 1: „Jahrhundertgesetz"; ferner *Bettinger*, Prozessmodelle (Fn. 12), S. 61 ff.; *Brehm*, in: Stein/Jonas

de die Prozessrechtsreform von 2001 zu einer stärkeren Mitverantwortung des Gerichts bei der Tatsachenermittlung. Zu dem Ausbau der materiellen Prozessleitungs- und Hinweispflicht gesellten sich weitgehende Editions- und Anordnungsbefugnisse hinsichtlich Urkunden, Augenscheinsobjekten sowie Begutachtungen durch Sachverständige – die damit einhergehende Zunahme der Bedeutung des erstinstanzlichen Verfahrens ist allerdings auch der Verschärfung der Präklusionsvorschriften in der Berufungsinstanz geschuldet.[43] Geblieben ist auch im nunmehrigen „dialogischen Zivilprozess"[44] die Beschränkung des Gerichts auf den von den Parteien durch Festlegung des Streitgegenstands vorgebrachten Lebenssachverhalt; zudem scheidet eine Zeugenvernehmung ohne Beweisantrag einer Partei aus.[45]

Trotz der unterschiedlichen Ausgangspunkte dürften die grundsätzlichen Unterschiede zwischen den beiden Prozessordnungen für die hiesige Frage im Hinblick auf die Reichweite der Parteiherrschaft heute nicht mehr so groß sein, wie der historische Abriss nahelegt. Daran vermag auch der im österreichischen Zivilprozess geltende, die stärkere Fokussierung auf das öffentliche Interesse an der Richtigkeit der Tatsachenfeststellung zum Ausdruck bringende abgeschwächte Untersuchungsgrundsatz wenig zu ändern. Zum einen kann oftmals dasselbe Ergebnis mittels der in § 139 dZPO verorteten richterlichen Hinweispflicht, die über die Jahre zuneh-

---

(Fn. 6), vor § 1 Rn. 197; *Rosenberg/Schwab/Gottwald*, Zivilprozessrecht (Fn. 6), § 81 Rn. 2 ff.; *Roth*, Entwicklung (Fn. 13), 159 (162 f.).

43 *Brehm*, in: Stein/Jonas (Fn. 6), vor § 1 Rn. 202; *McGuire*, Jahrbuch Junger Zivilrechtswissenschaftler 2003 (Fn. 13), S. 99 (114 f.); *Meyer*, Zivilprozess (Fn. 13), 1 (3); *Reischl*, Instruktionstätigkeit (Fn. 9), 81 (88 f., 97 u. 107); *Roth*, Entwicklung (Fn. 13), 159 (163).

44 Grundlegend *R. Stürner*, Parteiherrschaft versus Richtermacht, ZZP 123 (2010), 147 (152 ff.); siehe ferner *H.-J. Ahrens*, Strukturen des Zivilprozesses – eine Skizze, in: P. von Olenhusen (Hrsg.), Festschrift 300 Jahre OLG Celle, Göttingen 2011, S. 257 (262 ff.); *Roth*, Entwicklung (Fn. 13), 159 (165).

45 *Kern*, in: Stein/Jonas (Fn. 9), vor § 128 Rn. 182 u. 184; *R. Koch*, Mitwirkungsverantwortung (Fn. 16), S. 104 f.; *D. Leipold*, Die liberale und die soziale Dimension der zivilprozessualen Sachaufklärung als Aspekte der Verfahrensgerechtigkeit, in: M. Marinelli/E.-M. Bajons/P. Böhm (Hrsg.), Die Aktualität der Prozess- und Sozialreform Franz Kleins, Wien 2015, S. 131 (133); ferner *Hau*, Informationsverantwortung (Fn. 9), 154 (164); *Roth*, Recht und Gesellschaft (Fn. 16), S. 149 (161); *Prütting*, Grundlagen (Fn. 9), 361 (363); zur zurückhaltenden Anwendung durch die Gerichte *Schilken*, Prozessmaximen (Fn. 21), 153 (158).

mend an Bedeutung gewonnen hat[46], erreicht werden;[47] so ist der bei der Stoffsammlung aktiv mitwirkende Richter in Deutschland mittlerweile Standard. Zum anderen scheint auch beim Untersuchungsgrundsatz eine ungefragte Fehlersuche nicht stattzufinden[48] – ein durchaus plausibler Befund, haben die Parteien als unmittelbar Betroffene doch das stärkste Interesse, die beweiserheblichen Tatsachen in den Prozess einzuführen[49]. Die Zunahme an richterlicher Aktivität bzw. Verantwortlichkeit des Gerichts ist allerdings zuvörderst innerprozessualen Motiven geschuldet. Ziel ist ein effektives, d.h. zügiges und kostengünstiges, Verfahren, ohne aber die Parteiherrschaft gänzlich zurückzudrängen.[50] Schlagwörter wie *case management* und Prozessökonomie bringen dies einprägsam zum Ausdruck. Konkreten außerprozessualen Belangen der Allgemeinheit oder der Berücksichtigung spezifischer Interessen nicht am Prozess Beteiligter wird hingegen in den Verfahrensordnungen kein besonderer Stellenwert eingeräumt. Was dies betrifft, dürften sich auch keine grundsätzlichen Unterschiede hinsichtlich der historischen Ausgangspunkte Deutschlands und Österreichs ergeben, war doch eine Prozessführung zugunsten materiell Betroffener bzw. öffent-

---

46 *Bettermann*, Kodifikation (Fn. 13), 365 (389 f.); *Hau*, Informationsverantwortung (Fn. 9), 154 (166); *Kehrberger*, Materialisierung (Fn. 11), S. 220 ff.; *Reischl*, Instruktionstätigkeit (Fn. 9), 81 (85); *Roth*, Recht und Gesellschaft (Fn. 16), S. 149 (168 ff.); *McGuire*, Jahrbuch Junger Zivilrechtswissenschaftler 2003 (Fn. 13), S. 99 (111 ff.); *Schilken*, Prozessmaximen (Fn. 21), 153 (168 f.); *R. Stürner*, Liberalismus (Fn. 13), 629 (635 ff.); ferner *R. Koch*, Mitwirkungsverantwortung (Fn. 16), S. 98 u 102 ff.

47 *R. Stürner*, Liberalismus (Fn. 13), 629 (637); vgl. auch *McGuire*, Jahrbuch Junger Zivilrechtswissenschaftler 2003 (Fn. 13), S. 99 (125 f.); *Roth*, Entwicklung (Fn. 13), 159 (166).

48 *T. Ellerbrok*, Beibringungs- und Amtsermittlungsgrundsatz unter unionsrechtlichem Materialisierungsdruck?, GVRZ 2022, 9 (4); *Meyer*, Zivilprozess (Fn. 13), 1 (2); *Rosenberg/Schwab/Gottwald*, Zivilprozessrecht (Fn. 6), § 77 Rn. 7; ferner *Leipold*, Zivilprozeßrecht (Fn. 9), 441 (448); *McGuire*, Jahrbuch Junger Zivilrechtswissenschaftler 2003 (Fn. 13), S. 99 (103 u. 117).

49 *C. Gomille*, Informationsproblem und Wahrheitspflicht, Tübingen 2016, S. 163 f.; *R. Koch*, Mitwirkungsverantwortung (Fn. 16), S. 100; *Rosenberg/Schwab/Gottwald*, Zivilprozessrecht (Fn. 6), § 77 Rn. 3; *Roth*, Entwicklung (Fn. 13), 159 (166); *Seiler*, in: Thomas/Putzo (Fn. 18), Einl I Rn. 3; vgl. *Weyers*, in: FS Esser (Fn. 21), S. 193 (200 u. 204).

50 Vgl. die Motive des ZPO-Reformgesetzes von 2001 BT-Drucks. 14/4722, S. 58 ff.; ferner *Ahrens*, in: FS 300 Jahre OLG Celle (Fn. 44), S. 257 (263); *Bettermann*, Kodifikation (Fn. 13), 365 (378 ff. u. 386.); *Böhm*, Die Aktualität der Prozess- und Sozialreform Franz Kleins (Fn. 16), S. 149 (156 u. 169 ff.); *R. Greger*, Justizreform? Ja, aber ..., JZ 2000, 842 (845 ff.); *McGuire*, Jahrbuch Junger Zivilrechtswissenschaftler 2003 (Fn. 13), S. 99 (116); *Reischl*, Instruktionstätigkeit (Fn. 9), 81 (117); *Roth*, Entwicklung (Fn. 13), 159 (165); *Trenker*, Parteidisposition (Fn. 26), S. 198 ff.

licher Belange auch von *Franz Klein* nicht vorgesehen – ein Umstand, der angesichts der im 19. Jahrhunderts anderen technologischen, wirtschaft- und gesellschaftlichen Verhältnisse wenig überrascht[51].

Letztlich wird jedes Zivilprozessrecht auch von den Bedürfnissen der Zeit und der jeweiligen Gesellschaft beeinflusst.[52] Ebenso wie die CPO von 1877 dem liberalen Geist ihrer Zeit entsprach, wurde die dZPO vom gemäßigten Paternalismus des Sozialstaats im 20. Jahrhundert mitgeprägt.[53] Die insbesondere aus dem Sozialstaatsprinzip verfassungsrechtlich untermauerte Prozesskostenhilfe (§§ 114 ff. dZPO) bezeugt dies eindrucksvoll.[54] Aus jüngerer Zeit ist eine Vereinnahmung des Prozessrechts für *private law enforcement* zu beobachten. Gerade angesichts des starken unionalen Hintergrunds – insbesondere die Europäische Kommission hat sich seit geraumer Zeit der privaten Rechtsdurchsetzung verschrieben[55] – gilt dies für die Prozessrechte Deutschlands und Österreichs in gleicher Weise. Im Kern geht es um die Frage, wie die Beachtung von Normen in der Rechtswirklichkeit sichergestellt wird. Nach dem Konzept des *private law enforcement* sollen nicht nur staatliche Stellen, sondern auch die am Markt agierenden

---

51 Zu den sozioökonomischen Hintergründen der Zunahme von private law enforcement *R. Stürner*, Der Liberalismus und der Zivilprozess, in: G. Freund/U. Murmann/R. Bloy/W. Perron (Hrsg.), Festschrift für Wolfgang Frisch, Berlin 2013, S. 187 (193).

52 Vgl. diesbzgl. auch die Grundaussagen des *legal realism* von *O. Holmes*, Path of the Law, 10 Harvard Law Review (1896-1897) 457 (460 ff.); ferner *B. Ackerman*, Reconstructing American Law, Cambridge/USA 1984, S. 6 ff.; *G. White*, From Sociological Jurisprudence to Realism: Jurisprudence and Social Change in Early Twentieth-Century America, 58 Virginia Law Review (1972) 999 (1002 ff.); zur öZPO *Stampfer*, 100 Jahre ZPO (Fn. 28), S. 69 (89 f.); siehe ferner auch *J. Basedow*, Der verfahrensrechtliche Rahmen richterlicher Rechtsfortbildung, RabelsZ 80 (2016), 237 (243 f.).

53 Vgl. *R. Koch*, Mitwirkungsverantwortung (Fn. 16), S. 101; *Leipold*, Die Aktualität der Prozess- und Sozialreform Franz Kleins (Fn. 45), S. 131 (147 f.).

54 Exemplarisch BVerfGE 9, 124; ferner *P. Gottwald*, Von der Schwierigkeit der Rechtsverfolgung einer „armen" Prozesspartei, in: E. Schilken/G. Kreft/G. Wagner/D. Eckardt (Hrsg.), Festschrift für Walter Gerhardt, Köln 2004, S. 307; *Kehrberger*, Materialisierung (Fn. 11), S. 66 ff.

55 Siehe etwa die Analyse von *W. Rechberger*, Instrumentalisierung von Zivilprozessen, in: C. Althammer/H. Roth (Hrsg.), Instrumentalisierung von Zivilprozessen, Tübingen 2018, S. 1 (4 ff.); *Roth*, Prozessrecht und materielles Recht (Fn. 11), S. 283 (290 ff.).; *ders.*, Private Rechtsdurchsetzung (Fn. 11), 1134 (1135); *H. Schweitzer/K. Woeste*, Der „Private Attorney General": Ein Modell für die private Rechtsdurchsetzung des Marktordnungsrechts?, <https://ssrn.com/abstract=3695965> (2021), S. 18 ff.; *G. Wagner*, Kollektiver Rechtsschutz – Regelungsbedarf bei Massen- und Streuschäden, in: M. Casper/A. Janssen/P. Pohlmann/R. Schulze (Hrsg.), Auf dem Weg zu einer europäischen Sammelklage?, München 2009, S. 41 (42 ff.).

Wirtschaftssubjekte mit den Instrumenten des Zivilrechts für die Durchsetzung öffentlich-rechtlicher Vorgaben sorgen, um potentiellen administrativen Vollzugsdefiziten entgegenzuwirken.[56] Was dies betrifft, fungiert der Zivilprozess als Instrument zur Durchsetzung öffentlicher Belange. Damit ist auch eine Bedeutungszunahme der Gerichte verbunden. Aufgrund der stärkeren Breitenwirkung des als *regulation through litigation* bezeichneten Gedankens der privaten Rechtsdurchsetzung werden Gerichte marktregulierend bzw. verhaltenssteuernd tätig und nehmen insoweit auch gestaltenden Einfluss auf gesellschaftliche Verhältnisse. Inwieweit diese objektive Rechtsdurchsetzungskomponente darüber hinaus eine Veränderung des auf den Individualrechtsschutz zugeschnittenen Prozesszwecks zur Folge hat, bleibt abzuwarten.[57]

C. Charakteristika des kollektiven Rechtsschutzes

Die rechtsvergleichende Erfahrung lehrt, dass kollektiver Rechtsschutz in aller Regel untrennbar mit *private law enforcement* verbunden ist;[58] in beiden Fällen steht das öffentliche Interesse an der Durchsetzung des objektiven Rechts im Vordergrund. Es überrascht daher nicht, dass die USA sowohl eine Vorreiterrolle bei der privaten Rechtsdurchsetzung als auch beim kollektiven Rechtsschutz einnehmen. So kommt der in Rule 23 der Federal Rules of Civil Procedure (FRCP) geregelten U.S.-amerikanischen Class Action auch in der europäischen Diskussion eine nicht zu unterschät-

---

56 Allgemein zu private law enforcement *C. Kern*, Private Law Enforcement versus Public Law Enforcement, ZZPInt 12 (2007), 351 (352 ff.).
57 In Verbindung mit kollektivem Rechtsschutz *Adolphsen*, Parteibegriff (Fn. 6), 299 (309 f. u. 317 ff.); *Kehrberger*, Materialisierung (Fn. 11), S. 122 f. u. 136; *Roth*, Recht und Gesellschaft (Fn. 16), S. 149 (174 f.); *ders.*, Prozesszweck (Fn. 20), 129 (147 f.); vgl. ferner schon *H. Koch*, Prozeßführung im öffentlichen Interesse, Frankfurt 1983, S. 4 ff.
58 *J. Basedow*, Trippelschritte zum kollektiven Rechtsschutz, EuZW 2018, 609 (609 f.); *Bruns*, kollektiver Rechtsschutz (Fn. 11), 399 (401 f. u. 405 ff.); *J. Coffee*, Understanding the plaintiff's attorney: The implications of economic theory for private enforcement of law through class and derivative actions, 86 Columbia Law Review (1986), 669 (669 ff.); *B. Hess*, „Private law enforcement" und Kollektivklagen, JZ 2011, 66 (67 u. 71); *H. Koch*, Sammelklage und Justizstandorte im internationalen Wettbewerb, JZ 2011, 438 (442 f.); *Rechberger*, Instrumentalisierung (Fn. 55), S. 1 (7); *S. Thönissen*, Verbandsklagerichtlinie und Haftungsrecht, JZ 2022, 430 (433 ff.).

zende Bedeutung zu – sei es als Vorbild oder Negativbeispiel.[59] Trotz der zum Teil gewiss berechtigten Kritik an der Class Action darf nicht außer Acht gelassen werden, dass das U.S.-amerikanische Zivilprozessrecht über reichhaltige Erfahrungen im kollektiven Rechtsschutz verfügt. Hinsichtlich der Herausarbeitung transnationaler Grundsätze für Kollektivverfahren nimmt die Class Action daher eine zentrale Rolle ein. Neben der Verbandsklagen-RL trifft dies auch auf Part XI der ERCP zu, der sich ebenfalls mit kollektivem Rechtsschutz befasst.

I. Die verschiedenen Grundmodelle

Was den kollektiven Rechtsschutz anbelangt, stehen sich zwei Grundmodelle gegenüber: die Sammel- bzw. Gruppenklage und die Verbandsklage.[60] Charakteristikum der der U.S.-amerikanischen Class Action zugrunde liegenden Gruppenklage ist, dass ein betroffenes Gruppenmitglied Klage erhebt.[61] Nach Zulassung der Class Action (*certification*), steht es den übrigen Gruppenmitgliedern frei, ihren Austritt zu erklären; das U.S.-amerikanische Modell folgt mithin dem opt-out-System. Bei der Class Action darf allerdings nicht verschwiegen werden, dass der wahre Initiator in der Regel nicht ein betroffenes Gruppenmitglied, sondern sein Anwalt ist, der durch verschiedene Faktoren – wie einem Erfolgshonorar, der American Rule of Costs und weitreichenden prozessualen Informationsansprüchen – zur Klageerhebung incentiviert wird.[62] Diese und weitere Charakteristika des

---

59 *R. Stürner*, The Role of Judges and Lawyers in Collective Actions in the United States and Europe, ZZPInt 17 (2012), 259 (260 f.); ferner *Rechberger*, Instrumentalisierung (Fn. 55), S. 1 (8 f.).
60 Dazu *I. Tzankova*, Legal standing in collective redress, in: A. Stadler/E. Jeuland/V. Smith (Hrsg.), Collective and Mass Litigation in Europe, Cheltenham 2020, S. 127 (130 ff.); *Wagner*, Auf dem Weg zu einer europäischen Sammelklage? (Fn. 55), S. 41 (63 ff.).
61 Von einer weiteren Darstellung der U.S.-amerikanischen Class Action wird aufgrund der großen Menge an deutsch- und fremdsprachiger Literatur abgesehen. Aus der U.S.-amerikanischen Literatur *J. Friedenthal/M. Kane/A. Miller/A. Steinman*, Civil Procedure, 6. Aufl., St. Paul 2021, S. 725 ff.; aus dem deutschsprachigen Schrifttum etwa *Bruns*, kollektiver Rechtsschutz (Fn. 11), 399 (405 ff.); *S. Eichholtz*, Die US-amerikanische Class Action und ihre deutschen Funktionsäquivalente, Tübingen 2002, S. 29 ff.; *H. Koch*, Sammelklage (Fn. 58), 438 (439 ff.); *Wagner*, Auf dem Weg zu einer europäischen Sammelklage? (Fn. 55), S. 41 (63 ff.).
62 Exemplarisch *Coffee*, class and derivative actions (Fn. 58), 669 (677 ff.); ferner *Kodek*, Instrumentalisierung (Fn. 26), S. 93 (99); *R. Stürner*, Collective Actions (Fn. 59), 259

U.S.-amerikanischen Rechts – so der Vorwurf – begünstigen die Erhebung aussichtsloser Klagen, um einen vorschnellen Vergleichsschluss zu erreichen, von dem in erster Linie die Anwälte des Gruppenklägers profitieren.[63] Der Frage, ob dieses Phänomen tatsächlich zutrifft, soll hier nicht weiter nachgegangen werden; sie hat allerdings erheblich zur negativen Wahrnehmung der Class Action beigetragen.

Das in Europa favorisierte „Gegenmodell" zur Class Action ist die Verbandsklage. Statt eines Gruppenmitglieds sind es qualifizierte Einrichtungen, die zur Klageerhebung berechtigt sind. Nach dem europäischen Modell sind dies zuvörderst schon vor dem die Klage auslösenden Ereignis existierende Non-Profit-Organisationen. Den materiell Betroffenen hingegen bleibt eine Stellung als Partei oder Beigeladener verwehrt; sie können lediglich entscheiden, ob sie dem Kollektivverfahren beitreten – die europäischen Staaten folgen zumeist dem opt-in-Modell.[64]

Bei einer Prozessführung im kollektiven Rechtsschutz und damit auch im öffentlichen Interesse ist zu verhindern, dass es zu einem Auseinanderfallen zwischen den Interessen des Anwalts des Gruppenklägers bzw. der qualifizierten Einrichtung und den materiell Betroffenen, im Ergebnis aber auch der Allgemeinheit, kommt. Da eine Kontrolle durch die materiell Betroffenen oder der nicht näher konkretisierten Allgemeinheit aus verschiedenen Gründen nicht zu erwarten ist – abgesehen von mangelnder Expertise und fehlenden Einsichtsrechten mindert etwa die Aussicht, anderen einen *free ride* zu verschaffen, den Anreiz zur Ausübung von Kontrolle –[65] kommt eine Überwachung des Prozessführers nur ex ante durch administrative Stellen oder im konkreten Fall durch Gerichte in Betracht. Insbesondere die Verbandsklagen-RL stellt zahlreiche Vorgaben auf, denen

---

(266 f.); *Wagner*, Auf dem Weg zu einer europäischen Sammelklage? (Fn. 55), S. 41 (64).

63 Plakativ M. *Handler*, The Shift from Substantive to Procedural Innovations in Antitrust Suits – The Twenty-Third Annual Antitrust Review, 71 Columbia Law Review (1971), 1 (9); ferner *Coffee*, class and derivative actions (Fn. 58), 669 (698 ff.).

64 Dazu etwa A. *Stadler*, Types of claim, structure and certification of collective proceedings, in: A. Stadler/E. Jeuland/V. Smith (Hrsg.), Collective and Mass Litigation in Europe, Cheltenham 2020, S. 95 (116 f.); ferner Rule 215(1) ERCP; R. *Mulheron*, The Case for an Opt-Out Class Action for European Member States: A Legal and Empirical Analysis, 15 Columbia Journal of European Law (2009), 409 (415 ff.).

65 Dazu grundlegend M. *Olson*, Die Logik des kollektiven Handelns, 5. Aufl., Tübingen 2004, passim; ferner H.-J. *Schmidt-Trenz*, Die Logik kollektiven Handelns bei Delegation, Tübingen 1996, S. 23 ff. u. 106 ff.

qualifizierte Einrichtungen genügen müssen[66]; das U.S.-amerikanische Modell nimmt hingegen zuvörderst die Gerichte in die Pflicht. So müssen qualifizierte Einrichtungen bereits eine gewisse Zeit in Verbraucherschutzangelegenheiten tätig gewesen sein, bevor sie Verbandsklagen erheben können. Der Schutz von Verbraucherinteressen muss darüber hinaus ihrem Satzungszweck entsprechen. Ein Gewinnstreben ist ihnen untersagt; es dominiert der Non-profit-Charakter. Als „Ausgleich" haben die Mitgliedstaaten eine ausreichende finanzielle Ausstattung der qualifizierten Einrichtung sicherzustellen. Überdies ist insbesondere im Fall der Drittfinanzierung die Unabhängigkeit qualifizierter Einrichtungen zu gewährleisten.[67] Schließlich ist die Öffentlichkeit über die Einhaltung dieser Kriterien in Kenntnis zu setzen; dazu gesellt sich eine anlassbezogene Publizitätspflicht hinsichtlich der Einlegung, des Status sowie des Ausgangs von erhobenen Verbandsklagen.[68]

II. Zertifizierungs- bzw. Zulassungsverfahren

Ein Kernstück sowohl der U.S.-amerikanischen Class Action als auch der ERCP bildet das Zertifizierungs- bzw. Zulassungsverfahren (*certification order* bzw. *admissibility decision*).[69] Dies ist zwar nicht explizit in der Verbandsklagen-RL angelegt; es lässt sich ihr aber andeutungsweise entnehmen. So sollen Gerichte in einem möglichst frühen Verfahrensstadium darüber entscheiden können, dass offensichtlich unbegründete Klagen abgewiesen werden. Gleiches trifft auf die Frage zu, ob der Fall vor dem Hintergrund seiner spezifischen Sachverhaltskonstellation für eine Verbandsklage geeignet ist.[70] Primärzweck eines Zulassungsverfahrens ist die Sicherung von dessen Effizienz: Das Kollektivverfahren muss gegenüber Einzelverfahren vorzugswürdig sein, was typischerweise dann der Fall ist, wenn die gemeinsam auftretenden Rechts- und Tatsachenfragen

---

66 Zu den Kriterien, die qualifizierte Einrichtungen erfüllen müssen, die gedenken, (auch) grenzüberschreitende Verbandsklagen zu erheben, siehe insbesondere Art. 4 Abs. 3 Verbandsklagen-RL.
67 Erwägungsgrund 52 u. Art. 10 Abs. 1 Verbandsklagen-RL.
68 Art. 13 Abs. 1 u. 4 Verbandsklagen-RL.
69 Rule 23(c)(1) FRCP; Rule 212(1) ERCP; dazu etwa *Friedenthal/Kane/Miller/Steinman*, Civil Procedure (Fn. 61), S. 750 ff.; *Stadler*, Collective and Mass Litigation (Fn. 64), S. 95 (110 ff.).
70 Erwägungsgründe 39 u. 49 u. Art. 7 Abs. 7 Verbandsklagen-RL.

überwiegen. Vor diesem Hintergrund erklären sich auch die typischen Zulassungskriterien, nämlich das Ähnlichkeitserfordernis (*commonality*) – die Ansprüche betreffen in rechtlicher und tatsächlicher Hinsicht einen gleichartigen Sachverhalt – und das Überlegenheitserfordernis (*superiority*) – gegenüber Einzelklagen bringt das Kollektivverfahren einen Effizienzgewinn mit sich.[71]

Zu diesem Primärzweck gesellen sich noch mehrere Sekundärzwecke. Erstens soll mittels des Klagezulassungserfordernisses missbräuchlichen und unausgereiften Klagen entgegengewirkt werden. Da gerade im U.S.-amerikanischen Zivilverfahrensrecht den Parteien ab Klagezulassung umfangreiche prozessuale Informationsansprüche zustehen,[72] kann mittels Kollektivverfahren leicht ein erheblicher Druck aufgebaut werden. Zweitens geht es darum, den Schutz materiell Betroffener sicherzustellen. Das Kollektivverfahren hat unmittelbare Auswirkungen auf ihre Rechtsposition; gleichzeitig sind ihre Möglichkeiten, auf das Verfahren Einfluss zu nehmen oder ein solches zu initiieren, stark begrenzt. Vor diesem Hintergrund fungiert das Zulassungsverfahren als „Ausgleich" dafür, dass Prozesshandlungen des Gruppenklägers bzw. der qualifizierten Einrichtung und entsprechende Urteile auch zulasten formal nicht am Verfahren Beteiligter wirken. Ungeachtet des Umstands, dass während des gesamten Verfahrens eine adäquate Vertretung der Gruppenmitglieder zu gewährleisten ist,[73] geht im U.S.-amerikanischen Zivilprozessrecht mit der *certification* in aller Regel die Bestimmung des *lead plaintiff* einher[74]. Im Hinblick auf die *due process clause* bzw. den Grundsatz des rechtlichen Gehörs verdienen materiell Betroffene die „bestmöglichste" Vertretung; zugleich lassen sich damit etwaige Interessenkonflikte des Prozessvertreters oder innerhalb der Gruppe angehen.

---

71 Rule 23(b)(3) FRCP; Rule 212(1) ERCP.
72 Rule 26 ff. FRCP; dazu etwa *Friedenthal/Kane/Miller/Steinman*, Civil Procedure (Fn. 61), S. 381 ff.
73 Rule 23(a)(4) FRCP; ferner *Friedenthal/Kane/Miller/Steinman*, Civil Procedure (Fn. 61), S. 733 ff.
74 Rule 23(g)(1) FRCP; ferner *Stadler*, Collective and Mass Litigation (Fn. 64), S. 95 (117 ff.); zu einer ähnlichen Regelung im deutschen Recht, siehe § 9 Abs. 2 KapMuG, wonach das OLG den Musterkläger nach billigem Ermessen bestimmt.

III. Weitere Einschränkungen der Parteiherrschaft

Klassischerweise ist in Kollektivverfahren die Freiheit der Parteien, den Prozess jederzeit mittels Vergleichs zu beenden, eingeschränkt. Anders als im tradierten zivilprozessualen Erkenntnisverfahren wird der Vergleich nur wirksam, wenn er vom Gericht genehmigt wird.[75] Neben einer formalen Kontrolle, ob der Vergleich mit zwingenden Vorschriften des nationalen Rechts in Einklang steht, kommt es in aller Regel zu einer Inhaltskontrolle: Gerichte überprüfen den Vergleich unter Fairnessgesichtspunkten.[76] In den USA ist dies gewöhnlich mit einem *fairness hearing* verbunden, in dem die materiell Betroffenen, aber auch sonstige Stakeholder, zur Frage der Fairness Stellung nehmen können.[77] Nicht unüblich ist ferner, dass der Vergleich nur wirksam wird, wenn nicht ein bestimmter Prozentsatz der materiell Betroffenen ihren Austritt erklären.[78] Damit einher geht eine generelle Pflicht zur Herstellung von Publizität über den Vergleichsinhalt.[79] Auch diese Einschränkung der Parteiherrschaft ist letztlich dem Schutz der materiell Betroffenen geschuldet. Einer potentiellen Kollusion des Prozessvertreters bzw. der qualifizierten Einrichtung und dem Beklagten ist entgegenzutreten, da eine Prüfung des Vergleichsinhalts durch die materiell Betroffenen in aller Regel unterbleibt.[80]

Typischerweise geht ein Kollektivverfahren auch mit darüber hinausgehenden *case management*-Befugnissen des Gerichts einher; im Vergleich zu Einzelverfahren wird ein Mehr an richterlicher Aktivität gefordert. Dies beinhaltet etwa die Befugnis bzw. die Pflicht, den Prozessvertreter bzw. die

---

[75] Erwägungsgrund 55 u. Art. 11 Abs. 2 Verbandsklagen-RL; Rule 23(e) FRCP; Rule 221 ERCP; § 611 Abs. 3 S. 1 dZPO; § 18 Abs. 1 KapMuG.

[76] Exemplarisch Rule 23(e)(2)(A)-(D) FRCP; Rule 224(a)-(b) ERCP; § 611 Abs. 3 S. 2 dZPO; § 18 Abs. 1 KapMuG; siehe auch Art. 11 Abs. 2 S. 2 Verbandsklagen-RL; zum Kontrollmaßstab etwa A. *Eggers*, Gerichtliche Kontrolle von Vergleichen im kollektiven Rechtsschutz, Tübingen 2020, S. 163 ff.

[77] Rule 23(e)(2) FRCP; siehe auch Rule 223(2)(b) ERCP; dazu allgemein etwa A. *Stadler*, Collective Settlements, in: A. Stadler/E. Jeuland/V. Smith (Hrsg.), Collective and Mass Litigation in Europe, Cheltenham 2020, S. 233 (261).

[78] § 611 Abs. 4 S. 2 dZPO; § 19 Abs. 2 S. 1 KapMuG; siehe auch Art. 11 Abs. 4 UAbs. 2 Verbandsklagen-RL.

[79] Erwägungsgründe 58 ff. Verbandsklagen-RL; Rule 223(2)(a) ERCP; siehe auch § 611 Abs. 4 S. 1 dZPO, § 19 Abs. 1 KapMuG.

[80] Daher ist es auch wenig überraschend, dass aus rechtsvergleichender Perspektive die opt-out-Quoten niedrig sind; dazu *Mulheron*, Opt-Out (Fn. 64), 409 (432 ff.); *Stadler*, Collective and Mass Litigation (Fn. 77), S. 233 (259 f.).

qualifizierte Einrichtung auszuwechseln, sollte den Interessen der materiell Betroffenen zuwidergehandelt werden, das Kollektivverfahren zu beenden und die Beteiligten auf ein Einzelverfahren zu verweisen sowie die materiell Betroffenen in bestimmten Konstellationen zu informieren.[81] Zugleich ist dem Gericht die Möglichkeit eingeräumt, bevor es von entsprechenden *case management*-Befugnissen Gebrauch macht, ein *hearing* anzuberaumen.[82]

Hinsichtlich sonstiger parteibezogener Prozesshandlungen, mit denen das Verfahren beendet wird – wie Klagerücknahme (§ 269 dZPO) oder Verzicht (§ 306 dZPO) – finden sich im deutschen Recht keine besonderen Regelungen. Dies trifft auch im Hinblick auf sonstige Auswirkungen auf die Parteiherrschaft zu – etwa auf die Frage, wer die beweiserheblichen (Norm-)Tatsachen in den Prozess einzuführen hat. Ungeachtet mitunter zu findender Stellungnahmen, ob und inwieweit auch bei Kollektivverfahren an dem Grundsatz der Parteiherrschaft festgehalten werden sollte,[83] kommt klassischerweise das normale, auf den Zwei-Parteien-Prozess abzielende Zivilverfahrensrecht zur Anwendung.[84]

D. Ausgestaltungsleitlinien eines Umweltprozessrechts

Wie kann nun ein Prozessrecht ausgestaltet werden, in dem nicht lediglich die Interessen der beteiligten Parteien zu beachten sind, sondern auch Dritt- bzw. Allgemeininteressen – wie Umweltbelange – eine maßgebliche Rolle einnehmen? Und wie lässt sich der prinzipiell auf ein Zwei-Parteien-Verhältnis angelegte Zivilprozess konzipieren, um die Komplexität und die Vielzahl der betroffenen Interessen bewältigen zu können? Ausgangspunkt

---

81 Rule 218(1) u 219(1) ERCP; siehe dazu *M. Strandberg/V. Smith*, Case management and the role of the judge, in: A. Stadler/E. Jeuland/V. Smith (Hrsg.), Collective and Mass Litigation in Europe, Cheltenham 2020, S. 153 (164 ff.); allgemein *R. Stürner*, Collective Actions (Fn. 59), 259 (268 f.).
82 Rule 218(2) ERCP.
83 Dazu etwa *Guski*, Konfliktermöglichung (Fn. 11), 353 (366 ff.); *Halfmeier*, Popularklagen (Fn. 11), S. 324 ff. u. 340 ff.; *Hess*, Kollektivklagen (Fn. 58), 66 (69 u. 73); *Kern*, in: Stein/Jonas (Fn. 9), vor § 128 Rn. 215; *H. Koch*, Prozeßführung (Fn. 57), S. 103 ff.; *E. Schmidt*, Richteramt und Parteilasten bei der Verbandsklage nach dem deutschen AGB-Gesetz, in: P. Forstmoser/H. Giger/A. Heini/W. Schluep (Hrsg.), Festschrift für Max Keller, Zürich 1989, S. 661 (669 ff.).
84 Siehe diesbzgl. § 11 Abs. 1 KapMuG; § 5 UKlaG; § 610 Abs. 5 S. 1 dZPO; ferner Art. 12 Abs. 1 Verbandsklagen-RL; *Kern*, in: Stein/Jonas (Fn. 9), vor § 128 Rn. 211 u. 215.

bildet die Einsicht, dass zwischen Kollektivverfahren und einem Umweltprozess zahlreiche Parallelen bestehen. So sind weder die materiell Betroffenen noch Umweltbelange formal Partei des Verfahrens. Ferner soll mittels stärkerer Inpflichtnahme des Gerichts nicht nur aufgrund der mit der Prozessführung tangierten öffentlichen Interessen eine effektive Verfahrensgestaltung erreicht, sondern auch der Schutz der nicht am Verfahren formal Beteiligten gewährleistet werden – Interessenkonflikte sind auch bei Non-Profit-Organisationen nicht von vornherein auszuschließen[85]. Hinsichtlich ihrer *case management*-Befugnisse verfügen die Gerichte typischerweise über einen großen Spielraum, was etwa die Möglichkeit zur Anberaumung von *hearings* zeigt. Schließlich können sich sowohl Kollektiv- als auch Umweltprozesse von besonderer Bedeutung von Individualverfahren in zahlreicher Hinsicht unterscheiden, etwa durch ein höheres Maß an Komplexität.[86] Vor diesem Hintergrund erscheint es konsequent, wenn sich das Umweltprozessrecht an den transnationalen Kollektivverfahren immanenten Grundsätzen anlehnt.

I. Zulassungsverfahren und Prozesskosten

Den Anfang könnte ein dem Erkenntnisverfahren vorgelagertes Zulassungsverfahren bilden,[87] das vom Gericht oder den Parteien initiiert werden könnte[88]. Anders als in Kollektivverfahren würden hier nicht in erster Linie Effizienzbelange im Vordergrund stehen, sondern das besondere öffentliche Interesse, das Umweltprozessen zukommen kann. Dies bedingt eine gerichtliche Prüfung, ob eine Umweltsache von besonderer Bedeutung vorliegt, was etwa der Fall sein könnte, wenn das Urteil erhebliche Auswir-

---

85 Exemplarisch *J. Stürner*, Geschäftsleitung in fremdnützigen Organisationen, Baden-Baden 2014, S. 430 ff.
86 Zu dieser Einsicht etwa *Friedenthal/Kane/Miller/Steinman*, Civil Procedure (Fn. 61), S. 750; *R. Stürner*, Collective Actions (Fn. 59), 259 (268 u. 274); vgl. auch *Kodek*, Instrumentalisierung (Fn. 26), S. 93 (105 ff.).
87 Ein solches Verfahren andenkend, aber keinen „grundlegende[n] Reformbedarf" feststellend, *Kodek*, Instrumentalisierung (Fn. 26), S. 93 (110 f.); in eine ähnliche Richtung *Roth*, Prozesszweck (Fn. 20), 129 (147); vgl. ferner *H. Koch*, Prozeßführung (Fn. 57), S. 102 f.
88 Anders als etwa in § 2 Abs. 1 S. 2 KapMuG, wonach der Musterverfahrensantrag nur von den Parteien gestellt werden kann, soll mittels sua sponte-Befugnis des Gerichts der öffentliche Charakter (stärker) zum Ausdruck gebracht werden.

kungen über die formal am Verfahren Beteiligten hinaus erwarten lässt.[89] Eine Umweltsache von erheblicher Bedeutung kann sich beispielsweise in quantitativer – eine Vielzahl materiell Betroffener kann vom Verfahren in Mitleidenschaft gezogen werden – oder in qualitativer Hinsicht zeigen – es stehen wesentliche Umweltbelange, auch vor dem Hintergrund der Gewaltenteilung[90], auf dem Spiel. Im Übrigen kann auf die Definition des Allgemeininteresses in § 166 Nr. 2 dZPO Bezug genommen werden – die Prozesskostenhilfe für juristische Personen oder Personenvereinigungen ist auf Rechtstreitigkeiten von allgemeinem Interesse beschränkt.[91] Von rein quantitativen Definitionsversuchen, etwa durch Vorgabe einer Mindestanzahl materiell Betroffener, sollte hingegen Abstand genommen werden, da sich die Situation von Fall zu Fall deutlich unterscheiden kann. Gleiches trifft auf eine Vorprüfung der Erfolgsaussichten zu. Zum einen hat keine Beweisaufnahme stattgefunden, weshalb zu der Frage keine verlässlichen Aussagen getroffen werden kann. Zum anderen kann mit anderen Instrumenten – wie der loser *pays rule* und *fact pleading*[92] – missbräuchlichen Klagen entgegengewirkt werden.

Gleichzeitig wäre mit der Zulassung der Klage über eine Modifikation des Kostenrechts nachzudenken. Die den europäischen Prozesskulturen gemeinsame *loser pays rule*[93] ist zwar im Grundsatz dem Amerikanischen Modell vorzuziehen, bei dem im Ausgangspunkt jede Partei ihre Kosten selbst trägt.[94] Sie kann allerdings Betroffene von der Klageerhebung abschrecken. Bei einem reinen Individualkonflikt ist dieser Effekt zu vernachlässigen, stehen sich doch nur die Interessen von Kläger und Beklagtem gegenüber. Anders sieht es hingegen bei öffentlichen Belangen aus; inso-

---

89 Allgemein zu einem Definitionsentwurf des öffentlichen Interesses *Halfmeier*, Popularklagen (Fn. 11), S. 204 ff.; *H. Koch*, Prozeßführung (Fn. 57), S. 12 ff.; vgl. aber *Kodek*, Instrumentalisierung (Fn. 26), S. 93 (102), der in einem ähnlichen Zusammenhang „unüberwindliche Bewertungs- und Abgrenzungsprobleme" anführt.
90 Siehe dazu noch unter E.
91 Dazu BGH NJW 2011, 1595 (1596 f.); ferner *H. Koch*, Prozeßführung (Fn. 57), S. 14 f.
92 Zu den Unterschieden zu dem im U.S.-amerikanischen Zivilprozessrecht gebräuchlichen *notice pleading R. Stürner/Kern*, in: GS Konuralp (Fn. 41), S. 997 (1002 ff.); vgl. auch *R. Stürner*, Collective Actions (Fn. 59), 259 (261).
93 Aus rechtsvergleichender Warte *C. Hodges/S. Vogenauer/M. Tulibacka*, National Approaches to Costs and Funding of Civil Litigation, in: C. Hodges/S. Vogenauer/M. Tulibacka (Hrsg.), The Costs and Funding of Civil Litigation, Oxford 2010, S. 11 (17 ff.).
94 Etwa *M. Breyer*, Kostenorientierte Steuerung des Zivilprozesses, Tübingen 2006, S. 229 ff.

weit droht die Gefahr, dass eine Rechtsdurchsetzung aufgrund der nicht unerheblichen Kostenlast unterbleibt. Wenn allerdings der Prozess auch im öffentlichen Interesse geführt wird, scheint es gerechtfertigt, von dem formalen Unterliegensprinzip zumindest partiell Abstand zu nehmen und die Allgemeinheit moderat an den Kosten zu beteiligen[95]. Gleiches trifft auf die Festsetzung des Streitwerts zu, ist dessen Bestimmung nach den tradierten Regeln doch weniger aussagekräftig, da letztlich Allgemeininteressen zur Debatte stehen.[96] In diese Richtung geht auch § 48 Abs. 1 S. 2 GKG, der eine Streitwertdeckelung bei kollektiven Verfahren vorsieht. Um die an sich begrüßenswerte Steuerungswirkung durch das Kostenrecht nicht gänzlich zu entwerten, böte sich ein Spielraum des Gerichts bei der Streitwertfestsetzung an, mit dessen Hilfe das öffentlichen Interesse berücksichtigt werden kann. Denkbar wäre etwa bei zunächst aussichtsreichen Klagen, die sich später als erfolglos erweisen, eine Reduzierung des Streitwerts – oder die gesetzliche Einführung einer Streitwertobergrenze analog zu § 48 Abs. 1 S. 2 GKG –, während er sich im Fall des Obsiegens auch erhöhen könnte. Im Ergebnis wäre dies nichts anderes als eine Art Erfolgshonorar,[97] allerdings mit dem Unterschied, dass eine Gleichbehandlung von Zahlungsklagen und sonstigen Leistungs- bzw. Unterlassungsbegehren erreicht würde.

Sollte keine Umweltsache von besonderer Bedeutung vorliegen, würde der Kläger auf den „normalen" Zivilprozess verwiesen. Insoweit kann missbräuchlichen und unausgereiften Klagen entgegengewirkt werden, da sich der Kläger nie sicher sein kann, ob das Verfahren letztlich zugelassen wird und er in den Genuss einer vorteilhaften Kostenregelung kommt. Diese Unsicherheit, doch unter das Kostenregime des § 91 dZPO bzw. § 41 öZPO zu fallen, kann unseriöse Kläger abschrecken. Zugleich kann sich die Versagung der Zulassung positiv für die Reputation des Beklagten auswirken, da dem klägerischen Anliegen die überindividuelle Bedeutung abgesprochen

---

95 In diese Richtung, aber (wohl) weitergehend *Halfmeier*, Popularklagen (Fn. 11), S. 353; *H. Koch*, Prozeßführung (Fn. 57), S. 167 u. 287; siehe auch *H. Koch*, Grenzüberschreitende strategische Zivilprozesse, KJ 2014, 432 (445 f.); *Roth*, Prozesszweck (Fn. 20), 129 (147); *E. Schmidt*, Der Umgang mit Normtatsachen im Zivilprozeß, in: C. Broda/E. Deutsch/H.-L. Schreiber/H.-J. Vogel (Hrsg.), Festschrift für Rudolf Wassermann, Darmstadt 1985, S. 807 (815 f.); diesbzgl. kritisch *Kodek*, Instrumentalisierung (Fn. 26), S. 93 (109).

96 Zwar stellt § 3 dZPO die Festsetzung des Streitwerts in das Ermessen des Gerichts; dieses richtet sich jedoch nach dem Interesse des Klägers; siehe in dieser Hinsicht auch *Kodek*, Instrumentalisierung (Fn. 26), S. 93 (108); ferner *Halfmeier*, Popularklagen (Fn. 11), S. 351 f.

97 Vgl. diesbzgl. schon *Hess*, Kollektivklagen (Fn. 58), 66 (68).

wäre – ein Faktor, der gerade beim zunehmenden Phänomen der strategischen Prozessführung keinesfalls zu unterschätzen ist[98].

II. Auswirkungen auf die Parteiherrschaft

In einem Individualprozess in einer freiheitlichen Gesellschafts- und Wirtschaftsordnung obliegt es in erster Linie den Parteien, über Streitgegenstand und Tatsachenstoff zu disponieren. Diese mit dem Grundsatz der Parteiherrschaft beschriebene Autonomie kann allerdings nur soweit reichen, wie es sich um rein individuelle bzw. subjektive Positionen handelt. Öffentliche Belange bzw. objektive Positionen sind der Verfügungsbefugnis der Parteien entzogen. Im Kollektivverfahren liegt es in erster Linie beim Gericht, den öffentlichen Interessen zum Durchbruch zu verhelfen. Beim hier in Rede stehenden Umweltprozessrecht kann dies nicht anders sein.

1. Dispositionsmaxime

Was die Herrschaft der Parteien über Anfang und Gegenstand des Prozesses betrifft, könnte darüber nachgedacht werden, die Verfahrenseinleitung (auch) öffentlichen Stellen anzuvertrauen. Dies erscheint als konsequente Fortentwicklung des Ausgangspunkts, dass ausschließlich öffentliche Stellen über objektive Positionen sollen verfügen dürfen. Zugleich würde damit das öffentliche Interesse besonders betont; die Prüfung eines besonderen öffentlichen Interesses im Zulassungsverfahren könnte dann bisweilen entfallen.

Dieser Ansatz sieht sich jedoch grundlegenden Einwänden ausgesetzt.[99] So wäre schon fraglich, welcher öffentlichen Stelle die Kompetenz zur Klageerhebung zustehen sollte. Das Gericht als Initiator zu sehen, wäre vor dem Hintergrund der richterlichen Neutralität problematisch, wäre dann der Prozessführer gleichzeitig das für die Entscheidung zuständige Organ.

---

98 Allgemein zur strategischen Prozessführung *Adolphsen*, Parteibegriff (Fn. 6), 299 (328 ff.); *Roth*, Prozesszweck (Fn. 20), 129 (143 ff.); *M. Stürner*, Strategisch geführte Zivilprozesse – institutionelle Rahmenbedingungen im deutsch-schweizerischen Vergleich, ZZPInt 25 (2020), 265 (268 f.); vgl. auch *Kodek*, Instrumentalisierung (Fn. 26), S. 93 (94 ff.); aus verfassungsrechtlicher Perspektive *P. Lange*, Strategische Prozessführung, GVRZ 2023 (im Erscheinen).
99 Vgl. diesbzgl. auch *H. Koch*, Prozeßführung (Fn. 57), S. 104 f. u 109.

Auch die Rolle der Staatsanwaltschaft wurde im Zivilverfahrensrecht immer mehr zurückgedrängt.[100] Überdies wäre die Verfahrenseinleitung ohne „echten" Anstoß von außen dem deutschen Zivilprozessrecht eher fremd.[101] Auch aus anderen Gründen sollte an der Herrschaft Privater über die Klageerhebung festgehalten werden, würde doch sonst wieder zum *public law enforcement* zurückgekehrt werden. Nicht nur stünde dann die Ergänzungsfunktion privatrechtlicher Klagen de facto vor dem Aus – es sollen ja gerade potentielle administrative Vollzugsdefizite überwunden werden. Auch stehen der öffentlichen Hand mit den Handlungsformen des Verwaltungsrechts „schnellere" bzw. „einfachere" Instrumente zur Verfügung,[102] sodass eher weniger davon auszugehen ist, dass von der Einleitung zivilgerichtlicher Verfahren Gebrauch gemacht wird.

Anders sieht es hingegen mit der Herrschaft der Parteien über die Beendigung des von ihnen eingeleiteten Prozesses aus. Anknüpfungspunkt wäre das für Vergleiche geltende Genehmigungserfordernis im kollektiven Rechtsschutz. Insoweit ist die Freiheit der Parteien, über den Streitgegenstand nach Klageerhebung zu verfügen, eingeschränkt. Diesbezüglich sollte im Hinblick auf verfahrensbeendende Prozesshandlungen über eine Verallgemeinerung nachgedacht werden.[103] Derartigen Parteidispositionen – neben dem Vergleich etwa die Klagerücknahme, der Verzicht oder das Anerkenntnis – sollten entsprechend dem für Vergleiche geltenden Genehmigungserfordernis im kollektiven Rechtsschutz von einem legitimen Interesse abhängig gemacht werden, das der gerichtlichen Kontrolle unterliegt. Insoweit überwiegt das Allgemeininteresse das Interesse der Parteien an in-

---

100 Exemplarisch die der Staatsanwaltschaft nach § 24 Abs. 1 EheG bis zur Aufhebung des EheG am 01.07.1998 zur Verfügung stehende Möglichkeit, die Unwirksamkeit einer Ehe mittels Nichtigkeitsklage feststellen zu lassen; dazu *H. Hirte*, Der amicus-curiae-brief – das amerikanische Modell und die deutschen Parallelen, ZZP 104 (1991), 11 (46); zu den Entwicklungen etwa *Kern*, in: Stein/Jonas (Fn. 9), vor § 128 Rn. 169; *C. Heinze*, Verfahrensrechtliche Aspekte der richterlichen Rechtsfortbildung in Deutschland, RabelsZ 80 (2016), 254 (282 f.); ferner *Roth*, Prozeßzweck (Fn. 20), 129 (133 u. 147).

101 Selbst in FamFG-Verfahren, in denen der fürsorgende Charakter im Vordergrund steht, gilt die Offizialmaxime nicht ausnahmslos; in nicht wenigen Fällen obliegt die Verfahrenseinleitung den Beteiligten; dazu *B. Ulrici*, in: T. Rauscher (Hrsg.), MüKo FamFG, Bd. 1, 3. Aufl., München 2018, vor § 23 Rn. 10 ff.

102 Allgemein *Kern*, Enforcement (Fn. 56), 351 (366 f.); aus Perspektive des Finanzmarktaufsichtsrechts *C. Uhlmann*, Individualschutz im Kapitalmarkt und Bankenaufsichtsrecht, Tübingen 2021, S. 797 f.; ferner *Grimm*, Gesellschaft (Fn. 14), S. 25.

103 Vgl. diesbzgl. auch *Halfmeier*, Popularklagen (Fn. 11), S. 328 ff.; *H. Koch*, Prozeßführung (Fn. 57), S. 105 ff. u. 287.

dividueller Streitbeilegung. Es soll nicht ausschließlich der Disposition Privater unterliegen, einen Rechtsstreit im öffentlichen Interesse einer gerichtlichen Prüfung zu entziehen, zumal bereits beträchtliche Aufwendungen des Gerichts hinsichtlich Sachverhaltsfeststellung und Verfahrensgestaltung angefallen seien können.[104] Diese Einschränkung wäre auch nicht mit einer unverhältnismäßigen Belastung der Parteien verbunden. Zwar könnte damit einhergehen, dass die Parteien den Prozess entgegen ihrem Willen bis zum Urteilerlass fortführen müssten, was die mit dem Prozess verbundenen Kosten erhöhen würde. Allerdings sollte für das Gericht die Möglichkeit bestehen, den Streitwert flexibel zu bestimmen und demnach entsprechend reduzieren zu können.[105] Insoweit würden sich auch die Kosten für die unterlegene Partei reduzieren. Zudem soll lediglich einer sachfremden Verfahrensbeendigung entgegengewirkt werden, in das auch das Interesse der Parteien an der Vermeidung weiterer Kosten einfließen kann; nur einen Funktionsverlust des Verfahrens gilt es zu vermeiden.

2. Beibringungsgrundsatz

Die Rechtfertigung, den Parteien die Verantwortung für die Beibringung des Tatsachenstoffs zuzuweisen, wird neben der Verknüpfung der Parteiherrschaft mit der materiell-rechtlichen Privatautonomie mit dem Argument der Sachnähe begründet. Da typischerweise private Positionen Gegenstand des Rechtsstreits bilden, sind die Parteien in aller Regel am besten mit den tatsächlichen Gegebenheiten vertraut; sie verfügen gegenüber Dritten über einen Informationsvorsprung. Da die Parteien zudem unmittelbar vom Ausgang des Rechtsstreits betroffen werden, sind sie darüber hinaus auch dem stärksten Anreiz ausgesetzt, das Gericht mit den für sie günstigen Tatsachen zu versorgen.[106]

Im Hinblick auf Umweltsachen von besonderer Bedeutung kann diese Primärverantwortlichkeit der Parteien allerdings aus mehreren Gründen

---

104 Vgl. in diesem Zusammenhang auch die von den § 555 Abs. 3, § 565 S. 2 dZPO statuierten Einschränkungen der Dispositionsmaxime im Revisionsrecht; dazu *Heinze*, Rechtsfortbildung (Fn. 100), 254 (279 ff.); *Roth*, Prozesszweck (Fn. 20), 129 (150 f.); *Schilken*, Prozessmaximen (Fn. 21), 153 (165 f.); *T. Winter*, Revisionsrücknahme und Anerkenntnisurteil in dritter Instanz, NJW 2014, 267; ferner *Hau*, Informationsverantwortung (Fn. 9), 154 (174 f.).
105 Siehe dazu schon D.I.
106 Siehe schon die Nachweise in Fn. 49.

Kollektiver Rechtsschutz als Grundmodell für ein Umweltprozessrecht

nicht überzeugen. Neben privaten Interessen stehen in erster Linie öffentliche Belange zur Debatte. Insoweit besteht weder ein Informationsvorsprung Privater[107] noch eine „Interessenlosigkeit" des Staates am Ausgang des Verfahrens[108] – und damit auch keine Interessenlosigkeit an der Korrektheit der Tatsachengrundlage. Es kann auch nicht (ausschließlich) von den Parteien erwartet werden, Tatsachen beizubringen, die über den konkreten Rechtsstreit hinaus von Bedeutung sind, zumal ihnen andernfalls zugemutet würde, die dafür erforderlichen Kosten zu tragen. Gleiches trifft auf die Ermittlung von Hintergrundinformationen zu, um dem Gericht eine Einschätzung der Betroffenheit potentieller Dritter oder der Allgemeinheit zu ermöglichen. Da der Prozess Auswirkungen für eine Vielzahl von Personen bzw. öffentliche Belange hat, wäre es zudem funktionswidrig, die Herrschaft über den Tatsachenstoff allein bei den Parteien zu verorten.[109] Vor diesem Hintergrund entbehrt es auch diesbezüglichen Prozesshandlungen, wie dem Geständnis (§ 288 dZPO), oder der Möglichkeit, mittels gezieltem Tatsachenvortrag bzw. Nichtbestreiten das Verfahren zu steuern, der Rechtfertigung.

In Verfahrensformen, in denen das öffentliche Interesse eine wichtige Rolle spielt, gilt grundsätzlich der Untersuchungsgrundsatz.[110] Dies sollte auch im Umweltprozessrecht der Fall sein. Damit wird nicht nur eine ergänzende Informationsbeschaffung durch das Gericht ermöglicht, sondern auch das Gericht von der Bindung an die einverständlich von den Parteien vorgebrachten Tatsachen gelöst. Insoweit kann von einem Zusammenhang zwischen dem öffentlichen Interesse an dem konkreten Verfahren und der Informationsverantwortung gesprochen werden. Für die Ermittlung der tatsächlichen Urteilsgrundlagen wäre dann in erster Linie das Gericht verantwortlich, dem darüber hinaus zusätzliche Instrumente zur Gewinnung

---

107 Vgl. auch *H. Konzen*, Normtatsachen und Erfahrungssätze bei der Rechtsanwendung im Zivilprozess, in: E. Schilken/E. Becker-Eberhard/W. Gerhardt (Hrsg.), Festschrift für Hans Friedhelm Gaul, Bielefeld 1997, S. 335 (348); *Halfmeier*, Popularklagen (Fn. 11), S. 347 f.; *E. Schmidt*, in: FS Wassermann (Fn. 95), S. 807 (812); ferner *U. Kühne*, Amicus Curiae, Tübingen 2015, S. 104 u. 183 f.
108 Siehe zu dieser Aussage schon B.I.
109 Vgl. insoweit die Stimmen in Fn. 83, die sich im kollektiven Rechtsschutz für die Einführung des Untersuchungsgrundsatzes aussprechen.
110 Exemplarisch § 26 FamFG; § 76 Abs. 1 S. 1 FGO; § 86 Abs. 1 S. 1 VwGO; dazu etwa *Rauscher*, in: MüKo ZPO (Fn. 6), Einleitung Rn. 372 u. 375; *Rechberger/Simotta*, Zivilprozessrecht (Fn. 9), Rn. 461; *Rosenberg/Schwab/Gottwald*, Zivilprozessrecht (Fn. 6), § 77 Rn. 4 u. 45 ff.; allgemein *H. Koch*, Prozeßführung (Fn. 57), S. 110 f. u. 287.

von Beweismitteln zustehen sollten – wie etwa der Rückgriff auf die sich bei allgemeinen stattlichen Stellen befindenden Urkunden, § 99 VwGO. Dies bedeutet allerdings nicht, dass die Parteien von sämtlichen, den Prozessstoff betreffenden Verantwortungen befreit sind – dies gilt dann auch für die damit verbundenen Anreize. Erstens trifft sie typischerweise eine Mitwirkungspflicht.[111] Zweitens werden die Parteien nur von der subjektiven Darlegungs- und Beweisführungslast befreit. Sie trifft aber eine objektive Beweislast, sollte die Amtsermittlung unergiebig bleiben.[112] Zudem muss der Kläger den Streitgegenstand festlegen und damit den Rahmen der Amtsermittlungspflicht umreißen; die Verfahrenseinleitung bleibt in der Hand des Klägers.[113] Damit geht auch einher, eine plausible Grundlage zu schaffen, von der aus eine sinnvolle Ermittlungstätigkeit des Gerichts überhaupt möglich ist.

III. Informationsbeschaffung und Beteiligung Dritter am Prozess

Mit der Festlegung auf den Amtsermittlungsgrundsatz wird die Primärverantwortung des Gerichts für die Beschaffung des Tatsachenstoffs betont. Damit ist aber noch nicht die Frage beantwortet, wie das Gericht die ihm obliegende Aufgabe erfüllen kann. Hintergrund ist die Einsicht, dass richtungsweisende gerichtliche Entscheidungen, die bei Umweltsachen von besonderer Bedeutung ergehen können, nicht nur die Kenntnis der Rechtslage, sondern oftmals auch vielfältige tatsächliche Hintergrundinformationen erfordern. Es geht um die Berücksichtigung weitreichender Entscheidungsfolgen, deren Ziele und Auswirkungen über die formal am Prozess Beteiligten hinausgehen. Was dies betrifft, ist nach dem zuvor Gesagten wenig überraschend, dass sich die sozialen und ökonomischen Grundlagen eines von der konkreten Entscheidung losgelösten zukünftigen Sachverhalts

---

111 Exemplarisch § 86 Abs. 1 S. 1 HS 2 VwGO; ferner *Rauscher*, in: MüKo ZPO (Fn. 6), Einleitung Rn. 373; *Rechberger/Simotta*, Zivilprozessrecht (Fn. 9), Rn. 458 u. 461; *Rosenberg/Schwab/Gottwald*, Zivilprozessrecht (Fn. 6), § 77 Rn. 7; *Roth*, Recht und Gesellschaft (Fn. 16), S. 149 (161).

112 *F. Baur*, Einige Bemerkungen zur Beweislastverteilung im Verwaltungsprozeß, in: G. Püttner (Hrsg.), Festschrift für Otto Bachof, München 1984, S. 285 (292); *G. Lüke*, Grundsätze des Verwaltungsprozesses, JuS 1961, 41 (44); *Rauscher*, in: MüKo ZPO (Fn. 6), Einleitung Rn. 373; *Rosenberg/Schwab/Gottwald*, Zivilprozessrecht (Fn. 6), § 116 Rn. 3.

113 *Baur*, in: FS Bachof (Fn. 112), S. 285 (287 f.); *Lüke*, Grundsätze (Fn. 112), 41 (43 f.).

in der Regel nicht umfassend aus den dem Gericht von den Parteien vorgebrachten Informationen ergeben. Gleichzeitig ist das Beweisrecht grundsätzlich auf die Aufklärung des den Gegenstand der Klage bildenden historischen Sachverhalts bezogen, nicht aber hinsichtlich möglicherweise in der Zukunft berührter Interessen Dritter oder Belange der Allgemeinheit; für diese Fragen stellt das geltende Recht keinen expliziten Verfahrensrahmen zur Verfügung.[114]

Die Konstellation ähnelt der zur Ermittlung von Normtatsachen – also den tatsächlichen Hintergrundinformationen, die erforderlich sind, um dem Gericht die Konkretisierung unbestimmter Rechtsbegriffe zu ermöglichen –[115] und prozessualen Rechtsfortbildung geführten Diskussion – insoweit geht es um Daten, die für eine abstrakt-generelle Regelbildung über den konkreten Fall hinaus erforderlich sind[116]. Auch insoweit erhöht sich der gerichtliche Informationsbedarf und die Zahl der (potentiell) betroffenen Interessen summiert sich. Gerade bei der Rechtsfortbildung müssen Gerichte oftmals Überlegungen eines Gesetzgebers anstellen, also eine zukunftsbezogene Analyse durchführen bzw. eine Makroperspektive einnehmen.[117] Daher verwundert es nicht, dass sowohl bei der Ermittlung von Normtatsachen als auch Rechtsfortbildungstatsachen dem Amtsermittlungsgrundsatz mitunter das Wort geredet wird.[118] Hinzu kommt, dass

---

114 Zu dieser Einsicht *Heinze*, Rechtsfortbildung (Fn. 100), 254 (262 f.); *Hirte*, amicus-curiae-brief (Fn. 100), 11 (62); *Konzen*, in: FS Gaul (Fn. 107), S. 335 (347 f. u. 352 f.); *Kühne*, Amicus Curiae (Fn. 107), S. 192 ff. u. 331; ferner *Hau*, Informationsverantwortung (Fn. 9), 154 (176); *H. Seiter*, Beweisrechtliche Probleme der Tatsachenfeststellung bei richterlicher Rechtsfortbildung, in: W. Grunsky/R. Stürner/G. Walter/M. Wolf (Hrsg.), Festschrift für Fritz Baur, Tübingen 1981, S. 573 (576 u. 579 ff.).
115 Siehe diesbzgl. etwa *Heinze*, Rechtsfortbildung (Fn. 100), 254 (264 ff.); *Konzen*, in: FS Gaul (Fn. 107), S. 335 (341 ff.); *Halfmeier*, Popularklagen (Fn. 11), S. 341 ff.; *Kühne*, Amicus Curiae (Fn. 107), S. 184 f. u. 227 ff.; *P. Pohlmann*, Ökonomische Normtatsachen im Kartellzivilprozess, in: A. Bruns/C. Kern/J. Münch/A. Piekenbrock/A. Stadler/D. Tsikrikas (Hrsg.), Festschrift für Rolf Stürner, Tübingen 2013, S. 435 (445 ff.); *E. Schmidt*, in: FS Wassermann (Fn. 95), S. 807 (809 ff.).
116 Dazu umfassend *C. Hergenröder*, Zivilprozessuale Grundlagen richterlicher Rechtsfortbildung, Tübingen 1995, S. 369 ff.
117 *Heinze*, Rechtsfortbildung (Fn. 100), 254 (269); *Kühne*, Amicus Curiae (Fn. 107), S. 190; ferner *H. Koch*, Prozeßführung (Fn. 57), S. 98; *E. Schmidt*, in: FS Wassermann (Fn. 95), S. 807 (809 u. 811).
118 Etwa von *Halfmeier*, Popularklagen (Fn. 11), S. 348 ff.; *Hergenröder*, Rechtsfortbildung (Fn. 116), S. 401 ff.; *Hirte*, amicus-curiae-brief (Fn. 100), 11 (62); *Kern*, in: Stein/Jonas (Fn. 9), vor § 128 Rn. 214; *Konzen*, in: FS Gaul (Fn. 107), S. 335 (350 f.); *Pohlmann*, in: FS R. Stürner (Fn. 115), S. 435 (450); *Rosenberg/Schwab/Gottwald*,

ein besonderes „Beweisrecht" für derartige Gesichtspunkte fehlt; vielmehr erfolgt die richterliche Informationsbeschaffung informell, d.h. außerhalb des Verfahrens analog zum Freibeweis,[119] wenn deren Beibringung nicht der beweisbelasteten Partei überantwortet wird – wie etwa hinsichtlich des Nachweises eines bestimmten Handelsbrauchs[120].

Da es bei Umweltbelangen von erheblicher Bedeutung nicht lediglich um die Beseitigung eines Individualkonflikts geht, sondern öffentliche Interessen im Raum stehen, ist das Gericht in die Lage zu versetzen, die Auswirkungen seines Urteils auf vergleichbare Sachverhalte zu überblicken und möglichst alle potentiell berührten Interessen in den Prozess einfließen lassen zu können. Es bedarf einer möglichst vollständigen Informationsgewinnung. In dieser Hinsicht bietet sich die Einführung des insbesondere im U.S.-amerikanischen Recht bekannten amicus curiae-Instituts an.[121] Unter einem amicus curiae wird landläufig eine Person verstanden, wie etwa ein Verband oder sonstige Interessengruppe, die schriftlich oder mündlich ihre Auffassung zu (einzelnen) Gesichtspunkten des Rechtsstreits mitteilt.[122] Dies kann etwa auf einem Ersuchen des Gerichts oder auf eigener Initiative basieren. Nicht nur kann damit nicht unmittelbar am Prozess Beteiligten, deren Interessen durch den Prozess tangiert werden, eine formalisierte Einflussmöglichkeit eröffnet werden. Diese können zugleich auf Punkte hinweisen, die von den Parteien nicht ausreichend vorgetragen wurden und dem Gericht nicht ohne weiteres geläufig sind.[123] Amicus curiae-Stellungnahmen können auch deshalb besonders wertvoll sein, weil sie – anders als

---

Zivilprozessrecht (Fn. 6), § 112 Rn. 21; *E. Schmidt*, in: FS Wassermann (Fn. 95), S. 807 (812); *Seiter*, in: FS Baur (Fn. 114), S. 573 (589 f.); in diese Richtung auch *Heinze*, Rechtsfortbildung (Fn. 100), 254 (275 f.).

119 *Pohlmann*, in: FS R. Stürner (Fn. 115), S. 435 (450 f.); *Rosenberg/Schwab/Gottwald*, Zivilprozessrecht (Fn. 6), § 112 Rn. 21; siehe auch *Heinze*, Rechtsfortbildung (Fn. 100), 254 (274); *Konzen*, in: FS Gaul (Fn. 107), S. 335 (347 u. 354 f.); *Kühne*, Amicus Curiae (Fn. 107), S. 230 ff. u. 331; *Seiter*, in: FS Baur (Fn. 114), S. 573 (590).

120 Etwa BGH NJW-RR 2009, 715 (716 Rn. 14); ferner *U. Foerste*, in: H.-J. Musielak/W. Voit (Hrsg.), ZPO, 19. Aufl., München 2022, § 284 Rn. 3.

121 In diese Richtung ebenfalls *Heinze*, Rechtsfortbildung (Fn. 100), 254 (278 f.); *H. Koch*, strategische Zivilprozesse (Fn. 95), 432 (449); *Kodek*, Instrumentalisierung (Fn. 26), S. 93 (111); ferner *Basedow*, RabelsZ 80 (2016), 250 f; *H. Koch*, Prozeßführung (Fn. 57), S. 117 ff. u. 288; *Pohlmann*, in: FS R. Stürner (Fn. 115), S. 435 (454); weitergehend *Hirte*, amicus-curiae-brief (Fn. 100), 11 (62 ff.); kritisch hingegen *Roth*, Prozesszweck (Fn. 20), 129 (147).

122 Etwa *Kühne*, Amicus Curiae (Fn. 107), S. 2.

123 Vgl. auch *H. Koch*, Prozeßführung (Fn. 57), S. 120; *Kühne*, Amicus Curiae (Fn. 107), S. 111 f.

etwa Artikel in Fachzeitschriften – auf den jeweiligen Prozess maßgeschneiderte Aussagen enthalten. Gerade wenn Erkenntnisse aus nicht juristischen Gebieten den Gegenstand bilden, kann sich ein Zuschnitt auf den konkreten Fall als besonders hilfreich erweisen.

In gewisser Weise entspricht die Zulassung von amicus curiae-Stellungnahmen funktional der Beteiligung der Öffentlichkeit und der parlamentarischen Anhörung im legislativen Rechtssetzungsverfahren,[124] obgleich damit keine „echte" demokratische Legitimation erreicht werden kann[125]. Abgesehen von dem Umstand, dass Richter nicht vom Volk gewählt werden, ist die Berücksichtigung sämtlicher potentiell beeinträchtigter Interessen im Rahmen einer gerichtlichen Auseinandersetzung schlicht nicht praktikabel; die Justizförmigkeit des Verfahrens setzt der Drittbeteiligung Grenzen. Dies entspricht im Ergebnis auch den ALI/UNIDROIT Principles of Transnational Civil Procedure und den ERCP, wonach amicus curiae-Stellungnahmen als (zusätzliches) Informationsmittel des Gerichts fungieren – und nicht als Anhörungsrecht Dritter.[126] Gleiches trifft im Wesentlichen auf die in Kollektivverfahren bestehende Möglichkeit zu, *(fairness) hearings* anzuberaumen.

Wie ließe sich nun die Beteiligung Dritter zur Informationsgewinnung in Grundzügen ausgestalten? Um dem öffentlichen Interesse bei Umweltsachen von besonderer Bedeutung Ausdruck zu verleihen, sollte die Entscheidung über das Ob und das Wie der Hinzuziehung von amicus curiae allein dem Gericht obliegen.[127] Entscheidend sollte jeweils das Informationsbedürfnis des konkreten Falls, nachgelagert aber auch der Faktor ‚zügige bzw. kostengünstige Entscheidung' sein. Um dem Anspruch auf rechtliches Gehör bzw. Recht auf ein faires Verfahren zu genügen und Missbrauchsrisiken zu minimieren, ist den Parteien Gelegenheit zur Stellungnahme zu geben.[128] Zudem sollten grundsätzlich die Inhalte der eingegangenen

---

124 Vgl. *Hirte*, amicus-curiae-brief (Fn. 100), 11 (21 u. 63); *Kühne*, Amicus Curiae (Fn. 107), S. 76 u. 120 ff.
125 *Kühne*, Amicus Curiae (Fn. 107), S. 124 ff.; ferner *Seiter*, in: FS Baur (Fn. 114), S. 573 (583).
126 Principle 13 ALI/UNIDROIT Principles of Transnational Civil Procedure; Rule 43 ERCP.
127 Vgl. auch zu den mehr der Parteiherrschaft verschriebenen ALI/UNIDROIT Principles *Kühne*, Amicus Curiae (Fn. 107), S. 163 ff.
128 Zu den verfassungsrechtlichen Hintergründen *Heinze*, Rechtsfortbildung (Fn. 100), 254 (275 u. 278); *Kühne*, Amicus Curiae (Fn. 107), S. 223 f.; vgl. auch *Pohlmann*, in: FS R. Stürner (Fn. 115), S. 435 (452); *Seiter*, in: FS Baur (Fn. 114), S. 573 (589).

amicus curiae briefs veröffentlicht werden. Im Wesentlichen läuft dies an eine Anlehnung an § 27a BVerfGG hinaus – Stellungnahmen sachkundiger Dritter bilden einen zentralen Beitrag bei der Informationsbeschaffung in verfassungsrechtlichen Verfahren.[129] Daraus folgt auch, dass die gerichtliche Ermittlung von über die „reinen" Subsumtionstatsachen hinausgehenden (tatsächlichen) Gesichtspunkten praktisch durchführbar ist.

IV. Synthese

Ein mit einer Umweltsache von besonderer Bedeutung einhergehendes öffentliches Interesse liefert die Rechtfertigung für die Anwendung besonderer Verfahrensregeln, die sich durch verstärkte richterliche Aktivität und die damit verbundene Beschränkung der Parteiherrschaft auszeichnen. Gleichzeitig kann mittels Einsatzes zusätzlicher staatlicher Ressourcen dem öffentlichen Interesse an der „Richtigkeit" weitreichender Entscheidungen Rechnung getragen werden. Eine stärkere Inpflichtnahme des Gerichts bedingt zugleich eine Berücksichtigung von Dritt- bzw. Allgemeininteressen, die im tradierten Verfahrensrecht nicht ausreichend repräsentiert werden bzw. von denen nicht durchweg erwartet werden kann, dass sie von den Parteien adäquat in den Prozess eingeführt werden. Insoweit fungiert das Gericht als ein möglicher Repräsentant der im Prozess nicht formal vertretenen Interessen. Dabei kommt ihm auch die Aufgabe zu, wie in Kollektivverfahren für eine angemessene Interessenvertretung der materiell Betroffenen, aber auch der Allgemeinheit, zu sorgen und bei Prozesshandlungen, die zu ihrer Wirksamkeit der Genehmigung des Gerichts bedürfen, eine Ermessensentscheidung unter Berücksichtigung gegenläufiger Interessen zu treffen.

E. Fazit und Ausblick

Nicht nur Umweltklagen tragen dazu bei, dass auf den Zivilprozess mehr und mehr als Vehikel zur Durchsetzung öffentlicher Interessen durch Private zurückgegriffen wird. Neben der schon erwähnten Stärkung von

---

129 Dazu *Hirte*, amicus-curiae-brief (Fn. 100), 11 (48 f.); *Kühne*, Amicus Curiae (Fn. 107), S. 310 ff.; *Seiter*, in: FS Baur (Fn. 114), S. 573 (585 ff.); ferner *H. Koch*, Prozeßführung (Fn. 57), S. 93 f.

private law enforcement legen etwa aus letzter Zeit Klagen wegen Menschenrechtsverletzungen[130] davon Zeugnis ab. Auf diese sich in erster Linie auf Ebene des materiellen Rechts abspielenden Phänomene hat auch das Verfahrensrecht zu reagieren. Dies bedingt eine Veränderung im Informationsbedarf, aber auch eine stärkere Inpflichtnahme des Gerichts, wo es nicht mehr allein um Parteiinteressen geht. So kann mittels zusätzlicher Informationsinstrumente die Belastung der Gerichte mit komplizierten Beweisproblemen abgemildert werden; Gerichte werden in einem höheren Maße in die Lage versetzt, komplexe Entscheidungsparameter zu berücksichtigen und entsprechende Folgenerwägungen anzustellen. Vor dem Hintergrund, dass das geltende Verfahrensrecht den ordentlichen Gerichten kein förmliches Verfahren für die Ermittlung von über die Subsumtionstatsachen hinausgehenden Informationen zur Verfügung stellt, gilt dies umso mehr – Ausführungen zu Normtatsachen erschöpfen sich in nicht wenigen Fällen in pauschalen Bezugnahmen auf (Alltags-)Theorien ohne entsprechende Quellenangaben[131]. Auch kann das Zulassungsverfahren ein stärkeres Bewusstsein der Gerichte dahingehend schaffen, dass das Verfahren sich im Grenzbereich zur Legislative bewegen kann und auf diese Weise Friktionen mit dem Gewaltenteilungsgrundsatz auftreten können.

Da aller Wahrscheinlichkeit nach Gerichte so oder so mit Umweltsachen von erheblicher Bedeutung befasst werden, muss die Frage lauten, wie Gerichte in die Lage versetzt werden können, diesen Konstellationen „bestmöglich" gerecht zu werden, damit sie weitreichende Entscheidungen auf informierter Grundlage treffen können. Ein gänzliches Verschließen vor öffentlichen Interessen tangierenden Fragen – etwa im Wege der Einführung einer *political question doctrine*[132] – ist vor dem Hintergrund der Zunahme von *private law enforcement* sowie der Tendenz, dass die Grenzen zwischen

---

130 Statt aller aus letzter Zeit *L. Hübner*, Unternehmenshaftung für Menschenrechtsverletzungen, Tübingen 2022, S. 61 ff. u. passim.
131 Zur diesbzgl. Kritik *Heinze*, Rechtsfortbildung (Fn. 100), 254 (270 f.); *Konzen*, in: FS Gaul (Fn. 107), S. 335 (342 u. 345); *Kühne*, Amicus Curiae (Fn. 107), S. 229 f.; *E. Schmidt*, in: FS Wassermann (Fn. 95), S. 807 (816 f.); ferner *Hergenröder*, Rechtsfortbildung (Fn. 116), S. 329 ff.; *Seiter*, in: FS Baur (Fn. 114), S. 573 (575 f.).
132 Zu den Voraussetzungen im U.S.-amerikanischen Recht etwa Baker v Carr, 369 U.S. (1962), 186 (208 ff.); hinsichtlich Umweltsachen etwa *J. May*, Climate Change, Constitutional Consignment, and the Political Question Doctrine, 85 Denver University Law Review (2008), 919 (932 ff.); wie hier ebenfalls kritisch *Adolphsen*, Parteibegriff (Fn. 6), 299 (310 u. 331 f.); *Thöne*, Klimaschutz (Fn. 5), 323 (332); ferner *Roth*, Prozesszweck (Fn. 20), 129 (146 f.).

öffentlichem Recht und Privatrecht zunehmend verwischen[133], wenig realistisch. Vielmehr gilt es, eine gänzliche Verdrängung der Gerichte aus diesen Fragen zu verhindern. Damit kann nicht nur den mit der administrativen Normdurchsetzung verbundenen Defiziten entgegengewirkt, sondern auch die Durchsetzung öffentlich-rechtlicher Vorgaben mittels Aktivierung privater Initiative gesteigert werden.[134] Ein entsprechend ausgestalteter Zivilprozess im öffentlichen Interesse könnte zusätzlich dem Einwand entgegenwirken, Gerichte seien (auch) aus Gründen der Gewaltenteilung ungeeignet, über Klimaklagen zu entscheiden,[135] und damit einen Beitrag zum Umweltschutz als gesamtgesellschaftliche Aufgabe leisten.

---

133 *Ellerbrok*, Materialisierungsdruck (Fn. 48), 9 (21); *Rechberger*, Instrumentalisierung (Fn. 55), S. 1 (2); *Stolleis*, Öffentliches Recht und Privatrecht (Fn. 19), S. 41 (58 f.); ferner *Kehrberger*, Materialisierung (Fn. 11), S. 351 ff.; *Kodek*, Instrumentalisierung (Fn. 26), S. 93 (99 ff.).

134 Ebenfalls auf diese Komplementärfunktion hinweisend *W. Kahl/M.-P. Weller*, Liability for Climate Damages – Synthesis and Future Prospects, in: W. Kahl/M.-P. Weller (Hrsg.), Climate Change Litigation, München 2021, Part 6 Rn. 47 u. 55 ff.; *Thöne*, Klimaschutz (Fn. 5), 323 (333); *M.-P. Weller/Tran*, Klimaklagen (Fn. 1), 573 (576 f.); ferner *A. Halfmeier*, Nachhaltiges Privatrecht, AcP 216 (2016), 717 (744 f.); *A. Hellgardt/V. Jouannaud*, Nachaltigkeitsziele und Privatrecht, AcP 222 (2022), 163 (216); *M. Stürner*, Zivilprozesse (Fn. 98), 265 (286).

135 Exemplarisch *Burtscher/Schindl*, Klimaklagen (Fn. 2), 649 (656 f.); *G. Wagner*, Klimaschutz durch Gerichte, NJW 2021, 2256 (2261 f. Rn. 38 ff.); *B. Wegener*, Urgenda – Weltrettung per Gerichtsbeschluss?, ZUR 2019, 3 (10 ff.); ferner CDU-Wirtschaftsrat, <https://www.spiegel.de/wirtschaft/unternehmen/cdu-wirtschaftsrat-fordert-verbot-von-klimaschutzklagen-gegen-konzerne-a-87f6c37a-50f1-4752-9c11-a0ed4adf7aeb> (23.09.2022); *M. Spitzer*, Der Klimawandel als juristische Kategorie – Internationale Perspektiven, in: C. Huber/M. Neumayr/W. Reisinger (Hrsg.), Festschrift für Karl-Heinz Danzl, Wien 2017, S. 655 (667); vgl. dazu schon *H. Koch*, Prozeßführung (Fn. 57), S. 89 ff.

Klimaklagen: eine Zeitenwende?

Ass.-Prof. Dr. Bernhard Burtscher/Mag. Dominik Schindl[*]

A. Ausgangspunkt

Schmelzende Polkappen, Wirbelstürme, Hochwasserkatastrophen und Dürreperioden: Kaum jemand zweifelt noch an den verheerenden Konsequenzen der globalen Erderwärmung. Und kaum jemand bezweifelt, dass menschengemachte Treibhausgasemissionen einen entscheidenden Anteil am Klimawandel haben.[1] Die erdrückende wissenschaftliche Evidenz lässt selbst nüchterne Naturwissenschafter von einem „*Klimanotfall*" sprechen.[2]

Die Staatengemeinschaft hat sich deshalb im Pariser Klimaschutzabkommen das Ziel gesetzt, die globale Erderwärmung auf *„well below 2°C above pre-industrial levels"* zu begrenzen.[3] Die Krisenbewältigung beschäftigt freilich nicht nur Regierungen und Parlamente; der Klimawandel ist längst

---

[*] *Bernhard Burtscher* ist Assistenzprofessor (tenure track) am Institut für Zivil- und Zivilverfahrensrecht der WU Wien. *Dominik Schindl* ist Universitätsassistent am Institut für Zivil- und Zivilverfahrensrecht der WU Wien.
Der Beitrag beruht auf mehreren Vorträgen, die die Verfasser zum Thema gehalten haben und ist in ÖJZ 2022, 649-657 erstveröffentlicht; ausf zum Thema auch *D. Ennöckl*, Klimaklagen – Strukturen gerichtlicher Kontrolle im Klimaschutzrecht, RdU 2022, 137, 184.

[1] *Intergovernmental Panel on Climate Change*, Climate Change 2021. The Physical Science Basis – Summary for Policymakers, Cambridge, UK: Cambridge University Press 2021, S. 5, 8; <https://www.sueddeutsche.de/wissen/klimaforschung-klimawandel-mensch-ist-ursache-studie-1.5443664> (27.3.2022).

[2] *W. J. Ripple et al.*, World Scientists´ Warning of a Climate Emergency, BioScience 2020, 8; *W. J. Ripple et al.*, World Scientists´ Warning of a Climate Emergency 2021, BioScience 2021, 894. *S. Hesslers* deutsche Übersetzung des zweiten Texts spricht von „Klimanotstand" (<https://scientistswarning.forestry.oregonstate.edu/translations> [27.3.2022]).

[3] Art. 2 Abs. 1 lit. a des Paris Agreement (*United Nations*, Treaty Series vol. 3156); völkerrechtlich nicht authentische deutsche Fassungen etwa in dBGBl. II 2016 S. 1082 und öBGBl. III 197/2016; zur Entwicklung der völkerrechtlichen Rahmenbedingungen *M. Spitzer*, Der Klimawandel als juristische Kategorie – Internationale Perspektiven, in: C. Huber/M. Neumayr/W. Reisinger (Hrsg.), Festschrift für Karl-Heinz Danzl, Wien 2017, S. 655 (657 ff.).

auch ein Fall für die Gerichte geworden.[4] Eine Datenbank der Columbia University listet weltweit rund 2.000 „Klimaklagen" auf,[5] die das Ziel eint, Treibhausgasemissionen per Gerichtsentscheidung zu reduzieren.

Während die Kläger damit lange erfolglos blieben, markiert 2021 eine Zeitenwende. Zum einen hob das deutsche Bundesverfassungsgericht (BVerfG) das deutsche Klimaschutzgesetz auf, weil „mehr Klimaschutz" erforderlich sei.[6] Zum anderen verpflichtete das Bezirksgericht Den Haag den *Shell*-Konzern, CO_2-Emissionen bis 2030 um insgesamt 45% gegenüber 2019 zu reduzieren.[7] Während man in Deutschland eine *„Verfassungsänderung durch die Hintertür"*[8] ortet, ist die niederländische Entscheidung für viele ein *„Paradigmenwechsel für den Klimaschutz",*[9] ordnet das BG Den Haag doch geradezu *„Unglaubliches"*[10] an.

Die rezenten Erfolge haben bereits neue „Klimakläger" inspiriert. Im Herbst 2021 brachte *Greenpeace* vor dem Landgericht Braunschweig eine Klage gegen *Volkswagen* ein, die den Konzern dazu zwingen soll, ab 2030 keine Fahrzeuge mit Verbrennungsmotor mehr auf den Markt zu bringen und seine CO_2-Emissionen bis dahin um mindestens 65% gegenüber 2018 zu senken.[11] Ähnliche Klagen sind auch gegen *BMW* und *Mercedes-Benz* anhängig.[12]

B. Öffentliches Recht

Um diese Entwicklungen einordnen zu können, muss man die Uhr kurz zurückdrehen. Die Idee, Klimaschutz in den Gerichtssaal zu tragen, ist

---

4 Dazu bereits ausf. *B. Burtscher/M. Spitzer*, Haftung für Klimaschäden, ÖJZ 2017, 945; *M. Spitzer/B. Burtscher*, Liability for Climate Change: Cases, Challenges and Concepts, JETL 2017, 137 (140 ff.); *Spitzer*, in: FS Danzl (Fn. 3), S. 655.
5 <http://www.climatecasechart.com/climate-change-litigation/about/> (27.3.2022).
6 Ausf. dazu unten B.III.
7 Siehe C.III.
8 <https://www.faz.net/aktuell/politik/staat-und-recht/karlsruher-klimabeschluss-17349181.html> (27.3.2022)
9 *B. Rajal/F. Weber*, Royal Dutch Shell - Paradigmenwechsel für den Klimaschutz? AnwBl 2021, 541 (541).
10 *E. Wagner*, Die Shell-Klimaklage und der Bedarf nach einer EU-Klimahaftungsrichtlinie, RdU 2021, 154 (157).
11 <https://www.tagesschau.de/wirtschaft/unternehmen/volkswagen-klimaklage-greenpeace-101.html> (27.3.2022).
12 <https://www.orf.at/stories/3229336/> (27.3.2022).

nämlich keineswegs neu. Sie wurde nur lange auf vergleichsweise ausgetretenen öffentlich-rechtlichen Pfaden verfolgt.[13]

I. Dritte Pisten

So wurde es zwar als „*Meilenstein für die Entwicklung des Umweltrechts*"[14] gefeiert, dass das österreichische Bundesverwaltungsgericht (BVwG) den Bau einer dritten Piste am Wiener Flughafen mit Blick auf den CO_2-Ausstoß untersagte.[15] Juristisch ist die Entscheidung allerdings keine Sensation. Dass das BVwG gegenläufige Interessen abwägt – *in concreto* wirtschaftliche Interessen und das Interesse am Klimaschutz –, ist „*das tägliche Brot solcher Verfahren*".[16] Für die meisten Beobachter kam es daher überraschend, dass der Verfassungsgerichtshof (VfGH) die Entscheidung später wegen Willkür aufgehoben hat;[17] überwiegend werden dem BVwG für seine Abwägungsentscheidung nämlich respektable Argumente attestiert.[18]

---

13 *S. Perner/M. Spitzer*, Royal Dutch Shell – Klimaklagen auf dem Weg ins Privatrecht, ÖJZ 2021, 591 (591).
14 *V. Madner/E. Schulev-Steindl*, Dritte Piste – Klimaschutz als Willkür? ZÖR 2017, 589 (599); krit. *B. Raschauer*, Klimaschutz durch Richterspruch? ecolex 2017, 814; *P. Sander*, Neue Piste? Hier wertet ein Richter! Die Presse vom 13.2.2017.
15 BVwG 2.2.2017, W109 2000179-1/291E; dazu die Anm. von *J. Janezic/S. Stadlmeier*, ZLW 2017, 371.
16 *Spitzer*, in: FS Danzl (Fn. 3), S. 655 (659).
17 VfGH 29.6.2017, E 875/2017 u. a. (VfSlg 20.185); dazu *M. Niederhuber*, Dritte-Piste-Entscheidung zeigt: Es gilt das Gesetz, Der Standard vom 4.9.2017; *C. Schmelz*, Der VfGH zur dritten Piste – Klimaschutz im Widerspruch zu Rechtsstaat und Demokratie? ZVG 2017, 288; zust. auch *C. Schneider*, Verfassungs- und europarechtliche Grundlagen und Schranken einer österreichischen Klimaschutzpolitik, ÖZW 2021, 95 (97 f.); krit. *V. Madner/E. Schulev-Steindl*, VfGH interpretiert Klimaschutz entschlossen weg, Die Presse vom 3.7.2017; *E. Wagner*, Was bislang geschah: Staatszieldebatte/VfGH hebt Urteil Dritte Piste auf, RdU 2017, 149; zum weiteren Verfahrensgang BVwG 23.3.2018, W109 2000179-1/350E; VfGH 4.10.2018, E 1818/2018-18; VwGH 6.3.2019, Ro 2018/03/0031.
18 Grundlegend *F. Merli*, Ein seltsamer Fall von Willkür: Die VfGH-Entscheidung zur dritten Piste des Flughafens Wien, wbl 2017, 682 (686); siehe auch *C. Fuchs*, Interessenabwägung, Ermessen, dritte Piste Flughafen Wien, ÖZW 2017, 192; *S. Griller*, Die Neuordnung der Gerichtsbarkeit des öffentlichen Rechts, 20. ÖJT Band I/1, Wien 2018, S. 29 f; *F. Kerschner*, VfGH 3. Piste und juristische Methode: Verfassungskonforme Auslegung verfassungswidrig? RdU 2017, 190; *Madner/Schulev-Steindl*, Willkür (Fn. 14), 589 (599); *S. Stadlmeier*, Zur dritten Piste des Flughafens Wien, ZÖR 2019, 21 (28 ff.); *S. Storr*, Überlegungen zu Abwägungen: Die Erkenntnisse des BVwG und des VfGH zur „dritten Piste" des Flughafens Wien, ÖZW 2017, 184 (186 ff.); *R. Thienel*,

„*[M]ore conservative than activist*"[19] liest sich auch die Entscheidung des britischen *Court of Appeal,* mit der seinerseits der Bau einer dritten Piste am Londoner Flughafen Heathrow gestoppt wurde[20] und die in Wahrheit noch unspektakulärer als jene des BVwG ist. Der Klimaschutz war nämlich nicht einmal inhaltliches Argument, seine gänzliche Außerachtlassung bei der Interessenabwägung begründete schlicht einen Verfahrensfehler.[21] Der UK Planning Act verlange nämlich, dass die Verwaltungsbehörden auch den Klimaschutz berücksichtigen und erklären, wie sie das tun – *„[n]one of that was ever done in the case."*[22] Ob und wie der Flughafen erweitert werde, sei aber – unter Einhaltung des vorgeschriebenen Verfahrens – *„a political question for the Government"* und daher *„none of the court's business"*: „We have not decided, and could not decide, that there will be no third runway."[23]

Die Entscheidung des *Court of Appeal* ereilte letztlich das gleiche Schicksal wie die jene des BVwG; der *UK Supreme Court* hob sie auf und gab grünes Licht für den Bau der dritten Piste.[24] Dass beide Bauprojekte dennoch auf Eis liegen und ihre Umsetzung trotz höchstrichterlicher Zustimmung unklar ist, ist der Coronapandemie zu verdanken,[25] die sich insofern als wirkungsvoller für den Klimaschutz erwiesen hat als die Verwaltungsgerichtsbarkeit.

II. *Urgenda* und die Folgen

Diese eben skizzierten *„Brot und Butter-Fälle"*[26] haben freilich Kläger animiert, Klimaklagen auf eine neue Ebene zu heben. So ist die Idee entstan-

---

Bewährung der Verwaltungsgerichtsbarkeit, ZVG 2019, 321 (327); *E. Wagner*, Die Judikatur zur „3. Piste" – Vom Senkrechtstart zur Bruchlandung in Sachen Klimaschutz, ZVG 2017, 282 (284 ff.).
19 *B. Ohdedar/S. McNab*, Climate change litigation in the United Kingdom, in: W. Kahl/ M. Weller (Hrsg.), Climate Change Litigation, München 2021, S. 304 (Rn. 52).
20 *R. v. Secretary of State for Transport* [2020] EWCA Civ 214.
21 *Ohdedar/McNab*, United Kingdom (Fn. 19), Rn. 51 f.
22 *R. v. Secretary of State for Transport* [2020] EWCA Civ 214 Rn. 226.
23 *R. v. Secretary of State for Transport* [2020] EWCA Civ 214 Rn. 2, 281, 285.
24 *R. v. Heathrow Airport Ltd* [2020] UKSC 52.
25 <https://www.derstandard.at/story/2000130561711/flughafen-kiefelt-an-corona-folgen-und-haelt-an-dritter-piste> (27.3.2022); <https://www.bloomberg.com/news/articles/2022-02-23/heathrow-puts-new-runway-back-on-agenda-as-travel-edges-back> (27.3.2022).
26 *Spitzer*, in: FS Danzl (Fn. 3), S. 655 (659).

den, den Staat in Sachen Klimaschutz zu zwingen, aktiv tätig zu werden – man spricht von *rulemaking petitions*.[27]

Ein Meilenstein ist dabei die niederländische *Urgenda*-Entscheidung.[28] Die NGO *Urgenda* klagte die niederländische Regierung, weil die angestrebte Reduktion der CO_2-Emmissionen bis 2020 gegenüber 1990 um 17% nicht ambitioniert genug sei; erforderlich seien mindestens 25%. Die Klage war in allen Instanzen erfolgreich, wobei sich das Begründungsmuster „weiterentwickelt" hat: Das BG Den Haag stützte sich noch auf allgemeine zivilrechtliche Sorgfaltspflichten, konnte damit aber kaum kaschieren, dass es um *„allenfalls verschleiertes öffentliches Recht"*[29] ging. Der *Hoge Raad* benennt hingegen Ross und Reiter: Er leitet aus Art. 2 (Recht auf Leben) und 8 EMRK (Recht auf Achtung des Privat- und Familienlebens) eine öffentlich-rechtliche Handlungspflicht des Staates ab, *„to take suitable measures if a real and immediate risk to people's lives or welfare exists and the state is aware of that risk"*.[30]

Die Reichweite der Schutz- und Gewährleistungsfunktion von Grundrechten ist zwar traditionell umstritten.[31] Dass den Staat *„positive obligations"* treffen, unmittelbar drohende Gefahren von seinen Bürgern abzuwenden, ist in der Judikatur des EGMR aber im Grundsatz anerkannt.[32] Die Besonderheit der *Urgenda*-Entscheidung liegt darin, dass der *Hoge Raad* diese Pflicht auf den Schutz vor den Gefahren des globalen Klimawandels erstreckt.

Wenig überraschend hat *Urgenda* Nachahmer gefunden, deren Erfolgsbilanz freilich gemischt ausfällt: In einem als „*l´Affaire du Siècle*" – als Fall

---

27 *Spitzer*, in: FS Danzl (Fn. 3), S. 655 (660).
28 Zum Fall *Spitzer*, in: FS Danzl (Fn. 3) S. 655 (664 ff.); *Spitzer/Burtscher*, Liability (Fn. 4), 137 (147 f.); ausf. aus niederländischer Perspektive G. *Van der Veen/ K. De Graaf*, Climate Change litigation in the Netherlands – the Urgenda case and beyond, in: Litigation (Fn. 19), S. 363 (Rn. 7ff.).
29 *Spitzer*, in: FS Danzl (Fn. 3), S. 655 (666).
30 Hoge Raad 20.12.2019, 19/00135; dazu die Anm. von *C. Binder/H. Huremagić*, Menschenrechtsverpflichtung zur Reduzierung von Treibhausgasemissionen, NR 2021, 109. Schon die zweite Instanz hatte diesen Argumentationsstrang von Urgenda aufgegriffen; vgl. *Van der Veen/De Graaf*, The Netherlands (Fn. 28), S. 363 (Rn. 10 f.); *B. Wegener*, Urgenda – Weltrettung per Gerichtsbeschluss? ZUR 2019, 3 (3 f.).
31 *W. Berka/C. Binder/B. Kneihs*, Die Grundrechte, 2. Aufl., Wien 2019, S. 158 ff., 214 ff; grundlegend *M. Holoubek*, Grundrechtliche Gewährleistungspflichten, Wien-New York 1997.
32 *C. Grabenwarter/K. Pabel*, Europäische Menschenrechtskonvention, 7. Aufl., München et al. 2021, S. 164 ff; aus der Rsp. rezent EGMR 8.7.2021, 33056/17 (*Tkhelidze/Georgien*); EGMR 22.3.2022, 9077/18 (*Y. u.a./Bulgarien*) jeweils zu Art. 2 EMRK.

des Jahrhunderts – bekannt gewordenen Amtshaftungsverfahren hat der *Tribunal Administratif de Paris* Frankreich wegen bisheriger Verfehlung seiner Klimaziele verurteilt;[33] wenige Wochen davor hatte das oberste Verwaltungsgericht, der *Conseil d'État,* die französische Regierung schon zur Einhaltung dieser Vorgaben aufgefordert.[34] Ein Brüsseler erstinstanzliches Gericht stellte zwar fest, dass Belgien durch unzureichenden Klimaschutz seine Schutzpflichten aus Art. 2 und 8 EMRK verletzt habe, konkrete Reduktionsvorgaben wie in *Urgenda* traf das Gericht unter Berufung auf die Gewaltenteilung allerdings nicht.[35] Gar kein Erfolg war bisher jener britischen Klage beschieden, mit der der *Prime Minister* zu klimaschützenden Maßnahmen verhalten werden sollte.[36]

Es ist auch nur noch eine Frage der Zeit, bis sich der EGMR selbst damit auseinandersetzen muss, inwieweit die EMRK Schutz vor dem Klimawandel gewährt;[37] mehrere Verfahren sind anhängig: Sechs portugiesische Kinder und Jugendliche klagen 33 Staaten wegen Untätigkeit im Klimaschutz,[38] die Schweizer *KlimaSeniorinnen* verlangen von der Eidgenossenschaft – verglichen mit 1990 – eine 50%-ige Reduktion der CO_2-Emissionen bis 2030[39] und *Greenpeace* wendet sich gegen die Genehmigung von Ölbohrungen in Norwegen.[40] Zuletzt hat auch ein österreichischer

---

33 Tribunal Administratif de Paris 3.2.2021, N° 1904967, 1904968, 1904972, 1904976/4-1 und 14.10.2021, N°s 1904967, 1904968, 1904972, 1904976/4-1; zu ersterer Entscheidung die Anm. von *A. Orator,* NR 2021, 238.
34 Conseil d'État 19.11.2020 und 1.7.2021, N° 427301; generell zu französischen Klimaklagen und zu diesen Fällen ausf. *A. S. Epstein/K. Deckert,* Climate change litgation in France, in: Litigation (Fn. 19), S. 336.
35 Tribunal de premiere instance francophone de Bruxelles 17.6.2021, 2015/4585/A.
36 *Plan B Earth et al. v. Prime Minister et al.* [2021] EWHC 3469 (Admin).
37 Zur Analyse der Judikatur verwandter Schutzpflichten (etwa vor Umweltverschmutzung) etwa *Binder/Huremagić,* Menschenrechtsverpflichtung (Fn. 30), 109 (112); *T. Gross,* Climate change and duties to protect with regard to fundamental rights, in: Litigation (Fn. 19), S. 81 (Rn. 13 ff.).
38 Anhängig zu EGMR 39371/20, *Duarte Agostinho u.a./Portugal u.a.*: Die Nichtbeachtung der Pariser Klimaziele (dazu bei Fn. 3) verletze insb. Art. 2 und Art. 8 EMRK. Nationale Vorverfahren gab es nicht, weil keine angemessenen Rechtsbehelfe zur Verfügung stünden.
39 Anhängig zu EGMR 53600/20, *Verein KlimaSeniorinnen u.a./Schweiz*: Neben einer Verletzung von Art. 2 und 8 EMRK wurde auch Art. 6 ins Spiel gebracht, weil die Schweizer Gerichte sich des Falls nicht annahmen (zuletzt BGer 5.5.2020, 1C_37/2019; dazu die Anm. von *J. Reich,* Schweizerisches ZBl 2020, 489).
40 Anhängig zu EGMR 34068/21, *Greenpeace Nordic u.a./Norway*: Verletzung von inter alia Art. 2 und 8 EMRK; zum Verfahrensgang Norges Høyesterett 22.12.2020, HR-2020-2472-P.

Fall den EGMR erreicht,[41] nachdem der VfGH Individualanträge zur Aufhebung von Steuerbefreiungen für als klimaschädlich angesehene Verhaltensweisen als unzulässig[42] zurückgewiesen hat.[43] Dass die Fälle teilweise im Fast-Track-Verfahren prioritär behandelt werden, zeigt jedenfalls, dass man sie in Straßburg ernst nimmt; mittlerweile hat die zuständige Kammer den Fall der *KlimaSeniorinnen* sogar an die Große Kammer des EGMR abgetreten.[44]

III. Der „Klimabeschluss" des BVerfG

Die grundrechtlichen Verstrickungen schlagen die Brücke zum nächsten Meilenstein in der Geschichte europäischer Klimaklagen: Mit seinem sogenannten „Klimabeschluss"[45] hat das BVerfG eine *„revolutionäre Wende"*[46] vollzogen und die Verfassungswidrigkeit des deutschen Klimaschutzgesetzes 2019 (KSG)[47] festgestellt.

Wie der *Hoge Raad* der Niederlande bejaht auch das BVerfG eine Schutzpflicht des Staates, Leben und Gesundheit vor den Gefahren des

---

41 Anhängig zu EGMR 18859/21, *Mex M./Österreich.*
42 Dazu schon *D. Ennöckl*, Wie kann das Recht das Klima schützen? ÖJZ 2020, 302 (309); weiters *D. Schindl/M. Spitzer*, Klimawandel, Klimanotstand, Klimaklagen, ÖGZ 12/2019-1/2020, 20 (21). Ähnlich hatte auch die von *Armando Carvalho* erhobene Nichtigkeits- und Haftungsklage (Art. 263, 340 AEUV) gegen verschiedene EU-Rechtsakte schon aus prozessualen Gründen keinen Erfolg (EuG 8.5.2019, T-330/18; EuGH 25.3.2021, C-565/19 P).
43 VfGH 30.9.2020, G 144/2020 u.a. Initiator war *Greenpeace*, die Individualanträge (Art. 139 Abs. 1 Z 3, Art. 140 Abs. 1 Z. 1 lit. c B-VG) wurden allerdings von 8.000 Einzelpersonen eingebracht; zum Fall die Anm. von *C. Rockenschaub*, NR 2021, 205; *E. Schulev-Steindl*, RdU 2020, 251 und ausf. *F. Blecha*, Die gescheiterte „Klimaklage" gegen Begünstigungen für die Luftfahrt, in: G. Baumgartner (Hrsg.), Jahrbuch Öffentliches Recht 2021, Wien 2021, S. 127; *S. Buss,* Der VfGH kann sich nicht für den Klimawandel erwärmen – Die „erste Klimaklage" Österreichs, SPWR 2021, 127.
44 Zum Fast-Track-Verfahren Art. 41 Satz 2 der Verfahrensordnung des EGMR und *S. Schmahl*, Internationale Klimaklagen aufgrund von Menschenrechtsverträgen: sinnvoll oder vergeblich? JZ 2022, 317 (320 f.); zu den *KlimaSeniorinnen* Art 30 EMRK und die Pressemitteilung des EGMR vom 29.4.2022 (Relinquishment in favor of the Grand Chamber of the case Verein KlimaSeniorinnen Schweiz and Others v. Switzerland).
45 BVerfG 24.3.2021, 1 BvR 2656/18, 1 BvR 78/20, 1 BvR 96/20, 1 BvR 288/20.
46 *C. Callies*, Das „Klimaurteil" des Bundesverfassungsgerichts: „Versubjektivierung" des Art. 20a GG? ZUR 2021, 355 (355).
47 dBGBl. I 2019 S. 2513.

Klimawandels zu schützen.[48] Das Gericht hält es dabei nicht für ausgeschlossen, dass den deutschen Staat eine (wenngleich eingeschränkte[49]) Schutzpflicht gegenüber im Ausland lebenden Menschen – im Anlassfall den Beschwerdeführern aus Nepal und Bangladesch – trifft.[50] Darauf musste das BVerfG aber letztlich nicht eingehen, weil diese Schutzpflicht nicht verletzt worden sei. Das KSG sei zwar nicht überambitioniert; es dürfte aber – wie das BVerfG akribisch anhand wissenschaftlicher Daten herausarbeitet – wohl ausreichen, um das Allerschlimmste noch zu verhindern.[51]

An dieser Stelle wird das BVerfG innovativ: In Betracht komme nämlich auch eine Verletzung der *„durch das Grundgesetz umfassend geschützten Freiheit"* als solcher, wozu das Gericht den Ansatz der *„intertemporale[n] Freiheitssicherung"* entwickelt.[52] Diese verlange unterm Strich, *„mit den natürlichen Lebensgrundlagen so sorgsam umzugehen und sie der Nachwelt in solchem Zustand zu hinterlassen, dass nachfolgende Generationen diese nicht nur um den Preis radikaler eigener Enthaltsamkeit weiter bewahren könnten."*[53]

Konkret verletze das KSG also nicht etwa die Pflicht, Leben und Gesundheit der Bürger vor zu viel CO_2 zu schützen; der Staat greife vielmehr in die Freiheit ein, in Zukunft noch CO_2 emittieren zu dürfen.[54] Aus grundrechtsdogmatischer Sicht dreht das BVerfG den Spieß somit um; es prüft nicht die Gewährleistungs-, sondern die Abwehrfunktion der Grundrechte: Beurteilt wird also kein jetziges Untermaß an Schutz, sondern ein zukünftiges Übermaß an Eingriff und dessen *„eingriffsähnliche Vorwirkung".*[55] Damit kann das BVerfG in eine klassische Grundrechtsprüfung einsteigen und der Frage nachgehen, ob das „Grundrecht auf Freiheit"[56] durch die staat-

---

48 Rn. 143 ff.
49 Rn. 176.
50 Rn. 173 ff.
51 Rn. 151 ff., 180 f.
52 Rn. 183.
53 Rn. 193.
54 Rn. 253.
55 Rn. 184 ff; diesem Ansatz zust. etwa *S. Schlacke*, Klimaschutzrecht – Ein Grundrecht auf intertemporale Freiheitssicherung, NVwZ 2021, 912 (914 f.); zurückhaltend bspw. *M. Polzin*, Menschenrechtliche Klimaklagen: Kreative Justiz und überforderte Grundrechte, DÖV 2021, 1089 (1096); ausf. *G. Kirchhof*, Intertemporale Freiheitssicherung, Tübingen 2022.
56 Ein so allgemein gehaltenes Grundrecht kennt das deutsche Grundgesetz freilich nicht; krit. zur vagen Schutzbereichsprüfung – es seien *„Grundrechte verletzt"* (Rn. 182; siehe auch bei Fn. 52) – daher *Callies*, Klimaurteil (Fn. 46), 355 (356);

lichen Maßnahmen zum Klimaschutz unverhältnismäßig eingeschränkt wird.[57]

Das BVerfG betont dabei, dass zukünftig gravierende Freiheitseinbußen zum Schutz des Klimas verhältnismäßig und gerechtfertigt sein werden, weil Deutschland – will man die Pariser Klimaziele erreichen – nur noch ein begrenztes CO_2-Budget zur Verfügung steht: Wer heute zu wenig tut, muss eben morgen besonders drastische Einsparungen in Kauf nehmen.[58] Das widerspreche allerdings dem Verhältnismäßigkeitsgebot; eine zukunftsgerichtete Freiheitssicherung verlange vielmehr ein vorausschauendes Haushalten. Es geht nicht an, dass eine Generation in Saus und Braus lebt und „*unter vergleichsweise milder Reduktionslast große Teile des CO_2-Budgets verbrauch[t], wenn damit zugleich den nachfolgenden Generationen eine – von den Beschwerdeführenden als ‚Vollbremsung' bezeichnete – radikale Reduktionslast überlassen*" wird.[59]

Gerade der Umstand, dass zukünftig besonders einschneidende Einschränkungen zu erwarten wären, wenn man heute nicht handelt, führt also zur Verfassungswidrigkeit des (zu) laxen KSG. Damit räumt das BVerfG auch gleich etwaige Bedenken im Hinblick auf gegenläufige Grundrechtspositionen aus dem Weg: Dass klimaschützende Gesetze einen unverhältnismäßigen Eingriff in die wirtschaftlichen Grundrechte darstellen, ist nach dem „Klimabeschluss" kaum noch vorstellbar. Der Bundestag hat den Ball aus Karlsruhe bereits aufgegriffen: Deutschland hat seine Klimaziele verschärft, soll schon 2045 CO_2-neutral sein und ab 2050 sogar netto-negative Treibhausgas-Emissionen erreichen (§ 3 Abs. 2 KSG n.F.[60]).

Evident ist, dass das BVerfG mit seiner Vorgabe weit in die Entscheidungsprärogative des Gesetzgebers eingreift. Was manche mit Blick auf die Dringlichkeit des Anliegens begrüßen, lehnen andere als ein verfassungsge-

---

K. Faßbender, Der Klima-Beschluss des BVerfG – Inhalte, Folgen und offene Fragen, NJW 2021, 2085 (2089); *B. Wegener*, Menschenrecht auf Klimaschutz? – Grenzen grundrechtsgestützter Klimaklagen gegen Staat und Private, NJW 2022, 425 (429).
57 *Callies*, Klimaurteil (Fn. 46), 355 (356 f.); zum Problem der dogmatischen Einordnung auch *E. Hofmann*, Der Klimaschutzbeschluss des BVerfG – Rezeption, Dogmatik, Kritik, NVwZ 2021, 1587 (1588 ff.); *M. Ruttloff/L. Freihoff*, Intertemporale Freiheitssicherung oder doch besser „intertemporale Systemgerechtigkeit"? – auf Konturensuche, NVwZ 2021, 917.
58 Rn. 117, 120, 192.
59 Rn. 192.
60 dBGBl. I 2021 S. 3905.

richtliches „*Klimadiktat*"[61] ab. Zu konstatieren bleibt jedenfalls „*eine Verlagerung der Verantwortung – weg von den politischen Instanzen, hin zum BVerfG*".[62]

C. Privatrecht

Die Frage, wie weit sich Gerichte in politisches Terrain vorwagen sollen und dürfen, beschäftigt indes nicht nur den Leser des Kimabeschlusses. Sie bestimmte die längste Zeit auch die Diskussion um privatrechtliche Klimaklagen in deren Mutterland: den USA.[63]

I. Der amerikanische Weg

Als der Bundesstaat Kalifornien von *General Motors* und anderen Autoherstellern Schadenersatz für die gestiegenen Kosten zum Schutz der Küstenlinie und für das Gesundheitssystem verlangte, entschied etwa der zuständige *District Court,* dass er darüber nicht befinden könne „*without making an initial policy determination of a kind clearly for nonjudicial discretion*": Wie weit der Klimaschutz geht, sei eben eine „*political question*" und *California v. General Motors* daher keine Angelegenheit für die Zivilgerichtsbarkeit.[64]

---

61 W. *Frenz,* Klimaschutz nach BVerfG-Beschluss und EU-Klimagesetz, EnWZ 2021, 201 (208); krit. auch *K. Meßerschmidt,* Der Karlsruher Klimaschutzbeschluss – kein Vorbild! ÖZW 2021, 109; *Polzin,* Klimaklagen (Fn. 55), 1089; *M. Rodi/M. Kalis,* Klimaklagen als Instrument des Klimaschutzes, KlimR 2022, 5 (8 f.); gegen eine Übertragbarkeit auf Österreich *C. Schneider,* Verfassungs- und europarechtliche Grundlagen und Schranken einer österreichischen Klimaschutzpolitik, ÖZW 2021, 95 (99) und *de lege lata* wohl auch *J. Fitz/F. Rathmayer,* Heute für Morgen, RdU 2021, 32 (37).
62 *G. Wagner,* Klimaschutz durch Gerichte, NJW 2021, 2256 (2259); ähnlich *J. Berkemann,* „Freiheitschancen über die Generationen" (Art. 20a GG) – Intertemporaler Klimaschutz im Paradigmenwechsel, DÖV 2021, 701 (706 f.).
63 Dazu etwa *D. Farber,* Climate change litigation in the United States, in: Litigation (Fn. 19), S. 237; *M. Gerrard,* United States Climate Change Law, in: C. Carlane/K. Gray/R. Tarasofsky (Hrsg.), The Oxford Handbook of International Climate Change Law, Oxford, UK: Oxford University Press 2016, S. 607.
64 *California v. General Motors et al.,* No. C06-05755 MJJ (2007); zur political question doctrine der US-Gerichte *Spitzer,* in: FS Danzl (Fn. 3), S. 655 (661, 665); *Spitzer/Burtscher,* Liability (Fn. 4), 137 (144 f., 148); zum vergleichbaren Argument des britischen Court of Appeal schon oben bei Fn. 23.

Wenngleich die Begründung im Einzelnen variiert, haben die amerikanischen Gerichte diesen Weg konsequent fortgesetzt:[65] Weder verpflichtete der *US Supreme Court* die fünf größten CO_2-Emittenten der USA zur Begrenzung ihrer Emissionen (*American Electric Power v. Connecticut*[66]) noch bekamen die Einwohner des alaskischen Dorfs Kivalina Ersatz für die wegen Bodenerosion nötig gewordene Verlegung ihrer Siedlung (*Kivalina v. ExxonMobil*[67]). Auch Herr *Comer* blieb auf dem von Hurrikan Katrina – der mutmaßlich erst durch die globale Erderwärmung seine volle Zerstörungskraft entfaltete – angerichteten Schaden an seinem Haus sitzen (*Comer v. Murphy Oil*[68]).

Die Gesamtschau ist für Klimaschützer ernüchternd: Zivilklagen in den USA „*have had almost no tangible impact outside, perhaps, of the realm of public opinion*".[69]

II. Schadenersatzklagen (*Lliuya vs RWE*)

Geschädigte versuchen ihr Glück daher zunehmend in Europa. 2015 klagte der peruanische Landwirt *Lliuya* den deutschen Energieversorger *RWE* vor dem LG Essen: Wegen der durch den menschengemachten Klimawandel voranschreitenden Gletscherschmelze gehe vom immer weiter anschwellenden Palcacocha-See ein erhebliches Flutrisiko für sein Grundstück aus, weshalb *RWE* – immerhin für 0,47% der weltweiten Treibhausgasemissionen verantwortlich – anteilsmäßigen Kostenersatz für notwendige Schutzmaßnahmen leisten solle.

Während die Klage in erster Instanz am „*komplexe[n], mehrpolige[n] und damit diffuse[n] und gleichzeitig in der Wissenschaft umstritten[en]*" Kausalzusammenhang scheiterte,[70] ist die zweite Instanz seit über fünf Jahren mit

---

65 Ausf. zu den Fällen und der von den Gerichten in der Folge angeführten displacement-Doktrin *Gerrard*, United States (Fn. 63), S. 607 (627 ff.); *Spitzer*, in: FS Danzl (Fn. 3), S. 655 (662 ff.); *Spitzer/Burtscher*, Liability (Fn. 4), 137 (145 ff.).
66 *American Electric Power Company v. Connecticut*, 564 U.S. 410 (2011).
67 *Native Village of Kivalina et al. v. ExxonMobil et al.*, No.4:08-cv-01138-SBA (2012).
68 *Comer v. Murphy Oil USA*, 585 F.3d 855 (5th Cir. 2009).
69 *Gerrard*, United States (Fn. 63), S. 607 (625); ähnlich *Farber*, United States (Fn. 63), S. 237 (Rn. 58); G. *Schnedl*, Die Rolle der Gerichte im Klimaschutz, in: G. Kirchengast/E. Schulev-Steindl/G. Schnedl (Hrsg.), Klimaschutzrecht zwischen Wunsch und Wirklichkeit, Wien 2018, S. 128 (159).
70 LG Essen 15.12.2016, 2 O 285/15; zur internationalen Zuständigkeit (Art. 4 Brüssel Ia) und Anwendbarkeit deutschen Rechts (Art. 7 Rom II) B. *Burtscher/M. Spitzer*, Klima-

der Beweisaufnahme beschäftigt.[71] Der für 2021 geplante Lokalaugenschein in Peru[72] musste pandemiebedingt verschoben werden.[73]

Indessen ist die Sorge des Erstgerichts, *"eine auch nur annähernd lineare Verursachungskette von einer bestimmten Emissionsquelle zu einem bestimmten Schaden"* lasse sich *"nicht mehr ausmachen",*[74] wohl berechtigt. Denn auch ohne auf die Feinheiten nationaler Haftungsrechte – und auf die schwierige dogmatische Qualifikation des geltend gemachten Anspruchs – einzugehen, ist klar: Grundvoraussetzung für einen Ersatzanspruch ist, dass sich der Schaden auf das schädigende Verhalten zurückführen lässt.[75]

Dabei reicht es nicht, dass der Klimawandel ganz pauschal für irgendwelche Schäden verantwortlich ist – man könnte das als *"general causation"*[76] bezeichnen. Gehaftet wird vielmehr nur dann, wenn eine konkrete Aktivität[77] einen konkreten Schaden verursacht hat (*"specific causation"*[78]).[79] Was der Kontinentaleuropäer mit der *conditio-sine-qua-non*-Formel prüft,[80] ist im *Common Law* der *but-for-test*: *"The basic idea is very simple, and is said to be a matter of common sense [...]. [...] Did it make any*

---

haftungsklagen aus Sicht von IZPR und IPR, Zak 2017, 287 (287, 289); *Spitzer/Burtscher*, Liability (Fn. 4), 137 (150, 155).

71 Vgl. den Beweisbeschluss des OLG Hamm 30.11.2017, 5 U 15/17; Bemühungen von *RWE*, die Beweisaufnahme doch noch zu verhindern, waren bislang erfolglos (OLG Hamm 01.02.2018, 5 U 15/17).
72 *R. Verheyen*, Klagen für Klimaschutz, ZRP 2021, 133 (134).
73 *A. Gharibian/N. Pieper/J. Weichbrodt*, Climate Change Litigation - aktuelle Entwicklungen, BB 2021, 2819 (2822).
74 LG Essen 15.12.2016, 2 O 285/15.
75 *H. Koziol*, Comparative Conclusions, in: H. Koziol (Hrsg.), Basic Questions of Tort Law from a Comparative Perspective, Wien 2015, Rn. 8/204; *R. Zimmermann*, Comparative Report, in: B. Wininger/H. Koziol/B. Koch/R. Zimmermann (Hrsg.), Digest of European Tort Law I, Wien 2007, Rn. 1/29/1; zur dogmatischen Qualifikation eingehend aus deutscher Perspektive *G. Wagner*, Klimahaftung vor Gericht, München 2020, S. 23 ff.
76 *C. Voigt*, Climate Change and Damages, in: Carlane/Gray/Tarasofsky (Fn. 63), S. 465 (483).
77 Zur Rechtswidrigkeit der Handlung als Voraussetzung noch unten bei Fn. 104.
78 *Voigt*, Damages (Fn. 76), S. 465 (483 ff.).
79 *Spitzer/Burtscher*, Liability (Fn. 4), 137 (167 ff.); *G. Wagner*, Klimahaftung (Fn. 75), S. 49 f.
80 Für Deutschland bspw *G. Wagner*, in: F. Säcker/R. Rixecker/H. Oetker/B. Limperg (Hrsg.), MüKoBGB, Bd. 7, 8. Aufl., München 2020, § 823 Rn. 72; für Österreich *S. Perner/M. Spitzer/G. Kodek*, Bürgerliches Recht, 7. Aufl., Wien 2022, S. 326.

difference to the outcome that [the tortfeasor] misconducted himself in the way he did?"[81]

Doch wie soll dem – allgemeinen Grundsätzen entsprechend[82] – beweispflichtigen Geschädigten der Nachweis des Kausalzusammenhangs bei einer so verworrenen Gemengelage gelingen? Ob man – wie in Deutschland[83] – fordert, dass die Richterin diesen mit an Sicherheit grenzender Wahrscheinlichkeit annimmt (Wahrheitsüberzeugungstheorie), sich – wie in Österreich[84] – mit hoher Wahrscheinlichkeit begnügt (Wahrscheinlichkeitsüberzeugungstheorie), oder gar – wie im *Common Law* – bloß überwiegende Wahrscheinlichkeit (*preponderance of evidence/balance of probabilities*) ausreichen lässt,[85] ist dabei ebenso wenig entscheidend wie der Umstand, dass man Klägern gerade beim Kausalitätsnachweis etwas entgegenkommt.[86] Er wird so und so nur schwer zu erbringen sein:[87] Nur 0,47% der globalen Treibhausgasemissionen gehen auf das Konto von *RWE*, der Beitrag von CO_2 zum Klimawandel liegt nur zwischen neun und 26%.[88] Wer kann vor diesem Hintergrund schon sagen, wohin der Wind die CO_2-

---

81 *T. Weir*, An Introduction to Tort Law, 2. Auflage, Oxford, UK: Oxford University Press 2006, S. 71 f; explizit mit Blick auf Klimaklagen *M. Wilde*, Causation and climate change litigation: 'bridge too far'? ALJ 2021, 268 (274 ff.) und aus völkerrechtlicher Perspektive *Voigt*, Damages (Fn. 76), S. 465 (483 ff.).
82 *D. Schindl/M. Spitzer*, Beweiserleichterungen im Haftpflichtprozess – Überlegungen zu Amtshaftung und Beweisrecht am Beispiel Ischgl, ZVR 2021, 263 (263 f., 267 f.) m. w. N.
83 *L. Rosenberg/K. Schwab/P. Gottwald*, Zivilprozessrecht, 18. Aufl., München 2018, § 114 Rn. 13; *H. Prütting*, in: W. Krüger/T. Rauscher (Hrsg.), MüKoZPO, Bd. 1, 6. Aufl., München 2020, § 286 Rn. 41: „*sehr hohe Wahrscheinlichkeit*".
84 *M. Spitzer*, in: M. Spitzer/A. Wilfinger, Beweisrecht, Wien 2020, Vor §§ 266 ff. ZPO Rn. 12.
85 *Spitzer*, in: Spitzer/Wilfinger (Fn. 84), Vor §§ 266 ff. ZPO Rn. 12.
86 *Prütting*, in: Krüger/Rauscher (Fn. 83), § 286 Rn. 48; im konkreten Kontext *H. Koch/ M. Lührs/R. Verheyen*, Germany, in: R. Lord/S. Goldberg/L. Rajamani/J. Brunnée (Hrsg.), Climate Change Liability, Cambridge, UK: Cambridge University Press 2012, S. 376 (Rn. 15.72) und völkerrechtlich *Voigt*, Damages (Fn. 76), S. 465 (485); ausf. zu – teils richterrechtlich entwickelten – Erleichterungen *Schindl/Spitzer*, Beweiserleichterungen (Fn. 82), 263 (270 ff.).
87 *Burtscher/Spitzer*, Haftung (Fn. 4), 945 (950); *Spitzer/Burtscher*, Liability (Fn. 4), 137 (167); vgl. auch *Rosenberg/Schwab/Gottwald*, Zivilprozessrecht (Fn. 83), § 114 Rn. 15, die generell bezweifeln, dass die verschiedenen Beweismaßabstufungen zu praktischen Unterschieden führen.
88 *Burtscher/Spitzer*, Haftung (Fn. 4), 945 (951); *Spitzer/Burtscher*, Liability (Fn. 4), 137 (138).

Moleküle aus dem *RWE*-Kraftwerk getragen hat und ob gerade sie es sind, die den Palcacocha-See zum Überlaufen bringen?[89]

Die allermeisten privatrechtlichen Klimakläger werden sich bei ihren Schadenersatzforderungen früher oder später mit diesem nahezu unüberwindlichen Kausalitätsnachweis konfrontiert sehen, der zu Recht schon als „*Achillesferse*"[90] ziviler Klimaklagen bezeichnet wurde. Nicht umsonst fordern Proponenten einer EU-Klimahaftungs-Richtlinie *de lege ferenda* die Normierung einer unwiderleglichen (!) Kausalitätsvermutung.[91] *De lege lata* sollte sich Herr *Lliuya* indes wohl nicht allzu große Hoffnungen machen.[92]

III. Unterlassungsklagen (*Shell*)

Deshalb haben Klimakläger zuletzt andere Wege gesucht, wobei in Sachen Klimaschutz alle Wege nach Den Haag zu führen scheinen. Im Frühjahr 2021 hat das dortige Bezirksgericht in einem Paukenschlag den *Shell*-Konzern zu einer drastischen Reduktion seiner CO_2-Emissionen verpflichtet.[93] Für den Klimaschutz scheint dies ohnehin die beste Lösung zu sein: Während finanzieller Ersatz für bereits entstandene Klimaschäden die Klima-

---

[89] Ausf. *G. Wagner*, Klimahaftung (Fn. 75), S. 48 ff; allg. zu den Kausalitätsproblemen bei Klimaklagen *Burtscher/Spitzer*, Haftung (Fn. 4), 945 (949 ff.); *Spitzer/Burtscher*, Liability (Fn. 4), 137 (166 ff.).

[90] *Epstein/Deckert*, France (Fn. 34), S. 336 (Rn. 37): „*Achilles' heel*"; zuversichtlich hingegen *J.-E. Schirmer*, Klimahaftung und Kausalität – und es geht doch! JZ 2021, 1099; vgl auch *R. Stuart-Smith et al.*, Filling the evidentiary gap in climate litigation, Nature Climate Change 2021, 651.

[91] *E. Wagner*, Shell-Klimaklage (Fn. 10), 154 (159); *de lege ferenda* eine Proportionalhaftung ohne konkreten Kausalnachweis diskutierend *A. Hellgardt/V. Jouannaud*, Nachhaltigkeitsziele und Privatrecht, AcP 2022, 163 (193). Der Entwurf der „Lieferketten-RL" COM (2022) 71 final, der auch auf die Eindämmung des Klimawandels abzielt (Art 15), dürfte hier keine Abhilfe schaffen; zum Entwurf *A.-M. Heil*, Menschenrechte in Lieferketten: Trend zur Verrechtlichung, wbl 2022, 438.

[92] *Hellgardt/Jouannaud*, Nachhaltigkeitsziele (Fn. 91), 163 (191 f.); *Perner/Spitzer*, Shell (Fn. 13), 591 (591); *G. Wagner*, Klimahaftung (Fn. 75), S. 93 ff; vgl. auch *M. Hinteregger*, Klimaschutz mit den Mitteln des Privatrechts? Der Beitrag des Haftungsrechts, in: Kirchengast/Schulev-Steindl/Schnedl (Fn. 69), S. 197 (213), die zugesteht, es sei „*letztlich eine rechtspolitische Frage*", wie weit man dem Geschädigten mit dem Kausalitätsnachweis entgegenkommen will.

[93] BG Den Haag 26.5.2021, C/09/571932 / HA ZA 19-379; dazu die Anm. von *E. Wagner*, NR 2021, 347.

krise kaum noch verhindert,[94] wäre eine Verpflichtung, *pro futuro* weniger CO_2 zu emittieren, wirkungsvoller.[95] Der entscheidende Unterschied zu *Urgenda* ist, dass erstmals ein privater Akteur zu Klimaschutz verpflichtet wurde.[96] Droht *Shell* damit zum Menetekel für andere europäische Unternehmen zu werden?

Zwar ist die Klagebefugnis der in *Shell* auftretenden NGOs ein niederländisches Spezifikum (Art. 3:305a des Niederländischen Burgerlijk Wetboek [NBW]). Den Anspruch selbst leitet das Gericht aber aus der deliktischen Generalklausel des Art. 6:162 NBW ab, einer Norm, die mit § 823 BGB und § 1295 ABGB vergleichbar ist. Während manche der „*fundierten und völlig schlüssigen*" Entscheidung des BG Den Haag daher über die niederländischen Staatsgrenzen hinweg „*grundsätzliche Beachtlichkeit*" attestieren,[97] ist für andere eine Übertragung des „*aufsehenerregende[n] juristische[n] Fehltritt[s]*" gänzlich „*undenkbar*".[98]

Nach österreichischem Verständnis geht es in *Shell* um einen Unterlassungsanspruch.[99] Problematisch ist schon, hier einfach auf das Kausalitätserfordernis zu verzichten. Soll der Unterlassungsanspruch die Beeinträchtigung absolut geschützter Rechte – etwa von Leib, Leben oder Eigentum – verhindern,[100] setzt auch das eine Art Kausalitätsprüfung in Form einer Gefährdungsprognose voraus.[101] Womöglich kann man hier zwar großzügiger sein, weil es nicht um die konkrete Zurechnung einzelner Schäden zu

---

94 *G. Wagner*, Klimaschutz (Fn. 62), 2256 (2262).
95 *J. Spier*, Injunctive Relief: Opportunities and Challenges: Thoughts About a Potentially Promising Legal Vehicle to Stem the Tide, in: J. Spier/U. Magnus (Hrsg.), Climate Change Remedies, Den Haag 2014, S. 1 (4 f.).
96 So auch *Van der Veen/De Graaf*, The Netherlands (Fn. 28), S. 363 (Rn. 41).
97 *E. Wagner*, Shell-Klimaklage (Fn. 10), 154 (161); für Deutschland in Ansätzen *P. Gailhofer/R. Verheyen*, Klimaschutzbezogene Sorgfaltspflichten: Perspektiven der gesetzlichen Regelung in einem Lieferkettengesetz, ZUR 2021, 402 (402); *R. Verheyen/J. Franke*, Deliktsrechtlich begründete CO_2-Reduktionspflichten von Privatunternehmen, ZUR 2021, 624 (630 f.).
98 *C. Piska*, Das Shell-Urteil – Rechtsprechung am Limit, ecolex 2021, 805 (805, 807); eine „*ähnlich kühne Entscheidung*" eines österreichischen Gerichts für unwahrscheinlich haltend auch *S. Perner/M. Spitzer*, Klimaschutz durch ein kühnes Gericht? Die Presse vom 31.5.2021.
99 *Perner/Spitzer*, Shell (Fn. 13), 591 (591); zum Problem schon *Burtscher/Spitzer*, Haftung (Fn. 4), 945 (952); *Spitzer/Burtscher*, Liability (Fn. 4), 137 (174 f.).
100 Zu Unterlassungsansprüchen als Folge der Verletzung absoluter Rechte *F. Hofmann*, Der Unterlassungsanspruch als Rechtsbehelf, Tübingen 2017, S. 278 ff.
101 *E. Pöttker*, Klimahaftungsrecht, Tübingen 2014, S. 74, 93; *E. Wagner*, Klimaschutz mit den Mitteln des Privatrechts? Präventive privatrechtliche Instrumente: Klimaschutzklagen, in: Kirchengast/Schulev-Steindl/Schnedl (Fn. 69), S. 217 (227).

einzelnen vergangenen Emissionen, sondern „nur" um die Verhinderung zukünftiger Beeinträchtigungen geht.[102] Trotzdem: Will man ein Verhalten verbieten, weil es in fremde Rechte eingreift, muss dieser Eingriff eben konkret drohen,[103] was bei Klimaschäden angesichts des verworrenen Kausalzusammenhangs zweifelhaft ist.

Selbst wenn man aber von Kausalitätsbedenken absieht, ruft eine Rückbesinnung auf dogmatische Grundlagen in Erinnerung, dass Voraussetzung für Unterlassungsansprüche die Pflichtwidrigkeit des zu unterlassenden Verhaltens ist.[104] Manche stellen dabei bei drohenden Eingriffen in absolut geschützte Rechtsgüter nicht auf die schadenersatzrechtliche Rechtswidrigkeit ab, sondern lassen mit *Koziol* grundsätzlich die *„Tatbestandsmäßigkeit der Bedrohung"* genügen.[105] Sie fordern also kein Verhaltensunrecht, sondern gewähren schon wegen drohenden Erfolgsunrechts Unterlassungsansprüche,[106] was für den vorliegenden Fall relevant sein könnte.

Diese Reduktion der Anforderungen für den Unterlassungs- im Vergleich zum Schadenersatzanspruch geht freilich auf eine Interessenabwägung zurück. Unterlassungspflichten seien typischerweise weniger eingriffsintensiv,[107] weil dem Verpflichteten unmittelbar vor Augen geführt wird, welche konkrete Gefährdung er gegenüber welchem individualisierten Gefährde-

---

102 So *Spier*, Thoughts (Fn. 95), S. 13; wohl auch *E. Wagner*, Klimaschutzklagen (Fn. 101), S. 217 (227).

103 Anderes würde nur gelten, wenn ein Verhalten nach der Rechtsordnung schon um seiner selbst willen verpönt wäre; zu derartigen Unterlassungsansprüchen *F. Hofmann*, Unterlassungsanspruch (Fn. 100), S. 286 ff.

104 *Perner/Spitzer*, Shell (Fn. 13), 591 (591); *Perner/Spitzer/Kodek*, Bürgerliches Recht (Fn. 80), S. 314; *F. Hofmann*, Unterlassungsanspruch (Fn. 100), S. 282, 288; *G. Wagner*, Klimahaftung (Fn. 75), S. 79 ff; freilich gesteht auch das BG Den Haag zu, dass Shell derzeit (noch) nicht rechtswidrig handelt (Rn. 4.5.8.).

105 *H. Koziol*, Gedanken zum privatrechtlichen System eines Rechtsgüterschutzes, in: A. Heldrich/I. Koller/J. Prölss/K. Langenbucher/H.-C. Grigoleit/J. Hager/F. Hey/ J. Neuner/J. Petersen/R. Singer (Hrsg.), Festschrift für Claus-Wilhelm Canaris zum 70. Geburtstag, München 2007, S. 631 (639); *ders.*, Grundfragen des Schadenersatzrechts, Wien 2010, Rn. 2/7 jeweils m. w. N.; siehe auch *dens.*, Österreichisches Haftpflichtrecht I, Wien 2020, Rn. C/1/15 mit Fn. 41; weiters *E. Wagner*, Gesetzliche Unterlassungsansprüche im Zivilrecht, Wien 2006, S. 210 ff; zur Diskussion im vorliegenden Kontext *Pöttker*, Klimahaftungsrecht (Fn. 101), S. 98 ff. und *G. Wagner*, Klimahaftung (Fn. 75), S. 79 ff.

106 *R. Reischauer*, in: P. Rummel (Hrsg.), ABGB, Bd. II/2a, 3. Aufl., Wien 2007, § 1294 Rn. 29; *P. Rummel*, in: P. Rummel/M. Lukas (Hrsg.), ABGB, Teilbd. §§ 859-916 ABGB (Vertragsrecht), 4. Aufl., Wien 2014, § 859 Rn. 9.

107 *Koziol*, in: FS Canaris (Fn. 105), S. 631 (635, 639 ff.); *ders.*, Grundfragen (Fn. 105), Rn. 2/7 m. w. N.; *Spier*, Thoughts (Fn. 95), S. 5 f; vgl. auch *G. Wagner*, in: Sä-

ten zu unterlassen habe.[108] Ob diese Prämisse im Kontext von Klimaklagen zutrifft, ist freilich höchst zweifelhaft. *Shell* wird immerhin zur – zumindest partiellen – Einstellung seines legalen Geschäftsbetriebs verpflichtet![109]

Was bleibt, ist jedenfalls die Erkenntnis, dass sich absolute Aussagen nicht treffen lassen, im Ergebnis bedarf es immer einer Berücksichtigung der beteiligten Interessen.[110] Das BG Den Haag kommt dieser Anforderung nur *prima vista* nach: Es kreiert aus 14 frei gewählten[111] und frei gegeneinander abgewogenen Faktoren einen „*unwritten standard of care*",[112] den Shell verletzt haben soll. Was bei nicht einmal völkerrechtlich verbindlichem *soft law* wie den Sustainable Development Goals und den UN Guiding Principles on Business and Human Rights beginnt,[113] führt über die Menschenrechte der EMRK und des UN-Pakts über bürgerliche und politische Rechte[114] bis zu einer allgemeinen „*responsibility of states and society*"[115] und soll im Ergebnis bewirken, dass *Shell* seine CO_2-Emissionen um 45% reduzieren muss.[116] Das betrifft die eigenen Emissionen, aber auch jene der Zulieferer und sogar der Endabnehmer, denn „*the end-users of the products produced and traded by the Shell group are at the end of [its] value chain.*"[117]

---

cker/Rixecker/Oetker/Limperg (Fn. 80), § 823 Rn. 18 („*bloßes Nichtstun*"), der im Ergebnis sehr wohl zu einer Haftung nur für „*drohendes Verhaltensunrecht*" gelangt.

108 *Koziol*, Grundfragen (Fn. 105), Rn. 2/7; *ders.*, in: FS Canaris (Fn. 105), S. 631 (639); vgl. auch *G. Wagner*, in: Säcker/Rixecker/Oetker/Limperg (Fn. 80), § 823 Rn. 16.
109 Die Vermeidungskosten des potentiell Verpflichteten beim Pflichtwidrigkeitsurteil zu berücksichtigen fordern etwa *G. Wagner*, in: Säcker/Rixecker/Oetker/Limperg (Fn. 80), § 823 Rn. 18 und *R. Wilhelmi*, Risikoschutz durch Privatrecht, Tübingen 2009, S. 165, 252 ff.
110 *G. Wagner*, in: Säcker/Rixecker/Oetker/Limperg (Fn. 80), § 823 Rn. 15 ff; ausf. *Wilhelmi*, Risikoschutz (Fn. 109), S. 141 ff., insb. 164 f. und 230 ff; im Ergebnis wohl auch *Koziol*, Grundfragen (Fn. 105), Rn. 2/7, 2/9; *ders.*, in: FS Canaris (Fn. 105), S. 631 (639, 643). Bedenken gegen einen Unterlassungsanspruch im vorliegenden Kontext äußern daher schon *Burtscher/Spitzer*, Haftung (Fn. 4), 945 (952); *Spitzer/Burtscher*, Liability (Fn. 4), 137 (174 f.).
111 BG Den Haag 26.5.2021, C/09/571932 / HA ZA 19-379 Rn. 4.4.2.: „*In its interpretation of the unwritten standard of care, the court has included: [...]*".
112 Rn. 4.1.3.
113 Rn. 4.4.11. ff., 4.4.41. f.
114 Rn. 4.4.9. f.
115 Rn. 4.4.51. f.
116 Rn. 5.3.
117 Rn. 4.4.18.

Wer 14 willkürlich ausgewählte Faktoren gegeneinander abwägt, kann freilich „*alles und nichts begründen*"[118] und kaschiert damit womöglich nur „*freie Entscheidungsfindung*":[119] Das BG Den Haag rekurriert auf die Grundsätze der völkerrechtlichen Staatenverantwortlichkeit,[120] geht aber großzügig darüber hinweg, dass *Shell* kein Staat ist, und lässt mit dem lapidaren Satz, dass „*[b]usiness enterprises should respect human rights*",[121] so schwierige Fragen wie die mittelbare Drittwirkung der Grundrechte[122] gänzlich unter den Tisch fallen.[123] Dafür wird das Einstampfen eines Geschäftsmodells kurzerhand damit gerechtfertigt, dass „*every contribution towards a reduction of* CO_2 *emissions may be of importance.*"[124] Im Anschluss an die „*Learned Hand*"-Formel[125] wägt das BG Den Haag die Risiken der CO_2-Emission und den potentiellen Vermeidungsaufwand ab,[126] wobei die Antwort auf die Suggestivfrage nicht überraschend ausfällt: Einerseits birgt der globale Klimawandel ein großes Gefährdungspotential; andererseits wäre die Lösung recht simpel – man müsse doch einfach nur weniger Öl fördern.[127]

Aus gesamtgesellschaftlicher Perspektive kann man dem wenig entgegenhalten. Konzertierte, globale Anstrengungen zur Eindämmung der Klimakrise wären zweifellos wünschenswert, und natürlich wäre es dabei sinnvoll, weniger fossile Brennstoffe zu fördern. Freilich wäre es auch sinnvoll, weniger zu fliegen; dennoch ist noch niemand auf die Idee gekommen, Unterlassungsklagen gegen Ibizaurlauber zu erheben. Der Vorwurf der Pflichtwidrigkeit darf eben nicht auf aggregierter Ebene, sondern nur mit

---

118 *Perner/Spitzer*, Shell (Fn. 13), 591 (591); *dies.*, Klimaschutz (Fn. 98); zust. *Piska*, Limit (Fn. 98), 805 (806).
119 *Perner/Spitzer*, Klimaschutz (Fn. 98); ähnlich *Wegener*, Menschenrecht (Fn. 56), 425 (430).
120 Rn. 4.4.51. f.
121 Rn. 4.4.15.
122 Dazu *Berka/Binder/Kneihs*, Grundrechte (Fn. 31), S. 145 ff; *E. Schulev-Steindl*, Drittwirkung und Fiskalgeltung, in: D. Merten/H. Papier/G. Kucsko-Stadlmayer (Hrsg.), Handbuch der Grundrechte VII/1: Grundrechte in Österreich, 2. Aufl., Wien 2014, S. 187 (Rn. 7 ff.).
123 Krit. auch *Wegener*, Menschenrecht (Fn. 56), 425 (430).
124 Rn. 4.3.5.
125 *Spitzer/Burtscher*, Liability (Fn. 4), 137 (160).
126 Rn. 4.4.6. ff: „*consequences*"; Rn. 4.4.53.: „*onerousness*"; Rn. 4.4.54.: „*proportionality*".
127 Rn. 4.4.4.

Blick auf individuell-konkrete Situationen erhoben werden: Was kann die Rechtsordnung vom Einzelnen in spezifischen Situationen erwarten?[128]

Dabei springt ins Auge, dass Unternehmen in der EU nach der Emissionshandelsrichtlinie im Rahmen der von ihnen gehaltenen Emissionszertifikate öffentlich-rechtlich sogar berechtigt sind, CO_2 auszustoßen.[129] Eine solche öffentlich-rechtliche Genehmigung führt zwar nicht zwingend zur privatrechtlichen Zulässigkeit ihres Handelns, sie ist aber immerhin ein starkes Indiz dafür:[130] Die staatliche Allokation von CO_2-Zertifikaten schafft eine berechtigte Erwartungshaltung, diese nutzen zu dürfen. Treffend sprich *J. H. Dales,* einer der Ideengeber für den Emissionszertifikatshandel, von *„pollution rights";*[131] es wäre reichlich seltsam, wenn die privatrechtliche Hand dem Emittenten einfach wieder nehmen könnte, was ihm die öffentlich-rechtliche Hand zuvor gegeben hat.

Das BG Den Haag gibt *Shell* freilich mit auf den Weg, man habe das Europäische Emissionshandelssystem (*„emissions trading system",* ETS) ohnehin ausreichend berücksichtigt.[132] Dennoch: *„The most recent emissions reduction targets in the ETS system are still not sufficient to achieve the goals agreed under the Paris Agreement"* und *Shell „cannot rely on the indemnifying effect of the ETS system insofar as this system entails a less far-reaching reduction target"* als die vom Gericht individuell für *Shell* entworfene Verpflichtung zur CO_2-Reduktion.[133] Am Ende kommt dabei – die exkulpierende Wirkung der gehaltenen Zertifikate angeblich schon einkalkuliert – eine Reduktionsverpflichtung von genau 45% heraus, womit das BG Den Haag gleich die (vermeintlichen) rechtspolitischen Defizite des Emissionshandelssystems bereinigt.

---

128 *Burtscher/Spitzer,* Haftung (Fn. 4), 945 (947 ff.); *Perner/Spitzer/Kodek,* Bürgerliches Recht (Fn. 80), S. 332, 344; *Spitzer/Burtscher,* Liability (Fn. 4), 137 (158 ff.).

129 RL 2003/87/EG i.d.F. RL (EU) 2018/410; ausf. im hiesigen Kontext *Burtscher/Spitzer,* Haftung (Fn. 4), 945 (949); *Spitzer/Burtscher,* Liability (Fn. 4), 137 (164 f.).

130 *Burtscher/Spitzer,* Haftung (Fn. 4), 945 (948 f.); *Spitzer/Burtscher,* Liability (Fn. 4), 137 (162 ff.); a. A. wohl *E. Wagner,* Weltklimavertrag und neue Dynamik im Klimaschutzrecht: Klimaklagen, in: K. Pabel (Hrsg.), 50 Jahre JKU, Wien 2018, S. 11 (31); zum Problem im vorliegenden Kontext *Hinteregger,* Beitrag (Fn. 92), S. 197 (214 f.); *Pöttker,* Klimahaftungsrecht (Fn. 101), S. 98 ff; weiters *Wilhelmi,* Risikoschutz (Fn. 109), S. 275 und grundlegend *G. Wagner,* Öffentlich-rechtliche Genehmigung und zivilrechtliche Rechtswidrigkeit, Köln et al. 1989.

131 *J.H. Dales,* Pollution, property & prices, Toronto 1968, S. 77 ff.

132 Rn. 4.4.44. ff.

133 Rn. 4.4.45. f.

Dabei ist freilich auch die Gefahr von Wettbewerbsverzerrungen zu bedenken,[134] weil derartige Unterlassungsansprüche notwendig arbiträr gegen einzelne Unternehmen gerichtet sind. Die Marktlücke, die *Shell* hinterlässt, wird die Konkurrenz gerne füllen. Die Produktion klimaschädlicher Produkte lässt sich häufig in Staaten mit weniger „klimasensiblen" Gerichten verlegen. Das soll keineswegs den Startschuss für ein klimaschutzrechtliches *race to the bottom* geben, sondern lenkt den Blick auf ein strukturelles Problem: Der Klimawandel ist eine globale Bedrohung, der nur global entgegengetreten werden kann.[135] Ob der Verhandlungssaal eines niederländischen Bezirksgerichts dafür eine geeignete Bühne bietet, scheint zweifelhaft;[136] *Shell* hat jedenfalls nicht nur gegen die erstinstanzliche Entscheidung Berufung erhoben,[137] sondern inzwischen auch seinen Verwaltungssitz nach Großbritannien verlegt.[138]

Bei *Mercedes-Benz* besteht bislang kein Bedarf für einen solchen Schritt, nachdem das LG Stuttgart die gegen das Unternehmen gerichtete Klage der *Deutschen Umwelthilfe* (*DUH*) im Herbst 2022 abgewiesen hat. Die *DUH* wollte gerichtlich ein Aus für Fahrzeuge mit Verbrennungsmotor bis 2030 erzwingen, deren Verkauf das LG Stuttgart aber nicht für rechtswidrig erachtet. Die Entscheidungsbegründung trifft den Nagel auf den Kopf und schlägt zugleich die Brücke zur US-amerikanischen Diskussion: *„Den Gerichten obliegt es, die geltenden Gesetze unter Beachtung der verfassungsrechtlichen Vorgaben anzuwenden. Damit nicht vereinbar ist, wenn die Gerichte im Rahmen einer Individualklage die dem Gesetzgeber vorbehaltenen Entscheidungen an sich ziehen."*[139]

---

134 *R. Ismer*, Klimaschutz als Rechtsproblem, Tübingen 2014, S. 349 ff; *E. Posner/ D. Weisbach*, Climate Change Justice, Princeton 2010, S. 2; *G. Wagner*, Klimaschutz (Fn. 62), 2256 (2262).
135 So auch *Gross*, Duties (Fn. 37), S. 81 (Rn. 54 f.); *W. Kahl/M.-P. Weller*, Liability for Climate Damages – Synthesis and Future Prospects, in: Litigation (Fn. 19), S. 532 (Rn. 47).
136 *Perner/Spitzer*, Shell (Fn. 13), 591 (592).
137 <https://www.shell.com/media/news-and-media-releases/2021/shell-confirms-decision-to-appeal-court-ruling-in-netherlands-climate-case.html> (27.3.2022)
138 Das Unternehmen begründet das mit Strukturvereinfachungen (<https://www.shell.com/investors/simplified-share-structure.html> [27.3.2022]); manche Beobachter sehen aber eine Verbindung zur klimafreundlichen Rechtsprechung in den Niederlanden (<https://www.qz.com/2089366/why-shell-is-moving-from-the-netherlands-to-the-uk/> [27.3.2022]).
139 LG Stuttgart 13.9.2022, 17 O 789/21.

D. Fazit

Damit lässt sich ein Fazit ziehen: Klimaklagen sind in Europa angekommen, und sie sind gekommen, um zu blieben; ihr Zeitalter ist gerade erst angebrochen. Während sie im Öffentlichen Recht ihren Ausgang genommen haben, sind Klimaklagen mittlerweile auch zielstrebig *„auf dem Weg ins Privatrecht".*[140] Was mit Blick auf die öffentliche Aufmerksamkeit positiv sein mag, macht freilich aus juristischer Sicht skeptisch; manche Beobachter sehen wegen der skizzierten Zeitenwende sogar den Rechtsstaat in Gefahr.[141]

Bei näherem Hinsehen sollte man differenzieren: Jedenfalls im Privatrecht führt *„die Idee einer Weltrettung durch Gerichtsbeschlüsse letztlich in die Irre."*[142] Der bilaterale Zivilprozess ist nicht das geeignete Forum, um intrikate generationen- und länderübergreifende wirtschafts- und sozialpolitische Verteilungsfragen zu lösen:[143] Das *„globale Risiko in deliktische Sorgfaltspflichten einzelner inländischer Betreiber von Emissionsquellen umzumünzen, erscheint weder möglich noch angemessen."*[144]

Einzelne Unternehmen können nicht für die Untätigkeit der Politik und den Lebensstil einer gesamten Gesellschaft verantwortlich gemacht werden. Zurecht wird von europäischen Richtern ein ähnlicher *judicial self-restraint* eingefordert wie von ihren amerikanischen Kollegen;[145] die aufsehenerregende *Shell*-Entscheidung des BG Den Haag taugt daher nicht als Vorbild für die Zivilgerichte anderer Ländern.

Anders ist die Ausgangslage im Öffentlichen Recht, weshalb der Klimabeschluss des BVerfG und die *Shell*-Entscheidung nicht in einen Topf geworfen werden sollten.[146] Anders als private Unternehmen ist der Staat der richtige Akteur, um die mit einer Transformation in eine CO_2-freie

---

140 *Perner/Spitzer*, Shell (Fn. 13), 591 (591).
141 *Wegener*, Menschenrecht (Fn. 56), 425 (431).
142 *Wegener*, Urgenda (Fn. 30), 3 (3 f.).
143 *G. Wagner*, Klimahaftung (Fn. 75), S. 114; zurückhaltend auch *Kahl/Weller*, Synthesis (Fn. 135), S. 532 (Rn. 55): „primarily a task of international law and public law and there, above all, legislature".
144 *G. Wagner*, in: Säcker/Rixecker/Oetker/Limperg (Fn. 80), § 823 Rn. 1055.
145 *Perner/Spitzer*, Shell (Fn. 13), 591 (592); *dies.*, Klimaschutz (Fn. 98); *G. Wagner*, Klimahaftung (Fn. 75), S. 111 ff; *ders.*, Klimaschutz (Fn. 62), 2256 (2262 f.).
146 Siehe auch die Differenzierung bei *Gross*, Duties (Fn. 37), S. 81 (Rn. 54 f.), der die Frage der Gewaltenteilung bei Klimaklagen freilich generell als das „*ultimate problem*" identifiziert (Rn. 52).

Gesellschaft verbundenen Probleme in den Griff zu bekommen; und wo die Politik untätig bleibt, werden die Gerichte in die Bresche springen.[147]

Auch hier muss man sich aber bewusst sein, dass damit elementare gesellschaftspolitische Fragen dem demokratischen Prozess entzogen werden. Wenngleich dieser Prozess oft träge und irrational erscheint, gehört der Klimawandel doch primär in die Parlamente und nicht in die Gerichtssäle, will man „*Kollateralschäden an der Aufgabenteilung unter den Staatsgewalten*" vermeiden.[148] Unterm Strich ist und bleibt der Klimaschutz eine *political question*, auf die eine baldige Antwort notwendig ist.

---

147 C. *Franzius*, Prävention durch Verwaltungsrecht: Klimaschutz, in: C. Walter (Hrsg.), Machtverschiebungen, Berlin 2022, S. 383 (423 ff.); vgl. auch *Rodi/Kalis*, Instrument (Fn. 61), 5 (10).
148 G. *Wagner*, Klimaschutz (Fn. 62), 2256 (2263); krit. auch *Meßerschmidt*, Klimaschutzbeschluss (Fn. 61), 109 (109) und *Wegener*, Urgenda (Fn. 30), 3 (10 ff.); für einen maßhaltenden Beitrag der Judikative als Impulsgeber *Franzius*, Prävention (Fn. 147), S. 383 (426 ff., 430 f.).

Virtuelle Verhandlungen in internationalen Zivilprozessen zwischen zeitgemäßer Rechtsschutzgewährung und möglichen Systembrüchen

*Ass.-Prof. Dr. Florian Scholz-Berger**

A. Einleitung

Das Thema Videokonferenzen in Zivilprozessen fristete – zumindest in unseren Breiten[1] – lange Zeit eher ein Schattendasein:[2] Während es in der Schweiz gar keine einschlägigen Regelungen gab[3] und in Österreich – außerhalb des praktisch nicht besonders relevanten europäischen Bagatellverfahrens –[4] nur unter bestimmten Umständen die Vernehmung von Beweispersonen per Videokonferenz zulässig war,[5] erlaubte § 128a der deut-

---

* *Florian Scholz-Berger* ist Assistenzprofessor (Tenure-Track-Professur für Internationale Streitbeilegung) am Institut für Zivilverfahrensrecht der Universität Wien.
1 Zur Situation in den USA, wo derartige Technologien bereits seit Ende des letzten Jahrtausends viel verbreiteter verwendet werden, vgl. etwa *B. Glunz*, Psychologische Aspekte beim gerichtlichen Einsatz von Videotechnik, Tübingen 2012, S. 11 ff.; *F. Lederer*, The Road to the Virtual Courtroom? A Consideration of Today's -and Tomorrow's - High-Technology Courtrooms, 50 South Carolina Law Review 1999, 799; für Australien *A. Wallace*, Virtual Justice in the Bush: The Use of Court Technology in Remote and Regional Australia, Journal of Law, Information and Science 2008, <http://classic.austlii.edu.au/au/journals/JlLawInfoSci/2008/2.html> (15.12.2022).
2 Vgl. bereits *A. Stadler*, Der Zivilprozeß und neue Formen der Informationstechnik, ZZP 111 (2002), 413 (414).
3 Vgl. chBG 4A_180/2020 AJP 2021, 116 (*Turtschi*); *U. Weber-Stecher*, Gerichtsverhandlungen mittels Videokonferenz?, ZZZ 56/2021, 705 (706).
4 Vgl. Art. 8 Abs. 1 EuBagVO und dazu etwa *T. Domej*, in: R. Bork/H. Roth (Hrsg.), Stein/Jonas Kommentar zur Zivilprozessordnung, Bd. XI, 23. Aufl., Tübingen 2021, Art. 8 EuGFVO Rn. 1 ff.
5 Vgl. dazu etwa *P. Oberhammer/F. Scholz-Berger*, Möglichkeiten und Grenzen der Videoeinvernahme nach § 277 ZPO, ecolex 2022, 285 (286 f.); *M. Spitzer*, in: M. Spitzer/A. Wilfinger (Hrsg.), Beweisrecht, Wien 2020, § 277 ZPO Rn. 3.

schen ZPO zwar schon länger den sehr weitgehenden Einsatz von Videotechnologie.[6] Er befand sich aber im viel zitierten Dornröschenschlaf.[7]

Für diese Zurückhaltung mag es verschiedene Gründe gegeben haben. Neben der – wohl etwas übertriebenen – Angst vor einem „drohende[n] Ende unserer gewachsenen Prozesskultur"[8] und fehlendem Geld für entsprechende technische Ausstattung, wird es auch eine Rolle gespielt haben, dass aufgrund eher überschaubarer geografischer Distanzen und guter Verkehrsanbindungen der sprichwörtliche Leidensdruck nicht so hoch war.

Aus allgemein bekannten Gründen hat sich die beschriebene Situation ab März 2020 schlagartig geändert.[9] Neben den staatlichen Gerichten haben seither außerdem auch internationale Schiedsgerichte in einem vorher nie dagewesenen Ausmaß auf Videotechnologie zurückgegriffen.[10]

Auch wenn es da und dort wieder Bewegungen in die Gegenrichtung gibt,[11] wird sich diese Entwicklung aus mehreren Gründen nicht einfach

---

6 Die Bestimmung wurde in ihrer Urfassung zum 1.1.2002 eingeführt und seither mehrfach erweitert; vgl. etwa *J. Fritsche*, in: W. Krüger/T. Rauscher (Hrsg.), Münchener Kommentar zur Zivilprozessordnung mit Gerichtsverfassungsgesetz und Nebengesetzen, Bd. I, 6. Aufl., München 2020, § 128a Rn. 1 f.

7 Siehe statt vieler etwa *A. Stadler*, Digitale Gerichtsverhandlung im Zivilprozess, in: P. Reuß/B. Windau (Hrsg.), Göttinger Kolloquien zur Digitalisierung des Zivilverfahrensrechts I, Göttingen 2022, S. 3 (4).

8 *W. H. Rechberger*, Die Anwendung moderner Informationstechnologien im österreichischen Zivilprozess, in: R. Welser (Hrsg.), Neuere Privatrechtsentwicklungen in Österreich und in der Türkei, Wien 2013, S. 129 (138).

9 Vgl. für Deutschland *Stadler*, Digitale Gerichtsverhandlungen im Zivilprozess (Fn. 7), S. 3; für Österreich *C. Koller*, Krise als Motor der Rechtsentwicklung im Zivilprozess- und Insolvenzrecht, JBl 2020, 539 (540 ff.); für die Schweiz *D. Kettiger/A. Lienhard*, Swiss Courts Facing the Challenges of COVID-19, 12 International Journal for Court Administration 1,1 (5); vgl. zur weltweiten Situation etwa auch die Länderberichte in *B. Krans/A. Nylund* (Hrsg.), Civil Courts Coping with COVID-19, Den Haag 2021, für eine empirische Untersuchung zum Einsatz und zur Akzeptanz von Videokonferenztechnologie unter deutschen Richtern seit Beginn der Pandemie siehe *T. Duhe/B. E. Weißenberger*, Ein empirischer Blick auf die mündliche Verhandlung per Videokonferenz, RDi 2022, 176.

10 Vgl. etwa *Weber-Stecher*, Gerichtsverhandlungen (Fn. 3), 705 (705); zur Zulässigkeit dieser Praxis – auch ohne Einverständnis der Parteien – aus Sicht des österreichischen Schiedsverfahrensrechts siehe OGH 18 ONc 3/20s EvBl 2021/19 (*Hausmaninger/Loksa*) = Nr 2021, 88 (*Förstel-Cherng/Tretthahn-Wolski*).

11 In Österreich ist etwa ein Anlauf zur Verstetigung der COVID-19-Regelungen in der ZPO Ende 2021 – zumindest vorerst – gescheitert (vgl. dazu etwa *P. Oberhammer*, Ziviljustiz und Gesellschaft: Erwartungen und Orientierungen, ecolex 2022, 952 [956]); auch in anderen Staaten ist die Zukunft der im Zuge von Maßnahmengesetzgebung geschaffenen Regelungen über Online- bzw Videoverhandlungen unklar; vgl. etwa

ganz rückgängig machen lassen. Zum einen wurde, trotz nach wie vor vorhandener, kritischer Stimmen,[12] vielen Beteiligten vor Augen geführt, dass diese Technologie weniger schwerwiegende Nachteile hat als möglicherweise befürchtet.[13] Zum anderen wurde wohl auch das Bewusstsein dafür geschärft, dass Videokonferenzen – gerade in grenzüberschreitenden Konstellationen – ein wichtiges Instrument zur Verbesserung des Zugangs zum Recht sein können.[14] Schließlich wird es auch nach einer allfälligen Überwindung von COVID-bedingten Kontakt- und Reisebeschränkungen weiterhin Hindernisse für eine effektive Rechtsschutzgewährung geben, die durch den Einsatz von Videokonferenzen überwunden werden können und manchmal auch müssen. Dies gilt ganz besonders für Verfahren mit Auslandsbezug. Eine immer größer werdende Rolle spielt in diesem Zusammenhang natürlich auch das rasch steigende Bewusstsein dafür, dass klimaschädigende Reiseaktivitäten möglichst eingeschränkt werden sollten.[15]

J. Heck, Die örtliche Einheit der mündlichen Verhandlung – grenzüberschreitende Verhandlungsteilnahme nach § 128a Abs. 1 ZPO, ZIP 2022, 1529 (1535); *Ferrand*, in: Krans/Nylund (Fn. 9), S. 83 (91); *A. Uzelac*, Croatian Civil Justice v. Covid-19 – The Empire Strikes Back, in: B. Krans/A. Nylund (Hrsg.), Civil Courts Coping with COVID-19, Den Haag 2021, S. 47 (55). Grundsätzlich ist es natürlich zu begrüßen, wenn für eine Notlage entworfene Maßnahmenbestimmungen nicht einfach in den dauerhaften prozessualen Normenbestand überführt werden, vielmehr sollten entsprechende Vorschläge eingehend diskutiert werden (so bereits *F. Scholz-Berger/J. Schumann*, Die Videokonferenz als Krisenlösung für das Zivilverfahren, ecolex 2020, 469 [473]); auf der anderen Seite darf dieser Bedarf einer Diskussion und Evaluierung aber auch nicht als Vorwand dienen, sich aus sachfremden Motiven notwendigen Reformen gegenüber zu verschließen.

12 Vgl. etwa die Stellungnahmen des österreichischen Rechtsanwaltskammertags zum Ministerialentwurf einer Zivilverfahrens-Novelle 2021, 30/SN-138/ME sowie die Stellungnahme der Vereinigung der österreichischen Richter*innen zum nämlichen Entwurf, 43/SN-138/ME; alle Stellungnahmen sind abrufbar unter <https://www.parlament.gv.at/PAKT/VHG/XXVII/ME/ME_00138/index.shtml#tab-Stellungnahmen> (15.12.2022).
13 Vgl. etwa *Weber-Stecher*, Gerichtsverhandlungen (Fn. 3), 705 (706 f.); *M. Wittmann-Tiwald/J. Wannenmacher*, Videokonferenzen, Fast-Track-Prozesse und englischsprachige Verfahren undenkbar?, ecolex 2021, 178 (178); *Arbeitsgruppe „Modernisierung des Zivilprozesses"*, Diskussionspapier: Modernisierung des Zivilprozesses (2021), <https://olgko.justiz.rlp.de/de/startseite/detail/news/News/detail/modernisierung-des-zivilprozesses-onlinetagung-der-praesidentinnen-und-praesidenten-der-oberlandesge/> (15.12.2022).
14 Vgl. etwa OGH 18 ONc 3/20s EvBl 2021/19 (*Hausmaninger/Loksa*) = Nr 2021, 88 (*Förstel-Cherng/Tretthahn-Wolski*).
15 Vgl. den Impact-Assessment-Report zum Vorschlag für eine Verordnung des Europäischen Parlaments und des Rates über die Digitalisierung der justiziellen Zusammen-

Zugleich ist aber in grenzüberschreitenden Konstellationen der Einsatz von Videokonferenztechnologie besonders umstritten, weil immer wieder die Frage nach den Voraussetzungen für ihre völker- und gegebenenfalls unionsrechtliche Zulässigkeit aufgeworfen wird. Auf diesen Problemkomplex ist daher vorerst näher einzugehen (s sogl II.), bevor schließlich auf Potential und mögliches Risiko derartiger Technologie aus Sicht einer grundrechtskonformen und prozessmaximengerechten Verfahrensdurchführung zurückzukommen ist (unten III).

B. Virtuelle Verhandlung sowie Beweisaufnahmen bei Videokonferenzen und die Staatensouveränität

I. Problemstellung und Stand der Diskussion

Im Grunde dreht sich die Diskussion um die Frage, ob eine Videozuschaltung von Personen, die sich außerhalb des Gerichtsstaats aufhalten, nur unter Einhaltung des Rechtshilfeweges – also in der Regel mit Zustimmung des Aufenthaltsstaats im Wege der sog passiven Rechtshilfe – zulässig ist, oder ob es derartiger Voraussetzungen nicht bedarf. Diese Frage hat einen nicht zu unterschätzenden Einfluss auf die praktische Durchführbarkeit von Videokonferenzen und damit letztlich auch auf die Effektivität der Rechtsschutzgewährung,[16] da der Rechtshilfeweg jedenfalls mit Aufwand und Verzögerungen und oftmals auch mit Unsicherheiten verbunden ist.[17]

---

arbeit und des Zugangs zur Justiz in grenzüberschreitenden Zivil-, Handels- und Strafsachen und zur Änderung einiger Rechtsakte im Bereich der justiziellen Zusammenarbeit SWD (2021) 392 fin., S. 33; weiters etwa *P. Leupold*, Öffentlichkeit im Zivilprozess – Verfahrensgrundsätze und Rechtsentwicklung im Lichte der Krise, JRP 2021, 339 (352); *B. Windau*, Grenzüberschreitende Verhandlung und Beweisaufnahme im Wege der Bild- und Tonübertragung, jM 2021, 178 (178).

16 Vgl. i.d.S. auch *W. Voß*, Grenzüberschreitende Videoverhandlungen jenseits des Rechtshilfewegs – Wunsch oder Wirklichkeit?, in: P. Reuß/B. Windau (Hrsg.), Göttinger Kolloquien zur Digitalisierung des Zivilverfahrensrechts I, Göttingen 2022, S. 43 (43).

17 Letzteres gilt insbesondere für „echte" Videoverhandlungen i.S. der Zuschaltung von Parteien und Parteienvertretern zu anderen Zwecken als einer Einvernahme; diese würde mangels einschlägiger Regelungen wohl grundsätzlich im Bereich der außervertraglichen (passiven) Rechtshilfe stattfinden (vgl. zur Frage der Anwendbarkeit der Europäischen Beweisaufnahmeverordnung [EuBewVO] etwa *von Hein*, in: T. Rauscher [Hrsg.], Europäisches Zivilprozess- und Kollisionsrecht, Bd. II, 5. Aufl., Köln 2022, Art. 20 EuBVO Rn. 34); für direkte Beweisbefragungen per Videokon-

Der diesbezügliche Meinungsstand in der Wissenschaft lässt sich im Wesentlichen in drei Lager einteilen: Die einen halten jede Zuschaltung von Parteien, Parteienvertretern oder Zeugen ohne Beschreitung des Rechtshilfeweges für völkerrechtlich unzulässig, weil sich das Prozessgericht zwar nicht in den Aufenthaltsstaat der Person begebe, sich sein hoheitliches Handeln aber (virtuell) dort auswirke.[18] Die zweite Gruppe sieht derartige unzulässige Auswirkungen nur, aber immerhin, bei Beweisbefragungen per Videokonferenz und zwar aufgrund des mit dem Stellen von Fragen verbundenen hoheitlichen Informationsersuchens ins Ausland.[19] Die dritte Gruppe sieht auch bei der Beweisaufnahme kein generelles Problem mit der Souveränität, wenn und weil die gerichtliche Amtshandlung ausschließlich im Forumsstaat stattfinde und es sich insofern um einen Beweistransfer handle, dessen Zulässigkeit sich nach der lex fori processus richte.[20]

---

ferenz durch das Prozessgericht besteht innerhalb des europäischen Justizraumes aufgrund Art. 20 i.V.m. Art. 19 EuBVO ein relativ effizientes Procedere, das freilich aber auch einige Zeit in Anspruch nimmt und daher etwa für die „spontane" Videoeinvernahme eines kurzfristig an der Anreise verhinderten Zeugen nicht in Frage kommt; für die Videokonferenz-Zuschaltung zu einer durch das Rechtshilfegericht eines anderen Mitgliedstaates durchgeführten Video-Einvernahme s. Art 12 Abs. 4, 13 Abs. 4 und 14 Abs. 4 EuBVO; zur Videoeinvernahme durch das Prozessgericht im Anwendungsbereich des HBÜ (Haager Übereinkommen über die Beweisaufnahme im Ausland in Zivil- oder Handelssachen vom 18. März 1970) vgl. etwa BGH RdTW 2021, 430 (432 Rn. 23); *A. R. Markus*, Neue Entwicklungen bei der internationalen Rechtshilfe in Zivil- und Handelssachen, SZW 2002, 65 (79 ff.); *Voß*, Grenzüberschreitende Videoverhandlungen (Fn. 16), S. 43 (43).

18 Siehe etwa *Fritsche*, in: Krüger/Rauscher (Fn. 6), § 128a Rn. 3; *C. Kern*, in: R. Bork/H. Roth (Hrsg.), Stein/Jonas Kommentar zur Zivilprozessordnung, Bd. II, 23. Aufl., Tübingen 2016, § 128a Rn. 39; *Markus*, Neue Entwicklungen (Fn. 17), 65 (77 f.); *P. Reuß*, Die digitale Verhandlung im deutschen Zivilprozessrecht, JZ 2020, 1135 (1136); *H. Schultzky*, Videokonferenzen im Zivilprozess, NJW 2003, 313 (314 f.); *A. Stadler*, in: H. J. Musielak/W. Voit (Hrsg.), Zivilprozessordnung, 19 Aufl., München 2022, § 128a ZPO Rn. 2, 8; *Stadler*, Digitale Gerichtsverhandlungen im Zivilprozess (Fn. 7), S. 3 (11 f.); *D. von Selle*, in: V. Vorwerk/C. Wolf (Hrsg.), BeckOK–ZPO, 47. Aufl., München 2022, § 128a ZPO Rn. 16; *Voß*, Grenzüberschreitende Videoverhandlungen (Fn. 16), S. 43 (44 ff.); BGH 1 StR 286–99 JZ 2000, 741 = NJW 1999, 3788.

19 *Heck*, Die örtliche Einheit (Fn. 11), 1529 (1530, 1534); *Windau*, Grenzüberschreitende Verhandlung und Beweisaufnahme (Fn. 15), 178 (180); *M. Stürner*, Chancen und Risiken einer virtuellen Verhandlung. Von den besonderen Schwierigkeiten der Verfahren mit Auslandsbezug – Und: Kommt das Wortprotokoll?, AnwBl Online 2021, 167 (168).

20 *C. Berger*, in: R. Bork/H. Roth (Hrsg.), Stein/Jonas Kommentar zur Zivilprozessordnung, Bd. V, 23. Aufl., Tübingen 2015, § 363 Rn. 14; *R. Geimer*, Betrachtungen zur internationalen (aktiven und passiven) Rechtshilfe und zum grenzüberschreitenden Rechtsverkehr, in: J. Bernreuther/R. Freitag/S. Leible/H. Sippel/U. Wanitzek (Hrsg.),

Auch die internationale Praxis ist diesbezüglich nicht einheitlich. Sehr liberale Zugänge gibt es nicht nur in common-law-Jurisdiktionen, wie zB in Australien,[21] dem Vereinigten Königreich,[22] Südafrika[23] und den USA.[24] Auch in Kontinentaleuropa[25] haben Gerichte bis hinauf etwa zum deutschen BGH[26] sowie dem Bundespatentgericht[27] teilweise einen durchaus pragmatisch-liberalen Zugang zu dem Thema.[28] Freilich gibt es aber auch Gegenbeispiele, wie etwa eine vielzitierte, und wohl auch in der zivilprozes-

---

Festschrift für Ulrich Spellenberg, München 2010, S. 407 (426 f.); *R. Geimer*, in: R. Geimer (Hrsg.), Internationales Zivilprozessrecht, 8. Aufl., Köln 2020, Rn. 436b, 2385a m.w.N.; *A. Hemler*, Virtuelle Verfahrensteilnahme aus dem Ausland und Souveränität des fremden Aufenthaltsstaats, RabelsZ 86 (2022), 905 (929 ff.); *O. Knöfel*, RIW 2011, 887 (887 ff.) (Entscheidungsanmerkung); *O. Knöfel*, Die Neufassung der Europäischen Beweisaufnahmeverordnung (EuBewVO), RIW 2021, 247 (249 ff.) m.w.N.; *P. Gottwald*, in: H. Nagel/P. Gottwald (Hrsg.), Internationales Zivilprozessrecht, 8. Aufl., Köln 2020, Rn. 9.144 m.w.N.; *U. A. Nissen*, Die Online-Videokonferenz im Zivilprozess, München 2004, S. 133; *A. Sengstschmid*, Handbuch Internationale Rechtshilfe in Zivilverfahren, Wien 2009, S. 7 f.; *A. Sengstschmid*, in: H. W. Fasching/A. Konecny (Hrsg.), Zivilprozessgesetze, Bd. I, 3. Aufl., Wien 2013, § 38 JN Rn. 51, 62 f.

21 Full Court of the Federal Court of Australia 19.8.2011, QUD 187/189 of 2011, *Matthew James Joyce v. Sunland Waterfront [BVI] Ltd* RIW 2011, 886 (*Knöfel*).

22 Englische Gerichte scheinen regelmäßig die Zulässigkeit von Video-Konferenzen ausschließlich aufgrund autonomen Rechts zu prüfen, ohne die Notwendigkeit eines Ersuchens auf passive Rechtshilfe in Betracht zu ziehen; *Roman Polanski v. Condé Nast Publications Ltd* [2005] All ER 945 = RIW 2006, 301 (*Knöfel*); *Eloise Mukami Kimathi & Ors. v. Foreign & Commonwealth Office* [2016] EWHC 600.

23 S etwa High Court of South Africa Kwazula-Natal Local Division, Case Number A 105/2004, *Krivokapic v Transnet Ltd t/a Portnet* [2018] 4 All SA 251 [KZD] Rn. 32-38 m.w.N., wo die Zulässigkeit der grenzüberschreitenden Einvernahme ausschließlich aufgrund des autonomen südafrikanischen Rechts geprüft wurde.

24 Für eine Übersicht zur dortigen Praxis vgl. etwa *T. Einhorn/K. Siehr* (Hrsg.) Intercontinental Cooperation through Private International Law – Essays in Memory of Peter E. Nygh, Berlin 2004, S. 69 (71 f.); *Knöfel*, Neufassung der EuBewVO (Fn. 20), 247 (249).

25 Zu den generell bestehenden Unterschieden im Souveränitätsverständnis zwischen kontinentaleuropäischen Staaten und insb. den USA vgl. etwa *P. Schlosser*, Der Justizkonflikt zwischen den USA und Europa, Berlin 1985, S. 11 ff.

26 Vgl. dazu insb. die Stellungnahme aus der Praxis des X. Zivilsenats von Richter des Bundesgericht *Dr. Hartmut Rensen* im Interview mit dem ZPO-Blog; wiedergegeben bei *Windau* Interview: Ein Jahr Videoverhandlungen am Bundesgerichtshof, ZPO-Blog vom 23.4.2021, <https://anwaltsblatt.anwaltverein.de/de/zpoblog/interview-videoverhandlungen-bgh-hartmut-rensen> (15.12.2022).

27 Bundespatentgericht, 16.7.2002, 23 W [pat] 32/98 GRUR 2003, 176.

28 Vgl. aus jüngster Zeit etwa auch VG Freiburg NJW 2022, 1761 und dazu etwa *M. Gercke*, Videoverhandlung mit im Ausland aufhältigen Beteiligten, RDi 2022, 371.

sualen Praxis verbreitet beachtete,[29] Entscheidung des I. Strafsenates des BGH[30] oder ein obiter dictum des schweizerischen Bundesgerichts[31].

Generell sind Regierungen, inklusive der jeweiligen Justizverwaltung, häufig um einiges weniger liberal als die beschriebenen Teile der gerichtlichen Praxis.[32] Das trifft nicht nur auf Kontinentaleuropa,[33] sondern etwa auch auf Südafrika[34] und punktuell auf Australien[35] zu.

II. Rahmen der Diskussion

Aus der Gebietshoheit souveräner Staaten folgt, dass jeder Staat nur auf eigenem Territorium Hoheitsakte setzen darf, sofern nicht – etwa aufgrund

---

29 Vgl. *Hemler*, Virtuelle Verfahrensteilnahme (Fn. 20), 905 (908) m.w.N.
30 BGH NJW 1999, 3788 (3789).
31 chBG 4A_180/2020 AJP 2021, 116 (*Turtschi*) E. 3.5.; jüngst hat auch der österreichische OGH die Notwendigkeit eines Rechtshilfeersuchens – allerdings ohne Auseinandersetzung mit der Problematik und ohne weitere Begründung– bejaht (s öOGH 3 Ob 150/22p)
32 Vgl. i.d.S. etwa auch *O. Knöfel*, Videokonferenztechnologie im grenzüberschreitenden Zivilprozess, RIW 7/2021, 1 (1) m.w.N.
33 Vgl. insb. für den Standpunkt der deutschen Regierung, Country Profile Federal Republic of Germany on the taking of evidence by video-link under the Hague Convention of 18 March 1970 on the taking of evidence abroad in civil or commercial matters (abrufbar unter https://assets.hcch.net/docs/28e42717-7dc6-468e-a778-6 75d5302d82e.pdf, zuletzt abgerufen am 15.12.2022) sowie die gemeinsame Stellungnahme von *Bundesminsisterium der Justiz, Bundesamt für Justiz und Auswärtigem Amt*, Grenzüberschreitendes Verhandeln in Zivil- oder Handelssachen während der pandemischen Lage, <https://anwaltsblatt.anwaltverein.de/files/anwaltsblatt.de/zpo-blog/2022/stellungnahme-bmjv-bfj-aa.pdf> (15.12.2022).
34 Country Profile South Africa on the taking of evidence by video-link under the Hague Convention of 18 March 1970 on the taking of evidence abroad in civil or commercial matters, S. 8, <https://assets.hcch.net/docs/13dbc81b-6013-4039-9ce3-a81bc702c67a.pdf> (15.12.2022).
35 Vgl. zum restriktiven Standpunkt der Regierungen einzelner Bundesstaaten das Country Profile Australia on the taking of evidence by video-link under the Hague Convention of 18 March 1970 on the taking of evidence abroad in civil or commercial matters, S. 3, <https://assets.hcch.net/docs/b2c84104-3d35-4561-a8fa-df38c4d32abb.pdf> (15.12.2022); ganz anders klingt hingegen eine Stellungnahme des (australischen) Attorney-General´s Department on the Taking of Evidence in Australia for Foreign Court Proceedings (<https://www.ag.gov.au/international-relations/publications/taking-evidence-australia-foreign-court-proceedings> [15.12.2022]), wo es unter Punkt 4 heißt: „A foreign court can take evidence from a witness in Australia using video or audio link. Australia does not consider this to be an incursion on its territorial sovereignty."

eines Staatsvertrages – ein entgegenstehender Erlaubnissatz besteht oder der betroffene Staat im Einzelfall ad hoc sein Einverständnis erklärt hat.[36] Dies bedeutet aber nach heutigem Verständnis nicht, dass Staaten auf ihrem Territorium gesetzte Akte nicht nach ihrem Recht extraterritoriale Wirkungen beimessen dürfen.[37] Sie dürfen, sofern ein ausreichendes Naheverhältnis besteht,[38] daher im Rahmen ihrer *jurisdiction to prescribe* auch (generelle und individuelle) Normen in Bezug auf Sachverhalte erlassen, die sich außerhalb ihres Territoriums zutragen und im Rahmen ihrer *jurisdiction to adjudicate* Gerichtsbarkeit in Bezug auf derartige Sachverhalte ausüben.[39] Die

---

36 StIGH, Entsch. v. 7.9.1927 – S.S. „Lotus" (France v. Turkey), Publications of the Permanent Court of International Justice, Series A - No. 10, S. 18 f.; *A. Reinisch*, Jurisdiction: Grenzen der Staatsgewalt und Verfahrensgerechtigkeit bei internationalen Prozessen, in: Vienna Law Inauguration Lectures (Hrsg.), Antrittsvorlesungen an der Rechtswissenschaftlichen Fakultät der Universität Wien, Bd. III, Wien 2014, S. 97 (103); *A. Reinisch/I. Seidl-Hohenveldern/W. Hummer/H. Köck*, Die Staaten, in: A. Reinisch (Hrsg.), Handbuch des Völkerrechts, 6. Auflage, Wien 2021, S. 170; *T. Stein/C. von Buttlar/M. Kotzur*, Völkerrecht, 14. Aufl., München 2017, Rn. 537; *W. Meng*, Extraterritoriale Jurisdiktion im öffentlichen Wirtschaftsrecht, Berlin 1994, S. 35, S. 500 f.
37 StIGH, Entsch. v. 7.9.1927 – S.S. „Lotus" (France v. Turkey), Publications of the Permanent Court of International Justice, Series A - No. 10, S. 18 f.; *Reinisch*, Jurisdiction (Fn. 36), S. 97 (113).
38 Vgl. dazu etwa *J. Bertele*, Souveränität und Verfahrensrecht, Tübingen 1998, S. 115 ff.; *T. Domej*, Internationale Zwangsvollstreckung und Haftungsverwirklichung am Beispiel der Forderungspfändung, Tübingen 2016, S. 169; *Reinisch*, Jurisdiction (Fn. 36), S. 97 (114).
39 S etwa *Reinisch*, Jurisdiction (Fn. 36), S. 97 (114 f.); *F. A. Mann*, The Doctrine of Jurisdiction in International Law, Recueil des Cours 111 1964, 1 (78 ff.); *Geimer*, in: Geimer (Fn. 20), Rn. 377 ff.; die Unterscheidung zwischen *jurisdiction to prescribe, adjudicate* und *enforce* wird auf das Restatement of the Law des American Law Insitutes zurückgeführt (siehe nunmehr *American Law Institute*, Restatement of the Law Fourth, Philadelphia 2018, Part IV, S. 137 ff.) und hat sich auch im international-zivilprozessualen Diskurs durchgesetzt (vgl. statt vieler *Bertele*, Souveränität und Verfahrensrecht [Fn. 38], S. 100 ff.); die Grenzen zwischen den einzelnen Bereichen werden dabei aber sehr unterschiedlich gezogen; das gilt nicht nur für die Abgrenzung zwischen *jurisdiction to prescribe* und der *jurisdiction to enforce* (s dazu gleich unten), sondern mitunter auch für jene zur *jurisdiction to adjudicate*; so verortet das *American Law Institute* die gerichtliche Entscheidungstätigkeit grundsätzlich im Bereich der *jurisdiction to adjudicate*, gerichtliche Entscheidungen fallen demnach nur dann in die *jurisdiction to prescribe*, wenn sie generell verbindliche (*commmon-law-*)Normen schaffen (s *American Law Institute*, aaO § 401, S. 141); im deutschsprachigen Schrifttum wird hingegen die individuelle Normsetzungs- bzw Regelungstätigkeit durch Gerichts- und Verwaltungsentscheidungen verbreitet unter dem Titel der *jurisdiction to prescribe* diskutiert und der *jurisdiction to adjudicate* nur ein geringer eigenständiger Bedeutungsgehalt zugemessen; vgl etwa *Meng*, Extraterritoriale

Ausdehnung des Anwendungsbereichs[40] eigener Gesetze und die Erlassung von Gerichtsentscheidungen und Verwaltungsakten mit extraterritorialem Anwendungsbereich verletzt die Souveränität anderer Staaten – jedenfalls dann, wenn sie aufgrund ausreichenden Nahebezugs zulässigerweise erfolgt[41] – nicht. Es bleibt diesen Staaten nämlich unbenommen, den Eintritt solcher Wirkungen in ihrer Hoheitssphäre auf Ebene ihres Kollisionsrechts bzw durch Nichtanerkennung von Rechtsprechungsakten zu verhindern.[42] Im Kontext des Verfahrensrechts umstritten ist u.a. die Abgrenzung zwischen der *jurisdiction to prescribe* und dem Bereich der Rechtsdurchsetzung (*jurisdiction to enforce*).[43] Ein Grund für die Abgrenzungsproblematik ist die oftmals postulierte Territorialität der *jurisdiction to enforce*.[44] Eine solche streng territoriale Begrenzung wird aber heute wohl nur soweit angenommen, als physische Zwangsakte gesetzt werden; sie ergibt sich insofern aus dem Verbot der Setzung von Hoheitsakten im Ausland.[45]

In jedem Fall sind also nicht alle auch nur indirekt extraterritorialen Wirkungen eines im eigenen Territorium gesetzten Hoheitsaktes unzulässig. Von vornherein unzulässig sind derartige Akte vielmehr nur dann,

---

Jurisdiktion (Fn. 36), S. 9 f.; *Sengstschmid*, Handbuch (Fn. 20), S. 49; anders hingegen *Hemler*, Virtuelle Verfahrensteilnahme (Fn. 20), 905 (925).

40 Zur Unterscheidung zwischen Geltungsbereich und Anwendungsbereich vgl. etwa *Stein/von Buttlar/Kotzur*, Völkerrecht (Fn. 36), Rn. 601; *Meng*, Extraterritoriale Jurisdiktion (Fn. 36), S. 10 ff.; öOGH 3 Ob 113/94 JBl 1996, 59; in ihrem Geltungsbereich kann eine Verhaltensanordnung vom jeweiligen Staat auch selbst durchgesetzt werden, er ist daher völkerrechtlich auf das eigene Territorium beschränkt; der Anwendungsbereich einer Norm kann hingegen in den Grenzen der *jurisdiction to prescribe* durch den normsetzenden Staat festgelegt werden.

41 Zur Frage, ob eine Überschreitung der Grenzen der *jurisidiction to prescribe* „bloß" für sich völkerrechtswidrig ist, oder spezifisch zu einer Souveränitätsverletzung führt vgl. ausf. *Hemler*, Virtuelle Verfahrensteilnahme (Fn. 20), 905 (917).

42 *Domej*, Internationale Zwangsvollstreckung (Fn. 38), S. 257 f.; *Geimer*, in: Geimer (Fn. 20), Rn. 396 m.w.N.

43 Konkret steht in Frage, ob die *jurisdiction to enforce* bloß physische Zwangsakte umfasst (was noch immer überwiegend vertreten wird), oder ob ihr ein weiter verstandenes Konzept der Rechtsdurchsetzung zugrundeliegt; vgl. zu der Diskussion etwa *Domej*, Internationale Zwangsvollstreckung (Fn. 38), S. 185 m.w.N.; *Sengstschmid*, Handbuch (Fn. 20), S. 48 ff. m.w.N.

44 Siehe statt vieler *Reinisch*, Jurisdiction (Fn. 36), S. 97 (105); öOGH 3 Ob 113/94 JBl 1996, 59.

45 *Bertele*, Souveränität und Verfahrensrecht (Fn. 38), S. 110; *Domej*, Internationale Zwangsvollstreckung (Fn. 38), S. 258; *A. Stadler*, Inländisches Zwangsgeld bei grenzüberschreitender Handlungsvollstreckung, IPrax 2003, 430 (432); strenger wohl etwa noch *Mann*, Doctrine of Jurisdiction (Fn. 39) 1 (129 ff.).

wenn sie im Ausland unmittelbare (physische) Zwangswirkungen zeitigen,[46] weil ihr Eintritt – anders als jener von rechtlichen Wirkungen, die einem Akt nach dem Recht des Handlungsstaates zukommen – von ausländischen Staaten eben nicht durch entsprechende Ausgestaltung des eigenen IPR bzw. IZPR verhindert werden kann[47] und sie insofern einem auf fremdem Territorium gesetzten Akt gleichkommen. Zu beachten ist dabei freilich, dass eine in Reaktion auf eine hoheitliche Handlungsanweisung erfolgende Handlung des (selbst nicht hoheitlich handelnden) Adressaten nicht mehr Teil des Hoheitsaktes ist und daher für sich auch niemals einen Eingriff in die territoriale Souveränität des Aufenthaltsstaats begründen kann.[48]

Da die Durchführung von Gerichtsverhandlungen und Beweisaufnahme durch Gerichte jedenfalls hoheitliches Handeln darstellt und deswegen nach dem bisher gesagten auf fremdem Territorium unzulässig ist,[49] kommt es im vorliegenden Zusammenhang wesentlich darauf an, wo eine unter Verwendung von Videokonferenztechnologie ausgeübte gerichtliche Tätigkeit in solchen Fällen zu verorten ist.[50]

III. Zuschaltung von Parteien und Parteienvertretern („Videoverhandlung")

Bei der eigentlichen Videoverhandlung, also der Zuschaltung von Parteien und Parteienvertretern zur Vornahme von Prozesshandlungen sowie zur Verfolgung der Verhandlung und von Beweisaufnahmen (mit Ausnahme der eigenen Einvernahme)[51] ist meines Erachtens recht eindeutig kein souveränitätsrechtliches Problem zu erkennen. Das Gericht handelt physisch

---

46 *Bertele*, Souveränität und Verfahrensrecht (Fn. 38), S. 93; ähnlich *Domej*, Internationale Zwangsvollstreckung (Fn. 38), S. 258. Dies ist etwa beim viel strapazierten Beispiel des Schusses über die Grenze der Fall.
47 S bereit bei und in Fn. 42.
48 Vgl. etwa *Bertele*, Souveränität und Verfahrensrecht (Fn. 38), S. 87; *Sengstschmid*, Handbuch (Fn. 20), S. 57 f.; *Stadler*, Inländisches Zwangsgeld (Fn. 45), 430 (432).
49 *Bertele*, Souveränität und Verfahrensrecht (Fn. 38), S. 404 f.; *Geimer*, in: Geimer (Fn. 20), Rn. 2347.
50 So etwa auch der Ansatz bei *Voß*, Grenzüberschreitende Videoverhandlungen (Fn. 16), S. 43 (45).
51 Zur diesbezüglichen Abgrenzungsproblematik vgl. etwa *Heck*, Die örtliche Einheit (Fn. 11), 1529 (1530 ff.) m.w.N.

offensichtlich nicht auf fremden Territorium sondern im Forumsstaat.[52] Die Verhandlung und damit das hoheitliche Handeln des Gerichts dehnt sich aber auch sonst nicht in das Ausland aus.

Die im Ausland befindlichen Personen nehmen allenfalls Parteiprozesshandlungen vor, die aber ihrer Natur nach nicht hoheitlich sind und die sich außerdem ja gerade am Ort des Gerichts und nicht am eigenen Aufenthaltsort auswirken sollen.[53]

Als Argument für die Gegenposition, die darin trotzdem ein hoheitliches Handeln auf fremdem Territorium erblickt, wurde vorgebracht, dass für die Parteien bereits aus der Verhandlungssituation öffentlich-rechtliche Verpflichtungen und Lasten resultieren würden, namentlich Wahrheitspflichten, eine Erklärungslast und mitunter Erscheinungspflichten.[54] Unabhängig davon, dass diese Lasten und Pflichten im Allgemeinen nicht aus der Teilnahme an der Verhandlung, sondern bereits aus der Stellung als Partei eines Prozesses[55] und allenfalls aus konkretisierenden gerichtlichen Anordnungen *im Vorfeld der Verhandlung* resultieren,[56] ist die Auferlegung solcher Pflichten und Lasten gegenüber Parteien eines im Inland stattfindenden Zivilprozesses aus souveränitätsrechtlicher Sicht nach heutigem Verständnis unproblematisch.[57]

Schließlich dehnt das Gericht auch durch die Sitzungsleitung seine Tätigkeit nicht auf das ausländische Territorium aus.[58] Unabhängig davon, ob

---

52 Vgl. statt aller *Stadler*, in: Musielak/Voit (Fn. 18), § 128a Rn. 8 (das Gericht selbst bleibe im Inland).
53 Vgl. auch *Domej*, in: Bork/Roth (Fn. 4), Art. 10 EuBVO Rn. 25, die treffend darauf hinweist, dass dann, wenn man die bloße Vornahme von Prozesshandlungen im Ausland schon als Verletzung der territorialen Interessen des Aufenthaltsstaat sehen würde, auch das Verfassen von Schriftsätzen im Ausland verboten sein müsste, was naheliegenderweise wohl noch niemand gefordert hat.
54 Siehe insb. *Voß*, Grenzüberschreitende Videoverhandlungen (Fn. 16), S. 43 (51).
55 Zur Wahrheits- und Vollständigkeitspflicht siehe etwa *Stadler*, in: Musielak/Voit (Fn. 18), § 138 ZPO Rn. 1.
56 Dies ist etwa der Fall, wenn gem. § 141 dZPO das persönliche Erscheinen angeordnet wurde.
57 Vgl. *Schlosser*, Justizkonflikt (Fn. 25), S. 17 ff.; *ders.*, in: P. Schlosser/B. Hess (Hrsg.), EU-Zivilprozessrecht, 4. Aufl., München 2015, Art. 1 HBÜ Rn. 6; *Bertele*, Souveränität und Verfahrensrecht (Fn. 38), S. 447 f.; vgl. auch *Stadler*, Inländisches Zwangsgeld (Fn. 45), 430 (432), die im Zusammenhang mit der grenzüberschreitenden Beweisbeschaffung die gegenteilige Vorstellung als Produkt eines „strenge[n] Souveränitätsverständnis der 1980er Jahre" bezeichnet, das sich zwischenzeitlich gewandelt habe.
58 So auch *B. Windau*, Die Verhandlung im Wege der Bild- und Tonübertragung, NJW 2020, 2753 (2754); *Knöfel*, Neufassung der EuBewVO (Fn. 20), 247 (250); a.A. wohl etwa *Voß*, Grenzüberschreitende Videoverhandlungen (Fn. 16), S. 43 (48 f.).

es Anordnungen außerhalb der Verhandlung (z.B. den Auftrag zur Erstattung eines Schriftsatzes binnen einer bestimmten Frist) oder innerhalb der Verhandlung (z.B. Erteilung oder Entziehung des Worts) erlässt, entfalten diese – ohne, dass der Aufenthaltsort der Partei oder ihres Vertreters dabei eine Rolle spielen würde – nur innerhalb des inländischen Verfahrens Wirkungen. Ein anschauliches Beispiel ist ein allfälliger Wortentzug: Dieser wirkt sich zwar offensichtlich auf das im Inland stattfindende Verfahren aus, weil die betroffene Person nichts mehr sagen darf, und praktisch wird man sie wohl in der Videokonferenz stummschalten, sodass sie auch gar nicht mehr gehört wird. An ihrem Aufenthaltsort wirkt sich das aber gerade nicht aus, weil sie nach eigenem Belieben weiterreden kann, auch wenn ihr nicht mehr zugehört wird.[59]

IV. Zuschaltung von Beweispersonen („Videovernehmung")

Noch wesentlich kontroverser diskutiert wird die Befragung von im Ausland aufhältigen Beweispersonen (Zeugen, Sachverständigen aber auch Parteien) per Videokonferenz; die Diskussion knüpft insofern an jene – nicht minder kontroverse – zur gerichtlichen bzw. behördlichen Informationsbeschaffung aus dem Ausland per Telefon und im Schriftweg an.[60]

Bedenken ruft hier der Umstand hervor, dass im Wege der gerichtlichen Fragestellung und der Beantwortung durch die befragte Person – noch dazu in Echtzeit – eine Informationsbeschaffung aus dem Ausland stattfindet, bei der sich die befragte Person dauerhaft in einem anderen Staat aufhält. Doch letztlich ändert dies nichts daran, dass das Gericht eben nur im Inland hoheitlich tätig wird, während die im Ausland erfolgende Beantwortung von Fragen und ihre audiovisuelle Rückübertragung nichts Hoheitli-

---

59 *Heck*, Die örtliche Einheit (Fn. 11), 1529 (1534). Selbst wenn man dies für die Verhängung einer Ordnungsstrafe anders sehen sollte (so tendenziell *Windau*, Grenzüberschreitende Verhandlung und Beweisaufnahme [Fn. 15], 178 [179]; mit guten Gründen a.A. *Hemler*, Virtuelle Verfahrensteilnahme [Fn. 20], 905 [923]), würde dies nicht die Videoverhandlung an sich zu einem unzulässigen Souveränitätseingriff machen; in völkerrechtskonformer Auslegung der jeweiligen Strafbestimmungen müsste man bei einer grenzüberschreitenden Videokonferenz bloß auf die Strafandrohung und -verhängung verzichten.
60 Vgl. zur Diskussion um die schriftliche Befragung etwa *H. J. Musielak*, in: R. Schütze (Hrsg.), Einheit und Vielfalt des Rechts, Festschrift für Reinhold Geimer, München 2002, S. 761 (767 ff.) m.w.N.; zur telefonischen Befragung etwa *Geimer*, in: Geimer (Fn. 20), Rn. 2384, 2385 m.w.N.

ches an sich hat.⁶¹ Teilweise wird darauf verwiesen, dass bereits das Stellen von Fragen und das damit verbundene hoheitliche Informationsersuchen unmittelbare und unzulässige Wirkungen im Ausland zeitige.⁶² Welche Wirkungen dies sein sollen, bleibt dabei offen. Sofern überhaupt aus dem Informationsersuchen selbst Wirkungen folgen, könnten diese bloß rechtlicher Natur sein; es könnte sich ja allenfalls nur um eine Konkretisierung der Zeugenpflichten (oder allfälliger Pflichten bzw. Obliegenheiten von vernommenen Parteien), insbesondere jener zur Aussage, handeln. Immer dann, wenn kein Zwang angedroht wird und mit der Frage daher keine Folgenandrohung für den Fall ihrer Nichtbeantwortung verbunden ist,⁶³ sind aber nicht einmal derartige rechtliche Auswirkungen der Fragestellung ersichtlich. Selbst wenn aber im Einzelfall an die Fragestellung rechtliche Folgen geknüpft sind, treten diese völlig unabhängig vom Aufenthaltsort der vernommen Person durch das gerichtliche Handeln im Forumsstaat

---

61 *Knöfel*, Neufassung der EuBewVO (Fn. 20), 247 (250 f.); *Oberhammer/Scholz-Berger*, Möglichkeiten und Grenzen der Videoeinvernahme (Fn. 5), 285 (289) m.w.N; vgl. auch bereits oben II.C.

62 *Voß*, Grenzüberschreitende Videoverhandlungen (Fn. 16), S. 43 (48); *Windau*, Grenzüberschreitende Verhandlung und Beweisaufnahme (Fn. 15), 178 (180); *Heck*, Die örtliche Einheit (Fn. 11), 1529 (1530).

63 Ein im Ausland aufhältiger Zeuge, der nicht Staatsbürger des Forumsstaats ist, wird in aller Regeln mangels ausreichender Nahebeziehung nicht der Gerichtsgewalt des Forumsstaat unterliegen und kann daher nicht zur (physischen oder virtuellen) Teilnahme an einer Vernehmung gezwungen werden (siehe etwa *J. Daoudi*, Extraterritoriale Beweisbeschaffung im deutschen Zivilprozeß: Möglichkeiten und Grenzen der Beweisbeschaffung außerhalb des internationalen Rechtshilfeweges, Berlin 2000, S. 95 m.w.N.); konsequenterweise wird man ihm – angesichts seines fortdauernden physischen Aufenthalts im Ausland – schon aus diesem Grund auch die Beantwortung einzelner Fragen unabhängig vom Vorliegen eines Entschlagungsgrundes freistellen müssen (vgl. auch *Sengstschmid*, Handbuch [Fn. 20], S. 399); ob bei jenen Auslandszeugen, die die Staatsbürgerschaft des Forumsstaats besitzen, die Mitwirkung an der Beweisbeschaffung durch die Androhung bzw. Ausübung von im Forumsstaat erfolgenden Zwangsmitteln erwirkt werden darf, ist strittig, wird aber heute überwiegend bejaht (siehe etwa; *Geimer* in: Geimer [Fn. 20], Rn. 2381; *P. Gottwald* in: H. Nagel/P. Gottwald [Fn. 20], Rn. 9.5.; *Sengstschmid*, Handbuch [Fn. 20], S. 318 ff.; *S. Scheuch*, in: V. Vorwerk/C. Wolf [Hrsg.], BeckOK ZPO, 45. Aufl., München 2022, § 377 Rn. 3; öOGH 3 Ob 113/94 SZ 68/81; aA *Musielak*, in: FS Geimer [Fn. 60], 761 [770] m.w.N); gleiches gilt für Parteien (siehe etwa *Domej*, in: Bork/Roth [Fn. 4], Art. 1 EuBewVO Rn. 49 m.w.N.), soweit die Verweigerung der Aussage nicht – wie etwa in den deutschsprachigen Rechtsordnungen üblich – ohnehin nicht mit der Androhung direkten Zwanges, sondern allenfalls mit prozessualen Nachteilen bedroht ist.

ein[64] und wirken sich keineswegs unmittelbar im Aufenthaltsstaat der vernommenen Personen aus, weil es dem Aufenthaltsstaat freisteht, diese Wirkungen nicht anzuerkennen.

Auch der Umstand, dass eine Falschaussage regelmäßig unter Strafe steht, ändert meines Erachtens für sich alleine nichts an der völkerrechtlichen Zulässigkeit der Zuschaltung von Beweispersonen aus dem Ausland. Im Rahmen ihrer *jurisdiction to prescribe* wird es Staaten freistehen, das Belügen eigener Gerichte unter Strafe zu stellen; durchgesetzt werden dürfen die Sanktionen – vorbehaltlich einer Anerkennung und Vollstreckung durch andere Staaten – freilich wiederum nur im Inland.

Wenn man, wie hier vertreten, davon ausgeht, dass eine Videovernehmung auch ohne Beschreitung des Rechtshilfeweges unter den dargestellten Voraussetzungen grundsätzlich keine Souveränitätsverletzung ist, stellt sich die Folgefrage, ob sich nicht aus allfälligen Rechtshilfeübereinkommen bzw. aus der EuBewVO die Unzulässigkeit einer an diesen Instrumenten „vorbei stattfindenden" rechtshilfefreien Video-Beweisaufnahme ergibt. Für das Haager-Beweisübereinkommen, das wichtigste multilaterale Übereinkommen auf diesem Gebiet, ist heute wohl überwiegend anerkannt, dass es andere zulässige Formen der Beweisbeschaffung nicht ausschließt.[65]

Auch für die EuBewVO hat der EuGH wiederholt ausgesprochen, dass sie die Möglichkeiten der Beweisaufnahme nur erweitern, nicht aber einschränken soll.[66] Er hat daher etwa auch eine nach den Regeln der lex

---

64 Daher überzeugt es auch nicht, wenn versucht wird, die Unzulässigkeit der Videoverhandlung bzw. -einvernahme mit einer pauschalen „Analogie" zur Unzulässigkeit der postalischen Zustellung ins Ausland zu rechtfertigen; so aber insb. *Bertele*, Souveränität und Verfahrensrecht (Fn. 38), S. 99; vgl. weiters etwa *Voß*, Grenzüberschreitende Videoverhandlungen (Fn. 16), S. 43 (46). Zunächst ist schon bei der postalischen Zustellung diese Argumentation keineswegs über Zweifel erhaben, weshalb die strikte Qualifikation als hoheitliches Handeln im Ausland heute auch im deutschsprachigen Schrifttum zunehmend hinterfragt wird (vgl. etwa *H. Schack*, Internationales Zivilverfahrensrecht, 8. Aufl., München 2021, Rn. 716 ff. m.w.N). Außerdem knüpft der Eintritt der durch die Zustellung erfolgten Rechtswirkungen dezidiert an die Zustellung im Ausland an und bezieht sich damit – jedenfalls bei der klassischen Zustellung auf Papier – immerhin auf ein physisch im Ausland stattfindendes Ereignis, nämlich i.d.R. die Übergabe durch den Postdienstleister im Aufenthaltsstaat, an, das sich unmittelbar auf die (ebenfalls physische) Absendung im Erststaat zurückführen lässt; vgl. auch *Sengstschmid*, Handbuch (Fn. 20), S. 271.
65 Siehe etwa *Bertele*, Souveränität und Verfahrensrecht (Fn. 38), S. 434 f.; *Musielak*, in: FS Geimer (Fn. 60), 761 (766 f.); *Schlosser*, in: Schlosser/Hess (Fn. 57), Art. 1 HBÜ Rn. 5 m.w.N. zum Meinungsstand.
66 EuGH, C-332/11, *Pro Rail*, ECLI:EU:C:2013:87, Rn. 46.

fori stattfindende schriftliche Befragung eines Zeugen in einem anderen Mitgliedstaat ohne Beschreitung des Rechtshilfeweges nach der EuBewVO für zulässig erklärt.[67]

Aus der erwähnten Rsp. wurde unter der alten Fassung der EuBewVO von Teilen des Schrifttums und der Praxis geschlossen, dass auch eine grenzüberschreitende Video-Einvernahme ohne entsprechendes Ansuchen an den Aufenthaltsmitgliedstaat zulässig sein kann.[68] Seit der Reform der EuBewVO wird hingegen ganz überwiegend davon ausgegangen, dass diese in Hinblick auf Videokonferenz-Einvernahmen exklusiv sei, da Art. 20 EuBewVO die Videokonferenz-Einvernahme nun ausdrücklich als Unterfall der direkten Beweisaufnahme im Ausland regelt und sie damit dem für diese geltenden Genehmigungserfordernis unterwirft (siehe Art. 20 Abs. 2 EuBewVO).[69] Allerdings normiert Art. 20 Abs. 1 explizit nur den Vorrang der Videokonferenz-Einvernahme gegenüber einer physisch unmittelbaren Beweisaufnahme durch das Prozessgericht in einem anderen Mitgliedstaat und enthält in seinem Wortlaut keinerlei Anhaltspunkt für die Exklusivität eines Vorgehens nach dieser Bestimmung bzw. nach Art. 19 gegenüber anderen völkerrechtlich zulässigen Vorgehensweisen.[70] Auch der erklärte Zweck von Art. 20 EuBewVO – die Förderung des Videokonferenzeinsatzes bei der Beweisaufnahme – spricht nicht unbedingt für einen Exklusivitätsanspruch. Andererseits ist allerdings das systematische Argument der hA nicht ganz von der Hand zu weisen, dass bei zusätzlicher Zulässigkeit einer Videoeinvernahme nach autonomen Recht das gem. Art. 20 Abs. 2 i.V.m. Art. 19 EuBewVO geltende Erfordernis eines Ansuchens an den Aufenthaltsmitgliedstaat weitgehend entwertet würde.

---

67 EuGH, C-188/22, *VP*, ECLI:EU:C:2022:678.
68 Vgl. etwa *Domej*, in: Bork/Roth (Fn. 4), Art. 17 EuBVO Rn. 41 m.w.N., auch zur mitgliedstaatlichen Praxis; a.A. *Schack*, Internationales Zivilverfahrensrecht (Fn. 64), Rn. 963 m.w.N; offenlassend EuGH, C-188/22, *VP*, ECLI:EU:C:2022:678.
69 *P. Gottwald*, Die Neufassung der EU-Zustellungs- und Beweisverordnungen, MDR 2022, 1185 (1189); *Knöfel*, Neufassung der EuBewVO (Fn. 20), 247 (250); *J. von Hein*, in: T. Rauscher (Hrsg.), Europäisches Zivilprozess- und Kollisionsrecht, Bd. II, 5. Aufl., Köln 2022, Art. 20 EuBVO Rn. 2 m.w.N.; a.A. wohl *H. Labonté/I. Rohrbeck*, Grenzüberschreitende Beweisaufnahmen im Zivilprozess unter Einsatz von Fernkommunikationsmitteln, IWRZ 2021, 99 (101 f.).
70 Vgl. auch *Domej*, in: Bork/Roth (Fn. 4), Art. 17 EuBVO Rn. 41.

V. Zwischenfazit

Nach den bisherigen Ausführungen spricht einiges dafür, dass nicht nur die Zuschaltung von Parteien und ihren Vertretern, sondern auch eine Beweisvernehmung per Videokonferenz ohne Beschreiten des Rechtshilfeweges unter bestimmten Voraussetzungen zulässig sein kann. Eine andere Frage ist natürlich, ob ein derartiges Vorgehen in der Praxis im Einzelfall zu empfehlen ist. Einerseits wird dadurch auf logistische und technische Unterstützung durch den Aufenthaltsstaat verzichtet. Andererseits wird der Forumsstaat daran interessiert sein, allfällige diplomatische Verstimmungen im Verhältnis zum Aufenthaltsstaat zu vermeiden, weshalb bereits aus diesem Grund häufig auf dessen Souveränitätsverständnis Rücksicht genommen wird.[71] Nicht ausgeschlossen sind außerdem auch rechtliche Sanktionen gegenüber den an der Videozuschaltung Beteiligten nach dem Recht eines Aufenthaltsstaates, der derartiges nicht duldet.[72]

---

[71] Dieser Zugang wird etwa in England und Wales verfolgt; vgl. etwa Annex 3 to Practice Direction 32 – Evidence, <https://www.justice.gov.uk/courts/procedure-rules/civil/rules/part32/pd_part32#29.1> (15.12.2022); Practice Note of the Chancellor of the High Court, *Sir Julian Flaux*, of 11 May 2021 (<https://www.judiciary.uk/wp-content/uploads/2022/07/Practice-note-from-CHC.pdf>); High Court of England and Wales, 8.2.2021, *Interdigital Technology Corp and others v Lenovo Group Ltd and others* [2021] EWHC 255 (Pat). Ob eine Völkerrechtsverletzung vorliegt oder nicht, hängt freilich nicht von der Ansicht des einzelnen Aufenthaltsstaates und auch nicht von allfälligen diesbezüglichen Aussagen in dessen nationalen Recht ab; vgl. Full Court of the Federal Court of Australia 19.8.2011, QUD 187/189 of 2011, *Matthew James Joyce v. Sunland Waterfront [BVI] Ltd* RIW 2011, 886 (*Knöfel*).

[72] Vgl. dazu *Hague Conference on Private International Law*, Guide to Good Practice on the Use of Video-Link under the Evidence-Convention (2020) 39, <https://assets.hcch.net/docs/569cfb46-9bb2-45e0-b240-ec02645ac20d.pdf> (15.12.2022); zu denken ist dabei etwa an die Schweiz, wo sowohl verbotene Handlungen für einen fremden Staat (Art. 271 Z 1 chStGB) als auch die Verletzung fremder Gebietshoheit (Art. 299 chStGB) unter Strafe stehen; solange nicht endgültig geklärt ist, wie schweizerische Strafgerichte zu Frage der grenzüberschreitenden Videokonferenz stehen, ist Vorsicht angebracht (vgl. *A. Zwettler*, Keine Videoeinvernahme von in der Schweiz aufhältigen Zeugen, Zak 2022/420, 227); vgl. aber auch die unter D. dargestellte Initiative des schweizerischen Bundesrates.

C. Virtuelle Verfahrensführung per Videokonferenz im Spannungsfeld von Integrität der Verhandlung, effektivem Zugang zum Recht und prozessfremden öffentlichen Interessen

I. Maßgebliches Spannungsfeld

Nachdem im vorhergehenden Abschnitt die Frage nach souveränitätsrechtlichen Implikationen des grenzüberschreitenden Videokonferenzeinsatzes im Mittelpunkt gestanden ist, soll im Folgenden auf die verfahrensrechtlichen Rahmenbedingungen fokussiert werden. Dabei wird es weniger um die Analyse bestehender Regelungen und mehr darum gehen, allgemein auszuloten, unter welchen Rahmenbedingungen – in erster Linie vom Normgeber und in zweiter Linie von den Gerichten, die einen allenfalls gegebenen Ermessensspielraum auszufüllen haben – eine (teil-)virtuelle Verfahrensführung zugelassen bzw. eingesetzt werden soll. Es geht hier also zu einem großen Teil um rechtspolitische Erwägungen, die sich allerdings an vielfach grundrechtlich determinierten Wertungen zu messen haben.

Die maßgebliche Diskussion bewegt sich in einem Spannungsfeld, das im Wesentlichen durch drei Faktoren erzeugt wird: Auf der einen Seite steht die berechtigte Erwartung der Parteien, dass ein faires Verfahren nach herkömmlichen, rechtsstaatlichen Standards unter Wahrung von insbesondere beidseitigem rechtlichen Gehör, Öffentlichkeit und Unmittelbarkeit, durchgeführt wird. Diese Erwartung ist insbesondere durch Art. 6 Abs. 1 EMRK und Art. 47 Abs. 2 GRC grundrechtlich geschützt bzw verstärkt. Aus den genannten Garantien – und jeweils auch aus verschiedenen nationalen Grundrechten sowie Verfassungsprinzipien –[73] ergibt sich auch ein Anspruch auf (effektive) Justizgewährung bzw. auf einen effektiven Zugang zu Gericht.[74] Dies bedeutet unter anderem, dass den Parteien solche Rahmenbedingungen für die Teilnahme an der Verhandlung geboten werden müssen, die ihnen auch faktisch unter zumutbaren Umständen eine Teilnahme ermöglichen.[75] Im ganz engen Zusammenhang mit dem

---

73 Vgl. zu den verschiedenen Wegen der Herleitung des Justizgewährungsanspruches aus dem Grundgesetz in Deutschland überblicksweise etwa *L. Rosenberg/K. H. Schwab/P. Gottwald*, Zivilprozessrecht, 18. Aufl., München 2018, § 3 Rn. 4 m.w.N.

74 Vgl. etwa *Konecny*, in: Fasching/ Konecny (Fn. 20), Einleitung I Rn. 58 m.w.N.; *F. Matscher*, in: W. Gerhardt/U. Diederichsen/B. Rimmelspacher/J. Costede, Festschrift für Wolfram Henckel zum 70. Geburtstag am 21. April 1995, Berlin 1995, 593 (598).

75 Vgl. etwa *B. Hess*, Europäisches Beweisrecht zwischen Menschenrechtsschutz und internationaler Rechtshilfe: Die Polanski-Entscheidung des House of Lords, in T. Mar-

Anspruch auf effektive Rechtsschutzgewährung, aber auch allgemein mit dem Recht auf ein faires Verfahren,[76] steht das mittlerweile allgemein anerkannte Recht der Parteien auf Beweis.[77] Die Parteien eines Zivilprozesses müssen demnach die grundsätzliche Möglichkeit haben, zur Unterstützung ihrer Tatsachenbehauptungen Beweis zu führen; Einschränkungen dieses Rechts bedürfen einer besonderen Rechtfertigung.[78] Gerichte haben daher grundsätzlich die von den Parteien angebotenen, verfügbaren Beweise auszuschöpfen.[79]

Als dritter Faktor, der das relevante Spannungsfeld durchaus weit aufziehen kann, kommen verschiedenste öffentliche Interessen hinzu, die in der einen oder anderen Weise die Entscheidung für den Einsatz von Videokonferenztechnologie im Verfahren beeinflussen können, denen aber selbst eben keine verfahrensrechtlichen Wertungen zugrunde liegen. Zu denken ist etwa an den Schutz von Klima und Umwelt und – aufgrund rezenter Erfahrungen – jenen der öffentlichen Gesundheit.

---

auhn (Hrsg.), Bausteine eines europäischen Beweisrechts, Tübingen 2007, S. 17 (22); House of Lords, 10.2.2005, *Roman Polanski v. Condé Nast Publications Ltd* [2005] All ER 945 = RIW 2006, 301 (*Knöfel*) Rn. 30 f.; vgl. auch *C. Grabenwarter*, in: K. Korinek/M. Holoubek/C. Bezemek/C. Fuchs/E. Zellenberg (Hrsg.), Österreichisches Bundesverfassungsrecht, 8. Lfg, Wien 2007, Art. 6 EMRK Rn. 68.

76 Zu den unterschiedlichen dogmatischen Herleitungen bzw. (oftmals eigentlich) terminologischen Einordnungen des Rechts auf Beweis vgl. etwa *P. Oberhammer*, Parteiaussage, Parteivernehmung und freie Beweiswürdigung am Ende des 20. Jahrhunderts, ZZP 113 (1999), 295 (309).

77 Siehe grundlegend *W. Habscheid*, Das Recht auf Beweis, ZZP 96 (1983), 306 (306 ff.); weiters etwa *M. Nissen*, Das Recht auf Beweis im Zivilprozess, Berlin 2019, S. 143 ff., 168 ff.; *G. Kodek*, in: H. W. Fasching/A. Konecny (Hrsg.), Zivilprozessgesetze, Bd. II/1, 3. Aufl., Wien 2015, § 203 ZPO Rn. 12; *C. Koller*, Der Sachverständigenbeweis im Zivilprozess, in: Studiengesellschaft für Wirtschaft und Recht WiR (Hrsg.), Sachverstand im Wirtschaftsrecht, Wien 2013, S. 97 (113); *H. Prütting*, in: W. Krüger/T. Rauscher (Hrsg.), Münchener Kommentar zur Zivilprozessordnung, Bd. I, 6. Aufl., München 2020, § 284 Rn. 18; *G. Walter*, Das Recht auf Beweis im Lichte der europäischen Menschenrechtskonvention (EMRK) und der schweizerischen Bundesverfassung, ZBJV 127 (1991), 309 (310 f.); vgl. auch EGMR 27.10. 1993, 14448/88, *Dombo Beheer B.V./Niederlande* Rn. 33.

78 *G. Kodek*, Verwertung rechtswidriger Tonbandaufnahmen, ÖJZ 2001, 281 (285); *Prütting*, in: Krüger/Rauscher (Fn. 77), § 284 Rn. 18.

79 Vgl. *Domej*, in: Bork/Roth (Fn. 4), § 1072 ZPO Rn. 4 m.w.N.; BGH RdTW 2013, 398 (399); RdTW 2021, 430 (432) m.w.N.; OLG München NJOZ 2014, 1669 (1670 f.), vgl. auch BVerfG NJW 2016, 626 (zu einem Verfahren mit Untersuchungsgrundsatz).

II. Grundrechtliche Grenzen für den Videokonferenzeinsatz

Der Frage nach dem Einsatz von Videokonferenztechnik im Prozessrecht kann man sich vor diesem Hintergrund aus zumindest zwei Perspektiven nähern. Einerseits kann man – mit Blick auf den grundrechtlich vorgezeichneten Spielraum – fragen, inwieweit der Normgeber den Einsatz von Videokonferenztechnologie vorsehen bzw. erlauben *darf*. Anderseits kann man – aus einer stärker rechtspolitischen Perspektive, die aber auch nicht ohne grundrechtliche und prozessrechtsdogmatische Erwägungen auskommt – fragen, inwieweit er dies tun *soll*.

Zunächst zur Frage nach dem Dürfen: Aus Sicht der einschlägigen grundrechtlichen Garantien stellt die Durchführung von Verhandlungen und Beweisaufnahmen per Videokonferenz nicht *per se* den Charakter als faire und öffentliche mündliche Verhandlung[80] („fair and public hearing") i.S.v. Art. 6 Abs. 1 EMRK und Art. 47 Abs. 2 GRC in Frage.[81] Als wesentliches Charakteristikum einer mündlichen Verhandlung wird nämlich die Möglichkeit zur wechselseitigen und synchronen verbalen und non-verbalen (Echtzeit-)Kommunikation anzusehen sein, die bei einer audio-visuellen Zwei-Weg-Verbindung grundsätzlich gegeben sein kann.[82] Auch die formelle Unmittelbarkeit von Verhandlung und Beweisaufnahme kann bei der Verwendung derartiger technischer Vorrichtungen gewahrt bleiben;[83]

---

80 Die Mündlichkeit ist zwar weder in Art. 6 MRK noch in Art. 47 Abs. 2 GRC explizit erwähnt, sie ist aber nach allgemeiner Ansicht Charakteristikum einer öffentlichen Verhandlung (dies kann wohl auch implizit aus dem englischen Wort „Hearing" herausgelesen werden) (vgl. *S. Morscher/P. Christ*, Grundrecht auf öffentliche Verhandlung gem. Art. 6 EMRK, EuGRZ 2010, 272 [272]), weshalb auch die Rechtsprechung des EGMR die Bedeutung der Mündlichkeit der Verhandlung herausstreicht; vgl. EGMR 18.7.2013, 56422/09, *Schädler-Eberle/Liechtenstein* Rn. 82 ff.; EGMR 19.2.1998, 8/1997/792/993, *Allan Jacobsson/Schweden* Rn. 43 ff.; EGMR 21.9.2006, 12643/02, *Moser/Österreich* Rn. 89 ff.; *C. Grabenwarter/K. Pabel*, in C. Grabenwarter/K. Pabel (Hrsg.), EMRK, 7. Aufl., München 2021, § 24 Rn. 86 ff.
81 EGMR 16.2.2016, 27236/05 u.a., *Yevdokimov and Others/Russia*, Rn 43; a.A. offenbar etwa *P. Bußjäger/D. Wachter*, Möglichkeiten und Grenzen der audiovisuellen Einvernahme gemäß § 51a AVG und § 25 Abs. 6b VwGVG, ZVG 2020, 113 (114).
82 So auch *Glunz*, Psychologische Aspekte (Fn. 1), S. 291 f. m.w.N.
83 Der Unmittelbarkeitsgrundsatz ist als solcher nicht von Art. 6 EMRK und Art. 47 GRC geschützt, implizit wird man aber die grundsätzliche Notwendigkeit eines gewissen Maßes an formeller Unmittelbarkeit dem Recht auf eine öffentliche Verhandlung vor einem Gericht entnehmen können (vgl. etwa *Grabenwarter*, in: Korinek/Holoubek/Bezemek/Fuchs/Zellenberg [Fn. 75], Art. 6 EMRK Rn. 127; in Strafsachen wird insb. aus Art. 6 Abs. 3 lit. d EMRK ein weitergehendes Recht auf Unmittelbarkeit der Beweisaufnahme abgeleitet; vgl. EGMR 26.4.1991, 12398/86, *Asch/Austria*

schon deshalb wird die bloße Verwendung von Videokonferenztechnologie nicht zu einem in die Grundrechtssphäre reichenden Eingriff in den Unmittelbarkeitsgrundsatz führen.[84] Die genannten grundrechtlichen Garantien verlangen jedoch, dass bestimmte Voraussetzungen eingehalten werden:

Wesentlich ist zunächst, dass – sofern nicht im Einzelfall ein Ausschlussgrund vorliegt – die Öffentlichkeit der Verhandlung gewahrt bleiben muss.[85] Daneben sind die technischen Rahmenbedingungen so auszugestalten, dass rechtliches Gehör und insgesamt die Verfahrensfairness garantiert bleiben. Voraussetzung dafür ist eine möglichst weitgehende, wechselseitige Wahrnehmbarkeit durch alle Beteiligten.[86] Dies betrifft einerseits die Zahl

---

Rn. 27; *Grabenwarter*, a.a.O. Rn. 213 m.w.N.). Nach dem deutschen BVerfG ist das Recht auf unmittelbare Beweisaufnahme für sich kein Grundrecht (BVerfGE 1, 418 [429]; NJW 2008, 2243 [2244]); in die Verfassungssphäre reiche eine Verletzung des Grundsatzes der Unmittelbarkeit der Beweisaufnahme (nur) dann, wenn sie so schwerwiegend sei, dass der rechtsstaatliche Charakter des Verfahrens insgesamt beeinträchtigt sei.

84 *Stadler*, in: Musielak/Voit (Fn. 18), § 128 Rn. 6; *Stadler*, Der Zivilprozeß und neue Formen der Informationstechnik (Fn. 2), S. 413 (440); *Schultzky*, Videokonferenz (Fn. 18), 313 (314); *G. Bachmann*, Allgemeines Prozessrecht, Eine kritische Untersuchung am Beispiel von Videovernehmung und Unmittelbarkeitsgrundsatz, ZZP 118 (2005), 133 (139); a.A. etwa *Glunz*, Psychologische Aspekte (Fn. 1), S. 296 ff.; wohl auch *A. Wimmer*, Audiovisuelle Verfahrensführung vor Verwaltungsbehörden und Verwaltungsgerichten, ZVG 2020, 477 (482); Zu den verschiedenen Aspekten der Unmittelbarkeit vgl. ausf. etwa *C. Kern*, Der Unmittelbarkeitsgrundsatz im Zivilprozess, ZZP 125 (2012), 53 (54 ff.); nach in Deutschland h.M. ist in der dZPO (bloß) der Grundsatz der formellen Unmittelbarkeit verankert; ein materielle Unmittelbarkeitsgrundsatz, in dem Sinne dass stets das sachnächste bzw. unmittelbarste Beweismittel herangezogen werden muss, bestehe im Zivilprozess hingegen nicht (siehe etwa *B. Völzmann-Stickelbrock*, Unmittelbarkeit der Beweisaufnahme und Parteiöffentlichkeit – Nicht mehr zeitgemäße oder unverzichtbare Elemente des Zivilprozesses, ZZP 118 [2005], 359 [367] m.w.N.; a.A. etwa *Bachmann*, Allgemeines Prozessrecht [Fn. 84], 133 [139]; differenzierend *Kern*, a.a.O. 65 ff.); für die öZPO wird die Geltung des materiellen Unmittelbarkeitsgrundsatzes hingegen verbreitet bejaht (vgl. etwa *W. H. Rechberger*, in: H. W. Fasching/A. Konecny [Hrsg.], Zivilprozessgesetze, Bd. II/1, 3. Aufl., Wien 2017, Vor § 266 ZPO Rn. 92); in der Schweiz hat der Unmittelbarkeitsgrundsatz insgesamt lange eher eine untergeordnete Bedeutung gespielt, heute ist aber zumindest die formelle Unmittelbarkeit der Beweisaufnahme dem Grundsatz nach in Art. 155 chZPO verankert (vgl. etwa *P. Oberhammer/P. Weber*, in: P. Oberhammer/T. Domej/U. Haas (Hrsg.), Schweizerische Zivilprozessordnung, 3. Auflage, Basel 2021, Vor Art. 52-58 Rn. 2 m.w.N.).

85 *F. Scholz-Berger*, Prozessmaximen und Verfahrensgrundrechte in Zeiten von COVID-19 – am Beispiel des Öffentlichkeitsgrundsatzes, ZZPInt 24 (2019), 43 (71 ff.) m.w.N.

86 Vgl. EGMR 16.2.2016, 27236/05 ua, *Yevdokimov and Others/Russia*, Rn. 43 m.w.N.

und Positionierung von Kameras und (in hybriden Settings) Monitoren und natürlich auch die Sicherstellung einer ausreichend schnellen und stabilen Datenübertragung.[87] Aus Sicht der prozessualen Waffengleichheit und des rechtlichen Gehörs ist außerdem in ausreichender Weise sicherzustellen, dass durch den Einsatz derartiger Technologien nicht das Recht aller Parteien beeinträchtigt wird, sich unter grundsätzlich gleichen Bedingungen am Verfahren zu beteiligen,[88] wobei hier vor allem Menschen zu bedenken sind, die aus finanziellen Gründen oder auch technischem Unvermögen keinen ausreichenden Zugang zu digitalen Kommunikationsmitteln haben.[89] Bei alldem müssen zusätzlich nicht genuin verfahrensrechtliche Rechtspositionen wie insbesondere das Grundrecht auf Datenschutz beachtet und gewahrt werden.[90] In diesem Rahmen wird der Verfahrensgesetzgeber (und in Ausnutzung allenfalls gesetzlich eingeräumter Spielräume das jeweilige Prozessgericht) auch verfahrensfremde öffentliche Interessen, wie insbesondere den Klima- und Umweltschutz, beachten können.[91]

III. Ansätze zur Auflösung des Spannungsfeldes

Solange die oben skizzierten – technischen, faktischen und rechtlichen – Voraussetzungen eingehalten werden, spricht mE aus verfahrensgrundrechtlicher Sicht nichts *per se* gegen den Einsatz von Videokonferenztechnologie. Selbst wenn man davon ausgeht, dass gewisse Abstriche bei der

---

87 Vgl. etwa *F. Gascón Inchausti*, Challenges for Orality in Times of Remote Hearings: Efficiency, Immediacy and Public Proceedings, IJPL 12 (2022), 8 (21).
88 Vgl. etwa *Koller*, Krise als Motor (Fn. 9), 539 (545 f.).
89 Vgl. etwa *S. M. Hoffmann*, Zugangshürden durch die Digitalisierung des Zivilprozesses?, RDi 2022, 76; *G. Rühl*, Digitale Justiz, oder: Zivilverfahren für das 21. Jahrhundert, JZ 75 (2020), 809 (814).
90 Siehe zu dieser Problematik etwa *Reuß*, Die digitale Verhandlung (Fn. 18), 1135 (1139); *Rühl*, Digitale Justiz (Fn. 89), 809 (814); *Schifferdecker*, Anm zu KG Berlin 12.5.2020 – 21 U 125/19, RDi 2021, 56; vgl. auch BFH, Beschl. v. 12.5.2021, IV R 31/18, RDi 2021, 560 (*Schreiber*), wo der BFH ohne nähere Begründung das Erfordernis einer Ende-zu-Ende-Verschlüsselung aufgestellt hat (zur berechtigten Kritik an diesem Aspekt der Entscheidung vgl. etwa *Stadler*, Digitale Gerichtsverhandlung im Zivilprozess [Fn. 7], S. 3 [7] m.w.N.).
91 Wenn sich derartige Interessen wiederum selbst auf grundrechtlich geschützte Rechtspositionen zurückführen lassen, kann es – nach einer entsprechenden Abwägung – auch eine Pflicht zu deren vorrangigen Berücksichtigung geben (vgl. mit Blick auf den Schutz der öffentlichen Gesundheit *Scholz-Berger*, Prozessmaximen und Verfahrensgrundrechte [Fn. 85], 43 [58] m.w.N.).

zwischenmenschlichen Kommunikation und dadurch auch bei der Verhandlungsqualität sozusagen technologieimmanent sind und sich nicht durch die genannten technischen Vorkehrungen ganz ausgleichen lassen,[92] wird dadurch allein noch nicht die Grenze dazu überschritten, dass das Verfahren insgesamt nicht mehr als fair zu bezeichnen ist.

Das bedeutet aber selbstverständlich nicht, dass die Frage, ob der Einsatz von Videokonferenztechnologie auch bei Einhaltung der entsprechenden Rahmenbedingungen die Qualität der Kommunikation und damit letztlich der Rechtspflege beeinträchtigt, bei der Ausgestaltung und Anwendung einschlägiger gesetzlicher Regelungen völlig irrelevant ist. Gerade dann, wenn ein künftiger flächendeckender Einsatz derartiger Technologie als „neue Norm" für die Verfahrensführung diskutiert wird,[93] muss man sich auch der Frage nach derartigen Einbußen stellen. Der technische Fortschritt und davon erwartete Effizienzgewinne dürfen nicht zum Selbstzweck werden, dem die Wahrung der Qualität der Rechtsschutzgewährung im Lichte tradierter Prozessmaximen untergeordnet wird.[94] Die Diskussion zu diesem Fragekomplex ist sehr stark von anekdotischer Evidenz und *common-sense*-Argumenten beherrscht,[95] umfassende empirische Untersuchungen liegen soweit überblickbar bisher eher nur vereinzelt und selten explizit zum Zivilverfahren vor, wobei sich daraus der intuitive Befund wohl tendenziell bestätigt, dass ein Einfluss etwa auf die richterliche Überzeugungsbildung und auf die Art der Kommunikation nicht von der Hand zu weisen ist.[96] Jedenfalls die oftmals hervorgehobene[97] Gefahr der Zeugenbeeinflussung in derartigen Settings wird wohl etwas überbewertet; erstens gab und gibt

---

92 Vgl. dazu sogleich unten im Text.
93 Vgl. zu dieser Diskussion etwa *Stadler,* Digitale Gerichtsverhandlungen im Zivilprozess (Fn. 7), S. 10 ff.
94 Ähnlich etwa auch *Gascón Inchausti,* Challenges for Orality (Fn. 87), 8 (27).
95 So auch *Koller,* Krise als Motor (Fn. 9), 539 (542 f.); vgl. weiters etwa *Gascón Inchausti,* Challenges for Orality (Fn. 87), 8 (14); *A. Nylund,* Covid-19 and Norwegian Civil Justice, in: B. Krans/A. Nylund (Hrsg.), Civil Courts Coping with COVID-19, Den Haag 2021, S. 139 (142 f.).
96 Für einen Überblick vgl. etwa *A. Bannon/J. Adelstein,* The Impact of Video Proceedings on Fairness and Access to Justice in Court, Brennan Center for Justice 2020, S. 3 ff.
97 S, jeweils m.w.N., etwa *G. Kodek,* Einsatz neuer Formen der Informationstechnik im Beweisverfahren, in: T. Gottwald (Hrsg.), e-Justice in Österreich. Erfahrungsberichte und europäischer Kontext, Festschrift für Martin Schneider, Zürich 2013, S. 331 (352); *Stadler,* in: Musielak/Voit (Fn. 18), § 128 Rn. 6; *Scholz-Berger/Schumann,* Videokonferenz als Krisenlösung (Fn. 11), 469 (471).

es auch in traditionellen Vernehmungssituationen Möglichkeiten, einen Zeugen über das erlaubte Maß hinaus „vorzubereiten" bzw. unter Druck zu setzen; zweitens kann in vielen Fällen wohl auf Ebene der (technischen) Ausgestaltung vorgesorgt werden;[98] außerdem stellt sich diese Problematik in all jenen Settings nicht, in denen die Einvernahme unter Einschaltung eines Gerichts oder einer sonstigen öffentlichen Einrichtung erfolgt, unter deren Beteiligung oder Aufsicht die Beweisperson vernommen wird.[99]

Angesichts dessen, dass die (teil-)virtuelle Verhandlungsführung bei Einhaltung der oben dargestellten Standards grundsätzlich den Ansprüchen einer rechtsstaatlichen Justizgewährung entspricht, erscheint ihr Einsatz – jedenfalls in grenzüberschreitenden Konstellationen, wo damit regelmäßig eine große Zeit- und Kostenersparnis einhergeht – mit Zustimmung aller Parteien weitgehend unproblematisch und sollte daher großzügig zugelassen werden.[100] Abwägungsfragen stellen sich vor allem dann, wenn zumindest eine Partei gegen diese Art der Verhandlungsführung ist. Doch auch hier tritt in grenzüberschreitenden Fallgestaltungen häufig die Frage nach allfälligen Qualitätsverlusten durch den Videokonferenzeinsatz eher in den Hintergrund.[101] Wenn nämlich ohne den Einsatz von Videokonferenztechnologie die effektive und faire Justizgewährung behindert oder zumindest erheblich erschwert wäre, würde auch bei Bejahung moderater Qualitätsverluste regelmäßig die Abwägung zu Gunsten des Technologieeinsatzes ausschlagen.[102]

---

98 So ausdrücklich OGH 18 ONc 3/20s EvBl 2021/19 (*Hausmaninger/Loksa*) = NR 2021, 88 (*Förstel-Cherng/Tretthahn-Wolski*); vgl. i.d.S. auch *Stadler*, in: Musielak/Voit (Fn. 18), § 128 Rn. 6.

99 Denkbar sind hier sowohl Konstellationen, in denen derartige Räumlichkeiten für eine direkte Vernehmung durch das Prozessgericht zur Verfügung gestellt werden, als auch die Zuschaltung des Prozessgerichts zu einer Vernehmung durch das ausländische Rechtshilfegericht (vgl. etwa Art. 14 Abs. 4 i.V.m. 12 Abs. 3 EuBewVO).

100 Außerhalb von Verfahren, in denen der Untersuchungsgrundsatz herrscht, sollte ein allfälliges gerichtliches Ermessen, trotz Zustimmung der Parteien und gegebener technischer Möglichkeiten vom Einsatz der Videokonferenztechnologie abzusehen, auf Fälle reduziert werden, die aus besonderen Gründen gänzlich für den Videokonferenzeinsatz ungeeignet sind; a.A. etwa *Gascón Inchausti*, Challenges for Orality (Fn. 87), 8 (24 ff.).

101 Vgl. i.d.S. bereits etwa *M. Fervers*, Der Grundsatz der Unmittelbarkeit und seine Durchbrechung, in: T. Garber/S. Clavora (Hrsg.), Grundsätze des Zivilverfahrensrechts auf dem Prüfstand, NWV 2017, S. 25 (34 f.).

102 Vgl. etwa OGH 1 Ob 39/15i SZ 2015/115; 9 Ob 27/15h ecolex 2016/125; 6 Ob 111/15i ÖBA 2017/232; RIS-Justiz RS0056185.

Sehr deutlich zeigt sich das in vielen typischen Fällen des Zeugenbeweises: Ein Auslandszeuge kann, zumindest dann, wenn er nicht Staatsbürger des Forumsstaats ist, nicht durch Androhung von im Forumsstaat zu vollziehenden Zwangsmitteln zum Erscheinen vor dem Gericht gezwungen werden.[103] Ist ein solcher Zeuge, dessen Einvernahme von einer Partei beantragt ist, nun nicht zum Erscheinen vor dem Prozessgericht bereit, wird sich das Prozessgericht schon angesichts des dem Beweisführer zukommenden Rechts auf Beweis um einen anderen Weg der Einvernahme zu bemühen haben.[104] Wenn sich der Zeuge nun freiwillig bereit erklärt, an einer Videoeinvernahme teilzunehmen, ist dies aus Sicht der gerichtlichen Wahrheitsfindung offensichtlich besser, als der Fall, dass seine Einvernahme ganz unterbleibt.[105] In einem solchen Fall stellt die Videoeinvernahme aber auch unzweifelhaft einen geringeren Verlust an (materieller) Unmittelbarkeit dar, als wenn dem erkennenden Gericht bloß das Protokoll einer Einvernahme durch einen nicht weiter mit dem Akt vertrauten ausländischen Richter oder eine ausländische Richterin zur Verfügung steht.[106]

Etwas anders gelagert als beim Auslandszeugen ist die Situation, dass eine im Ausland aufhältige Partei einzuvernehmen ist. Die Partei trifft

---

[103] Siehe etwa *Geimer*, in: Geimer (Fn. 20), Rn. 2381 m.w.N.; OLG Linz 3 R 145/13h; eine Ausnahme kann aus völkerrechtlicher Sicht u.U. dann bestehen, wenn ein anderer ausreichender Nahebezug vorliegt; vgl. auch oben Fn. 41; diese Personen unterliegen demnach auch nicht der Zeugnispflicht; vgl. *J. Damrau/A. Weinland*, in: W. Krüger/T. Rauscher (Hrsg.), Münchener Kommentar zur Zivilprozessordnung mit Gerichtsverfassungsgesetz und Nebengesetzen, Bd. II, 6. Aufl., München 2020, § 373 Rn. 30; *W. H. Rechberger/T. Klicka*, in: W. H. Rechberger/T. Klicka (Hrsg.), Kommentar zur ZPO, 5. Aufl., Wien 2019, Vor § 320 ZPO Rn. 4; *T. Sutter-Somm/B. Seiler*, in: T. Sutter-Somm/B. Seiler (Hrsg.), Handkommentar zur Schweizerischen Zivilprozessordnung, Zürich/Basel/Genf 2021, Art. 160 Rn. 5.
[104] Siehe etwa BGH RdTW 2013, 398 (399); RdTW 2021, 430 (432) m.w.N.; *H. J. Ahrens*, Der Beweis im Zivilprozess, Kapitel 59: Abwicklung der Beweiserhebung, Köln 2014, Rn. 35 f.; vgl. auch BVerfG 13 NJW 2016, 626.
[105] *Oberhammer/Scholz-Berger*, Möglichkeiten und Grenzen der Videoeinvernahme (Fn. 5), 285 (286) m.w.N.
[106] Vgl. etwa BGH RdTW 2021, 430 (432 Rn. 23); ZZP 111 (2002), 413 (441); aus diesem Grund sehen etwa § 375 Abs. 1 Nr. 2 und 3 dZPO sowie § 277 öZPO einen Vorrang der Videoeinvernahme vor der mittelbaren Beweisaufnahme durch einen ersuchten Richter vor (vgl. BT-Drs. 14/6036, 122; 981 BlgNR XXIV. GP 85). Einen möglichen „Mittelweg" stellt freilich die Zuschaltung von Prozessgericht und Parteien zu einer Einvernahme durch das Rechtshilfegericht dar (vgl. für den europäischen Justizraum etwa Art. 14 Abs. 4 und Art 13 Abs 3 i.V.m. 12 Abs. 3 EuBewVO); diese Form der Durchführung hat den Vorteil, dass hier auch eine Zwangsandrohung und -ausübung durch den ersuchten Mitgliedstaat in Frage kommt.

prozessuale Mitwirkungsobliegenheiten, weshalb von ihr auch nötigenfalls grundsätzlich zu verlangen ist, dass sie vor dem Prozessgericht erscheint. Stehen dem Erscheinen aber (aus Sicht der Partei) unüberwindbare Hindernisse entgegen, wird man ihr jedenfalls auch die Möglichkeit geben müssen, per Videokonferenz einvernommen zu werden, um ihren Anspruch auf rechtliches Gehör und ihr Recht auf Beweis entsprechend ausüben zu können.[107]

Doch auch dann, wenn es keine derartig gravierenden Hindernisse gibt, sondern das physische Erscheinen „nur" mit einem – insb. im Vergleich zum Streitwert – unverhältnismäßigen Aufwand verbunden ist, wird eine Interessenabwägung im Lichte des Anspruchs auf effektive Rechtsschutzgewährung häufig zugunsten der betroffenen Partei ausschlagen.[108]

Ein Interesse daran, die Reise zu Gericht nicht antreten zu müssen, kann eine Partei freilich nicht nur im Zusammenhang mit ihrer Vernehmung haben. Der Einsatz von Videokonferenztechnologie zur Ermöglichung der Teilnahme von Parteien und Vertretern an der mündlichen Verhandlung an sich (oder etwa auch an der Befragung einer von der Partei unterschiedlichen Beweisperson) auf einseitiges Verlangen der betroffenen Partei erscheint viel weniger problematisch, als dies bei einer Beweisaussage der Partei der Fall ist. Schließlich stellt sich die Frage nach einem allenfalls geringeren Beweiswert der Aussage hier von vornherein nicht. Insofern werden, jedenfalls in hybriden Settings, in denen der anderen Partei die Teilnahme in Präsenz freigestellt bleibt, deren schützenswerte Interessen nur wenig berührt werden; nachteilig ist eine solche Konstellation eher für die zugeschaltete Partei. Aus diesem Grund wird im Übrigen auch eine sehr sorgfältige Interessenabwägung vorzunehmen sein, bevor eine Partei, die wegen temporärer Unmöglichkeit der Präsenzteilnahme eine Vertagung bzw. Terminsverlegung beantragt, auf die Möglichkeit der Videoteilnahme verwiesen wird.[109] Im Ausgangspunkt verlangt nämlich die prozessuale

---

107 Vgl. insb. House of Lords, 10.2.2005 *Roman Polanski v. Condé Nast Publications Ltd* [2005] All ER 945 = RIW 2006, 301 (*Knöfel*) Rn. 20 ff.; *Hess* in: Marauhn (Fn. 75), S. 17 (22); *Oberhammer/Scholz-Berger*, Möglichkeiten und Grenzen der Videoeinvernahme (Fn. 5), 285 (287).

108 Für Zeugen sieht z.B. die österreichische ZPO – anders als für Parteien – in solchen Fällen bereits heute eine Videozuschaltung vor; vgl. § 277 i.V.m. § 328 Abs. 1 Z 3 öZPO und dazu etwa *Oberhammer/Scholz-Berger*, Möglichkeiten und Grenzen der Videoeinvernahme (Fn. 5), 285 (286).

109 Vgl. dazu etwa *Windau*, Verhandlung im Wege der Bild- und Tonübertragung (Fn. 58), 2753 (2755); KG Berlin NJW-RR 2022, 1003 (1004).

Waffengleichheit, dass beide Parteien unter denselben Bedingungen an der Verhandlung teilnehmen können;[110] eine Partei, die bloß temporär nicht anreisen kann, wird daher nur dann gegen ihren Willen auf die Videodurchführung verwiesen werden können, wenn im Lichte des Rechts auf eine Erledigung binnen angemessener Frist die Verzögerung nicht toleriert werden kann.

D. Fazit und Ausblick

Nach der hier vertretenen Ansicht stellt der Einsatz von Videokonferenztechnologie zur Führung von Verhandlungen und zur Vornahme von Beweisaufnahmen regelmäßig auch dann keinen Eingriff in fremde Hoheitsrechte dar, wenn er ohne Beschreitung des passiven Rechtshilfeweges erfolgt. Freilich darf aber nicht übersehen werden, dass verbreitet diesbezügliche Vorbehalte bestehen, die auch ernst genommen werden müssen. Außerdem kann das Beschreiten des Rechtshilfeweges Vorteile in Form von Unterstützung durch den Aufenthaltsstaat bringen. Innerhalb der europäischen Union könnte die Bedeutung der Diskussion im Fall einer Umsetzung des gerade in Diskussion befindlichen Verordnungsvorschlages „Verordnung über die Digitalisierung der justiziellen Zusammenarbeit und des Zugangs zur Justiz in grenzüberschreitenden Angelegenheiten",[111] der in seinem Art. 7 ein unionsautonomes Recht auf Videozuschaltung für Prozessparteien in grenzüberschreitenden Zivil- und Handelssachen enthält[112] und in seinem Anwendungsbereich damit implizit auch die zwischenstaatliche Zulässigkeit klarstellen würde,[113] sowie durch eine rechtsschutzfreundliche Handhabung der EuBewVO künftig in den Hintergrund treten. Auch außerhalb der EU zeichnen sich diesbezüglich positive Entwicklungen ab. So hat die traditionell in souveränitätsrechtlichen Fragen sehr strenge Schweiz

---

110 Vgl. *M. A. Hjort*, Orality and Digital Hearings, IJPL 12 (2022), 29 (37).
111 COM (2021) 759 final.
112 Vgl. zu dieser vorgeschlagenen Regelung und den darin enthaltenen Unklarheiten und Problemen, die einer Klarstellung/Verbesserung im weiteren Verordnungsgebungsverfahren harren, etwa *Heck*, Die örtliche Einheit (Fn. 11), 1529 (1535 f.).
113 Je nachdem, welche Meinung man allgemein zur völkerrechtlichen Zulässigkeit grenzüberschreitender Videokonferenzen vertritt (siehe oben II.), wird man darin entweder eine bloße Klarstellung oder einen konstitutiven Erlaubnissatz für einen „virtuellen Übergriff" auf das Territorium anderer Mitgliedstaaten sehen. Nach der in diesem Beitrag vertretenen Meinung trifft die erste Auslegung zu; vgl. i.d.S. etwa auch *Heck*, Die örtliche Einheit (Fn. 11), 1529 (1536).

mittlerweile erkannt, dass ihr restriktiver Zugang in Hinblick auf Videovernehmungen von Personen, die sich auf ihrem Territorium aufhalten, weniger ein Problem der ausländischen Prozessgerichte, als ein Problem der eigenen Bürger:innen und der in der Schweiz ansässigen Unternehmen ist, deren Zugang zum Recht in grenzüberschreitenden Angelegenheiten dadurch behindert wird.[114] Eine gerade in Vernehmlassung befindliche Initiative sieht daher erhebliche Erleichterungen für die Videozuschaltung von in der Schweiz befindlichen Personen zu Verfahren in anderen Staaten vor.

Unabhängig von dieser – mehr den formalen Rahmen virtueller Verfahrensführung betreffenden – Frage steht meines Erachtens fest, dass der Einsatz von Videokonferenztechnologie in vielen Konstellationen als adäquates und notwendiges Mittel zur Effektuierung eines Zugangs zum Recht auf Dauer nicht mehr wegzudenken sein wird. Es bedarf zwar eines sorgfältigen Umganges mit dieser Technologie, in dessen Rahmen auch auf berechtigte Bedenken im Hinblick auf traditionelle Prozessgrundsätze und mögliche Einschränkungen von Verfahrensgrundrechten einzugehen ist. In vielen typischen Situation, die sich in grenzüberschreitenden Zivilprozessen regelmäßig stellen, überwiegt aber der Vorteil des Einsatzes dieser Technologie. Das gilt in besonderer Weise für die Vernehmung von Auslandszeugen, bei der die Videokonferenz häufig der einzige Weg einer unmittelbaren Durchführung durch das Prozessgericht sein wird. Es gilt aber in vielen Fällen ebenso für die Vernehmung von Parteien und für die Teilnahme von Parteien und Parteienvertretern an der Verhandlung.

---

114 So ausdrücklich der erläuternde Bericht vom 23. November 2022 zur Vorlage für einen Bundesbeschluss über den Einsatz elektronischer Kommunikationsmittel in grenzüberschreitenden Zivilprozessen, S. 4; vgl. zu dieser Problematik in allgemeinerem Zusammenhang bereits *Geimer*, in: FS Ulrich Spellenberg (Fn. 20), S. 407 (408).